핵심만 골라 배우는 개정증보판
SwiftUI 기반의
iOS 프로그래밍

SwiftUI Essentials – iOS 16 Edition
Copyright ⓒ 2022 Neil Smyth / Payload Media, Inc. All rights reserved.

Korean Translation Copyright ⓒ 2023 by J-Pub Co., Ltd.
This Korean edition published by arrangement with Neil Smyth through Agency-One, Seoul.

이 책의 한국어판 저작권은 에이전시 원을 통해 저작권자와의 독점 계약으로 제이펍에 있습니다.
저작권법에 의해 한국 내에서 보호를 받는 저작물이므로 무단 전재와 무단 복제를 금합니다.

핵심만 골라 배우는 SwiftUI 기반의 iOS 프로그래밍(개정증보판)

1판   1쇄 발행 2020년 3월 16일
개정증보판 1쇄 발행 2023년 9월 22일
개정증보판 2쇄 발행 2024년 7월 22일

지은이 닐 스미스
옮긴이 황반석
펴낸이 장성두
펴낸곳 주식회사 제이펍

출판신고 2009년 11월 10일 제406-2009-000087호
주소 경기도 파주시 회동길 159 3층 / **전화** 070-8201-9010 / **팩스** 02-6280-0405
홈페이지 www.jpub.kr / **투고** submit@jpub.kr / **독자문의** help@jpub.kr / **교재문의** textbook@jpub.kr

소통기획부 김정준, 이상복, 안수정, 박재인, 송영화, 김은미, 배인혜, 권유라, 나준섭
소통지원부 민지환, 이승환, 김정미, 서세원 / **디자인부** 이민숙, 최병찬
진행 및 교정·교열 송영화 / **표지·내지 디자인** 최병찬
용지 에스에이치페이퍼 / **인쇄** 한승문화사 / **제본** 일진제책사

ISBN 979-11-92987-44-6 (93000)
책값은 뒤표지에 있습니다.

※ 이 책은 저작권법에 따라 보호를 받는 저작물이므로 무단 전재와 무단 복제를 금지하며,
    이 책 내용의 전부 또는 일부를 이용하려면 반드시 저작권자와 제이펍의 서면 동의를 받아야 합니다.
※ 잘못된 책은 구입하신 서점에서 바꾸어드립니다.

제이펍은 여러분의 아이디어와 원고를 기다리고 있습니다. 책으로 펴내고자 하는 아이디어나 원고가 있는
분께서는 책의 간단한 개요와 차례, 구성과 지은이/옮긴이 약력 등을 메일(submit@jpub.kr)로 보내주세요.

핵심만 골라 배우는 　개정증보판
SwiftUI 기반의
iOS 프로그래밍

닐 스미스 지음 / 황반석 옮김

제이펍

※ 드리는 말씀

- 이 책에 기재된 내용을 기반으로 한 운용 결과에 대해 지은이/옮긴이, 소프트웨어 개발자 및 제공자, 제이펍 출판사는 일체의 책임을 지지 않으므로 양해 바랍니다.
- 이 책에 등장하는 각 회사명, 제품명은 일반적으로 각 회사의 등록상표 또는 상표입니다. 본문 중에는 ™, ⓒ, ⓡ 등의 기호를 생략했습니다.
- 이 책에서 소개한 URL 등은 시간이 지나면 변경될 수 있습니다.
- 책의 내용과 관련된 문의사항은 옮긴이나 출판사로 연락해주시기 바랍니다.
  - 옮긴이: http://cafe.naver.com/petersbook
  - 출판사: help@jpub.kr

차 례

옮긴이 머리말   xxvii
베타리더 후기   xxix

CHAPTER 1   시작하기   1

- 1.1   스위프트 프로그래머에게   2
- 1.2   스위프트가 처음인 프로그래머에게   2
- 1.3   소스 코드 다운로드   2
- 1.4   피드백   2
- 1.5   오탈자   3

CHAPTER 2   애플 개발자 프로그램 가입하기   4

- 2.1   Xcode 14와 iOS 16 SDK 다운로드하기   4
- 2.2   애플 개발자 프로그램   4
- 2.3   애플 개발자 프로그램에 등록할 시점   5
- 2.4   애플 개발자 프로그램에 등록하기   5
- 2.5   요약   7

CHAPTER 3   Xcode 14와 iOS 16 SDK 설치하기   8

- 3.1   macOS 버전 확인하기   8
- 3.2   Xcode 14와 iOS 16 SDK 설치하기   9
- 3.3   Xcode 시작하기   9
- 3.4   애플 아이디를 Xcode 설정에 추가하기   10
- 3.5   개발자 인증서와 배포 인증서   10
- 3.6   요약   11

CHAPTER 4   Xcode 14 플레이그라운드   12

- 4.1   플레이그라운드란?   12
- 4.2   새로운 플레이그라운드 생성하기   12

4.3	스위프트 플레이그라운드 예제	14
4.4	결과 보기	16
4.5	서식 있는 텍스트 주석 추가하기	18
4.6	여러 개의 플레이그라운드 페이지로 작업하기	19
4.7	플레이그라운드에서 SwiftUI와 라이브 뷰로 작업하기	20
4.8	요약	24

CHAPTER 5 스위프트 데이터 타입, 상수, 그리고 변수   25

5.1	스위프트 플레이그라운드 사용하기	26
5.2	스위프트 데이터 타입	26

5.2.1 정수형 데이터 타입 27 / 5.2.2 부동소수점 데이터 타입 28
5.2.3 불리언 데이터 타입 28 / 5.2.4 문자 데이터 타입 28
5.2.5 문자열 데이터 타입 29 / 5.2.6 특수 문자/이스케이프 시퀀스 30

5.3	스위프트 변수	31
5.4	스위프트 상수	31
5.5	상수와 변수 선언하기	32
5.6	타입 애너테이션과 타입 추론	32
5.7	스위프트 튜플	33
5.8	스위프트 옵셔널 타입	35
5.9	타입 캐스팅과 타입 검사	40
5.10	요약	42

CHAPTER 6 스위프트 연산자와 표현식   43

6.1	스위프트 표현식 구문	43
6.2	기본 할당 연산자	43
6.3	산술 연산자	44
6.4	복합 할당 연산자	45
6.5	비교 연산자	45
6.6	불리언 논리 연산자	46
6.7	범위 연산자	47
6.8	삼항 연산자	48
6.9	nil 병합 연산자	49
6.10	비트 연산자	49

6.10.1 NOT 비트 연산 50 / 6.10.2 AND 비트 연산 51
6.10.3 OR 비트 연산 51 / 6.10.4 XOR 비트 연산 52
6.10.5 왼쪽 시프트 비트 연산 52 / 6.10.6 오른쪽 시프트 비트 연산 53

6.11	복합 비트 연산자	53
6.12	요약	54

CHAPTER 7 스위프트의 제어 흐름 55

7.1	반복 제어 흐름	55
7.2	스위프트 for-in 구문	55
	7.2.1 while 반복문 57	
7.3	repeat ... while 반복문	57
7.4	반복문에서 빠져나오기	58
7.5	continue 구문	59
7.6	조건부 제어 흐름	59
7.7	if 구문 사용하기	60
7.8	if ... else ... 구문 사용하기	60
7.9	if ... else if ... 구문 사용하기	61
7.10	guard 구문	62
7.11	요약	63

CHAPTER 8 스위프트의 switch 구문 64

8.1	왜 switch 구문을 사용하나?	64
8.2	switch 구문 사용하기	64
8.3	스위프트의 switch 구문 예제	65
8.4	case 구문 결합하기	66
8.5	switch 구문에서 범위 매칭하기	66
8.6	where 구문 사용하기	67
8.7	fallthrough	67
8.8	요약	68

CHAPTER 9 스위프트의 함수, 메서드, 클로저 70

9.1	함수란 무엇인가?	70
9.2	메서드란 무엇인가?	70
9.3	스위프트 함수를 선언하는 방법	71
9.4	단일 표현식에서의 암묵적 반환	72
9.5	스위프트 함수 호출하기	72
9.6	반환값 처리하기	73

9.7	지역 매개변수명과 외부 매개변수명	73
9.8	함수에 디폴트 매개변수 선언하기	74
9.9	여러 결괏값 반환하기	75
9.10	함수 매개변수의 변수 개수	76
9.11	변수인 매개변수	76
9.12	입출력 매개변수로 작업하기	77
9.13	매개변수인 함수	78
9.14	클로저 표현식	81
9.15	약식 인수 이름	83
9.16	스위프트의 클로저	83
9.17	요약	84

CHAPTER 10 스위프트의 객체지향 프로그래밍 기초　85

10.1	객체란 무엇인가?	85
10.2	클래스란 무엇인가?	85
10.3	스위프트 클래스 선언하기	86
10.4	클래스에 인스턴스 프로퍼티 추가하기	87
10.5	메서드 정의하기	87
10.6	클래스 인스턴스 선언하기와 초기화하기	89
10.7	클래스 인스턴스 초기화하기와 소멸하기	89
10.8	메서드 호출하기와 프로퍼티 접근하기	90
10.9	저장 프로퍼티와 연산 프로퍼티	91
10.10	지연 저장 프로퍼티	93
10.11	스위프트에서 self 사용하기	94
10.12	스위프트 프로토콜 이해하기	96
10.13	불투명 반환 타입	97
10.14	요약	99

CHAPTER 11 스위프트의 서브클래싱과 익스텐션 개요　100

11.1	상속, 클래스, 그리고 하위 클래스	100
11.2	스위프트 상속 예제	101
11.3	하위 클래스의 기능 확장하기	102
11.4	상속받은 메서드 오버라이딩하기	102

- **11.5** 하위 클래스 초기화하기 … 104
- **11.6** SavingsAccount 클래스 사용하기 … 104
- **11.7** 스위프트 클래스 익스텐션 … 105
- **11.8** 요약 … 106

CHAPTER 12 스위프트 구조체와 열거형 107

- **12.1** 스위프트 구조체 개요 … 107
- **12.2** 값 타입 vs. 참조 타입 … 108
- **12.3** 구조체와 클래스는 언제 사용하는가? … 111
- **12.4** 열거형 개요 … 111
- **12.5** 요약 … 113

CHAPTER 13 스위프트 프로퍼티 래퍼 115

- **13.1** 프로퍼티 래퍼 이해하기 … 115
- **13.2** 간단한 프로퍼티 래퍼 예제 … 115
- **13.3** 여러 변수와 타입 지원하기 … 118
- **13.4** 요약 … 121

CHAPTER 14 스위프트의 배열과 딕셔너리 컬렉션으로 작업하기 122

- **14.1** 가변형 컬렉션과 불변형 컬렉션 … 122
- **14.2** 스위프트 배열 초기화 … 122
- **14.3** 스위프트 배열로 작업하기 … 124
  - **14.3.1** 배열 항목 개수 124 / **14.3.2** 배열 항목 접근하기 124
  - **14.3.3** 배열 항목 섞기와 무작위로 가져오기 125 / **14.3.4** 배열에 항목 추가하기 125
  - **14.3.5** 항목 삽입하기와 삭제하기 125 / **14.3.6** 배열 반복하기 126
- **14.4** 타입이 혼합된 배열 생성하기 … 127
- **14.5** 스위프트 딕셔너리 컬렉션 … 128
- **14.6** 스위프트 딕셔너리 초기화 … 128
- **14.7** 시퀀스 기반의 딕셔너리 초기화 … 130
- **14.8** 딕셔너리 항목 개수 … 130
- **14.9** 딕셔너리 항목 접근하기와 갱신하기 … 131
- **14.10** 딕셔너리 항목 추가하기와 제거하기 … 131
- **14.11** 딕셔너리 반복 … 132
- **14.12** 요약 … 132

CHAPTER 15　스위프트 5의 에러 핸들링 이해하기　133

- 15.1　에러 핸들링 이해하기 — 133
- 15.2　에러 타입 선언하기 — 134
- 15.3　에러 던지기 — 134
- 15.4　스로잉 메서드와 함수 호출하기 — 135
- 15.5　에러 객체에 접근하기 — 137
- 15.6　에러 캐칭 비활성화하기 — 137
- 15.7　defer 구문 사용하기 — 138
- 15.8　요약 — 138

CHAPTER 16　SwiftUI 개요　140

- 16.1　UIKit과 인터페이스 빌더 — 140
- 16.2　SwiftUI의 선언적 구문 — 141
- 16.3　SwiftUI는 데이터 주도적이다 — 142
- 16.4　SwiftUI vs. UIKit — 143
- 16.5　요약 — 143

CHAPTER 17　SwiftUI 모드로 Xcode 이용하기　145

- 17.1　Xcode 14 시작하기 — 145
- 17.2　SwiftUI 프로젝트 생성하기 — 146
- 17.3　SwiftUI 모드의 Xcode — 147
- 17.4　프리뷰 캔버스 — 150
- 17.5　프리뷰 고정하기 — 152
- 17.6　프리뷰 툴바 — 152
- 17.7　화면 설계 수정하기 — 154
- 17.8　에디터 콘텍스트 메뉴 — 158
- 17.9　여러 디바이스에서 미리보기 — 158
- 17.10　시뮬레이터에서 앱 실행하기 — 160
- 17.11　실제 iOS 디바이스에서 앱 실행하기 — 161
- 17.12　디바이스와 시뮬레이터 관리하기 — 162
- 17.13　네트워크 테스트 활성화하기 — 163
- 17.14　빌드 에러 처리하기 — 163
- 17.15　애플리케이션 성능 모니터링 — 163

17.16 사용자 인터페이스 레이아웃 계층 구조 살펴보기 ... 164
17.17 요약 ... 167

CHAPTER 18 SwiftUI 아키텍처   168

18.1 SwiftUI 앱 계층 구조 ... 168
18.2 App ... 169
18.3 Scene ... 169
18.4 View ... 169
18.5 요약 ... 170

CHAPTER 19 기본 SwiftUI 프로젝트 분석   171

19.1 예제 프로젝트 생성하기 ... 171
19.2 DemoProjectApp.swift 파일 ... 172
19.3 ContentView.swift 파일 ... 172
19.4 Assets.xcassets ... 173
19.5 DemoProject.entitlements ... 173
19.6 Preview Content ... 173
19.7 요약 ... 173

CHAPTER 20 SwiftUI로 커스텀 뷰 생성하기   175

20.1 SwiftUI 뷰 ... 175
20.2 기본 뷰 생성하기 ... 176
20.3 뷰 추가하기 ... 177
20.4 하위 뷰로 작업하기 ... 180
20.5 프로퍼티로서의 뷰 ... 180
20.6 뷰 변경하기 ... 181
20.7 텍스트 스타일로 작업하기 ... 182
20.8 수정자 순서 ... 184
20.9 커스텀 수정자 ... 185
20.10 기본적인 이벤트 처리 ... 186
20.11 커스텀 컨테이너 뷰 만들기 ... 187
20.12 레이블 뷰로 작업하기 ... 189
20.13 요약 ... 190

차례 **xi**

CHAPTER 21 SwiftUI 스택과 프레임 192

- 21.1 SwiftUI 스택 · 192
- 21.2 Spacer, alignment, 그리고 padding · 194
- 21.3 컨테이너의 자식 뷰 제한 · 197
- 21.4 동적 HStack과 VStack 변환 · 198
- 21.5 텍스트 줄 제한과 레이아웃 우선순위 · 198
- 21.6 전통적 스택 vs. 지연 스택 · 200
- 21.7 SwiftUI 프레임 · 201
- 21.8 frame과 GeometryReader · 203
- 21.9 요약 · 204

CHAPTER 22 SwiftUI 상태 프로퍼티, Observable, State, Environment 객체 205

- 22.1 상태 프로퍼티 · 205
- 22.2 State 바인딩 · 207
- 22.3 Observable 객체 · 209
- 22.4 State 객체 · 211
- 22.5 Environment 객체 · 211
- 22.6 요약 · 214

CHAPTER 23 SwiftUI 예제 튜토리얼 215

- 23.1 예제 프로젝트 생성하기 · 215
- 23.2 프로젝트 살펴보기 · 216
- 23.3 레이아웃 수정하기 · 217
- 23.4 스택에 슬라이더 뷰 추가하기 · 219
- 23.5 상태 프로퍼티 추가하기 · 220
- 23.6 Text 뷰에 수정자 추가하기 · 220
- 23.7 회전과 애니메이션 추가하기 · 222
- 23.8 스택에 TextField 추가하기 · 223
- 23.9 색상 피커 추가하기 · 224
- 23.10 레이아웃 정리하기 · 226
- 23.11 요약 · 229

CHAPTER 24 스위프트 구조화된 동시성 개요   230

24.1 스레드 개요 — 230
24.2 애플리케이션 메인 스레드 — 230
24.3 완료 핸들러 — 231
24.4 구조화된 동시성 — 231
24.5 프로젝트 준비하기 — 232
24.6 비동시 코드 — 232
24.7 async/await 동시성 소개 — 233
24.8 동기 함수에서 비동기 함수 호출 — 234
24.9 await 키워드 — 235
24.10 async-let 바인딩 사용하기 — 237
24.11 오류 핸들링 — 238
24.12 Task 이해하기 — 239
24.13 구조화되지 않은 동시성 — 239
24.14 분리된 작업 — 241
24.15 작업 관리 — 241
24.16 작업 그룹 — 242
24.17 데이터 경쟁 피하기 — 244
24.18 for-await 루프 — 245
24.19 비동기 속성 — 247
24.20 요약 — 247

CHAPTER 25 스위프트 액터 소개   249

25.1 액터 개요 — 249
25.2 액터 선언하기 — 249
25.3 데이터 격리 이해하기 — 251
25.4 스위프트 액터 예제 — 252
25.5 MainActor 소개 — 254
25.6 요약 — 256

CHAPTER 26 SwiftUI 동시성 및 생명 주기 이벤트 수정자   257

26.1 LifecycleDemo 프로젝트 생성하기 — 257
26.2 앱 설계하기 — 257

	26.3	onAppear 및 onDisappear 수정자	259
	26.4	onChange 수정자	259
	26.5	ScenePhase와 onChange 수정자	260
	26.6	동시 작업 시작하기	262
	26.7	요약	263

CHAPTER 27 Observable 객체와 Environment 객체 튜토리얼 264

	27.1	ObservableDemo 프로젝트에 대하여	264
	27.2	프로젝트 생성하기	264
	27.3	Observable 객체 추가하기	265
	27.4	ContentView 레이아웃 설계하기	266
	27.5	두 번째 뷰 추가하기	267
	27.6	내비게이션 추가하기	269
	27.7	Environment 객체 사용하기	269
	27.8	요약	271

CHAPTER 28 AppStorage와 SceneStorage를 사용한 SwiftUI 데이터 지속성 272

	28.1	@SceneStorage 프로퍼티 래퍼	272
	28.2	@AppStorage 프로퍼티 래퍼	273
	28.3	StorageDemo 프로젝트 생성하고 준비하기	274
	28.4	화면 저장소 사용하기	275
	28.5	앱 저장소 사용	277
	28.6	커스텀 타입 저장하기	278
	28.7	요약	280

CHAPTER 29 SwiftUI 스택 정렬과 정렬 가이드 281

	29.1	컨테이너 정렬	281
	29.2	정렬 가이드	283
	29.3	정렬 가이드 도구 사용하기	287
	29.4	커스텀 정렬 타입	288
	29.5	스택 정렬 교차하기	291
	29.6	ZStack 커스텀 정렬	293
	29.7	요약	297

CHAPTER 30   **SwiftUI List와 내비게이션**   298

- **30.1** SwiftUI List — 298
- **30.2** 리스트 구분자 및 행 수정하기 — 300
- **30.3** SwiftUI 동적 리스트 — 300
- **30.4** 새로 고칠 수 있는 리스트 만들기 — 303
- **30.5** NavigationStack과 NavigationLink — 304
- **30.6** 값 타입별 내비게이션 — 306
- **30.7** 내비게이션 경로로 작업하기 — 307
- **30.8** 내비게이션 바 커스터마이징 — 308
- **30.9** 편집 가능하게 만들기 — 309
- **30.10** 계층적 목록 — 312
- **30.11** 멀티컬럼 내비게이션 — 312
- **30.12** 요약 — 312

CHAPTER 31   **SwiftUI List와 NavigationStack 튜토리얼**   314

- **31.1** ListNavDemo 프로젝트에 대하여 — 314
- **31.2** ListNavDemo 프로젝트 생성하기 — 314
- **31.3** 프로젝트 준비하기 — 314
- **31.4** Car 구조체 추가하기 — 316
- **31.5** JSON 데이터 로딩하기 — 316
- **31.6** 데이터 저장소 추가하기 — 317
- **31.7** 콘텐트 뷰 설계하기 — 318
- **31.8** 상세 뷰 설계하기 — 320
- **31.9** 리스트에 내비게이션 추가하기 — 322
- **31.10** 자동차 정보를 추가하는 뷰 설계하기 — 324
- **31.11** Add 버튼과 Edit 버튼 구현하기 — 327
- **31.12** 내비게이션 경로 추가하기 — 328
- **31.13** Edit 버튼 메서드 추가하기 — 330
- **31.14** 요약 — 332

CHAPTER 32   **분할 뷰 내비게이션 개요**   333

- **32.1** NavigationSplitView 소개 — 333
- **32.2** NavigationSplitView 사용하기 — 334

차례 **XV**

32.3	목록 선택 처리하기	334
32.4	NavigationSplitView 설정	335
32.5	열 가시성 제어하기	336
32.6	요약	337

CHAPTER 33 NavigationSplitView 튜토리얼 338

33.1	프로젝트에 대하여	338
33.2	NavSplitDemo 프로젝트 만들기	338
33.3	프로젝트 데이터 추가하기	338
33.4	내비게이션 뷰 생성하기	339
33.5	사이드바 열 만들기	340
33.6	콘텐츠 열에 목록 추가하기	341
33.7	디테일 열에 화면 추가하기	342
33.8	분할 내비게이션 환경 구성하기	343
33.9	요약	345

CHAPTER 34 List, OutlineGroup, DisclosureGroup 개요 346

34.1	계층적 데이터와 디스클로저	346
34.2	SwiftUI 목록에서의 계층 구조와 디스클로저	347
34.3	OutlineGroup 사용하기	349
34.4	DisclosureGroup 사용하기	351
34.5	요약	353

CHAPTER 35 SwiftUI List, OutlineGroup, DisclosureGroup 튜토리얼 354

35.1	예제 프로젝트에 대하여	354
35.2	OutlineGroupDemo 프로젝트 생성	354
35.3	데이터 구조 추가하기	354
35.4	List 뷰 추가하기	357
35.5	프로젝트 테스트하기	358
35.6	사이드바 리스트 스타일 사용하기	358
35.7	OutlineGroup 사용하기	359
35.8	DisclosureGroups 작업하기	360
35.9	요약	364

CHAPTER 36 LazyVGrid 및 LazyHGrid로 SwiftUI 그리드 구축하기   365

　　36.1　SwiftUI 그리드   365
　　36.2　GridItem   366
　　36.3　GridDemo 프로젝트 생성하기   367
　　36.4　유연한 GridItem 작업하기   367
　　36.5　그리드에 스크롤 지원 추가하기   369
　　36.6　적응형 GridItem으로 작업하기   371
　　36.7　고정 GridItem으로 작업하기   372
　　36.8　LazyHGrid 뷰 사용하기   374
　　36.9　요약   376

CHAPTER 37 Grid와 GridRow를 사용하여 SwiftUI 그리드 구축하기   377

　　37.1　Grid와 GridRow 뷰   377
　　37.2　GridRowDemo 프로젝트 생성하기   378
　　37.3　간단한 그리드 레이아웃   378
　　37.4　GridRow가 아닌 다른 자식 뷰   379
　　37.5　자동 생성되는 빈 그리드 셀   380
　　37.6　빈 셀 추가하기   381
　　37.7　열 확장하기   382
　　37.8　그리드 정렬과 간격   383
　　37.9　요약   388

CHAPTER 38 SwiftUI에서 탭 그리고 페이지 뷰 구축하기   389

　　38.1　SwiftUI TabView 개요   389
　　38.2　TabViewDemo 앱 생성하기   389
　　38.3　TabView 컨테이너 추가하기   390
　　38.4　콘텐트 뷰 추가하기   390
　　38.5　뷰 페이징 추가하기   390
　　38.6　탭 아이템 추가하기   391
　　38.7　탭 아이템 태그 추가하기   392
　　38.8　요약   393

CHAPTER 39 · SwiftUI에서 콘텍스트 메뉴 바인딩하기 394

- 39.1 ContextMenuDemo 프로젝트 생성하기 — 394
- 39.2 콘텐트 뷰 준비하기 — 394
- 39.3 콘텍스트 메뉴 추가하기 — 395
- 39.4 콘텍스트 메뉴 테스트하기 — 396
- 39.5 요약 — 397

CHAPTER 40 · SwiftUI 그래픽 드로잉 기초 398

- 40.1 DrawDemo 프로젝트 생성하기 — 398
- 40.2 SwiftUI 도형 — 398
- 40.3 오버레이 사용하기 — 400
- 40.4 커스텀 경로와 도형 그리기 — 401
- 40.5 색상 그레이디언트와 섀도 — 404
- 40.6 그레이디언트 그리기 — 405
- 40.7 요약 — 407

CHAPTER 41 · SwiftUI 애니메이션과 전환 408

- 41.1 AnimationDemo 예제 프로젝트 생성하기 — 408
- 41.2 암묵적 애니메이션 — 408
- 41.3 애니메이션 반복하기 — 411
- 41.4 명시적 애니메이션 — 412
- 41.5 애니메이션과 상태 바인딩 — 413
- 41.6 자동으로 애니메이션 시작하기 — 414
- 41.7 SwiftUI 전환 — 417
- 41.8 전환 결합하기 — 419
- 41.9 비대칭 전환 — 420
- 41.10 요약 — 420

CHAPTER 42 · SwiftUI에서 제스처 작업하기 421

- 42.1 GestureDemo 예제 프로젝트 생성하기 — 421
- 42.2 기본 제스처 — 421
- 42.3 onChanged 액션 콜백 — 423
- 42.4 updating 콜백 액션 — 425

42.5	제스처 구성하기	427
42.6	요약	428

CHAPTER 43 사용자 정의 SwiftUI ProgressView 생성하기 430

43.1	ProgressView 스타일	430
43.2	ProgressViewDemo 프로젝트 생성하기	431
43.3	ProgressView 추가하기	431
43.4	원형 ProgressView 스타일 사용	432
43.5	불확정적인 ProgressView 선언하기	433
43.6	ProgressView 사용자 정의	433
43.7	요약	436

CHAPTER 44 SwiftUI 차트로 데이터 표시하기 437

44.1	SwiftUI 차트 소개	437
44.2	차트에 데이터 전달하기	439
44.3	마크 타입 결합하기	440
44.4	데이터를 여러 그래프로 필터링하기	440
44.5	차트 배경 변경하기	442
44.6	보간법 변경하기	443
44.7	요약	444

CHAPTER 45 SwiftUI 차트 튜토리얼 445

45.1	ChartDemo 프로젝트 만들기	445
45.2	프로젝트 데이터 추가	445
45.3	Chart 뷰 추가하기	446
45.4	여러 그래프 만들기	448
45.5	요약	449

CHAPTER 46 SwiftUI DocumentGroup 개요 450

46.1	앱에서의 문서	450
46.2	DocDemo 앱 만들기	451
46.3	DocumentGroup	451
46.4	파일 형식 지원 선언하기	452
	46.4.1 문서 콘텐트 타입 식별자 452 / **46.4.2** 핸들러 순위 453	

46.4.3 타입 식별자 453 / 46.4.4 파일명 확장자 453
46.4.5 커스텀 타입 문서 콘텐트 식별자 454
46.4.6 익스포트된 타입 식별자 vs. 임포트된 타입 식별자 454

46.5 Xcode에서 파일 타입 지원 구성하기 454
46.6 문서 구조 456
46.7 콘텐트 뷰 458
46.8 예제 앱 실행하기 459
46.9 요약 460

CHAPTER 47 SwiftUI DocumentGroup 튜토리얼 461

47.1 ImageDocDemo 프로젝트 만들기 461
47.2 Info.plist 파일 수정하기 461
47.3 이미지 애셋 추가하기 463
47.4 ImageDocDemoDocument.swift 파일 수정하기 463
47.5 콘텐트 뷰 설계하기 465
47.6 이미지 필터링 467
47.7 앱 테스트하기 468
47.8 요약 468

CHAPTER 48 코어 데이터와 SwiftUI 소개 469

48.1 코어 데이터 스택 469
48.2 영구 컨테이너 470
48.3 관리 객체 470
48.4 관리 객체 콘텍스트 471
48.5 관리 객체 모델 471
48.6 영구 저장소 코디네이터 472
48.7 영구 객체 저장소 472
48.8 엔티티 디스크립션 정의하기 472
48.9 영구 컨테이너 초기화하기 474
48.10 관리 객체 콘텍스트 얻기 474
48.11 관리 객체의 속성 설정하기 474
48.12 관리 객체 저장하기 475
48.13 관리 객체 가져오기 475
48.14 조건에 따라 관리 객체 검색하기 475
48.15 요약 476

CHAPTER 49　SwiftUI 코어 데이터 튜토리얼　477

- 49.1　CoreDataDemo 프로젝트 생성하기　477
- 49.2　엔티티 디스크립션 정의하기　478
- 49.3　영구 컨트롤러 생성하기　480
- 49.4　뷰 콘텍스트 설정하기　481
- 49.5　코어 데이터를 위해 ContentView 준비하기　481
- 49.6　사용자 인터페이스 설계하기　482
- 49.7　제품 저장하기　483
- 49.8　addProduct() 함수 테스트하기　485
- 49.9　제품 삭제하기　487
- 49.10　검색 기능 추가하기　488
- 49.11　완성된 앱 테스트하기　491
- 49.12　요약　492

CHAPTER 50　SwiftUI 코어 데이터와 클라우드킷 저장소 개요　493

- 50.1　클라우드킷 개요　493
- 50.2　클라우드킷 컨테이너　494
- 50.3　클라우드킷 공용 데이터베이스　494
- 50.4　클라우드킷 개인 데이터베이스　494
- 50.5　데이터 저장소 할당량　494
- 50.6　클라우드킷 레코드　495
- 50.7　클라우드킷 레코드 ID　495
- 50.8　클라우드킷 참조　496
- 50.9　레코드 존　496
- 50.10　클라우드킷 콘솔　496
- 50.11　클라우드킷 공유　497
- 50.12　클라우드킷 구독　498
- 50.13　요약　498

CHAPTER 51　SwiftUI 코어 데이터와 클라우드킷 튜토리얼　499

- 51.1　클라우드킷 지원 활성화하기　499
- 51.2　백그라운드 알림 지원 활성화하기　501
- 51.3　클라우드킷 영구 컨테이너로 전환하기　502

51.4	앱 테스트하기	502
51.5	클라우드킷 콘솔에서 저장된 데이터 검토하기	503
51.6	recordName 문제 해결하기	504
51.7	쿼리 필터링과 정렬하기	505
51.8	레코드 편집 및 삭제하기	506
51.9	새로운 레코드 추가하기	508
51.10	원격 측정 데이터 보기	509
51.11	요약	510

CHAPTER 52 시리킷 소개 511

52.1	시리와 시리킷	511
52.2	시리킷 도메인	512
52.3	시리 단축어	512
52.4	시리킷 인텐트	513
52.5	시리킷 통합의 작동 방식	513
52.6	인텐트 매개변수 확인하기	514
52.7	확인 메서드	515
52.8	핸들 메서드	516
52.9	커스텀 어휘	516
52.10	시리 사용자 인터페이스	517
52.11	요약	517

CHAPTER 53 SwiftUI 시리킷 메시징 익스텐션 튜토리얼 519

53.1	예제 프로젝트 만들기	519
53.2	시리 권한 활성화하기	519
53.3	시리 승인받기	520
53.4	인텐트 익스텐션 추가하기	522
53.5	지원되는 인텐트	522
53.6	예제 테스트하기	523
53.7	디폴트 구문 지정하기	524
53.8	인텐트 핸들러 검토하기	525
53.9	요약	526

CHAPTER 54 시리 단축어 앱 통합 개요 527

- **54.1** 시리 단축어의 개요 ... 527
- **54.2** 인텐트 정의 파일 소개 ... 528
- **54.3** 자동으로 생성된 클래스 ... 531
- **54.4** 단축어 기부하기 ... 531
- **54.5** Add to Siri 버튼 ... 532
- **54.6** 요약 ... 532

CHAPTER 55 SwiftUI 시리 단축어 튜토리얼 534

- **55.1** 예제 앱에 대하여 ... 534
- **55.2** 앱 그룹과 UserDefaults ... 534
- **55.3** 프로젝트 준비하기 ... 535
- **55.4** 앱 실행하기 ... 536
- **55.5** 시리 지원 활성화하기 ... 537
- **55.6** 시리 권한 구하기 ... 537
- **55.7** 인텐트 익스텐션 추가하기 ... 539
- **55.8** 시리킷 인텐트 정의 파일 추가하기 ... 539
- **55.9** 앱 그룹에 인텐트 추가하기 ... 540
- **55.10** 시리킷 인텐트 정의 파일 구성하기 ... 541
- **55.11** 인텐트 매개변수 추가하기 ... 542
- **55.12** 단축어 조합 선언하기 ... 543
- **55.13** 인텐트 응답 구성하기 ... 544
- **55.14** 타깃 멤버십 구성하기 ... 546
- **55.15** 인텐트 핸들러 코드 수정하기 ... 546
- **55.16** 확인 메서드 추가하기 ... 549
- **55.17** 시리에 단축어 제공하기 ... 550
- **55.18** 단축어 테스트하기 ... 551
- **55.19** 요약 ... 555

CHAPTER 56 SwiftUI와 위젯킷으로 위젯 빌드하기 556

- **56.1** 위젯 개요 ... 556
- **56.2** 위젯 익스텐션 ... 557
- **56.3** 위젯 구성 유형 ... 557

56.4	위젯 엔트리 뷰	559
56.5	위젯 타임라인 엔트리	559
56.6	위젯 타임라인	560
56.7	위젯 프로바이더	560
56.8	리로드 정책	561
56.9	관련성	561
56.10	타임라인 리로드 강제로 실행하기	562
56.11	위젯 크기	563
56.12	위젯 플레이스홀더	564
56.13	요약	564

CHAPTER 57 SwiftUI 위젯킷 튜토리얼 565

57.1	WidgetDemo 프로젝트에 대하여	565
57.2	WidgetDemo 프로젝트 만들기	565
57.3	앱 구축하기	566
57.4	위젯 익스텐션 추가하기	568
57.5	위젯 데이터 추가하기	570
57.6	샘플 타임라인 만들기	572
57.7	이미지와 색상 애셋 추가하기	572
57.8	위젯 뷰 디자인하기	574
57.9	위젯 프로바이더 수정하기	576
57.10	플레이스홀더 뷰 구성하기	577
57.11	위젯 미리보기	578
57.12	요약	579

CHAPTER 58 위젯킷 크기 지원 580

58.1	여러 크기 지원하기	580
58.2	위젯 뷰에 크기 지원 추가하기	582
58.3	요약	585

CHAPTER 59 SwiftUI 위젯킷 딥링크 튜토리얼 586

| 59.1 | 위젯에 딥링크 지원 추가하기 | 586 |
| 59.2 | 앱에 딥링크 지원 추가하기 | 589 |

59.3	위젯 테스트하기	591
59.4	요약	592

CHAPTER 60 위젯킷 위젯에 구성 옵션 추가하기 593

60.1	날씨 데이터 수정하기	593
60.2	인텐트 정의 구성하기	594
60.3	위젯 수정하기	597
60.4	위젯 구성 테스트하기	598
60.5	구성 인텐트 UI 커스터마이징하기	599
60.6	요약	600

CHAPTER 61 UIView를 SwiftUI에 통합하기 601

61.1	SwiftUI와 UIKit의 통합	601
61.2	UIView를 SwiftUI와 통합하기	602
61.3	코디네이터 추가하기	604
61.4	UIKit 델리게이션과 데이터 소스 처리하기	605
61.5	예제 프로젝트	606
61.6	UIScrollView 래핑하기	607
61.7	코디네이터 구현하기	608
61.8	MyScrollView 사용하기	609
61.9	요약	610

CHAPTER 62 UIViewController를 SwiftUI와 통합하기 611

62.1	UIViewController와 SwiftUI	611
62.2	ViewControllerDemo 프로젝트 생성하기	611
62.3	UIImagePickerController 래핑하기	612
62.4	콘텐트 뷰 설계하기	613
62.5	MyImagePicker 완성하기	615
62.6	콘텐트 뷰 완성하기	617
62.7	앱 테스트하기	617
62.8	요약	618

CHAPTER 63　SwiftUI를 UIKit에 통합하기　619

63.1　호스팅 컨트롤러의 개요　619
63.2　UIHostingController 예제 프로젝트　620
63.3　SwiftUI 콘텐트 뷰 추가하기　621
63.4　스토리보드 준비하기　622
63.5　호스팅 컨트롤러 추가하기　624
63.6　Segue 액션 구성하기　625
63.7　컨테이너 뷰 포함하기　627
63.8　코드로 SwiftUI 포함하기　629
63.9　요약　631

CHAPTER 64　앱 스토어에 iOS 16 애플리케이션 등록을 위한 준비와 제출하기　632

64.1　iOS 배포 인증서 검증하기　632
64.2　앱 아이콘 추가하기　634
64.3　프로젝트를 팀에 할당하기　635
64.4　배포를 위해 애플리케이션 아카이브하기　636
64.5　App Store Connect에서 애플리케이션 설정하기　636
64.6　애플리케이션 검증하기와 제출하기　638
64.7　검수를 위해 앱 구성하고 제출하기　641

찾아보기　643

옮긴이 머리말

산을 오르거나 먼 길을 걷다가 문득 뒤돌아보면, '참 많이 지나왔구나!'라고 새삼 느껴질 때가 있습니다. 저는 아이폰 애플리케이션 개발 초기부터 이 길을 걸어왔는데, 돌아보니 새삼 많은 변화가 느껴집니다. 새로운 아이폰이 출시되고 아이패드와 애플워치 등이 나오고, 그와 함께 macOS와 Xcode의 새로운 모습에 열광했습니다. 오브젝티브-C_{Objective-C}가 최고의 프로그래밍 언어라 생각하고 애플리케이션을 개발하던 중에, 애플이 스위프트_{Swift}라는 '빠른' 언어와 SwiftUI를 세상에 내놓았습니다. 2019년 6월 3일, 애플이 WWDC 2019에서 발표한 SwiftUI는 스위프트의 성능을 바탕으로 사용자 인터페이스를 구축할 수 있는 혁신적이면서도 간소한 방법으로 선언적 구문을 사용하는 프레임워크입니다. 복잡하게 구성된 UI와 그 안에서 동작하는 로직을 담고 있는 코드가 (이전 방식에 비해) 아주 단순해졌으며, 스위프트와 SwiftUI가 버전 업되면서 더욱 단단해짐을 느낍니다.

이 책은 SwiftUI에 관한 내용뿐만 아니라 애플리케이션 개발과 출시를 위한 모든 과정을 담고 있습니다. 먼저, 애플 개발자 프로그램_{Apple Developer Program} 가입에 대한 내용과 Xcode 설치에 대한 내용으로 시작합니다. iOS 애플리케이션 개발을 해본 독자에게는 너무나 당연한 내용이겠지만, 이제 막 입문한 (또는 입문하려는) 독자에게는 너무나 중요한 내용이기 때문입니다. Xcode가 없다면 개발을 못 하고, 애플 개발자 프로그램에 가입하지 않는다면 여러분의 환상적인 앱을 앱 스토어에 출시할 수 없겠지요. 스위프트 언어에 대한 내용도 포함되어 있습니다. 이 책에서 설명하는 것이 스위프트 언어에 대한 전부는 아니지만 핵심적이자 기본적으로 알아야 할 내용임은 틀림없습니다.

사용자 인터페이스에 대해 배우는 것은 내장된 컴포넌트(뷰)를 어떻게 화면에 배치하는지와 함께 애플리케이션 내에서 계산되고 처리된 데이터를 화면에 표현하는 방법을 배우는 것입니다. 스택,

리스트, 이미지, 텍스트 등의 기본 컴포넌트에 대해 배우다 보면 여러분이 만들려는 애플리케이션을 어떻게 구성해야 하는지를 알게 될 것입니다. 이와 함께 SwiftUI에서의 그래픽 드로잉과 애니메이션, 그리고 화면 전환에 대해서도 설명합니다. 또한, 역자 개인적으로는 아이폰 애플리케이션의 꽃이라 생각하는 위젯을 SwiftUI로 어떻게 만드는지도 설명합니다. 이 책의 후반부에는 기존의 UIKit으로 구현한 (또는 구현하고 있는) 프로젝트에 SwiftUI를 통합하는 방법을 설명합니다. 아마도 이 부분은 애플리케이션을 개발하고 있는 개발자들에게 매우 중요한 부분이 될 것입니다.

60개가 넘는 챕터를 포함하는 개발 서적은 흔하지 않습니다. 참으로 많은 내용을 담고 있는 책이라고 말할 수 있습니다. 차례에 써 있는 각 챕터의 제목을 순서대로 읽어본다면 각 주제에 대해 자세하고 실용적으로 집필된 책임을 알 수 있을 것입니다. 역자는 이 책을 '아이폰 애플리케이션 개발의 레고 상자'라고 생각합니다. 여러 모양의 블록들이 모여 있는 레고 상자처럼, 여러 기술들이 이 책에 담겨 있습니다. 레고 블록을 모아 맞추고 이어가 새로운 모형을 만들 듯, 이 책에 담긴 기술들을 하나씩 익힌 후 조립하듯 붙여 간다면 여러분이 원하는 애플리케이션을 만들 수 있을 것입니다.

여러분의 멋진 아이디어가 애플리케이션으로 구현되는 데 이 책이 훌륭한 가이드가 되길 바랍니다. 그리고 언젠가 여러분의 애플리케이션을 앱스토어와 제 아이폰에서 만나길 기대합니다.

황반석

베타리더 후기

 강경구

SwiftUI를 익히는 데 필요한 다양한 내용을 포함하고 있습니다. 스위프트 기초 문법에 더하여 다양한 예제를 통해 SwiftUI에 적응할 수 있도록 해줍니다. iOS를 처음 배우는 독자는 물론 UIKit으로 개발해온 개발자 모두에게 SwiftUI를 익히는 데 도움이 될 것이라 생각합니다.

 김진영

앱의 제작과 출시까지 전반적인 큰 흐름을 훑어보기 위한 목적으로 사용하기에 좋습니다. 두께가 상당하지만 각 챕터가 잘게 나뉘어져 있어서 조금은 부담을 내려놓고 읽을 수 있었습니다. 스위프트를 처음 접하는 사람이라면 낯선 문법들이 중간중간 보일 텐데, 스위프트를 공부하면서 보면 더 좋습니다.

 박세웅(코쿔)

따라 하기 쉬운 실습 코드가 많이 포함되어 있어 새롭게 익히기 좋았습니다. SwiftUI뿐만 아니라 스위프트 문법도 꽤 자세히 설명하고 있습니다.

 박재유(LG전자)

SwiftUI가 출시된 이후에도 여전히 많은 iOS 개발자들은 기존 방식을 고수하는 것 같습니다. 아마도 적절한 SwiftUI 지침서가 없었기 때문이라고 생각합니다. 저자는 SwiftUI 활용법을 다룬 본 도서를 몇 년 간격으로 꾸준히 업데이트하고 있습니다. 이번 개정판은 기초 문법뿐만 아니라 SwiftUI를 활용한 실전 예제들과 코어 데이터 등 심화 주제도 다루고 있습니다. 경험이 없는 개발자라도 이 책 한 권이면 거의 모든 iOS 개발을 배울 수 있을 것입니다.

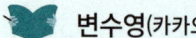 **변수영(카카오)**

아이폰 개발 입문서로 손색이 없을 만큼 전반적인 내용을 친절하게 다루고 있습니다. 이전에 경험이 있던 사람들도 다시 한번 읽어볼 가치가 있습니다. 개인적으로는 초반부가 기본적인 내용이지만, 과거에 익혀두고 그동안 업데이트되지 않았던 정보를 알게 된 기회를 가져서 유용했고, 후반부에서는 SwiftUI를 친절한 설명과 함께 배울 수 있어서 좋았습니다.

 염도영(드라마앤컴퍼니)

지금까지 UIKit만 활용해왔고, SwiftUI를 막연하게 바라보고만 있었습니다. 이번 베타리딩을 통해 SwiftUI에 대해서 전체적으로 파악할 수 있어서 좋았습니다. 저와 같이 SwiftUI에 대한 막연함이 있으신 분이라면 이 책을 통해서 한 걸음 더 나아갈 수 있으리라 생각합니다.

 윤승환(코드벤터)

책의 완성도가 높고 처음부터 차근차근 따라 한다면 전체 내용을 이해하는 데 큰 도움이 될 것입니다.

 이태정(LINE Plus)

스위프트와 SwiftUI의 기본기를 다지기에 좋은 책입니다. 책 내용과 더불어 적절한 예제 코드와 함께 실습하며 여러 개념을 쉽게 익힐 수 있었습니다.

 임연욱(AWS)

iOS 개발을 위해 스위프트를 처음 공부하는 사람부터 기존에 이미 UIKit으로 개발을 하고 있지만 새롭게 SwiftUI를 공부하고 싶은 사람 모두에게 추천합니다. 국내에는 iOS 개발 관련 책들이 드문 편인데, 이 책을 기점으로 더 다양한 책들이 출간되길 기원합니다.

한상곤(부산대학교 산업수학센터)

UIKit에서 SwiftUI로 빠르게 이동하고자 하는 개발자분들에게 많은 도움을 줄 수 있는 책입니다. 그리고 책에 포함된 튜토리얼 등이 훌륭합니다. 예를 들어, 위젯 관련 튜토리얼은 다양한 곳에 활용할 수 있을 만큼 예제 구성이 좋습니다. SwiftUI에 관심이 있으시면 이 책으로 시작해보세요.

CHAPTER 01 시작하기

이 책의 목표는 SwiftUI와 Xcode 14 그리고 스위프트 5.7 프로그래밍 언어로 iOS 16 애플리케이션을 만드는 데 필요한 핵심 기술을 알려주는 것이다.

이 책은 기초적인 내용부터 시작한다. iOS 개발 환경을 설정하는 데 필요한 과정부터 스위프트 언어를 배우고 테스트하기 위하여 **스위프트 플레이그라운드**Swift Playground를 어떻게 사용하는지에 대한 내용을 담고 있다.

또한, 프로그래밍 언어인 스위프트 5.7의 데이터 타입, 제어문, 함수, 객체지향 프로그래밍, **프로퍼티 래퍼**property wrapper, **구조화된 동시성**structured concurrency, 그리고 에러 처리 등에 대한 내용을 다룰 것이다.

Xcode의 SwiftUI 개발 모드를 둘러보면서 SwiftUI와 프로젝트 구조에 대한 핵심 개념을 소개할 것이며, 커스텀 SwiftUI 뷰를 생성하는 방법과 스택, 프레임, 폼 등의 사용자 인터페이스 레이아웃을 생성하기 위한 SwiftUI 뷰들을 어떻게 결합하는지도 설명할 것이다.

Observable, State, 그리고 Environment 객체와 상태 프로퍼티를 사용하여 데이터를 처리하는 방법도 다루며, 주요 사용자 인터페이스 디자인 개념인 **수정자**modifier, 리스트, 탭 뷰, **콘텍스트 메뉴** context menu, 사용자 인터페이스 내비게이션, **아웃라인 그룹**outline group 등에 대해서도 다룬다.

그래픽, 차트 그리기, 사용자 인터페이스 애니메이션, 뷰 전환, 제스처 처리, **위젯킷**WidgetKit, **도큐먼트 기반 앱**document-based app, **코어 데이터**Core Data, **클라우드킷**CloudKit, **시리킷**SiriKit 통합에 대한 내용도 다룬다.

또한, 기존의 UIKit 기반의 프로젝트에 SwiftUI 뷰를 포함시키는 방법을 설명하며, SwiftUI에 UIKit 코드를 넣는 방법도 설명한다.

마지막 장에서는 완성된 앱을 패키징하여 앱 스토어에 올리는 방법에 대해 설명한다.

이 책에서 다루는 주제들에 대해서는 상세한 튜토리얼을 통해 연습하게 될 것이며, 다운로드받을 수 있는 소스 코드도 제공될 것이다.

다시 한번 말하지만, 이 책의 목표는 SwiftUI를 이용하여 여러분만의 iOS 16용 앱을 만드는 데 필요한 기술을 가르치는 것이다. 필자는 여러분이 애플의 맥 시스템을 가지고 있으며 iOS 16 SDK와 Xcode 14를 다운로드받을 준비가 되어 있다고 가정하고 설명할 것이다

1.1 스위프트 프로그래머에게

이 책은 스위프트를 이미 알고 있는 프로그래머뿐만 아니라 스위프트와 iOS 개발이 처음인 사람들 모두를 위해 쓰인 책이다. 만약 여러분이 스위프트 프로그래밍 언어에 익숙하다면 스위프트에 대한 내용이 있는 장은 건너뛰어도 괜찮다. 만약에 여러분이 스위프트의 SwiftUI 언어 특성에 익숙하지 않다면 적어도 9.4절 '단일 표현식에서의 암묵적 반환', 10.13절 '불투명 반환 타입', 그리고 13장 '스위프트 프로퍼티 래퍼'에 대한 내용 정도는 읽어보길 권장한다. SwiftUI를 구현하고 이해하는 데 이들 기능이 핵심이기 때문이다.

1.2 스위프트가 처음인 프로그래머에게

만약 여러분이 스위프트로 프로그래밍하는 것이 처음이라면 이 책 내용을 처음부터 차근히 읽고 따라오면 된다.

1.3 소스 코드 다운로드

이 책에 포함된 예제(소스 코드와 Xcode 프로젝트)는 다음의 URL에서 다운로드받을 수 있다.

https://bit.ly/jpub_swiftui

1.4 피드백

이 책에 대해 만족하길 바라며, 이 책에 대한 오류나 질문 등의 내용은 독자를 위한 인터넷 카페 (https://cafe.naver.com/petersbook)로 보내주기 바란다.

1.5 오탈자

이 책 내용의 정확성을 위하여 모든 노력을 다했지만, 이 책에서 다루는 주제들의 범위와 난이도로 인해 약간의 오류나 오탈자가 있을 수 있다. 발견된 오류나 오탈자에 대해서는 제이펍 홈페이지(https://www.jpub.kr)의 이 책 소개 페이지에서 찾을 수 있다. 홈페이지에 게시되지 않은 오류나 오탈자를 발견했다면 제이펍 출판사(help@jpub.kr)나 옮긴이(https://cafe.naver.com/petersbook)에게 알려주기 바란다.

CHAPTER 02

애플 개발자 프로그램 가입하기

iOS 16 기반의 애플리케이션 개발에 대해 공부하는 첫 단계는 애플 개발자 프로그램에 가입할 때 얻게 되는 혜택이 무엇인지 이해하는 것과 어느 타이밍에 가입하는 게 좋은지를 결정하는 일일 것이다. 이번 장에서는 개발자 프로그램의 장점과 비용에 대해 설명할 것이며, 가입 절차에 대해서도 알아볼 것이다.

2.1 Xcode 14와 iOS 16 SDK 다운로드하기

최신 버전의 iOS SDK와 Xcode는 맥 앱 스토어에서 무료로 다운로드할 수 있다. 여기서 생기는 질문은 'iOS SDK와 Xcode를 다운로드했으니 애플 개발자 프로그램에 가입할 것인가? 아니면 앱 개발에 필요한 지식을 쌓을 때까지 기다릴 것인가?'이다.

2.2 애플 개발자 프로그램

애플 개발자 프로그램 멤버십은 현재 개인 개발자 등록 비용이 1년에 99달러이며, 기관(기업) 멤버십도 있다.

iOS 9 그리고 Xcode 7 이전에는 개발 중인 앱을 실제 iOS 기기에 설치해서 테스트하려면 개발자 프로그램에 가입해야만 했다. 하지만, 이제는 애플 아이디만 있으면 개발자 프로그램에 등록하지 않아도 실제 iOS 기기에서 앱을 설치하고 테스트할 수 있다.

애플 개발자 프로그램에 가입하지 않고도 할 수 있는 것이 많아지긴 했지만, 몇몇 기능은 애플 개발자 프로그램 멤버십 없이는 온전한 테스트를 할 수 없다. 특히, 시리Siri 통합, iCloud 접근, 애플 페이, 게임 센터, **앱 내 결제**in-app purchasing는 애플 개발자 프로그램 멤버십이 있어야만 기능을 사용할 수 있고 테스트도 할 수 있다.

애플 개발자 프로그램에 등록하면 애플의 iOS 엔지니어로부터 기술 지원을 받을 수 있다. 애플 개발자 프로그램에 등록(또는 갱신)하면 2회의 무료 지원이 제공되며, 그 이상의 지원을 받으려면 비용을 지불해야 한다. 또한, 다른 iOS 개발자들로부터 도움과 안내를 받거나 다른 개발자들이 발견한 문제와 해결책을 알 수 있는 애플 개발자 포럼의 멤버십을 받게 된다.

애플 개발자 프로그램 멤버십은 앞으로 출시될 Xcode와, macOS, 그리고 iOS의 베타 버전을 미리 받아 볼 수 있는 혜택도 있다.

무엇보다 가장 중요한 애플 개발자 프로그램의 혜택은 애플리케이션을 앱 스토어에 등록하여 판매할 수 있게 해준다는 점이다.

분명한 것은 여러분의 애플리케이션이 앱 스토어에 등록되기 전에 애플 개발자 프로그램 멤버십이 필요하다는 것이다. 그렇다면 언제 가입하는 것이 좋을까?

2.3 애플 개발자 프로그램에 등록할 시점

애플 개발자 프로그램 멤버십이 많은 혜택을 주는 것은 확실하며, 애플리케이션을 앱 스토어에 등록하려면 결국에는 멤버십이 필요하다. 애플 개발자 프로그램에 지금 가입할지 아니면 나중에 가입할지는 경우에 따라 다르다. 만약 여러분이 iOS 애플리케이션 개발을 처음 배우는 단계이거나 개발할 애플리케이션에 대한 아이디어가 없다면 프로그램 멤버십이 지금 당장 필요하지는 않을 것이다. 여러분의 개발 기술이 향상되고 개발할 애플리케이션에 대한 아이디어가 견고해진 이후에 가입해도 늦지 않다.

하지만 반대로, 애플리케이션을 출시할 준비가 되었거나 시리 지원, iCloud, 앱 내 결제, 애플 페이 등과 같은 고급 기능이 필요하다면 차라리 일찌감치 개발자 프로그램에 등록하는 게 좋다.

2.4 애플 개발자 프로그램에 등록하기

만약 여러분이 회사를 위해 iOS 애플리케이션을 개발하려 한다면 회사가 멤버십을 가지고 있는지 먼저 확인하는 게 좋다. 회사에 멤버십을 관리하는 담당자를 찾아가서 개발팀에 합류할 수 있도록 Apple Developer Program Member Center에서 초대해 달라고 요청하도록 하자. 담당자가 초대를 하게 되면, 여러분의 멤버십이 활성화될 수 있는 링크가 담긴 'You Have Been Invited to Join an Apple Developer Program'이라는 제목의 이메일을 애플에서 받을 것이다. 만약 여러분이나 여러분의 회사에서 아직 프로그램 멤버가 아니라면 다음의 주소에서 등록할 수 있다.

https://developer.apple.com/programs/enroll/

애플은 회사 또는 개인의 등록 옵션을 제공한다. 개인으로 등록하려면 여러분의 신원을 증명하기 위하여 신용 카드 정보를 입력해야 한다. 회사로 등록하려면 법적 서명 권한을 가지고 (또는 그런 권한을 가진 담당자에게 찾아가 권한을 위임받고) D-U-N-S number[1]와 법인 상태를 확인하는 문서[2] 등을 제출해야 한다.

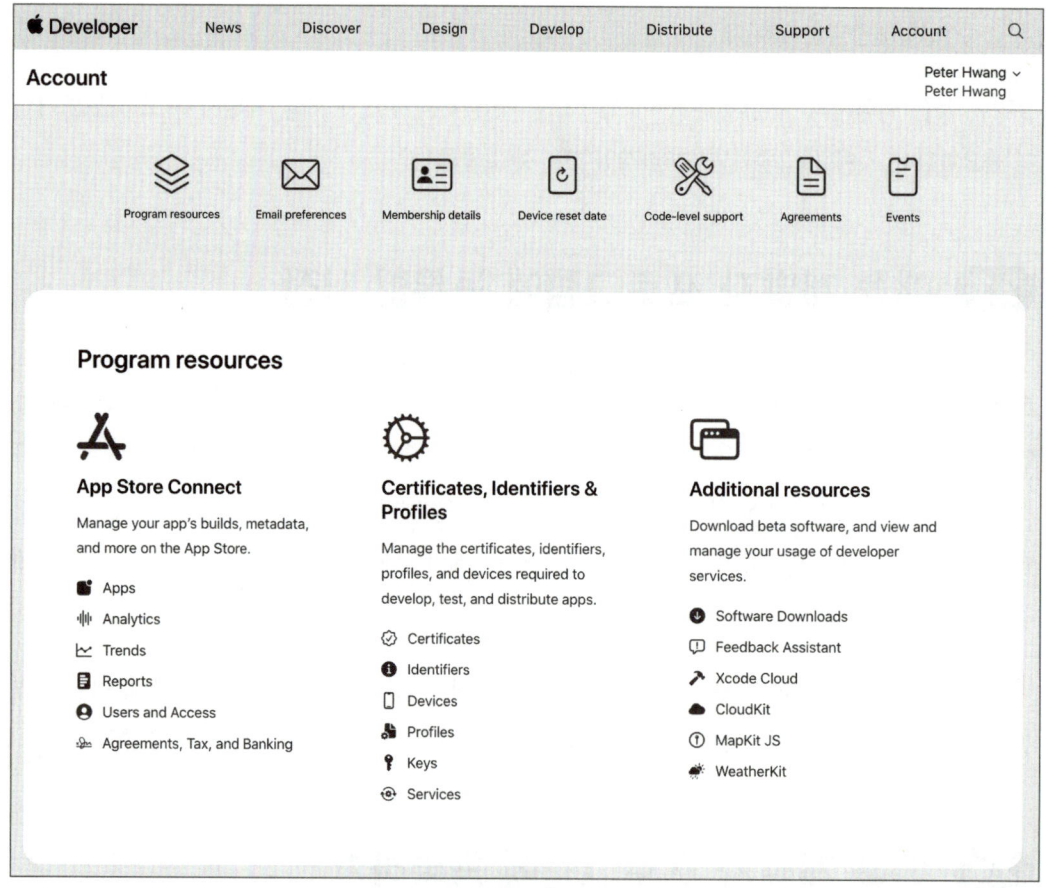

그림 2-1

개인 멤버로 개발자 프로그램에 등록하면 통상 24시간 이내에 승인되며, 애플로부터 활성화 양식

---

1 [옮긴이] Data Universal Numbering System, D&B라는 업체가 개별업체에 부여하는 고유의 9자리 번호로, 전 세계 기업들의 인식번호로 인정받고 있다.
2 [옮긴이] 예를 들면, 사업자등록증.

이 이메일로 도착한다. 회사 멤버로 등록하면 추가로 확인을 요구하는 게 많아서 훨씬 더 오래 걸릴 수 있다.

활성화를 기다리는 동안 여러분의 애플 아이디와 비밀번호로 다음의 URL에 접근하면 몇몇 메뉴에 대해 제한된 상태로 **계정**Account에 로그인할 수 있을 것이다.

https://developer.apple.com/account

로그인한 후에 페이지 상단에 있는 **Your Account** 탭을 클릭하면 개발자 프로그램 가입 상태가 **Enrollment Pending**으로 표시된다. 활성화 이메일을 받은 후에 멤버 센터에 다시 로그인하면 이제는 모든 메뉴와 리소스에 접근할 수 있다(그림 2-1 참고).

2.5 요약

애플 개발자 프로그램에 가입하는 최적의 타이밍을 아는 것은 iOS 16 애플리케이션 개발 과정에서 중요한 첫 단계다. 이번 장에서는 프로그램에 가입하여 얻게 되는 혜택을 설명하였으며, 개발자 프로그램 멤버십을 고려해야 할 때가 언제인지에 대해 안내하였고, 등록 과정을 간략하게 살펴보았다. 다음 장에서는 iOS 16 SDK와 Xcode 14 개발 환경을 다운로드하고 설치하는 방법에 대해 알아볼 것이다.

CHAPTER **03**

Xcode 14와 iOS 16 SDK 설치하기

iOS 앱은 애플의 Xcode 개발 환경과 함께 iOS SDK를 사용하여 개발된다. Xcode는 iOS 애플리케이션을 코딩하고, 컴파일하며, 테스트와 디버깅을 하게 될 **통합 개발 환경**integrated development environment, IDE이다.

이 책의 모든 예제는 Xcode 버전 14를 기반으로 하며, Xcode의 이전 버전에서 사용할 수 없는 기능을 사용한다. 이번 장에서는 macOS에 Xcode 14와 iOS 16 SDK를 설치하는 과정을 다룬다.

3.1 macOS 버전 확인하기

SwiftUI로 개발할 경우, macOS Monterey 버전 12.4 이상[1]에서 실행되는 Xcode 14 환경이 필요하다. 여러분 맥의 macOS 버전이 몇인지 확실하지 않다면, 화면 좌측 상단에 있는 애플 메뉴[2]를 클릭하여 나타난 하위 메뉴들 중에 **이 Mac에 관하여**about this Mac를 선택하면 확인할 수 있다. 이 메뉴를 클릭하여 나타난 다이얼로그 화면에서 **버전** 부분을 확인하자.

그림 3-1

---

1 (옮긴이) 2023년 8월 기준 최신 macOS는 Ventura 13.4.1이다.
2 (옮긴이) Apple 회사 로고 모양의 메뉴. 화면 상단, 상태표시줄에서 현재 실행 중인 프로그램 이름의 왼쪽에 있다.

만약 **이 Mac에 관하여**를 클릭해서 나타난 다이얼로그 화면에 macOS 11.0 또는 그 이상이라고 표시되어 있지 않다면, **소프트웨어 업데이트...** 버튼을 클릭하여 최신 운영체제를 다운로드하고 설치하자.

3.2 Xcode 14와 iOS 16 SDK 설치하기

최신 Xcode와 iOS SDK를 얻는 가장 좋은 방법은 애플 맥 앱 스토어에서 다운로드받는 것이다. 여러분의 맥에서 앱 스토어를 실행하고, **Xcode**라는 검색어로 찾은 후, **받기** 버튼을 클릭하면 Xcode와 iOS SDK 모두가 설치될 것이다.

3.3 Xcode 시작하기

Xcode 설치가 성공적으로 끝났다면 Xcode를 실행하여 개발할 준비를 하자. Xcode를 실행하기 위해서는 **파인더**를 열어 설치된 Xcode를 찾자. 앞으로는 Xcode를 자주 사용하게 될 것이므로 접근하기 쉽도록 **독**으로 드래그 앤 드롭해두도록 하고, 독에 있는 Xcode 아이콘을 클릭하여 실행한다. Xcode를 처음 실행하는 것이라면 아마도 추가적인 컴포넌트들을 설치하게 될 것이다. 이 과정에서 사용하고 있는 맥의 사용자 이름_{username}과 비밀번호_{password}를 입력해야 한다.

여러분의 맥에 Xcode가 처음 실행되는 것이라면 다음과 같은 Welcome 화면이 나타날 것이다.

그림 3-2

3.4 애플 아이디를 Xcode 설정에 추가하기

여러분이 애플 개발자 프로그램에 등록하기 위해 결정했는지와는 상관없이 여러분의 애플 아이디를 지금 설치하고 실행하는 Xcode에 추가하는 게 좋다. **Xcode** 메뉴에서 **Preferences...** 메뉴를 선택하여 나타난 다이얼로그에서 **Accounts** 탭을 선택한다. 그림 3-3처럼 + 버튼을 클릭하여 나타난 패널에서 **Apple ID**를 선택하고 **Continue** 버튼을 클릭한다. 이후에 표시되는 절차에 따라 여러분의 애플 아이디를 입력하고 그에 맞는 비밀번호를 입력한 뒤, 버튼을 클릭하여 여러분의 계정을 설정에 추가하자.

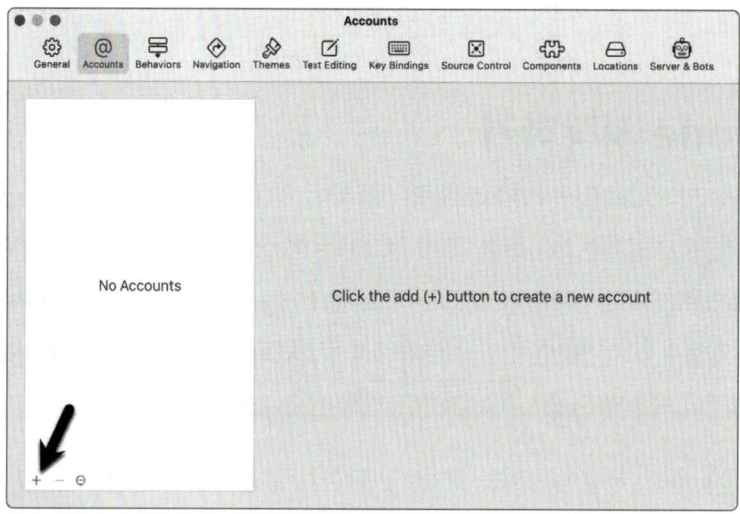

그림 3-3

3.5 개발자 인증서와 배포 인증서

애플 아이디를 추가했다면 다음 단계는 인증서를 생성하는 것이다. 현재 생성된 인증서를 확인하기 위하여 **Accounts** 탭을 선택하여 표시된 패널에서 새롭게 추가한 애플 아이디를 선택하고 **Manage Certificates...** 버튼을 클릭하면 현 시점에서 사용 가능한 인증서들이 나열될 것이다. 인증서를 생성하기 위해서 그림 3-4와 같이 + 버튼을 클릭하여 추가하고자 하는 것을 선택한다.

만약 애플 개발자 프로그램에 가입할 때 사용한 애플 아이디라면 **Apple Distribution** 인증서를 생성하는 옵션도 메뉴에 표시될 것이다. 그 메뉴를 클릭하여 애플 앱 스토어에 앱을 제출할 때 필요한 인증서를 생성하자. iCloud 및 시리와 같은 기능을 여러분의 앱 프로젝트에 통합하고자 한다면, Developer ID Application 인증서도 생성해야 한다. 아직 애플 개발자 프로그램에 가입하지 않았다면 **Apple Development** 메뉴를 선택하여 개발 중에 앱을 테스트할 수 있는 인증서를 만들자.

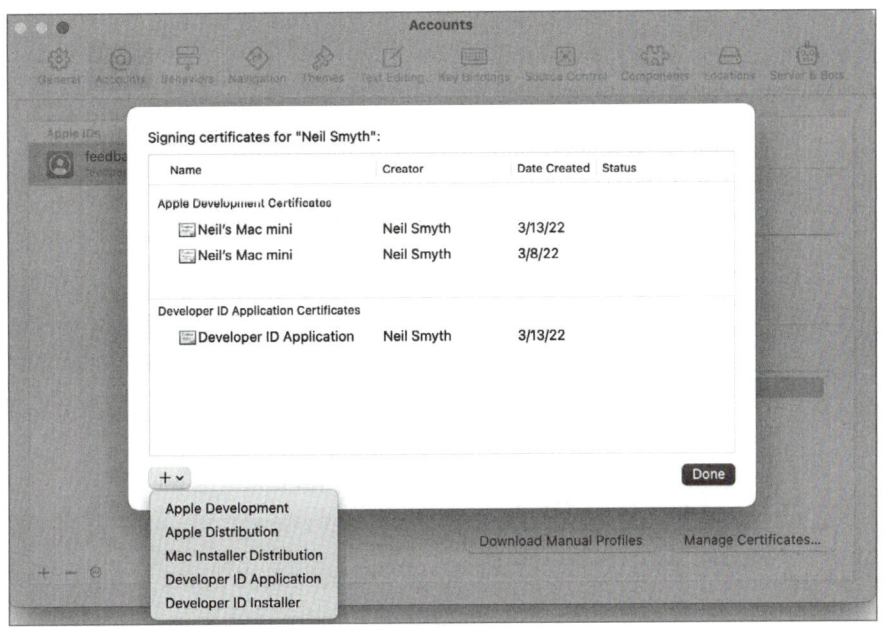

그림 3-4

3.6 요약

이 책은 macOS 12.5(Monterey)에서 실행되는 Xcode 버전 14와 iOS 16 SDK를 사용하여 집필되었다. SwiftUI 개발을 시작하기 전에 해야 할 첫 번째 단계는 Xcode를 설치하고 설정 화면의 **Account** 탭을 통해 애플 아이디를 설정하는 것이다. 이 과정을 마쳤다면, Xcode로 개발되는 앱에 서명할 때 사용될 개발 인증서를 생성해야 한다. 이렇게 하면 실제 iOS 기반의 디바이스에 앱을 빌드하고 테스트할 수 있다.

완성된 앱을 앱 스토어에 업로드할 준비가 되었다면, 배포 인증서도 생성해야 한다. 배포 인증서는 이전 장에서 설명한 것처럼 애플 개발자 프로그램의 멤버십이 필요하다.

iOS SDK와 Xcode 14를 성공적으로 설치하고 실행했으니 이제 **플레이그라운드**Playground를 가지고 Xcode에 대해 더 자세히 살펴보자.

CHAPTER **04**

Xcode 14 플레이그라운드

스위프트 프로그래밍 언어에 대해 소개하기 전에 먼저 **플레이그라운드**Playground라는 Xcode의 기능에 대해 살펴볼 필요가 있다. 플레이그라운드는 스위프트에 대해 공부하거나 iOS SDK를 좀 더 쉽게 테스트해볼 수 있도록 설계된 Xcode의 기능이다. 이번 장에서 다루는 내용은 이후의 스위프트 코드 예제들을 따라 할 때 사용하게 될 것이다.

4.1 플레이그라운드란?

플레이그라운드는 스위프트 코드를 입력하면 실시간으로 결과가 실행되는 인터랙티브 환경이다. 이것은 스위프트 문법을 배우거나 표준 Xcode iOS 프로젝트에서의 코딩/컴파일/실행/디버깅의 연속적인 과정 없이도 iOS 앱 개발을 시각적인 측면에서 배울 수 있는 이상적인 환경을 제공한다. 또한, 플레이그라운드는 서식 있는 텍스트 주석 기능을 제공하므로 코드를 문서화하는 좋은 방법이기도 하다.

4.2 새로운 플레이그라운드 생성하기

새로운 플레이그라운드를 생성하기 위해서 Xcode를 실행하고 상단 메뉴에서 **File ➡ New ➡ Playground...** 메뉴를 선택한다. 그 다음에 나오는 패널에서 iOS 탭을 선택하고 Blank 템플릿을 선택한다.

Blank 템플릿은 스위프트 코딩을 따라 해보는 데 유용하다. 반면, **Single View** 템플릿은 사용자 인터페이스 레이아웃을 필요로 하는 코드를 실습할 수 있는 뷰 컨트롤러 환경을 제공한다. **Game** 템플릿과 **Map** 템플릿은 **SpriteKit** 프레임워크와 **MapKit** 프레임워크를 테스트할 수 있도록 미리 구성된 플레이그라운드를 제공하게 된다.

다음 화면에서 플레이그라운드 이름을 **LearnSwift**로 하고, 이 파일이 저장될 적절한 위치를 선택한 다음에 **Create** 버튼을 클릭하자.

이렇게 플레이그라운드를 생성했다면 스위프트 코드를 입력할 준비가 된 화면이 다음과 같이 나타날 것이다.

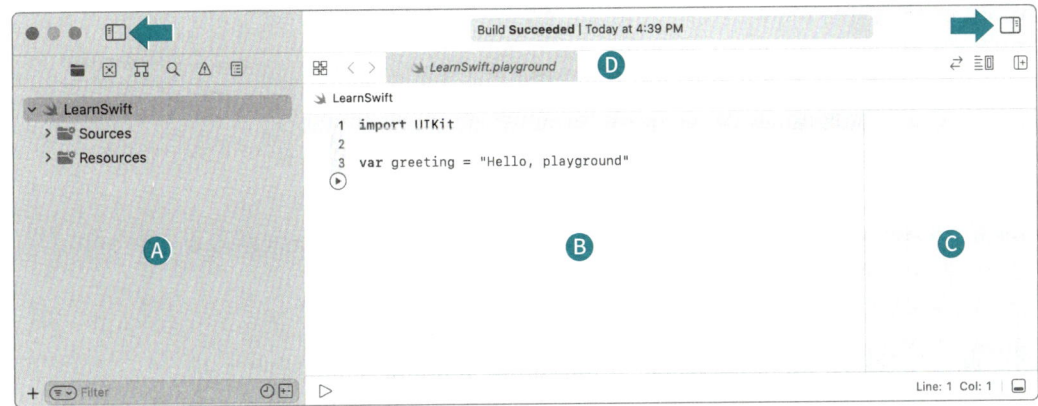

그림 4-1

화면의 왼쪽 패널(그림 4-1에서 A)은 플레이그라운드를 구성하는 폴더와 파일에 접근하기 위한 내비게이터 패널이다. 이 패널을 숨기거나 표시하려면 왼쪽의 화살표가 가리키는 버튼을 클릭하자. 중앙 패널(B)은 Swift 코드 라인이 입력되는 플레이그라운드 에디터다. 오른쪽 패널(C)은 결과 패널이라고 하며 플레이그라운드 에디터 패널에 입력된 각 Swift 표현식의 결과가 표시되는 곳이다. 탭 바(D)에는 현재 플레이그라운드 에디터 내에서 열려 있는 각 파일에 대한 탭을 표시한다. 다른 파일로 전환하려면 해당 탭을 선택하기만 하면 된다. 열려 있는 파일을 닫으려면 탭 위에 마우스 포인터를 놓고 파일 이름 왼쪽에 나타나는 'X' 버튼을 클릭한다.

그림 4-1에서 오른쪽 화살표로 표시된 버튼은 플레이그라운드와 관련된 다양한 속성을 구성할 수 있는 **인스펙터**Inspector 패널(그림 4-2에서 A로 표시됨)을 숨기거나 표시하는 데 사용된다. 바(B)를 클릭하고 위쪽으로 드래그하면 코드가 실행될 때 플레이그라운드와 관련된 결과가 출력되는 디버그 영역(C)이 표시된다.

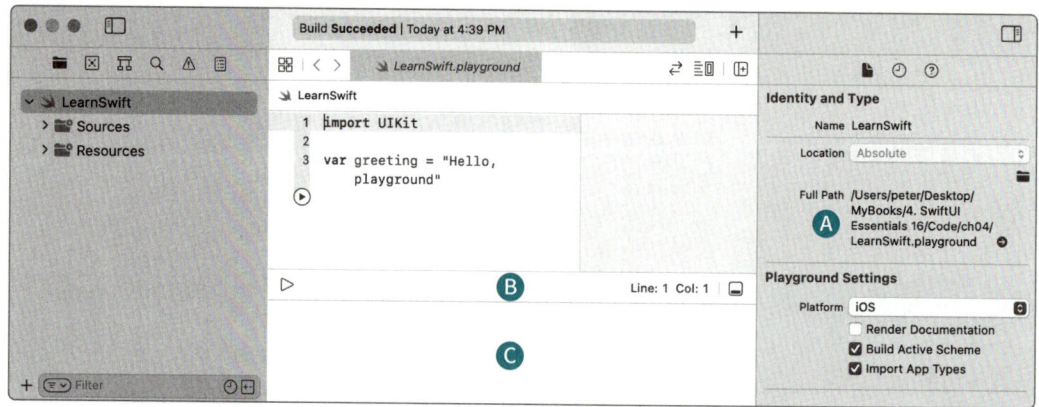

그림 4-2

플레이그라운드 환경에 익숙해지는 가장 빠른 방법은 몇 가지 간단한 예제를 살펴보는 것이다.

4.3 스위프트 플레이그라운드 예제

아마도 모든 프로그래밍 언어에서 한 줄의 텍스트를 출력하는 코드를 작성하는 것이 가장 간단한 예제일 것이다. 스위프트 역시 예외가 아니므로 다음과 같이 스위프트 코드를 플레이그라운드에 추가해보자.

```
import UIKit

var greeting = "Hello, playground"

print("Welcome to Swift")
```

추가된 코드가 하는 일은 콘솔에 표시될 문자열을 매개변수로 받는 print 함수(스위프트에 내장된 함수)를 호출하는 것이다. 다른 언어에 익숙한 사람이라면 코드 끝에 세미콜론이 없다는 것을 눈치 챘을 것이다. 스위프트에서 세미콜론은 선택 사항이며, 일반적으로는 여러 줄의 구문을 코드 한 줄로 표시하고자 할 때만 구분자로 사용한다.

약간의 코드를 추가했음에도 결과 패널에 아무것도 나타나지 않는다는 점에 주목하자. 그 이유는 아직 실행되지 않았기 때문이다. 코드를 실행하는 방법들 중에 하나는 메인 패널의 좌측 하단에 있는 **Execute Playground** 버튼(그림 4-3의 화살표가 가리키는 버튼)을 클릭하는 것이다.

그림 4-3

이 버튼을 클릭하면 현재의 플레이그라운드 페이지에 있는 첫 줄부터 끝까지의 모든 코드가 실행된다. 코드를 실행하는 또 다른 방법은 코드 에디터 옆에 위치한 실행 버튼을 이용하는 것이다(그림 4-4 참고).

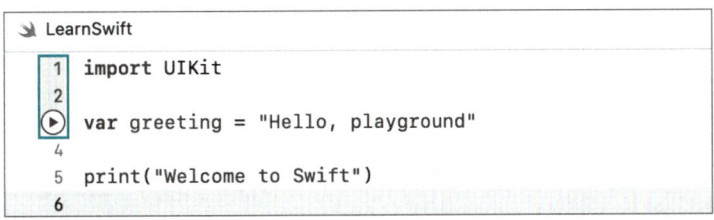

그림 4-4

이 버튼은 버튼이 있는 현재 위치를 포함하여 파란색(이 책에서는 회색) 음영으로 처리된 코드 줄 번호들이 실행된다. 예를 들어, 그림 4-4에서는 첫 번째 줄부터 세 번째 줄까지의 코드를 실행하고 멈추게 된다.

플레이그라운드 에디터에 있는 줄 번호 위에 마우스 포인터를 둘 때마다 실행 버튼의 위치는 변경될 수 있다. 예를 들어, 그림 4-5에서 실행 버튼은 5번 줄에 위치하며, 이 버튼을 클릭하면 4번 줄부터 5번 줄까지 실행될 것이다. 여기서 주목해야 할 점은 1번 줄부터 3번 줄까지는 파란색 음영이 없다는 것이다. 이것은 이미 실행되었기 때문에 이번에는 실행할 필요가 없다는 걸 의미한다.

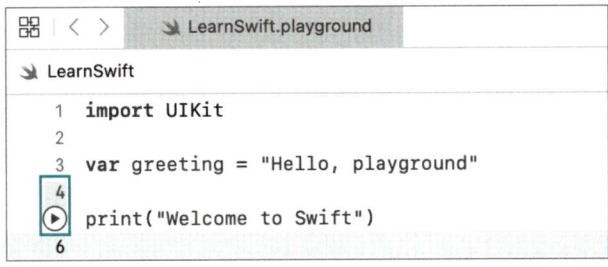

그림 4-5

이것은 단계별로 코드를 실행하여 코드가 어떻게 동작하는지 더 쉽게 이해시켜줄 뿐만 아니라 문제 발생 시 어떤 것이 문제인지 알 수 있게 해준다.

플레이그라운드가 코드의 처음부터 끝까지 실행될 수 있도록 재설정하고 싶다면, 그림 4-6에서 가리키는 **Stop Playground** 버튼을 클릭한다.

그림 4-6

이러한 실행 기능을 이용하여 1번 줄부터 3번 줄까지의 코드를 실행하고 변수가 초기화된 현재의 결과가 결과 패널에 나타난 것을 살펴보자.

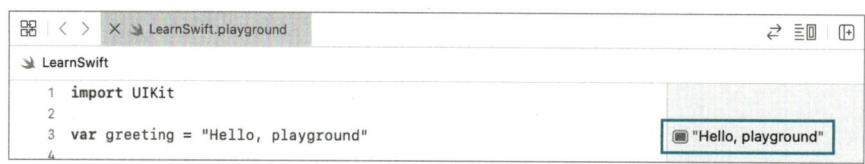

그림 4-7

다음으로, 5번 줄까지 포함된 나머지 부분을 실행하여 'Welcome to Swift'가 결과 패널과 디버그 영역에 나타나는지 확인한다.

그림 4-8

4.4 결과 보기

플레이그라운드는 스위프트 알고리즘을 만들거나 테스트할 때 유용하며, 특히 **퀵 룩**quick look 기능과 함께 사용할 때 더욱 유용하다. 플레이그라운드 에디터에서 `print` 구문 밑에 다음의 코드들을 추가하자.

```
var x = 10

for index in 1...20 {
    let y = index * x
    x -= 1
    print(y)
}
```

이 코드는 20회 반복하면서 산술식을 계산한다. 앞의 코드를 플레이그라운드 에디터에 입력했다면 새롭게 추가된 이 코드만 실행되도록 13번 줄에 있는 실행 버튼을 클릭하자. 플레이그라운드는 이 반복문을 실행하고 반복문이 몇 번 수행되있는지에 대한 횟수를 결과 패널에 표시할 것이다. 하지만, 더 흥미로운 정보는 그림 4-9와 같이 결과 패널 위로 마우스 포인터를 올리면 나타나는 2개의 버튼을 통해 얻을 수 있다.

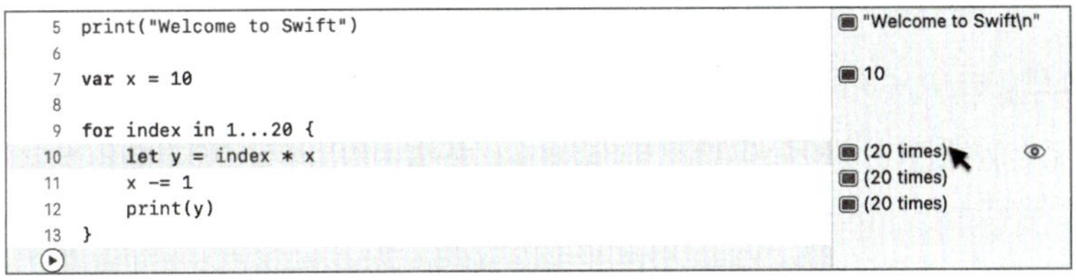

그림 4-9

두 개의 버튼 중에 오른쪽에 있는 것이 **Quick Look** 버튼이다. 이 버튼을 클릭하면 그림 4-10과 같이 결과를 보여주는 팝업 패널이 나타날 것이다.

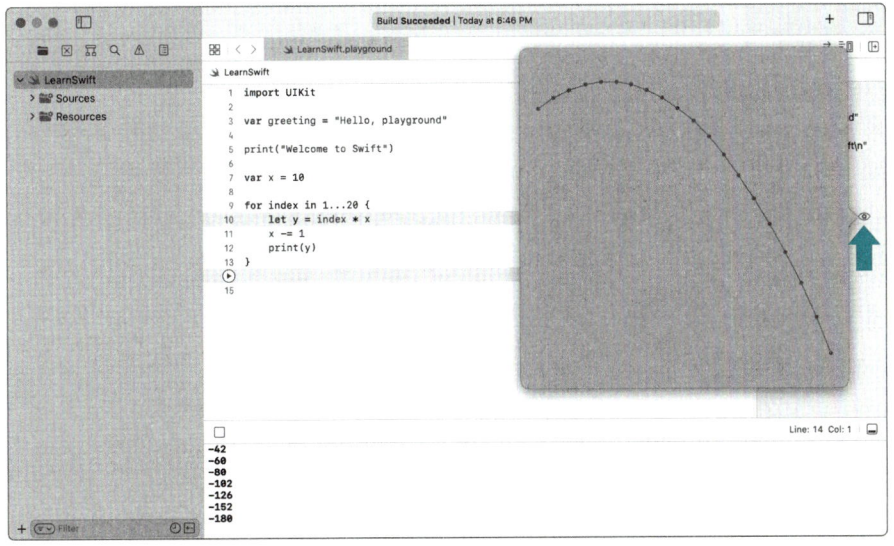

그림 4-10

4.4 결과 보기

왼쪽에 있는 버튼은 **Show Result** 버튼이다. 이 버튼을 클릭하면 그림 4-11과 같이 해당 코드 아래에 결과가 표시된다.

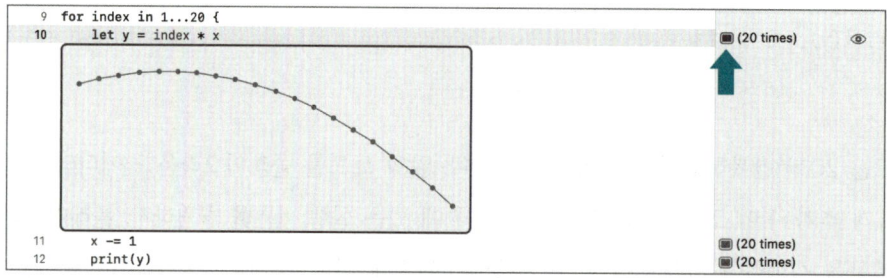

그림 4-11

4.5 서식 있는 텍스트 주석 추가하기

서식 있는 텍스트rich text 주석은 플레이그라운드 내에 있는 코드를 쉽게 형식화하고 읽기 쉽게 하는 방식으로 문서화해준다. 한 줄의 텍스트 앞에 //:를 붙이면 서식 있는 텍스트로 만들 수 있다. 예를 들어,

```
//: 이것은 한 줄 문서 텍스트다.
```

텍스트 블록[1]은 /*:와 */ 주석 마크로 감싸면 된다.

```
/*:
이것은 여러 줄로 구성된
문서 텍스트 블록이다.
*/
```

서식 있는 텍스트는 마크업 언어를 이용하며, 가볍고 사용하기 쉬운 문법을 이용하여 텍스트의 서식을 지정할 수 있게 해준다. 예를 들어, 텍스트 줄 앞에 '#' 문자를 쓰면 제목이 되며, '*' 문자로 텍스트를 감싸면 이탤릭체가 된다. 반면, '**' 문자로 텍스트를 감싸면 볼드체가 된다. 텍스트 줄 앞에 '*'를 붙이면 **불릿 포인트**bullet point를 표시할 수 있다. 마크업의 다른 많은 기능 중에는 이미지나 하이퍼링크를 주석 내용에 포함시킬 수도 있다.

---

1 옮긴이 여러 줄의 텍스트.

서식 있는 텍스트 주석을 실제로 확인하기 위해서 플레이그라운드 에디터에 있는 `print("Welcome to Swift")` 코드 줄 바로 아래에 다음의 마크업 내용을 입력하자.

```
/*:
# Welcome to Playgrounds
This is your *first* playground which is intended to demonstrate:
* The use of **Quick Look**
* Placing results **in-line** with the code
*/
```

추가된 주석은 raw markup 형식으로 표시된다. 이것을 rendered markup 형식으로 표시하려면 **Editor ➡ Show Rendered Markup** 메뉴를 선택하거나 인스펙터 패널(그림 4-2에서의 A)에서 **Playground Settings** 아래에 있는 **Render Documentation**을 활성화하면 된다. 인스펙터 패널이 현재 표시되지 않았다면 그림 4-1에서 오른쪽 화살표로 표시된 버튼을 클릭하여 표시되게 한다. 이렇게 했다면 그림 4-12와 같이 나타날 것이다.

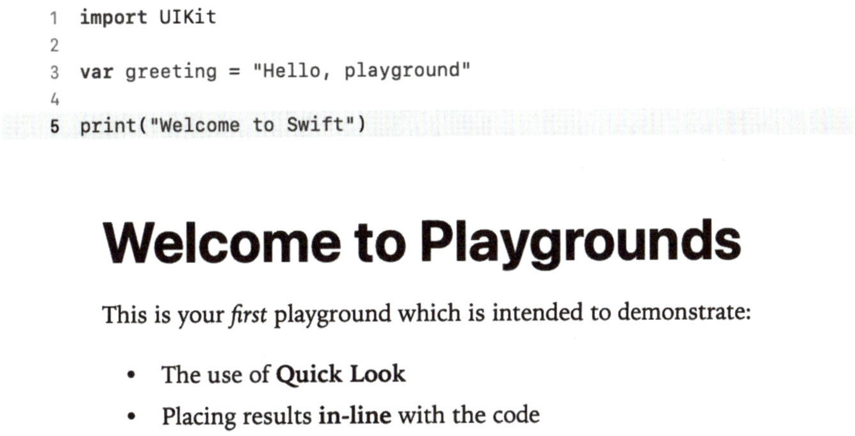

```
1  import UIKit
2
3  var greeting = "Hello, playground"
4
5  print("Welcome to Swift")
```

Welcome to Playgrounds

This is your *first* playground which is intended to demonstrate:

- The use of **Quick Look**
- Placing results **in-line** with the code

그림 4-12

마크업 구문에 대한 자세한 내용은 다음의 URL에서 확인하자.

https://developer.apple.com/library/content/documentation/Xcode/Reference/xcode_markup_formatting_ref/index.html

4.6 여러 개의 플레이그라운드 페이지로 작업하기

플레이그라운드는 여러 개의 페이지로 구성될 수 있으며, 각각의 페이지는 자신만의 코드, 리소스, 그리고 서식 있는 주석을 포함할 수 있다. 이번 장에서 봤던 지금까지의 플레이그라운드는 하나의 페이지를 가지고 있었다. 이제 이 플레이그라운드에 하나의 페이지를 추가해보자. 내비게이터 패널 상단의 **LearnSwift** 항목을 선택하고, 마우스 우클릭을 하여 나타난 메뉴에서 **New Playground Page**를 선택한다. 만약 내비게이터 패널이 현재 표시되지 않은 상태라면, 그림 4-1에서 왼쪽 화살표가 가리키는 버튼을 클릭하여 내비게이터 패널을 표시하자. 이제 내비게이터 패널에 'Untitled Page'와 'Untitled Page 2'라는 이름의 페이지가 보일 것이다. 'Untitled Page 2'를 선택한 뒤 다시 클릭하여 이름을 수정할 수 있게 하고, 그림 4-13과 같이 **SwiftUI Example**라는 이름으로 바꾸자.

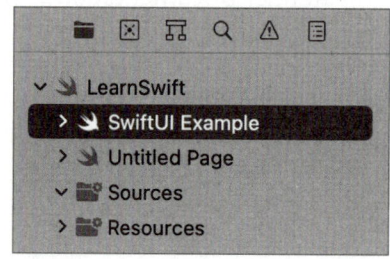

그림 4-13

새롭게 추가된 페이지에는 마크업 링크가 있으며, 이 링크를 클릭하면 플레이그라운드 내에 있는 이전 페이지 또는 다음 페이지로 이동하게 된다.

4.7 플레이그라운드에서 SwiftUI와 라이브 뷰로 작업하기

플레이그라운드는 스위프트 프로그래밍 언어로 실험할 수 있게 할 뿐만 아니라 SwiftUI와 함께 작동하는 데도 사용될 수 있다. 이를 통해 SwiftUI 뷰의 프로토타입을 만들 수 있을 뿐만 아니라 플레이그라운드 라이브 뷰 기능과 결합하여 해당 뷰를 실행하고 상호작용할 수도 있다.

SwiftUI 및 라이브 뷰를 사용하려면 새롭게 추가된 SwiftUI Example 페이지를 선택하고 현재 코드를 삭제한 다음 SwiftUI 및 PlaygroundSupport 프레임워크를 모두 임포트하도록 수정한다.

```
import SwiftUI
import PlaygroundSupport
```

PlaygroundSupport 모듈은 플레이그라운드 타임라인 내에서 라이브 뷰를 표시하는 기능을 포함하여 플레이그라운드에 대한 몇 가지 유용한 기능을 제공한다.

import 문 아래에 다음 코드를 추가한다(이 예제에서 사용된 모든 기술은 이후 장들에서 자세하게 설명할 것이므로 이해가 되지 않더라도 안심하자).

```swift
struct ExampleView: View {

    var body: some View {
        VStack {
            Rectangle()
                .fill(Color.blue)
                .frame(width: 200, height: 200)
            Button(action: {
            }) {
                Text("Rotate")
            }
        }
        .padding(10)
    }
}
```

이 코드는 파란색 Rectangle 뷰와 Button으로 구성된 ExampleView라는 사용자 정의 SwiftUI 뷰를 생성하며 둘 다 VStack에 포함된다.

PlaygroundSupport 모듈에는 플레이그라운드 코드가 플레이그라운드를 구성하는 페이지와 상호작용할 수 있도록 하는 PlaygroundPage라는 클래스를 포함한다. 이것은 클래스의 다양한 메서드와 속성을 통해 가능하게 되는데, 그중 하나가 current 속성이다. 이 속성은 현재 플레이그라운드 페이지에 대한 액세스를 제공한다. 플레이그라운드 내에서 코드를 실행하려면 현재 페이지의 liveView 속성을 새로운 컨테이너로 설정해야 한다. **라이브 뷰**Live View 패널을 표시하려면 그림 4-14와 같이 Xcode의 **Editor ➡ Live View** 메뉴 옵션을 활성화한다.

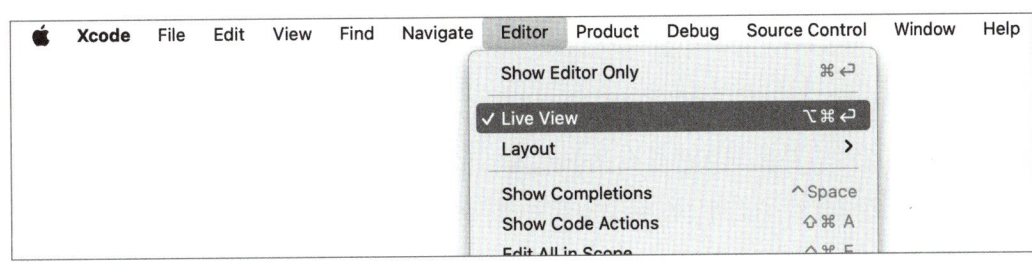

그림 4-14

라이브 뷰 패널이 표시되면 다음과 같이 현재 페이지의 라이브 뷰에 컨테이너를 할당하는 코드를 추가한다.

```
.
.
    VStack {
        Rectangle()
            .fill(Color.blue)
            .frame(width: 200, height: 200)
        Button(action: {
        }) {
            Text("Rotate")
        }
    }
    .padding(10)
}
}
PlaygroundPage.current.setLiveView(ExampleView()
    .padding(100))
```

이렇게 추가한 후, 실행 버튼을 클릭하여 라이브 뷰를 시작한다. 잠시 후 그림 4-15와 같이 뷰가 표시될 것이다.

Rotate

그림 4-15

버튼을 클릭했을 때 수행할 작업을 아직 구성하지 않았기 때문에 뷰가 라이브인지 확인하기 어렵다. 작동 중인 라이브 뷰를 보려면 중지 버튼을 클릭하고, 버튼을 클릭할 때마다 파란색(이 책에서는 회색) 사각형을 60°씩 회전하도록 뷰 선언을 수정하자.

```
import SwiftUI
import PlaygroundSupport

struct ExampleView: View {

    @State private var rotation: Double = 0

    var body: some View {
        VStack {
            Rectangle()
                .fill(Color.blue)
                .frame(width: 200, height: 200)
                .rotationEffect(.degrees(rotation))
                .animation(.linear(duration: 2), value: rotation)
            Button(action: {
                rotation = (rotation < 360 ? rotation + 60 : 0)
            }) {
                Text("Rotate")
            }
        }
        .padding(10)
    }
}

PlaygroundPage.current.setLiveView(ExampleView()
    .padding(100))
```

실행 버튼을 클릭하여 라이브 뷰에서 뷰를 시작하고 버튼을 클릭할 때마다 사각형이 회전하는 것을 확인하자.

그림 4-16

4.8 요약

이번 장에서는 플레이그라운드에 대한 개념을 소개하였다. 플레이그라운드는 스위프트 코드를 입력하고 그 결과를 동적으로 볼 수 있는 환경을 제공한다. 플레이그라운드는 Xcode 프로젝트를 생성하고 코드를 반복적으로 편집, 컴파일 및 실행할 필요 없이 iOS SDK에 포함된 많은 클래스 및 API를 실험하고 스위프트 프로그래밍 언어를 학습할 수 있게 해주는 최고의 환경을 제공한다.

CHAPTER **05**

스위프트 데이터 타입, 상수, 그리고 변수

만약 여러분이 스위프드 프로그래밍 언이가 처음이라면 이후의 장들에서 설명하는 내용을 반드시 읽기 바란다. SwiftUI가 앱 개발을 이전보다 더 쉽게 해준다고 해도, SwiftUI를 이해하고 완벽하게 동작하는 앱을 개발하기 위해서는 스위프트 프로그래밍을 반드시 배워야 하기 때문이다.

반면에 여러분이 스위프트 프로그래밍 언어에 익숙하다면 스위프트 내용의 장들을 건너뛰어도 괜찮다. 스위프트 언어에 대해 어느 정도 알고 있지만 단일 표현식에서의 암묵적 반환, 불투명한 반환 타입 그리고 프로퍼티 래퍼에 익숙하지 않다면 SwiftUI 장으로 넘어가기 전에 이러한 기능과 관련된 섹션과 장들은 읽어보도록 하자.

iOS 8 이전에는 **오브젝티브-C**Objective-C가 iOS 애플리케이션 개발을 위한 프로그래밍 언어였다. 하지만, 애플이 iOS 8을 발표하면서 오브젝티브-C를 대체할 언어로 스위프트 프로그래밍 언어를 발표하였다.

iOS의 인기로 오브젝티브-C는 가장 널리 사용되는 프로그래밍 언어들 중에 하나가 되었다. 오브젝티브-C는 40년이나 된 C 언어에 그 뿌리를 두고 있다. C 언어 역시 최근에 문법에 대해 현대화하려는 노력을 하고 있지만, 오브젝티브-C는 자신만의 시대를 이미 열기 시작했다.

반면, 스위프트는 더 쉽고 빠르게 프로그래밍할 수 있으며, 프로그래머의 오류를 줄여주기 위해 설계된 비교적 새로운 프로그래밍 언어다. iOS, iPadOS, macOS, watchOS 그리고 tvOS용 애플리케이션 개발에 사용되는 스위프트는 기존 언어에 뿌리를 둔 오브젝티브-C와는 다르다. 백지 상태에서 시작한 새롭고 혁신적인 프로그래밍 언어이지만, 다른 프로그래밍 언어에 대한 경험이 있다면 스위프트 구문들이 그리 어렵지 않을 것이다.

스위프트 프로그래밍에 대한 개요와 설명을 몇몇 장에 걸쳐 먼저 진행할 것이다. 이것은 여러분이 스위프트를 이용하여 자신 있게 프로그램을 만들 수 있도록 하기 위함이다. 스위프트의 모든 기능, 복잡성, 특징에 대해 자세히 알고 싶다면 애플에서 제공하는 《The Swift Programming Language》(애플 북스 앱에서 도서명으로 검색한 후에 무료로 받을 수 있다)를 추천한다.

5.1 스위프트 플레이그라운드 사용하기

이번 장부터 우리는 스위프트 프로그래밍 언어에 대한 기초를 살펴볼 것이다. 스위프트를 배우기 위한 가장 좋은 방법은 스위프트 플레이그라운드 환경에서 이것저것 해보는 것이라고 이전 장에서 배웠다. 따라서 이번 장의 내용을 시작하기 전에 새로운 플레이그라운드를 생성하고 그 안에서 코드를 테스트해볼 것이다.

5.2 스위프트 데이터 타입

금융 애플리케이션부터 그래픽 집약적인 게임까지 컴퓨터 시스템과 모바일 디바이스에서 실행되는 다양한 종류의 소프트웨어를 접하다 보면, 컴퓨터는 단지 이진 연산을 하는 시스템이라는 것을 잊어버리곤 한다. 이진 시스템은 0과 1, 참/거짓, 설정됨/설정되지 않음으로 동작한다. RAM에 올라온 모든 데이터는 디스크 드라이브에 저장되어 회로 보드와 버스를 통해 전달되는 1과 0들의 나열에 지나지 않는다. 각각의 1 또는 0을 **비트**bit라고 부르며, 8개의 비트가 모이면 **바이트**byte라는 그룹이 된다. 흔히들 32비트 컴퓨터, 64비트 컴퓨터라고 말하는 것은 CPU 버스가 동시에 처리할 수 있는 비트 수에 대한 얘기다. 예를 들어, 64비트 CPU는 64비트 블록의 데이터를 처리할 수 있어서 32비트 기반의 시스템보다 더 빠른 성능을 보여줄 수 있다.

물론, 사람은 2진수로 생각하지 않는다. 우리는 10진수, 문자, 단어를 통해 작업한다. 사람이 쉽게 컴퓨터 프로그래밍을 하기 위해서는 사람과 컴퓨터 사이에 어떠한 중간 역할을 하는 게 필요하다. 이때 스위프트와 같은 프로그래밍 언어가 이와 같은 역할을 한다. 프로그래밍 언어들은 우리가 이해하는 구조와 명령을 컴퓨터에게 전달할 수 있게 하며, CPU에 의해 실행될 수 있는 형태로 컴파일해준다.

모든 프로그램의 기본 중의 하나가 데이터이며, 스위프트와 같은 프로그래밍 언어는 **데이터 타입**data type을 정의한다. 데이터 타입은 프로그래밍할 때 우리가 이해할 수 있는 형태로 데이터를 처리할 수 있게 해준다. 예를 들어, 스위프트 프로그램에서 숫자를 저장하고 싶다면 다음과 같은 구문으로 작업하게 될 것이다.

```
var myNumber = 10
```

위의 예제에서 우리는 `myNumber`라는 이름의 변수를 생성하고 `10`을 할당했다. 이 코드를 CPU가 사용하는 기계어로 컴파일하면 컴퓨터는 10이라는 숫자를 다음과 같은 2진수로 이해하게 된다.

```
1010
```

데이터 타입에 대한 기본적인 개념과 필요한 이유를 알았으니 지금부터는 스위프트에서 지원하는 일반적인 데이터 타입들에 대해 자세히 알아보자.

5.2.1 정수형 데이터 타입

스위프트의 정수형 데이터 타입은 정수(다시 말해, 소수점 이하 자리가 없는 수)를 저장하기 위해 사용된다. 정수에는 양수, 음수, 0 값을 저장할 수 있는 **부호 있는**signed 정수와 양수 그리고 0 값만 저장하는 **부호 없는**unsigned 정수가 있다.

스위프트는 8비트, 16비트, 32비트 64비트 정수를 지원하며, 각각의 데이터 타입은 `Int8`, `Int16`, `Int32`, `Int64`다. 또한, 각각에 대한 부호 없는 정수도 지원하며, 데이터 타입은 `UInt8`, `UInt16`, `UInt32`, `UInt64`다.

일반적으로 애플은 위에서 언급한 특정 크기의 데이터 타입을 사용하기보다 `Int` 데이터 타입을 사용하라고 권장한다. `Int` 데이터 타입은 코드가 실행되는 플랫폼에 맞는 정수 크기를 사용하게 될 것이다.

모든 정수형 데이터 타입들은 해당 데이터 타입이 지원하는 최댓값과 최솟값을 알 수 있도록 범위 속성을 가지고 있다. 예를 들어, 다음의 코드는 32비트 정수형 데이터 타입의 최댓값과 최솟값을 출력한다.

```
print("Int32 Min = \(Int32.min) Int32 Max = \(Int32.max)")
```

이 코드를 실행하면 다음과 같이 출력될 것이다.

```
Int32 Min = -2147483648 Int32 Max = 2147483647
```

5.2.2 부동소수점 데이터 타입

스위프트의 부동소수점 데이터 타입은 소수점이 있는 값을 저장할 수 있는 데이터 타입이다. 예를 들어, 4353.1223은 부동소수점 데이터 타입으로 저장될 것이다. 스위프트에서는 두 가지의 부동소수점 데이터 타입을 제공하는데, 하나는 Float이고 하나는 Double이다. 어떤 것을 사용할지는 저장될 값의 크기와 소수점 이하의 값을 얼마나 정확하게 표현해야 하느냐에 따라 결정된다. Double 데이터 타입은 최대 64비트의 부동소수점 수를 저장하기 위해 사용하며, 코드가 실행되는 플랫폼에 따라 적어도 15자리까지 표현할 수 있다. 반면, Float 데이터 타입은 최대 32비트의 부동소수점 수를 저장하기 위해 사용하며, 적어도 6자리까지 표현할 수 있다. 또는 Float16 유형을 사용하여 16비트 부동 소수점 값을 저장할 수 있다. Float16은 낮은 정밀도를 대가로 더 나은 성능을 제공한다.

5.2.3 불리언 데이터 타입

다른 언어들과 마찬가지로 스위프트도 참/거짓(또는 1과 0)을 처리하는 목적의 데이터 타입을 가지고 있다. 스위프트는 **불리언**Boolean 데이터 타입을 가지고 작업하기 위하여 두 개의 불리언 상숫값인 true와 false를 제공한다.

5.2.4 문자 데이터 타입

스위프트의 문자 데이터 타입은 문자, 숫자, 문장 부호, 기호와 같은 하나의 문자를 저장하는 데 사용된다. 스위프트에서 문자는 내부적으로 **그래핌 클러스터**grapheme cluster의 형태로 저장된다. 그래핌 클러스터는 눈에 보이는 하나의 문자를 표현하기 위해 결합된 둘 이상의 유니코드 스칼라로 구성된다.

다음은 문자 타입의 변수에 서로 다른 문자들을 할당하는 코드다.

```
var myChar1 = "f"
var myChar2 = ":"
var myChar3 = "X"
```

유니코드의 코드 포인트를 이용하여 문자를 표현할 수도 있다. 다음은 유니코드를 이용하여 변수에 'X' 문자를 할당하는 코드다.

```
var myChar4 = "\u{0058}"
```

5.2.5 문자열 데이터 타입

문자열 데이터 타입은 일반적으로 단어나 문장을 구성하는 일련의 문자들이다. 문자열 데이터 타입은 저장 메커니즘을 제공할 뿐만 아니라, 문자열 검색, 매칭, 연결, 그리고 수정 등의 다양한 문자열 편집 기능을 가지고 있다. 스위프트에서 문자열은 내부적으로 문자들의 집합으로 표시되며, 여기서 문자는 앞에서 설명한 것처럼 하나 이상의 유니코드 스칼라값이다.

또한, 문자열은 **문자열 보간**string interpolation이라는 개념을 이용하여 변수, 상수, 표현식, 함수 호출을 조합하여 구성할 수도 있다. 예를 들어, 다음은 콘솔에 결과를 출력하기 전에 문자열 보간을 이용하여 다양한 문자열을 새롭게 생성하는 코드다.

```
var userName = "John"
var inboxCount = 25
let maxCount = 100

var message = "\(userName) has \(inboxCount) messages. Message capacity remaining is \(maxCount - inboxCount) messages."

print(message)
```

이 코드를 실행하면 다음과 같은 메시지가 출력될 것이다.

```
John has 25 messages. Message capacity remaining is 75 messages.
```

여러 줄의 문자열은 다음과 같이 삼중 따옴표 안에 넣어서 선언할 수 있다.

```
var multiline = """

    The console glowed with flashing warnings.
    Clearly time was running out.

    "I thought you said you knew how to fly this!" yelled Mary.

    "It was much easier on the simulator" replied her brother,
    trying to keep the panic out of his voice.

"""

print(multiline)
```

앞의 코드를 실행하면 다음과 같이 출력된다.

```
The console glowed with flashing warnings.
Clearly time was running out.

"I thought you said you knew how to fly this!" yelled Mary.

"It was much easier on the simulator" replied her brother,
trying to keep the panic out of his voice.
```

여러 줄의 문자열 내에서 각 줄마다 얼마큼 들여쓰기가 될 것인지는 해당 줄의 들여쓰기된 만큼에서 마지막 닫는 삼중 따옴표가 들여쓰기된 만큼을 뺀 양으로 계산된다. 예를 들어, 앞의 예제에서 4번째 줄의 들여쓰기가 10칸이고 닫는 삼중 따옴표의 들여쓰기가 5칸이라면, 4번째 줄의 들여쓰기는 사실상 5칸이 된다. 이것은 스위프트 코드 내에서 여러 줄의 문자열을 깔끔하게 형식화하고, 동시에 각 줄마다 개별적으로 들여쓰기도 할 수 있게 한다.

5.2.6 특수 문자/이스케이프 시퀀스

위에서 설명한 표준 문자들뿐만 아니라 개행, 탭 또는 문자열 내에 특정 유니코드 값을 지정하는 **이스케이프 시퀀스**escape sequence라는 특수 문자도 있다. 이러한 특수 문자들은 역슬래시 문자를 앞에 써서 구별하게 된다. 이것을 **이스케이핑**escaping이라고 한다. 예를 들어, 다음은 newline이라는 변수에 개행 문자를 할당한 것이다.

```
var newline = "\n"
```

기본적으로 역슬래시가 앞에 붙은 문자는 특수 문자로 간주되어 처리된다. 여기서 질문이 생긴다. 만약 역슬래시 문자를 쓰고 싶다면 어떻게 할까? 이것은 역슬래시 자체를 이스케이핑하면 된다.

```
var backslash = "\\"
```

스위프트에서 주로 사용되는 특수 문자는 다음과 같다.

- \n - 개행
- \r - 캐리지 리턴

- \t - 탭
- \\ - 역슬래시
- \" - 쌍따옴표(문자열 선언부 내에서 쌍따옴표를 쓸 때 사용됨)
- \' - 홑따옴표(문자열 선언부 내에서 홑따옴표를 쓸 때 사용됨)
- \u{nn} – 한 바이트 유니코드 스칼라. nn은 유니코드 문자를 표현하는 두 개의 16진수를 쓴다.
- \u{nnnn} – 두 바이트 유니코드 스칼라. nnnn은 유니코드 문자를 표현하는 네 개의 16진수를 쓴다.
- \u{nnnnnnnn} – 네 바이트 유니코드 스칼라. nnnnnnnn은 유니코드 문자를 표현하는 여덟 개의 16진수를 쓴다.

5.3 스위프트 변수

본질적으로 **변수**variable는 애플리케이션이 사용하는 데이터를 저장하기 위해 예약된 컴퓨터 메모리 내의 위치다. 각각의 변수는 프로그래머에 의해 이름이 주어지고 값이 할당된다. 변수에 할당된 이름은 변수에 할당된 값을 스위프트 코드 내에서 접근하기 위해 사용된다. 물론, 변수에 할당된 값을 변경할 수도 있다.

5.4 스위프트 상수

상수constant도 변수처럼 데이터 값을 저장하기 위해 메모리 내의 위치에 이름을 명명한다. 한 가지 큰 차이점은 값이 한번 할당되면 나중에 그 값을 바꾸지 못한다는 점이다.

상수는 애플리케이션 코드 내에서 반복적으로 사용되는 값이 있을 때 특히 유용하다. 만약 어떤 값을 상수에 처음 할당하고 그 값이 사용될 때마다 상수를 사용한다면, 코드의 가독성이 더 좋아질 것이다. 예를 들어, 여러분이 만든 스위프트 코드 내의 어떤 계산식에서 5라는 값을 사용하고 있을 때 다른 사람은 왜 5라는 값을 사용하는지 모를 수 있다. 하지만, 5라는 값 대신에 `interestRate`라는 상수명을 사용한다면 그 값의 목적이 무엇인지 더욱 명확해질 것이다. 상수가 주는 또 하나의 장점은 애플리케이션 코드 내의 여러 곳에서 어떤 상수를 사용하고 있고 그 값을 전체적으로 변경해야 할 경우에 상수 선언부에서 한 번만 수정하면 모두 적용된다는 점이다.

변수와 마찬가지로 상수 역시 데이터 타입과 이름, 그리고 값을 갖지만, 상수에 한번 할당된 값은 프로그램 실행 중에 바꿀 수 없다는 점이 다르다.

5.5 상수와 변수 선언하기

변수는 var 키워드를 사용하여 선언하며, 변수를 생성할 때 값으로 초기화할 수 있다. 만약 어떤 변수가 초깃값 없이 선언되었다면, 이번 장 후반부에서 설명할 **옵셔널**optional로 선언된 것으로 간주한다. 예를 들어, 다음은 일반적인 변수 선언부다.

```
var backslash = "\\"
```

상수는 let 키워드를 사용하여 선언한다.

```
let maxUserCount = 20
```

애플은 코드의 효율성과 실행 성능의 향상을 위해서 가능하면 변수보다 상수를 사용하라고 권장하고 있다.

5.6 타입 애너테이션과 타입 추론

스위프트는 데이터 **타입이 안전한**type safe 프로그래밍 언어에 속한다. 즉, 변수의 데이터 타입이 한번 정해지면 그 변수는 다른 타입의 데이터를 저장하는 데 사용될 수 없으며, 컴파일 에러가 발생하게 된다. 이와 반대로, 데이터 **타입이 느슨한**loosely typed 프로그래밍 언어는 변수를 선언한 후에 다른 데이터 타입을 저장할 수 있는 언어다.

상수 또는 변수의 타입을 지정하는 방법은 두 가지가 있다. 하나는 변수나 상수를 선언할 때 **타입 애너테이션**type annotation을 사용하는 것이다. 이것은 변수나 상수 이름 뒤에 콜론을 쓰고 타입을 선언하는 것이다. 예를 들어, 다음은 userCount라는 이름의 변수를 정수형으로 선언하고 있다.

```
var userCount: Int = 10
```

선언부에서 타입 애너테이션이 없다면 스위프트 컴파일러는 **타입 추론**type inference이라는 기술을 사용하여 변수 또는 상수의 타입을 지정한다. 컴파일러가 타입 추론을 사용하게 되면 변수 또는 상수가 초기화되는 시점에 할당된 값의 타입이 무엇인지를 판단하여 해당 타입으로 지정한다. 예를 들어, 다음의 변수와 상수 선언부를 보자.

```
var signalStrength = 2.231
let companyName = "My Company"
```

앞의 코드를 컴파일하면 스위프트는 변수 signalStrength를 Double 타입(모든 부동소수점 수에 대하여 스위프트에서는 Double이 디폴트다)으로, 그리고 상수 companyName은 String 타입으로 간주한다.

타입 애너테이션 없이 상수를 선언하게 될 경우에는 반드시 선언 시점에서 값을 할당해야 한다.

```
let bookTitle = "SwiftUI Essentials"
```

하지만, 상수를 선언할 때 타입 애너테이션을 사용하면 다음의 예제와 같이 코드 내에서 나중에 값을 할당할 수 있다.

```
let bookTitle: String
.
.
if iosBookType {
    bookTitle = "SwiftUI Essentials"
} else {
    bookTitle = "Android Studio Development Essentials"
}
```

여기서 기억해야 할 점은 상수에 값을 할당하는 것은 오직 한 번뿐이라는 것이다. 값을 할당한 상수에 다시 값을 할당하려고 하면 구문 오류가 날 것이다.

5.7 스위프트 튜플

다른 데이터 타입을 더 알아보기 전에 **튜플**tuple을 먼저 살펴보자. 아마도 튜플은 스위프트 프로그래밍 언어에서 가장 단순하면서도 강력한 기능을 가진 것들 중 하나일 것이다. 튜플은 여러 값을 하나의 항목으로 임시적으로 그루핑하는 매우 간단한 방법이다. 서로 다른 타입의 값들이 튜플에 저장될 수 있으며, 모두 동일한 타입의 값이어야 한다는 제약도 없다. 예를 들어, 튜플은 다음의 예제와 같이 정수, 부동소수점 수, 그리고 문자열을 가지도록 구성할 수 있다.

```
let myTuple = (10, 432.433, "This is a String")
```

튜플에 저장된 값을 얻는 방법은 다양하다. 특정 튜플값은 인덱스 위치를 참조하면 간단하게 접근할 수 있으며, 가장 첫 번째 값의 인덱스는 0이다. 예를 들어, 다음은 튜플을 생성하고 튜플의 인덱스 2에 있는 문자열을 추출한 다음에 새로운 문자열 변수에 그 값을 할당하는 코드다.

```
let myTuple = (10, 432.433, "This is a String")
let myString = myTuple.2
print(myString)
```

다른 방법으로, 하나의 구문으로 튜플에 있는 모든 값을 추출하여 변수 또는 상수에 각각 할당하는 방법도 있다.

```
let (myInt, myFloat, myString) = myTuple
```

위와 같은 기술을 사용하여 튜플 내의 값들을 선택적으로 추출할 수도 있다. 원하지 않는 값의 자리에 밑줄 문자를 쓰면 해당 값이 무시된다. 다음은 부동소수점 수는 무시하고 정수와 문자열 값만 튜플에서 추출하여 변수에 할당하는 코드다.

```
var (myInt, _, myString) = myTuple
```

튜플을 생성할 시점에서 각각의 값을 변수에 할당할 수도 있다.

```
let myTuple = (count: 10, length: 432.433, message: "This is a String")
```

값들이 할당된 변수를 튜플에 저장하면 코드 내에서 저장된 값을 참조할 때 변수를 사용할 수 있다. 예를 들어, `myTuple` 인스턴스에 있는 `message` 변수의 문자열 값을 출력하고자 한다면 다음과 같이 할 수 있다.

```
print(myTuple.message)
```

나중에 이 책에서 보게 되겠지만, 튜플이 가진 가장 강력한 기능은 하나의 함수에서 여러 값을 반환할 수 있다는 점이다.

5.8 스위프트 옵셔널 타입

스위프트 옵셔널 데이터 타입은 대부분의 다른 프로그래밍 언어에 없는 새로운 개념이다. 옵셔널 타입의 목적은 변수 또는 상수에 값이 할당되지 않은 상황을 처리하기 위해 안전하고 일관된 접근 방식을 제공하는 것이다.

변수를 선언할 때, 데이터 타입 애너테이션 다음에 '?' 문자를 두어 옵셔널이 되게 한다. 다음은 index라는 이름의 Int 타입의 변수를 옵셔널로 선언하는 코드다.

```
var index: Int?
```

이제 index 변수는 정숫값이 할당되거나 아무런 값도 할당되지 않을 수 있다. 내부적으로 컴파일러와 런타임의 관점에서 볼 때 어떤 값도 할당되지 않은 옵셔널은 실제로 nil의 값을 갖는다.

옵셔널은 할당된 값이 있는지를 식별하기 위한 테스트를 다음과 같이 쉽게 할 수 있다.

```
var index: Int?

if index != nil {
    // index 변수는 값이 할당되어 있다.
} else {
    // index 변수는 값이 할당되어 있지 않다.
}
```

만약 옵셔널에 값이 할당되었다면 해당 값이 옵셔널 내에서 **래핑되었다**wrapped고 말한다. 옵셔널 안에 래핑된 값을 사용할 때는 **강제 언래핑**forced unwrapping이라는 개념을 이용하게 된다. 간략하게 말해, 래핑된 값은 옵셔널 데이터 타입에서 옵셔널 이름 뒤에 느낌표(!)를 두어 추출되게 한다.

언래핑의 개념을 좀 더 자세히 살펴보기 위해서 다음의 코드를 살펴보자.

```
var index: Int?

index = 3

var treeArray = ["Oak", "Pine", "Yew", "Birch"]

if index != nil {
    print(treeArray[index!])
} else {
    print("index does not contain a value")
}
```

간단하게 이 코드는 나무 종류 이름을 나타내는 문자열 배열의 인덱스를 담는 옵셔널 변수를 사용한다. 스위프트 배열에 대해서는 '스위프트의 배열과 딕셔너리 컬렉션으로 작업하기'에서 더 자세히 다룰 것이다. 만약 index 옵셔널 변수에 값이 할당되면 배열의 해당 위치에 있는 나무 이름이 콘솔에 출력된다. index 변수가 옵셔널 타입이기 때문에 변수명 뒤에 느낌표를 두어 값이 언래핑된다.

```
print(treeArray[index!])
```

반대로, 앞의 코드에서 느낌표를 빼서 index 변수가 언래핑되지 않는다면 컴파일러는 다음과 같은 에러를 낼 것이다.

```
Value of optional type 'Int?' must be unwrapped to a value of type 'Int'
```

강제 언래핑 대신, 옵셔널로 할당된 값은 **옵셔널 바인딩**optional binding을 이용하여 임시 변수나 상수에 할당할 수 있으며, 구문은 다음과 같다.

```
if let constantname = optionalName {

}

if var variablename = optionalName {

}
```

앞의 코드는 두 가지 작업을 수행한다. 첫 번째는 지정된 옵셔널이 값을 가지고 있는지를 확인하는 작업이다. 두 번째는 옵셔널 변수가 값을 가지고 있는 경우에 선언된 상수 또는 변수에 그 값을 할당하고 코드가 실행된다. 따라서 앞에서의 강제 언래핑 예제는 다음과 같이 옵셔널 바인딩을 사용하는 방법으로 수정할 수 있다.

```swift
var index: Int?

index = 3

var treeArray = ["Oak", "Pine", "Yew", "Birch"]

if let myvalue = index {
    print(treeArray[myvalue])
} else {
    print("index does not contain a value")
}
```

여기서는 index 변수에 할당된 값이 언래핑되어 myValue라는 임시 상수에 할당되어 배열에 대한 인덱스로 사용된다. myValue 상수를 임시로 설명한 부분에 주목하자. 왜냐하면 if 구문 안에서만 유효한 상수이기 때문이다. if 구문 실행이 끝나면 이 상수는 더이상 존재하지 않게 된다. 이러한 이유로 옵셔널로 할당된 동일한 이름을 사용해도 충돌이 발생하지 않는다. 다음의 예제도 유효한 코드다.

```
.
.
if let index = index {
    print(treeArray[index])
} else {
.
.
```

앞의 예제를 보면 임시 값의 사용이 불필요해 보인다. 다행히 스위프트 개발 팀도 같은 결론에 도달했고 Swift 5.7에 다음과 같은 약식 if-let 구문을 도입했다.

```swift
var index: Int?

index = 3

var treeArray = ["Oak", "Pine", "Yew", "Birch"]
```

```
if let index {
    print(treeArray[index])
} else {
    print("index does not contain a value")
}
```

이 방식을 사용하면 더 이상 임시 값을 옵셔널에 할당할 필요가 없어진다.

옵셔널 바인딩을 사용하여 여러 선택 사항을 풀고 조건식을 포함할 수도 있다. 이에 대한 구문은 다음과 같다.

```
if let 상수명1 = 옵셔널 이름1, let 상수명2 = 옵셔널 이름2, let 옵셔널 이름3 = …, <조건식> {

}
```

임시 값을 사용할 필요가 없는 여러 옵셔널과 테스트 조건으로 작업한다면, 약식 `if-let` 구문도 사용할 수 있다.

```
if let 상수명1, let 상수명2, let 옵셔널 이름3, ... <조건식> {

}
```

예를 들어, 다음의 코드는 약식 옵셔널 바인딩을 사용하여 한 줄의 코드 내에서 2개의 옵셔널을 언래핑한다.

```
var pet1: String?
var pet2: String?

pet1 = "cat"
pet2 = "dog"

if let pet1, let pet2 {
    print(pet1)
    print(pet2)
} else {
    print("insufficient pets")
}
```

반면, 다음의 코드는 조건문을 사용하는 예제다.

```
if let pet1, let pet2, petCount > 1 {
    print(pet1)
    print(pet2)
} else {
    print("insufficient pets")
}
```

앞의 예제에서 petCount에 할당된 값이 1보다 크지 않다면 옵셔널 바인딩이 수행되지 않을 것이다.

또한, **암묵적으로 언래핑**implicitly unwrapped되도록 옵셔널을 선언할 수도 있다. 이런 방식으로 옵셔널을 선언하면 강제 언래핑이나 옵셔널 바인딩을 하지 않아도 값에 접근할 수 있다. 옵셔널을 선언할 때 물음표(?) 대신에 느낌표(!)를 사용하여 암묵적으로 언래핑되도록 하는 것이다.

```
var index: Int!  // 이제 옵셔널은 암묵적으로 언래핑된다.

index = 3

var treeArray = ["Oak", "Pine", "Yew", "Birch"]

if index != nil {
    print(treeArray[index])
} else {
    print("index does not contain a value")
}
```

이제 index 옵셔널 변수는 암묵적으로 언래핑되도록 선언되어, 앞의 코드(print 함수 호출)에서 배열의 인덱스로 사용될 때 값을 언래핑할 필요가 없게 된다.

스위프트의 옵셔널에 대해 마지막으로 살펴봐야 할 부분은 할당된 값이 없거나 nil을 할당할 수 있는 것은 옵셔널 타입뿐이라는 점이다. 즉, 스위프트에서 옵셔널이 아닌 변수 또는 상수에는 nil을 할당할 수 없다. 예를 들어, 다음의 코드는 모두 컴파일 에러가 날 것이다. 그 이유는 옵셔널로 선언된 변수가 아니기 때문이다.

```
var myInt = nil              // 유효하지 않은 코드
var myString: String = nil   // 유효하지 않은 코드
let myConstant = nil         // 유효하지 않은 코드
```

5.9 타입 캐스팅과 타입 검사

스위프트 코드를 작성할 때 컴파일러가 어떤 값의 특정 타입을 식별하지 못하는 경우가 발생할 것이다. 이런 경우는 메서드나 함수가 반환하는 값이 불명확하거나 예상되지 않은 타입의 값일 때 종종 발생한다. 이럴 때는 as 키워드를 사용하여 여러분의 코드가 의도하는 값의 타입을 컴파일러가 알 수 있게 해야 한다. 이것을 **타입 캐스팅**type casting(형 변환)이라고 한다.

예를 들어, 다음은 object(forKey:) 메서드가 반환하는 값을 String 타입으로 처리해야 한다고 컴파일러에게 알려주는 코드다.

```
let myValue = record.object(forKey: "comment") as! String
```

실제로 타입 캐스팅에는 **업캐스팅**upcasting과 **다운캐스팅**downcasting이라는 두 가지 형태가 있다. 업캐스팅은 특정 클래스의 객체가 상위 클래스들 중의 하나로 변형되는 것을 말한다. 업캐스팅은 as 키워드를 사용하여 수행되며, 이러한 변환은 성공할 것이라고 컴파일러가 알려줄 수 있기 때문에 **보장된 변환**guaranteed conversion이라고도 한다. 예를 들어, 그림 5-1과 같이 UIKit 클래스 계층 구조를 볼 때 UIButton 클래스는 UIControl 클래스의 하위 클래스다.

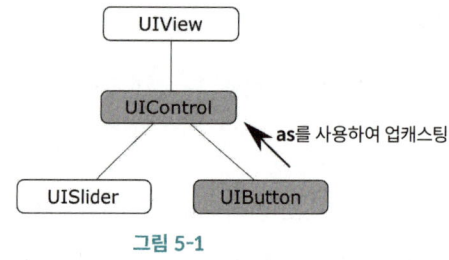

그림 5-1

UIButton은 UIControl의 하위 클래스이므로 다음과 같이 안전하게 업캐스팅될 수 있다.

```
let myButton: UIButton = UIButton()

let myControl = myButton as UIControl
```

반면, 다운캐스팅은 어떤 클래스에서 다른 클래스로 만드는 변환이 일어날 때 발생한다. 이런 변환이 안전하게 수행된다거나 유효하지 않은 변환 시도를 컴파일러가 잡아낼 것이라는 보장을 할 수 없다. 다운캐스팅으로 유효하지 않은 변환을 했는데 컴파일러가 발견하지 못한다면, 대부분의 경우 런타임에서 에러가 발생할 것이다.

다운캐스팅은 보통 어떤 클래스에서 그 클래스의 하위 클래스로 변환하게 된다. 다운캐스팅은 as! 키워드로 수행되며, 이를 **강제 변환**forced conversion이라고 한다. 예를 들어, 그림 5-2와 같이 UIKit의 UIScrollView 클래스는 UITableView 클래스와 UITextView 클래스라는 하위 클래스를 가지고 있다.

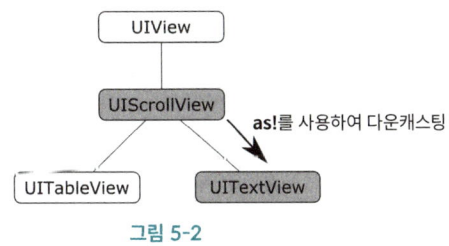

그림 5-2

UIScrollView 객체를 UITextView 클래스로 변환하기 위해서는 다운캐스팅이 필요하다. 다음의 코드는 보장된 변환 또는 업캐스팅 방법을 사용하여 UIScrollView 객체를 UITextView로 다운캐스팅하려는 코드다.

```
let myScrollView: UIScrollView = UIScrollView()

let myTextView = myScrollView as UITextView
```

앞의 코드는 다음과 같은 에러가 날 것이다.

```
'UIScrollView' is not convertible to 'UITextView'
```

컴파일러는 UIScrollView 인스턴스를 UITextView 클래스 인스턴스로 안전하게 변환할 수 없음을 알려준다. 이것은 이렇게 하는 것이 틀렸다는 걸 의미하는 게 아니라 컴파일러가 이 변환의 안정성을 보장할 수 없다고 말하는 것이다. as! 키워드를 사용하여 강제적으로 다운캐스팅될 수도 있다.

```
let myTextView = myScrollView as! UITextView
```

이제 이 코드는 에러 없이 컴파일될 것이다. 하지만, 앞의 코드는 UIScrollView를 UITextView로 변환할 수 없으니 실행 중에 충돌이 발생할 것이다. 이것은 다운캐스팅의 위험성을 보여주는 예다. 따라서 강제로 다운캐스팅을 할 때는 주의해서 사용해야 한다.

다운캐스팅을 하는 더 안전한 방법은 as?를 사용한 옵셔널 바인딩을 사용하는 것이다. 만약 변환이 성공적으로 수행된다면 지정한 타입의 옵셔널 값이 반환될 것이며, 변환에 오류가 발생한다면 옵셔널 값은 nil이 될 것이다.

```
if let myTextView = myScrollView as? UITextView {
    print("Type cast to UITextView succeeded")
} else {
    print("Type cast to UITextView failed")
}
```

is 키워드를 사용하여 **타입 검사**type check를 할 수도 있다. 예를 들어, 다음은 해당 객체가 MyClass 라는 이름의 클래스의 인스턴스인지를 검사하는 코드다.

```
if myobject is MyClass {
    // myobject는 MyClass의 인스턴스다.
}
```

5.10 요약

이번 장에서는 상수와 변수를 어떻게 선언하는지에 대한 설명과 함께 데이터 타입에 대해 살펴보았다. 타입 안정성, 타입 추론, 옵셔널과 같은 개념에 대해서도 설명하였다. 각각은 스위프트 프로그래밍의 핵심 부분으로, 오류 없는 코드를 만들기 위하여 특별히 설계되었다.

CHAPTER **06**

스위프트 연산자와 표현식

지금까지 우리는 스위프트의 변수와 상수를 어떻게 사용하는지를 살펴보았고, 여러 데이터 타입에 대해서도 배웠다. 하지만, 변수를 생성할 수 있게 된 것은 이제 시작일 뿐이다. 다음 단계는 스위프트 코드 내에서 이러한 변수와 상수를 어떻게 사용하는지 배우는 것이다. 데이터를 가지고 작업하는 가장 기본적인 방법은 **표현식**expression의 형태로 작업하는 것이다.

6.1 스위프트 표현식 구문

가장 기본적인 스위프트 표현식은 하나의 **연산자**operator, 두 개의 **피연산자**operand, **할당자**assignment로 구성된다. 다음은 가장 기본적인 표현식의 예다.

```
var myresult = 1 + 2
```

앞의 예제에서 + 연산자는 두 개의 피연산자(1과 2)를 더하는 데 사용된다. 할당 연산자(=)는 덧셈의 결과를 myResult라는 이름의 변수에 할당한다. 피연산자는 앞의 예제에서 사용된 것처럼 실제 숫자 값이 될 수도 있지만, 변수 또는 변수와 상수를 혼합하여 사용될 수도 있다.

우리는 이번 장을 통하여 스위프트에서의 기본적인 연산자들에 대해 살펴볼 것이다.

6.2 기본 할당 연산자

우리는 이미 할당 연산자들 중에서 가장 기본인 = 연산자에 대해 살펴보았다. 이 할당 연산자는 표현식의 결과를 변수에 저장하는 역할을 한다. 기본적으로 = 할당 연산자는 두 개의 피연산자를 받는다. 왼쪽의 피연산자는 값을 할당받는 변수 또는 상수가 되며, 오른쪽의 피연산자는 할당할 값이 된다. 오른쪽의 피연산자는 대체로 여러 종류의 산술식이거나 논리식을 수행하는 표현식이며,

그 결과가 변수 또는 상수에 할당된다. 다음은 할당 연산자를 사용한 예이며, 모두 유효하다.

```
var x: Int? // 옵셔널 Int 변수 선언
var y = 10  // 두 번째 Int 변수 선언과 초기화

x = 10       // x에 값 할당
x = x! + y   // 언래핑한 x와 y의 합을 x에 할당
x = y        // y의 값을 x에 할당
```

6.3 산술 연산자

스위프트는 수학적 표현식을 생성하기 위하여 다양한 연산자를 제공한다. 이들 연산자 대부분은 두 개의 피연산자를 받는 **이항 연산자**binary operator다. 양수를 음수로 만들어주는 **단항 음수 연산자** unary negative operator는 예외적으로 하나의 피연산자를 받는다. 이것은 두 개의 피연산자를 받는 **뺄셈 연산자**subtraction operator와 대조된다. 다음의 예제를 보자.

```
var x = -10 // 단항 - 연산자는 변수 x에 -10을 할당하기 위해 사용함
x = x - 5   // 뺄셈 연산자. x에서 5를 뺌
```

다음의 표는 기본적인 스위프트의 산술 연산자들이다.

표 6-1

연산자	설명
- (단항)	변수 또는 표현식의 값을 음수로 만듦
*	곱셈
/	나눗셈
+	덧셈
-	뺄셈
%	나머지 연산

하나의 표현식 안에 여러 개의 연산자를 사용할 수도 있다.

예를 들면 다음과 같이 사용한다.

```
x = y * 10 + z - 5 / 4
```

6.4 복합 할당 연산자

앞 절에서 우리는 기본적인 할당 연산자를 살펴보았다. 스위프트는 산술 또는 논리 연산과 할당 연산자를 결합하기 위해 설계된 연산자들을 다양하게 제공한다. 이러한 연산자들은 연산을 수행한 결과를 피연산자들 중 하나에 저장하기 위해 주로 사용된다. 예를 들어, 다음과 같이 표현식을 작성할 수 있다.

```
x = x + y
```

앞의 표현식은 변수 x에 담긴 값을 변수 y에 담긴 값에 더한 결과를 변수 x에 저장한다. 이것은 다음과 같이 덧셈 복합 할당 연산자를 사용하여 단순화할 수 있다.

```
x += y
```

앞의 표현식은 x = x + y와 완전히 동일한 작업을 수행하지만, 프로그래머의 타이핑을 조금 줄여준다.

스위프트에서는 여러 복합 할당 연산자를 사용할 수 있다. 다음의 표는 가장 많이 사용되는 것들이다.

연산자	설명
x += y	x와 y를 더한 결과를 x에 저장한다.
x -= y	x에서 y를 뺀 결과를 x에 저장한다.
x *= y	x와 y를 곱한 결과를 x에 저장한다.
x /= y	x를 y로 나눈 결과를 x에 저장한다.
x %= y	x를 y로 나눈 나머지를 x에 저장한다.

6.5 비교 연산자

스위프트는 비교를 수행하는 데 유용한 논리 연산자들을 가지고 있다. 이들 연산자 모두는 비교 결과에 따라 불리언 결과를 반환한다. 이들 연산자들은 두 개의 피연산자를 가지고 작업한다는 점에서 **이항 연산자**다.

비교 연산자는 프로그램 흐름 제어 로직을 만드는 데 가장 많이 사용된다. 예를 들어, 하나의 값이 다른 값과 일치하는지를 바탕으로 구성되는 if 구문이다.

```
if x == y {
    // 작업 수행
}
```

비교 결과 역시 Bool 타입의 변수에 저장될 것이다. 예를 들어, 다음의 코드는 result라는 변수에 true 값이 저장될 것이다.

```
var result: Bool?
var x = 10
var y = 20

result = x < y
```

10이 20보다 작다는 것은 명백하므로 x < y 표현식은 true의 결과가 나온다. 다음의 표는 스위프트의 비교 연산자들을 나열한 것이다.

연산자	설명
x == y	만약 x와 y가 같다면 true를 반환한다.
x > y	만약 x가 y보다 크다면 true를 반환한다.
x >= y	만약 x가 y보다 크거나 같다면 true를 반환한다.
x < y	만약 x가 y보다 작다면 true를 반환한다.
x <= y	만약 x가 y보다 작거나 같다면 true를 반환한다.
x != y	만약 x가 y와 같지 않다면 true를 반환한다.

6.6 불리언 논리 연산자

스위프트 역시 true 또는 false 값을 반환하도록 설계된, 소위 논리 연산자들도 제공한다. 이러한 연산자들은 피연산자로 불리언 값을 받아서 불리언 결과를 반환한다. 대표적으로 **NOT**(!), **AND**(&&), 그리고 **OR**(||) 연산자가 있다.

NOT(!) 연산자는 단순히 불리언 변수의 현재 값 또는 표현식의 결과를 반전시킨다. 예를 들어, flag라는 이름의 변수가 현재 ture라 한다면 변수명 앞에 ! 문자를 두면 값이 false로 바뀔 것이다.

```
var flag = true          // flag는 true다.
var secondFlag = !flag   // secondFlag에는 false가 저장된다.
```

OR(||) 연산자는 두 개의 피연산자 중 하나가 true라고 판단되면 true를 반환하고, 두 개의 피연산자 중 어느 것도 true가 아니라면 false를 반환한다. 예를 들어, 다음의 비교문 코드는 true를 반환한다. 왜냐하면 OR 연산자의 피연산자들 중 하나가 true이기 때문이다.

```
if (10 < 20) || (20 < 10) {
    print("Expression is true")
}
```

AND(&&) 연산자는 두 개의 피연산자 모두 true일 때만 true를 반환한다. 다음의 비교문 코드는 false를 반환한다. 왜냐하면 두 개의 피연산자 중 하나만 true이기 때문이다.

```
if (10 < 20) && (20 < 10) {
    print("Expression is true")
}
```

6.7 범위 연산자

스위프트는 값의 범위를 선언할 수 있도록 하는 몇 가지 연산자가 포함되어 있다. 이후에 보게 되겠지만, 이들 연산자는 프로그램에서 반복 작업을 할 때 매우 중요하다.

다음은 **닫힌 범위 연산자**closed range operator에 대한 구문이다.

```
x...y
```

이 연산자는 x부터 시작하여 y로 끝나는 숫자의 범위를 나타내며, x와 y 모두는 이 범위에 포함된다. 예를 들어, 5...8은 5, 6, 7, 8을 지칭하는 것이다.

반면, **반 개방 범위 연산자**half-open range operator는 다음과 같은 구문을 이용한다.

```
x..<y
```

여기서는 x부터 시작하는 모든 숫자를 포함하지만 y는 포함되지 않는다. 따라서 **5..<8**은 5, 6, 7을 지칭하는 것이다.

마지막으로, **단방향 범위 연산자**one-sided range operator는 그 범위 앞의 시작 또는 끝에 도달할 때까지(또는 다른 조건이 충족될 때까지) 지정된 범위 방향으로 최대한으로 확장할 수 있는 범위를 지정한다. 단방향 범위 연산자는 범위 선언부의 한쪽 부분을 생략하여 선언한다.

```
x...
```

또는

```
...y
```

예를 들어, 이전 장에서 스위프트의 문자열은 사실 각각의 문자 집합(컬렉션)이라는 설명을 했었다. 문자열의 길이와는 상관없이 문자열의 세 번째 문자(인덱스 2)부터 시작해서 마지막 문자까지의 문자들을 지정하는 범위는 다음과 같이 선언될 수 있다.

```
2...
```

마찬가지로, 첫 번째 위치의 문자부터 7번째 문자(인덱스 6)까지의 범위는 다음과 같이 할 수 있을 것이다.

```
...6
```

6.8 삼항 연산자

스위프트는 코드 내에서의 판단을 간단히 하기 위한 방법으로 **삼항 연산자**ternary operator를 지원한다. 조건부 연산자라고도 하는 삼항 연산자의 구문은 다음과 같다.

```
조건문 ? 참(true)인 경우의 표현식 : 거짓(false)인 경우의 표현식
```

삼항 연산자의 동작 방식은 `true` 또는 `false`를 반환하는 표현식을 '조건문' 위치에 두는 것이다.

만약 그 결과가 true이면 '참인 경우의 표현식'이 수행되며, 반대로 결과가 false이면 '거짓인 경우의 표현식'이 수행된다. 자, 실제로 동작하는 것을 살펴보자.

```
let x = 10
let y = 20

print("Largest number is \(x > y ? x : y)")
```

앞의 예제 코드는 x가 y보다 더 큰지 평가하게 될 것이다. 이것은 명백하게 false의 결과가 되기 때문에 사용자에게 y를 출력하게 될 것이다.

```
Largest number is 20
```

6.9 nil 병합 연산자

nil 병합 연산자nil coalescing operator(??)를 사용하면 옵셔널에 nil 값이 있는 경우 디폴트 값을 사용할 수 있다. 다음 예제에서는 customerName라는 옵셔널 변수가 nil로 설정되어 있기 때문에 'Welcome back, customer'라는 텍스트를 출력한다.

```
let customerName: String? = nil
print("Welcome back, \(customerName ?? "customer")")
```

반면, customerName 변수의 값이 nil이 아니라면 이것은 언래핑되며 할당된 값이 표시된다.

```
let customerName: String? = "John"
print("Welcome back, \(customerName ?? "customer")")
```

앞의 코드를 실행하면, print 문 출력은 이제 'Welcome back, John'으로 표시된다.

6.10 비트 연산자

앞에서 설명했듯이, 컴퓨터 프로세서는 2진수로 동작한다. 본질적으로 **비트**bit라고 부르는 연속된 0과 1들이다. 8개의 비트가 모이면 **바이트**byte가 된다. 따라서 프로그래머인 우리가 코드 내에서 비트 연산을 하게 되더라도 절대로 놀라운 일이 아니다. 이러한 작업을 쉽게 할 수 있도록 스위프트는 다양한 **비트 연산자**bit operator를 제공한다.

C, C++, C#, 오브젝티브-C, 자바 등의 다른 언어에서의 비트 연산에 익숙한 사람이라면 스위프트 언어에서도 크게 다르지 않다는 걸 알게 될 것이다. 반면, 2진수에 익숙하지 않은 사람들은 0과 1이 어떻게 바이트로 형성되어 숫자가 되는지를 이해하기 위해서는 여러 참고 자료를 찾아봐야 할 것이다. 이 책에서 다루는 범위보다 더 넓고 자세한 내용은 이 주제에 대해 더 많이 서술한 다른 저자들의 책을 참고하자.

비트 연산에 대해 알아보기 위하여 두 개의 숫자에 대한 2진수를 가지고 진행해보자. 첫 번째로, 10진수 171은 2진수로 다음과 같이 표현된다.

```
10101011
```

두 번째로, 숫자 3은 다음과 같이 2진수로 표현된다.

```
00000011
```

이제 우리는 이 두 개의 2진수를 가지고 스위프트의 비트 연산에 대해 살펴볼 것이다.

6.10.1 NOT 비트 연산

NOT은 틸드(~) 문자로 표현되며, 숫자의 모든 비트를 반대로 만든다. 다시 말해, 0은 모두 1이 되고 1은 모두 0이 된다. 숫자 3으로 NOT 연산을 하면 다음과 같이 된다.

```
00000011 NOT
========
11111100
```

따라서 다음의 스위프트 코드는 -4의 값이 된다.

```
let y = 3
let z = ~y
print("Result is \(z)")
```

6.10.2 AND 비트 연산

AND는 엠퍼샌드(&) 문자로 표현되며, 두 개의 숫자를 비트 단위로 비교한다. 두 숫자의 2진수를 가지고 서로 해당하는 위치의 비트가 모두 1이면 1이 된다. 만약 해당 비트에 0이 있다면 그 결과는 0이 된다. 예제를 위해 만든 두 숫자를 사용하면 다음과 같이 된다.

```
10101011 AND
00000011
========
00000011
```

여러분이 보듯이, 두 숫자 모두 1인 위치는 마지막 두 자리뿐이다. 만약 스위프트 코드로 이 작업을 한다면 결과는 3(00000011)이 될 것이다.

```
let x = 171
let y = 3
let z = x & y

print("Result is \(z)")
```

6.10.3 OR 비트 연산

OR 역시 두 개의 2진수를 비트 단위로 비교하는 작업을 한다. AND 연산과는 달리, OR은 두 개의 피연산자 중 하나라도 1이 있으면 1의 결과를 만든다. 이 연산자는 하나의 수직바(|) 문자로 표현된다. 예제를 위해 만든 두 숫자를 사용하면 다음과 같이 된다.

```
10101011 OR
00000011
========
10101011
```

스위프트에서 이 예제를 수행하면 결과는 171이 될 것이다.

```
let x = 171
let y = 3
let z = x | y

print("Result is \(z)")
```

6.10.4 XOR 비트 연산

일반적으로 '배타적 논리합'이라고 부르는 XOR은 캐럿(^) 문자로 표현되며, OR 연산과 비슷한 작업을 한다. 다만, 두 개의 비트 중 하나만 1일 경우에 1이 된다는 점이다. 만약 두 개의 비트 모두 1이거나 0이면 해당 비트는 0으로 설정된다.

```
10101011 XOR
00000011
========
10101000
```

여기서의 결과 10101000은 10진수로 변환하면 168이 된다. 다시 한번 스위프트 코드로 확인해보자.

```
let x = 171
let y = 3
let z = x ^ y

print("Result is \(z)")
```

6.10.5 왼쪽 시프트 비트 연산

왼쪽 시프트 비트 연산은 2진수의 각 비트를 지정된 횟수만큼 왼쪽으로 이동시킨다. 정수의 비트를 한 자리씩 왼쪽으로 이동하면 그 정숫값은 두 배가 된다.

왼쪽으로 비트가 이동하므로 가장 오른쪽 위치의 빈 자리에는 0으로 채운다. 또한, 가장 왼쪽의 비트가 왼쪽으로 이동한 후의 결괏값이 그 값을 담는 변수의 크기를 넘으면 그 값은 무시되어 버려진다.

```
10101011 1비트 왼쪽 시프트
========
101010110
```

스위프트에서 왼쪽 시프트 연산자는 '<<'로 표현되며, 그 뒤에는 얼마나 이동할지에 대한 숫자를 표시한다. 예를 들어, 왼쪽으로 한 비트 이동한다면 다음과 같다.

```
let x = 171
let z = x << 1
```

```
print("Result is \(z)")
```

앞의 코드를 컴파일하여 실행하면 342라는 결과가 출력될 것이다. 이 값을 2진수로 변환하면 101010110이 된다.

6.10.6 오른쪽 시프트 비트 연산

오른쪽 시프트 비트 연산은 아마 예상했겠지만 2진수의 각 비트를 지정된 횟수만큼 오른쪽으로 이동시킨다. 정수의 비트를 한 자리씩 오른쪽으로 이동하면 그 정숫값은 절반이 된다.

오른쪽으로 비트를 이동시키기 때문에 오른쪽 끝에 있는 마지막 비트가 옮겨져야 할 자리가 없게 된다. 따라서 마지막 비트는 폐기된다. 최상위 비트 자리에 1을 둘지, 0을 둘지는 양수 또는 음수를 가리키는 데 사용되는 **부호 비트**sign bit가 설정되어 있는지에 따라 결정된다.

```
10101011 1비트 오른쪽 시프트
========
01010101
```

오른쪽 시프트 연산자는 '>>'로 표현되며, 그 뒤에는 얼마나 이동할지에 대한 숫자를 표시한다.

```
let x = 171
let z = x >> 1

print("Result is \(z)")
```

앞의 코드를 컴파일하여 실행하면 85라는 결과가 출력될 것이다. 이 값을 2진수로 변환하면 01010101이 된다.

6.11 복합 비트 연산자

산술 연산자처럼 각각의 비트 연산자는 하나의 연산자를 이용하여 비트 연산을 하고 그 결과를 할당하는 연산자를 가지고 있다.

연산자	설명
x &= y	x와 y의 AND 비트 연산을 하고 그 결과를 x에 할당한다.
x |= y	x와 y의 OR 비트 연산을 하고 그 결과를 x에 할당한다.
x ^= y	x와 y의 XOR 비트 연산을 하고 그 결과를 x에 할당한다.
x <<= n	x를 n번 왼쪽 시프트 비트 연산을 하고 그 결과를 x에 할당한다.
x >>= n	x를 n번 오른쪽 시프트 비트 연산을 하고 그 결과를 x에 할당한다.

6.12 요약

연산자와 표현식은 스위프트 코드 내에서 변수와 상수를 변경하고 판단하는 기본 메커니즘을 제공한다. 가장 간단한 형태로는 덧셈 연산자를 이용하여 두 개의 숫자를 더하고 할당 연산자를 이용하여 그 결과를 변수에 저장하는 것이다. 이번 장에서는 다양한 종류의 연산자에 대해 살펴보았다.

CHAPTER 07
스위프트의 제어 흐름

어떤 프로그래밍 언어를 사용하든 애플리케이션 개발은 로직을 적용하는 작업이며, 대부분의 프로그래밍 기술은 하나 이상의 조건을 기반으로 결정해가는 코드를 작성하는 것이다. 어떤 코드를 실행할지, 몇 번을 수행할지에 대한 결정으로 프로그램이 실행될 때 어떤 코드를 지나갈지가 결정된다. 이는 실행되는 프로그램의 흐름을 통제하는 것이므로 **제어 흐름**control flow이라고 한다. 일반적으로 제어 흐름은 코드를 몇 번 실행할지에 대한 **반복 제어**looping control와 어떤 코드를 실행할지에 대한 **조건부 제어 흐름**conditional control flow으로 나뉜다. 이번 장에서는 스위프트에서의 제어 흐름에 대해 설명한다.

7.1 반복 제어 흐름

이번 장은 반복문 형태의 제어 흐름을 살펴보는 것부터 시작할 것이다. 반복문은 지정한 조건을 만족하는 동안 반복적으로 수행하는 구문이다. 우리가 살펴볼 첫 번째 반복문은 `for-in` 반복문이다.

7.2 스위프트 for-in 구문

`for-in` 반복문은 어떤 컬렉션이나 숫자 범위에 포함된 일련의 항목들을 반복하는 데 사용되며, 사용하기 쉬운 반복문 옵션을 제공한다.

`for-in` 반복문 구문은 다음과 같다.

```
for 상수명 in 컬렉션 또는 범위 {
    // 실행될 코드
}
```

이 구문에서 **상수명**constant name은 상수로 사용되는 이름으로, 반복문이 실행되는 **컬렉션**collection 또는 **범위**range의 현재 항목(또는 값)을 담게 될 것이다. 일반적으로 반복문 안의 코드는 반복 주기의 현재 항목에 대한 참조체로 상수명을 사용하게 될 것이다. 컬렉션 또는 범위에 있는 항목들은 반복문을 통해 참조된다. 예를 들어, 컬렉션 또는 범위는 문자열들의 배열, 범위 연산자, 또는 문자열 자체가 될 수 있다. 컬렉션에 대한 내용은 '스위프트의 배열과 딕셔너리 컬렉션으로 작업하기'에서 더 자세히 다룰 것이다.

예를 들어, 다음의 for-in 반복문이 있다고 하자.

```
for index in 1...5 {
    print("Value of index is \(index)")
}
```

이 반복문은 현재의 항목을 index라는 이름의 상수에 할당하면서 시작한다. 이 구문에서는 닫힌 범위 연산자를 이용하여 1에서부터 5까지의 숫자 범위로 반복할 것을 선언하고 있다. 반복문 안에서는 index 상수에 할당된 현재 값을 가리키는 메시지가 콘솔 패널에 다음과 같이 출력된다.

```
Value of index is 1
Value of index is 2
Value of index is 3
Value of index is 4
Value of index is 5
```

14장 '스위프트의 배열과 딕셔너리 컬렉션으로 작업하기'에서 설명하겠지만, for-in 반복문은 배열이나 딕셔너리 같은 컬렉션을 가지고 작업할 때 특히 더 유용하다.

현재 항목에 대한 참조체를 저장하기 위해서 상수명을 반드시 선언해야 하는 것은 아니다. 현재 항목에 대한 참조체가 for 반복문 안에서 필요하지 않다면 다음의 예제와 같이 밑줄 문자로 대체할 수 있다.

```
var count = 0

for _ in 1...5 {
    // 현재 값에 대한 참조체가 필요없다.
    count += 1
}
```

7.2.1 while 반복문

앞에서 설명한 스위프트의 for 반복문은 프로그램 내에서 몇 번 반복해야 하는지 알고 있을 때 유용하다. 하지만, 어떤 조건에 만족할 때까지 반복해야 하는 코드가 있는데 그 조건을 충족할 때까지 몇 번을 반복해야 하는지를 알 수 없는 경우가 있을 것이다. 이런 경우를 위해 스위프트는 while 반복문을 제공한다.

기본적으로, while 반복문은 지정된 조건에 만족할 때까지 일련의 작업을 반복한다. while 반복 구문은 다음과 같이 정의한다.

```
while 조건문 {
    // 실행될 스위프트 구문
}
```

앞의 구문에서 '조건문'은 true 또는 false를 반환하는 표현식이며, '// 실행될 스위프트 구문'은 조건문이 true인 동안에 실행될 코드를 나타낸다. 예를 들어,

```
var myCount = 0

while myCount < 100 {
    myCount += 1
}

multiplyByTen(value: 5)
multiplyByTen(value: 10)
```

앞의 예제에서 while 문은 myCount 변수가 100보다 작은지를 평가할 것이다. 만약 100보다 크다면 괄호 안의 코드를 건너뛰고 아무런 작업을 하지 않고 반복문을 종료하게 된다.

반대로, myCount가 100보다 크지 않다면 괄호 안의 코드가 실행되며, 프로그램 흐름을 while 구문으로 되돌려서 myCount의 값을 평가하는 작업을 반복하게 된다. 이 과정은 myCount의 값이 100보다 클 때까지 반복되며, 그 순간이 되면 반복문이 종료된다.

7.3 repeat ... while 반복문

repeat ... while 반복문은 스위프트 1.x 버전의 do .. while 반복문을 대체한 것이다. repeat ... while 반복문은 while 반복문을 거꾸로 한 것이라고 생각하면 이해하는 데 도움될 것이다. while 반복문은 반복문 안의 코드를 실행하기 전에 표현식을 평가한다. 그 표현식을 처음 검사할 때 false라고 판단되면 반복문 안의 코드는 실행되지 않는다. 이와는 반대로, repeat ... while 반복문은 반복문 안의 코드가 언제나 적어도 한 번은 실행되야 하는 상황을 위해 사용된다. 예를 들어, 배열 안의 항목들 중에 특정 항목을 찾을 때까지 둘러봐야 할 경우, 적어도 배열의 첫 번째 항목을 검사해봐야 한다는 것은 당연한 일이다. 다음은 repeat ... while 반복문의 구조다.

```
repeat {
    // 여기에 스위프트 구문이 온다.
} while 조건식
```

다음의 repeat ... while 반복문 예제는 i라는 이름의 변숫값이 0이 될 때까지 반복될 것이다.

```
var i = 10

repeat {
    i -= 1
} while (i > 0)
```

7.4 반복문에서 빠져나오기

반복문을 만들었는데 반복문이 종료되는 조건에 만족하기 전에 어떤 조건에서 반복문을 빠져나와야 할 경우가 있다. 특히, 무한 반복을 만들었을 경우가 그러하다. 네트워크 소켓의 활성화를 지속적으로 점검해야 할 경우가 하나의 예가 될 수 있다. 네트워크 활성화가 감지되면 모니터링하는 반복문에서 빠져나와 다른 작업을 해야 한다.

반복문에서 빠져나오기 위해서 스위프트는 현재 반복문에서 빠져나와 반복문 다음의 코드로 이동하여 실행을 계속하게 하는 break 구문을 제공한다.

```
var j = 10
```

```
for _ in 0 ..< 100
{
    j += j

    if j > 100 {
        break
    }

    print("j = \(j)")
}
```

앞의 예제는 j의 값이 100을 넘을 때까지 반복문을 계속 실행하며, 100이 넘으면 반복문을 종료하고 반복문 다음의 코드를 진행하게 된다.

7.5 continue 구문

continue 구문은 반복문의 나머지 코드를 건너뛰고 반복문의 처음으로 다시 돌아가게 한다. 다음의 예제에서 print 함수는 i 변수의 값이 짝수일 때만 호출된다.

```
var i = 1

while i < 20
{
    i += 1

    if (i % 2) != 0 {
        continue
    }

    print("i = \(i)")
}
```

앞의 예제에서 continue 구문은 i의 값을 2로 나눈 나머지가 있으면 print 호출을 건너뛰게 될 것이다. continue 구문이 실행되면 while 반복문의 시작 지점으로 돌아가며, i의 값이 20보다 작다면 다시 반복문을 수행하게 된다.

7.6 조건부 제어 흐름

이전 장에서 우리는 어떤 것이 true인지 false인지를 결정하는 논리 표현식을 스위프트에서 어떻게 사용하는지 살펴보았다. 프로그래밍은 로직을 적용하는 거대한 작업이므로, 하나 이상의 조건을 기반으로 결정하는 코드를 작성하는 데 대부분의 프로그래밍 기술이 사용된다. 이러한 결정은 코드가 실행될 때 어떤 코드가 실행되고 어떤 코드를 건너뛰어야 하는지를 정의하는 것이다.

7.7 if 구문 사용하기

아마도 if 구문은 스위프트 프로그래머에게 가장 기본적인 흐름 제어 방법일 것이다. C, 오브젝티브-C, C++ 또는 자바에 익숙한 프로그래머라면 스위프트의 if 구문을 즉시 사용할 수 있을 것이다.

스위프트의 if 구문의 기본 구조는 다음과 같다.

```
if 조건식 {
    // 조건식이 true일 때 수행될 스위프트 코드
}
```

다른 프로그래밍 언어와는 다르게, if 구문에서 실행될 코드가 한 줄이라고 해도 스위프트에서는 괄호({})가 필수적이라는 점을 기억하자.

기본적으로 조건식이 true로 판단되면 구문 내의 코드가 실행된다. 구문 내의 코드는 괄호로 묶인다. 반대로, 조건식이 false로 판단되면 구문 내의 코드는 건너뛴다.

예를 들어, 하나의 값이 다른 값보다 더 큰지에 따라 결정해야 한다면 다음과 같이 코드를 작성하게 될 것이다.

```
let x = 10

if x > 9 {
    print("x is greater than 9!")
}
```

x가 9보다 크다는 것이 명확하므로 콘솔 패널에 메시지가 나타나게 된다.

7.8 if ... else ... 구문 사용하기

변형된 if 구문은 if 구문의 조건식이 false로 판단될 때 수행할 코드를 지정할 수 있게 해준다. 이것은 다음과 같은 구조를 갖는다.

```
if 조건식 {
    // 조건식이 true일 때 수행될 스위프트 코드
} else {
    // 조건식이 false일 때 수행될 스위프트 코드
}
```

앞의 구문을 이용하여 조건식이 false일 때 다른 메시지를 출력하도록 이전 예제를 확장할 수 있다.

```
let x = 10

if x > 9 {
    print("x is greater than 9!")
} else {
    print("x is less than 9!")
}
```

여기서 두 번째 print 구문은 x 값이 9보다 작을 때 실행될 것이다.

7.9 if ... else if ... 구문 사용하기

지금까지 우리는 하나의 논리 표현식의 결과를 바탕으로 결정하는 if 구문을 보았다. 하지만, 다양한 조건을 바탕으로 결정해야 할 때가 종종 생긴다. 이를 위해 우리는 if ... else if ... 구조를 다음과 같이 사용할 수 있다.

```
let x = 9

if x == 10 {
    print("x is 10")
} else if x == 9 {
    print("x is 9")
} else if x == 8 {
    print("x is 8")
}
```

이 방법은 몇 안 되는 비교에는 좋지만, 많은 양의 조건문이 있는 경우에는 번거로울 수 있다. 이런 경우를 위하여 스위프트는 조금 더 유연하고 효과적인 해결책으로 switch 구문을 제공한다. switch 구문에 대해서는 다음 장인 '스위프트의 switch 구문'에서 자세히 다룰 것이다.

7.10 guard 구문

guard 구문은 스위프트 2에서 도입된 기능이다. guard 구문은 불리언 표현식을 포함하며, true일 때만 guard 구문 다음에 위치한 코드가 실행된다. guard 구문은 불리언 표현식이 false일 때 수행될 else 절을 반드시 포함해야 한다. else 절의 코드는 반드시 현재의 코드 흐름에서 빠져나가는 구문(예를 들어, return, break, continue 또는 throw 구문)을 포함해야 한다. 다른 방법으로, else 블록은 자기 자신을 반환하지 않는 다른 함수나 메서드를 호출할 수도 있다.

다음은 guard 구문의 구조다.

```
guard <조건문(불리언 표현식)> else {
    // 조건문이 false일 때 실행될 코드
    <종료 구문>
}

// 조건문이 true일 때 실행될 코드
```

기본적으로, guard 구문은 특정 조건을 만족하지 않은 경우에 현재의 함수 또는 반복문에서 빠져나올 수 있게 해준다.

다음의 코드는 함수 내에 guard 구문을 구현한 것이다.

```
func multiplyByTen(value: Int?) {
    guard let number = value, number < 10 else {
        print("Number is too high")
        return
    }
    
    let result = number * 10
    print(result)
}

multiplyByTen(value: 5)
multiplyByTen(value: 10)
```

이 함수는 옵셔널 형태의 정숫값을 매개변수로 받는다. guard 구문은 값을 언래핑하기 위해 옵셔널 바인딩을 사용하며, 그 값이 10보다 적은지를 판단한다. 값을 언래핑할 수 없거나 언래핑한 값이 9보다 큰 경우, else 절이 실행되어 에러 메시지를 출력하고 이 함수를 빠져나가기 위하여 return 구문을 실행한다.

옵셔널이 10보다 작은 값을 가지고 있다면 guard 구문 다음에 있는 코드가 실행되어 그 값에 10을 곱한 결과가 출력된다. 앞의 예제에서 특별히 중요한 점은 언래핑된 number 변수는 guard 구문 밖의 코드에서도 유효하다는 것이다. 반면, if 구문 내에서 언래핑된 변수는 if 구문 밖에서는 유효하지 않다는 점에 유의하기 바란다.

7.11 요약

제어 흐름이라는 용어는 애플리케이션의 소스 코드가 실행될 때 실행 경로를 가리키는 로직을 표현할 때 사용된다. 이번 장에서는 스위프트가 제공하는 두 가지 종류의 흐름 제어(반복문과 조건문)와 두 가지 형태의 흐름 제어 로직을 구현하는 데 사용할 수 있는 다양한 스위프트 구조에 대해 살펴보았다.

CHAPTER **08**

스위프트의 switch 구문

'스위프트의 제어 흐름' 장에서는 `if`와 `else` 구문을 이용하여 프로그램의 실행 흐름을 어떻게 제어하는지 살펴보았다. 이 구문은 제한된 개수의 조건을 검사할 때는 적절하지만, 많은 수의 조건을 처리할 때는 부적절할 수 있다. 이런 상황을 해결하기 위하여 스위프트는 C 언어의 `switch` 구문을 가져왔다. 하지만, 다른 언어의 `switch` 구문에 익숙한 사람은 스위프트의 `switch` 구문에는 몇 가지 중요한 차이점이 있다는 것을 인식해야 한다. 이번 장에서는 스위프트의 `switch` 구문에 대해 자세히 살펴볼 것이다.

8.1 왜 switch 구문을 사용하나?

몇 가지 논리적 조건문에는 `if ... else if ...` 구조로 충분하다. 하지만, 불행하게도 두세 개 이상의 조건을 만들 때는 코드를 작성하는 시간도 많이 걸릴 뿐만 아니라 읽기도 어려워진다. 이런 경우에 `switch` 구문은 최고의 대안이 될 것이다.

8.2 switch 구문 사용하기

기본적인 스위프트 `switch` 구문의 구조는 다음과 같이 구현될 수 있다.

```
switch 표현식 {
    case 일치하는 값1:
        코드 구문

    case 일치하는 값2:
        코드 구문

    case 일치하는 값3, 일치하는 값4:
        코드 구문
```

```
    default:
        코드 구문
}
```

앞의 구문에서 **표현식**expression은 값을 나타내거나 값을 반환하는 표현식이다. 이 값은 switch 구문이 동작하게 하는 값이다.

그 값과 일치할 수 있는 값을 case 구문으로 제공된다. 앞의 구문에서 '일치하는 값'에 해당하는 부분이다. 각각의 일치하는 값은 '표현식'의 값과 동일한 타입이어야 한다. case 조건과 일치하는 값일 경우에 수행될 '코드 구문'이 case 줄 아래에 작성된다.

마지막으로, default 절은 표현식과 일치하는 case 구문이 없을 경우에 어떻게 해야 하는지를 정의하는 부분이다.

8.3 스위프트의 switch 구문 예제

앞에서 설명한 내용을 기억하며 간단한 switch 구문을 만들어보자.

```
let value = 4

switch (value)
{
    case 0:
        print("zero")

    case 1:
        print("one")

    case 2:
        print("two")

    case 3:
        print("three")

    case 4:
        print("four")

    case 5:
        print("five")
```

```
        default:
            print("Integer out of range")
}
```

8.4 case 구문 결합하기

앞의 예제에서 각각의 case 구문은 자신만의 실행 코드를 가지고 있다. 하지만, 때로는 서로 다른 매칭(case)에 대해 동일한 코드가 실행되어야 하기도 한다. 이럴 때는 각각의 일치하는 경우들을 공통으로 실행될 구문과 묶을 수 있다. 예를 들어, 값이 0, 1, 또는 2일 경우에는 동일한 코드가 실행되도록 switch 구문을 수정할 수 있다.

```
let value = 1

switch (value) {
    case 0, 1, 2:
        print("zero, one or two")

    case 3:
        print("three")

    case 4:
        print("four")

    case 5:
        print("five")

    default:
        print("Integer out of range")
}
```

8.5 switch 구문에서 범위 매칭하기

switch 구문 안에 있는 case 구문에 범위 매칭을 구현할 수도 있다. 예를 들어, 다음의 switch 구문은 주어진 온도가 세 개의 범위 중에 매칭되는지를 검사한다.

```
let temperature = 83

switch (temperature) {
```

```
    case 0...49:
        print("Cold")

    case 50...79:
        print("Warm")

    case 80...110:
        print("Hot")

    default:
        print("Temperature out of range")
}
```

8.6 where 구문 사용하기

where 구문은 case 구문에 부가적인 조건을 추가하기 위해서 사용될 수 있다. 예를 들어, 다음의 코드는 값이 범위 조건에 일치하는지를 검사할 뿐만 아니라 그 숫자가 홀수인지 짝수인지도 검사한다.

```
let temperature = 54

switch (temperature)
{
    case 0...49 where temperature % 2 == 0:
        print("Cold and even")

    case 50...79 where temperature % 2 == 0:
        print("Warm and even")

    case 80...110 where temperature % 2 == 0:
        print("Hot and even")

    default:
        print("Temperature out of range or odd")
}
```

8.7 fallthrough

C 또는 오브젝티브-C와 같이 다른 언어의 switch 구문에 익숙한 사람이라면, 스위프트에서는 case 구문 끝에 break를 쓸 필요가 없다는 걸 알아차렸을 것이다. 다른 언어들과는 달리, 스위

프트는 case 조건에 일치하면 자동으로 구문 밖으로 빠져나간다. fallthrough 구문을 사용하면 switch 구현부에 예외상황 효과를 주어, 실행 흐름이 그 다음의 case 구문으로 계속 진행하게 할 수 있다.

```
let temperature = 10

switch (temperature)
{
    case 0...49 where temperature % 2 == 0:
        print("Cold and even")
        fallthrough

    case 50...79 where temperature % 2 == 0:
        print("Warm and even")
        fallthrough

    case 80...110 where temperature % 2 == 0:
        print("Hot and even")
        fallthrough

    default:
    print("Temperature out of range or odd")
}
```

스위프트의 switch 구문에서 break는 거의 사용되지 않지만, default에서 아무런 작업도 할 필요가 없는 경우에 유용하다.

```
    .
    .
    .
    default:
        break
}
```

8.8 요약

판단해야 하는 조건이 적을 때는 if.. else.. 구문이 훌륭한 의사결정 방법으로 사용될 수 있지만, 조금 더 복잡한 상황에서는 다루기 힘든 방법이 되곤 한다. 평가 결과가 많이 나오는 상황에서는 스위프트의 흐름 제어 로직을 구현하는 또 다른 방법인 switch 구문이 언제나 더 적합한 방법이 된다. 이번 장에서 설명한 것처럼 다른 프로그래밍 언어의 `switch` 구문에 익숙한 개발자라면 스위프트의 `switch` 구문이 조금 다르게 동작한다는 것을 기억해야 한다.

CHAPTER 09
스위프트의 함수, 메서드, 클로저

스위프트 함수, 메서드, 클로저는 체계적인 구조와 효율적인 코드를 작성하는 핵심 부분이며, 코드의 반복을 피하면서 프로그램을 구조화하는 방법을 제공한다. 이번 장에서 우리는 함수, 메서드, 클로저를 어떻게 선언하며 어떻게 사용하는지를 살펴볼 것이다.

9.1 함수란 무엇인가?

함수는 특정 작업을 수행하기 위해 호출할 수 있게 이름 붙여진 코드 블록이다. 작업을 수행하기 위한 데이터가 제공될 수 있고 작업의 결과를 호출한 코드로 반환할 수도 있다. 예를 들어, 스위프트 프로그램에서 수행해야 할 산술 계산이 있다면, 산술 계산을 수행하는 코드를 함수로 만들 수 있다. 이 함수는 값을 받아(**매개변수**parameter라고 부름) 산술식을 수행하며, 계산 결과가 반환되도록 프로그래밍할 수 있다. 프로그램 코드 어디서든지 산술 계산이 필요하면 매개변수의 값을 **인자**argument로 이 함수에 전달하여 호출하면 결괏값이 반환될 것이다.

함수에 대해 이야기를 할 때 **매개변수**와 **인자**라는 용어가 서로 혼용되곤 한다. 하지만, 이들에겐 미묘한 차이가 있다. 함수가 호출될 때 받게 되는 값을 매개변수라고 한다. 하지만, 실제로 함수가 호출되고 값이 전달된 시점에서는 인자라고 부른다.

9.2 메서드란 무엇인가?

본질적으로 메서드는 특정 클래스나 구조체 또는 열거형과 연관된 함수다. 예를 들어, 여러분이 스위프트 클래스 내에서 함수를 선언했다면(이 주제에 대해서는 '스위프트의 객체지향 프로그래밍 기초'에서 자세히 설명할 것이다) 이것은 메서드로 간주된다. 비록 이번 장에서는 함수에 대해 언급하겠지만, 특별한 언급이 없다면 함수에 대해 설명하는 규칙과 동작 모두가 메서드에도 동일하게 적용된다.

9.3 스위프트 함수를 선언하는 방법

스위프트 함수는 다음과 같은 구문을 사용하여 선언된다.

```
func <함수명> (<매개변수 이름>: <매개변수 타입>,
         <매개변수 이름>: <매개변수 타입>, ... ) -> <반환 결과 타입> {
    // 함수 코드
}
```

함수명, 매개변수, 그리고 반환 결과 타입의 조합을 **함수 시그니처**function signature라고 부른다. 다음은 함수 선언부의 다양한 필드에 대한 설명이다.

- func – 이것이 함수라고 컴파일러에게 알려주기 위해 사용되는 키워드
- <함수명> – 함수에 할당되는 이름. 애플리케이션 코드 내에서 함수를 호출할 때 참조되는 이름이다.
- <매개변수 이름> – 함수 코드 내에서 참조할 매개변수의 이름
- <매개변수 타입> – 해당 매개변수의 타입
- <반환 결과 타입> – 함수가 반환하는 결과의 데이터 타입. 만일 함수가 결과를 반환하지 않는다면 반환 결과 타입을 지정하지 않는다.
- 함수 코드 – 작업을 수행하는 함수의 코드

예를 들어, 다음의 함수는 매개변수를 받지 않고 결과를 반환하지도 않으며 메시지를 표시하기만 한다.

```
func sayHello() {
    print("Hello")
}
```

반면, 다음의 예제 함수는 매개변수로 문자열 하나와 정수 하나를 받으며 문자열 결과를 반환한다.

```
func buildMessageFor(name: String, count: Int) -> String {
    return("\(name), you are customer number \(count)")
}
```

9.4 단일 표현식에서의 암묵적 반환

이전의 예제에서 buildMessageFor() 함수 내에서 문자열 값을 반환하기 위하여 return 구문이 사용되었다. 만약 함수가 단일 표현식을 가지고 있다면 return 구문을 생략할 수 있다는 점에 주목하자. 따라서 buildMessageFor() 함수는 다음과 같이 작성될 수도 있다.

```swift
func buildMessageFor(name: String, count: Int) -> String {
    "\(name), you are customer number \(count)"
}
```

return 구문은 함수가 단일 표현식을 가지고 있을 때만 생략할 수 있다. 예를 들어, 다음의 코드는 컴파일 에러가 발생한다. 왜냐하면 함수가 두 개의 표현식을 가지고 있기 때문에 return 구문이 필요하기 때문이다.

```swift
func buildMessageFor(name: String, count: Int) -> String {
    let uppername = name.uppercased()
    "\(uppername), you are customer number \(count)" // 컴파일 에러
}
```

9.5 스위프트 함수 호출하기

함수를 선언했다면 다음과 같은 구문을 이용하여 호출하게 된다.

```
<함수명> (<인자1>, <인자2>, ... )
```

함수를 통해 전달되는 각각의 인자는 함수가 받도록 구성된 매개변수와 일치해야 한다. 예를 들어, 매개변수를 받지 않고 아무런 값도 반환하지 않는 sayHello라는 이름의 함수를 호출하려면 다음과 같이 하면 된다.

```swift
sayHello()
```

9.6 반환값 처리하기

반대로, 두 개의 매개변수를 받아 결과를 반환하는 `buildMessageFor`라는 이름의 함수를 호출하기 위해서는 다음과 같은 코드를 작성하게 될 것이다.

```
let message = buildMessageFor(name: "John", count: 100)
```

앞의 예제에서 우리는 `message`라는 이름의 새로운 변수를 생성하고 함수로부터 반환되는 결과를 저장하기 위해 할당 연산자(=)를 사용하였다.

스위프트로 개발할 때 메서드나 함수를 호출하여 반환된 결괏값을 사용하지 않는 경우가 생긴다. 이럴 때는 다음과 같이 반환값을 '_'에 할당하여 그 값을 버린다.

```
_ = buildMessageFor(name: "John", count: 100)
```

9.7 지역 매개변수명과 외부 매개변수명

이전의 예제 함수들을 선언할 때 함수 코드 내에서 참조할 수 있는 이름을 할당한 매개변수로 구성하였다. 이렇게 선언된 매개변수를 **지역 매개변수명**local parameter name이라고 한다.

함수 매개변수에는 지역 매개변수명뿐만 아니라 **외부 매개변수명**external parameter name도 있을 수 있다. 이들 이름은 함수가 호출될 때 참조되는 매개변수의 이름이다. 기본적으로, 함수 매개변수에는 동일한 지역 매개변수명과 외부 매개변수명이 할당된다. 예를 들어, `buildMessageFor` 메서드를 다음과 같이 호출했다고 생각해보자.

```
let message = buildMessageFor(name: "John", count: 100)
```

이 함수의 선언부를 보면, 'name'과 'count'를 지역 매개변수명이자 외부 매개변수명으로 사용한다고 선언했다.

매개변수에 할당된 디폴트 외부 매개변수명은 다음과 같이 지역 매개변수명 앞에 밑줄 문자underscore를 써서 없앨 수 있다.

```
func buildMessageFor(_ name: String, _ count: Int) -> String {
    return("\(name), you are customer number \(count)")
}
```

이렇게 구현되도록 함수를 수정했다면 이제는 다음과 같이 함수를 호출해야 한다.

```
let message = buildMessageFor("John", 100)
```

다른 방법으로, 함수 선언부에서 지역 매개변수명 앞에 외부 매개변수명을 선언하면 간단하게 외부 매개변수명이 추가된다. 예를 들어, 다음은 첫 번째 매개변수명의 외부 매개변수명을 userName으로 지정하고, 두 번째 매개변수명의 외부 매개변수명을 userCount로 지정하는 코드다.

```
func buildMessageFor(userName name: String, userCount count: Int) -> String {
    return "\(name), you are customer number \(count)"
}
```

이렇게 선언했다면 함수를 호출할 때 반드시 외부 매개변수명을 참조해야 한다.

```
let message = buildMessageFor(username: "John", usercount: 100)
```

함수를 호출할 때 인자를 전달하기 위하여 외부 매개변수명이 사용됨에도 함수 내에서 매개변수를 참조할 때는 여전히 지역 매개변수명이 사용된다. 또한, 기억해야 할 점은 인자에 대한 외부 매개변수명을 사용하여 함수를 호출할 때는 함수를 선언했을 때와 동일한 순서로 인자를 넣어야 한다는 것이다.

9.8 함수에 디폴트 매개변수 선언하기

스위프트는 함수가 호출될 때 인자로 쓸 값이 들어오지 않은 경우에 사용할 디폴트 매개변수 값을 지정할 수 있다. 이것은 함수를 선언할 때 매개변수에 디폴트 값을 할당하면 된다. 또한, 스위프트는 함수를 호출할 때 반드시 사용되는 디폴트 값을 설정한 매개변수에 대해 지역 매개변수명을 기반으로 한 디폴트 외부 매개변수명을 제공한다.

디폴트 매개변수에 대해 확인하기 위해, 인자로 고객 이름을 전달하지 않은 경우에 디폴트 값인

'Customer'라는 문자열이 사용되도록 buildMessageFor 함수를 수정할 것이다.

```
func buildMessageFor(_ name: String = "Customer", count: Int ) -> String
{
    return ("\(name), you are customer number \(count)")
}
```

이제 이 함수는 name 인자를 전달하지 않고 호출될 수 있다.

```
let message = buildMessageFor(count: 100)
print(message)
```

이렇게 실행하면, 앞의 함수는 콘솔 패널에 다음과 같이 출력할 것이다.

```
Customer, you are customer number 100
```

9.9 여러 결괏값 반환하기

결괏값들을 튜플로 래핑하면 여러 개의 결괏값을 함수가 반환할 수 있다. 다음의 함수는 길이에 대하여 **인치**inch 단위의 측정값을 매개변수로 받는다. 이 함수는 매개변수로 받은 값을 야드, 센티미터, 미터로 변환하고, 이들 값을 하나의 튜플 인스턴스에 넣어 반환한다.

```
func sizeConverter(_ length: Float) -> (yards: Float, centimeters: Float,
                                        meters: Float) {

    let yards = length * 0.0277778
    let centimeters = length * 2.54
    let meters = length * 0.0254

    return (yards, centimeters, meters)
}
```

이 함수의 반환 타입을 보면, 이 함수는 yards, centimeters, 그리고 meters라는 이름의 값 3개를 포함하는 튜플을 반환하며, 모두 Float 타입임을 나타낸다.

```
-> (yards: Float, centimeters: Float, meters: Float)
```

이 함수를 이용하여 변환을 해보면, 이 함수는 튜플 인스턴스를 생성하고 그것을 반환한다.

이 함수를 사용하는 방법은 다음과 같다.

```
let lengthTuple = sizeConverter(20)

print(lengthTuple.yards)
print(lengthTuple.centimeters)
print(lengthTuple.meters)
```

9.10 함수 매개변수의 변수 개수

애플리케이션 코드 내에서 함수가 호출될 때 함수가 받게 될 매개변수가 몇 개인지 알 수 없는 경우도 있다. 스위프트는 **가변 매개변수**variadic parameter를 사용하여 이러한 경우를 처리할 수 있게 한다. 함수가 지정된 데이터 타입의 매개변수 0개 또는 그 이상을 받는다는 것을 의미하는 점 세 개(...)를 이용하여 가변 매개변수를 선언한다. 함수 내에서 매개변수는 배열 객체의 형태로 사용할 수 있다. 예를 들어, 다음의 함수는 문자열 값들을 매개변수로 받아 콘솔 패널에 출력하는 함수다.

```
func displayStrings(_ strings: String...)
{
    for string in strings {
        print(string)
    }
}
displayStrings("one", "two", "three", "four")
```

9.11 변수인 매개변수

함수가 받는 모든 매개변수는 기본적으로 상수로 취급된다. 즉, 함수의 코드 내에서 매개변수의 값이 변경되는 것을 막는다. 만약 함수 내에서 매개변수의 값을 변경하고 싶다면, 매개변수의 **섀도 복사본**shadow copy을 반드시 생성해야 한다. 예를 들어, 다음의 함수는 인치 단위의 길이와 너비를 매개변수로 전달받아 두 값에 대한 섀도 변수를 생성하고 각각의 값을 센티미터로 변환한 후에 면적을 계산하여 반환한다.

```
func calcuateArea(length: Float, width: Float) -> Float {

    var length = length
    var width = width

    length = length * 2.54
    width = width * 2.54
    return length * width
}

print(calcuateArea(length: 10, width: 20))
```

9.12 입출력 매개변수로 작업하기

어떤 변수가 매개변수로 함수에 전달되면 그 매개변수는 해당 함수 내에서 상수로 취급된다는 것을 배웠다. 또한, 앞 절에서 매개변수의 값을 변경하고 싶을 때는 섀도 복사본을 생성해야 한다는 것도 배웠다. 이것은 복사본이기 때문에 어떻게 변경한다고 해도 기본적으로는 원본 변수에 반영되지 않는다. 예를 들어, 다음의 코드를 보자.

```
var myValue = 10

func doubleValue (_ value: Int) -> Int {
    var value = value
    value += value
    return(value)
}

print("Before function call myValue = \(myValue)")

print("doubleValue call returns \(doubleValue(myValue))")

print("After function call myValue = \(myValue)")
```

이 코드는 `myValue`라는 이름의 변수에 10의 값으로 초기화하면서 시작한다. 그 다음에 새로운 함수를 선언하면서 정수형으로 하나의 매개변수를 받도록 선언하였다. 함수는 값에 대한 섀도 복사본을 생성하고 값을 2배로 만들고 반환한다.

나머지 코드는 함수를 호출하기 전후의 `myValue` 변숫값을 출력한다. 이 코드를 실행하면 다음의 결과가 콘솔에 출력된다.

```
Before function call myValue = 10
doubleValue call returns 20
After function call myValue = 10
```

확실히 이 함수는 원본인 `myValue` 변수를 변경하지 않았다. 왜냐하면 `myValue` 변수가 아닌 복사본을 가지고 수학적 연산이 수행되었기 때문이다.

함수가 값을 반환한 뒤에도 매개변수에 대한 변경을 유지하려면, 함수 선언부 내에서 매개변수를 **입출력 매개변수**in-out parameter로 선언해야 한다. 이를 확인하기 위해서 다음과 같이 `doubleValue` 함수를 수정하여 inout 키워드를 추가하고 새도 복사본을 삭제한다.

```
func doubleValue (_ value: inout Int) -> Int {
    var value = value
    value += value
    return(value)
}
```

마지막으로, 함수를 호출할 때 입출력 매개변수 앞에 &를 붙여야 한다.

```
print("doubleValue call returned \(doubleValue(&myValue))")
```

이렇게 하고 코드를 실행해보면 원본인 `myValue` 변수에 값이 할당되도록 함수가 수정되었음을 알 수 있다.

```
Before function call myValue = 10
doubleValue call returns 20
After function call myValue = 20
```

9.13 매개변수인 함수

스위프트에서 재미있는 기능으로, 함수가 데이터 타입처럼 취급될 수 있다는 것이다. 예를 들어, 다음의 선언부처럼 함수를 상수나 변수에 할당하는 것도 가능하다.

```
func inchesToFeet (_ inches: Float) -> Float {
    return inches * 0.0833333
```

```
}
let toFeet = inchesToFeet
```

앞의 코드는 inchesToFeet이라는 이름의 새로운 함수를 선언하고 그 함수를 toFeet이라는 이름의 상수에 할당한다. 이렇게 할당을 했다면, 원래의 함수 이름이 아니라 상수 이름을 이용하여 함수를 호출할 수도 있다.

```
let result = toFeet(10)
```

겉보기에는 그렇게 매력적인 기능이 아닌 것처럼 보인다. 왜냐하면 상수나 변수 데이터 타입에 함수를 할당하지 않아도 우리는 이미 함수를 호출할 수 있어서 큰 장점이 없어 보이기 때문이다.

하지만, 상수나 변수에 할당된 함수는 여러 데이터 타입의 기능을 가질 수 있다는 점을 고려하면, 앞으로 이 기능은 많이 활용될 수 있을 것이다. 게다가, 이제 함수는 다른 함수의 인자로 전달될 수 있으며, 함수의 반환값으로 반환될 수도 있다.

어떤 함수와 다른 함수를 어떻게 연결하는지에 대해 살펴보기 전에 먼저 함수 데이터 타입의 개념을 알아보도록 하자. 함수의 데이터 타입은 받게 될 매개변수의 데이터 타입과 반환될 데이터 타입을 조합하여 결정된다. 앞의 예제에서 함수는 부동소수점 매개변수를 받고 부동소수점 결과를 반환하기 때문에 함수의 데이터 타입은 다음과 같이 결정된다.

```
(Float) -> Float
```

반면, Int와 Double을 매개변수로 받고 String 결과를 반환하는 함수는 다음의 데이터 타입을 갖게 된다.

```
(Int, Double) -> String
```

어떤 함수가 다른 함수를 매개변수로 받기 위해서는 매개변수로 받게 될 함수의 데이터 타입을 선언하면 된다.

예를 들어, 다음의 코드는 두 개의 단위 변환 함수를 선언하고 상수에 할당한다.

```swift
func inchesToFeet (_ inches: Float) -> Float {

    return inches * 0.0833333
}
func inchesToYards (_ inches: Float) -> Float {

    return inches * 0.0277778
}

let toFeet = inchesToFeet
let toYards = inchesToYards
```

이제 이 예제 코드는 단위를 변환하고 콘솔 패널에 결과를 출력하는 함수가 필요하다. 새롭게 만들 함수는 다양한 종류의 측정 단위를 변환할 수 있게 만들어 최대한 보편적인 함수가 되게 한다. 매개변수로 함수를 어떻게 사용하는지 확인하기 위해 새롭게 만들 함수는 inchesToFeet 함수 타입과 inchesToYards 함수 타입 모두와 일치하는 함수 타입과 함께 변환할 값을 매개변수로 받을 것이다. 이들 함수의 데이터 타입은 (Float) -> Float와 같기 때문에 우리의 새로운 함수는 다음과 같이 된다.

```swift
func outputConversion(_ converterFunc: (Float) -> Float, value: Float) {

    let result = converterFunc(value)

    print("Result of conversion is \(result)")
}
```

outputConversion 함수가 호출될 때 미리 선언한 데이터 타입과 일치하는 함수가 전달되어야 한다. 이 함수는 변환을 수행하고 그 결과를 콘솔 패널에 출력한다. 이 말은 적절한 변환 함수를 매개변수로 전달하기만 하면 인치를 피트로 변환하거나 야드로 변환할 때 동일한 함수를 호출할 수 있다는 의미다. 다음의 예를 보자.

```swift
outputConversion(toYards, value: 10) // 야드로 변환하기
outputConversion(toFeet, value: 10)  // 피트로 변환하기
```

또한, 함수의 타입을 반환 타입으로 선언하면 함수도 데이터 타입으로 반환될 수 있다. 다음의 함수는 불리언 매개변수의 값에 따라 우리가 만든 toFeet 함수나 toYards 함수 타입을 반환하도록

구성되어 있다.

```
func decideFunction(_ feet: Bool) -> (Float) -> Float
{
    if feet {
        return toFeet
    } else {
        return toYards
    }
}
```

9.14 클로저 표현식

스위프트에서의 기본적인 함수에 대해 배웠으니 이제는 **클로저**closure와 **클로저 표현식**closure expression의 개념을 살펴보자. 이 두 가지 용어가 혼용되고 있지만, 몇 가지 큰 차이가 있다.

클로저 표현식은 독립적인 코드 블록이다. 예를 들어, 다음은 클로저 표현식을 선언하고 그것을 sayHello라는 이름의 상수를 할당한 다음에 상수 참조를 통해 함수를 호출한다.

```
let sayHello = { print("Hello") }
sayHello()
```

클로저 표현식은 매개변수를 받아 결괏값을 반환하도록 구성할 수도 있다. 다음의 구문을 살펴보자.

```
{(<매개변수 이름>: <매개변수 타입>, <매개변수 이름>: <매개변수 타입>, ... ) -> <반환 타입> in
    // 클로저 표현식 코드가 온다.
}
```

예를 들어, 다음의 클로저 표현식은 두 개의 정수를 매개변수로 받아 하나의 정수를 결과로 반환한다.

```
let multiply = {(_ val1: Int, _ val2: Int) -> Int in
    return val1 * val2
}
let result = multiply(10, 20)
```

이 구문은 함수를 선언할 때 사용하는 것과 비슷하지만, 클로저 표현식은 이름을 갖지 않으며, 매개변수와 반환 타입은 괄호 안에 포함되고, 클로저 표현식 코드의 시작을 가리키기 위하여 in 키워드를 사용한다. 사실, 함수는 이름이 있는 클로저 표현식일 뿐이다.

Swift 5.5에서 구조적 동시성(25장 '스위프트 구조화된 동시성 개요'에서 자세히 다루게 될 주제)을 도입하기 전에, 클로저 표현식은 비동기 메서드 호출에 대한 완료 핸들러를 선언할 때 종종 사용된다. 다시 말해, iOS 애플리케이션을 개발할 때 어떤 작업을 백그라운드에서 작업하게 해서 애플리케이션이 다른 작업을 계속 할 수 있도록 운영체제에게 요청해야 하는 경우가 종종 생긴다. 이런 경우에는 보통 시스템이 애플리케이션에게 작업이 완료된 것을 알리고 작업(메서드)을 호출할 때 선언했던 완료 핸들러를 호출하여 결과를 반환한다. 완료 핸들러에 대한 코드는 주로 클로저 표현식의 형태로 구현된다. 이 책의 후반부에서 사용되는 다음의 예제 코드를 살펴보자.

```
eventstore.requestAccess(to: .reminder, completion: {(granted: Bool, error: Error?)
                  -> Void in
    if !granted {
        print(error!.localizedDescription)
    }
})
```

requestAccess(to:) 메서드 호출로 수행된 작업이 완료되면, completion: 매개변수로 선언된 클로저 표현식이 실행된다. 다음의 선언부와 같이 이 완료 핸들러는 불리언 값과 Error 객체를 매개변수로 받으며 아무런 결과도 반환하지 않는다.

```
{(granted: Bool, error: Error?) -> Void in
```

사실, 스위프트 컴파일러는 이 메서드 호출에 대한 완료 핸들러의 매개변수와 반환값에 대해 이미 알고 있기 때문에 클로저 표현식 내에서 선언되지 않은 정보를 유추할 수 있다. 따라서 클로저 표현식의 선언부를 다음과 같이 간략하게 할 수 있다.

```
eventstore.requestAccess(to: .reminder, completion: {(granted, error) in
    if !granted {
        print(error!.localizedDescription)
    }
})
```

9.15 약식 인수 이름

클로저를 단순화하는 유용한 기술은 **약식 인수 이름**shorthand argument name을 사용하는 것이다. 이것은 선언부에서 매개변수 이름과 in 키워드를 생략할 수 있게 하며 인수를 $0, $1, $2 등으로 참조할 수 있다.

예를 들어, 다음과 같이 두 문자열을 연결하도록 설계된 클로저 표현식이 있다고 하자.

```swift
let join = { (string1: String, string2: String) -> String in
    string1 + string2
}
```

약식 인수 이름을 사용하여 이 선언을 다음과 같이 단순화할 수 있다.

```swift
let join: (String, String) -> String = {
    $0 + $1
}
```

클로저 표현식이 더 이상 인수 또는 반환 유형을 정의하지 않기 때문에 타입 애너테이션인 ((String, String) -> String)이 할당 연산자의 왼쪽으로 이동되었다는 점에 주목하자.

9.16 스위프트의 클로저

컴퓨터 공학 용어에서의 **클로저**는 함수나 클로저 표현식과 같은 독립적인 코드 블록과 코드 블록 주변에 있는 하나 이상의 변수가 결합된 것을 말한다. 예를 들어, 다음의 스위프트 함수를 살펴보자.

```swift
func functionA() -> () -> Int {

    var counter = 0

    func functionB() -> Int {
        return counter + 10
    }
    return functionB
}

let myClosure = functionA()
let result = myClosure()
```

앞의 코드에서 functionA는 functionB라는 이름의 함수를 반환한다. 사실, functionB는 functionB의 내부 영역 밖에 선언된 counter 변수에 의존하기 때문에 functionA는 클로저를 반환하고 있다. 다시 말해, functionB는 counter 변수를 잡고 있다(captured), 또는 가두고 있다 (closed over)라고 말할 수 있으므로 전통적인 컴퓨터 공학 용어인 **클로저**로 간주된다.

스위프트와 관련해서 **클로저**와 **클로저 표현식** 용어가 넓게 쓰이다 보니 혼용되기 시작했다. 어쨌거나 중요한 점은 스위프트는 둘 다 지원한다는 것이다.

9.17 요약

함수, 클로저, 그리고 클로저 표현식은 독립된 코드 블록으로 특정 작업을 수행하기 위하여 호출될 수 있으며, 코드를 구조화하고 재사용하는 메커니즘을 제공한다. 이번 장은 선언과 구현 관점에서 함수와 클로저의 개념을 설명하였다.

CHAPTER 10

스위프트의 객체지향 프로그래밍 기초

스위프트는 객체지향 애플리케이션 개발을 광범위하게 지원한다. 하지만, 개체지향 프로그래밍이라는 주제는 너무 커서 그 내용만으로 책 한 권을 쓸 수 있다고 해도 과언이 아니다. 따라서 객체지향 소프트웨어 개발에 대한 자세한 내용은 이 책의 범위를 벗어난다. 그 대신에 우리는 객체지향 프로그래밍에 포함된 기본 개념을 살펴본 다음에 스위프트 애플리케이션 개발과 관련된 개념을 설명해 갈 것이다. 다시 한번 말하지만, 필자는 이번 장에서 여러분에게 필요한 기본적인 내용을 설명하곤 있지만, 자세히 공부할 분들에게는 애플의 《The Swift Programming Language》를 추천한다.

10.1 객체란 무엇인가?

객체(또는 클래스 인스턴스)는 소프트웨어 애플리케이션을 구축하는 블록으로 쉽게 사용하고 재사용할 수 있는 독립적인 기능 모듈이다.

작업을 수행하기 위한 객체나 인스턴스에서 접근되고 호출되는 속성(프로퍼티$_{property}$)과 함수(메서드$_{method}$)로 객체가 구성된다. 객체를 구성하는 데이터 변수와 함수를 포괄적으로 **클래스 멤버**$_{class\ member}$라고 한다.

10.2 클래스란 무엇인가?

빌딩이 건축되면 어떤 모양일지를 정의하는 청사진이나 건축가의 도면처럼 클래스는 객체가 생성될 때의 모습을 정의한다. 예를 들어, 메서드들이 하게 될 일이 무엇이며 어떤 프로퍼티들이 존재할지 등을 정의한다.

10.3 스위프트 클래스 선언하기

객체를 인스턴스화하기 전에 먼저 객체에 대한 '청사진'인 클래스를 정의해야 한다. 이번 장에서는 은행 계좌에 대한 클래스를 생성하면서 스위프트 객체지향 프로그래밍의 기본 개념을 보여줄 것이다.

새로운 스위프트 클래스를 선언할 때 새롭게 만드는 클래스가 어떤 **부모 클래스**parent class에서 파생되었는지를 지정하고 클래스에 포함할 프로퍼티와 메서드를 정의한다. 새로운 클래스에 대한 기본 구문은 다음과 같다.

```
class 새로운 클래스 이름: 부모 클래스 {
    // 프로퍼티
    // 인스턴스 메서드
    // 타입 메서드
}
```

선언부의 **프로퍼티** 부분은 이 클래스 내에 포함될 변수와 상수를 정의하며, 스위프트에서 변수나 상수를 선언할 때와 동일한 방법으로 선언된다.

인스턴스 메서드instance method와 **타입 메서드**type method 부분은 이 클래스에서 호출되는 메서드들과 클래스의 인스턴스들을 정의한다. 본질적으로 이것들은 특정 작업을 수행하는 클래스 고유의 함수다. 함수에 대해서는 나중에 더 자세히 설명할 것이다.

BankAccount 클래스를 만들기 위해서 다음과 같이 시작한다.

```
class BankAccount {
}
```

이제 우리 클래스의 외형이 생겼으니 다음 단계로 프로퍼티를 추가하도록 한다.

클래스 이름을 지을 때 규칙은 각 단어의 첫 번째 문자를 대문자로 선언한다는 것이다. 예를 들면, `UpperCamelCase`처럼 말이다. 이와 대조적으로 프로퍼티 이름과 함수의 이름은 `lowerCamelCase`처럼 첫 번째 문자를 소문자로 한다.

10.4 클래스에 인스턴스 프로퍼티 추가하기

객체지향 프로그래밍의 핵심 목적은 **데이터 캡슐화**data encapsulation라는 개념이다. 데이터 캡슐화의 기본 개념은 클래스에 저장되고 접근될 수 있는 데이터는 오직 해당 클래스 내에 정의된 메서드만을 통해서 된다는 것이다. 클래스 내의 캡슐화된 데이터를 **프로퍼티** 또는 **인스턴스 변수**instance variable라고 한다.

BankAccount 클래스의 인스턴스는 은행 계좌 번호와 계좌에 남은 잔고 데이터를 저장하게 될 것이다. 프로퍼티는 스위프트에서 변수나 상수를 선언할 때와 동일한 방법으로 선언되므로 다음과 같이 변수들을 추가할 수 있다.

```
class BankAccount {
    var accountBalance: Float = 0
    var accountNumber: Int = 0
}
```

프로퍼티를 정의했으니 이제는 데이터 캡슐화 모델에 충실하면서도 우리가 만든 프로퍼티를 가지고 작업을 할 수 있는 클래스의 메서드를 정의하자.

10.5 메서드 정의하기

본질적으로 클래스의 메서드는 클래스의 성격에 맞는 특정 작업을 수행하기 위해 호출되는 코드 루틴이다.

메서드는 **타입 메서드**와 **인스턴스 메서드**의 서로 다른 두 가지 형태로 나뉜다. 타입 메서드는 클래스 레벨에서 동작(예를 들어, 클래스의 새로운 인스턴스 생성하기)한다. 반면, 인스턴스 메서드는 클래스의 인스턴스에 대한 작업(예를 들어, 두 개의 프로퍼티 변수에 대한 산술 연산을 하고 결과를 반환하는 것)만 한다.

인스턴스 메서드는 자신이 속하게 될 클래스의 여는 괄호와 닫는 괄호 안에 선언되며, 표준 스위프트 함수 선언 구문을 사용하여 선언된다.

타입 메서드는 인스턴스 메서드와 동일한 방법으로 선언되지만, 선언부 앞에 class 키워드가 붙는다는 점이 다르다.

예를 들어, 계좌 잔고를 표시하기 위한 메서드의 선언부는 다음과 같다.

```
class BankAccount {

    var accountBalance: Float = 0
    var accountNumber: Int = 0

    func displayBalance()
    {
        print("Number \(accountNumber)")
        print("Current balance is \(accountBalance)")
    }
}
```

이 메서드는 인스턴스 메서드이므로 class 키워드가 앞에 붙지 않았다.

BankAccount 클래스를 설계할 때 이 클래스에 저장할 수 있는 최대 금액을 알기 위하여 클래스 자신의 타입 메서드를 호출할 수 있다면 유용할 것이다. 이를 통해 애플리케이션이 클래스 인스턴스를 처음 생성하는 과정을 거치지 않아도 BankAccount 클래스가 새로운 고객의 정보를 저장할 수 있는지를 식별할 수 있게 해준다. 이 메서드의 이름을 getMaxBalance라고 할 것이며, 다음과 같이 구현된다.

```
class BankAccount {

    var accountBalance: Float = 0
    var accountNumber: Int = 0

    func displayBalance()
    {
        print("Number \(accountNumber)")
        print("Current balance is \(accountBalance)")
    }

    class func getMaxBalance() -> Float {
        return 100000.00
    }
}
```

10.6 클래스 인스턴스 선언하기와 초기화하기

지금까지 우리가 한 것은 클래스에 대한 구조를 정의한 것이다. 이 클래스를 가지고 어떤 작업을 하려면 클래스의 인스턴스를 생성해야 한다. 이 과정에서의 첫 번째 단계는 인스턴스에 대한 참조체를 저장할 변수를 선언하는 것이다. 다음과 같이 하여 인스턴스를 생성한다.

```
var account1: BankAccount = BankAccount()
```

이 코드를 실행하면 우리의 BankAccount 클래스의 인스턴스가 생성될 것이며, account1이라는 변수를 통해 접근할 수 있게 된다.

10.7 클래스 인스턴스 초기화하기와 소멸하기

클래스는 인스턴스를 생성하는 시점에 해야 할 초기화 작업이 있을 수 있다. 이 작업은 클래스의 init 메서드 안에 구현된다. BankAccount 클래스에서는 새로운 클래스 인스턴스가 생성될 때 계좌 번호와 잔액을 값으로 초기화할 것이다. 이를 위해 init 메서드를 다음과 같이 작성한다.

```
class BankAccount {

    var accountBalance: Float = 0
    var accountNumber: Int = 0

    init(number: Int, balance: Float)
    {
        accountNumber = number
        accountBalance = balance
    }

    func displayBalance()
    {
        print("Number \(accountNumber)")
        print("Current balance is \(accountBalance)")
    }
}
```

이제 클래스의 인스턴스를 생성할 때 다음과 같이 계좌 번호와 잔액으로 초기화할 수 있다.

```
var account1 = BankAccount(number: 12312312, balance: 400.54)
```

반대로, 스위프트 런타임 시스템에 의해 클래스 인스턴스가 없어지기 전에 해야 할 정리 작업은 클래스 안에 **소멸자**deinitializer를 구현하면 할 수 있다.

```
class BankAccount {

    var accountBalance: Float = 0
    var accountNumber: Int = 0

    init(number: Int, balance: Float)
    {
        accountNumber = number
        accountBalance = balance
    }

    deinit {
        // 필요한 정리 작업을 여기서 수행한다.
    }

    func displayBalance()
    {
        print("Number \(accountNumber)")
        print("Current balance is \(accountBalance)")
    }
}
```

10.8 메서드 호출하기와 프로퍼티 접근하기

이쯤에서 지금까지 우리가 무엇을 했는지 돌이켜보자. 우리는 BankAccount라는 이름의 새로운 스위프트 클래스를 만들었다. 이 클래스에 은행 계좌 번호와 잔액을 담기 위한 프로퍼티들을 선언하였고, 현재의 잔액을 표시하기 위한 메서드도 선언하였다. 앞 절에서는 새로운 클래스의 인스턴스를 생성하고 초기화하는 데 필요한 작업을 설명하였다. 다음에 할 것은 우리가 만든 클래스에 있는 인스턴스 메서드를 어떻게 호출하며, 프로퍼티에는 어떻게 접근하는지를 배울 차례다. 이것은 **점 표기법**dot notation을 이용하면 정말로 쉽게 할 수 있다.

점 표기법을 사용하면 클래스 인스턴스 다음에 점을 찍고 그 뒤에 프로퍼티나 메서드 이름을 써서 인스턴스 변수에 접근하거나 인스턴스 메서드를 호출하게 된다.

```
클래스인스턴스.프로퍼티명
클래스인스턴스.인스턴스메서드()
```

예를 들어, accountBalance 인스턴스 변수의 현재 값을 얻으려면 다음과 같이 한다.

```
var balance1 = account1.accountBalance
```

점 표기법을 사용하면 인스턴스 프로퍼티에 값을 설정할 수도 있다.

```
account1.accountBalance = 6789.98
```

클래스 인스턴스의 메서드를 호출할 때도 같은 방법을 사용한다. 예를 들어, BankAccount 클래스의 인스턴스에서 displayBalance 메서드를 호출하려면 다음과 같이 한다.

```
account1.displayBalance()
```

타입 메서드 역시 점 표기법을 이용하여 호출된다. 다만, 주의할 점은 클래스 인스턴스가 아니라 클래스에서 호출되어야 한다.

```
클래스이름.타입메서드()
```

예를 들어, 앞에서 선언한 타입 메서드 getMaxBalance를 호출한다면 BankAccount 클래스가 참조된다.

```
var maxAllowed = BankAccount.getMaxBalance()
```

10.9 저장 프로퍼티와 연산 프로퍼티

스위프트의 클래스 프로퍼티는 **저장 프로퍼티**stored property와 **연산 프로퍼티**computed property로 나뉜다. 저장 프로퍼티는 상수나 변수에 담기는 값이다. BankAccount 예제에서 계좌 이름과 번호 프로퍼티 모두는 저장 프로퍼티다.

반면, 연산 프로퍼티는 프로퍼티에 값을 설정하거나 가져오는 시점에서 어떤 계산이나 로직에 따라 처리된 값이다. 연산 프로퍼티는 **게터**getter를 생성하고 선택적으로 **세터**setter 메서드를 생성하며, 연산을 수행할 코드가 포함된다. 예를 들어, BankAccount 클래스에 은행 수수료를 뺀 현재 잔액을 담는 프로퍼티가 추가로 필요하다고 해보자. 저장 프로퍼티를 이용하는 대신에 값에 대한 요청이 있을 때마다 계산되는 연산 프로퍼티를 이용하는 것이 더 좋겠다. 이제 BankAccount 클래스는 다음과 같이 수정된다.

```
class BankAccount {

    var accountBalance: Float = 0
    var accountNumber: Int = 0
    let fees: Float = 25.00

    var balanceLessFees: Float {
        get {
            return accountBalance - fees
        }
    }

    init(number: Int, balance: Float)
    {
        accountNumber = number
        accountBalance = balance
    }
.
.
.
}
```

위의 코드에서는 현재의 잔액에서 수수료를 빼는 연산 프로퍼티를 반환하는 게터를 추가했다. 선택 사항인 세터 역시 거의 같은 방법으로 선언할 수 있다.

```
var balanceLessFees: Float {
    get {
        return accountBalance - fees
    }

    set(newBalance)
    {
        accountBalance = newBalance - fees
    }
}
```

새롭게 선언한 세터는 부동소수점 값을 매개변수로 받아서 수수료를 뺀 결과를 프로퍼티에 할당한다. 점 표시법을 이용하여 접근하는 저장 프로퍼티처럼 연산 프로퍼티도 같은 방법으로 접근할 수 있다. 다음은 현재의 잔액에서 수수료를 뺀 값을 얻는 코드와 새로운 값을 설정하는 코드다.

```
var balance1 = account1.balanceLessFees
account1.balanceLessFees = 12123.12
```

10.10 지연 저장 프로퍼티

프로퍼티를 초기화하는 여러 방법이 있는데, 가장 기본적인 방법은 다음과 같이 직접 할당하는 것이다.

```
var myProperty = 10
```

다른 방법으로는 초기화 작업에서 프로퍼티에 값을 할당하는 것이다.

```
class MyClass {
    let title: String

    init(title: String) {
        self.title = title
    }
}
```

조금 더 복잡한 방법으로는 클로저를 이용하여 프로퍼티를 초기화할 수도 있다.

```
class MyClass {

    var myProperty: String = {
        var result = resourceIntensiveTask()
        result = processData(data: result)
        return result
    }()
    .
    .
    .
}
```

복잡한 클로저의 경우는 초기화 작업이 리소스와 시간을 많이 사용하게 될 수 있다. 클로저를 이용하여 선언하면 해당 프로퍼티가 코드 내에서 실제로 사용되는지와는 상관없이 클래스의 인스턴스가 생성될 때마다 초기화 작업이 수행될 것이다. 예를 들어, 데이터베이스로부터 데이터를 가져오거나 사용자로부터 사용자 입력을 얻게 될 때, 실행 프로세스의 후반부 단계까지 프로퍼티에 값이 할당되었는지 모르게 되는 상황이 생길 수 있다. 이러한 상황에서의 훨씬 더 효율적인 방법은 프로퍼티를 최초로 접근할 때만 초기화 작업을 하는 것이다. 다행히도 이 작업은 다음과 같이 lazy로 프로퍼티를 선언하면 된다.

```
class MyClass {

    lazy var myProperty: String = {
        var result = resourceIntensiveTask()
        result = processData(data: result)
        return result
    }()
    .
    .
}
```

프로퍼티를 lazy로 선언하면 프로퍼티가 최초로 접근될 때만 초기화된다. 따라서 리소스를 많이 사용하는 작업은 관련 프로퍼티에 lazy를 사용하여 해당 프로퍼티가 사용될 때까지 리소스 집약적인 활동을 미룰 수 있다.

지연 프로퍼티는 반드시 변수(var)로 선언되어야 한다.

10.11 스위프트에서 self 사용하기

객체지향 프로그래밍 언어에 익숙한 프로그래머라면 현재의 클래스 인스턴스에 속한 메서드나 프로퍼티를 가리킬 때 프로퍼티와 메서드 앞에 self를 붙이는 습관이 있을 것이다. 스위프트 프로그래밍 언어 역시 그렇게 사용하기 위한 self 프로퍼티 타입을 제공한다. 따라서 다음은 완벽하게 유효한 코드다.

```
class MyClass {
    var myNumber = 1

    func addTen() {
        self.myNumber += 10
    }
}
```

앞의 코드에서 self는 MyClass 클래스 인스턴스에 속한 myNumber라는 이름의 프로퍼티를 참조한다는 것을 컴파일러에게 알려준다. 하지만, 대부분의 경우 스위프트로 프로그래밍할 때는 self를 사용할 필요가 없다. 왜냐하면 self는 프로퍼티와 메서드에 대한 참조를 디폴트로 간주하기 때문이다. 애플이 출간한 《The Swift Programming Language》에 따르면, '사실상 여러분의 코드에서 self를 그렇게 자주 쓸 필요가 없다.'고 적혀 있다. 따라서 위의 예제에 있는 함수는 다음과 같이 self를 생략하여 쓸 수도 있다.

```
func addTen() {
    myNumber += 10
}
```

대부분의 경우는 스위프트에서 self는 선택적으로 사용된다. self를 사용해야 하는 상황은 프로퍼티나 메서드를 클로저 표현식 내에서 참조할 경우다. 예를 들어, 다음의 클로저 표현식에서는 반드시 self를 사용해야 한다.

```
document?.openWithCompletionHandler({(success: Bool) -> Void in
    if success {
        self.ubiquityURL = resultURL
    }
})
```

또한, 함수의 매개변수가 클래스 프로퍼티와 동일한 이름을 가질 경우와 같이 코드의 모호성을 해결하기 위하여 self를 사용해야 한다. 예를 들어, 다음 코드에서 첫 번째 print 구문은 myNumber 매개변수를 통해 함수에 전달된 값을 출력하겠지만, 두 번째 print 구문은 myNumber라는 클래스 프로퍼티에 할당된 값(여기서는 10)을 출력한다.

```
class MyClass {

    var myNumber = 10 // 클래스 프로퍼티

    func addTen(myNumber: Int) {
        print(myNumber)        // 함수의 매개변수 값을 출력
        print(self.myNumber) // 클래스 프로퍼티 값을 출력
    }
}
```

self 사용 여부는 프로그래머의 취향에 달렸다. 프로퍼티나 메서드를 참조할 때 self를 사용하기 좋아하는 프로그래머들도 자신이 원하는 방식으로 스위프트 코딩을 계속해 갈 수 있다. 하지만, 스위프트로 프로그래밍할 때 self를 반드시 사용해야 하는 것은 아니다.

10.12 스위프트 프로토콜 이해하기

클래스가 올바른 구조를 가지기 위해서 스위프트 클래스가 반드시 따라야 할 특정 규칙은 기본적으로 없다. 하지만, 다른 클래스와 함께 작업을 해야 할 때는 특정 조건에 맞춰야 한다. iOS SDK의 다양한 프레임워크와 함께 동작하는 클래스를 만들 때는 더욱 그러하다. 클래스가 충족해야 하는 최소한의 요구사항을 정의하는 규칙들의 집합을 **프로토콜**protocol이라고 한다. 프로토콜은 protocol 키워드를 이용하여 선언되며, 클래스가 반드시 포함해야 하는 메서드와 프로퍼티를 정의한다. 어떤 클래스가 프로토콜을 채택했으나 모든 프로토콜의 요구사항을 충족하지 않는다면, 그 클래스가 해당 프로토콜을 따르지 않는다는 에러가 발생하게 된다.

다음의 프로토콜 선언부를 살펴보자. 이 프로토콜을 채택하는 클래스는 이름의 읽을 수 있는 문자열 값에 대한 name이라는 프로퍼티와 매개변수를 받지 않고 문자열 값을 반환하는 buildMessage() 메서드를 반드시 포함해야 한다.

```
protocol MessageBuilder {

    var name: String { get }
    func buildMessage() -> String
}
```

다음은 MessageBuilder 프로토콜을 채용하는 클래스를 선언한 것이다.

```
class MyClass: MessageBuilder {

}
```

안타깝게도, 현재 구현된 상태의 MyClass는 컴파일 에러가 날 것이다. 왜냐하면 프로토콜이 요구하는 name 변수와 buildMessage() 메서드가 없기 때문이다. 프로토콜을 준수하기 위해서 클래스는 다음의 예제처럼 모든 조건을 충족해야 한다.

```
class MyClass: MessageBuilder {

    var name: String

    init(name: String) {
        self.name = name
    }

    func buildMessage() -> String {
        "Hello " + name
    }
}
```

10.13 불투명 반환 타입

프로토콜에 대한 설명을 했으니 **불투명 반환 타입**opaque return type의 개념에 대해 소개할 시간이다. 앞 장에서 봤듯이, 함수가 결과를 반환한다면 함수 선언부에 결과의 타입이 포함되어야 한다. 예를 들어, 다음의 함수는 정수형 결과를 반환하도록 구성되어 있다.

```
func doubleFunc1 (value: Int) -> Int {
    return value * 2
}
```

특정 반환 타입(**구체화된 타입**concrete type이라고 함)을 지정하는 대신, 불투명 반환 유형을 사용하면 지정된 프로토콜을 따르는 모든 타입이 반환될 수 있게 한다. 불투명 반환 타입은 프로토콜 이름 앞에 some 키워드를 붙여 선언된다. 예를 들어, 다음의 코드는 doubleFunc1() 함수가 Equatable 프로토콜을 따르는 모든 타입의 결과가 반환된다고 선언한다.

```
func doubleFunc1(value: Int) -> some Equatable {
    value * 2
}
```

스위프트가 제공하는 표준 프로토콜인 Equatable 프로토콜을 따르기 위해서는 값들이 서로 동일한지 비교할 수 있어야 하지만, 불투명 반환 타입은 여러분이 만든 프로토콜을 포함하여 모든 프로토콜에 사용될 수 있다.

Int와 String 타입 모두가 Equatable 프로토콜을 따른다면 문자열 결과를 반환하는 함수 또한 생성할 수 있다.

```
func doubleFunc2(value: String) -> some Equatable {
    value + value
}
```

두 개의 메서드 doubleFunc1()과 doubleFunc2()는 완전히 서로 다른 구체화된 타입을 반환하지만, 이들 타입에 대해 알고 있는 유일한 것은 Equatable 프로토콜을 따른다는 것이다. 따라서 우리는 실제 반환 타입을 아는 게 아니라 반환 타입의 자격에 대해 아는 것이다.

사실, 우리는 함수의 소스 코드에 접근하기 때문에 예제에서 반환되는 구체화된 타입을 알고 있다. 이들 함수가 라이브러리나 API 프레임워크 내에 있어서 소스 코드를 볼 수 없다면, 정확히 어떤 타입이 반환되는지 모를 것이다. 공개 API 내에서 사용되는 반환 타입을 숨기기 위해 의도적으로 이렇게 설계된다. 구체화된 타입을 감춤으로써 프로그래머는 특정 구체화된 타입을 반환하는 함수에 의존하지 않게 되거나 접근되지 않는 내부 객체에 접근하게 되는 위험이 없어진다. 또한, API 개발자가 다른 프로토콜과 호환되는 타입을 반환하도록 수정하는 등의 내부 구현체를 변경할 때, API를 사용하는 모든 코드의 의존성이 깨질까라는 염려를 하지 않아도 되는 장점도 있다.

여기서 불투명 반환 타입으로 작업할 때 올바르지 않은 추정으로 문제가 발생하지 않을까라는 의문이 든다. 다음의 예제는 doubleFunc1() 함수와 doubleFunc2() 함수의 결과가 서로 동일한지 비교한다.

```
let intOne = doubleFunc1(value: 10)
let stringOne = doubleFunc2(value: "Hello")

if (intOne == stringOne) {
    print("They match")
}
```

두 함수의 소스 코드에 접근할 수 없어서 앞의 코드가 유효한지를 알 수 없다는 전제로 예제 코드를 보자. 비록 우리는 이들 함수가 반환하는 구체화된 타입을 알 수 있는 방법은 없지만, 다행히도 스위프트 컴파일러는 숨겨진 정보에 접근할 수 있다. 따라서 앞의 코드는 유효하지 않은 코드를 실행하려고 하는 지점 앞에서 다음과 같은 구문 오류를 발생할 것이다.

```
Binary operator '==' cannot be applied to operands of type 'some
 Equatable' (result of 'doubleFunc1(value:)') and 'some Equatable'
 (result of 'doubleFunc2(value:)')
```

불투명 반환 타입은 SwiftUI API의 기본 토대이며, SwiftUI로 앱을 개발할 때 널리 사용된다. 몇몇 키워드는 SwiftUI View 선언 시 자주 등장할 것이다. SwiftUI는 작고 재사용 가능한 빌딩 블록을 모으고 거대한 뷰 선언부를 작고 가벼운 하위 뷰들로 리팩토링하여 앱을 만들도록 한다. 각각의 빌딩 블록은 일반적으로 View 프로토콜을 따른다. 이들 빌딩 블록을 View 프로토콜을 따르는 불투명 타입을 반환하도록 선언함으로써 매우 유연하며 상호호환성 있는 빌딩 불록이 되며, 그 결과로 더 깔끔하고 재사용과 유지보수하기 쉬운 코드가 된다.

10.14 요약

스위프트와 같은 객체지향 프로그래밍 언어는 코드 재사용과 클래스 인스턴스 내의 데이터 캡슐화가 된 클래스를 생성하는 것을 장려한다. 이번 장에서는 스위프트에서의 클래스와 인스턴스에 대한 기본 개념과 함께 저장 프로퍼티와 연산 프로퍼티 그리고 인스턴스와 타입 메서드에 대해 다뤘다. 또한, 클래스가 반드시 따르는 템플릿 역할을 제공하는 프로토콜의 개념을 설명하였고, 불투명 반환 타입의 기본을 어떻게 구성하는지를 설명하였다.

CHAPTER 11

스위프트의 서브클래싱과 익스텐션 개요

'스위프트의 객체지향 프로그래밍 기초' 장에서는 객체지향 프로그래밍의 개념과 스위프트를 이용하여 새로운 클래스를 생성하고 작업하는 예제를 살펴보았다. 예제로 만들었던 새로운 클래스는 어떠한 클래스도 상속받지 않았다. 즉, 부모 클래스 또는 상위 클래스로부터 어떠한 특성도 상속받지 않았다. 이번 장에서는 스위프트의 서브클래싱과 상속, 그리고 익스텐션의 개념을 살펴볼 것이다.

11.1 상속, 클래스, 그리고 하위 클래스

상속 개념은 현실 세계의 관점을 프로그래밍으로 가져왔다. 이것은 클래스에 어떤 특성(예를 들어, 메서드와 프로퍼티)을 정의할 수 있게 해주었고, 그 클래스를 상속받은 다른 클래스를 생성할 수 있게 해준다. 상속된 클래스는 부모 클래스의 모든 기능을 상속받으며 자신만의 기능을 추가하게 된다.

클래스 상속을 통하여 **클래스 계층 구조**class hierarchy를 만든다. 계층 구조의 최상위에 있는 클래스를 **베이스 클래스**base class 또는 **루트 클래스**root class라고 부르며, 상속받은 클래스들을 **하위 클래스**subclass 또는 **자식 클래스**child class라고 부른다. 하나의 클래스는 하위 클래스를 얼마든지 가질 수 있다. 하위 클래스가 상속받은 클래스를 **부모 클래스**parent class 또는 **상위 클래스**super class라고 부른다.

클래스는 루트 클래스를 상속받을 수도 있다. 그리고 하위 클래스는 또 다른 하위 클래스를 둘 수도 있어서 클래스 계층 구조를 크고 복잡하게 만들 수 있다.

스위프트의 하위 클래스는 반드시 단 한 개의 부모 클래스만 둘 수 있다. 이것은 **단일 상속**single inheritance이라는 개념이다.

11.2 스위프트 상속 예제

대부분의 프로그래밍 개념들이 그렇듯이, 스위프트의 상속은 아마도 예제로 설명하는 게 최선의 방법일 것이다. 10장 '스위프트의 객체지향 프로그래밍 기초'에서 계좌 번호와 현재 잔고를 담기 위해 BankAccount라는 이름의 클래스를 생성하였다. BankAccount 클래스는 프로퍼티와 인스턴스 메서드를 모두 가지고 있었다. 이 클래스의 선언부를 간단하게 하면 다음과 같이 줄어들 것이다.

```swift
class BankAccount {
    
    var accountBalance: Float
    var accountNumber: Int
    
    init(number: Int, balance: Float) {
        accountNumber = number
        accountBalance = balance
    }
    
    func displayBalance() {
        print("Number \(accountNumber)")
        print("Current balance is \(accountBalance)")
    }
}
```

이것은 다소 단순한 클래스이지만, 계좌 번호와 잔고를 저장하는 것이 여러분이 하고자 하는 일의 전부라면 이것으로도 충분하다. 그런데 BankAccount 클래스뿐만 아니라 저축 계좌로 사용할 클래스가 필요하다고 가정해보자. 저축 계좌 역시 계좌 번호와 잔고를 저장해야 할 것이며, 이러한 데이터에 접근할 수 있는 메서드도 필요할 것이다. 이를 구현하기 위한 하나의 방법으로 BankAccount 클래스의 모든 기능을 복사하여 새로운 클래스를 만들고, 저축 계좌에 필요한 새로운 기능을 넣는 방법이 있다. 하지만, 좀 더 효율적인 방법은 BankAccount 클래스의 하위 클래스로 새로운 클래스를 만드는 것이다. 새로운 클래스는 BankAccount 클래스의 모든 기능을 상속받을 것이며, 저축 계좌에 필요한 기능들을 추가하여 확장될 수 있다.

SavingsAccount라고 불릴 BankAccount의 하위 클래스를 생성하기 위하여 새로운 클래스를 선언하고, 부모 클래스로 BankAccount를 지정하자.

```swift
class SavingsAccount: BankAccount {

}
```

아직은 어떠한 인스턴스 변수나 메서드를 추가하지 않았지만, 이 클래스는 부모인 BankAccount 클래스의 모든 메서드와 프로퍼티를 실제로 상속받았음을 알 수 있다. 이제 우리는 SavingsAccount 클래스의 인스턴스를 생성할 수 있으며, 앞의 예제에서 BankAccount 클래스로 했던 것과 동일한 방법으로 변수를 설정하고 메서드를 호출하는 것이 가능하다. 다시 말해, 클래스를 상속받지 않으면 이렇게 되지 않는다.

11.3 하위 클래스의 기능 확장하기

이제 우리는 부모 클래스의 모든 기능을 포함하는 하위 클래스를 만들 수 있게 되었다. 하지만, 실제로 어떻게 되는지 확인하기 위하여 저축 계좌 정보를 저장할 수 있도록 하위 클래스를 확장해보자. 원하는 프로퍼티와 메서드를 클래스에 생성했던 것처럼 몇 가지 새로운 프로퍼티와 메서드를 추가해보자.

```
class SavingsAccount: BankAccount {

    var interestRate: Float = 0.0

    func calculateInterest() -> Float
    {
        return interestRate * accountBalance
    }
}
```

11.4 상속받은 메서드 오버라이딩하기

상속을 사용할 경우 여러분에게 필요한 작업과 거의 비슷한 메서드를 부모 클래스에서 찾기란 어렵지 않을 것이다. 하지만, 여러분에게 필요한 정확한 기능을 제공하기 위해서는 수정이 필요하다. 이 말인즉슨, 여러분이 원하는 작업을 정확하게 표현하는 이름의 메서드를 상속받을 수 있겠지만 실제로는 여러분에게 필요한 동작이 아닐 수 있다는 의미다. 이러한 조건에서 할 수 있는 한 가지 방법은 상속된 메서드를 무시하고 완전히 새로운 이름의 메서드를 새롭게 만드는 것이다. 하지만, 좀 더 좋은 방법으로는 상속받은 메서드를 **오버라이딩**overriding하여 하위 클래스 내에 새로운 버전의 메서드를 만드는 것이다.

예제를 진행하기에 앞서 메서드를 오버라이딩을 할 때 반드시 따라야 할 두 가지 규칙이 있다. 첫 번째는 하위 클래스의 오버라이딩 메서드는 오버라이딩되는 부모 클래스 메서드의 매개변수 개수와 타입이 정확하게 일치해야 한다. 두 번째는 새롭게 오버라이딩하는 메서드는 반드시 부모 클래스 메서드가 반환하는 타입과 일치해야 한다.

BankAccount 클래스에는 은행 계좌 번호와 현재 잔고를 표시하는 displayBalance라는 이름의 메서드가 있다. 여기에 더불어, 하위 클래스인 SavingsAccount에서는 계좌에 할당된 현재 이자율도 출력하고 싶다. 이를 위하여 override 키워드가 앞에 붙은 displayBalance 메서드의 새로운 버전을 SavingsAccount 클래스에 선언한다.

```swift
class SavingsAccount: BankAccount {

    var interestRate: Float = 0.0

    func calculateInterest() -> Float
    {
        return interestRate * accountBalance
    }

    override func displayBalance()
    {
        print("Number \(accountNumber)")
        print("Current balance is \(accountBalance)")
        print("Prevailing interest rate is \(interestRate)")
    }
}
```

또한, 하위 클래스에서 오버라이드된 상위 클래스의 메서드를 호출할 수도 있다. 예를 들어, 상위 클래스의 displayBalance 메서드는 이자율을 표시하기 전에 계좌 번호와 잔고를 출력하도록 호출될 수 있으므로 코드의 중복을 없앨 수 있다.

```swift
override func displayBalance()
{
    super.displayBalance()
    print("Prevailing interest rate is \(interestRate)")
}
```

11.5 하위 클래스 초기화하기

현재 SavingsAccount 클래스는 다음과 같이 부모 클래스인 BankAccount의 초기화 메서드를 상속하고 있다.

```
init(number: Int, balance: Float)
{
    accountNumber = number
    accountBalance = balance
}
```

이 메서드는 클래스의 계좌 번호와 잔고 모두를 초기화하는 데 필요한 과정을 진행한다. 하지만, SavingsAccount 클래스는 이자율에 대한 변수가 추가로 필요하다. 따라서 SavingsAccount 클래스의 인스턴스가 생성될 때 interestRate 프로퍼티가 초기화되도록 해야 한다. SavingsAccount의 init 메서드는 이자율을 초기화하는 작업을 한 다음, 부모 클래스의 init 메서드를 호출하여 모든 변수가 초기화되도록 한다.

```
class SavingsAccount: BankAccount {

    var interestRate: Float

    init(number: Int, balance: Float, rate: Float)
    {
        interestRate = rate
        super.init(number: number, balance: balance)
    }
    .
    .
    .
}
```

초기화 과정에서 발생할 수 있는 잠재적인 문제를 피하기 위해서 상위 클래스의 init 메서드는 항상 하위 클래스의 초기화 작업이 완료된 후에 호출되도록 해야 한다.

11.6 SavingsAccount 클래스 사용하기

이제 SavingsAccount 클래스에 대한 작업이 끝났으니 부모 클래스인 BankAccount를 사용했던 이전의 예제 코드처럼 SavingsAccount 클래스를 사용할 수 있다.

```
let savings1 = SavingsAccount(number: 12311, balance: 600.00, rate: 0.07)

print(savings1.calculateInterest())
savings1.displayBalance()
```

11.7 스위프트 클래스 익스텐션

스위프트 클래스에 새로운 기능을 추가하는 또 다른 방법은 **익스텐션**extension을 이용하는 것이다. 익스텐션은 하위 클래스를 생성하거나 참조하지 않고 기존 클래스에 메서드, **생성자**initializer, 그리고 연산 프로퍼티와 **서브스크립트**subscript 등의 기능을 추가하기 위하여 사용될 수 있다. 스위프트 언어와 iOS SDK 프레임워크에 내장된 클래스에 기능을 추가할 때 익스텐션을 이용하면 매우 효과적일 수 있다.

클래스는 다음의 구문을 이용하여 익스텐션된다.

```
extension 클래스 이름 {
    // 새로운 기능을 여기에 추가한다.
}
```

이번 예제에서는 표준 Double 클래스에 제곱 값을 반환하는 프로퍼티와 세제곱 값을 반환하는 프로퍼티를 추가하고자 한다고 가정하자. 이 기능은 다음의 익스텐션 선언부를 이용하여 추가할 수 있다.

```
extension Double {

    var squared: Double {
        return self * self
    }

    var cubed: Double {
        return self * self * self
    }
}
```

Double 클래스에 두 개의 새로운 연산 프로퍼티를 갖도록 확장했으니 이제는 다음과 같이 이용할 수 있다.

```
let myValue: Double = 3.0
print(myValue.squared)
```

위의 코드를 실행하면 print문은 9.0의 값을 출력할 것이다. 여기서 주목해야 할 점은 `myValue` 상수를 선언할 때 `Double`형이 되도록 선언하고 익스텐션 프로퍼티를 사용했다는 것이다. 실제로 이 프로퍼티는 하위 클래스를 사용하는 것이 아니라 익스텐션으로 추가된 것이므로, 우리는 `Double` 값에서 이 프로퍼티에 직접 접근할 수 있다.

```
print(3.0.squared)
print(6.0.cubed)
```

익스텐션은 하위 클래스를 사용하지 않고 클래스의 기능을 확장할 수 있는 빠르고 편리한 방식을 제공한다. 하지만, 하위 클래스 역시 익스텐션보다 좋은 장점들을 가지고 있다. 예를 들어, 익스텐션을 이용해서는 클래스에 있는 기존의 기능을 오버라이드할 수 없으며, 익스텐션에는 저장 프로퍼티를 포함할 수도 없다.

11.8 요약

상속은 새로운 클래스가 기존의 클래스로부터 파생되어 새로운 기능이 추가되도록 하는 방법으로 객체지향 프로그래밍에서의 객체 재사용성 개념을 확장시켜 준다. 기존의 클래스가 프로그래머가 원하는 일부 기능을 제공하고 있을 경우, 상속은 기존 클래스를 새로운 하위 클래스의 기본형처럼 사용할 수 있게 해준다. 새로운 하위 클래스는 부모 클래스의 모든 기능을 상속받을 것이며, 부족한 기능을 추가하기 위해서 확장된다.

스위프트의 익스텐션은 하위 클래스를 생성하지 않고도 기존의 클래스에 기능을 추가할 수 있는 유용한 방법을 제공한다.

CHAPTER 12
스위프트 구조체와 열거형

이전 장들에서는 스위프트 클래스에 대해 설명했으니 이번 장은 스위프트에서 구조체를 사용하는 것에 대해 설명한다. 얼핏 보면 구조체와 클래스가 비슷해 보이지만, 어떤 것을 사용해야 할지를 결정할 때 이해해야 할 중요한 차이점들이 있다. 이번 장에서는 구조체를 어떻게 선언하고 사용하는지를 설명하고, 구조체와 클래스의 차이점에 대해 알아볼 것이다. 또한, 값 타입과 참조 타입에 대한 개념을 설명한다.

12.1 스위프트 구조체 개요

클래스처럼 구조체도 객체지향 프로그래밍의 기초를 형성하며 데이터와 기능을 재사용할 수 있는 객체로 캡슐화하는 방법을 제공한다. 구조체 선언은 클래스와 비슷하지만, `class` 키워드를 사용하는 대신에 `struct` 키워드를 사용한다는 점이 다르다. 예를 들어, 다음은 String 변수와 **생성자** initializer, 그리고 메서드로 구성된 간단한 구조체를 선언하는 코드다.

```swift
struct SampleStruct {

    var name: String

    init(name: String) {
        self.name = name
    }

    func buildHelloMsg() {
        "Hello " + name
    }
}
```

앞의 구조체 선언부와 동일한 클래스 선언부를 비교해보자.

```
class SampleClass {

    var name: String

    init(name: String) {
        self.name = name
    }

    func buildHelloMsg() {
        "Hello " + name
    }
}
```

class 키워드 대신에 struct 키워드를 사용했다는 것을 제외하면 두 개의 선언부는 동일하다. 각각의 인스턴스를 생성할 때도 동일한 구문을 사용한다.

```
let myStruct = SampleStruct(name: "Mark")
let myClass = SampleClass(name: "Mark")
```

클래스와 마찬가지로 구조체도 확장될 수 있으며, 프로토콜을 채택하거나 초기화를 가질 수 있다.

클래스와 구조체의 공통점이 많기 때문에 서로가 어떻게 다른지를 이해하는 것이 중요하다. 가장 큰 차이점에 대해 알아보기 전에 값 타입과 참조 타입에 대한 개념을 이해하는 게 먼저다.

12.2 값 타입 vs. 참조 타입

겉으로 보기엔 구조체와 클래스는 비슷하지만, 구조체의 인스턴스와 클래스의 인스턴스가 복사되거나 메서드 또는 함수에 인자가 전달될 때 발생하는 동작의 큰 차이가 있다. 왜냐하면 구조체 인스턴스의 타입은 **값 타입**value type이고, 클래스의 인스턴스의 타입은 **참조 타입**reference type이기 때문이다.

구조체 인스턴스가 복사되거나 메서드에 전달될 때 인스턴스의 실제 복사본이 생성되면서 원본 객체가 가지고 있던 모든 데이터를 그대로 복사해서 갖게 된다. 즉, 복사본은 원본 구조체 인스턴스와는 별개인 자신만의 데이터를 가진다는 의미다. 실제로 실행 중인 앱 내의 구조체 인스턴스에 대한 복사본이 여러 개 존재할 수 있으며, 각각의 복사본은 자신만의 데이터를 가질 수 있다는 말이다. 따라서 어떤 하나의 인스턴스를 변경해도 다른 복사본들에 영향을 미치지 않는다.

이와는 반대로, 클래스 인스턴스가 복사되거나 인자로 전달되면 해당 클래스 인스턴스가 있는 메모리의 위치에 대한 참조체가 만들어지거나 전달된다. 참조체를 변경하면 원본 인스턴스에도 동일한 작업이 수행된다. 다시 말해, 단 하나의 클래스 인스턴스가 있고 그 인스턴스를 가리키는 여러 개의 참조체가 존재하는 것이다. 참조체들 중 하나를 이용하여 인스턴스 데이터를 변경하면 모든 참조체의 데이터가 변경된다.

다음은 참조 타입과 값 타입에 대한 실제 예를 보기 위한 코드다.

```swift
struct SampleStruct {

    var name: String

    init(name: String) {
        self.name = name
    }

    func buildHelloMsg() {
        "Hello " + name
    }
}
let myStruct1 = SampleStruct(name: "Mark")
print(myStruct1.name)
```

앞의 코드를 실행하면 'Mark'라는 이름이 표시된다. 이제 코드를 수정하여 myStruct1 인스턴스의 복사본을 만들고 name 프로퍼티를 변경한 다음에 각각의 인스턴스를 출력해보자.

```swift
let myStruct1 = SampleStruct(name: "Mark")
var myStruct2 = myStruct1
myStruct2.name = "David"

print(myStruct1.name)
print(myStruct2.name)
```

앞의 코드를 실행하면 다음과 같이 출력된다.

```
Mark
David
```

myStruct2는 myStruct1의 복사본이기 때문에 그림 12-1과 같이 자신만의 데이터를 갖게 되므로 myStruct2의 name만 변경되었다.

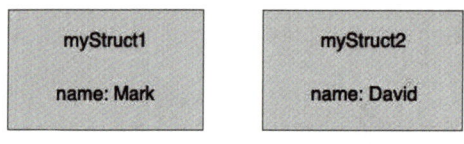

그림 12-1

다음의 클래스 예제로 비교해보자.

```
class SampleClass {

    var name: String

    init(name: String) {
        self.name = name
    }

    func buildHelloMsg() {
        "Hello " + name
    }
}

let myClass1 = SampleClass(name: "Mark")
var myClass2 = myClass1
myClass2.name = "David"

print(myClass1.name)
print(myClass2.name)
```

앞의 코드를 실행하면 다음과 같이 출력된다.

```
David
David
```

이번에는 name 프로퍼티를 변경한 것이 myClass1과 myClass2 모두에 영향을 미쳤다. 왜냐하면 동일한 클래스 인스턴스에 대한 참조체들이기 때문이다(그림 12-2 참고).

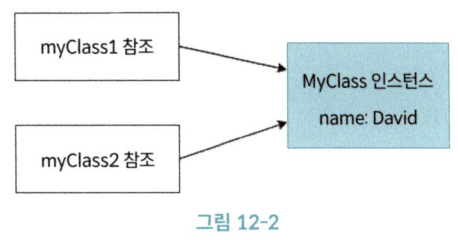

그림 12-2

지금까지 봤던 값 타입과 참조 타입에 대한 차이점뿐만 아니라 구조체는 클래스에 있던 상속이나 하위클래스를 지원하지 않는다. 다시 말해, 하나의 구조체가 다른 구조체에 상속될 수 없다는 뜻이다. 클래스와는 다르게 구조체는 소멸자 메서드de-initializer(`deinit`)를 포함할 수 없다. 마지막으로, 런타임에서 클래스 인스턴스의 유형을 식별할 수 있지만 구조체는 그렇지 않다.

12.3 구조체와 클래스는 언제 사용하는가?

일반적으로 구조체가 클래스보다 효율적이고 멀티 스레드 코드를 사용하는 데 더 안정적이기 때문에 가능하다면 구조체를 권장한다. 하지만, 상속이 필요하거나 데이터가 캡슐화된 하나의 인스턴스가 필요할 때는 클래스를 사용해야 한다. 또는 인스턴스가 소멸될 때 리소스를 확보하기 위한 작업이 필요할 때도 클래스를 사용해야 한다.

12.4 열거형 개요

일반적으로 enum이라고 하는 **열거형**enumeration은 미리 정의된 값 집합으로 구성된 사용자 지정 데이터 유형을 만드는 데 사용된다. 열거형은 일반적으로 `switch` 문을 사용할 때와 같이 코드 내에서 결정을 내릴 때 사용된다. 열거형은 예를 들어 다음과 같이 선언될 수 있다.

```
enum Temperature {
    case hot
    case warm
    case cold
}
```

이 예제에서는 어떤 케이스에도 값이 할당되지 않았다. 이러한 타입의 열거형은 기본적으로 미리 정의된 상태들 중 하나를 참조하는 데 사용된다(여기서는 현재 온도를 뜨거운지, 따듯한지, 차가운지로 구분한다). 일단 선언되면 열거형은 예를 들어 다음과 같이 `switch` 문 내에서 사용될 수 있다.

```
func displayTempInfo(temp: Temperature) {
    switch temp {
        case .hot:
            print("It is hot.")
        case .warm:
            print("It is warm.")
        case .cold:
            print("It is cold.")
    }
}
```

열거형에는 유효한 멤버 값의 최종 집합이 있기 때문에 switch 문에 디폴트 케이스를 포함할 필요가 없다는 점도 주목하자. switch 문을 통해 유효하지 않은 열거형 케이스를 전달하려고 하면, 런타임 오류가 발생할 가능성이 있기 전에 컴파일러에 의해 포착된다.

열거형을 테스트하려면 다음 세 가지 가능한 상태 중 하나가 선택된 Temperature 열거형의 인스턴스를 displayTempInfo() 함수에 전달해야 한다.

```
Temperature.hot
Temperature.warm
Temperature.cold
```

예를 들어 다음과 같이 입력한다.

```
displayTempInfo(temp: Temperature.warm)
```

앞의 코드가 실행되면 다음의 정보를 출력할 것이다.

```
It is warm.
```

열거형 내의 개별 케이스에는 연결된 값이 있을 수도 있다. 예를 들어 'cold' 열거형 케이스가 온도 값과 연결되어야 앱이 추위와 동결 조건을 구별할 수 있다고 하자. 이것은 다음과 같이 열거형 선언 내에서 정의할 수 있다.

```
enum Temperature {
    case hot
    case warm
```

```
        case cold(centigrade: Int)
}
```

이를 통해 switch 문은 다음과 같이 cold 케이스의 온도도 확인할 수 있다.

```
func displayTempInfo(temp: Temperature) {
    switch temp {
        case .hot:
            print("It is hot")
        case .warm:
            print("It is warm")
        case.cold(let centigrade) where centigrade <= 0:
            print("Ice warning: \(centigrade) degrees.")
        case .cold:
            print("It is cold but not freezing.")
    }
}
```

cold 열거형 값이 함수에 전달될 때, 이제는 포함된 온도 값과 함께 전달된다.

```
displayTempInfo(temp: Temperature.cold(centigrade: -10))
```

앞의 함수의 결과는 다음과 같다.

```
Ice warning: -10 degrees
```

12.5 요약

스위프트 구조체와 클래스 모두는 프로퍼티를 정의하고, 값을 저장하며, 메서드를 정의할 수 있는 객체 생성 메커니즘을 제공한다. 두 개의 메커니즘이 서로 비슷해 보이지만, 구조체 인스턴스와 클래스 인스턴스가 복사되거나 메서드에 전달될 때는 중요한 차이점을 보인다. 클래스는 참조 타입 객체로 구분되며, 구조체는 값 타입으로 구분된다. 구조체 인스턴스가 복사되거나 메서드로 전달되면 완전히 새로운 복사본이 생성되며, 복사본 자신의 데이터를 갖게 된다. 반면, 클래스 인스턴스가 복사되거나 메서드에 전달되면 원래의 클래스 인스턴스를 가리키는 참조체가 된다. 클래스만 갖는 고유한 기능은 상속과 소멸자를 지원한다는 것이며, 런타임에서 클래스 타입을 식별할 수 있다는 것이다. 클래스만의 기능이 필요하지 않다면 일반적으로는 클래스 대신에 구조체를 사용해야 한다.

열거형은 미리 정의된 상태 값 집합으로 구성된 사용자 지정 타입을 만드는 데 사용되며, 특히 switch 문 내에서 상태를 식별하는 데 사용된다.

CHAPTER 13

스위프트 프로퍼티 래퍼

이전 장에서는 스위프트 클래스와 구조체에 대해 살펴보았다. 이번 장에서는 **프로퍼티 래퍼**property wrapper 형태에 대해 알아보자. 스위프트 5.1부터 나온 프로퍼티 래퍼는 클래스와 구조체 구현부에 **게터**getter, **세터**setter, **연산 프로퍼티**computed property 코드의 중복을 줄이는 방법을 제공한다.

13.1 프로퍼티 래퍼 이해하기

클래스나 구조체 인스턴스에 있는 프로퍼티에 값을 할당하거나 접근할 때 값을 저장하거나 읽어 내기 전에 변환 작업이나 유효성 검사를 해야 할 경우가 종종 있다. 10장 '스위프트의 객체지향 프로그래밍 기초'에서 설명한 것처럼 이 작업은 연산 프로퍼티를 만들어서 구현할 수 있다. 그런데 여러 클래스나 구조체에 생성한 연산 프로퍼티들이 유사한 패턴을 갖는 경우가 빈번하게 발생한다. 스위프트 5.1 이전에는 연산 프로퍼티 로직을 공유하는 유일한 방법이 해당 코드를 복사하여 각각의 클래스 구현부나 구조체 구현부에 포함시키는 것뿐이었다. 이것은 비효율적일 뿐만 아니라, 계산 방법이 수정되는 일이 생기면 각각의 클래스나 구조체에 복사해둔 연산 프로퍼티를 일일이 찾아 직접 수정해야 했다.

이러한 단점을 개선하기 위해서 스위프트 5.1은 **프로퍼티 래퍼**라는 기능을 도입하였다. 프로퍼티 래퍼는 기본적으로 연산 프로퍼티의 기능을 개별 클래스와 구조체와 분리할 수 있게 하며, 앱 코드에서 재사용할 수 있게 한다.

13.2 간단한 프로퍼티 래퍼 예제

프로퍼티 래퍼를 이해하는 가장 좋은 방법은 매우 간단한 예제를 살펴보는 것이다. 다음과 같이 도시 이름을 저장하는 `String` 프로퍼티를 가진 구조체가 있다고 하자.

```
struct Address {
    var city: String
}
```

사용자가 도시 이름을 어떻게 입력했지와는 상관없이 대문자로 저장되어야 한다면 다음과 같이 연산 프로퍼티를 구조체에 추가할 수 있다.

```
struct Address {

    private var cityname: String = ""

    var city: String {
        get { cityname }
        set { cityname = newValue.uppercased() }
    }
}
```

도시 이름이 프로퍼티에 할당되면 연산 프로퍼티의 세터가 `private cityname` 변수에 값을 저장하기 전에 대문자로 변환하게 된다. 지금 만든 구조체를 테스트하기 위해서 다음과 같이 코딩하자.

```
var address = Address()

address.city = "London"
print(address.city)
```

앞의 코드를 실행하면 다음과 같이 출력된다.

```
LONDON
```

연산 프로퍼티는 도시 이름의 문자열을 대문자로 변환하였다. 만약 이와 동일한 작업이 다른 구조체나 클래스에 필요하다면 지금의 코드를 복사해서 필요한 곳에 붙여넣는 방법도 있을 수 있다. 하지만, 지금의 예제는 코드의 양이 적어서 그렇지 많은 양의 코드와 복잡한 연산이 있는 경우에는 적절하지 않을 것이다.

연산 프로퍼티를 사용하는 대신에 이 로직을 프로퍼티 래퍼로 구현할 수 있다. 예를 들어, 다음의 선언부는 문자열을 대문자로 변환하도록 설계된 `FixCase`라는 프로퍼티 래퍼를 구현한다.

```
@propertyWrapper
struct FixCase {
    private(set) var value: String = ""

    var wrappedValue: String {
        get { value }
        set { value = newValue.uppercased() }
    }

    init(wrappedValue initialValue: String) {
        self.wrappedValue = initialValue
    }
}
```

프로퍼티 래퍼는 `@propertyWrapper` 지시자를 이용하여 선언되며, 클래스나 구조체 안에 구현된다. 모든 프로퍼티 래퍼는 값을 변경하거나 유효성을 검사하는 게터와 세터 코드가 포함된 `wrappedValue` 프로퍼티를 가져야 한다. 초깃값이 전달되는 초기화 메서드는 선택 사항으로 포함될 수도 있다. 앞의 코드에서는 초깃값을 문자열을 대문자로 변환하고 `private` 변수에 저장하는 `wrappedValue` 프로퍼티에 할당한다.

이제 프로퍼티 래퍼에 대한 정의가 끝났으니 이와 동일한 동작이 필요한 다른 프로퍼티 변수에 적용하여 재사용할 수 있다. 프로퍼티 래퍼를 사용하기 위해서는 이 동작이 필요한 클래스나 구조체의 선언부에 있는 프로퍼티 선언 앞에 `@FixCase` 지시자를 붙이면 된다.

```
struct Contact {
    @FixCase var name: String
    @FixCase var city: String
    @FixCase var country: String
}

var contact = Contact(name: "John Smith", city: "London",
                      country: "United Kingdom")
print("\(contact.name), \(contact.city), \(contact.country)")
```

앞의 코드를 실행하면 다음과 같은 결과가 나온다.

```
JOHN SMITH, LONDON, UNITED KINGDOM
```

13.3 여러 변수와 타입 지원하기

앞의 예제에서 프로퍼티 래퍼는 래핑되는 프로퍼티에 할당되는 값의 형태로 단 하나의 값을 받았다. 어떤 작업을 수행할 때 사용될 여러 값을 받도록 좀 더 복잡한 프로퍼티 래퍼를 구현할 수도 있다. 추가되는 값들은 프로퍼티 래퍼 이름 다음의 괄호 안에 둔다. 지정된 값으로 사용하도록 설계된 프로퍼티 래퍼는 다음의 형태와 같다.

```swift
struct Demo {
    @MinMaxVal(min: 10, max: 150) var value: Int = 100
}
```

다음은 앞의 `MinMaxVal` 프로퍼티 래퍼를 구현하는 코드다.

```swift
@propertyWrapper
struct MinMaxVal {
    var value: Int
    let max: Int
    let min: Int
    
    init(wrappedValue: Int, min: Int, max: Int) {
        value = wrappedValue
        self.min = min
        self.max = max
    }
    
    var wrappedValue: Int {
        get { return value }
        set {
            if newValue > max {
                value = max
            } else if newValue < min {
                value = min
            } else {
                value = newValue
            }
        }
    }
}
```

`init()` 메서드는 래퍼 값에 추가된 `min`과 `max` 값을 받아서 구현된다. `wrappedValue` 세터는 값이 특정 범위 안에 있는지를 검사하여 그 값을 `min` 또는 `max`에 할당한다.

앞의 프로퍼티 래퍼는 다음의 코드로 테스트할 수 있다.

```
struct Demo {
    @MinMaxVal(min: 100, max: 200) var value: Int = 100
}

var demo = Demo()
demo.value = 150
print(demo.value)

demo.value = 250
print(demo.value)
```

이 코드를 실행하면 첫 번째 print 구문은 150을 출력한다. 왜냐하면 150은 허용 범위 안에 들어오기 때문이다. 반면, 두 번째 print 구문은 200을 출력한다. 왜냐하면 래퍼가 값을 최댓값(여기서는 200)으로 제한하기 때문이다.

현재 구현된 프로퍼티 래퍼는 정수형(Int) 값만 가지고 작업한다. 만약 동일한 타입의 다른 값과 비교할 수 있는 모든 변수 타입과 함께 사용할 수 있다면 더 유용하게 될 것이다. 다행히도 프로퍼티 래퍼는 특정 프로토콜을 따르는 모든 타입과 작업하도록 구현할 수 있다. 프로퍼티 래퍼의 목적은 비교 작업을 하는 것이므로, Foundation 프레임워크에 포함된 Comparable 프로토콜을 따르는 모든 데이터 타입을 지원하도록 수정해야 한다. Comparable 프로토콜을 따르는 타입은 값이 같은지, 더 큰지, 더 작은지를 비교하는 데 사용될 수 있다. String, Int, Date, DateInterval, 그리고 Character 같은 다양한 타입이 이 프로토콜을 따른다.

Comparable 프로토콜을 따르는 모든 타입에 사용될 수 있도록 프로퍼티 래퍼를 구현하기 위해서는 선언부를 다음과 같이 수정해야 한다.

```
@propertyWrapper
struct MinMaxVal<V: Comparable> {
    var value: V
    let max: V
    let min: V

    init(wrappedValue: V, min: V, max: V) {
        value = wrappedValue
        self.min = min
        self.max = max
```

```
    }
    var wrappedValue: V {
        get { return value }
        set {
            if newValue > max {
                value = max
            } else if newValue < min {
                value = min
            } else {
                value = newValue
            }
        }
    }
}
```

이렇게 수정된 래퍼는 앞에서 했던 것처럼 Int 값으로도 동작하며, Comparable 프로토콜을 따르는 다른 모든 타입에도 사용할 수가 있다. 다음의 예제는 문자열 값이 알파벳 관점에서 최솟값과 최댓값 범위 안에 들어오는지를 판단하는 것이다.

```
struct Demo {
    @MinMaxVal(min: "Apple", max: "Orange") var value: String = ""
}

var demo = Demo()
demo.value = "Banana"
print(demo.value)
// Banana <--- 이 값은 주어진 알파벳 범위 내에 있어서 저장된다.

demo.value = "Pear"
print(demo.value)
// Orange <--- 이 값은 주어진 알파벳 범위 밖이므로 지정한 최댓값으로 대체된다.
```

마찬가지로, 이 래퍼는 Date 객체로도 동작을 한다. 다음의 예제는 현재 날짜와 한 달 후 날짜 사이의 데이터로 제한하고 있다.

```
struct DateDemo {
    @MinMaxVal(min: Date(), max: Calendar.current.date(byAdding: .month, value: 1, to: Date())! ) var value: Date = Date()
}
```

다음의 코드와 결과는 우리가 만든 래퍼가 Date 값을 가지고도 동작하는 것을 보여준다.

```
var dateDemo = DateDemo()

print(dateDemo.value)
// 2019-08-23 20:05:13 +0000. <--- 디폴트로 현재 날짜가 프로퍼티에 설정되었다.

dateDemo.value = Calendar.current.date(byAdding: .day, value: 10, to: Date())!
// <--- 프로퍼티에 10일 후의 날짜를 설정한다.
print(dateDemo.value)
// 2019-09-02 20:05:13 +0000 <--- 유효 범위 내에 있으므로 프로퍼티에 저장된다.

dateDemo.value = Calendar.current.date(byAdding: .month, value: 2, to: Date())! // <--- 프로퍼티에 2달 후의 날짜를 설정한다.
print(dateDemo.value)
// 2019-09-23 20:08:54 +0000 <--- 유효 범위 밖이므로 프로퍼티에는 최댓값(1달)이 저장된다.
```

13.4 요약

스위프트 5.1에서 도입된 프로퍼티 래퍼는 클래스 및 구조 선언 내에서 코드의 중복을 피하면서 앱 프로젝트의 코드를 통해 재사용되는 프로퍼티의 게터와 세터 구현체를 사용할 수 있게 한다. 프로퍼티 래퍼는 @propertyWrapper 지시자를 이용하여 구조체 형태로 선언된다.

프로퍼티 래퍼는 강력한 스위프트 기능으로 여러분이 만든 동작(작업)을 스위프트 코드에 추가할 수 있게 해준다. 여러분이 만든 고유한 프로퍼티 래퍼 외에도 iOS SDK로 작업하다 보면 이러한 프로퍼티 래퍼를 접하게 될 것이다. 실제로, 미리 정의된 프로퍼티 래퍼는 나중에 설명할 SwiftUI 작업을 할 때 광범위하게 사용된다.

CHAPTER **14**

스위프트의 배열과 딕셔너리 컬렉션으로 작업하기

스위프트의 **배열**array과 **딕셔너리**dictionary는 다른 객체들의 집합을 담을 수 있는 객체다. 이번 장에서는 스위프트의 배열과 딕셔너리로 작업하는 기본적인 방법에 대해 다루도록 하겠다.

14.1 가변형 컬렉션과 불변형 컬렉션

스위프트에서의 컬렉션은 **가변형**mutable과 **불변형**immutable이 있다. 불변형 컬렉션 인스턴스에 속한 것은 객체가 초기화된 이후에 변경될 수 없다. 불변형 컬렉션을 만들고 싶다면 컬렉션을 생성할 때 **상수**constant에 할당한다. 반면, **변수**variable에 할당했다면 가변형이 된다.

14.2 스위프트 배열 초기화

배열은 하나의 순서 있는 컬렉션에 여러 값을 담기 위하여 특별하게 설계된 데이터 타입이다. 예를 들어, `String` 값들을 저장하기 위해 배열을 생성할 수 있다. 엄밀히 말하자면, 하나의 스위프트 배열은 동일한 타입의 값들만 저장할 수 있다. 따라서 `String` 값을 포함하도록 선언된 배열에 `Int` 값을 포함할 수 없다. 그러나 이번 장의 후반부에서도 다루지만, 여러 타입이 혼합된 배열을 생성할 수도 있다. 배열의 타입은 **타입 애너테이션**type annotation을 사용하여 구체적으로 지정할 수도 있고, **타입 추론**type inference을 이용하여 컴파일러가 식별하게 할 수도 있다.

다음 구문을 이용하면 배열을 생성할 때 값들을 갖도록 초기화할 수 있다. 이것을 **배열 리터럴**array literal이라고 부른다.

```
var 변수명: [타입] = [값1, 값2, 값3, ....... ]
```

다음 코드는 세 개의 문자열 값으로 초기화되어 생성된 새로운 배열을 변수에 할당한다.

```
var treeArray = ["Pine", "Oak", "Yew"]
```

다른 방법으로, 동일한 배열을 상수에 할당하여 불변형으로 생성할 수도 있다.

```
let treeArray = ["Pine", "Oak", "Yew"]
```

이 인스턴스에서 스위프트 컴파일러는 타입 추론을 이용하여 배열이 String 타입의 값을 담고 있다고 판단하며, 애플리케이션 코드 어디에서든 다른 타입의 값이 배열에 추가되지 않도록 막을 것이다.

다른 방법으로, 동일한 배열을 가지고 타입 애너테이션을 이용하여 선언할 수 있다.

```
var treeArray: [String] = ["Pine", "Oak", "Yew"]
```

배열을 생성할 때 반드시 값을 할당해야 할 필요는 없다. 다음 구문은 빈 배열을 생성할 때 사용되는 것이다.

```
var 변수명 = [타입]()
```

예를 들어, 다음의 코드는 부동소수점 값을 저장하도록 설계한 빈 배열을 생성하고 priceArray라는 이름의 변수에 할당한다.

```
var priceArray = [Float]()
```

또 다른 유용한 초기화 기술로는 배열의 각 항목마다 지정된 디폴트 값으로 미리 설정하여 배열이 특정 크기로 초기화되도록 할 수 있다.

```
var nameArray = [String](repeating: "My String", count: 10)
```

앞의 코드를 컴파일하고 실행하면 'My String'이라는 문자열로 배열의 각 항목이 초기화되어 10개의 항목을 가진 배열이 생성된다.

마지막으로, 기존의 배열 두 개를 합하여(배열 모두가 동일한 타입의 값을 포함하고 있다고 가정) 새로운 배열을 생성할 수도 있다.

```
let firstArray = ["Red", "Green", "Blue"]
let secondArray = ["Indigo", "Violet"]

let thirdArray = firstArray + secondArray
```

14.3 스위프트 배열로 작업하기

배열을 생성했다면 스위프트 코드 내에서 배열의 항목을 가지고 작업하거나 조작할 수 있도록 제공된 메서드와 프로퍼티가 많이 있다. 이에 대해 몇 가지를 살펴보자.

14.3.1 배열 항목 개수

하나의 배열에 들어 있는 항목들의 개수는 배열의 count 프로퍼티에 접근하여 얻을 수 있다.

```
var treeArray = ["Pine", "Oak", "Yew"]
var itemCount = treeArray.count

print(itemCount)
```

다음과 같이 불리언 타입인 isEmpty 프로퍼티를 이용하면 배열이 비었는지 알 수 있다.

```
var treeArray = ["Pine", "Oak", "Yew"]

if treeArray.isEmpty {
    // 배열이 비어 있다.
}
```

14.3.2 배열 항목 접근하기

인덱스index라 불리는 기술을 이용하여 배열 인덱스(배열의 첫 번째 항목의 인덱스 위치는 0이다)의 항목 위치를 참조하여 배열의 특정 항목에 접근하거나 수정할 수 있다. 다음의 코드는 배열의 인덱스 위치 2에 포함된 문자열 값(여기서는 문자열 값 'Yew')을 print 호출로 출력한다.

```
var treeArray = ["Pine", "Oak", "Yew"]

print(treeArray[2])
```

이러한 방법은 특정 인덱스 위치에 있는 값을 교체하는 데 사용될 수도 있다.

```
treeArray[1] = "Redwood"
```

앞의 코드는 인덱스 위치 1에 있는 현재의 값을 'Redwood'라는 새로운 String 값으로 교체한다.

14.3.3 배열 항목 섞기와 무작위로 가져오기

배열 객체의 shuffled() 메서드를 호출하면 항목의 순서가 무작위로 섞인 새로운 버전의 배열이 반환된다.

```
let shuffledTrees = treeArray.shuffled()
```

배열의 항목을 무작위로 선택하여 접근하려면 randomElement() 메서드를 호출하면 된다.

```
let randomTree = treeArray.randomElement()
```

14.3.4 배열에 항목 추가하기

배열의 항목은 append 메서드 또는 +나 += 연산자를 이용하여 배열에 추가될 수 있다. 다음의 예제는 배열에 항목을 추가할 수 있는 방법으로 유효한 기술이다.

```
treeArray.append("Redwood")
treeArray += ["Redwood"]
treeArray += ["Redwood", "Maple", "Birch"]
```

14.3.5 항목 삽입하기와 삭제하기

배열에 삽입될 새로운 항목은 insert(at:) 메서드를 호출하여 특정 인덱스 위치에 삽입할 수 있다. 삽입은 배열 내에 있는 기존의 모든 항목을 보호하므로, 새롭게 삽입된 항목을 배열 내에 두기 위하여 새로운 항목이 삽입되는 인덱스 위치를 포함하여 그 뒤에 있던 기존 항목들은 오른쪽으로 한 칸씩 이동하게 된다.

```
treeArray.insert("Maple", at: 0)
```

마찬가지로, 배열의 특정 인덱스 위치에 있는 항목은 remove(at:) 메서드를 호출하여 제거할 수 있다.

```
treeArray.remove(at: 2)
```

배열의 마지막 항목을 삭제하려면 다음과 같이 removeLast 메서드를 호출하면 된다.

```
treeArray.removeLast()
```

14.3.6 배열 반복하기

배열의 항목을 반복하는 가장 쉬운 방법은 for-in 반복문을 이용하는 것이다. 예를 들어, 다음의 코드는 String 배열에 있는 모든 항목을 반복하여 각각을 콘솔에 출력하는 것이다.

```
let treeArray = ["Pine", "Oak", "Yew", "Maple", "Birch", "Myrtle"]

for tree in treeArray {
    print(tree)
}
```

이 코드를 실행하면 다음과 같은 결과가 콘솔에 출력될 것이다.

```
Pine
Oak
Yew
Maple
Birch
Myrtle
```

forEach() 배열 메서드를 호출하여 동일한 결과를 얻을 수 있다. 이 메서드가 배열에서 호출되면

각 요소를 반복하며 지정된 코드가 실행된다. 예를 들어:

```
treeArray.forEach { tree in
    print(tree)
}
```

각 배열 요소에 대해 수행할 작업이 클로저 표현식으로 선언되기 때문에, 앞의 예는 다음과 같이 약식 인수 이름을 활용하도록 수정될 수 있다.

```
treeArray.forEach {
    print($0)
}
```

14.4 타입이 혼합된 배열 생성하기

타입이 혼합된 배열은 서로 다른 클래스 타입의 항목들을 담을 수 있는 배열이다. 물론, String 타입을 받도록 선언된 배열이라면 String 클래스 객체가 아닌 인스턴스를 담을 수는 없다. 하지만, 스위프트에는 Any 타입이 있기 때문에 흥미로운 방법이 생긴다. 스위프트의 Any는 특별한 타입으로, 지정된 클래스 타입이 아닌 객체를 참조하는 데 사용된다. 따라서 Any 객체 타입을 포함하도록 선언된 배열은 여러 타입의 항목을 담을 수 있게 된다. 예를 들면, 다음의 코드는 배열을 생성하고 String과 Int, 그리고 Double형의 항목들을 포함하도록 초기화하고 있다.

```
let mixedArray: [Any] = ["A String", 432, 34.989]
```

Any 타입은 주의해서 사용해야 한다. 왜냐하면 Any를 사용할 경우 스위프트는 올바른 타입의 요소들이 배열에 포함되었다고 간주하게 되므로 코드상에서의 프로그래머 실수로 인한 오류가 발생할 수 있기 때문이다. Any 배열을 사용하게 된다면 배열에 있는 요소를 가지고 코드에서 사용하기 전에 각 요소에 대한 올바른 타입으로의 형 변환을 직접 해야 하는 경우가 종종 생길 것이다. 배열에 있는 어떤 요소에 대해 올바르지 않은 타입으로 형 변환을 할 경우, 컴파일 오류는 발생하지 않겠지만 런타임에서 충돌이 발생할 것이다. 예를 들어, 다음과 같은 배열이 있다고 가정해보자.

```
let mixedArray: [Any] = [1, 2, 45, "Hello"]
```

이와 같이 배열을 초기화한 다음, 배열의 정수형 요소에 10을 곱하는 반복문을 해야 한다면 다음과 같은 코드를 생각할 수 있다.

```
for object in mixedArray {
    print(object * 10)
}
```

하지만 이 코드를 Xcode에 입력하면 Any 타입과 Int 타입의 곱셈 연산이 불가능하다는 구문 오류가 발생할 것이다. 이 오류를 없애려면 배열의 요소를 Int 타입으로 **다운캐스팅**downcast해야 한다.

```
for object in mixedArray {
    print(object as! Int * 10)
}
```

이 코드는 아무런 오류 없이 컴파일되며, 기대한 것처럼 동작하다가 배열의 마지막인 String 요소에 다다랐을 때 다음과 같은 에러 메시지와 함께 충돌이 발생하게 된다.

```
Could not cast value of type 'Swift.String' to 'Swift.Int'
```

따라서 이 코드는 배열에 있는 각 항목의 특정 타입을 식별하도록 수정되어야 한다. 분명한 것은 스위프트에서 Any 배열을 이용할 때는 장점과 단점이 모두 존재한다는 점이다.

14.5 스위프트 딕셔너리 컬렉션

딕셔너리는 **키-값**key-value 쌍의 형태로 데이터를 저장하고 관리할 수 있게 해준다. 딕셔너리는 배열과 비슷한 목적의 작업을 실시하지만, 딕셔너리에 저장된 각 항목은 연관된 값을 참조하고 접근하는 데 사용되는 유일한 키(정확하게 말하자면, 키는 특정 딕셔너리 객체에서 유일하다)와 연결되어 있다는 점이 다르다. 현재는 String, Int, Double, 그리고 Bool 데이터 타입만 스위프트 딕셔너리에 키로 사용할 수 있다.

14.6 스위프트 딕셔너리 초기화

딕셔너리는 순서가 없는 단일 컬렉션에 여러 값을 담기 위해 설계된 특별한 데이터 타입이다. 딕셔너리에 있는 각 항목은 **키**와 그와 연관된 **값**으로 구성된다. 키의 데이터 타입과 값 항목 타입은 **타입 애너테이션**을 이용하여 구체적으로 지정되거나 **타입 추론**을 이용하여 컴파일러가 식별하게 한다.

새로운 딕셔너리는 다음 구문을 이용하여 생성 시에 값들의 컬렉션으로 초기화할 수 있다(이것을 **딕셔너리 리터럴**dictionary literal이라고 한다).

```
var 변수명: [키 타입: 값 타입] = [키1: 값1, 키2: 값2 .... ]
```

다음 코드는 ISBN 번호와 그에 해당하는 책 세목의 형태로 네 개의 키-값 쌍으로 조기화된 변수에 할당된 새로운 딕셔너리를 생성한다.

```
var bookDict = ["100-432112" : "Wind in the Willows",
                "200-532874" : "Tale of Two Cities",
                "202-546549" : "Sense and Sensibility",
                "104-109834" : "Shutter Island"]
```

앞의 인스턴스에서 스위프트 컴파일러는 딕셔너리의 키와 값 항목이 String 타입임을 결정하고 다른 타입의 키 또는 값이 삽입되지 않도록 막기 위해 타입 추론을 이용할 것이다.

다른 방법으로, 타입 애너테이션을 이용하여 동일한 배열을 선언할 수도 있다.

```
var bookDict: [String: String] =
            ["100-432112" : "Wind in the Willows",
             "200-532874" : "Tale of Two Cities",
             "202-546549" : "Sense and Sensibility",
             "104-109834" : "Shutter Island"]
```

배열처럼 빈 딕셔너리를 생성할 수도 있다. 다음 구문을 살펴보자.

```
var 변수명 = [키 타입: 값 타입]()
```

다음 코드는 정수형 키와 문자열 값을 저장하기 위하여 설계된 빈 딕셔너리를 생성한다.

```
var myDictionary = [Int: String]()
```

14.7 시퀀스 기반의 딕셔너리 초기화

딕셔너리는 키들과 값들을 나타내는 시퀀스를 이용하여 초기화될 수도 있다. 이것은 키들과 값들을 스위프트의 zip() 함수에 전달하면 된다. 다음의 예제는 두 개의 배열을 이용하여 딕셔너리를 생성한다.

```
let keys = ["100-432112", "200-532874", "202-546549", "104-109834"]
let values = ["Wind in the Willows", "Tale of Two Cities", "Sense and Sensibility", "Shutter Island"]

let bookDict = Dictionary(uniqueKeysWithValues: zip(keys, values))
```

이 방법은 키들과 값들을 프로그램적으로 생성되게 해준다. 다음의 예제는 미리 정의된 키들의 배열을 이용하는 것이 아니라 1부터 시작하는 숫자를 키로 지정한다.

```
let values = ["Wind in the Willows", "Tale of Two Cities", "Sense and Sensibility", "Shutter Island"]

var bookDict = Dictionary(uniqueKeysWithValues: zip(1..., values))
```

다음의 코드는 앞의 코드와 동일한 작업을 수행하지만, 훨씬 깔끔하게 정리되었다.

```
var bookDict = [1 : "Wind in the Willows",
                2 : "Tale of Two Cities",
                3 : "Sense and Sensibility",
                4 : "Shutter Island"]
```

14.8 딕셔너리 항목 개수

딕셔너리의 항목 개수는 count 프로퍼티에 접근하여 얻을 수 있다.

```
print(bookDict.count)
```

14.9 딕셔너리 항목 접근하기와 갱신하기

특정 값은 해당 키를 참조하기 위하여 키 첨자 구문을 이용하면 접근되거나 수정될 수 있다. 다음의 코드는 bookDict 딕셔너리에 있는 키를 참조하며 해당 값을 출력한다(이 예제에서는 'Tale of Two Cities'다).

```
print(bookDict["200-532874"])
```

이와 같이 딕셔너리 항목에 접근할 때도 지정된 키에 해당하는 값이 없는 경우에 사용될 디폴트 값을 선언할 수 있다.

```
print(bookDict["999-546547", default: "Book not found"])
```

우리가 만든 딕셔너리에는 지정된 키에 대한 항목이 없기 때문에 앞의 코드는 'Book not found' 라는 텍스트를 출력할 것이다.

마찬가지 방법으로, 특정 키와 연결된 값을 갱신할 수도 있다. 예를 들어, 다음과 같이 'Tale of Two Cities'라는 제목을 'Sense and Sensibility'로 바꿀 수 있다.

```
bookDict["200-532874"] = "Sense and Sensibility"
```

변경될 값과 해당 키를 전달하여 updateValue(forKey:) 메서드를 호출해도 같은 동작을 한다.

```
bookDict.updateValue("The Ruins", forKey: "200-532874")
```

14.10 딕셔너리 항목 추가하기와 제거하기

다음의 키 첨자 구문을 이용하면 딕셔너리에 항목을 추가할 수 있다.

```
딕셔너리 변수[키] = 값
```

예를 들어, 다음과 같이 책 딕셔너리에 새로운 키-값 쌍을 추가할 수 있다.

```
bookDict["300-898871"] = "The Overlook"
```

어떤 키-값 쌍을 딕셔너리에서 제거할 때는 해당 항목에 `nil` 값을 할당하거나 딕셔너리 인스턴스의 `removeValue(forKey:)` 메서드를 호출하면 된다. 다음 코드 두 줄은 모두 책 딕셔너리에서 특정 항목을 삭제하는 같은 결과를 만든다.

```
bookDict["300-898871"] = nil
bookDict.removeValue(forKey: "300-898871")
```

14.11 딕셔너리 반복

배열과 마찬가지로 for-in 반복문을 이용하면 딕셔너리의 항목들을 반복할 수 있다. 예를 들어, 다음 코드는 책 딕셔너리에 있는 모든 항목을 가져다가 각각의 키와 값을 출력한다.

```
for (bookid, title) in bookDict {
    print("Book ID: \(bookid) Title: \(title)")
}
```

이 코드를 실행하면 다음과 같이 출력된다.

```
Book ID: 100-432112 Title: Wind in the Willows
Book ID: 200-532874 Title: The Ruins
Book ID: 104-109834 Title: Shutter Island
Book ID: 202-546549 Title: Sense and Sensibility
```

14.12 요약

스위프트의 컬렉션은 **딕셔너리**dictionary 또는 **배열**array의 형태를 취한다. 두 가지 모두 하나의 객체에 여러 항목을 담을 수 있는 방법을 제공한다. 또한, 배열은 항목들을 순서대로 담을 수 있는 방법을 제공하여 배열에 담긴 항목 위치에 해당하는 인덱스 값으로 항목에 접근할 수 있도록 한다. 딕셔너리는 키-값 쌍으로 저장하는 플랫폼을 제공하며, 키는 저장된 값에 접근하는 데 사용된다. 스위프트 컬렉션의 항목들은 `for-in` 반복문을 이용하여 반복할 수 있다.

CHAPTER **15**

스위프트 5의
에러 핸들링 이해하기

완벽한 세상에서라면 실행 중인 iOS 앱에 에러가 발생하는 일은 절대 없을 것이다. 하지만, 현실에서는 앱 실행 중 몇몇 지점에서 어떠한 형태의 에러도 발생하지 않으리라고 보장하는 것은 불가능에 가깝다. 따라서 발생할 수 있는 모든 에러에 대해 멋지게 처리하도록 앱의 코드를 구현하는 것이 필수다. 스위프트 2가 나오면서 iOS 앱 개발자들에게는 에러 핸들링 작업이 훨씬 더 쉬워졌다.

이번 장은 스위프트를 이용한 에러 핸들링에 대해 설명할 것이며, **에러 타입**error type, **스로잉 메서드** throwing method와 **함수**, guard와 defer 구문, 그리고 do-catch 구문 등의 주제에 대해 설명할 것이다.

15.1 에러 핸들링 이해하기

스위프트 코드를 아무리 신중하게 설계하고 구현했다 해도 앱을 통제할 수 없는 상황은 언제든지 발생할 것이다. 예를 들어, 활성화된 인터넷 연결을 기반으로 동작하는 앱은 아이폰 디바이스가 네트워크 신호를 잃는 것을 제어할 수 없으며, 사용자가 **비행기 모드**airplane mode를 활성화하는 것도 막을 수 없다. 앱이 해낼 수 있는 것은 그러한 에러를 확실하게 처리하도록 구현하는 것이다. 예를 들어, 앱을 계속 사용하려면 활성화된 인터넷 연결이 필요하다는 것을 사용자가 알 수 있도록 메시지를 표시하는 것이다.

스위프트에서 에러를 처리하는 데는 두 가지 단계가 있다. 첫 번째는 iOS 앱의 메서드 내에서 원하는 결과가 나오지 않을 경우에 에러를 발생(**스로잉**throwing)하는 것이고, 두 번째는 메서드가 던진 (throwing) 에러를 잡아서 처리하는 것이다.

에러를 던질 경우, 해당 에러는 에러의 특성을 식별하여 취할 수 있는 가장 적절한 동작을 결정하는 데 사용되는 특정 에러 타입 중 하나가 될 것이다. 에러 타입 값은 Error 프로토콜을 따르는 모든 값이 될 수 있다.

앱 내의 메서드에서 에러를 던지도록 구현하는 것도 중요하지만, iOS SDK의 많은 API 메서드(특히, 파일 처리와 관련된 메서드)도 앱의 코드 내에서 처리되어야 할 에러를 던진다는 것도 알아두어야 한다.

15.2 에러 타입 선언하기

예를 들어, 원격 서버에 파일을 전송하는 메서드가 있다고 하자. 이 메서드는 여러 원인(예를 들면, 네트워크 연결이 없다거나, 네트워크 속도가 너무 느리다거나, 또는 전송할 파일을 찾지 못한다거나 등)으로 인하여 파일 전송에 실패할 가능성이 있다. 이러한 모든 에러는 다음과 같이 `Error` 프로토콜을 따르는 열거형 내에서 표현되도록 할 수 있다.

```
enum FileTransferError: Error {
    case noConnection
    case lowBandwidth
    case fileNotFound
}
```

에러 타입을 선언했으니 에러가 발생했을 때 사용할 수 있다.

15.3 에러 던지기

메서드나 함수가 에러를 던질 수 있다는 것을 선언할 때는 다음의 예제와 같이 `throws` 키워드를 이용한다.

```
func transferFile() throws {
}
```

결과를 반환하는 메서드나 함수의 경우, `throws` 키워드는 다음과 같이 반환 타입 앞에 위치하게 된다.

```
func transferFile() throws -> Bool {
}
```

에러를 던질 수 있도록 메서드를 선언했으니 오류가 발생할 때 에러를 던지는 코드를 추가할 수 있다. 이것은 `throw` 구문과 `guard` 구문을 결합하여 사용하게 된다. 다음의 코드는 상태 값으로 제공되는 상수들을 선언한 다음, 메서드에 대한 guard 동작과 throw 동작을 구현하였다.

```swift
let connectionOK = true
let connectionSpeed = 30.00
let fileFound = false

enum FileTransferError: Error {
    case noConnection
    case lowBandwidth
    case fileNotFound
}

func filcTransfer() throws {
    
    guard connectionOK else {
        throw FileTransferError.noConnection
    }
    
    guard connectionSpeed > 30 else {
        throw FileTransferError.lowBandwidth
    }
    
    guard fileFound else {
        throw FileTransferError.fileNotFound
    }
}
```

메서드 내에 있는 각각의 `guard` 구문은 각 조건이 참인지 거짓인지를 검사한다. 만약 거짓이라면 `else` 구문에 포함된 코드가 실행된다. 위의 코드에서는 `throw` 구문을 사용하여 `FileTransferError` 열거형에 있는 에러 값들 중 하나를 던지고 있다.

15.4 스로잉 메서드와 함수 호출하기

메서드 또는 함수가 에러를 던지도록 선언했다면 일반적인 방법으로는 호출할 수 없다. 이러한 메서드를 호출할 때는 다음과 같이 앞에 `try` 구문을 붙여야 한다.

```swift
try fileTransfer()
```

`try` 구문을 이용하는 방법 외에도 던져진 모든 에러를 잡아서 처리하는 `do-catch` 구문 내에서 호출하는 방법도 있다. 예를 들어, `fileTransfer` 메서드를 `sendFile`이라는 이름의 메서드 내에서

호출해야 한다고 가정해보자. 이 경우에는 다음과 같이 구현할 수 있다.

```swift
func sendFile() -> String {

    do {
        try fileTransfer()
    } catch FileTransferError.noConnection {
        return("No Network Connection")
    } catch FileTransferError.lowBandwidth {
        return("File Transfer Speed too Low")
    } catch FileTransferError.fileNotFound {
        return("File not Found")
    } catch {
        return("Unknown error")
    }

    return("Successful transfer")
}
```

이 메서드는 세 가지의 에러 조건에 대한 `catch`를 포함하고 있는 `do-catch` 구문 내에서 `fileTransfer` 메서드를 호출한다. 이 메서드는 여러 에러에 대하여 해당 에러에 대한 설명을 담고 있는 문자열 값을 반환한다. 아무런 에러도 발생하지 않는다면 파일 전송에 성공했다는 문자열 값을 반환한다. 네 번째 catch 절은 에러에 대한 패턴 매칭이 이뤄지지 않은 상태에 대한 것이다. 이것은 'catch all' 구문으로, 앞선 catch 구문과 일치하지 않는 모든 에러를 처리할 수 있도록 해준다. 이것은 반드시 필요한데, `do-catch` 구문은 가능한 모든 에러에 대해 처리할 수 있도록 구성되어야 하기 때문이다.

또한 스위프트는 쉼표로 구분하면 하나의 catch 문 내에서 여러 일치 항목을 선언할 수도 있다. 예를 들어, 다음과 같이 하나의 catch 선언을 사용하여 `noConnection`과 `lowBandwidth` 에러를 모두 처리할 수 있다.

```swift
func sendFile() -> String {

    do {
        try fileTransfer()
    } catch FileTransferError.noConnection, FileTransferError.lowBandwidth {
        return("Connection problem")
    } catch FileTransferError.fileNotFound {
        return("File not Found")
```

```
    } catch {
        return("Unknown error")
    }
    return("Successful transfer")
}
```

15.5 에러 객체에 접근하기

메서드 호출이 실패하면 반드시 실패한 원인을 구별할 수 있는 Error 객체가 반환될 것이다. catch 구문에서 가장 필요한 것은 이 객체에 대해 접근하여 앱 코드 내에서 취할 수 있는 가장 적절한 동작을 실행하는 것이다. 다음 코드는 새로운 파일 시스템 디렉터리를 생성하고자 할 때 catch 구문 내에서 에러 객체에 접근하는 방법을 보여준다.

```
do {
    try filemgr.createDirectory(atPath: newDir,
                            withIntermediateDirectories: true,
                            attributes: nil)
} catch let error {
    print("Error: \(error.localizedDescription)")
}
```

15.6 에러 캐칭 비활성화하기

다음과 같이 try! 구문을 사용하면 do-catch 구문 내에서 메서드가 호출되도록 감싸지 않아도 스로잉 메서드가 강제로 실행된다.

```
try! fileTransfer
```

이러한 방법을 사용하는 것은 컴파일러에게 이 메서드 호출은 어떠한 에러도 발생하지 않을 것이라고 알려주는 것과 동일하다. 이러한 방법을 사용했는데도 에러가 발생한다면 런타임 에러가 될 것이다. 그러므로 이러한 방법은 가급적 사용하지 않도록 하자.

15.7 defer 구문 사용하기

앞에서 구현한 sendFile 메서드는 에러를 처리하는 일반적인 시나리오를 보여준다. do-catch 구문에 있는 각각의 catch 절은 호출하는 메서드에게 제어권을 반환하기 위하여 return 구문을 포함하였다. 하지만, 에러의 종류와는 상관없이 제어권을 반환하기 전에 어떠한 별도의 작업을 수행하는 게 더 효과적인 경우가 있을 수 있다. 예를 들어, sendFile 메서드에서는 제어권을 반환하기 전에 임시 파일들을 지워야 할 경우가 발생할 수 있다. 이것은 defer 구문을 이용하면 가능하다.

defer 구문은 메서드가 결과를 반환하기 직전에 실행되어야 하는 일련의 코드를 지정할 수 있게 해준다. 다음의 코드는 defer 구문이 포함되도록 sendFile 메서드를 수정한 것이다.

```swift
func sendFile() -> String {
    
    defer {
        removeTmpFiles()
        closeConnection()
    }
    
    do {
        try fileTransfer()
    } catch FileTransferError.noConnection {
        return("No Network Connection")
    } catch FileTransferError.lowBandwidth {
        return("File Transfer Speed too Low")
    } catch FileTransferError.fileNotFound {
        return("File not Found")
    } catch {
        return("Unknown error")
    }
    
    return("Successful transfer")
}
```

이제 defer 구문을 추가했으니 이 메서드가 어떠한 반환을 하든지 제어권을 반환하기 전에 removeTmpFiles 메서드와 closeConnection 메서드가 항상 호출될 것이다.

15.8 요약

에러 핸들링은 강력하고 안정적인 iOS 앱을 만드는 가장 기본적인 파트다. 스위프트 2의 등장 덕분에 이제는 에러를 처리하는 작업이 훨씬 쉬워졌다. 에러 타입들은 `Error` 프로토콜을 따르는 값들을 이용하여 생성되며, 열거형처럼 구현되는 것이 가장 일반적이다. 에러를 던지는 메서드와 함수는 `throws` 키워드를 이용하여 선언된다. `guard`와 `throw` 구문은 에러 타입을 기반으로 한 에러들을 던지기 위하여 메서드나 함수 코드 내에서 사용된다

에러를 던질 수 있는 메서드나 함수는 `try` 구문을 이용하여 호출되며, 반드시 `do-catch` 구문으로 감싸여야 한다. `do-catch` 구문은 철저하게 나열된 `catch` 패턴으로 구성되며, 가각의 `catch` 구문은 특정 에러에 실행될 코드를 담는다. 메서드가 반환할 때 실행될 **정리**cleanup 작업은 `defer` 구문을 이용하여 정의할 수 있다.

CHAPTER **16**

SwiftUI 개요

지금까지 우리는 Xcode를 설치하였고 스위프트 프로그래밍 언어의 기초에 관해 배웠다. 이제는 SwiftUI에 관한 이야기를 시작할 시간이다.

2019년 애플의 WWDC_{WorldWide Developers Conference}에서 처음 소개된 SwiftUI는 모든 애플 운영체제용 앱을 개발하는 데 있어서 완전히 새로운 방법을 제공하였다. SwiftUI의 기본적인 목적은 앱 개발을 더 쉽고 빠르게 함과 동시에 소프트웨어를 개발할 때 일반적으로 발생하는 버그들을 줄이는 것이다. 이러한 요소들은 SwiftUI와 함께 Xcode에 추가된 특별한 기능들과 결합되어, 개발 과정에서도 앱의 **라이브 프리뷰**live preview 기능을 이용하여 SwiftUI 프로젝트를 실시간으로 테스트할 수 있게 한다.

스위프트의 수많은 장점은 **선언적 구문**declarative syntax과 **데이터 주도**data driven 기반에서 비롯되며, 이는 이번 장에서 설명할 핵심 주제다.

이번 장에서는 SwiftUI에 관한 개괄적인 내용을 다룰 것이며, 프로젝트 내에서의 구현에 대한 실질적인 예제는 이후에 다루게 될 것이다.

16.1 UIKit과 인터페이스 빌더

스위프트의 선언적 구문에 대한 의미와 장점을 이해하려면 사용자 인터페이스 레이아웃이 SwiftUI 이전에는 어떻게 설계되었는지를 먼저 알아보는 것이 좋다. SwiftUI 도입 이전에는 iOS **소프트웨어 개발 키트**software development kit, SDK를 구성하는 여러 프레임워크와 함께 UIKit을 이용하여 iOS 앱을 만들었다.

앱 화면을 구성하는 사용자 인터페이스 레이아웃을 설계할 수 있도록 Xcode에는 **인터페이스 빌더**interface builder라는 도구가 포함되어 있다. 인터페이스 빌더는 강력한 도구로, 앱을 구성하는 각각의 화면을 담은 스토리보드를 생성할 수 있게 해준다.

한 화면을 구성하는 사용자 인터페이스 레이아웃은 인터페이스 빌더 안에서 구축되며, 라이브러리 패널에서 버튼, 레이블, 텍스트 필드, 슬라이더 등의 컴포넌트를 드래그하여 화면 캔버스의 원하는 위치에 두는 식이었다. 화면에 배치한 컴포넌트를 선택하면 **인스펙터 패널**inspector panel을 통해 컴포넌트의 속성을 바꿀 수도 있다.

화면의 레이아웃이 디바이스 화면 크기에 따라 어떻게 달라지는지, 그리고 디바이스의 방향(가로 모드/세로 모드)에 따라서는 어떻게 변하는지는 각 컴포넌트가 화면 크기와 다른 컴포넌트와의 관계에 따라 어느 크기로 어디에 둬야 하는지를 관장하는 **컨스트레인트**constraint로 결정된다.

마지막으로, 버튼이나 슬라이더처럼 사용자 이벤트에 응답해야 하는 컴포넌트는 해당 이벤트를 처리하는 앱 소스 코드의 메서드와 연결된다.

이러한 개발 과정의 다양한 단계에서는 모든 것이 예상대로 잘 작동하는지를 확인하기 위해 시뮬레이터나 디바이스에서 앱을 컴파일하고 실행해야 하기도 한다.

16.2 SwiftUI의 선언적 구문

UIKit과 인터페이스 빌더를 사용하여 사용자 인터페이스 레이아웃을 설계하고 필요한 동작을 구현하는 것과는 완전히 다른 방법인 선언적 구문이 SwiftUI에 도입되었다. 화면을 구성하는 컴포넌트들의 레이아웃과 모양에 대한 복잡한 세부 사항을 직접 설계하는 대신, SwiftUI는 단순하면서도 직관적인 구문을 이용하여 화면을 기술할 수 있게 해준다. 다시 말해, SwiftUI를 사용하면 레이아웃이 실제로 구축되는 방식의 복잡함에 대해 고민할 필요 없이 사용자 인터페이스가 어떤 모양이어야 하는지를 선언하는 방식으로 레이아웃을 생성할 수 있다.

이 과정에는 기본적으로 레이아웃에 포함될 컴포넌트들을 선언하고, 그것들이 포함될 레이아웃 매니저 종류(VStack, HStack, Form, List 등)를 명시하고, 속성(버튼의 텍스트, 레이블의 포그라운드 색상, 또는 탭 제스처 이벤트 시 호출될 메서드 등)을 설정하기 위하여 **수정자**modifier를 사용한다. 이렇게 선언하고 나면 레이아웃의 위치와 컨스트레인트 그리고 렌더링 방법에 대한 모든 복잡한 세부 사항은 SwiftUI가 자동으로 처리한다.

SwiftUI 선언은 계층적으로 구조화되어 있다. 따라서 작고 재사용이 가능한 사용자 정의 하위 뷰와 함께 구성하면 복잡한 뷰를 쉽게 생성할 수도 있다.

뷰 레이아웃이 선언되고 테스트되는 동안 Xcode에서 제공하는 **프리뷰 캔버스**preview canvas를 통해 실시간으로 변경되는 레이아웃을 확인할 수 있다. 또한, Xcode는 **라이브 프리뷰** 모드를 가지고 있어서 시뮬레이터나 디바이스에 빌드하고 실행하지 않아도 프리뷰 캔버스 내에서 앱을 실행하고 테스트할 수 있게 해준다.

SwiftUI의 선언적 구문에 대해서는 20장 'SwiftUI로 커스텀 뷰 생성하기'에서부터 시작할 것이다.

16.3 SwiftUI는 데이터 주도적이다

SwiftUI가 데이터 주도적이라고 말했지만, 그렇다고 사용자에 의해 생성되는 이벤트(다시 말해, 사용자와 앱의 사용자 인터페이스 간의 상호작용)를 더이상 처리할 필요가 없다는 말은 아니다. 예를 들어, 사용자가 버튼을 눌렀을 때를 알아야 하며 어떤 반응을 하도록 하는 것은 여전히 필요하다. 데이터 주도라는 것은 앱 데이터와 앱의 사용자 인터페이스 및 로직 사이의 관계에 대한 의미다.

SwiftUI 이전에는 앱 내에 있는 데이터의 현재 값을 검사하려면 그에 대한 코드를 앱에 포함해야 했다. 시간이 지남에 따라 데이터가 변한다면 사용자 인터페이스가 데이터의 최신 상태를 항상 반영하도록 하는 코드도 작성해야 할 것이다. 어쩌면 데이터가 변경되었는지를 주기적으로 검사하는 코드를 작성하거나 데이터 업데이트를 사용자가 요청하는 갱신 메뉴를 제공해야 할지도 모르겠다. 사용자 인터페이스 상태를 일관되게 유지하거나 토글 버튼 설정이 적절하게 저장되었는지와 같은 문제를 확인할 때도 비슷한 문제가 발생한다. 동일한 데이터 소스를 앱의 여러 영역에서 사용할 경우에는 소스 코드의 복잡도가 증가할 수 있다.

SwiftUI는 앱의 데이터 모델과 사용자 인터페이스 컴포넌트, 그리고 기능을 제공하는 로직을 **바인딩**binding하는 여러 방법으로 이러한 복잡도를 해결한다.

데이터 주도로 구현하면 데이터 모델은 앱의 다른 부분에서 **구독**subscribe할 수 있는 데이터 변수를 **게시**publish하게 된다. 이러한 방법을 통해 데이터가 변경되었다는 사실을 모든 구독자에게 자동으로 알릴 수 있다. 만약 사용자 인터페이스 컴포넌트와 데이터 모델 간에 바인딩이 된다면, 추가적인 코드를 작성하지 않아도 모든 데이터의 변경 사항을 SwiftUI가 사용자 인터페이스에 자동으로 반영할 것이다.

16.4 SwiftUI vs. UIKit

이제는 UIKit과 SwiftUI를 사용할 수 있는 선택권이 생겼다. 여기서 생기는 질문은 '어떤 것이 최고인가?' 하는 것이다. 결정하기 전에 SwiftUI와 UIKit이 상호 배타적이지 않다는 점을 이해하는 것이 중요하다. 사실, UIView와 SwiftUI를 함께 사용할 수 있는 방법은 다양하게 존재한다. 이 주제는 61장 'UIView를 SwiftUI에 통합하기'에서 다룬다.

이전 버전의 iOS를 사용하는 디바이스 타깃의 프로젝트가 아니라면 가능한 한 SwiftUI를 사용하는 게 좋다. SwiftUI는 빠르고 효율적인 앱 개발 환경을 제공할 뿐만 아니라 코드를 크게 변경하지 않아도 다양한 애플 플랫폼(iOS, iPadOS, macOS, watchOS, 그리고 tvOS)에서 동일한 앱을 사용할 수 있게 한다.

만약 여러분이 기존에 UIKit으로 개발된 앱을 가지고 있으며 그 코드를 SwiftUI로 변환하는 게 쉽지 않은 상황이라면 계속해서 UIKit을 사용하는 게 아마 맞을 것이다. UIKit은 앱 개발 도구 중에 중요한 부분으로 계속해서 존재할 것이며, 가까운 미래에 애플이 확장하고 지원하며 향상시킬 것이다. 하지만 기존 프로젝트에 새로운 기능을 추가할 경우에는 SwiftUI를 이용하여 기존의 UIKit 코드에 통합할 것을 추천한다.

새로운 프로젝트에 SwiftUI를 쓰기로 했다고 해도 UIKit을 전혀 사용하지 않는 것은 아마도 불가능할 것이다. SwiftUI는 다양한 종류의 사용자 인터페이스 컴포넌트가 있지만, 지도라든가 웹 뷰를 통합해야 하는 식의 특정 기능은 여전히 UIKit을 사용해야 한다.

게다가, 매우 복잡한 사용자 인터페이스 레이아웃을 설계하는 경우에 SwiftUI 레이아웃 컨테이너 뷰 사용이 만족스럽지 않은 상황에서는 인터페이스 빌더를 사용해야 할 수도 있다.

16.5 요약

SwiftUI는 UIKit과 인터페이스 빌더가 제공하는 앱 개발 방식과는 다른 방법을 도입하였다. SwiftUI는 사용자 인터페이스의 렌더링을 직접적으로 구현하는 방식이 아니라, 선언적 구문으로 사용자 인터페이스를 선언하고 앱이 실행될 때 렌더링을 수행하는 최선의 방법을 결정하기 위한 모든 작업을 한다.

또한, SwiftUI는 데이터의 변화가 앱의 동작과 모양을 주도한다는 점에서 데이터 주도적이다. 이것은 **게시자**publisher와 **구독자**subscriber 모델을 통해 이뤄진다.

이번 장에서는 SwiftUI의 개요에 대해 설명했다. 이 책의 나머지에서는 SwiftUI에 대해 더 깊이 파고들 것이다.

CHAPTER 17

SwiftUI 모드로 Xcode 이용하기

새로운 프로젝트를 생성하면 Xcode는 프로젝트에서 사용할 사용자 인터페이스를 스토리보드 기반으로 생성할지, 아니면 SwiftUI 기반으로 생성할지에 대한 선택권을 제공한다. SwiftUI 프로젝트를 생성하면 Xcode는 UIKit 스토리보드 모드와는 전혀 다른 방식의 사용자 인터페이스 설계 환경을 제공한다.

SwiftUI 모드로 작업하면 앱 개발자인 여러분의 시간 대부분을 코드 에디터와 프리뷰 캔버스에 쓰게 될 것이며, 코드 에디터와 프리뷰 캔버스에 대해서는 이번 장을 통해 자세히 알아볼 것이다.

17.1 Xcode 14 시작하기

이 책의 모든 iOS 예제는 Xcode 14 개발 환경에서 개발된 예제들이다. 최신 iOS SDK가 포함된 Xcode를 설치하지 않았다면 'Xcode 14와 iOS 16 SDK 설치하기'를 참고하기 바란다. Xcode를 설치했다면 **독**에 있는 Xcode 아이콘을 클릭하거나 macOS **파인더**finder를 이용하여 여러분 시스템의 **응용 프로그램**application 폴더에 있는 Xcode를 실행하자.

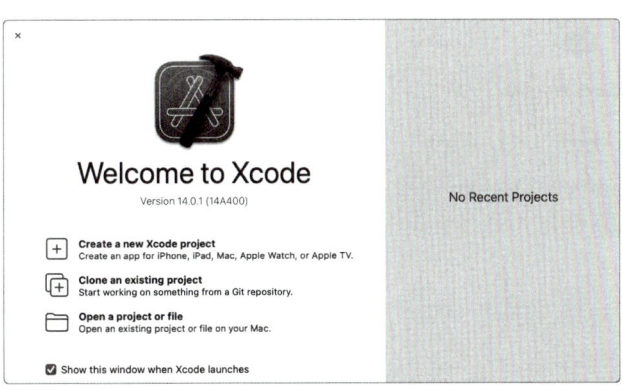

그림 17-1

Xcode를 처음 실행했다면, 그리고 'Show this window when Xcode launches'를 끄지 않았다면 그림 17-1과 같은 화면이 나타난다.

이 화면이 보이지 않는다면 Window ➡ Welcome to Xcode 메뉴를 선택하여 표시한다. 이 화면에서 Create a new Xcode project 메뉴를 클릭하자.

17.2 SwiftUI 프로젝트 생성하기

새로운 프로젝트를 생성할 때 프로젝트 템플릿 화면에는 앱 프로젝트를 구현하는 방법을 선택하는 옵션들이 표시된다. 특정 Apple 플랫폼(예를 들어, iOS, watchOS, macOS, DriveKit 또는 tvOS)용 앱을 만들거나 **멀티 플랫폼**multiplatform 프로젝트를 생성하는 옵션을 사용할 수 있다. 플랫폼별 옵션을 선택하면 스토리보드(UIKit) 또는 SwiftUI 기반 프로젝트를 생성할 수도 있다.

멀티 플랫폼 프로젝트를 사용하면 플랫폼별 코드를 최소로 하여 여러 Apple 플랫폼용 앱으로 설계할 수 있다. 처음에는 iOS만 대상으로 할 계획이더라도 멀티 플랫폼 옵션은 프로젝트를 재구성하지 않고도 향후 다른 플랫폼에서 앱을 사용할 수 있도록 하는 유연성을 제공하므로 멀티 플랫폼 프로젝트를 권장한다.

기본 앱, 문서 기반 앱 또는 게임 프로젝트를 만드는 데 사용할 수 있는 템플릿도 있다. 이번 장에서는 멀티 플랫폼 앱 옵션을 사용한다.

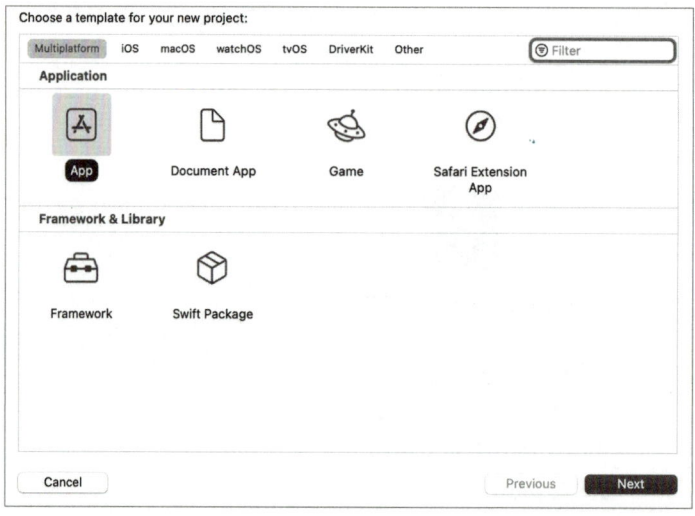

그림 17-2

Next를 클릭하면 프로젝트 이름을 입력해야 하는 프로젝트 옵션 화면이 표시된다(이번 장에서는 프로젝트 이름을 DemoProject로 한다).

Organization Identifier는 보통 회사 웹사이트 URL을 반대로 한 것이다(예를 들어, 'com.mycompany'). 이것은 실제 디바이스에서 iOS의 고급 기능을 테스트할 수 있도록 프로비저닝 프로파일 및 인증서를 생성할 때 사용될 것이다. 또한 앱이 게시될 때 Apple App Store 내에서 앱을 고유하게 식별하는 역할도 한다.

그림 17-3

Next를 다시 한번 클릭하고 **Create** 버튼을 클릭하기 전에 프로젝트를 둘 파일시스템의 위치를 선택한다.

새로운 프로젝트가 생성되면 SwiftUI 개발을 위한 디폴트 레이아웃이 표시된 Xcode 패널이 나타난다.

17.3 SwiftUI 모드의 Xcode

SwiftUI 사용자 인터페이스 작업을 시작하기 전에 SwiftUI 모드에서 Xcode가 동작하는 방법에 익숙해지려면 약간의 시간이 걸린다. 새롭게 생성된 멀티 플랫폼 '앱' 프로젝트에는 <앱 이름>App.swift(이 경우 DemoProjectApp.swift)와 ContentView.swift라는 두 개의 SwiftUI 보기 파일이 포함되어 있으며, 프로젝트 내비게이션 패널에서 선택하면 그림 17-4과 같이 Xcode에 나타난다.

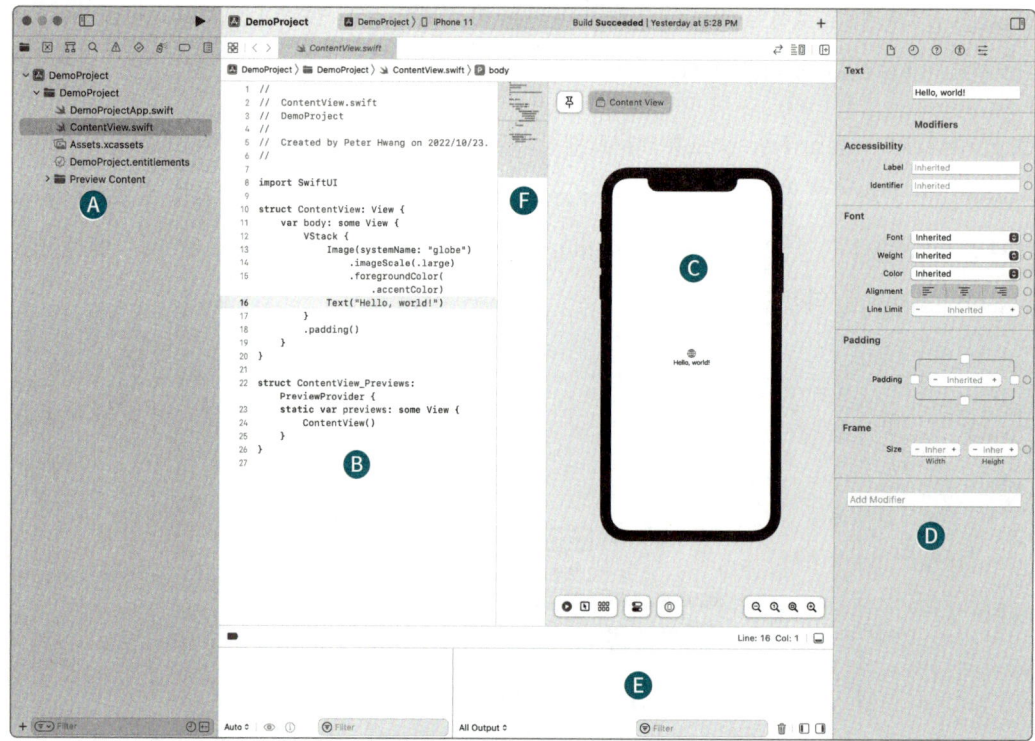

그림 17-4

프로젝트가 처음 로드될 때 Xcode는 디폴트로 앱을 빌드하고 테스트하기 위한 대상 플랫폼으로 macOS를 사용할 수 있다. 계속 진행하기 전에 **실행 대상 선택기**run destination chooser를 사용하여 그림 17-5와 같이 아이폰 디바이스를 선택하자.

그림 17-5

프로젝트 내비게이터(A) 오른쪽에는 코드 에디터(B)가 있다. 그 오른쪽에는 SwiftUI 레이아웃 선언을 변경했을 때 실시간으로 표시되는 프리뷰 캔버스(C)가 있다.

캔버스 안에 있는 뷰를 선택하면 코드 에디터에 해당하는 부분이 자동으로 선택되며 강조 형태로 표시된다. 반대로, 코드 에디터에 있는 코드를 선택하면 프리뷰 캔버스에 있는 뷰가 선택된다. 현재 선택된 항목의 속성은 어트리뷰트 인스펙터 패널(D)에 표시된다.

디버깅 중이라면 디버그 패널(E)에 iOS 프레임워크와 여러분이 코드에 포함시킨 print 구문의 내용이 출력된다. 콘솔이 현재 표시되지 않으면 그림 17-6에서 화살표로 표시된 버튼을 클릭하여 표시하자.

그림 17-6

디버그 패널은 분할 패널 배열에서 변수 뷰, 콘솔 뷰 또는 두 개 모두를 표시하도록 구성할 수 있다. 변수 뷰는 앱이 충돌하거나 디버깅 **브레이크포인트**breakpoint에 도달하는 지점에서 앱 내의 변수를 표시한다. 반면 콘솔 뷰는 실행 중인 앱의 출력 결과와 메시지가 표시된다. 그림 17-7은 각 뷰를 숨기거나 표시하는 데 사용되는 버튼을 나타내는 화살표와 함께 표시된 두 뷰를 보여준다.

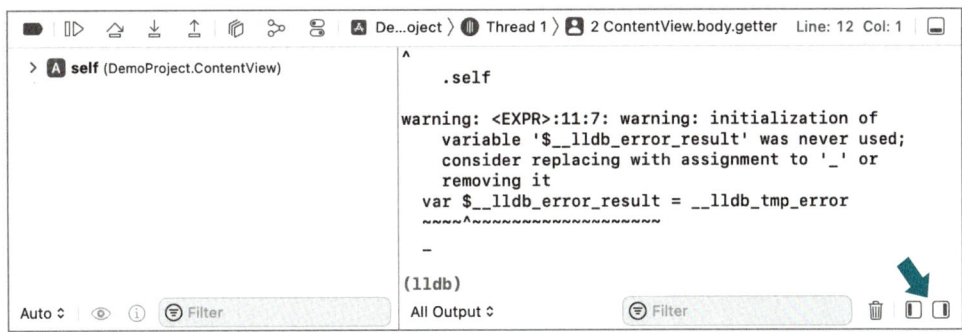

그림 17-7

그림 17-6에 표시된 버튼은 디버그 패널(E)을 숨기는 데 사용할 수 있으며 그림 17-8에 강조 표시된 두 개의 버튼은 프로젝트 내비게이터와 인스펙터 패널을 숨기거나 표시할 때 사용된다.

그림 17-8

탭 바(그림 17-8에서 A로 표시됨)은 현재 열려 있는 파일에 대한 탭을 표시한다. 탭을 클릭하면 해당 파일이 에디터에 로드된다. 탭 위로 마우스 포인터를 가져가면 탭 내에 **X** 버튼이 표시되며, 클릭하면 파일이 닫힌다.

그림 17-4에서 F로 표시된 영역을 **미니맵**minimap이라고 한다. 이것은 소스 코드의 축소된 모습을 에디터에 제공한다. 코드가 많은 소스 파일로 작업할 때 특히 유용한 미니맵 패널은 코드의 다른 영역으로 빠르게 이동할 수 있는 방법을 제공한다. 미니맵에서 라인의 마우스 포인터를 가져가면 그림 17-9와 같이 해당 위치의 클래스, 속성 또는 기능을 나타내는 레이블이 표시된다.

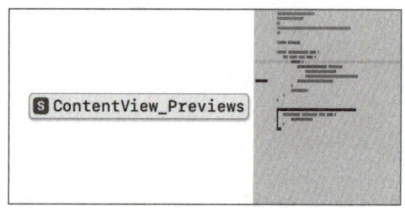

그림 17-9

레이블이나 미니맵 안을 클릭하면 코드 에디터의 해당 행으로 이동한다. 마우스를 가져가는 동안 **Command** 키를 누르고 있으면 그림 17-10과 같이 소스 파일에 포함된 모든 요소가 표시된다.

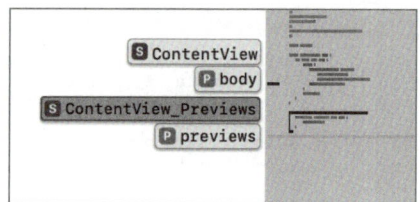

그림 17-10

Editor ➡ **Minimap** 메뉴 옵션을 토글하여 미니맵을 표시하거나 숨길 수 있다.

17.4 프리뷰 캔버스

프리뷰 캔버스preview canvas는 사용자 인터페이스 설계에 대한 시각적 표시와 함께 레이아웃 내에 뷰를 추가하거나 수정할 수 있는 도구를 제공한다. 또한, 캔버스는 iOS 시뮬레이터를 실행하지 않고도 앱을 테스트할 수 있게 해준다. 그림 17-11는 새롭게 생성된 프로젝트의 일반적인 프리뷰 캔버스다.

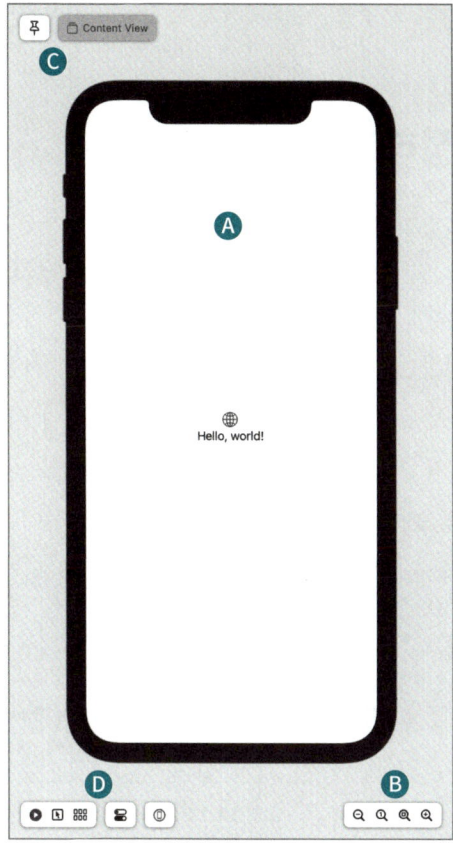

그림 17-11

만약 캔버스 화면이 표시되지 않는다면 Xcode 메뉴인 **Editor ➡ Canvas** 메뉴를 선택하면 표시될 것이다.

기본 캔버스 영역(A)은 실제 디바이스(**캔버스 디바이스**canvas device라고도 함)에서 실행될 때 표시되는 현재의 뷰를 나타낸다. 에디터에서 코드를 수정하면 해당 변경 사항이 프리뷰 캔버스에 반영된다. 캔버스가 지속적으로 업데이트되는 것을 방지하고 변경 내용의 특성에 따라, 프리뷰가 실시간 업데이트하는 것을 일시적으로 중지하는 경우가 있다. 이 경우 **Resume** 버튼(B)이 나타나며 클릭하면 프리뷰가 다시 업데이트될 것이다.

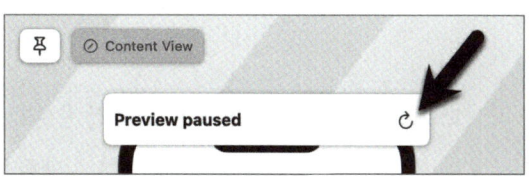

그림 17-12

17.4 프리뷰 캔버스

사이즈 버튼(B)은 캔버스를 확대 및 축소, 100%로 확대, 그리고 사용 가능한 공간에 맞추게 해준다.

17.5 프리뷰 고정하기

Xcode로 앱을 만들 때 디폴트로 생성되는 `ContentView`.swift 파일 외에도 여러 SwiftUI View 파일로 프로젝트를 구성할 수 있다. 프로젝트 내비게이터 패널에서 SwiftUI View 파일을 선택하면 코드 에디터와 프리뷰 캔버스가 현재 선택한 파일의 내용으로 변경될 것이다. 그런데 종종 다른 SwiftUI 파일의 코드를 수정하는 동안에도 특정 SwiftUI 파일의 사용자 인터페이스 레이아웃이 표시되고 있기를 원할 때가 있다. 특히, 종속관계의 레이아웃이거나 다른 뷰에 포함된 레이아웃인 경우에 그러하다. pin 버튼(그림 17-11의 C)은 다른 뷰 파일을 선택해도 현재의 프리뷰를 캔버스에 고정하여 표시되게 한다. 프리뷰 패널 상단에 있는 뷰 버튼을 클릭하여 고정된 뷰 사이를 전환한다. 예를 들어 그림 17-13에는 ContentView와 SalesView라는 뷰 사이를 전환하는 버튼이 제공된다.

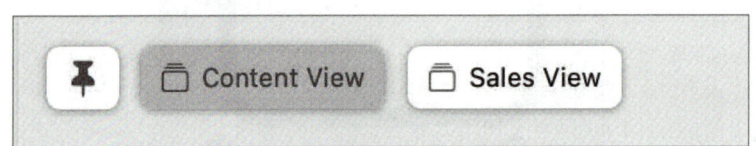

그림 17-13

17.6 프리뷰 툴바

프리뷰 툴바(그림 17-11에서 D 및 그림 17-14)은 미리 보기 패널을 변경하기 위한 다양한 옵션을 제공한다.

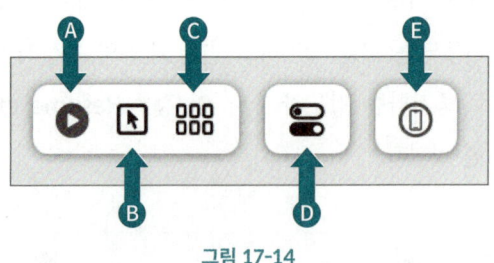

그림 17-14

프리뷰 패널은 현재 뷰를 라이브 또는 선택 가능한 모드로 표시할 수 있다. 라이브 모드에서 앱은 캔버스 내에서 대화식으로 실행되며 디바이스나 시뮬레이터에서 실행되는 것처럼 앱과 상호작용할 수 있다. 선택 가능 모드를 사용하면 캔버스 뷰에서 항목을 선택하여 속성을 편집하고 컴포넌트를 추가 및 제거할 수 있다. 모드를 전환하려면 그림 17-14의 A(라이브 모드) 및 B(선택 가능한 모드)로 표시된 버튼을 사용하자.

앱의 현재 버전은 **Preview on Device** 버튼(E)을 클릭하여 연결된 물리적 디바이스에서 미리 볼 수도 있다. 프리뷰 캔버스와 마찬가지로 디바이스에서 실행 중인 앱은 에디터에서 코드가 변경될 때 동적으로 업데이트된다.

Variants 버튼(C)을 사용하면 다양한 동적 텍스트 크기, 색 구성표 및 장치 방향으로 뷰를 미리 볼 수 있다.

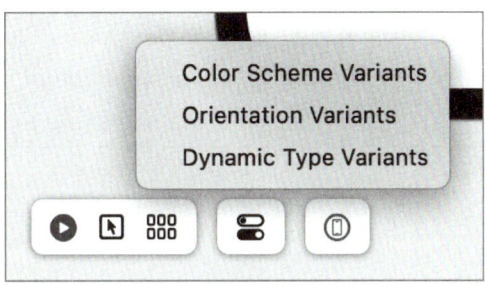

그림 17-15

예를 들어 그림 17-16은 **orientation variations** 옵션을 선택한 결과를 보여준다.

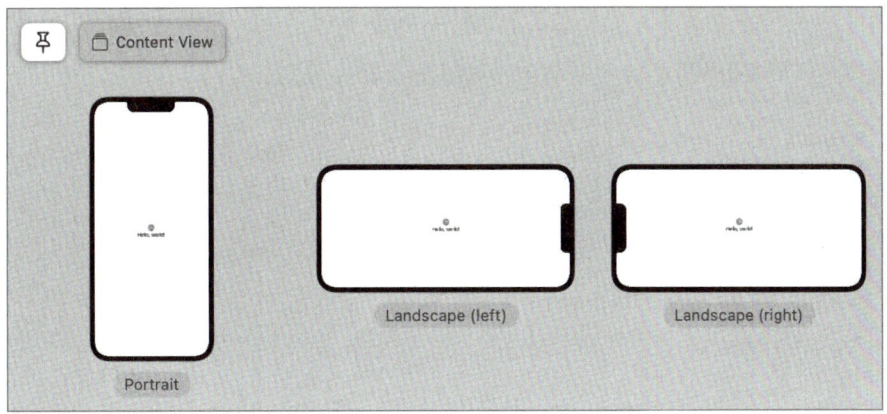

그림 17-16

Device Settings 버튼(D)은 캔버스 디바이스의 색 스킴(라이트 또는 다크), 방향(세로 또는 가로) 및 동적 글꼴 크기를 제어한다.

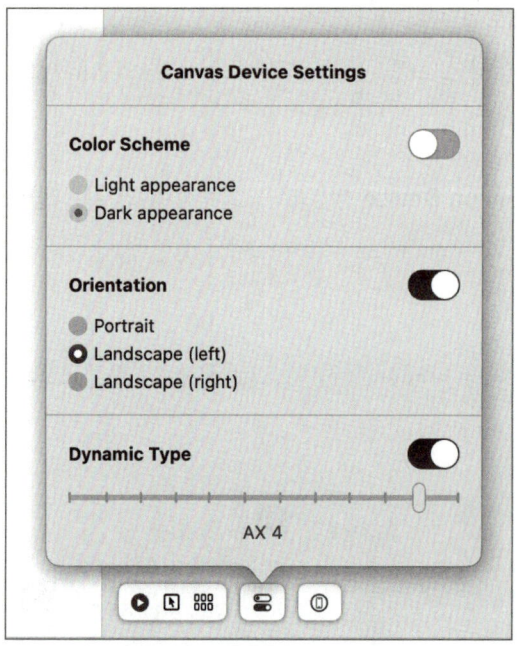

그림 17-17

17.7 화면 설계 수정하기

SwiftUI 작업에는 기본적으로 다른 뷰를 추가하기, **수정자**modifier를 이용하여 뷰들을 수정하기, 로직을 추가하고 상태와 다른 데이터 객체를 바인딩하기 등이 포함된다. 이러한 작업 모두는 코드 에디터에서 구조체를 수정하는 방식으로 진행된다. 예를 들어, 'Hello World' 텍스트 뷰를 표현하는 폰트는 에디터 내에 적절한 수정자를 추가하여 변경할 수 있다.

```
Text("Hello, world!")
    .font(.largeTitle)
```

다른 방법으로는 **라이브러리 패널**library panel에서 원하는 항목을 찾아 SwiftUI View로 드래그 앤 드롭하여 변경하는 것이다. 라이브러리 패널은 그림 17-18의 툴바 버튼을 클릭하면 나타난다.

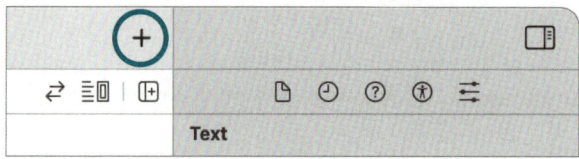

그림 17-18

라이브러리 패널은 그림 17-19와 같이 나타날 것이다.

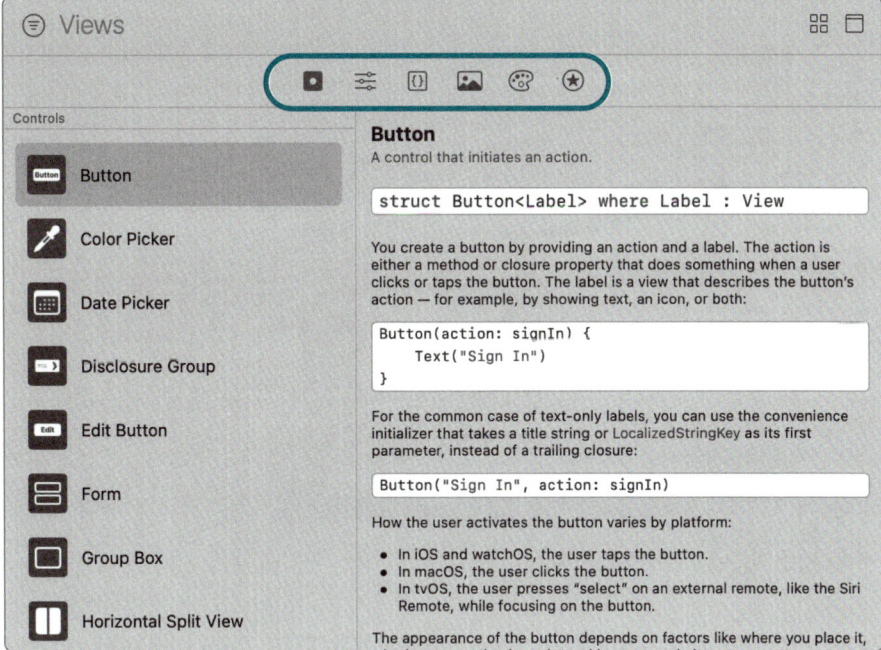

그림 17-19

이 방법을 사용하게 되면 라이브러리 패널이 잠깐 표시되는 것이므로 항목을 하나 선택하거나 패널 밖을 클릭하면 라이브러리 패널이 사라지게 된다. 이 패널을 계속 표시되게 하려면 키보드의 **옵션**option 키를 누르고 있는 상태에서 라이브러리 버튼을 클릭하자.

라이브러리 패널을 열면 사용자 인터페이스 설계에 포함될 수 있는 뷰들이 표시된다. 목록을 스크롤하여 찾아보거나 검색 기능을 이용하여 특정 뷰로 목록을 좁힐 수도 있다. 그림 17-19에 표시된 툴바는 수정자, 일반적으로 사용되는 **스니펫**snippet, 이미지와 컬러 리소스 등의 카테고리로 전환하는 데 사용된다.

라이브러리 내에 있는 항목들은 여러 가지 방법으로 사용자 인터페이스 설계에 적용될 수 있다. `font` 수정자를 'Hello World' `Text` 뷰에 적용하려면 코드 에디터나 프리뷰 캔버스에서 해당 뷰를 선택하고, 라이브러리 패널에서 `font` 수정자를 찾아 더블 클릭한다. 그러면 Xcode는 자동으로 `font` 수정자를 적용한다.

다른 방법으로는 라이브러리 패널에 있는 항목을 찾아 코드 에디터나 프리뷰 캔버스의 원하는 위치로 드래그 앤 드롭한다. 예를 들어, 그림 17-20은 font 수정자를 에디터의 Text 뷰로 드래그 앤 드롭하고 있다.

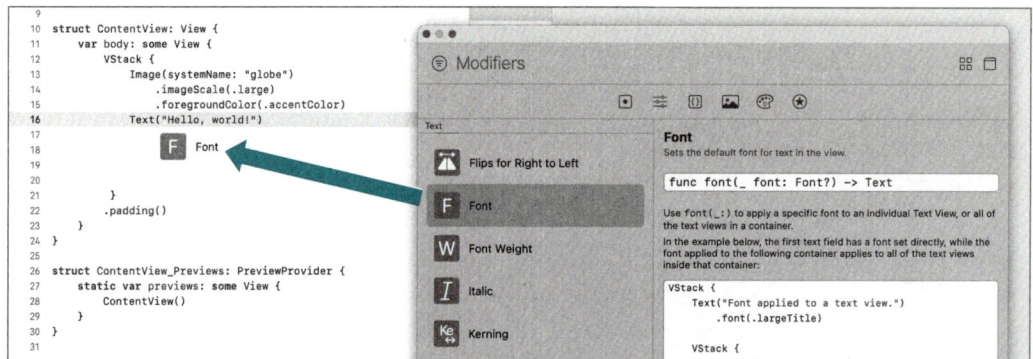

그림 17-20

라이브러리에서 프리뷰 캔버스로 항목을 드래그 앤 드롭을 해도 같은 결과가 된다. 그림 17-21은 Button 뷰를 기존의 Text 뷰 아래로 추가하고 있다.

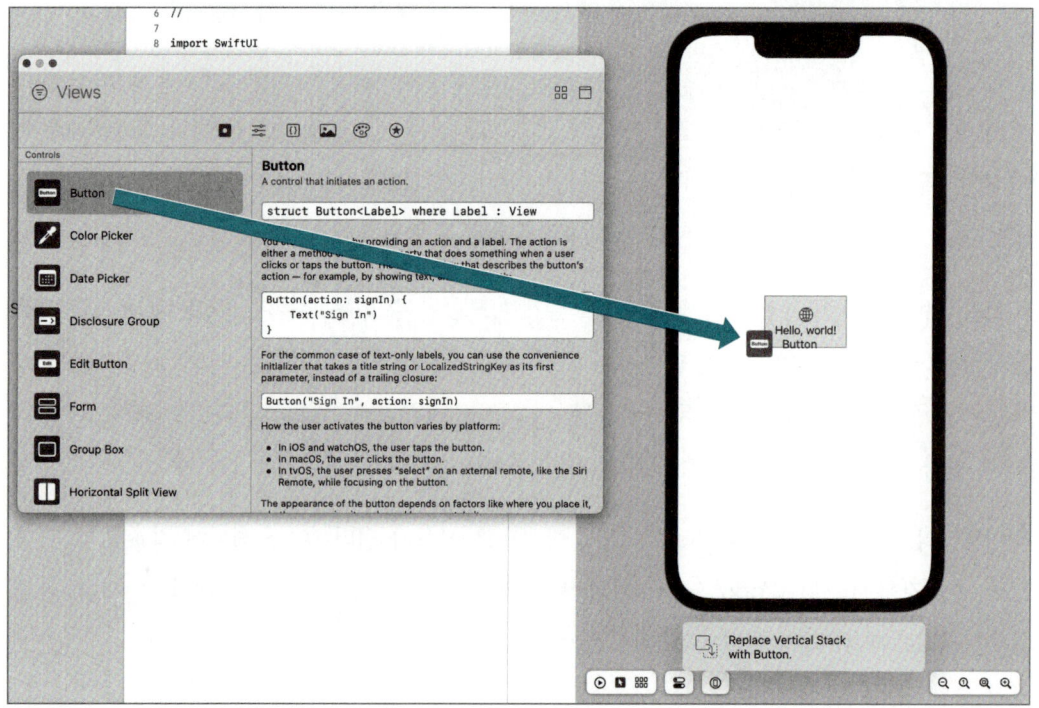

그림 17-21

이 예제에서 드래그하던 Button 뷰를 Text 뷰 아래에 두려고 하면 프리뷰 Button 뷰와 기존의 Text 뷰는 자동적으로 **버티컬 스택**vertical stack 컨테이너 뷰에 추가될 것이라는 알림이 표시될 것이다. 스택에 대해서는 21장 'SwiftUI 스택과 프레임'에서 설명한다.

뷰 또는 수정자를 SwiftUI View 파일에 추가했다면 **포그라운드**foreground 색상 수정자를 사용하여 색상을 지정해보자. 간단하게 할 수 있는 방법은 당연히 에디터에서 다음과 같이 코드를 수정하는 것이다.

```
Text("Hello, world!")
    .font(.largeTitle)
    .foregroundColor(.red)
```

다른 방법으로는 에디터 또는 프리뷰 패널에서 해당 뷰를 선택한 다음에 **어트리뷰트 인스펙터** attributes inspector 패널에서 포그라운드 색상을 변경하는 것이다.

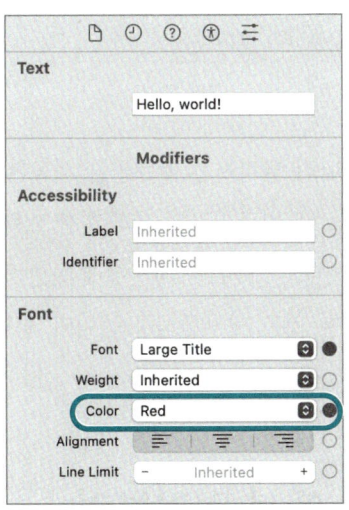

그림 17-22

어트리뷰트 인스펙터에서 뷰에 이미 적용된 수정자에 대한 변경도 할 수 있다.

다음 주제로 넘어가기 전에, 어트리뷰트 인스펙터 패널 하단에 있는 **Add Modifier** 메뉴를 통해 수정자를 뷰에 추가할 수 있다. 이 메뉴를 클릭하면 현재 뷰 타입에 사용할 수 있는 수정자들이 표시될 것이며, 메뉴에서 하나를 선택하면 해당 수정자가 적용된다. 새롭게 추가된 수정자는 필요한 프로퍼티를 구성할 수 있도록 인스펙터 화면에 표시될 것이다.

17.8 에디터 콘텍스트 메뉴

키보드의 Command 키를 누른 상태로 코드 에디터의 항목을 클릭하면 그림 17-23과 같이 나타난다.

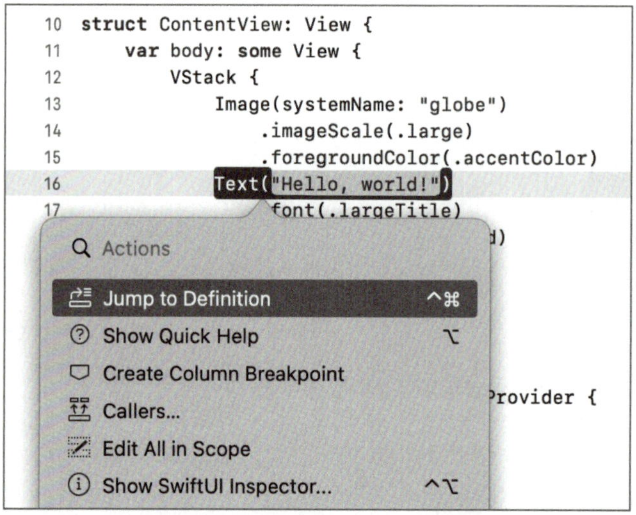

그림 17-23

이 메뉴는 선택한 항목의 타입에 따라 달라지는 메뉴들을 제공한다. 일반적으로는 현재 뷰에 대한 어트리뷰트 인스펙터의 팝업 버전으로 바로가기 옵션과 함께 스택이나 리스트 컨테이너에 있는 현재 뷰를 포함하는 옵션들이 포함된다. 이 메뉴는 자신에게 속한 하위 뷰에 있는 뷰를 추출하는 데에도 유용하다. 하위 뷰를 생성하는 것은 재사용성을 높이며, 성능을 개선하고, 복잡한 설계 구조를 깔끔하게 정리하기 위하여 매우 권장된다.

17.9 여러 디바이스에서 미리보기

새롭게 생성된 모든 SwiftUI View 파일은 파일 하단에 다음과 같은 선언부가 포함되어 있다.

```
struct ContentView_Previews: PreviewProvider {
    static var previews: some View {
        ContentView()
    }
}
```

PreviewProvider 프로토콜을 따르는 이 구조체는 파일에서 기본이 되는 뷰의 인스턴스를 반환한다. 이것은 Xcode가 프리뷰 캔버스에 해당 뷰의 미리보기를 표시하도록 지시하는 것이며, 이러한 선언이 없다면 캔버스에는 아무것도 나타나지 않을 것이다.

디폴트로, 프리뷰 캔버스는 Xcode 툴바에 실행/정지 버튼 우측에 있는 타깃 메뉴에서 현재 선택된 단일 디바이스 기반의 사용자 인터페이스를 보여준다(그림 17-25 참고). 다른 디바이스 모델에서 프리뷰를 보려면 타깃 메뉴에서 원하는 타깃 디바이스로 변경하고 프리뷰 캔버스가 변경될 때까지 기다리면 된다.

하지만, 더 좋은 방법으로는 디바이스가 지정되도록 프리뷰 구조체를 수정하는 것이다. 다음의 예제는 iPhone SE의 캔버스 프리뷰에서 사용자 인터페이스가 보이도록 한다.

```
struct ContentView_Previews: PreviewProvider {
    static var previews: some View {
        ContentView()
            .previewDevice("iPhone SE (2nd generation)")
            .previewDisplayName("iPhone SE")
    }
}
```

다음과 같이 Group 뷰로 **그루핑**grouping하여 이 기술을 사용하면 여러 디바이스 타입에서 동시에 미리보기할 수 있다.

```
struct ContentView_Previews: PreviewProvider {
    static var previews: some View {

        Group {
            ContentView()
                .previewDevice("iPhone 13")
                .previewDisplayName("iPhone 13")
            ContentView()
                .previewDevice("iPhone SE (2nd generation)")
                .previewDisplayName("iPhone SE")
        }
    }
}
```

여러 디바이스에서의 미리보기를 하면 그림 17-24와 같이 프리뷰 패널 상단에 있는 버튼을 사용하여 각 프리뷰를 전환할 수 있다.

17.9 여러 디바이스에서 미리보기

그림 17-24

environment 수정자는 다른 구성으로의 레이아웃을 미리보기하는 데도 사용될 수 있다. 예를 들어, 다음은 다크 모드에서의 미리보기를 위한 코드다.

```
ContentView()
    .preferredColorScheme(.dark)
    .previewDevice("iPhone SE (2nd generation)")
```

미리보기 구조체는 프리뷰 캔버스에 있는 뷰로 샘플 데이터를 전달하여 테스트해보는 데도 유용하다. 이 기술은 이 책의 후반부에서 사용될 것이다.

```
struct ContentView_Previews: PreviewProvider {
    static var previews: some View {
        ContentView(sampleData: mySampleData)
    }
}
```

17.10 시뮬레이터에서 앱 실행하기

프리뷰 캔버스를 이용하여 할 수 있는 것도 많지만, 실제 디바이스와 시뮬레이터에서 앱을 테스트하는 것만한 건 없다.

Xcode 프로젝트 윈도우에서 그림 17-25에서 C로 표시된 메뉴는 타깃 시뮬레이터를 선택하는 데 사용된다. 이 메뉴에는 개발 시스템과 연결된 실제 디바이스들과 Xcode에 구성된 모든 시뮬레이터가 포함되어 있다.

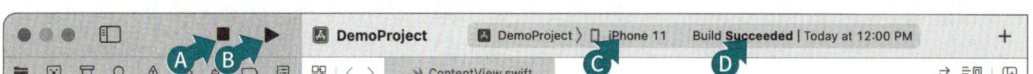

그림 17-25

툴바의 **실행**run 버튼(B)을 클릭하면 코드가 컴파일되고 선택된 타깃에서 앱이 실행된다. Xcode 툴바의 중앙에 있는 작은 패널(D)은 빌드 과정의 진행 상황을 표시하며 빌드 과정에서 발생한 문제나 오류를 표시한다. 앱이 빌드되면 시뮬레이터가 시작되고 앱이 실행된다. **정지**stop 버튼(A)을 클릭하면 실행되던 앱이 종료된다.

시뮬레이터는 라이브 프리뷰에서 할 수 없는 다양한 테스트 옵션을 제공한다. 예를 들어, 시뮬레이터의 **Hardware** 메뉴와 **Debug** 메뉴에는 시뮬레이터를 가로/세로 방향으로 회전시키는 메뉴와 **페이스 아이디**Face ID 인증, 그리고 내비게이션과 지도 기반 앱을 위하여 지리적 위치를 변경하는 메뉴가 있다.

17.11 실제 iOS 디바이스에서 앱 실행하기

시뮬레이터 환경은 다양한 종류의 iOS 디바이스 모델에서 앱을 테스트할 수 있는 유용한 환경이지만, 실제 iOS 디바이스에서 테스트하는 것 역시 중요하다.

만약 여러분이 '애플 개발자 프로그램 가입하기'에서 설명한 것처럼 Xcode의 **설정**setting 화면에 Apple ID를 입력했고 프로젝트에 대하여 개발 팀을 선택했다면, 개발용 맥 시스템과 USB 케이블로 연결된 실제 디바이스에서 앱을 실행해볼 수 있다.

개발 시스템과 디바이스를 연결한 상태로 애플리케이션이 테스트할 준비가 되었다면 Xcode 툴바에 위치한 디바이스 메뉴를 이용한다. 어쩌면 iOS 시뮬레이터 구성들 중 하나가 디폴트로 설정되어 있을 수 있다. 이 메뉴를 선택하여 그림 17-26과 같이 실제 디바이스로 전환하여 변경하자.

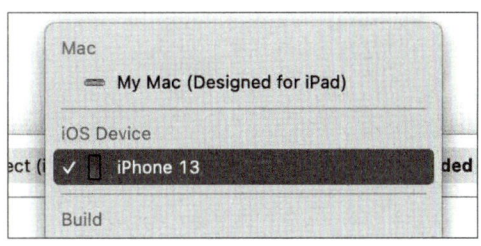

그림 17-26

타깃 디바이스를 선택하고 해당 디바이스의 잠금 상태가 풀려 있는지 확인하고 실행 버튼을 클릭하면 Xcode는 디바이스에 앱을 설치하고 실행한다.

이번 장 후반부에서 설명하겠지만, 실제 디바이스는 네트워크 테스트를 위한 구성도 할 수 있다. 이 경우에는 USB 케이블로 디바이스와 개발 시스템을 연결할 필요 없이 네트워크 연결을 통해 디바이스에 앱을 설치하고 테스트할 수 있다.

17.12 디바이스와 시뮬레이터 관리하기

현재 연결된 iOS 디바이스와 Xcode에서 사용하도록 구성된 시뮬레이터는 Xcode의 디바이스 화면(**Window** ➡ **Devices and Simulator** 메뉴)에 표시되고 관리될 수 있다. 그림 17-27는 아이폰의 연결을 감지한 시스템에서의 일반적인 디바이스 화면을 보여준다.

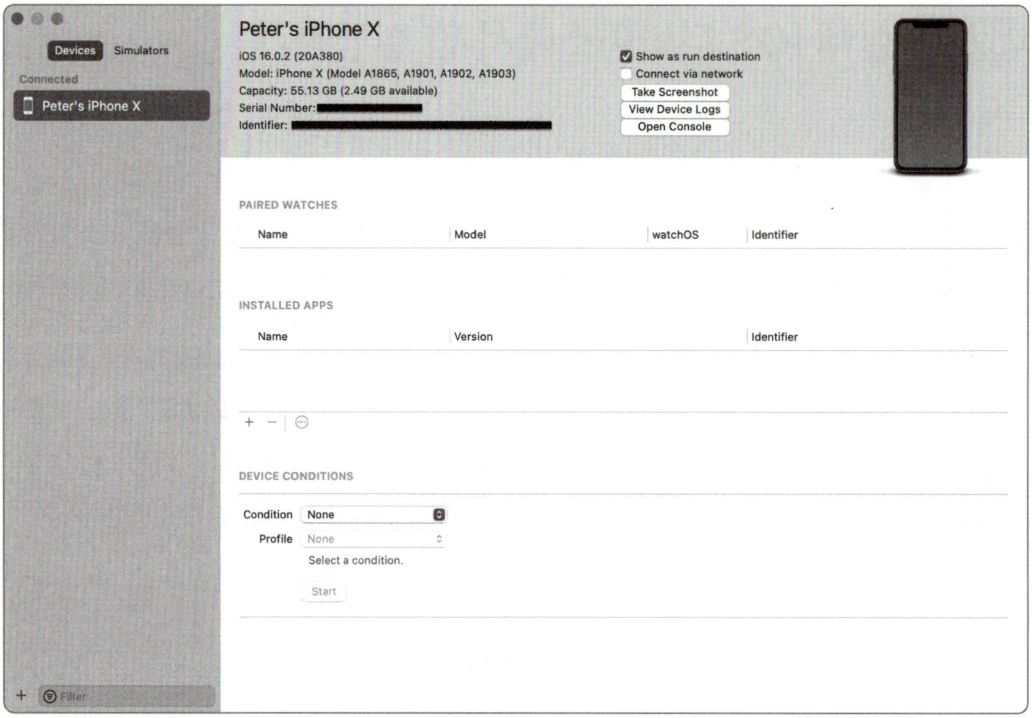

그림 17-27

Xcode에는 디폴트로 다양한 시뮬레이터 구성이 설정되어 있으며, 다이얼로그 상단의 Simulators 탭을 선택하면 볼 수 있다. 다른 시뮬레이터 구성을 추가하려면 화면의 좌측 하단에 있는 + 버튼을 클릭하여 추가할 수 있다. 이 버튼을 클릭하면 시뮬레이터 이름과 디바이스 종류, 그리고 iOS 버전을 구성할 수 있는 화면이 나타난다.

17.13 네트워크 테스트 활성화하기

USB 케이블을 통해 개발 시스템과 연결된 실제 디바이스에서 앱을 테스트하는 것뿐만 아니라, Xcode는 네트워크 연결을 통한 테스트도 지원한다. 이 기능은 앞 절에서 설명한 Devices and Simulators 다이얼로그 내에서 각각의 디바이스별로 활성화할 수 있다. 디바이스를 USB 케이블로 연결한 상태에서 이 다이얼로그를 열고 목록에서 해당 디바이스를 선택한 다음, 그림 17-28과 같이 **Connect via network** 옵션을 활성화한다.

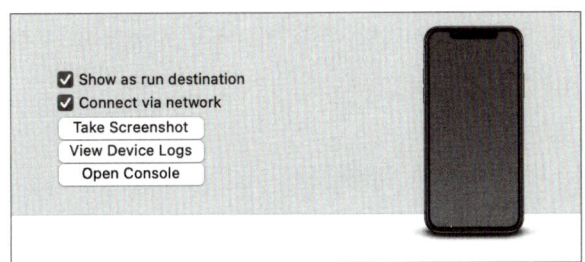

그림 17-28

이 설정을 활성화했다면 디바이스는 USB 케이블로 연결되지 않은 상태에서도 앱을 실행할 타깃으로 계속해서 사용될 수 있다. 단 하나의 조건이 있다면 디바이스와 개발 컴퓨터가 동일한 와이파이 네트워크에 연결되어 있어야 한다는 것이다. 이 조건이 맞으면 디바이스를 선택한 상태에서 실행 버튼을 클릭한다. 네트워크 연결을 통해 앱이 설치되고 실행될 것이다.

17.14 빌드 에러 처리하기

어떠한 이유로 빌드가 실패했다면 Xcode 툴바의 상태 창에 에러와 경고 개수와 함께 감지된 에러가 표시될 것이다. 또한, Xcode 화면 왼쪽 패널에 에러 목록이 나타난다. 목록에서 에러를 선택하면 수정이 필요한 코드 위치로 이동한다.

17.15 애플리케이션 성능 모니터링

Xcode의 또 하나의 유용한 기능은 디바이스나 시뮬레이터, 심지어 **라이브 프리뷰 캔버스**live preview canvas에서 실행 중인 애플리케이션의 성능을 모니터링할 수 있다는 것이다. 이 정보는 **디버그 내비게이터**debug navigator를 통해 볼 수 있다.

Xcode를 실행하면 디폴트로 프로젝트 내비게이터가 왼쪽 패널에 표시된다. 이 패널 상단은 다양한 다른 옵션을 가지고 있다. 왼쪽에서 일곱 번째 옵션은 그림 17-29와 같이 디버그 내비게이터다. 이 화면은 현재 실행 중인 애플리케이션의 성능(예를 들어, 메모리, CPU 사용률, 디스크 접근, 에너지 효율, 네트워크 활동, 그리고 아이클라우드 저장소 접근 등)과 관련된 실시간 통계를 표시한다.

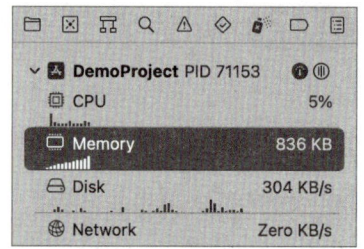

그림 17-29

이들 카테고리 중 하나를 선택하면 선택된 애플리케이션의 성능에 대한 추가 정보가 제공되도록 메인 패널이 그림 17-30과 같이 업데이트된다.

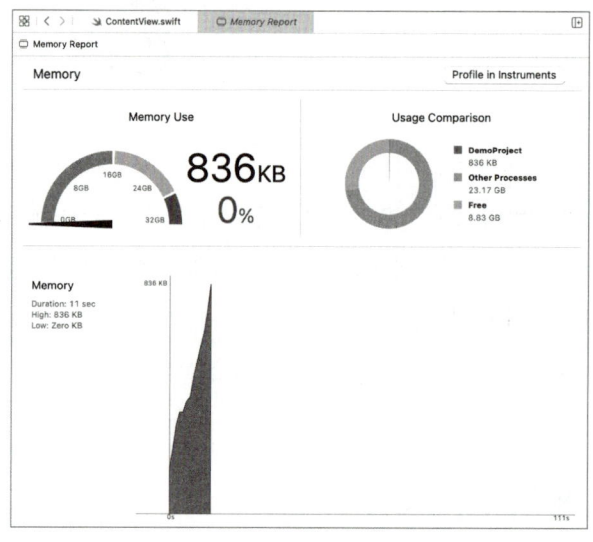

그림 17-30

패널의 우측 상단에 있는 **Profile in Instruments** 버튼을 클릭하면 더 많은 정보를 얻을 수 있다.

17.16 사용자 인터페이스 레이아웃 계층 구조 살펴보기

Xcode는 사용자 인터페이스 레이아웃을 회전하여 볼 수 있는 3차원 뷰로 분리하는 기능을 제공한다. 이 3차원 뷰를 통하여 사용자 인터페이스의 뷰 계층 구조가 어떻게 구축되었는지를 확인할 수 있다. 이것은 어떤 뷰 객체 위에 다른 객체가 위치하여 뷰를 가리고 있는지, 또는 레이아웃이 의도한 대로 나타나지 않는 상황에서 특히 유용하다. 또한, 우리가 해야 할 일을 SwiftUI가 얼마나 많이 해주는지 확인하거나, SwiftUI가 SwiftUI 레이아웃을 구축하기 위하여 뒤에서 어떻게 동작하는지를 배우는 데도 유용하다.

이 모드로 뷰 계층 구조에 접근하려면 앱은 디바이스나 시뮬레이터에서 실행되어야 한다. 이렇게 했다면 그림 17-31과 같이 **Debug View Hierarchy** 버튼을 클릭한다.

그림 17-31

활성화가 되면 레이아웃의 3차원 뷰가 나타난다. 뷰를 클릭한 상태에서 드래그하면 계층 구조가 회전되어 사용자 인터페이스를 구성하는 뷰의 레이아웃을 살펴볼 수 있게 해준다.

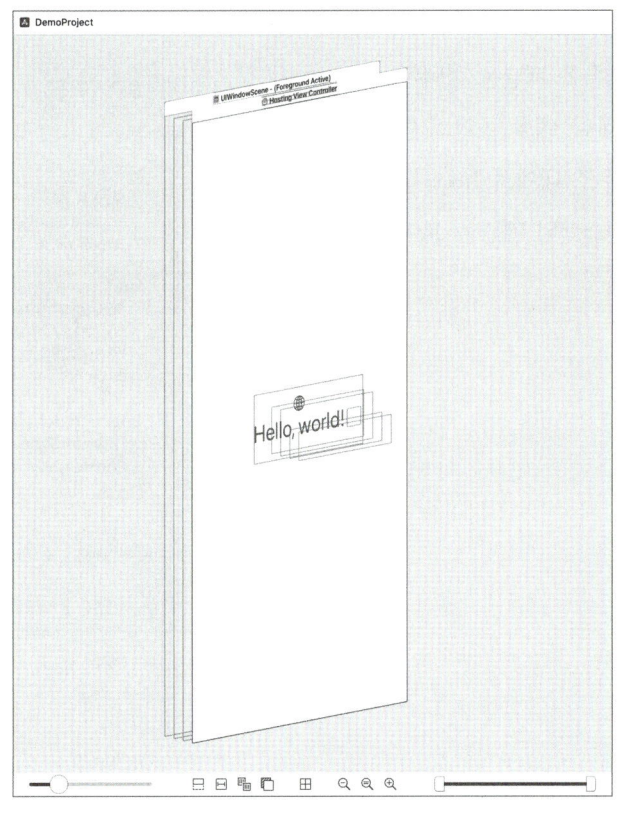

그림 17-32

패널의 좌측 하단에 있는 슬라이더를 조정하면 계층 구조 내에 있는 뷰들 간의 간격을 조절하게 된다. 슬라이더에 있는 두 개의 마커를 이용하면 렌더링에서 볼 수 있는 뷰의 범위를 좁힐 수 있다

(그림 17-33 참고). 예를 들어, 계층 구조 중간에 있는 뷰들에 초점을 맞추고 싶을 경우에 유용할 수 있다.

그림 17-33

계층 구조를 디버깅하는 동안 왼쪽 패널에는 그림 17-34와 같이 레이아웃에 대한 전체의 뷰 계층 구조가 표시된다.

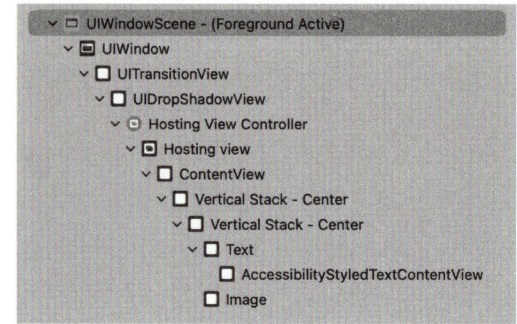

그림 17-34

계층 구조에 있는 객체를 선택하면 해당 항목이 3차원 렌더링에서 강조되며, 반대로도 그렇다. 맨 오른쪽 패널은 선택된 객체의 속성을 표시한다. 예를 들어 그림 17-35는 보기 계층 구조 내에서 Text 뷰가 선택한 상태의 인스펙터 패널을 보여준다.

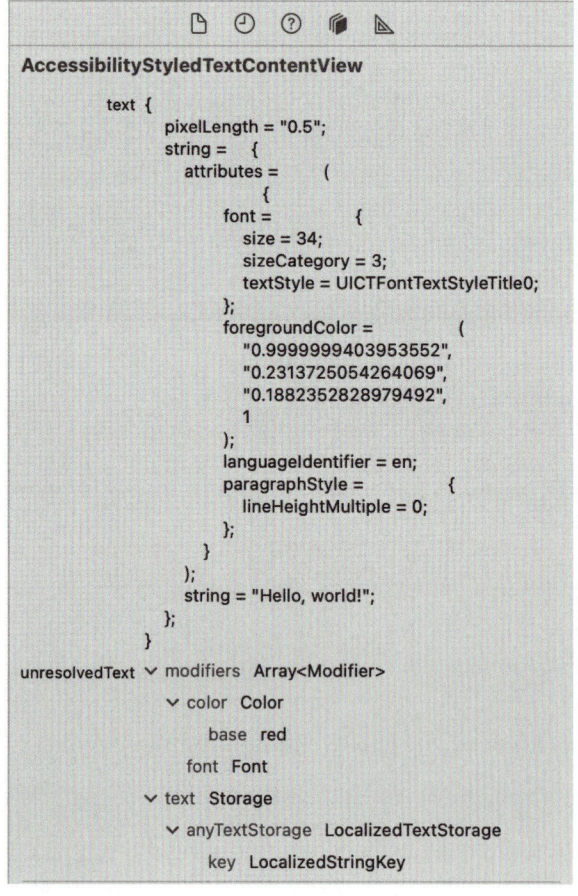

그림 17-35

17.17 요약

새로운 프로젝트를 생성하면 Xcode는 앱의 사용자 인터페이스를 만들 때 UIKit 스토리보드를 이용할 것인지, 아니면 SwiftUI를 이용할 것인지를 결정할 수 있는 옵션을 준다. SwiftUI 모드에서 앱 개발과 관련된 대부분의 작업은 코드 에디터와 프리뷰 캔버스에서 이뤄진다. 새로운 뷰에 사용자 인터페이스 레이아웃을 추가하고 구성하는 방법으로는 코드 에디터에 직접 타이핑하거나, 라이브러리에서 원하는 항목을 에디터나 프리뷰 캔버스로 드래그 앤 드롭하는 방법이 있다.

프리뷰 캔버스는 코드 에디터에서 변경된 코드가 실시간으로 반영되도록 화면을 업데이트할 것이다. 하지만 큰 변경에 대해서는 업데이트가 종종 일시정지된다. 일시정지된 상태가 되면 **Resume** 버튼을 클릭하여 업데이트를 다시 시작할 수 있다. 어트리뷰트 인스펙터는 선택된 뷰의 프로퍼티를 변경하며 새로운 수정자를 추가할 수 있게 한다. 키보드의 **Command** 키를 누른 상태에서 에디터나 캔버스에 있는 뷰를 클릭하면 다양한 콘텍스트 메뉴가 표시된다.

SwiftUI View 파일의 끝에 있는 미리보기 구조체는 서로 다른 환경 설정의 여러 디바이스 모델에서 동시에 미리보기를 수행할 수 있게 한다.

CHAPTER 18

SwiftUI 아키텍처

완성된 SwiftUI 앱은 계층적 방식으로 조합된 여러 컴포넌트로 구성된다. 가장 기본적인 SwiftUI 프로젝트 생성을 시작하기 전에 먼저 SwiftUI 앱이 어떻게 구성되는지를 이해하는 것이 유용하다. 이러한 목표를 가지고 이번 장에서는 App, Scene 및 View 요소에 중점을 두고 SwiftUI 앱 아키텍처의 핵심 요소를 소개한다.

18.1 SwiftUI 앱 계층 구조

SwiftUI 애플리케이션의 구조를 살펴볼 때 일반적인 계층 구조를 시각적으로 보는 것이 도움이 된다. 예를 들어 그림 18-1은 간단한 SwiftUI 앱의 계층 구조다.

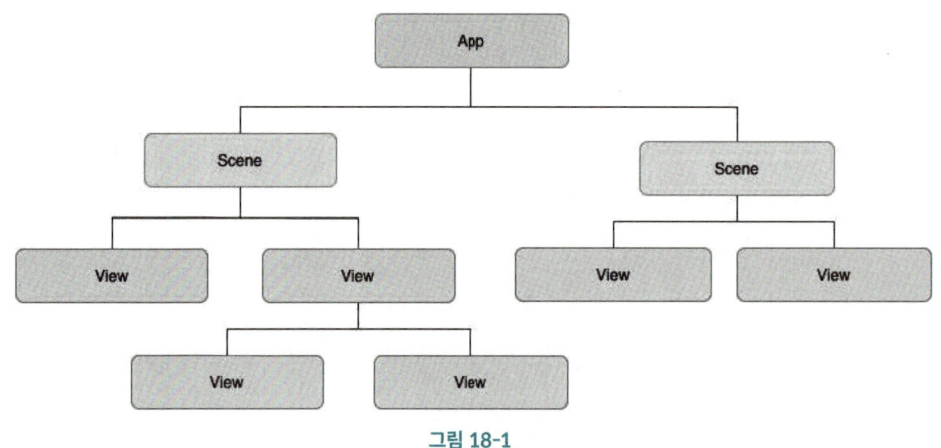

그림 18-1

계속 진행하기 전에 '앱'이라는 용어와 앞의 그림에 설명된 'App' 요소의 차이점을 구별하는 것이 중요하다. 모바일 장치에 설치하고 실행하는 소프트웨어 응용 프로그램을 '앱'이라고 한다. 이번 장에서는 이러한 앱과 앞의 그림의 App 요소를 모두 언급한다. 혼동을 피하기 위해 완료되고 설치되어 실행 중인 앱을 '애플리케이션'이라는 용어를 사용하는 반면 App 요소는 'App'으로 지칭한다. 이 책의 나머지 부분은 응용 프로그램에 대해 이야기할 때는 더 일반적인 '앱'을 사용하는 것으로 되돌아갈 것이다.

18.2 App

App 객체는 SwiftUI 애플리케이션 구조 내 최상위 요소이며 애플리케이션의 실행 중인 각 인스턴스의 시작 및 **생명 주기**lifecycle를 처리한다.

또한 App 요소는 애플리케이션의 사용자 인터페이스를 구성하는 다양한 Scene을 관리하는 역할을 한다. 애플리케이션에는 하나의 App 인스턴스만 포함된다.

18.3 Scene

각 SwiftUI 애플리케이션에는 하나 이상의 Scene이 포함된다. Scene은 애플리케이션 사용자 인터페이스의 섹션 또는 영역을 나타낸다. iOS 및 watchOS에서 Scene은 일반적으로 전체 장치 화면을 차지하는 창 형태를 취한다. 반면에 macOS 및 iPadOS에서 실행되는 SwiftUI 애플리케이션은 여러 Scene으로 구성될 가능성이 높다. 예를 들어, 서로 다른 각 Scene에는 표시할 콘텍스트에 해당하는 레이아웃이 포함될 수 있다.

SwiftUI에는 응용 프로그램을 설계할 때 사용할 수 있는 미리 빌드된 기본 Scene 타입이 포함되어 있으며, 그중 가장 일반적인 것은 `WindowGroup` 및 `DocumentGroup`이다. Scene을 그룹화하여 자신만의 사용자 지정 Scene을 만드는 것도 가능하다.

18.4 View

View는 버튼, 레이블, 그리고 텍스트 필드와 같은 사용자 인터페이스의 시각적 요소를 구성하는 기본적인 빌딩 블록이다. 각 Scene에는 애플리케이션의 사용자 인터페이스 섹션을 구성하는 뷰의 계층 구조가 포함된다. View는 텍스트 뷰 또는 버튼과 같은 개별 시각적 요소이거나 다른 View를 관리하는 컨테이너 형태를 취할 수 있다. 예를 들어, 수직 스택 뷰는 수직 레이아웃에서 자식 뷰를 표시하도록 설계되었다. SwiftUI와 함께 제공되는 뷰 외에도 SwiftUI 애플리케이션을 개발할 때 사용자 정의 뷰를 생성한다. 이러한 사용자 지정 뷰는 응용 프로그램의 사용자 인터페이스 요구사항을 충족하기 위해 해당 뷰의 모양 및 동작에 대한 사용자 지정과 함께 다른 뷰 그룹으로 구성된다.

예를 들어, 그림 18-2는 Button과 TextView 조합을 포함하는 Vertical Stack으로 구성된 간단한 뷰 계층 구조를 포함하는 Scene을 보여준다.

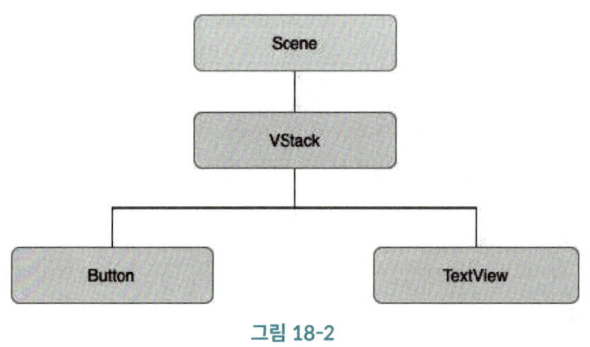

그림 18-2

18.5 요약

SwiftUI 애플리케이션은 계층적으로 구성된다. 계층 구조의 맨 위에는 애플리케이션의 시작 및 생명 주기를 담당하는 App 인스턴스가 있다. 하나 이상의 자식 Scene 인스턴스에는 애플리케이션의 사용자 인터페이스를 구성하는 View 인스턴스의 계층이 포함되어 있다. 이러한 Scene은 WindowGroup과 같은 SwiftUI 기본 Scene 타입 중 하나에서 파생되거나 사용자 정의로 구축될 수 있다.

iOS 또는 watchOS에서 애플리케이션은 일반적으로 전체 디스플레이를 차지하는 창 형태를 취하는 단일 Scene을 포함한다. 하지만 macOS 또는 iPadOS 시스템에서 응용 프로그램은 여러 Scene 인스턴스로 구성될 수 있으며, 종종 동시에 표시되거나 탭 인터페이스에서 함께 그룹화될 수 있는 별도의 창으로 표시된다.

CHAPTER 19

기본 SwiftUI 프로젝트 분석

Xcode에서 Multiplatform App 템플릿을 이용하여 새로운 SwiftUI 프로젝트를 생성하면 Xcode는 최종 앱으로 구축될 프로젝트의 기본을 형성하기 위하여 여러 파일과 폴더를 생성한다.

SwiftUI 개발을 처음 시작하는 단계에서 이들 파일이 각각 어떤 목적인지에 상세하게 알 필요는 없지만, 더 복잡한 애플리케이션을 개발할 때를 위해 알아두면 유용할 것이다.

이번 장의 목적은 기본적인 Xcode 프로젝트 구조의 각 요소에 대해 간략하게 알아보는 것이다.

19.1 예제 프로젝트 생성하기

이번 장을 진행하는 동안에 살펴볼 샘플 프로젝트를 생성하는 게 도움이 될 것이다. 이를 위하여 Xcode를 실행하고 환영 화면에서 새로운 프로젝트를 생성하는 옵션을 선택한다. 그 다음에 나오는 템플릿 선택 패널에서 **Multiplatform** 탭을 선택하고 App 옵션을 선택한 다음 **Next** 버튼을 클릭하여 다음 화면으로 진행하자.

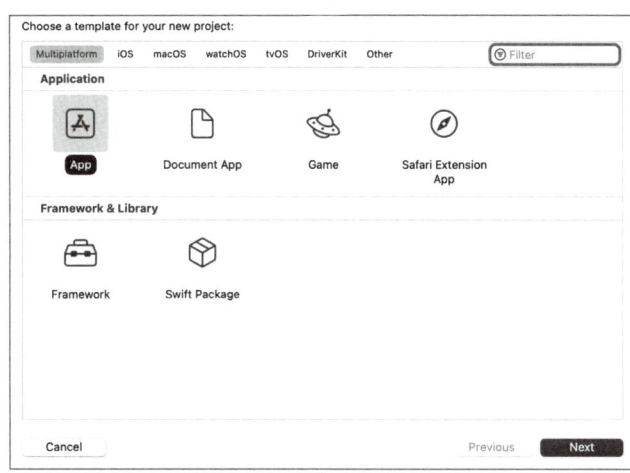

그림 19-1

프로젝트 옵션 화면에서 프로젝트 이름을 DemoProject라고 한다. Next 버튼을 클릭하여 마지막 화면으로 진행하고, 프로젝트를 저장할 적당한 위치를 선택한 다음에 Create 버튼을 클릭한다.

19.2 DemoProjectApp.swift 파일

`DemoProjectApp.swift` 파일에는 19장 'SwiftUI 아키텍처'에서 설명한 App 객체에 대한 선언이 포함되어 있으며 다음과 같다.

```
import SwiftUI

@main
struct DemoProjectApp: App {
    var body: some Scene {
        WindowGroup {
            ContentView()
        }
    }
}
```

구현된 선언부는 `ContentView.swift` 파일에 정의된 `View`를 포함하는 `WindowGroup`으로 구성된 `Scene`을 반환한다. 선언부에는 `@main`이 접두사로 붙는다. 이것은 기기에서 앱이 실행될 때 여기가 앱의 진입점임을 SwiftUI에 알려주는 역할을 한다.

19.3 ContentView.swift 파일

이것은 앱이 시작될 때 나타나는 첫 번째 화면의 내용을 포함하는 SwiftUI 뷰 파일이다. 이 파일 및 이와 유사한 다른 파일들은 SwiftUI에서 앱을 개발할 때 대부분의 작업이 수행되는 곳이다. 디폴트로 `Image` 뷰와 'Hello, world!'라는 단어를 표시하는 `Text` 뷰가 수직 스택 컨테이너 내에 포함되어 있다.

```
import SwiftUI

struct ContentView: View {
    var body: some View {
        VStack {
            Image(systemName: "globe")
```

```
                .imageScale(.large)
                .foregroundColor(.accentColor)
            Text("Hello, world!")
        }
        .padding()
    }
}

struct ContentView_Previews: PreviewProvider {
    static var previews: some View {
        ContentView()
    }
}
```

19.4 Assets.xcassets

Assets.xcassets 폴더에는 이미지, 아이콘 및 색상과 같이 앱에서 사용하는 리소스를 저장하는 데 사용되는 애셋 카탈로그가 포함되어 있다.

19.5 DemoProject.entitlements

entitlements 파일은 앱 내에서 특정 iOS 기능에 대한 지원을 활성화하는 데 사용된다. 예를 들어, 앱에서 iCloud 저장소 또는 디바이스 마이크에 접근해야 하거나 시리를 통해 음성 제어를 통합하려는 경우 이 파일 내에서 이러한 권한을 먼저 활성화해야 한다.

19.6 Preview Content

프리뷰 애셋 폴더에는 개발 중에 앱을 미리 볼 때 필요하지만 완성된 앱에서는 필요하지 않은 자산 및 데이터가 포함되어 있다. 앱 스토어에 제출하기 위해 앱을 패키징할 준비가 되면 Xcode는 불필요한 공간을 차지하지 않도록 이러한 자산을 배달 아카이브에서 제거한다.

19.7 요약

Multiplatform App 템플릿을 사용하여 Xcode에서 새 SwiftUI 프로젝트를 생성하면 Xcode는 앱이 작동하는 데 필요한 최소한의 파일 세트를 자동으로 생성한다. 이러한 모든 파일과 폴더는 리소스 애셋 추가, 초기화 및 초기화 해제 작업 수행, 앱의 사용자 인터페이스 및 로직 구축 측면에서 앱에 기능을 추가하도록 수정할 수 있다.

CHAPTER **20**

SwiftUI로
커스텀 뷰 생성하기

SwiftUI를 이용하여 앱 개발을 배우는 과정 중에서 중요한 한 가지는 내장된 SwiftUI 뷰를 사용함과 동시에 자신만의 커스텀 뷰를 만들어 자신이 원하는 사용자 인터페이스 레이아웃을 어떻게 선언하는지를 배우는 것이다. 이번 장에서는 SwiftUI 뷰의 기본 개념을 소개하며, 사용자 인터페이스 레이아웃을 선언하고 뷰의 모양과 동작을 수정하는 데 사용되는 구문에 대해 알아볼 것이다.

20.1 SwiftUI 뷰

사용자 인터페이스 레이아웃은 뷰 사용과 생성, 그리고 결합을 통해 SwiftUI로 구성된다. 가장 먼저 살펴봐야 할 중요한 단계는 뷰view라는 용어의 의미를 이해하는 것이다. SwiftUI에서 뷰는 `View` 프로토콜을 따르는 구조체로 선언된다. `View` 프로토콜을 따르도록 하기 위해서 구조체는 `body` 프로퍼티를 가지고 있어야 하며, 이 `body` 프로퍼티 안에 뷰가 선언되어야 한다.

SwitUI에는 사용자 인터페이스를 구축할 때 사용될 수 있는 다양한 뷰(예를 들어, 텍스트 레이블, 텍스트 필드, 메뉴, 토글, 레이아웃 매니저 뷰 등)가 내장되어 있다. 각각의 뷰는 `View` 프로토콜을 따르는 독립적인 객체다. SwiftUI로 앱을 만들게 되면 여러분만의 사용자 인터페이스 모양과 동작을 하는 커스텀 뷰를 생성하기 위해서 이들 뷰를 사용하게 될 것이다.

재사용 가능한 뷰 컴포넌트를 캡슐화하는 하위 뷰(예를 들어, 여러분 앱 화면에서 로그인을 위한 보안 텍스트 필드와 버튼)부터 전체 화면에 대한 사용자 인터페이스를 캡슐화한 뷰까지 다양한 영역에 걸쳐 커스텀 뷰를 만들 수 있다. 커스텀 뷰의 크기와 복잡성 또는 커스텀 뷰에 캡슐화된 자식 뷰의 개수와는 관계없이, 하나의 커스텀 뷰는 사용자 인터페이스 모양과 동작을 정의하는 하나의 객체일 뿐이다.

20.2 기본 뷰 생성하기

Xcode에서 커스텀 뷰는 SwiftUI View 파일에 포함된다. 새로운 SwiftUI 프로젝트를 생성하면 Xcode는 `Text` 뷰 컴포넌트 하나로 구성된 하나의 커스텀 뷰를 가진 단일 SwiftUI View 파일을 생성할 것이다. 또 다른 뷰 파일은 **File ➡ New ➡ File...** 메뉴를 선택하고 템플릿 화면에서 **SwiftUI View** 파일 항목을 선택하여 프로젝트에 추가할 수 있다.

디폴트 SwiftUI View 파일은 `ContentView.swift`라는 이름으로 만들어지며, 다음과 같은 코드가 포함되어 있다.

```swift
import SwiftUI

struct ContentView: View {
    var body: some View {
        VStack {
            Image(systemName: "globe")
                .imageScale(.large)
                .foregroundColor(.accentColor)
            Text("Hello, world!")
        }
    }
}

struct ContentView_Previews: PreviewProvider {
    static var previews: some View {
        ContentView()
    }
}
```

`ContentView`라는 이름의 뷰는 `View` 프로토콜을 따르도록 선언되어 있다. 또한, 필수 요소인 `body` 프로퍼티도 가지며, 'Hello, World!'라는 문자열로 초기화된 내장 컴포넌트인 `Text` 뷰의 인스턴스가 `body` 프로퍼티에 포함되어 있다.

이 파일의 두 번째 구조체는 `ContentView`의 인스턴스를 생성하기 위해 필요하며, 프리뷰 캔버스에 나타나게 한다. 이에 대한 내용은 뒤에서 자세히 다룰 것이다.

20.3 뷰 추가하기

body 프로퍼티에 원하는 뷰를 배치하여 다른 뷰가 추가될 수 있다. 하지만, body 프로퍼티는 단 하나의 뷰를 반환하도록 구성되어 있다. 이번 예제에서 body 요소는 자식 Image 및 Text 뷰를 포함하는 VStack 인스턴스를 반환한다. VStack 컨테이너 범위 밖에 뷰를 추가하면 Xcode에서 'Goodbye, world!' Text 뷰만 포함하는 두 번째 미리보기를 생성하게 된다.

```
struct ContentView: View {
    var body: some View {
        VStack {
            Image(systemName: "globe")
                .imageScale(.large)
                .foregroundColor(.accentColor)
            Text("Hello, world!")
        }
        Text("Goodbye, world!")
    }
}
```

이렇게 변경하면 Xcode는 다음과 같이 'Goodbye, world!' 미리보기를 표시하기 위해 클릭할 수 있는 또 다른 미리보기 버튼을 추가할 것이다.

그림 20-1

추가로 뷰를 올바르게 추가하려면 해당 뷰를 스택 또는 폼과 같은 컨테이너 뷰에 배치해야 한다. 따라서 앞의 예제는 VStack 뷰 내에 추가적인 Text 뷰를 배치하도록 수정되어야 한다. 이 뷰는 이름에서 알 수 있듯 포함된 뷰를 수직으로 배치한다.

```
struct ContentView: View {
    var body: some View {
        VStack {
            Image(systemName: "globe")
                .imageScale(.large)
```

```
                .foregroundColor(.accentColor)
            Text("Hello, world!")
            Text("Goodbye, world!")
        }
    }
}
```

SwiftUI 뷰는 기본적으로 부모 뷰와 자식 뷰 형태의 계층 구조가 된다. 이것은 여러 계층의 뷰들이 복잡한 사용자 인터페이스를 생성할 수 있게 한다. 예를 들어, 다음의 뷰 계층 구조 다이어그램을 살펴보자.

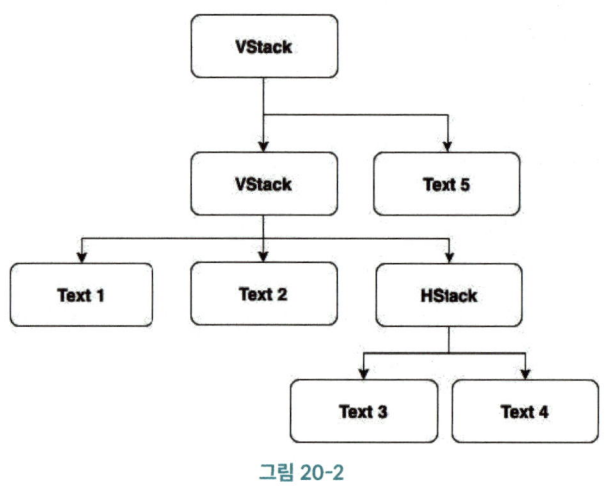

그림 20-2

이 그림에 대한 뷰 선언부는 다음과 같다.

```
struct ContentView: View {
    var body: some View {
        VStack {
            VStack {
                Text("Text 1")
                Text("Text 2")
                HStack {
                    Text("Text 3")
                    Text("Text 4")
                }
            }
            Text("Text 5")
        }
    }
}
```

```
}
```

우리가 주목해야 할 예외사항은 컨테이너에 포함된 여러 뷰를 서로 연결하면 하나의 뷰처럼 간주된다는 것이다. 따라서 다음의 코드도 유효한 뷰 선언부다.

```
struct ContentView: View {
    var body: some View {
        Text("Hello, ") + Text("how ") + Text("are you?")
    }
}
```

앞의 예제에서 body 프로퍼티의 **클로저**closure는 반환 구문이 없다. 왜냐하면 단일 표현식으로 되어 있기 때문이다(암묵적 반환에 대해서는 9장 '스위프트의 함수, 메서드, 클로저'에서 설명하였다). 하지만, 다음의 예제와 같이 클로저에 별도의 표현식이 추가되면 return 구문을 추가해야 한다.

```
struct ContentView: View {

    @State var fileopen: Bool = true

    var body: some View {

        var myString: String = "File closed"

        if (fileopen) {
            myString = "File open"
        }

        return VStack {
            HStack {
                Text(myString)
                    .padding()
                Text("Goodbye, world")
            }
        }
    }
}
```

코드 에디터에 다음과 같은 구문 오류가 나타나면 일반적으로 return 문이 필요하다는 의미다.

```
Type '()' cannot conform to 'View'
```

20.4 하위 뷰로 작업하기

애플은 최대한 뷰를 작고 가볍게 하라고 권장한다. 이것은 재사용할 수 있는 컴포넌트 생성을 권장하고, 뷰 선언부를 더 쉽게 관리하도록 하며, 레이아웃이 더 효율적으로 렌더링되도록 한다.

만약 여러분이 만든 커스텀 뷰의 선언부가 크고 복잡하다면 하위 뷰로 나눌 수 있는 부분을 찾아야 한다. 매우 간단한 예제로, 이전의 코드에서 HStack 뷰를 다음과 같이 MyHStackView라는 이름의 하위 뷰로 나눌 수 있다.

```
struct ContentView: View {
    var body: some View {
        VStack {
            VStack {
                Text("Text 1")
                Text("Text 2")
                MyHStackView()
            }
            Text("Text 5")
        }
    }
}

struct MyHStackView: View {
    var body: some View {
        HStack {
            Text("Text 3")
            Text("Text 4")
        }
    }
}
```

20.5 프로퍼티로서의 뷰

하위 뷰를 생성하는 것 외에도 복잡한 뷰 계층 구조를 구성하는 방법으로 프로퍼티를 뷰에 할당할 수도 있을 것이다.

```
struct ContentView: View {

    var body: some View {
```

```
            VStack {
                Text("Main Title")
                    .font(.largeTitle)
                HStack {
                    Text("Car Image")
                    Image(systemName: "car.fill")
                }
            }
        }
    }
}
```

앞의 선언부 중 일부는 프로퍼티 값으로 이동하고 이름으로 참조될 수 있다. 다음의 선언부는 HStack을 carStack이라는 이름의 프로퍼티에 할당하고 VStack 레이아웃에서 참조한다.

```
struct ContentView: View {

    let carStack = HStack {
        Text("Car Image")
        Image(systemName: "car.fill")
    }

    var body: some View {
        VStack {
            Text("Main Title")
                .font(.largeTitle)
            carStack
        }
    }
}
```

20.6 뷰 변경하기

SwiftUI와 함께 제공되는 모든 뷰는 커스터마이징이 필요 없을 정도로 완전히 정확하게 우리가 원하는 모양과 동작을 하는 건 아니기 때문에 **수정자**modifier를 뷰에 적용하여 변경할 수 있다.

모든 SwiftUI 뷰에는 뷰의 모양과 동작을 변경하는 데 사용될 수 있는 수정자들이 있다. 이들 수정자는 뷰의 인스턴스에서 호출되는 메서드 형태를 취하며 원래의 뷰를 다른 뷰로 감싸는 방식으로 필요한 변경을 한다. 이 말은 동일한 뷰에 여러 가지를 변경하기 위하여 수정자들이 연결될 수 있다는 의미다. 예를 들어, 다음은 Text 뷰의 폰트와 포그라운드 색상을 변경한다.

```
Text("Text 1")
    .font(.headline)
    .foregroundColor(.red)
```

마찬가지로, 다음의 예제는 Image 뷰가 허용하는 공간 안에 이미지를 정비율로 표현하도록 구성하는 수정자를 사용한다.

```
Image(systemName: "car.fill")
    .resizable()
    .aspectRatio(contentMode: .fit)
```

수정자는 커스텀 하위 뷰에도 적용할 수 있다. 다음의 예제는 앞에서 선언했던 MyHStackView 커스텀 뷰의 Text 뷰들의 폰트를 largeTitle 폰트 스타일로 변경한다.

```
MyHStackView()
    .font(.largeTitle)
```

20.7 텍스트 스타일로 작업하기

앞의 예제에서 뷰에 텍스트를 표시하기 위해 사용된 폰트는 내장된 텍스트 스타일을 이용하여 선언(앞의 예제에서는 largeTitle 사용)하였다.

iOS는 애플리케이션이 텍스트를 표시할 때의 텍스트 크기를 사용자가 선택할 수 있게 한다. **설정** setting 앱 ➡ **디스플레이 및 밝기** display & brightness ➡ **텍스트 크기** text size 화면에서 디바이스의 현재의 텍스트 크기를 그림 20-3과 같이 하단의 슬라이더를 조절하여 구성할 수 있게 한다.

만약 텍스트 스타일을 이용하여 뷰의 폰트를 선언했다면 텍스트 크기는 사용자가 지정한 폰트 크기에 따라 동적으로 맞춰진다. 거의 예외 없이, 내장된 iOS 앱들은 사용자에 의해 선택된 폰트 크기 설정을 따라 텍스트를 표시하며, 다른 앱들도 사용자가 선택한 텍스트 크기를 따르라고 애플은 권장한다. 다음의 텍스트 스타일은 현재 사용할 수 있는 옵션들이다.

그림 20-3

- Large Title
- Title, Title2, Title3
- Headline
- Subheadline
- Body
- Callout
- Footnote
- Caption, Caption2

여러분에게 맞는 텍스트 스타일이 없다면 폰트 종류와 크기를 선언하여 커스텀 폰트를 적용할 수도 있다. 하지만, 이렇게 하면 사용자가 선택한 텍스트 크기와는 상관없이 고정된 크기로 표시될 것이다.

```
Text("Sample Text")
    .font(.custom("Copperplate", size: 70))
```

앞의 커스텀 폰트는 다음과 같이 Text 뷰를 렌더링할 것이다.

SAMPLE TEXT

그림 20-4

20.8 수정자 순서

수정자들을 연결할 때 수정자들이 적용되는 순서가 중요하다는 점을 알아야 한다. 다음은 Text 뷰에 border와 padding을 적용하고 있다.

```
Text("Sample Text")
    .border(Color.black)
    .padding()
```

border 수정자는 뷰 주변에 검정색 경계선을 그리며, padding 수정자는 뷰 주변의 여백을 추가한다. 앞의 코드는 그림 20-5와 같이 렌더링된다.

Sample Text

그림 20-5

텍스트에 패딩을 적용시켰으니 텍스트와 경계선 사이에 간격이 있을 것으로 기대했다. 그런데 실제로는 원본 Text 뷰에만 적용되었고, 패딩은 보더 수정자가 반환한 수정된 뷰에 적용되었다. 패딩은 뷰에 적용되었지만 경계선 바깥에 적용된 것이다. 패딩을 경계선 안쪽에 적용하기 위해서는 수정자의 순서를 바꿔야 한다. 즉, 패딩 수정자가 반환한 뷰에 경계선을 그리는 것이다.

```
Text("Sample Text")
    .padding()
    .border(Color.black)
```

수정자의 순서를 바꾸면 뷰는 다음과 같이 렌더링된다.

그림 20-6

만약 수정자를 연결해서 작업했는데 기대한 효과가 나타나지 않는다면 뷰에 적용되는 순서 때문일 수 있음을 기억하자.

20.9 커스텀 수정자

SwiftUI는 여러분만의 커스텀 수정자를 생성할 수 있게도 해준다. 이것은 뷰에 자주 적용되는 대표적인 수정자들을 갖고자 할 때 특히 유용하다. 다음의 수정자는 뷰 선언부에 공통으로 필요한 수정자라고 가정해보자.

```
Text("Text 1")
    .font(.largeTitle)
    .background(Color.white)
    .border(Color.gray, width: 0.2)
    .shadow(color: Color.black, radius: 5, x: 0, y: 5)
```

이와 같은 모양으로 표시해야 할 텍스트가 나올 때마다 4개의 수정자를 계속 적용하는 것보다 더 좋은 해결 방법은 이것들을 커스텀 수정자로 묶어서 필요할 때마다 참조하는 것이다. 커스텀 수정자는 ViewModifier 프로토콜을 따르는 구조체로 선언되며, 다음과 같이 구현된다.

```
struct StandardTitle: ViewModifier {
    func body(content: Content) -> some View {
        content
            .font(.largeTitle)
            .background(Color.white)
            .border(Color.gray, width: 0.2)
            .shadow(color: Color.black, radius: 5, x: 0, y: 5)
    }
}
```

필요한 곳에서 modifier() 메서드를 통해 커스텀 수정자를 전달하여 적용한다.

```
Text("Text 1")
    .modifier(StandardTitle())
Text("Text 2")
    .modifier(StandardTitle())
```

커스텀 수정자를 구현했으니 StandardTitle 구현체를 수정하면 이 수정자를 사용하는 모든 뷰에 자동으로 적용될 것이다. 이렇게 하면 여러 뷰에 적용한 수정자를 수동으로 수정할 필요가 없어진다.

20.10 기본적인 이벤트 처리

SwiftUI가 **데이터 주도적**data-driven이라고는 했지만, 사용자 인터페이스인 뷰를 사용자가 조작할 때 발생하는 이벤트 처리는 여전히 필요하다. Button 뷰와 같은 몇몇 뷰는 사용자의 상호작용을 유도하기 위한 목적으로만 제공된다. 사실, Button 뷰는 여러 다른 뷰를 클릭할 수 있는 버튼으로 바꾸기 위해 사용되기도 한다. Button 뷰는 버튼 내용과 함께 클릭이 감지될 때 호출될 메서드로 선언되어야 한다. 예를 들어, 뷰 전체를 하나의 버튼으로 지정할 수도 있다. 하지만 대부분의 경우에 Text 뷰는 보통 Button의 콘텐트로 사용될 것이다. 다음의 구현체는 Text 뷰를 감싸는 Button 뷰로, 클릭하면 buttonPressed()라는 메서드가 호출된다.

```
struct ContentView: View {
    var body: some View {
        Button(action: buttonPressed) {
            Text("Click Me")
        }
    }

    func buttonPressed() {
        // 동작할 코드가 온다.
    }
}
```

액션 함수를 지정하는 대신, 버튼이 클릭되었을 때 실행될 코드를 클로저로 지정할 수도 있다.

```
Button(action: {
    // 동작할 코드가 온다.
}) {
    Text("Click Me")
}
```

또 다른 일반적인 요구사항은 Image 뷰를 버튼으로 만들어야 하는 경우도 있다. 예를 들면 다음과 같다.

```
Button(action: {
    print("Button clicked")
}) {
    Image(systemName: "square.and.arrow.down")
}
```

20.11 커스텀 컨테이너 뷰 만들기

이번 장 앞에서 언급했던 것처럼 하위 뷰는 뷰 선언부를 작고 가벼우며 재사용할 수 있는 블록으로 나누는 유용한 방법을 제공한다. 하지만 하위 뷰의 한 가지 한계는 컨테이너 뷰의 콘텐트가 **정적**static이라는 점이다. 다시 말해, 하위 뷰가 레이아웃에 포함되는 시점에 하위 뷰에 포함될 뷰를 동적으로 지정할 수 없다. 하위 뷰에 포함되는 뷰들은 최초 선언부에 지정된 하위 뷰들뿐이다.

3개의 텍스트 뷰가 VStack 안에 포함되고 임의의 간격과 폰트 설정으로 구성된 하위 뷰가 다음과 같이 있다고 하자.

```
struct MyVStack: View {
    var body: some View {
        VStack(spacing: 10) {
            Text("Text Item 1")
            Text("Text Item 2")
            Text("Text Item 3")
        }
        .font(.largeTitle)
    }
}
```

선언부에 MyVStack 인스턴스를 포함시키려면 다음과 같이 참조할 것이다.

```
MyVStack()
```

하지만, 간격이 10이며 largeTitle 폰트 수정자를 가진 VStack이 프로젝트 내에서 자주 필요하지만, 사용할 곳마다 서로 다른 뷰들이 여기에 담겨야 한다고 가정하자. 하위 뷰를 사용해서는 이러한 유연성을 갖지 못하지만, 커스텀 컨테이너 뷰를 생성할 때 SwiftUI의 `ViewBuilder` 클로저 속성을 이용하면 가능하다.

`ViewBuilder`는 스위프트 클로저 형태를 취하며 여러 하위 뷰로 구성된 커스텀 뷰를 만드는 데 사용될 수 있으며, 이 뷰가 레이아웃 선언부 내에 사용될 때까지 내용을 선언할 필요가 없다. `ViewBuilder` 클로저는 콘텐트 뷰들을 받아서 동적으로 만들어진 단일 뷰로 반환한다.

다음은 우리의 `MyVStack` 뷰를 구현하기 위하여 `ViewBuilder` 속성을 사용하는 예제다.

```
struct MyVStack<Content: View>: View {
    let content: () -> Content
    init(@ViewBuilder content: @escaping () -> Content) {
        self.content = content
    }

    var body: some View {
        VStack(spacing: 10) {
            content()
        }
        .font(.largeTitle)
    }
}
```

이 선언부는 `View` 프로토콜을 따르며, `body`에는 `VStack` 선언부를 포함한다. 하지만 스택에 정적 뷰를 포함하는 대신에 하위 뷰들은 초기화 메서드에 전달되며, `ViewBuilder`에 의해 처리되어 `VStack`에 하위 뷰들로 포함될 것이다. 이제 커스텀 `MyVStack` 뷰는 레이아웃 내에 사용될 서로 다른 하위 뷰들로 초기화될 수 있다.

```
MyVStack {
    Text("Text 1")
    Text("Text 2")
    HStack {
        Image(systemName: "star.fill")
        Image(systemName: "star.fill")
        Image(systemName: "star")
    }
}
```

20.12 레이블 뷰로 작업하기

레이블 뷰는 아이콘과 텍스트가 나란히 배치된 형태의 두 요소로 구성된다는 점에서 대부분의 다른 SwiftUI 뷰와 다르다. 이미지는 모든 이미지 애셋이나, SwiftUI **셰이프 렌더링**shape rendering, 또는 **SF 심벌**SF symbol의 형태를 취할 수 있다.

SF 심벌은 애플 플랫폼용 앱을 개발할 때 사용할 수 있고 애플의 **샌프란시스코**San Francisco 시스템 폰트를 보완하도록 설계된 수천 개의 확장 가능한 벡터 드로잉 모음이다.

전체 심벌 세트는 그림 20-7과 같이 라이브러리 패널의 심벌 화면을 통해 찾아보고 선택할 수 있다.

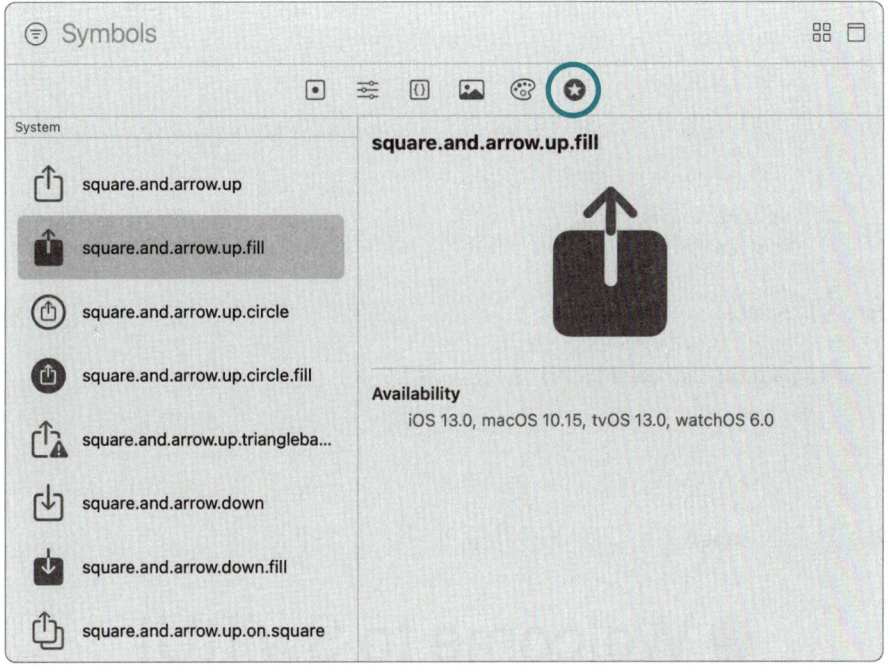

그림 20-7

다음 예제는 아이콘 및 텍스트의 크기를 늘리기 위해 font() 수정자와 함께 SF 심벌을 사용하는 Label 뷰다.

```
Label("Welcome to SwiftUI", systemImage: "person.circle.fill")
    .font(.largeTitle)
```

위의 뷰는 그림 20-8과 같이 렌더링된다.

⬤ Welcome to SwiftUI

그림 20-8

Label 뷰 선언부의 `systemImage:`를 참조하여 내장 SF 심벌 컬렉션에서 아이콘을 가져온다는 것을 가리킨다. 앱의 애셋 카탈로그의 이미지를 표시하려면 다음 구문을 사용한다.

```
Label("Welcome to SwiftUI", image: "myimage")
```

텍스트 문자열과 이미지를 지정하는 대신, 제목과 아이콘에 대한 별도의 뷰를 사용하여 레이블을 선언할 수도 있다. 예를 들어 다음 Label 뷰 선언부는 제목에 Text 뷰를 사용하고 아이콘에 원 그림을 사용한다.

```
Label(
    title: {
        Text("Welcome to SwiftUI")
            .font(.largeTitle)
    },
    icon: { Circle()
        .fill(Color.blue)
        .frame(width: 25, height: 25)
    }
)
```

렌더링이 되면 앞의 Label 뷰는 그림 20-9와 같이 나타날 것이다.

⬤ Welcome to SwiftUI

그림 20-9

20.13 요약

SwiftUI의 사용자 인터페이스는 SwiftUI View 파일에 선언되며, View 프로토콜을 따르는 컴포넌트들로 구성된다. View 프로토콜을 따르도록 하기 위해서 구조체는 View 자신인 body라는 이름의 프로퍼티를 포함해야 한다.

SwiftUI는 사용자 인터페이스 레이아웃을 설계하는 데 사용되는 내장 컴포넌트들의 라이브러리를 제공한다. 뷰의 모양과 동작은 수정자를 적용하여 구성할 수 있으며, 커스텀 뷰와 하위 뷰를 생성하기 위하여 수정되거나 그루핑될 수 있다. 마찬가지로, 커스텀 컨테이너 뷰는 `ViewBuilder` 클로저 프로퍼티를 이용하여 생성될 수 있다.

수정자를 뷰에 적용하면 새롭게 변경된 뷰가 반환되며, 그 다음에 오는 수정자가 다시 적용된다. 뷰에 수정자를 적용하는 순서가 중요한 영향을 주게 된다.

CHAPTER **21**

SwiftUI 스택과 프레임

사용자 인터페이스 설계를 크게 보면 적절한 인터페이스 컴포넌트를 선택하고 뷰를 어떻게 배치할 지 결정한 다음, 서로 다른 화면과 뷰들 간의 이동을 구현하는 것이다.

SwiftUI는 버튼, 레이블, 슬라이더, 토글 뷰처럼 앱을 개발할 때 사용될 다양한 종류의 사용자 인터페이스 컴포넌트를 가지고 있다. 또한, SwiftUI는 사용자 인터페이스의 구성 방법과 화면의 방향과 크기에 따라 대응하는 방법을 정의하는 레이아웃 뷰를 제공한다.

이번 장은 SwiftUI에 포함된 `Stack` 컨테이너 뷰를 설명하며, 사용자 인터페이스 설계를 비교적으로 쉽게 하는 방법을 설명한다.

스택 뷰에 대한 설명이 끝나면 유연한 프레임의 개념을 다루며, 어떻게 하면 레이아웃에서 뷰의 크기를 조정할 수 있는지를 설명할 것이다.

21.1 SwiftUI 스택

SwiftUI는 `VStack`(수직), `HStack`(수평), `ZStack`(중첩되게 배치하는 뷰) 형태인 3개의 스택 레이아웃 뷰를 제공한다.

스택은 SwiftUI View 파일 내에 하위 뷰들이 스택 뷰에 포함되도록 선언된다. 예를 들어, 다음은 3개의 이미지 뷰가 `HStack`에 포함되는 코드다.

```
struct ContentView: View {
    var body: some View {
        HStack {
            Image(systemName: "goforward.10")
            Image(systemName: "goforward.15")
            Image(systemName: "goforward.30")
        }
```

```
    }
}
```

앞의 코드는 그림 21-1과 같이 프리뷰 캔버스 내에 나타난다.

그림 21-1

마찬가지로, VStack을 이용하면 수직으로 쌓인 이미지들이 나타난다.

```
VStack {
    Image(systemName: "goforward.10")
    Image(systemName: "goforward.15")
    Image(systemName: "goforward.30")
}
```

기존의 컴포넌트를 스택에 포함시키려면 컴포넌트를 스택 선언부 안에 직접 넣거나 코드 에디터에 있는 컴포넌트 위에 마우스 포인터를 올리고 키보드의 Command 키를 누른 상태에서 컴포넌트를 클릭하여 할 수 있다. 이렇게 클릭하면 그림 21-2와 같은 메뉴가 나오며, 원하는 옵션을 선택하면 된다.

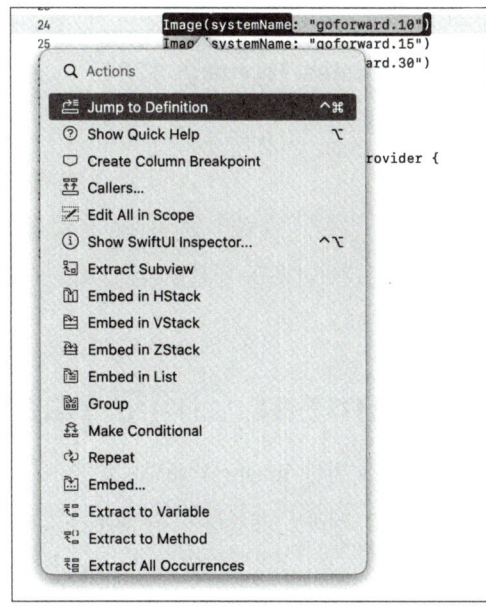

그림 21-2

예를 들어, 다른 스택 안에 스택을 포함시켜서 상당히 복잡한 레이아웃을 간단하게 설계할 수 있다.

```
VStack {
    Text("Financial Results")
        .font(.title)

    HStack {
        Text("Q1 Sales")
            .font(.headline)

        VStack {
            Text("January")
            Text("February")
            Text("March")
        }

        VStack {
            Text("$1000")
            Text("$200")
            Text("$3000")
        }
    }
}
```

앞의 레이아웃은 그림 21-3과 같이 나타난다.

Financial Results
	January	$1000
Q1 Sales	February	$200
	March	$3000

그림 21-3

현재 구성된 레이아웃은 정렬과 간격 관련된 작업이 필요하다. 정렬 설정과 Spacer 컴포넌트 그리고 패딩 수정자를 혼합하여 사용하면 레이아웃을 개선할 수 있다.

21.2 Spacer, alignment, 그리고 padding

SwiftUI는 뷰 사이에 공간을 추가하기 위한 Spacer 컴포넌트를 가지고 있다. Spacer를 스택 안에서 사용하면 Spacer는 배치된 뷰들의 간격을 제공하기 위하여 스택의 방향(즉, 수평 또는 수직)에 따라 유연하게 확장/축소된다.

```
HStack(alignment: .top) {
    Text("Q1 Sales")
        .font(.headline)
    Spacer()
    VStack(alignment: .leading) {
        Text("January")
        Text("February")
        Text("March")
    }
    Spacer()
.
.
```

스택의 정렬은 스택이 선언될 때 정렬 값을 지정하면 된다.

```
VStack(alignment: .center) {
    Text("Financial Results")
        .font(.title)
```

또한, **간격**spacing 값을 지정할 수도 있다.

```
VStack(alignment: .center, spacing: 15) {
    Text("Financial Results")
        .font(.title)
```

뷰 주변의 간격은 padding() 수정자를 이용하여 구현할 수 있다. 매개변수 없이 호출하면 SwiftUI 는 레이아웃, 콘텐트, 그리고 화면 크기에 대한 최적의 간격을 자동으로 사용한다. 다음의 예제는 Text 뷰의 네 방향에 패딩을 설정한다.

```
Text("Hello, world!")
    .padding()
```

다른 방법으로, 다음과 같이 수정자의 매개변수로 값을 전달하여 간격을 지정할 수 있다.

```
Text("Hello, world!")
    .padding(15)
```

또한, 지정된 값이 있던 없던 뷰의 특정 방향에만 적용할 수도 있다. 다음의 예제는 지정된 간격을 Text 뷰의 상단에 적용한다.

```
Text("Hello, world!")
    .padding(.top, 10)
```

앞에서 만든 예제를 이 세 가지 방법을 사용하여 다음과 같이 수정할 수 있다.

```
VStack(alignment: .center, spacing: 15) {
    Text("Financial Results")
        .font(.title)

    HStack(alignment: .top) {
        Text("Q1 Sales")
            .font(.headline)
        Spacer()
        VStack(alignment: .leading) {
            Text("January")
            Text("February")
            Text("March")
        }
        Spacer()
        VStack(alignment: .leading) {
            Text("$1000")
            Text("$200")
            Text("$3000")
        }
        .padding(5)
    }
    .padding(5)
}
.padding(5)
```

alignment, **spacer**, **padding** 수정자를 추가하였으니 이제 레이아웃은 그림 21-4와 같이 된다.

Financial Results

Q1 Sales	January	$1000
	February	$200
	March	$3000

그림 21-4

스택 정렬에 대한 고급 주제는 29장 'SwiftUI 스택 정렬과 정렬 가이드'에서 다룰 것이다.

21.3 컨테이너의 자식 뷰 제한

컨테이너 뷰는 직접적인 하위 뷰를 10개로 제한한다. 만약 스택 컨테이너가 10개 이상의 자식 뷰를 담으면 다음과 같은 구문 오류가 표시된다.

```
Extra arguments at positions #11, #12 in call
```

만약 스택에 포함된 직접적인 자식 뷰가 10개를 넘어야 한다면 뷰들은 여러 컨테이너로 나눠서 담겨야 할 것이다. 물론, 하위 뷰로 스택을 추가하여 할 수도 있지만 `Group` 뷰라는 또 다른 유용한 컨테이너가 있다. 다음의 예제는 12개의 `Text` 뷰가 `Group` 컨테이너로 나눠져서 `VStack`에는 단 2개의 직접적인 자식 뷰만 포함하게 한다.

```
VStack {

    Group {
        Text("Sample Text")
        Text("Sample Text")
        Text("Sample Text")
        Text("Sample Text")
        Text("Sample Text")
        Text("Sample Text")
    }

    Group {
        Text("Sample Text")
        Text("Sample Text")
        Text("Sample Text")
        Text("Sample Text")
        Text("Sample Text")
        Text("Sample Text")
    }
}
```

이것은 10개의 하위 뷰 제한을 피하게 할 뿐만 아니라, `Group`은 여러 뷰에서 작업을 수행할 때에도 유용하다. 예를 들어, `Group`에 뷰들을 포함시키고 숨기는 명령을 주면 하나의 명령으로 모든 뷰를 숨길 수 있다.

21.4 동적 HStack과 VStack 변환

설계 단계에서 HStack으로 할지 아니면 VStack으로 할지에 대한 결정은 마지막에 해야 한다. SwiftUI는 레이아웃에 사용되는 스택 타입을 앱 코드 내에서 동적으로 변경할 수도 있게 한다. 이 것은 AnyLayout 인스턴스를 생성하고 HStackLayout 또는 VStackLayout 컨테이너에 할당하여 할 수 있다. 다음의 예제는 AnyLayout 인스턴스를 상태 변수에 할당하고 VStackLayout 컨테이너를 사용하여 자식 뷰를 쌓도록 구성한다. 그런 다음 이 레이아웃을 사용하여 두 개의 Image 뷰를 정렬한다. 마지막으로 myLayout에 할당된 컨테이너 타입을 가로 방향과 세로 방향으로 전환하는 두 개의 Button 뷰를 추가한다.

```
@State var myLayout: AnyLayout = AnyLayout(VStackLayout())

    var body: some View {

    VStack {
        myLayout {
            Image(systemName: "goforward.10")
                .resizable()
                .aspectRatio(contentMode: .fit)
            Image(systemName: "goforward.15")
                .resizable()
                .aspectRatio(contentMode: .fit)
        }

        HStack {
            Button(action: {
                myLayout = AnyLayout(HStackLayout()) }){
                Text("HStack")
            }
            Button(action: {
                myLayout = AnyLayout(VStackLayout()) }) {
                Text("VStack")
            }
        }
    }
}
```

21.5 텍스트 줄 제한과 레이아웃 우선순위

디폴트로, HStack은 Text 뷰를 한 줄로 보여준다. 예를 들어, 다음의 HStack 선언부는 하나의

Image 뷰와 두 개의 Text 뷰를 가진다.

```
HStack {
    Image(systemName: "airplane")
    Text("Flight times:")
    Text("London")
}
.font(.largeTitle)
```

스택이 충분한 공간을 가지고 있다면 레이아웃은 다음과 같이 나타날 것이다.

✈ Flight times: London

그림 21-5

예를 들어, 스택의 크기가 제한되어 있거나 다른 뷰들과 공간을 나눠서 사용해야 하는 상황처럼, 스택이 충분한 공간을 가지고 있지 않다면 텍스트는 자동으로 여러 줄로 표시될 것이다.

✈ Flight times: London

그림 21-6

어떤 조건에서는 잘 동작할 수도 있겠지만, 사용자 인터페이스가 이 텍스트를 단 한 줄로 표시되어야 하는 경우도 생길 수 있다. 텍스트를 몇 줄로 표현할지는 lineLimit() 수정자를 사용하면 정할 수 있다. 다음의 예제는 HStack이 한 줄의 텍스트로 표시되도록 한다.

```
HStack {
    Image(systemName: "airplane")
    Text("Flight times:")
    Text("London")
}
.font(.largeTitle)
.lineLimit(1)
```

줄 제한line limit은 텍스트가 표시될 수 있는 최대 및 최소 줄 수를 제공하는 범위로 지정할 수도 있다.

```
.lineLimit(1...4)
```

HStack이 텍스트 전체를 표시할 공간이 충분하지 않고 텍스트 역시 표현할 줄이 충분하지 않은 상황이라면, 뷰는 그림 21-7과 같이 텍스트가 잘려서 표현될 것이다.

✈ Flight... Lond...

그림 21-7

우선순위priority에 대한 가이드가 없으면 스택 뷰는 안에 포함된 뷰들의 길이와 여유 공간을 기반으로 Text 뷰를 어떻게 자를지 결정하게 된다. 텍스트 뷰 선언부에 우선순위 정보가 없다면 스택은 어떤 뷰의 텍스트가 더 중요한지 알 방법이 없다. 우선순위는 layoutPriority() 수정자를 사용해서 줄 수 있다. 이 수정자는 스택에 있는 뷰에 추가될 수 있으며, 해당 뷰의 우선순위 레벨을 가리키는 값을 전달할 수 있다. 높은 숫자가 더 큰 우선순위를 갖게 되어 잘리는 현상이 사라질 것이다.

앞의 예제에서 'Flight times:' 텍스트보다 목적지 이름이 더 중요하다고 가정하면 다음과 같이 수정될 수 있다.

```
HStack {
    Image(systemName: "airplane")
    Text("Flight times:")
    Text("London")
        .layoutPriority(1)
}
.font(.largeTitle)
.lineLimit(1)
```

도시명에 더 높은 우선순위가 할당되었으므로(우선순위를 지정하지 않으면 우선순위 값은 디폴트로 0이다), 레이아웃은 그림 21-8과 같이 나타난다.

그림 21-8

21.6 전통적 스택 vs. 지연 스택

지금까지 이 장에서는 HStack, VStack 및 ZStack 뷰만 다뤘다. 지금까지 본 스택 예제에는 상대적으로 적은 수의 하위 뷰가 포함되어 있지만 많은 양의 뷰가 스택에 포함될 수도 있다. 특히 많은 양의 뷰를 가진 스택이 `ScrollView`에 포함된 경우는 매우 일반적이다. `ScrollView`는 포함된 뷰 또는 디바이스 화면의 가시 영역을 넘어 확장되는 콘텐츠를 사용자가 스크롤할 수 있도록 하는 뷰다.

기존 HStack 및 VStack 뷰를 사용할 때 시스템은 포함된 하위 뷰들이 현재 사용자에게 표시되는지 여부와는 관계없이 초기화 시 모든 하위 뷰를 생성한다. 대부분의 요구사항에서는 이것이 문제가 되지 않을 수 있지만 스택에 수천 개의 하위 뷰가 있는 상황에서는 성능 저하로 이어질 수 있다.

이 문제를 해결하기 위해 SwiftUI는 지연lazy 수직 및 수평 스택 뷰도 제공한다. 이러한 뷰(LazyVStack 및 LazyHStack이라고 함)는 기존 스택 뷰와 동일한 선언 구문을 사용하지만 필요할 때만 하위 뷰를 생성하도록 설계되었다. 예를 들어, 사용자가 스택을 스크롤할 때 현재 화면 밖에 있는 뷰는 사용자에게 표시되는 지점에 도달한 후에만 생성된다. 뷰가 영역을 벗어나면 SwiftUI는 해당 뷰를 해제하여 더 이상 시스템 리소스를 차지하지 않는다.

기존 스택을 사용할지 아니면 지연 스택을 사용할지 결정할 때는 일반적으로 기존 스택을 사용하여 시작하고 많은 수의 자식 뷰로 인한 성능 문제가 발생할 때 지연 스택으로 전환하는 것이 좋다.

21.7 SwiftUI 프레임

기본적으로 뷰는 자신의 콘텐츠와 자신이 속한 레이아웃에 따라 자동으로 크기가 조절된다. 대부분은 뷰의 크기와 위치는 스택 레이아웃을 사용하여 조절할 수 있지만, 때로는 뷰 자체가 특정 크기나 영역에 맞아야 하기도 한다. 이를 위해 SwiftUI는 조절 가능한 `frame` 수정자를 제공한다.

다음의 경계선이 있는 Text 뷰를 살펴보자.

```
Text("Hello World")
    .font(.largeTitle)
    .border(Color.black)
```

앞의 코드는 프리뷰 캔버스에서 다음과 같이 나타날 것이다.

그림 21-9

frame 수정자가 없으면 텍스트 뷰는 콘텐트에 맞게 크기가 조절된다. 하지만, 만약 Text 뷰의 높이와 폭을 100으로 하려면 frame 수정자는 다음과 같이 사용될 수 있다.

```
Text("Hello World")
    .font(.largeTitle)
    .border(Color.black)
    .frame(width: 100, height: 100, alignment: .center)
```

이제 Text 뷰에는 프레임 크기가 추가되었고, 뷰는 다음과 같이 나타난다.

그림 21-10

대부분의 경우, 고정된 영역은 상황에 맞는 동작을 하게 될 것이다. 뷰의 내용이 동적으로 변경되는 경우에 문제가 발생할 수 있다. 예를 들어, 텍스트가 길어지면 잘리는 현상이 발생한다.

그림 21-11

이런 문제는 frame 내에서 최대 영역과 최소 영역을 지정하면 해결할 수 있다.

```
Text("Hello World, how are you?")
    .font(.largeTitle)
    .border(Color.black)
    .frame(minWidth: 100, maxWidth: 300, minHeight: 100,
           maxHeight: 100, alignment: .center)
```

이제 프레임은 약간 유연해졌으며, 뷰는 지정한 최대 영역과 최소 영역 안에 콘텐트를 담기 위하여 크기가 조절될 것이다. 텍스트가 짧으면 그림 21-10과 같이 나타나지만, 긴 텍스트라면 다음과 같이 표시될 것이다.

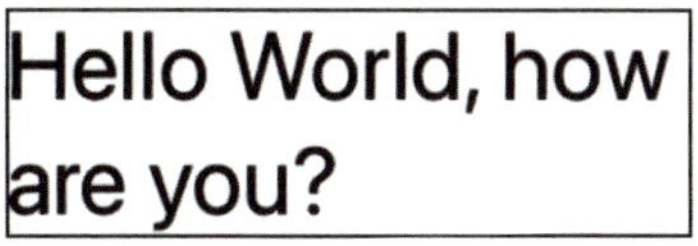

> Hello World, how are you?

그림 21-12

또한, 최솟값과 최댓값을 각각 0과 무한대로 설정하여 사용 가능한 모든 영역을 차지하도록 구성할 수도 있다.

```
.frame(minWidth: 0, maxWidth: .infinity, minHeight: 0, maxHeight: .infinity)
```

여러 수정자가 연결되면 뷰의 모양에 영향을 미치곤 한다는 점을 기억하자. 우리의 예제 코드에서 사용 가능한 영역의 경계선을 그리고자 한다면 다음처럼 코드를 수정할 수 있다.

```
Text("Hello World, how are you?")
    .font(.largeTitle)
    .frame(minWidth: 0, maxWidth: .infinity, minHeight: 0,
           maxHeight: .infinity)
    .border(Color.black, width: 5)
```

디폴트로, frame은 화면을 채울 때 화면의 **안전 영역**safe area을 준수한다. 안전 영역 밖에 있다고 판단하는 영역으로는 일부 디바이스 모델에 있는 **카메라 노치**camera notch가 차지하는 부분과 시간, 와이파이, 셀룰러 신호 강도 아이콘을 표시하는 화면 상단이 포함된다. 안전 영역 밖까지 확장되도록 frame을 구성하려면 edgesIgnoringSafeArea() 수정자를 사용하면 안전 영역을 무시하게 된다.

```
.edgesIgnoringSafeArea(.all)
```

21.8 frame과 GeometryReader

프레임은 뷰들을 담고 있는 컨테이너의 크기에 따라 조절되도록 구현할 수도 있다. 이 작업은 GeometryReader로 뷰를 감싸고 컨테이너의 크기를 식별하기 위한 **리더**reader를 이용하여 할 수 있다. 이 리더는 프레임의 크기를 계산하는 데 사용된다. 다음의 예제는 두 개의 Text 뷰를 포함하고 있는 VStack의 크기를 기준으로 Text 뷰의 크기를 설정한다.

```
GeometryReader { geometry in
    VStack {
        Text("Hello World, how are you?")
            .font(.largeTitle)
            .frame(width: geometry.size.width / 2,
                   height: (geometry.size.height / 4) * 3)
        Text("Goodbye World")
            .font(.largeTitle)
            .frame(width: geometry.size.width / 3,
                   height: geometry.size.height / 4)
    }
}
```

상단에 있는 Text 뷰는 VStack의 1/2의 폭과 3/4의 높이를 차지하고, 하단에 있는 Text 뷰는 VStack의 1/3의 폭과 1/4의 높이를 차지하기 위한 설정이다.

21.9 요약

사용자 인터페이스를 설계한다는 것은 컴포넌트들을 가져다가 직관적인 사용자 경험을 제공하도록 화면에 배치하는 것이다. 사용자 인터페이스 레이아웃은 화면 크기, 디바이스의 방향에 관계없이 모든 디바이스에서 올바르게 표시되도록 해야 한다. 사용자 인터페이스 레이아웃 설계의 과정을 쉽게 하기 위해 SwiftUI는 몇 가지 레이아웃 뷰와 컴포넌트를 제공한다. 이번 장에서는 레이아웃 스택 뷰와 유연한 프레임을 살펴보았다.

기본적으로, 뷰는 콘텐트와 뷰를 포함하고 있는 컨테이너에 적용된 제한에 따라 크기가 정해진다. 뷰가 사용할 수 있는 공간이 충분하지 않은 경우 뷰의 크기가 제한적이므로 콘텐트가 잘리게 된다. 우선순위 설정을 하면 컨테이너 안의 다른 뷰의 크기보다 줄이거나 늘릴 수 있다.

뷰에 할당된 공간을 보다 효과적으로 제어하기 위해 뷰에 유연한 프레임을 적용할 수 있다. 프레임은 크기를 고정하거나, 최솟값과 최댓값 범위 내에서 제한하거나, GeometryReader를 사용하여 뷰 크기를 조절할 수 있다.

CHAPTER 22
SwiftUI 상태 프로퍼티, Observable, State, Environment 객체

이전 장에서는 SwiftUI는 데이터 주도 방식으로 앱 개발을 강조한다고 설명하였으며, 사용자 인터페이스 내의 뷰들은 기본 데이터의 변경에 따른 처리 코드를 작성하지 않아도 뷰가 업데이트된다고 설명하였다. 이것은 데이터와 사용자 인터페이스 내의 뷰 사이에 **게시자**publisher와 **구독자**subscriber를 구축하여 할 수 있다.

이를 위하여 SwiftUI는 상태 프로퍼티, Observable 객체, State 객체, 그리고 Environment 객체를 제공하며, 이들 모두는 사용자 인터페이스의 모양과 동작을 결정하는 상태를 제공한다. SwiftUI에서 사용자 인터페이스 레이아웃을 구성하는 뷰는 코드 내에서 직접 업데이트하지 않는다. 그 대신, 뷰와 바인딩된 상태 객체가 시간이 지남에 따라 변하면 그 상태에 따라 자동으로 뷰가 업데이트된다.

이번 장에서는 이 네 가지 옵션에 대해 설명하고 언제 사용해야 하는지에 대해 설명한다. 이후에 나오는 23장 'SwiftUI 예제 튜토리얼'과 27장 'Observable 객체와 Environment 객체 튜토리얼'에서는 실질적인 예제를 통해 어떻게 사용하는지를 살펴본다.

22.1 상태 프로퍼티

상태 프로퍼티는 상태에 대한 가장 기본적인 형태이며, 뷰 레이아웃의 현재 상태(예를 들어, 토글 버튼이 활성화되었는지 여부, 텍스트 필드에 입력된 텍스트, 또는 피커 뷰에서의 현재 선택)를 저장하기 위해서만 사용된다. 상태 프로퍼티는 `String`이나 `Int` 값처럼 간단한 데이터 타입을 저장하기 위해 사용되며, `@State` 프로퍼티 래퍼를 사용하여 선언된다.

```
struct ContentView: View {

    @State private var wifiEnabled = true
```

```
    @State private var userName = ""

    var body: some View {
        .
        .
```

상태 값은 해당 뷰에 속한 것이기 때문에 private 프로퍼티로 선언되어야 한다.

상태 프로퍼티 값이 변경되었다는 것은 그 프로퍼티가 선언된 뷰 계층 구조를 다시 렌더링해야 한다는 SwiftUI 신호다. 즉, 그 계층 구조 안에 있는 모든 뷰를 빠르게 재생성하고 표시해야 한다. 결국, 그 프로퍼티에 의존하는 모든 뷰는 어떤 식으로든 최신 값이 반영되도록 업데이트된다.

상태 프로퍼티를 선언했다면 레이아웃에 있는 뷰와 바인딩을 할 수 있다. 바인딩이 되어 있는 뷰에서 어떤 변경이 일어나면 해당 상태 프로퍼티에 자동으로 반영된다. 예를 들어, 토글 뷰와 위에서 선언한 불리언 타입의 `wifiEnabled` 프로퍼티가 바인딩되어서 사용자가 토글 뷰를 조작하면 SwiftUI는 새로운 토글 설정값으로 상태 프로퍼티를 자동으로 업데이트할 것이다.

상태 프로퍼티와의 바인딩은 프로퍼티 이름 앞에 '$'를 붙이면 된다. 다음의 예제에서 `TextField` 뷰는 사용자가 입력한 텍스트를 저장하는 데 사용하기 위해 `userName`이라는 상태 프로퍼티와 바인딩된다.

```
struct ContentView: View {

    @State private var wifiEnabled = true
    @State private var userName = ""

    var body: some View {
        VStack {
            TextField("Enter user name", text: $userName)
        }
    }
}
```

사용자가 `TextField`에 입력하게 되면 바인딩은 현재의 텍스트를 `userName` 프로퍼티에 저장할 것이다. 이 상태 프로퍼티에 변화가 생길 때마다 뷰 계층 구조는 SwiftUI에 의해 다시 렌더링된다.

물론, 상태 프로퍼티에 값을 저장하는 것은 단방향 프로세스다. 앞에서 설명했듯이, 상태가 변하면 레이아웃에 있는 다른 뷰들도 변경된다. 다음의 예제에서 `Text` 뷰는 입력된 사용자의 이름을 반영하기 위하여 업데이트되어야 한다. 이 작업은 Text 뷰를 위한 콘텐트로 userName 상태 프로퍼티 값을 선언하면 된다.

```
var body: some View {
    VStack {
        TextField("Enter user name", text: $userName)
        Text(userName)
    }
}
```

사용자가 텍스트를 입력하면 Text 뷰는 사용자의 입력을 반영하기 위해 자동으로 업데이트될 것이다. 여기서 주목해야 할 점은 userName 프로퍼티가 '$' 표시 없이 사용되었다는 것이다. 왜냐하면 이제는 상태 프로퍼티에 할당된 값(즉, 사용자에 의해 입력된 String 값)을 참조하려고 사용하기 때문이다.

마찬가지로, 앞서 설명한 Toggle 뷰와 wifiEnabled 상태 프로퍼티 간의 바인딩은 다음과 같이 구현될 수 있다.

```
var body: some View {

    VStack {
        Toggle(isOn: $wifiEnabled) {
            Text("Enable Wi-Fi")
        }
        TextField("Enter user name", text: $userName)
        Text(userName)
        Image(systemName: wifiEnabled ? "wifi" : "wifi.slash")
    }
}
```

앞의 선언부에서 Toggle 뷰와 상태 프로퍼티 간의 바인딩이 구현되었다. 이 프로퍼티에 할당된 값은 어떤 이미지를 Image 뷰에 표시할지를 결정하기 위하여 사용된다.

22.2 State 바인딩

상태 프로퍼티는 선언된 뷰와 그 하위 뷰에 대한 현재 값이다. 하지만, 어떤 뷰가 하나 이상의 하위 뷰를 가지고 있으며 동일한 상태 프로퍼티에 대해 접근해야 하는 경우가 발생한다. 예를 들어,

앞의 예제에 있는 와이파이 이미지 뷰가 하위 뷰로 분리되는 상황을 살펴보자.

```
.
.
    VStack {
        Toggle(isOn: $wifiEnabled) {
            Text("Enable WiFi")
        }
        TextField("Enter user name", text: $userName)
        WifiImageView()
    }
}
.
.
struct WifiImageView: View {

    var body: some View {
        Image(systemName: wifiEnabled ? "wifi" : "wifi.slash")
    }
}
```

`WifiImageView` 하위 뷰는 여전히 `wifiEnabled` 상태 프로퍼티에 접근해야 한다. 하지만, 분리된 하위 뷰의 요소인 `Image` 뷰는 이제 메인 뷰의 범위 밖이다. 다시 말해, `WifiImageView` 입장에서 보면 `WifiImageView`에 있는 `wifiEnabled` 프로퍼티는 정의되지 않은 변수인 것이다.

이 문제는 다음과 같이 `@Binding` 프로퍼티 래퍼를 이용하여 프로퍼티를 선언하면 해결된다.

```
struct WifiImageView: View {

    @Binding var wifiEnabled : Bool

    var body: some View {
        Image(systemName: wifiEnabled ? "wifi" : "wifi.slash")
    }
}
```

이제 하위 뷰가 호출될 때 상태 프로퍼티에 대한 바인딩을 전달하면 된다.

```
WifiImageView(wifiEnabled: $wifiEnabled)
```

22.3 Observable 객체

상태 프로퍼티는 뷰의 상태를 저장하는 방법을 제공하며 해당 뷰에만 사용할 수 있다. 즉, 하위 뷰가 아니거나 State 바인딩이 구현되어 있지 않은 다른 뷰는 접근할 수 없다. 상태 프로퍼티는 일시적인 것이어서 부모 뷰가 사라지면 그 상태도 사라진다. 반면, Observable 객체는 여러 다른 뷰들이 외부에서 접근할 수 있는 지속적인 데이터를 표현하기 위해 사용된다.

Observable 객체는 ObservableObject 프로토콜을 따르는 클래스나 구조체 형태를 취한다. Observable 객체는 데이터의 특성과 출처에 따라 애플리케이션마다 다르겠지만, 일반적으로는 시간에 따라 변경되는 하나 이상의 데이터 값을 모으고 관리하는 역할을 담당한다. 또한, Observable 객체는 타이머나 **알림**notification과 같은 이벤트를 처리하기 위해 사용될 수도 있다.

Observable 객체는 **게시된 프로퍼티**published property로서 데이터 값을 **게시**한다. 그런 다음, Observer 객체는 게시자를 **구독**하여 게시된 프로퍼티가 변경될 때마다 업데이트를 받는다. 앞에서 설명한 상태 프로퍼티처럼, 게시된 프로퍼티와의 바인딩을 통해 Observable 객체에 저장된 데이터가 변경됨을 반영하기 위하여 SwiftUI 뷰는 자동으로 업데이트될 것이다.

Combine 프레임워크에 포함되어 있는 Observable 객체는 **게시자**와 **구독자** 간의 관계를 쉽게 구축할 수 있도록 iOS 13에 도입되었다.

Combine 프레임워크는 여러 게시자를 하나의 스트림으로 병합하는 것부터 게시된 데이터를 구독자 요구에 맞게 변형하는 것까지 다양한 작업을 수행하는 커스텀 게시자 구축 플랫폼을 제공한다. 또한, 최초 게시자와 최종 구독자 간에 복잡한 수준의 연쇄 데이터 처리 작업도 구현할 수 있다. 하지만, 일반적으로는 내장된 게시자 타입들 중 하나면 충분할 것이다. 실제로 Observable 객체의 게시된 프로퍼티를 구현하는 가장 쉬운 방법은 프로퍼티를 선언할 때 @Published 프로퍼티 래퍼를 사용하는 것이다. 이 래퍼는 래퍼 프로퍼티 값이 변경될 때마다 모든 구독자에게 업데이트를 알리게 된다.

다음의 구조체 선언은 두 개의 게시된 프로퍼티를 가진 간단한 Observable 객체 선언을 보여준다.

```
import Foundation
import Combine

class DemoData : ObservableObject {
```

```
    @Published var userCount = 0
    @Published var currentUser = ""

    init() {
        // 데이터를 초기화하기 위한 코드가 여기 온다.
        updateData()
    }

    func updateData() {
        // Code here to keep data up to date
        // 데이터를 최신 상태로 유지하기 위한 코드가 여기 온다.
    }
}
```

구독자는 Observable 객체를 구독하기 위하여 @ObservedObject 또는 @StateObject 프로퍼티 래퍼를 사용한다. 구독하게 되면 그 뷰 및 모든 하위 뷰가 상태 프로퍼티에서 사용했던 것과 같은 방식으로 게시된 프로퍼티에 접근하게 된다. 앞의 DemoData 클래스의 인스턴스를 구독하도록 설계된 간단한 SwiftUI 뷰는 다음과 같다.

```
import SwiftUI

struct ContentView: View {

    @ObservedObject var demoData : DemoData = DemoData()

    var body: some View {
        Text("\(demoData.currentUser), you are user number \(demoData.userCount)")
    }
}

struct ContentView_Previews: PreviewProvider {
    static var previews: some View {
        ContentView(demoData: DemoData())
    }
}
```

게시된 데이터가 변경되면 SwiftUI는 새로운 상태를 반영하도록 자동으로 뷰 레이아웃 렌더링을 다시 할 것이다.

22.4 State 객체

iOS 14에 도입된 **상태 객체**state object 프로퍼티 래퍼(@StateObject)는 @ObservedObject 래퍼의 대안이다. 상태 객체와 관찰되는 객체의 주요 차이점은 관찰되는 객체 참조는 그것을 선언한 뷰가 소유하지 않으므로 사용되는 동안에(예를 들어, 뷰가 다시 렌더링된 결과) SwiftUI 시스템에 의해 파괴되거나 다시 생성될 위험이 있다는 것이다.

@ObservedObject 대신 @StateObject를 사용하면 참조를 선언한 뷰가 참조를 소유하므로, 해당 참조가 선언된 로컬 뷰나 자식 뷰에 의해 계속해서 필요로 하는 동안에는 SwiftUI에 의해 파괴되지 않는다.

@ObservedObject를 사용할 특별한 필요가 없다면, 일반적으로 상태 객체를 사용하여 Observable 객체를 구독하는 것이 좋다. 구문 측면에서 보면 @ObservedObject와 @StateObject 모두는 완전히 상호 교환 가능하다.

```
import SwiftUI

struct ContentView: View {

    @StateObject var demoData : DemoData = DemoData()

    var body: some View {
        Text("\(demoData.currentUser), you are user number \(demoData.userCount)")
    }
}
.
.
```

22.5 Environment 객체

구독되는 객체는 특정 상태가 앱 내의 몇몇 SwiftUI 뷰에 의해 사용되어야 할 경우에 가장 적합하다. 그런데 어떤 뷰에서 다른 뷰로 **이동**navigation하는 데 이동될 뷰에서도 동일한 구독 객체에 접근해야 한다면, 이동할 때 대상 뷰로 구독되는 객체에 대한 참조를 전달해야 할 것이다(뷰 이동에 대해서는 30장 'SwiftUI List와 내비게이션'에서 다룰 것이다). 다음의 코드 예제를 살펴보자.

```
.
@StateObject var demoData : DemoData = DemoData()
.
.
NavigationLink(destination: SecondView(demoData)) {
    Text("Next Screen")
}
```

앞의 코드 선언부에서 NavigationLink는 SecondView라는 이름의 다른 뷰로 이동하기 위해 사용되며, demoData 객체에 대한 참조를 전달한다.

이 방법은 여러 상황에 사용될 수 있지만, 앱 내의 여러 뷰가 동일한 구독 객체에 접근해야 하는 경우에는 복잡해질 수 있다. 이런 상황에서는 Environment 객체를 사용하는 것이 더 합리적일 수 있다.

Environment 객체는 Observable 객체와 같은 방식으로 선언된다. 즉, 반드시 ObservableObject 프로토콜을 따라야 하며, 적절한 프로퍼티가 게시되어야 한다. 하지만, 중요한 차이점은 이 객체는 SwiftUI 환경에 저장되며, 뷰에서 뷰로 전달할 필요 없이 모든 자식 뷰가 접근할 수 있다는 것이다.

다음의 Observable 객체 선언 예제를 살펴보자.

```
class SpeedSetting: ObservableObject {
    @Published var speed = 0.0
}
```

Environment 객체를 구독해야 하는 뷰는 @StateObject 또는 @ObservedObject 래퍼 대신 @EnvironmentObject 프로퍼티 래퍼를 사용하여 객체를 참조하기만 하면 된다. 예를 들어, 다음의 뷰는 모두 동일한 SpeedSetting 데이터에 접근해야 한다.

```
struct SpeedControlView: View {
    @EnvironmentObject var speedsetting: SpeedSetting

    var body: some View {
        Slider(value: $speedsetting.speed, in: 0...100)
    }
}

struct SpeedDisplayView: View {
```

```
    @EnvironmentObject var speedsetting: SpeedSetting

    var body: some View {
        Text("Speed = \(speedsetting.speed)")
    }
}
```

이 시점에서 우리에게는 SpeedSetting이라는 Observable 객체와 해당 타입의 Environment 객체를 참조하는 두 개의 뷰가 있다. 하지만 아직 Observable 객체의 인스턴스를 초기화하지 않았다. 이 작업을 수행하는 논리적 위치는 앞에서 본 하위 뷰의 상위 뷰 안이다. 다음 예제에서 두 개의 뷰는 ContentView의 하위 뷰다.

```
struct ContentView: View {
    let speedsetting = SpeedSetting()

    var body: some View {
        VStack {
            SpeedControlView()
            SpeedDisplayView()
        }
    }
}
```

하지만 이 시점에서 앱을 실행하면 다음의 진단 내용과 함께 실행 직후 충돌이 발생한다.

```
Thread 1: Fatal error: No ObservableObject of type SpeedSetting found. A View. environment
Object(_:) for SpeedSetting may be missing as an ancestor of this view.
```

여기서 문제는 ContentView 선언 내에서 관찰 가능한 객체의 인스턴스를 생성했지만 뷰 계층 구조에 아직 삽입하지 않았다는 것이다. 이것은 Observable 객체 인스턴스를 통해 전달하는 environmentObject() 수정자를 사용하여 다음과 같이 한다.

```
struct ContentView: View {
    let speedsetting = SpeedSetting()

    var body: some View {
        VStack {
            SpeedControlView()
            SpeedDisplayView()
```

```
            }
        .environmentObject(speedsetting)
    }
}
```

이러한 단계가 수행되면 객체는 관찰되는 객체와 동일한 방식으로 작동하지만, 뷰 계층 구조를 통해 전달되지 않고 콘텐트 뷰의 모든 하위 뷰에 접근할 수 있다는 점만 다르다. `SpeedControlView`의 슬라이더를 움직이면 현재 속도 설정을 반영하도록 `SpeedDisplayView`의 `Text` 뷰가 업데이트된다. 이로써 두 개의 뷰가 동일한 `Environment` 객체를 접근하고 있음을 보여준다.

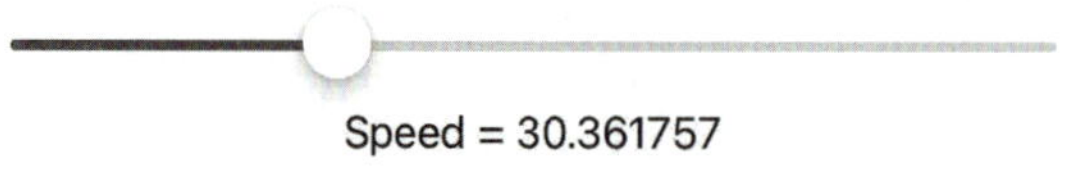

Speed = 30.361757

그림 22-1

22.6 요약

SwiftUI는 사용자 인터페이스와 앱의 로직에 데이터를 바인딩하는 방법 세 가지를 제공한다. 상태 프로퍼티는 사용자 인터페이스 레이아웃 내의 뷰 상태를 저장하는 데 사용되며, 현재 콘텐트 뷰에 관한 것이다. 이 값은 임시적이어서 해당 뷰가 사라지면 값도 없어진다.

사용자 인터페이스 밖에 있으며 앱 내의 SwiftUI 뷰 구조체의 하위 뷰에만 필요한 데이터는 `Observable` 객체 프로퍼티를 사용해야 한다. 이 방법을 사용하면 데이터를 표시하는 클래스나 구조체는 `ObservableObject` 프로토콜을 따라야 하며, 뷰와 바인딩될 프로퍼티는 `@Published` 프로퍼티 래퍼를 사용하여 선언되어야 한다. 뷰 선언부에 `Observable` 객체 프로퍼티와 바인딩하려면 프로퍼티는 `@ObservedObject` 또는 `@StateObject` 프로퍼티 래퍼를 사용해야 한다(대부분의 경우 `@StateObject`가 선호되는 옵션임).

사용자 인터페이스 밖에 있으며 여러 뷰가 접근해야 하는 데이터일 경우에는 `Environment` 객체가 최고의 해결책이 된다. `Observable` 객체와 동일한 방법으로 선언되지만, `Environment` 객체 바인딩은 `@EnvironmentObject` 프로퍼티 래퍼를 사용하여 SwiftUI 뷰 파일 내에 선언된다. 자식 뷰에 접근할 수 있게 되기 전에 `environmentObject()` 수정자를 사용하여 뷰 계층 구조에 삽입하기 전에 `Environment` 객체도 초기화해야 한다.

CHAPTER 23

SwiftUI 예제 튜토리얼

지금까지 SwiftUI 개발에 대한 기초에 대해 많이 다뤘다. 이번 장에서는 SwiftUI 기반의 예제 프로젝트를 설계하고 구현하면서 그동안 배운 것들을 실제로 실습해보자.

이번 장의 목표는 뷰, 수정자, 상태 변수, 그리고 몇 가지 기본적인 애니메이션 기술을 사용하여 상호작용하는 간단한 사용자 인터페이스를 설계할 때 Xcode를 어떻게 사용하는지 살펴보는 것이다. 이번 튜토리얼을 진행하면서 뷰를 추가하고 수정하기 위해 여러 다양한 기술이 사용될 것이다. 이렇게 하는 것이 목표에는 일치하지 않는 것처럼 보일 수 있지만, 사용할 수 있는 다양한 방법에 대해 익숙해지는 것도 목표에 속한다.

23.1 예제 프로젝트 생성하기

Xcode를 실행하고 새로운 프로젝트를 생성하는 메뉴를 선택한다. 그런 다음 템플릿 선택 화면에서 **Multiplatform**을 선택하고 그림 23-1과 같이 **App** 옵션을 선택하고 다음 화면으로 진행한다.

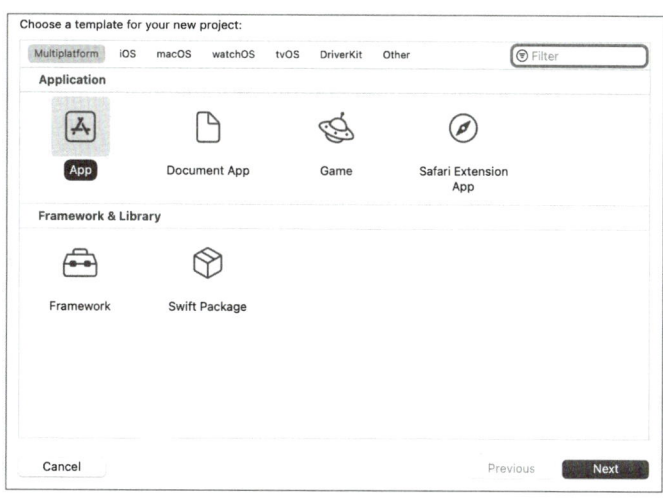

그림 23-1

프로젝트 옵션 화면에서 프로젝트 이름을 SwiftUIDemo라고 하고 Next를 클릭하여 최종 화면으로 이동한다. 프로젝트에 적절한 파일시스템 위치를 선택하고 **Create** 버튼을 클릭한다.

23.2 프로젝트 살펴보기

프로젝트가 생성되면, SwiftUIDemoApp.swift 파일과 함께 ContentView.swift라는 SwiftUI 뷰 파일이 포함될 것이다. 이 파일은 코드 에디터에 로드되어야 하고 수정할 준비가 된 프리뷰 캔버스가 있어야 한다(로드되지 않은 경우 프로젝트 내비게이터 패널에서 파일을 선택하자). 다음으로 타깃 디바이스 메뉴(그림 23-2 참고)에서 iPhone 13 시뮬레이터를 선택한다.

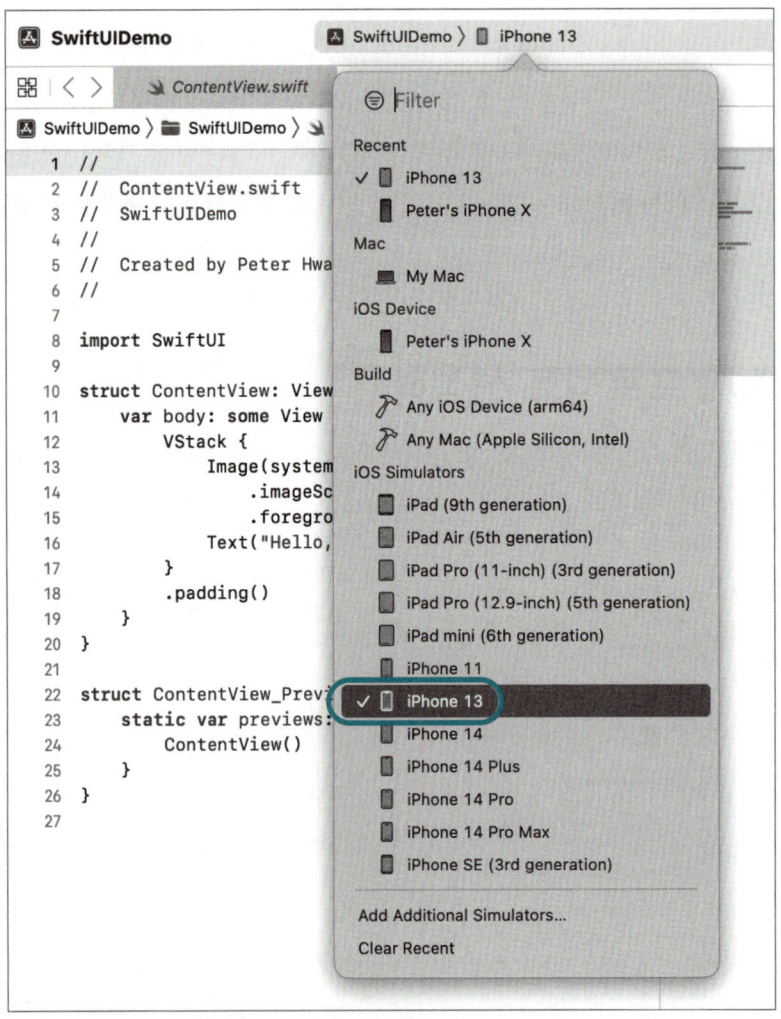

그림 23-2

프리뷰 캔버스가 일시 중지된 상태인 경우 **Resume** 버튼을 클릭하여 프로젝트를 빌드하고 미리보기를 표시하자.

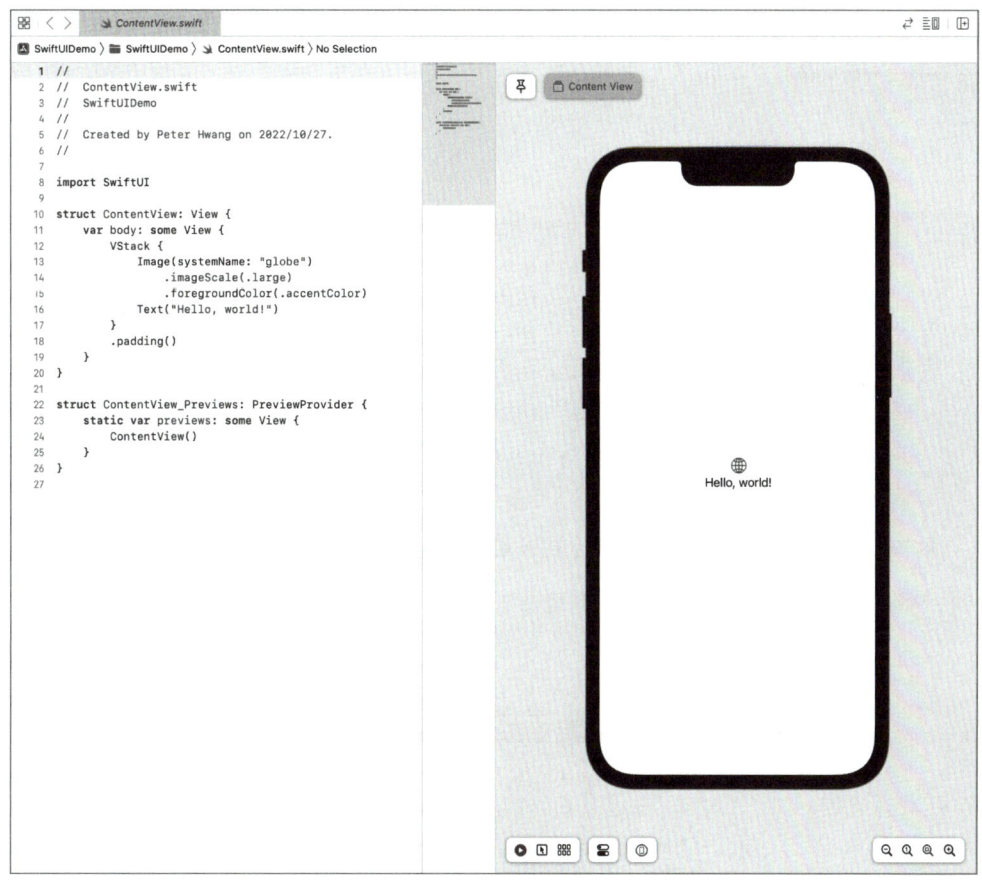

그림 23-3

23.3 레이아웃 수정하기

현재 뷰의 `body`는 `Image`와 `Text` 뷰를 포함하는 수직 스택 레이아웃(VStack)으로 구성된다. 기존의 레이아웃 중 일부를 재사용할 수도 있겠지만, 현재 뷰를 삭제하여 새롭게 시작하면 더 많은 것을 배울 수 있다. 코드 에디터에서 `ContentView`의 `body`에서 기존의 뷰들을 삭제한다.

```
import SwiftUI

struct ContentView: View {
    var body: some View {
```

```
        VStack {
            Image(systemName: "globe")
                .imageScale(.large)
                .foregroundColor(.accentColor)
            Text("Hello, world!")
        }
        .padding()
    }
}
```

다음으로 Text 뷰를 다음과 같이 레이아웃에 추가하자.

```
struct ContentView: View {
    var body: some View {
        Text("Hello, world!")
    }
}
```

코드 에디터에서 Text 뷰를 선택하고 키보드의 Command 키를 누른 상태에서 다시 클릭한다. 결과 메뉴에서 **Embed in VStack** 옵션을 선택하자.

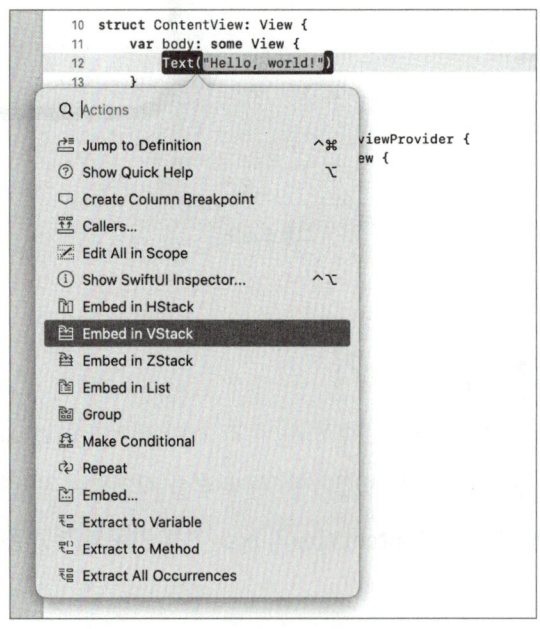

그림 23-4

Text 뷰가 VStack에 포함되면 선언부는 다음과 같이 된다.

```
struct ContentView: View {
    var body: some View {
        VStack {
            Text("Hello, world!")
        }
    }
}
```

23.4 스택에 슬라이더 뷰 추가하기

레이아웃에 추가할 다음 항목은 Slider 뷰다. 하지만 추가하기 전에 그림 23-5에서 화살표로 표시된 버튼을 클릭하여 프리뷰 패널을 라이브에서 **선택 가능**selectable 모드로 전환해야 한다.

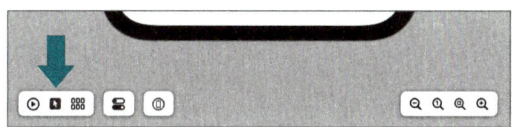

그림 23-5

다음으로, 그림 23-6과 같이 '+' 버튼을 클릭하여 라이브러리 패널을 열고, 뷰 리스트에서 Slider를 찾아 프리뷰 캔버스에 있는 Text 뷰 아래로 드래그 앤 드롭한다. 해당 위치에 뷰를 두기 전에 나타나는 안내 패널(그림 23-6 하단 참고)은 이 뷰가 기존의 스택에 추가될 것임을 알려준다.

그림 23-6

슬라이더를 배치했다면 코드는 다음과 같이 될 것이다.

```
struct ContentView: View {
    var body: some View {
        VStack {
            Text("Hello, world!")
            Slider(value: Value)
        }
    }
}
```

23.5 상태 프로퍼티 추가하기

슬라이더는 Text 뷰를 회전시킬 총량을 제어하는 데 사용될 것이다. 즉, Slider 뷰와 현재의 회전 값을 저장하게 될 상태 프로퍼티 간에 바인딩이 구축되어야 한다. 코드 에디터에서 이를 위한 상태 프로퍼티를 선언하고 0부터 360까지의 범위로 0.1씩 증가되도록 슬라이더를 구성한다.

```
struct ContentView: View {

    @State private var rotation: Double = 0

    var body: some View {
        VStack {
            Text("Hello, world!")
            Slider(value: $rotation, in: 0 ... 360, step: 0.1)
        }
    }
}
```

우리는 Slider 뷰와 회전 상태 프로퍼티가 바인딩되도록 선언하기 때문에 '$' 문자를 앞에 붙여야 한다는 걸 기억하자.

23.6 Text 뷰에 수정자 추가하기

다음 작업은 Text 뷰에 수정자 몇 개를 추가하여 폰트를 변경하고 Slider 뷰에 의해 저장된 회전 값이 반영되도록 하는 것이다. 라이브러리 패널을 열고, 수정자 목록이 나오는 탭으로 전환한 다음, Font 수정자를 코드 에디터에 있는 Text 뷰 항목 위로 드래그 앤 드롭한다.

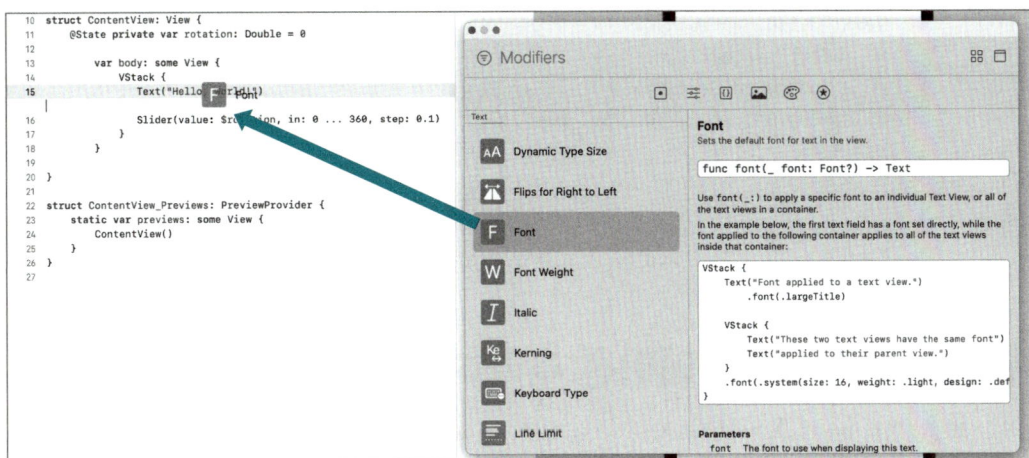

그림 23-7

에디터에 추가된 수정자를 선택하고 **어트리뷰트 인스펙터**attributes inspector 패널에서 폰트 프로퍼티를 Title에서 Large Title로 그림 23-8과 같이 변경한다.

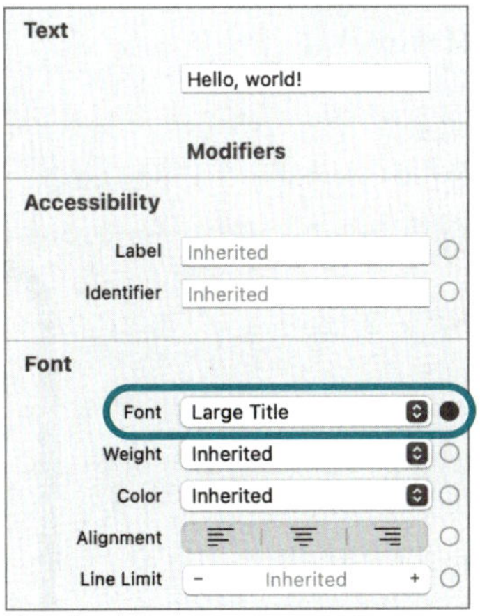

그림 23-8

앞에서 추가된 수정자는 폰트의 굵기를 변경하지 않는다. 어트리뷰트 인스펙터 내에서 뷰에 수정자를 추가할 수도 있으므로 Weight 메뉴 설정을 Inherited에서 Heavy로 변경해보자.

이렇게 했다면 뷰의 body는 다음과 같이 된다.

```
var body: some View {
    VStack {
        VStack {
```

23.6 Text 뷰에 수정자 추가하기

```
        Text("Hello, world!")
            .font(.largeTitle)
            .fontWeight(.heavy)
        Slider(value: $rotation, in: 0 ... 360, step: 0.1)
    }
  }
}
```

23.7 회전과 애니메이션 추가하기

다음 작업은 Slider에 의해 조절되어 저장된 값을 이용하여 회전과 애니메이션 효과를 Text 뷰에 추가하는 것이다(애니메이션은 41장 'SwiftUI 애니메이션과 전환'에서 자세히 설명할 것이다). 다음의 수정자를 사용하면 구현할 수 있다.

```
Text("Hello, world!")
    .font(.largeTitle)
    .fontWeight(.heavy)
    .rotationEffect(.degrees(rotation))
```

우리가 단순히 바인딩을 설정하는 게 아니라 회전에 대한 상태 프로퍼티에 할당된 값을 읽는 것이기 때문에 프로퍼티 이름 앞에 '$' 표시를 붙이지 않는다.

그림 23-9에서 화살표로 가리키는 **라이브**live 버튼을 클릭하고 코드가 컴파일될 때까지 기다리면 슬라이더를 이용하여 Text 뷰를 회전할 수 있다.

그림 23-9

다음으로 Ease in Out 효과를 사용하여 5초 동안 애니메이션되도록 Text 뷰에 애니메이션 수정자를 추가한다.

```
Text("Hello, world!")
    .font(.largeTitle)
    .fontWeight(.heavy)
    .rotationEffect(.degrees(rotation))
    .animation(.easeInOut(duration: 5), value: rotation)
```

이제 다시 슬라이더를 사용해보면 자연스럽게 회전하는 것을 확인할 수 있다.

23.8 스택에 TextField 추가하기

텍스트 회전에 대한 지원뿐만 아니라, 사용자가 입력하는 텍스트가 입력되어 Text 뷰에 표시되도록 할 수도 있다. 이것은 프로젝트에 TextField 뷰를 추가하면 된다. 이를 위하여 View 구조체에 직접 입력하거나 라이브러리 패널을 이용하여 TextField를 추가하여 다음과 같이 되게 한다. 사용자가 입력하는 텍스트가 저장될 상태 프로퍼티와 이 프로퍼티를 이용하여 Text 뷰를 변경하는 코드도 추가되었음에 주목하자.

```
struct ContentView: View {
    
    @State private var rotation: Double = 0
    @State private var text: String = "Welcome to SwiftUI"
    
    var body: some View {
        VStack {
            VStack {
                Text(text)
                    .font(.largeTitle)
                    .fontWeight(.heavy)
                    .rotationEffect(.degrees(rotation))
                    .animation(.easeInOut(duration: 5))
                
                Slider(value: $rotation, in: 0 ... 360, step: 0.1)
                
                TextField("Enter text here", text: $text)
                    .textFieldStyle(RoundedBorderTextFieldStyle())
            }
        }
```

```
        }
}
```

사용자가 TextField 뷰에 텍스트를 입력하면 그 텍스트는 text 상태 프로퍼티에 저장되고 바인딩에 의하여 Text 뷰에 자동으로 나타날 것이다.

프리뷰 캔버스로 돌아가서 예상대로 동작하는지 확인해보자.

23.9 색상 피커 추가하기

스택에 추가할 마지막 뷰는 Picker 뷰다. 이 뷰는 Text 뷰의 **글자 색상**foreground color을 사용자가 선택할 수 있게 하는 것이다. 먼저, 색상 이름 배열 및 Color 객체 배열과 함께 현재의 배열 인덱스 값을 저장하기 위해 상태 프로퍼티를 다음과 같이 추가한다.

```
struct ContentView: View {

    var colors: [Color] = [.black, .red, .green, .blue]
    var colornames = ["Black", "Red", "Green", "Blue"]

    @State private var colorIndex = 0
    @State private var rotation: Double = 0
    @State private var text: String = "Welcome to SwiftUI"
```

변수들을 구성했으니 라이브러리 패널을 열어 Picker를 찾아 코드 에디터에 있는 TextField 아래로 드래그 앤 드롭하여 기존의 VStack 레이아웃 안에 포함시킨다. 이렇게 추가했다면 다음과 같이 될 것이다.

```
Picker(selection: .constant(1), label: Text("Picker") {
    Text("1").tag(1)
    Text("2").tag(2)
}
```

이 Picker 뷰는 colorIndex 상태 프로퍼티에서 현재 선택된 것을 저장하고 colorNames 배열에 있는 각각의 색상 이름을 표시되도록 구성해야 한다. Picker 뷰가 더 잘 보이게 하기 위해서 색상 이름을 표시하는 텍스트 색상이 colors 배열에 있는 해당 색상으로 바꿔줄 것이다.

colorNames 배열을 반복하는 코드는 SwiftUI ForEach를 사용한다. 언뜻 보기에 ForEach는 또 다른 Swift 프로그래밍 언어 제어 흐름 구문처럼 보인다. 사실 ForEach는 이 책의 앞부분에서 설명한 배열 메서드인 Swift의 forEach()와 매우 다르다.

ForEach는 그 자체로 배열이나 범위와 같은 데이터 세트를 반복하여 여러 뷰를 생성하도록 특별히 설계된 SwiftUI 뷰 구조다. 다양한 방법으로 색상 선택을 표시하도록 Picker 뷰를 구성할 수도 있다. 이 프로젝트의 경우 pickerStyle() 수정자를 통해 WheelPickerStyle(.wheel) 스타일을 선택해야 한다. 코드 에디터에서 Picker 뷰의 선언문을 수정하여 다음과 같이 한다.

```
Picker(selection: $colorIndex, label: Text("Color")) {
    ForEach (0 ..< colornames.count, id:\.self) { color in
        Text(colornames[color])
            .foregroundColor(colors[color])
    }
}
.pickerStyle(.wheel)
```

앞의 구현에서 ForEach는 colorNames 배열의 요소를 반복하여 각 색상에 대한 Text 뷰를 생성하고 그에 따라 각 뷰에 표시된 텍스트와 배경색을 설정하는 데 사용된다.

앞의 예제에서 ForEach 루프는 클로저 표현식에 포함되어 있다. 9장 '스위프트의 함수, 메서드, 클로저'에서 설명한 대로 이 표현식은 약식 인수 이름을 사용하여 단순화할 수 있다. 이 기술을 사용하여 다음과 같이 Picker 선언을 수정하자.

```
Picker(selection: $colorIndex, label: Text("Color")) {
    ForEach (0 ..< colornames.count, id:\.self) { color in
        Text(colornames[$0])
            .foregroundColor(colors[$0])
    }
}
.pickerStyle(.wheel)
```

코드 에디터에서 Text 뷰를 찾아 현재 Picker 뷰에 선택된 값으로 포그라운드 색상을 설정하도록 foregroundColor 수정자를 추가하자.

```
Text(text)
    .font(.largeTitle)
```

```
    .fontWeight(.heavy)
    .rotationEffect(.degrees(rotation))
    .animation(.easeInOut(duration: 5))
    .foregroundColor(colors[colorIndex])
```

프리뷰 캔버스에서 앱을 테스트하고 Picker 뷰가 모든 색상 이름이 해당 색상으로 나타나는지, 그리고 선택한 색상이 Text 뷰에 반영되는지 확인한다.

23.10 레이아웃 정리하기

지금까지 튜토리얼에서는 개별 뷰에 대한 모양과 기능에 중점을 두었다. 뷰들을 수직으로 쌓는 것 말고는 레이아웃의 전체 모양에 대한 신경을 쓰지 않았다. 그래서 현재 레이아웃은 그림 23-10과 같을 것이다.

그림 23-10

첫 번째로 개선해야 할 것은 Slider, TextField, Picker 뷰 주변에 여백을 추가하여 디바이스 화면 끝에 너무 가깝게 붙지 않도록 하는 것이다. 이를 위해서 padding() 수정자를 추가할 것이다.

```
Slider(value: $rotation, in: 0 ... 360, step: 0.1)
    .padding()

TextField("Enter text here", text: $text)
    .textFieldStyle(RoundedBorderTextFieldStyle())
    .padding()

Picker(selection: $colorIndex, label: Text("Color")) {
    ForEach (0 ..< colornames.count, id:\.self) {
        Text(colornames[$0])
            .foregroundColor(colors[$0])
    }
}
.pickerStyle(.wheel)
.padding()
```

다음으로, 뷰들의 간격이 균등하다면 레이아웃이 더 좋아 보일 것이다. 이를 구현하는 한 가지 방법은 Text 뷰 앞뒤에 Spacer 뷰를 추가하는 것이다.

```
VStack {
    Spacer()
    Text(text)
        .font(.largeTitle)
        .fontWeight(.heavy)
        .rotationEffect(.degrees(rotation))
        .animation(.easeInOut(duration: 5))
        .foregroundColor(colors[colorIndex])
    Spacer()
    Slider(value: $rotation, in: 0 ... 360, step: 0.1)
        .padding()
.
.
```

Spacer 뷰는 뷰들 사이에 가변적인 공간을 제공하므로 레이아웃의 필요에 따라 뷰가 확장되기도 하고 축소되기도 할 것이다. Spacer 뷰가 스택에 포함된 경우에는 스택의 축 방향으로 크기가 조절될 것이다. 만약 Spacer 뷰가 스택 컨테이너 밖에서 사용되는 경우에는 수직, 수평 모두로 크기가 조절될 수 있다.

Text 뷰와 Slider 뷰 사이를 더 명확하게 분리하기 위해서 Divider 뷰를 레이아웃에 추가한다.

```
.
.
VStack {
    Spacer()
    Text(text)
        .font(.largeTitle)
        .fontWeight(.heavy)
        .rotationEffect(.degrees(rotation))
        .animation(.easeInOut(duration: 5))
        .foregroundColor(colors[colorIndex])
    Spacer()
    Divider()
.
.
```

Divider 뷰를 사용하여 스택 컨테이너 안의 두 뷰 사이가 분리됨을 나타내는 라인을 그린다.

앞의 코드와 같이 수정했다면 레이아웃은 그림 23-11과 같이 프리뷰 캔버스에 나타날 것이다.

그림 23-11

23.11 요약

이번 장의 목표는 이전 장에서 설명했던 이론들을 예제 앱 프로젝트를 만들면서 실습해보는 것이다. 특히, 레이아웃에 뷰들을 추가하는 다양한 방법과 상태 프로퍼티 바인딩과 수정자 사용까지 다뤘다. 이번 장은 Spacer와 Divider를 소개했으며, 데이터 배열로부터 동적으로 뷰를 생성하기 위하여 ForEach를 어떻게 사용하는지도 살펴보았다.

CHAPTER 24

스위프트 구조화된 동시성 개요

동시성concurrency은 여러 작업을 병렬로 수행하는 소프트웨어 기능으로 정의할 수 있다. 많은 앱 개발 프로젝트는 어느 시점에서 동시 처리를 사용해야 하며, 동시성은 우수한 사용자 경험을 제공하는 데 필수적이다. 예를 들어, 동시성은 앱의 사용자 인터페이스가 이미지 다운로드 또는 데이터 처리와 같은 백그라운드 작업을 수행하는 동안 앱의 응답성을 유지하도록 해준다.

이번 장에서는 스위프트 프로그래밍 언어의 **구조화된 동시성**structured concurrency 기능을 살펴보고 이러한 기능을 사용하여 앱 프로젝트에 멀티태스킹 지원을 추가하는 방법을 설명한다.

24.1 스레드 개요

스레드thread는 현대 CPU의 기능이며 모든 멀티태스킹 운영체제에서 동시성의 기반을 제공한다. 현대 CPU는 많은 수의 스레드를 실행할 수 있지만, 한 번에 병렬로 실행할 수 있는 실제 스레드 수는 CPU 코어 수에 의해 제한된다(CPU 모델에 따라 일반적으로 4~16개 코어). CPU 코어보다 더 많은 스레드가 필요한 경우 운영체제는 스레드 스케줄링을 수행하여 이들 스레드의 실행을 사용 가능한 코어 간에 어떻게 공유할지를 결정한다.

스레드는 메인 프로세스 내에서 실행되는 미니 프로세스로 생각할 수 있으며, 그 목적은 애플리케이션 코드 내에서 병렬 실행의 형태를 가능하게 하는 것이다. 좋은 소식은 구조화된 동시성이 백그라운드에서 스레드를 사용하지만 모든 복잡성을 처리하므로 여러분이 직접적으로 상호작용할 필요가 없다는 것이다.

24.2 애플리케이션 메인 스레드

앱이 처음 시작될 때 런타임 시스템은 보통 앱이 기본적으로 실행되는 단일 스레드를 생성한다.

이 스레드를 일반적으로 **메인 스레드**main thread라고 한다. 메인 스레드의 주요 역할은 UI 레이아웃 렌더링, 이벤트 처리 및 사용자 인터페이스에서 뷰와 사용자 상호작용 측면에서 사용자 인터페이스를 처리하는 것이다.

메인 스레드를 사용하여 시간 소모적인 작업을 수행하는 앱 내의 다른 코드는 시간 소모적인 작업이 완료될 때까지 전체 애플리케이션이 멈춘 것처럼 보이게 한다. 이것은 메인 스레드가 다른 작업을 방해받지 않고 계속할 수 있도록 수행할 작업을 별도의 스레드에서 시작하여 피할 수 있다.

24.3 완료 핸들러

9장 '스위프트의 함수, 메서드, 클로저'에서 설명한 것처럼, 이전에 스위프트는 **완료 핸들러** completion handler를 사용하여 비동기 코드 실행을 구현했다. 이 시나리오에서는 비동기 작업이 시작되고 작업이 완료되면 호출되도록 완료 핸들러가 할당된다. 반면, 메인 앱 코드는 비동기 작업이 백그라운드에서 수행되는 동안 계속 실행된다. 비동기 작업이 완료되면 완료 핸들러가 호출되어 결과를 전달한다. 그러면 완료 핸들러의 본문에서 해당 결과를 처리한다.

불행히도 완료 핸들러는 작성 및 이해하기가 어려운 복잡하고 오류가 발생하기 쉬운 코드 구성을 초래하곤 한다. 또한 완료 핸들러는 비동기 작업에서 발생하는 오류를 처리하는 데 적합하지 않으며 일반적으로 크고 복잡한 중첩 코드 구조가 만들어진다.

24.4 구조화된 동시성

구조화된 동시성은 스위프트 버전 5.5와 함께 스위프트 언어에 도입되어 앱 개발자가 동시 실행을 보다 쉽고 논리적이고 작성하고, 이해하기 쉬운 방식으로 안전하게 구현할 수 있도록 한다. 다시 말해서 구조화된 동시성 코드는 논리 흐름을 이해하기 위해 완료 핸들러 코드로 다시 이동할 필요 없이 위에서 아래로 읽을 수 있다. 또한, 구조화된 동시성은 비동기 함수에서 발생하는 오류를 더 쉽게 처리할 수 있도록 한다.

스위프트는 구조화된 동시성을 구현하기 위한 몇 가지 옵션을 제공하며, 각 방법에 대해 이번 장에서 설명한다.

24.5 프로젝트 준비하기

Xcode를 시작하고 ConcurrencyDemo라는 새로운 Multiplatform App 프로젝트를 만드는 옵션을 선택한다. 생성되면 ContentView.swift 파일을 다음과 같이 편집하자.

```
import SwiftUI

struct ContentView: View {
    var body: some View {
        Button(action: {
            doSomething()
        }) {
            Text("Do Something")
        }
    }

    func doSomething() {
    }

    func takesTooLong() {
    }
}

struct ContentView_Previews: PreviewProvider {
    static var previews: some View {
        ContentView()
    }
}
```

앞의 코드는 클릭할 때 doSomething() 함수를 호출하도록 구성된 Button 뷰를 생성한다. 이번 장의 나머지 부분에서는 이 템플릿 코드를 변경하여 스위프트의 구조화된 동시성을 보여줄 것이다.

24.6 비동기 코드

동시성을 탐색하기 전에, 먼저 비동시 코드(**동기 코드** synchronous code라고도 함) 실행의 예를 살펴볼 것이다. 두 개의 **스텁**stub 함수에 다음 코드를 추가하면서 시작하자. doSomething() 함수는 takesTooLong() 함수를 호출하기 전에 현재 날짜와 시간을 출력하도록 변경한다. 끝으로 doSomething() 함수가 종료되기 전에 다시 한번 날짜와 시간을 출력한다.

takesTooLong() 함수는 또 다른 타임스탬프를 출력하기 전에 시스템 sleep() 메서드를 사용하여 함수가 완료될 때까지 메인 스레드를 차단하는 시간 소모적인 작업을 수행하는 효과를 시뮬레이션한다.

```
func doSomething() {
    print("Start \(Date())")
    takesTooLong()
    print("End \(Date())")
}

func takesTooLong() {
    sleep(5)
    print("Async task completed at \(Date())")
}
```

디바이스 또는 시뮬레이터에서 앱을 실행하고 'Do Something' 버튼을 클릭하자. 다음과 비슷한 결과가 Xcode 콘솔 패널에 표시될 것이다.

```
Start 2022-10-28 05:45:58 +0000
Async task completed at 2022-10-28 05:46:03 +0000
End 2022-10-28 05:46:03 +0000
```

앞의 타임스탬프에서 주목해야 할 핵심 포인트는 종료 시간이 시작 시간 이후 5초라는 것이다. 이것은 takesTooLong()에 대한 호출이 예상대로 5초 동안 지속되었을 뿐만 아니라 doSomething() 함수 내에서 호출된 후의 모든 코드가 호출이 반환될 때까지 실행할 수 없었음을 알려준다. 사용자에게는 그 5초 동안 앱이 멈춘 것처럼 보이게 된다.

이 문제에 대한 답은 스위프트 async/await 동시성 구조를 구현하는 것이다.

24.7 async/await 동시성 소개

구조화된 동시성의 기초는 async/await 쌍이다. async 키워드는 함수가 호출된 스레드에 대해 비동기적으로 실행됨을 나타내기 위해 함수를 선언할 때 사용한다. 따라서 두 예제 함수 모두를 다음과 같이 선언해야 한다(다음과 같이 수정했을 때, 나타나는 모든 오류는 나중에 해결될 것이다).

```
func doSomething() async {
    print("Start \(Date())")
    takesTooLong()
    print("End \(Date())")
}

func takesTooLong() async {
    sleep(5)
    print("Async task completed at \(Date())")
}
```

함수를 async로 표시하면 몇 가지 목표를 달성할 수 있다. 첫째로 이것은 함수의 코드가 호출된 스레드와 다른 스레드에서 실행되어야 함을 나타낸다. 또한 시스템이 다른 작업을 실행할 수 있도록 실행 중에 함수 자체가 일시 중단될 수 있음을 시스템에 알린다. 나중에 보게 되겠지만 비동기 함수 내의 이러한 일시 중단점은 await 키워드를 사용하여 지정된다.

비동기 함수에 대해 주의해야 할 또 다른 점은 일반적으로 다른 비동기 함수의 범위 내에서만 호출할 수 있다는 것이다. 이번 장의 뒷부분에서 볼 수 있듯이 Task 객체는 동기 코드와 비동기 코드 사이의 다리를 제공하는 데 사용될 수 있다. 마지막으로 비동기 함수가 다른 비동기 함수를 호출하는 경우, 모든 하위 작업도 완료될 때까지 상위 함수를 종료할 수 없다.

가장 중요한 것은 함수가 비동기식으로 선언되면 await 키워드를 통해서만 호출할 수 있다는 것이다. await 키워드를 보기 전에 동기 코드에서 비동기 함수를 호출하는 방법을 이해해야 한다.

24.8 동기 함수에서 비동기 함수 호출

구조화된 동시성의 규칙은 비동기 함수가 비동기 콘텍스트 내에서만 호출될 수 있음을 나타낸다. 프로그램의 진입점이 동기 함수라면, 비동기 함수가 어떻게 호출될 수 있는지 의문이 생긴다. 그에 대한 대답은 동기 함수 내에서 Task 객체를 사용하여 비동기 함수를 시작하는 것이다. 다음과 같이 하나의 비동기 함수를 호출하려고 하는 main()이라는 동기 함수가 있다고 가정해보자.

```
func main() {
    doSomething()
}
```

앞의 코드는 코드 에디터에 다음과 같은 오류 알림을 표시할 것이다.

```
'async' call in a function that does not support concurrency
```

우리가 할 수 있는 유일한 옵션은 main()을 비동기 함수로 만들거나 구조화되지 않은 작업에서 main() 함수를 시작하는 것이다. main()을 async 함수로 선언하는 것이 실행 가능한 옵션이 아니라고 가정한다면, 이 경우 코드를 다음과 같이 변경해야 한다.

```
func main() {
    Task {
        await doSomething()
    }
}
```

24.9 await 키워드

앞에서 설명한 것처럼, await 키워드는 비동기 함수를 호출할 때 필요하며 일반적으로 다른 비동기 함수 범위 내에서만 사용할 수 있다. await 키워드 없이 비동기 함수를 호출하려고 하면 다음과 같은 구문 오류가 발생한다.

```
Expression is 'async' but is not marked with 'await'
```

따라서 takesTooLong() 함수를 호출하려면 doSomething() 함수를 다음과 같이 변경해야 한다.

```
func doSomething() async {
    print("Start \(Date())")
    await takesTooLong()
    print("End \(Date())")
}
```

동기 콘텍스트(이 예제에서는 Button 뷰의 action 클로저)에서 비동기 doSomething() 함수를 호출하려고 하기 때문에, 한 번 더 변경해야 한다. 이 문제를 해결하기 위해 Task 객체를 사용하여 doSomething() 함수를 시작해야 한다.

```
var body: some View {
    Button(action: {
```

```
            Task {
                await doSomething()
            }
        }) {
            Text("Do Something")
        }
    }
}
```

다시 테스트하면 다음과 같이 콘솔에 출력되어야 한다.

```
Start 2022-10-28 08:10:23 +0000
Async task completed at 2022-10-28 08:10:28 +0000
End 2022-10-28 08:10:28 +0000
```

여기서 `await` 키워드가 약간 혼란스러울 수 있다. 아마 눈치챘겠지만, `doSomething()` 함수는 계속 진행하지 못하고 `takesTooLong()` 함수가 반환될 때까지 기다려야 하기 때문에, 작업을 호출한 스레드를 여전히 차단하고 있다는 인상을 준다. 사실 작업은 다른 스레드에서 수행되었지만 `await` 키워드는 작업이 완료될 때까지 기다리라고 시스템에게 요청하는 것이다. 그렇게 된 이유는 앞서 언급한 것처럼 부모 비동기 함수는 모든 하위 함수가 완료될 때까지 완료할 수 없기 때문이다. 이 말은 `takesTooLong()` 함수 다음에 있는 코드 줄이 실행되기 전에 비동기 `takesTooLong()` 함수가 반환될 때까지 기다리는 것 외에는 선택의 여지가 없음을 의미한다. 다음 절에서는 `async-let` 바인딩 표현식을 사용하여 부모 함수에서 기다리는 것을 나중으로 미루는 방법을 설명한다. 하지만 그렇게 하기 전에 이 콘텍스트에서 `await` 키워드를 사용하는 또 다른 효과를 살펴볼 필요가 있다.

비동기 호출을 허용하는 것 외에도 `await` 키워드는 `doSomething()` 함수 내에서 일시적인 중단점을 정의한다. 실행 중에 이 지점에 도달하면 `doSomething()` 함수는 일시적으로 멈출 수 있게 되며 실행 중인 스레드가 다른 용도로 사용된다는 것을 시스템에 알린다. 이를 통해 시스템은 우선순위가 더 높은 작업에 리소스를 할당할 수 있으며 나중에 `doSomething()` 함수에 제어를 반환하여 실행을 계속할 수 있게 한다. 일시 중단점을 표시함으로써 `doSomething()` 함수는 시스템이 다른 작업 처리에 리소스를 잠시 할당할 수 있도록 하여 근본적으로 앱 성능을 좋게 한다. 시스템의 속도를 감안할 때 일시 중단이 몇 분의 1초 이상 지속되지 않는다면 앱의 전체 성능에 도움이 되면서도 사용자 눈에 띄지 않을 것이다.

24.10 async-let 바인딩 사용하기

예제 코드에서 await 키워드의 기본 동작은 실행을 재개하기 전에 호출된 함수가 반환될 때까지 기다리는 것이다. 그러나 더 일반적인 요구사항은 비동기 함수가 백그라운드에서 실행되는 동안 호출하는 함수 내에서 코드를 계속 실행하는 것이다. 이것은 async-let 바인딩을 사용하여 해당 코드에서 나중까지 기다리는 것을 지연시켜서 할 수 있다. 이를 보여주기 위해, 먼저 takesTooLong() 함수가 결과(여기서는 작업 완료 타임스탬프)를 반환하도록 수정하자.

```
func takesTooLong() async -> Date {
    sleep(5)
    return Date()
}
```

다음으로, 반환된 결과를 let 식을 사용하지만 async 키워드로 표시되는 변수에 할당하기 위해 doSomething() 내 호출을 변경해야 한다.

```
func doSomething() async {
    print("Start \(Date())")
    async let result = takesTooLong()
    print("End \(Date())")
}
```

이제 doSomething() 함수 내에서 결괏값이 반환될 때까지 대기할 위치를 지정하기만 하면 된다. await 키워드를 사용하여 result 변수에 접근하여 이를 수행한다. 예를 들어 다음과 같다.

```
func doSomething() async {
    print("Start \(Date())")
    async let result = takesTooLong()
    print("After async-let \(Date())")
    // 비동기 함수와 동시에 실행할 추가 코드가 여기에 온다.
    print ("result = \(await result)")
    print("End \(Date())")
}
```

결괏값을 출력할 때, 비동기 takesTooLong() 함수가 결괏값을 반환될 때까지 실행을 계속할 수 없다는 것을 시스템에 알리기 위해 await을 사용하고 있다. 이 지점에서 결과를 사용할 수 있을 때까지 실행이 중지된다. 그러나 async-let과 await 사이의 모든 코드는 takesTooLong() 함수와 동시에 실행된다.

앞의 코드를 실행하면 다음과 같은 출력이 생성된다.

```
Start 2022-10-28 09:11:52 +0000
After async-let 2022-10-28 09:11:52 +0000
result = 2022-10-28 09:11:57 +0000
End 2022-10-28 09:11:57 +0000
```

'After async-let' 메시지에는 'result =' 호출이 반환하는 타임스탬프보다 5초 빠른 타임스탬프가 있으므로 takesTooLong()이 실행되는 동안 코드가 실행되었음을 확인할 수 있다.

24.11 오류 핸들링

구조화된 동시성의 오류 핸들링은 'Swift 5의 오류 처리 이해' 장에서 다룬 throw/do/try/catch 메커니즘을 사용한다. 다음 예제는 기존의 비동기 takesTooLong() 함수를 수정하여 지연값을 매개변수로 받으며 만약에 지연이 특정 범위를 벗어나면 오류를 발생시킨다.

```
enum DurationError: Error {
    case tooLong
    case tooShort
}
.
.
func takesTooLong(delay: UInt32) async throws {

    if delay < 5 {
        throw DurationError.tooShort
    } else if delay > 20 {
        throw DurationError.tooLong
    }

    sleep(delay)
    print("Async task completed at \(Date())")
}
```

이제 함수가 호출되면 do/try/catch 구문을 사용하여 던져진 오류를 처리할 수 있다.

```
func doSomething() async {
    print("Start \(Date())")
    do {
        try await takesTooLong(delay: 25)
```

```
        } catch DurationError.tooShort {
            print("Error: Duration too short")
        } catch DurationError.tooLong {
            print("Error: Duration too long")
        } catch {
            print("Unknown error")
        }
        print("End \(Date())")
}
```

실행한 결과는 다음과 같이 출력될 것이다.

```
Start 2022-10-28 09:33:24 +0000
Error: Duration too long
End 2022-10-28 09:33:24 +0000
```

24.12 Task 이해하기

비동기적으로 실행되는 모든 작업은 스위프트의 Task 클래스의 인스턴스 내에서 실행된다. 앱은 여러 작업을 동시에 실행할 수 있으며 이러한 작업을 계층적으로 구성할 수 있다. 이번 장의 앱에서 버튼이 눌리면 비동기 버전의 doSomething() 함수가 Task 인스턴스 내에서 실행된다. takesTooLong() 함수가 호출되면 시스템은 함수 코드가 실행될 하위 작업을 생성한다. 작업 계층 트리 측면에서 이 하위 작업은 상위 작업인 doSomething()의 자식이다. 하위 작업 내에서의 모든 비동기 함수 호출은 해당 작업의 자식이 되는 식이다.

이 작업 계층 구조는 구조화된 동시성이 구축되는 기반을 형성한다. 예를 들어 자식 작업은 부모로부터 우선순위와 같은 속성을 상속하며 계층 구조는 모든 하위 작업이 완료될 때까지 부모 작업이 종료되지 않도록 한다.

이번 장의 후반부에서 보겠지만, 작업을 그룹화하여 여러 비동기 작업을 동적으로 시작할 수도 있다.

24.13 구조화되지 않은 동시성

구조화되지 않은 동시성unstructured concurrency이라고 하는 개념인 Task 객체를 사용하여 개별 작업을 직접 만들 수 있다. 이미 보았듯이, 구조화되지 않은 작업의 일반적인 용도는 동기 함수 내에서 비동기 함수를 호출하는 것이다.

구조화되지 않은 작업은 실행 중 언제든지 외부에서 취소할 수 있기 때문에 더 많은 유연성을 제공한다. 이는 백그라운드 다운로드 작업을 중지하기 위해 버튼을 누르는 것과 같이 백그라운드 활동을 취소하는 방법을 사용자에게 제공해야 하는 경우에 특히 유용하다. 이러한 유연성에는 작업을 만들고 관리하기 위해 더 많은 작업을 수행해야 하는 측면에서 약간의 부가적인 노력이 필요하다.

구조화되지 않은 작업은 Task **생성자**initializer를 호출하고 수행될 코드가 포함된 클로저를 제공하여 생성되고 시작된다. 예를 들면 다음과 같다.

```
Task {
    await doSomething()
}
```

또한 이러한 작업은 **액터 콘텍스트**actor context(25장 '스위프트 액터 소개'에서 다루는 주제), 우선순위, 그리고 작업 로컬 변수 등의 호출되는 부모의 구성을 상속한다. 작업을 만들 때, 작업에 새로운 우선순위를 지정할 수도 있다. 예를 들어 다음과 같이 지정한다.

```
Task(priority: .high) {
    await doSomething()
}
```

이것은 다른 작업과 관련하여 작업을 어떻게 스케줄링할지에 대한 힌트를 시스템에 제공한다. 가장 높은 것부터 가장 낮은 것까지 사용 가능한 우선순위는 다음과 같다.

- .high / .userInitiated
- .medium
- .low / .utility
- .background

작업이 직접 생성되면 Task 인스턴스에 대한 참조를 반환한다. 이것은 작업을 취소하거나 작업 범위 외부에서 작업이 이미 취소되었는지 여부를 확인하는 데 사용할 수 있다.

```
let task = Task(priority: .high) {
    await doSomething()
}
.
.
if (!task.isCancelled) {
    task.cancel()
}
```

24.14 분리된 작업

분리된 작업detached task은 구조화되지 않은 동시성의 또 다른 형태로 호출하는 부모로부터 속성을 상속하지 않는다는 점에서 구조화되지 않은 동시성과 차이점이 있다. 분리된 작업은 다음과 같이 Task.detached() 메서드를 호출하여 생성된다.

```
Task.detached {
    await doSomething()
}
```

분리된 작업에도 우선순위 값이 전달될 수 있으며, 앞에서 설명한 것과 동일한 기술을 사용하여 취소 여부를 확인할 수 있다.

```
let detachedTask = Task.detached(priority: .medium) {
    await doSomething()
}
.
.
if (!detachedTask.isCancelled) {
    detachedTask.cancel()
}
```

24.15 작업 관리

구조화된 작업을 사용하는지 또는 구조화되지 않은 작업을 사용하는지와 관계없이, Task 클래스는 작업 범위 내에서 작업을 관리하는 데 사용할 수 있는 일련의 정적 메서드와 속성을 제공한다.

예를 들어 작업은 생성될 때 할당된 우선순위를 식별하기 위해 currentPriority 속성을 사용할 수 있다.

```
Task {
    let priority = Task.currentPriority
    await doSomething()
}
```

안타깝게도 이것은 읽기 전용 속성이어서 실행 중인 작업의 우선순위를 변경하는 데 사용할 순 없다.

isCancelled 속성에 접근하여 작업이 취소되었는지 확인할 수도 있다.

```
if Task.isCancelled {
    // 작업 정리 수행
}
```

취소를 감지하는 또 다른 옵션은 작업이 취소된 경우에 CancellationError 오류를 발생시키는 checkCancellation() 메서드를 호출하는 것이다.

```
do {
    try Task.checkCancellation()
} catch {
    // 작업 정리 수행
}
```

Task 메서드인 cancel() 호출하여 언제든지 자신의 작업을 취소할 수 있다.

```
Task.cancel()
```

마지막으로, 작업 코드 내에 실행을 안전하게 일시 중단할 수 있는 위치가 있다면 yield() 메서드를 통해 시스템에 선언할 수 있다.

```
Task.yield()
```

24.16 작업 그룹

지금까지 이번 장의 모든 예제는 하나 또는 두 개의 작업(부모 및 자식)을 만드는 것이었다. 각각의 경우, 우리는 코드를 작성하기 전에 얼마나 많은 작업이 필요한지 배웠다. 하지만 동적인 조건에 따라 여러 작업을 동시에 생성하고 실행해야 하는 상황이 종종 발생한다. 예를 들어 배열의 각 항목이나 for 루프 안에서 별도의 작업을 시작해야 하는 경우가 있을 수 있다. 스위프트는 **작업 그룹** task group 을 제공하여 이러한 상황을 해결한다.

작업 그룹을 사용하면 가변적인 수의 작업을 생성하고 withThrowingTaskGroup() 또는

withTaskGroup() 함수(그룹의 비동기 함수에서 오류가 발생하는지 여부에 따라 다름)를 사용하여 구현할 수 있게 한다. 그런 다음, 작업을 생성하기 위한 루프 구조가 해당 클로저 내에서 정의되고 addTask() 함수를 호출하여 각각의 새로운 작업을 추가한다.

다음과 같이 두 개의 함수를 수정하여 각각 takesTooLong() 함수의 인스턴스를 실행하는 5개의 작업으로 구성된 작업 그룹을 만들자.

```
func doSomething() async {
    await withTaskGroup(of: Void.self) { group in
        for i in 1...5 {
            group.addTask {
                let result = await takesTooLong()
                print("Completed Task \(i) = \(result)")
            }
        }
    }
}

func takesTooLong() async -> Date {
    sleep(5)
    return Date()
}
```

앞의 코드를 실행하면 다음과 같은 결과가 표시되기에 앞서 작업이 실행되는 동안 5초 지연이 발생할 것이다.

```
Completed Task 2 = 2022-10-28 10:42:08 +0000
Completed Task 1 = 2022-10-28 10:42:08 +0000
Completed Task 3 = 2022-10-28 10:42:13 +0000
Completed Task 4 = 2022-10-28 10:42:13 +0000
Completed Task 5 = 2022-10-28 10:42:18 +0000
```

작업은 모두 동시에 실행되었음을 나타내는 동일한 완료 타임스탬프를 표시한다. 작업이 시작된 순서대로 완료되지 않았다는 점도 흥미롭다. 동시성을 사용하여 작업할 때 작업이 생성된 순서대로 완료된다는 보장이 없다는 점을 염두에 두는 것이 중요하다.

addTask() 함수 외에도, 다음을 포함하여 작업 그룹 내에서 접근할 수 있는 몇 가지 메서드와 속성이 있다.

- cancelAll() - 그룹의 모든 작업을 취소하는 메서드 호출
- isCancelled - 작업 그룹이 이미 취소되었는지 여부를 나타내는 부울 속성
- isEmpty - 작업 그룹 내에 작업이 남아 있는지 여부를 나타내는 부울 속성

24.17 데이터 경쟁 피하기

앞의 작업 그룹 예제에서 그룹은 작업들의 결과를 저장하지 않는다. 다시 말해서 결과는 작업 그룹의 범위를 벗어나지 않으며 작업이 종료되면 유지되지도 않는다. 예를 들어 각 작업에 대한 작업 번호와 결과 타임스탬프를 스위프트의 딕셔너리 객체(작업 번호를 키로, 타임스탬프를 값으로 사용)에 저장하고 싶다고 가정해보자. 동기 코드로 작업한다면 다음과 같은 방법을 생각해볼 수 있을 것이다.

```
func doSomething() async {

    var timeStamps: [Int: Date] = [:]

    await withTaskGroup(of: Void.self) { group in
        for i in 1...5 {
            group.addTask {
                timeStamps[i] = await takesTooLong()
            }
        }
    }
}
```

안타깝게도 앞의 코드는 takesTooLong() 함수의 결과가 딕셔너리에 추가되는 줄에 다음과 같은 오류를 표시한다.

```
Mutation of captured var 'timeStamps' in concurrently-executing code
```

여기서 문제는 동시에 데이터에 접근하는 여러 작업이 있고 **데이터 경쟁**data race 조건이 발생할 위험이 있다는 것이다. 데이터 경쟁은 여러 작업이 동시에 동일한 데이터에 접근하려고 시도하며 이러한 작업들 중 하나 이상의 작업이 쓰기 작업을 수행할 때 발생한다. 이것은 일반적으로 진단하기 어려운 데이터 손상 문제를 발생한다.

한 가지 옵션은 데이터를 저장할 **액터**actor를 만드는 것이다. 액터 및 이러한 특정 문제를 해결하는 데 사용할 수 있는 방법은 25장 '스위프트 액터 소개'에서 다룰 것이다.

또 다른 방법으로는 작업 결과를 순차적으로 반환하고 딕셔너리에 추가하도록 작업 그룹을 조정하는 것이다. 원래는 `withTaskGroup()` 함수의 반환 타입을 다음과 같이 `Void.self`로 하여 작업 그룹을 결과를 반환하지 않는다고 선언했다.

```
await withTaskGroup(of: Void.self) { group in
    .
    .
```

첫 번째 단계는 각 작업이 작업 번호(Int)와 타임스탬프(Date)를 포함하는 튜플을 반환하도록 다음과 같이 작업 그룹을 설계하는 것이다. 결과를 저장할 딕셔너리도 필요하다.

```
func doSomething() async {
    var timeStamps: [Int: Date] = [:]
    await withTaskGroup(of: (Int, Date).self) { group in
        for i in 1...5 {
            group.addTask {
                return(i, await takesTooLong())
            }
        }
    }
}
```

다음으로 그룹에서 반환된 결과를 처리하기 위해 두 번째 루프를 선언해야 한다. 결과는 비동기 함수에서 개별적으로 반환되므로, 한 번에 모든 결과를 처리하도록고 간단하게 루프를 작성할 수 없다. 각 결과가 반환될 때까지 기다려야 한다. 이런 경우 스위프트는 `for-wait` 루프를 제공한다.

24.18 for-await 루프

`for-await` 표현식을 사용하면 비동기적으로 반환되는 일련의 값을 하나씩 루프를 돌 수 있으며, 동시 작업에서 반환되는 값의 수신을 기다릴 수 있다. `for-await`을 사용하기 위한 유일한 요구사항은 일련의 데이터가 `AsyncSequence` 프로토콜을 준수해야 한다는 것이다(작업 그룹으로 작업할 때 항상 그래야 함).

우리 예제에서는 작업 그룹 범위 안에서 하지만 `addTask` 루프 다음에 `for-await` 루프를 다음과 같이 추가해야 한다.

```
func doSomething() async {

    var timeStamps: [Int: Date] = [:]

    await withTaskGroup(of: (Int, Date).self) { group in

        for i in 1...5 {
            group.addTask {
                return(i, await takesTooLong())
            }
        }

        for await (task, date) in group {
            timeStamps[task] = date
        }
    }
}
```

각 작업이 반환하면 for-await 루프는 결과 튜플을 수신하여 timeStamps 딕셔너리에 저장한다. 이를 확인하기 위해 작업 그룹이 종료된 후 딕셔너리 항목을 출력하는 약간의 코드를 추가하자.

```
func doSomething() async {
.
.
        for await (task, date) in group {
            timeStamps[task] = date
        }
    }

    for (task, date) in timeStamps {
        print("Task = \(task), Date = \(date)")
    }
}
```

실행하면 완성된 예제는 다음과 같은 결과를 출력할 것이다.

```
Task = 5, Date = 2022-09-12 17:26:43 +0000
Task = 1, Date = 2022-09-12 17:26:23 +0000
Task = 4, Date = 2022-09-12 17:26:38 +0000
Task = 2, Date = 2022-09-12 17:26:28 +0000
Task = 3, Date = 2022-09-12 17:26:33 +0000
```

24.19 비동기 속성

비동기 함수뿐만 아니라 스위프트는 클래스와 구조체 타입 내에서 비동기 속성도 지원한다. 다음 예제에서 비동기 속성은 getter를 명시적으로 선언하고 async 표시로 생성된다. 현재는 읽기 전용 속성만 비동기가 될 수 있다.

```
struct MyStruct {
    var myResult: Date {
        get async {
            return await self.getTime()
        }
    }

    func getTime() async -> Date {
        sleep(5)
        return Date()
    }
}
.
.
func doSomething() async {

    let myStruct = MyStruct()

    Task {
        let date = await myStruct.myResult
        print(date)
    }
}
```

24.20 요약

현대 CPU와 운영체제는 동시에 여러 작업을 수행할 수 있도록 코드가 동시에 실행할 수 있게 설계되었다. 이것은 사용자 인터페이스를 렌더링하는 것과 사용자 이벤트에 응답하는 일을 주로 메인 스레드가 담당하고, 다른 스레드에서 기타 작업을 실행함으로써 가능해진다. 기본적으로 앱의 대부분의 코드는 다른 스레드에서 실행되도록 특별히 구성하지 않는 한 메인 스레드에서도 실행된다. 해당 코드가 너무 오랫동안 메인 스레드를 차지하는 작업을 수행하면 작업이 완료될 때까지 앱이 멈춘 것처럼 보인다. 이를 피하기 위해 스위프트는 구조화된 동시성 API를 제공한다. 구조화된 동시성을 사용할 때, 메인 스레드를 차단하는 코드는 별도의 스레드에서 수행되도록 비동기 함수(비동기 속성도 지원됨)에 배치된다. 호출하는 코드는 await 키워드를 계속 사용하기 전에 비동기 코드가 완료될 때까지 기다리도록 하거나, async-let을 사용하여 결과가 필요할 때까지 계속 실행하도록 구성될 수 있다.

작업은 개별적으로 또는 여러 작업의 그룹 형태로 실행될 수 있다. `for-await` 루프는 비동기 작업 그룹의 결과를 비동기적으로 처리하는 유용한 방법을 제공한다. 동시성으로 작업할 때 데이터 경쟁을 피하는 것이 중요하며, 보통은 스위프트의 `Actor`를 사용하여 해결할 수 있다. 이 주제는 '스위프트 액터 소개'라는 제목의 다음 장에서 다룰 것이다.

CHAPTER 25
스위프트 액터 소개

스위프트의 구조화된 동시성은 여러 작업을 동시에 수행하기 위한 강력한 플랫폼을 제공하여 앱 성능과 응답성을 크게 향상시킨다. 동시성의 단점 중 하나는 여러 작업이 동일한 데이터를 동시에 접근할 때 문제가 발생할 수 있으며 해당 접근에는 읽기와 쓰기 작업이 혼재되어 있다는 것이다. 이러한 유형의 문제를 **데이터 경쟁**data race이라고 하며 간헐적인 충돌 및 예측할 수 없는 앱 동작으로 이어질 수 있다.

이전 장에서는 여러 동시 작업의 결과를 순차적으로 처리하는 것과 관련된 문제에 대한 해결책을 살펴보았다. 안타깝게도 그 해결책은 관련된 모든 작업이 동일한 작업 그룹에 속할 때만 실제로 동작한다. 보다 유연하고 동시 작업이 시작되는 위치에 관계없이 작동하는 해결책은 스위프트 **액터**actor를 사용하는 것이다.

25.1 액터 개요

액터는 한 번에 하나의 작업만 데이터에 접근할 수 있도록 내부 변경 가능 상태에 대한 비동기 접근을 제어하는 스위프트 타입이다. 액터는 참조 타입이고 속성, 생성자 및 메서드를 포함한다는 점에서 클래스와 매우 유사하다. 클래스와 마찬가지로 액터도 프로토콜을 준수하고 확장을 사용할 수 있다. 액터를 선언할 때의 가장 큰 차이점은 'class' 대신 'actor'라는 단어가 사용된다는 것이다.

25.2 액터 선언하기

속성과 메서드를 포함하는 간단한 스위프트 클래스는 다음과 같이 선언할 수 있다.

```
class BuildMessage {

    var message: String = ""
    let greeting = "Hello"

    func setName(name: String) {
        self.message = "\(greeting) \(name)"
    }
}
```

클래스를 액터로 만들려면 타입 선언을 'class'에서 'actor'로 변경하기만 하면 된다.

```
actor BuildMessage {

    var message: String = ""
    let greeting = "Hello"

    func setName(name: String) {
        self.message = "\(greeting) \(name)"
    }
}
```

일단 선언되면 액터 인스턴스는 클래스와 같은 방식으로 생성된다. 예를 들면 다음과 같다.

```
let hello = BuildMessage()
```

그러나 클래스와 액터의 큰 차이점은 액터는 비동기 함수 또는 Task 클로저 내와 같은 비동기 콘텍스트 내에서만 생성 및 액세스할 수 있다는 것이다. 또한 액터 메서드를 호출하거나 속성에 접근할 때 await 키워드를 반드시 사용해야 한다. 예를 들어 다음과 같이 사용한다.

```
func someFunction() async {
    let builder = BuildMessage()
    await builder.setName(name: "Jane Smith")
    let message = await builder.message
    print(message)
}
```

25.3 데이터 격리 이해하기

액터 인스턴스에 포함된 데이터는 앱의 다른 코드와 격리된다. 이러한 **격리**isolation는 인스턴스 데이터를 변경(여기서는 `name` 변수 변경)하는 메서드가 호출될 때, 다른 곳의 코드에서 해당 메서드를 호출할 수 있게 되기 전에 메서드가 완전히 실행되는 것을 보장한다. 이렇게 하면 여러 작업이 동시에 데이터 변경을 시도하는 것을 방지할 수 있다. 물론 이것은 메서드 호출이나 속성에 대한 접근을 할 수 없도록 이전 작업이 처리될 때까지 기다려야 하므로, `await` 문이 필요하다는 것을 의미한다.

또한 격리는 코드가 액터의 가변적인 내부 속성을 직접 변경하는 것을 방지한다. 예를 들어 다음과 같이 `BuildMessage` 인스턴스의 `message` 속성에 새로운 값을 직접 할당하는 코드가 있다고 하자.

```
builder.message = "hello"
```

클래스 인스턴스로 작업할 때는 유효하지만, 앞의 코드는 액터 인스턴스에서 시도하므로 다음과 같은 오류가 발생할 것이다.

```
Actor-isolated property 'message' can not be mutated from a non-isolated context
```

디폴트로 액터 내의 모든 메서드와 가변적인 속성은 격리된 것으로 간주되며 `await` 키워드를 통해서만 호출할 수 있다. 가변적인 속성에 접근하지 않는 액터 메서드는 `nonisolated` 키워드를 사용하여 격리에서 제외시킬 수 있다. 이러한 방식으로 선언되면 `await` 키워드 없이 메서드를 호출할 수 있으며 동기 코드에서도 호출할 수 있다. 예를 들어 `greeting` 문자열을 반환하는 `nonisolated` 메서드를 `BuildMessage` 액터에 추가할 수 있다.

```
actor BuildMessage {

    var message: String = ""
    let greeting = "Hello"

    func setName(name: String) {
        self.message = "\(greeting) \(name)"
    }

    nonisolated func getGreeting() -> String {
```

```
        return greeting
    }
}
```

이 새로운 메서드는 동기 및 비동기 콘텍스트 모두에서 await 키워드 없이 호출할 수 있다.

```
var builder = BuildMessage()

func asyncFunction() async {
    let greeting = builder.getGreeting()
    print(greeting)
}

func syncFunction() {
    let greeting = builder.getGreeting()
    print(greeting)
}
```

getGreeting() 메서드는 불변적인 greeting 속성에만 접근하기 때문에 이 메서드를 nonisolated 로 선언하는 것만 가능하다. 메서드가 가변적인 message 속성을 접근하려고 시도하면 다음과 같은 오류가 발생한다.

```
Actor-isolated property 'message' can not be referenced from a non-isolated context
```

기본적으로 불변적인 속성은 격리에서 제외되지만, 명확성을 위해 선언에 nonisolated 키워드를 계속 사용할 수 있다.

```
nonisolated let greeting = "Hello"
```

25.4 스위프트 액터 예제

이전 장에서는 **데이터 경쟁**을 살펴보았고 컴파일러가 다음과 같은 오류 메시지를 발생할 수 있는 코드를 작성하지 않도록 하는 방법을 배웠다.

```
Mutation of captured var 'timeStamps' in concurrently-executing code
```

다음의 비동기 코드를 사용하여 딕셔너리 객체에 항목을 쓰려고 할 때 이러한 오류가 발생했다.

```
func doSomething() async {

    var timeStamps: [Int: Date] = [:]

    await withTaskGroup(of: Void.self) { group in
        for i in 1...5 {
            group.addTask {
                timeStamps[i] = await takesTooLong()
            }
        }
    }
}
```

이러한 문제를 피하기 위한 한 가지 옵션이자 이전 장에서 구현했던 방법은 `for-await` 루프를 사용하여 비동기 작업의 결과를 순차적으로 처리하는 것이었다. 하지만 이번 장에서 봤듯이 액터를 사용하여 문제를 해결할 수도 있다.

Xcode에 ConcurrencyDemo 프로젝트를 로드하고 ContentView.swift 파일을 편집하여 다음 액터 선언을 추가하여 timeStamps 딕셔너리를 캡슐화하고 데이터를 추가할 수 있는 메서드를 추가하자.

```
import SwiftUI

actor TimeStore {

    var timeStamps: [Int: Date] = [:]

    func addStamp(task: Int, date: Date) {
        timeStamps[task] = date
    }
}
.
.
```

액터를 선언했으므로 이제 doSomething() 메서드를 수정하여 addStamp() 메서드를 통해 새로운 타임스탬프를 추가할 수 있다.

```
func doSomething() async {
```

```
    let store = TimeStore()

    await withTaskGroup(of: Void.self) { group in
        for i in 1...5 {
            group.addTask {
                await store.addStamp(task: i, date: await takesTooLong())
            }
        }
    }

    for (task, date) in await store.timeStamps {
        print("Task = \(task), Date = \(date)")
    }
}

func takesTooLong() async -> Date {
    sleep(5)
    return Date()
}
```

이렇게 수정했다면, 이제 코드가 컴파일되고 오류 없이 실행될 것이다.

25.5 MainActor 소개

24장 '스위프트 구조화된 동시성 개요'에서는 메인 스레드(또는 **메인 큐**main queue)에 대해 설명하였고 UI 렌더링 처리와 사용자 이벤트에 대한 응답을 어떻게 담당하는지 설명하였다. 또한, 메인 스레드에서 **스레드 차단**thread-blocking 작업을 수행할 때의 위험과 그렇게 하는 것은 실행 중인 프로그램이 멈추는 원인이 된다는 것에 대해서도 설명하였다. 앞에서 보았듯이 스위프트는 메인 스레드에서 분리된 다른 스레드에서 작업을 실행하는 간단하고 강력한 메커니즘을 제공한다. 아직 설명하지 않은 것은 메인 스레드에서만 UI 업데이트를 수행된다는 것이다. 메인 스레드가 아닌 다른 스레드에서 UI 업데이트를 수행하면 불안정하고 예측할 수 없는 앱 동작이 발생할 수 있으며 디버그하기도 어렵다.

스위프트에서 메인 스레드는 **메인 액터**main actor로 표현된다. 이것을 **전역 액터**global actor라고 한다. 왜냐하면 메인 스레드에서 실행해야 할 코드를 프로그램 코드 전체에서 액세스할 수 있기 때문이다.

앱을 개발할 때, 메인 액터에서 실행하길 원하는 코드가 있을 수 있다. 특히 해당 코드가 어떤 식으로든 UI를 업데이트해야 하는 경우다. 이런 경우 @MainActor 속성을 사용하여 코드를 표시할 수 있다. 이 속성은 관련 작업이 메인 액터에서 수행되어야 함을 가리키기 위해 타입, 메서드, 인스턴스, 함수, 그리고 클로저에 사용될 수 있다. 예를 들어 메인 스레드에서만 동작하도록 클래스를 구성할 수 있다.

```
@MainActor
class TimeStore {

    var timeStamps: [Int: Date] = [:]

    func addStamp(task: Int, date: Date) {
        timeStamps[task] = date
    }
}
```

다른 방법으로 단일 값이나 속성을 메인 스레드 종속으로 표시할 수 있다.

```
class TimeStore {

    @MainActor var timeStamps: [Int: Date] = [:]

    func addStamp(task: Int, date: Date) {
        timeStamps[task] = date
    }
}
```

물론, timeStamps 딕셔너리는 메인 액터에 할당되었으므로 다른 스레드에서 접근할 수 없다. 앞의 addStamp() 메서드에서 딕셔너리에 새로운 날짜를 추가하려고 하면 다음과 같은 오류가 발생할 것이다.

```
Property 'timeStamps' isolated to global actor 'MainActor' can not be mutated from this context
```

이 문제를 해결하려면 addStamp() 메서드도 @MainActor 속성을 사용하여 표시되어야 한다.

```
@MainActor func addStamp(task: Int, date: Date) {
    timeStamps[task] = date
}
```

MainActor의 run 메서드는 메인 스레드에서 작업을 수행하도록 비동기 코드 내에서 직접 호출될 수도 있다.

```
func runExample() async {

    await MainActor.run {
        // 메인 스레드에서 작업 수행
    }
}
```

25.6 요약

비동기 코드 작성의 핵심 부분은 **데이터 경쟁**data race을 피하는 것이다. 데이터 경쟁은 둘 이상의 작업이 동일한 데이터에 접근하여 해당 작업이 쓰기 작업을 수행할 때 발생한다. 이것은 동시 작업이 동일한 데이터의 서로 다른 버전을 조회하고 작업하게 되는 데이터 불일치의 원인이 된다.

데이터 경쟁을 피하기 위한 유용한 도구는 스위프트의 **액터**actor 타입이다. 액터는 구문면에서, 동작면에서 스위프트의 클래스와 비슷하지만 캡슐화된 데이터가 앱 내의 다른 코드와는 격리된다는 점이 다르다. 만약에 인스턴스 데이터를 변경하는 액터의 메서드가 호출된다면, 해당 메서드가 코드상의 다른 곳에서 호출될 수 있게 되기 전에 메서드가 완전히 실행되는 것을 보장한다. 이것은 여러 작업이 동시에 동일한 데이터를 변경하지 못하도록 방지한다. 액터 메서드 호출과 속성에 대한 접근은 `await` 키워드를 사용하여 호출되어야 한다.

메인 액터는 비동기 코드 내에서 메인 스레드에 대한 접근을 제공하는 특별한 액터다. `@MainActor` 속성은 관련된 작업이 메인 스레드에서 수행되어야 함을 나타내기 위해 타입, 메서드, 인스턴스, 함수 및 클로저를 표시하는 데 사용될 수 있다.

CHAPTER 26

SwiftUI 동시성 및 생명 주기 이벤트 수정자

SwiftUI의 주요 장점 중 하나는 뷰, 상태 프로퍼티, `Observable` 객체와 같은 기능을 사용하여 앱이 생명 주기 변경을 올바르게 처리하도록 하는 데 필요한 많은 작업을 자동으로 수행한다는 것이다.

하지만 특정 생명 주기 이벤트가 발생할 때, 추가적인 동작을 수행하는 경우가 종종 있다. 예를 들어 앱은 뷰를 레이아웃 안에 나타나거나 사라지게 하는 일련의 작업을 수행해야 할 경우가 있다. 마찬가지로 앱은 값이 변경될 때마다 일부 코드를 실행하거나 뷰가 활성화 또는 비활성화되는 시점을 감지해야 할 경우가 있다. 또한, 뷰의 생명 주기가 시작될 때 하나 이상의 비동기 작업을 시작하는 것이 일반적인 요구사항이 되곤 한다.

이러한 모든 요구사항 또는 그 이상은 SwiftUI에서 제공하는 이벤트 수정자 세트를 사용하여 충족할 수 있다.

이벤트 수정자는 실제로 봐야 가장 잘 이해할 수 있으니, 이번 장에서는 가장 일반적으로 사용되는 네 가지 수정자를 사용하는 프로젝트를 만들 것이다.

26.1 LifecycleDemo 프로젝트 생성하기

Xcode를 실행하고 `LifecycleDemo`라는 새로운 Multiplatform App 프로젝트를 생성하자.

26.2 앱 설계하기

`ContentView.swift` 파일을 다음과 같이 편집하자.

```
import SwiftUI
```

```swift
struct ContentView: View {

    var body: some View {
        TabView {
            FirstTabView()
                .tabItem {
                    Image(systemName: "01.circle")
                    Text("First")
                }

            SecondTabView()
                .tabItem {
                    Image(systemName: "02.circle")
                    Text("Second")
                }
        }
    }
}
```

Xcode 메뉴에서 **File ➡ New ➡ File...** 메뉴 옵션을 선택하여 나타난 템플릿 패널에서 그림 26-1과 같이 User Interface 섹션에서 **SwiftUI View** 옵션을 선택한다.

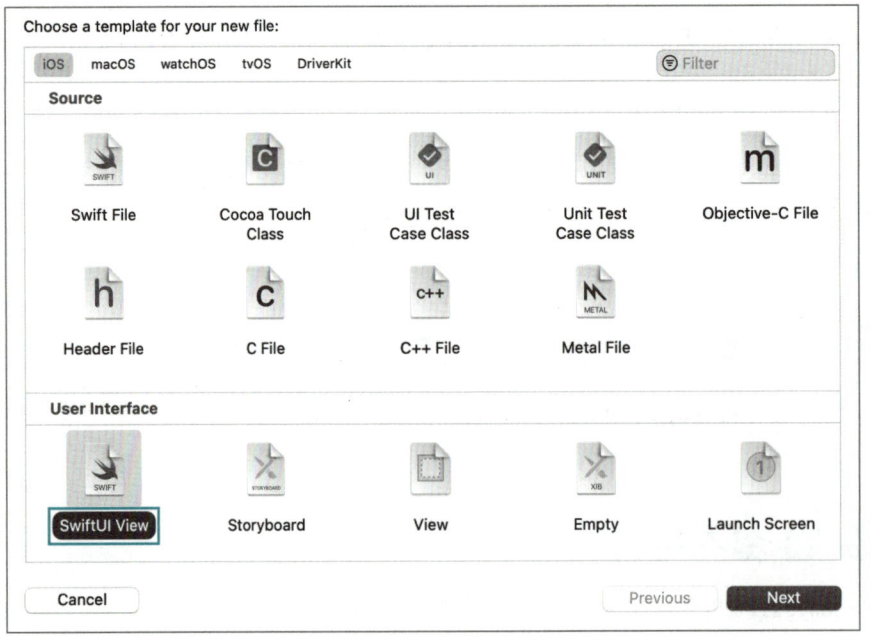

그림 26-1

Next 버튼을 클릭하고 파일 이름을 FirstTabView.swift로 지정하고 Create 버튼을 클릭한다. 에디터에 새로운 파일이 로드되면 Text 뷰의 텍스트 값을 'View One'으로 변경한다.

같은 방법으로 Text 뷰의 텍스트 값을 'View Two'로 설정된 SecondTabView.swift라는 이름의 두 번째 SwiftUI View 파일을 만든다.

26.3 onAppear 및 onDisappear 수정자

가장 기본적이고 자주 사용되는 수정자는 onAppear()와 onDisappear()다. 뷰에 이러한 수정자를 적용하면 뷰가 나타나거나 사라지는 지점에서 작업을 수행할 수 있다.

FirstTabView.swift 파일에서 다음과 같이 두 개의 수정자를 Text 뷰에 추가하자.

```
import SwiftUI

struct FirstTabView: View {

    var body: some View {

        Text("View One")
            .onAppear(perform: {
                print("onAppear triggered")
            })
            .onDisappear(perform: {
                print("onDisappeared triggered")
            })
    }
}
```

디바이스나 시뮬레이터에서 앱을 실행하여 앱이 처음 나타날 때 콘솔 패널에 출력된다. SecondTabView를 표시하기 위하여 두 번째 탭을 클릭하는 시점에 onDisappear 수정자가 실행된다. 첫 번째 탭을 다시 표시하여 onAppear가 콘솔에 내용을 출력하는지 확인하자.

26.4 onChange 수정자

기본적으로. onChange() 수정자는 앱 내에서 상태가 변경될 때마다 작업을 수행해야 할 때 사용되어야 한다. 예를 들어 상태 프로퍼티 값이 변경될 때마다 작업을 실행하도록 할 수 있다. 이번 장의 후반부에서 보겠지만, 이 수정자는 ScenePhase 환경 프로퍼티와 함께 사용할 때 특히 유용하다.

onChange() 수정자가 작동하는 것을 경험하려면 SecondTabView.swift 파일을 다음과 같이 편집하자.

```
import SwiftUI

struct SecondTabView: View {

    @State private var text: String = ""

    var body: some View {
        TextEditor(text: $text)
            .padding()
            .onChange(of: text, perform: { value in
                print("onChange triggered")
            })
    }
}

struct SecondTabView_Previews: PreviewProvider {
    static var previews: some View {
        SecondTabView()
    }
}
```

앱을 다시 실행하고 TextEditor 뷰 내에서 키를 입력할 때마다 이벤트가 실행된다.

26.5 ScenePhase와 onChange 수정자

ScenePhase는 현재 화면의 상태를 저장하기 위해 SwiftUI에서 사용하는 @Environment 속성이다. ScenePhase에 대한 변경 사항이 onChange() 수정자에 의해 모니터링되는 경우, 예를 들어 화면이 포그라운드에서 백그라운드로(또는 반대로) 전환되거나 활성화 또는 비활성화될 때 앱은 작업을 실행한다. 이 기술은 모든 뷰 또는 화면에서 사용될 수 있지만, 앱 선언부에 적용할 때도 유용하다. 예를 들어 LifecycleDemoApp.swift 파일을 다음과 같이 수정해보자.

```
import SwiftUI
```

```
@main
struct LifecycleDemoApp: App {

    @Environment(\.scenePhase) private var scenePhase

    var body: some Scene {
        WindowGroup {
            ContentView()
        }
        .onChange(of: scenePhase, perform: { phase in
            switch phase {
                case .active:
                    print("Active")
                case .inactive:
                    print("Inactive")
                case .background:
                    print("Background")
                default:
                    print("Unknown scenephase")
            }
        })
    }
}
```

이러한 방식으로 윈도우 그룹에 적용하면, 화면 단계는 앱 내 모든 화면의 상태를 기반으로 한다. 다시 말해서 현재 활성화된 화면이 있으면 단계가 활성으로 설정될 것이며 모든 장면이 비활성화된 경우에만 비활성으로 설정될 것이다.

반면에 개별 뷰에 적용되면 단계 상태는 뷰가 위치한 화면의 상태만 반영한다. 예를 들어 수정자는 다음과 같이 윈도우 그룹 대신 콘텐트 뷰에 적용될 수 있다.

```
.
.
var body: some Scene {
    WindowGroup {
        ContentView()
            .onChange(of: scenePhase, perform: { phase in
.
.
    }
.
.
```

디바이스 또는 시뮬레이터에서 앱을 실행하고 앱을 백그라운드로 보내자. 그러면 콘솔에 비활성 상태로 변경된 후 배경 단계로 변경되었음이 표시될 것이다. 앱을 다시 포그라운드로 되돌리면 활성 단계에 들어올 것이다. 세 가지 화면 단계는 다음과 같이 요약할 수 있다.

- **활성**active – 화면이 포그라운드에 있으며, 사용자에게 표시되며, 사용자 인터랙션에 반응한다.
- **비활성**inactive – 화면이 포그라운드에 있고 사용자에게 표시되지만 사용자 인터랙션에 반응하지 않는다.
- **백그라운드**background – 사용자에게 화면이 표시되지 않는다.

26.6 동시 작업 시작하기

24장 '스위프트 구조화된 동시성 개요'에서는 스위프트의 구조화된 동시성에 대한 주제를 다루었지만, 비동기 작업이 SwiftUI 뷰의 콘텍스트에서 어떻게 시작되는지는 설명하지 않았다. 이전 장에서 설명한 모든 기술은 SwiftUI로 작업할 때 당연히 적용할 수 있는 것이다. 우리에게 필요한 것은 실행할 코드를 포함하는 클로저를 가진 뷰의 `task()` 수정자를 호출하는 것이다. 이러한 코드는 뷰가 생성되는 시점에 새로운 동시 작업 내에서 실행된다. 예를 들어 비동기 작업을 사용하여 `Text` 뷰에 다른 문자열을 표시하도록 `FirstTabView`를 수정할 수 있다.

```
import SwiftUI

struct FirstTabView: View {

    @State var title = "View One"

    var body: some View {
        Text(title)
            .onAppear(perform: {
                print("onAppear triggered")
            })
            .onDisappear(perform: {
                print("onDisappeared triggered")
            })
            .task(priority: .background) {
                title = await changeTitle()
            }
    }

    func changeTitle() async -> String {
```

```
            sleep(5)
            return "Async task complete"
        }
    }
}

struct FirstTabView_Previews: PreviewProvider {
    static var previews: some View {
        FirstTabView()
    }
}
```

뷰가 생성되면 **작업**task은 옵셔널한 우선순위 설정과 함께 시작된다. 이 작업은 changeTitle()이라는 함수를 호출한 다음, 코드가 비동기적으로 실행될 때까지 기다린다.

changeTitle() 함수는 새 제목 문자열을 반환하기 전에 오래 걸리는 작업을 시뮬레이션하기 위해 스레드를 5초 동안 **슬립**sleep시킨다. 그런 다음 이 문자열은 Text 뷰의 표시될 title 상태 변수에 할당된다.

앱을 빌드하고 실행하여 5초가 지연되는 동안 탭이 반응하는지를 확인하고 5초 후에 새로운 제목이 첫 번째 탭에 나타나는지 확인하자.

26.7 요약

SwiftUI는 실행 중인 앱에서 생명 주기가 변경되는 이벤트가 발생하는 경우 조치를 취할 수 있도록 설계된 수정자를 제공한다. onAppear()와 onDisappear() 수정자는 사용자 인터페이스 레이아웃 내에서 뷰가 나타나거나 사라질 때 작업을 수행하는 데 사용될 수 있다. 반면에 onChange() 수정자는 속성에 할당된 값이 변경될 때마다 어떤 작업을 수행하는 데 유용하다.

ScenePhase 환경 프로퍼티를 onChange() 수정자와 함께 사용하면 앱이 화면 상태가 변경되는 시기를 식별할 수 있다. 이것은 앱이 포그라운드 모드와 백그라운드 모드 사이를 이동하는 순간을 알아야 할 경우에 특히 유용하다. task() 수정자를 사용하여 뷰를 만들 때 비동기 작업을 시작할 수 있다.

CHAPTER **27**

Observable 객체와 Environment 객체 튜토리얼

22장 'SwiftUI 상태 프로퍼티, Observable, State, Environment 객체'에서 Observable 객체와 Environment 객체에 대해 소개하였고, SwiftUI 앱을 개발할 때 데이터 주도 방식으로 구현하는 방법에 관해 설명하였다.

이번 장에서는 앞에서 배웠던 내용을 가지고 Observable 객체와 Environment 객체를 이용한 간단한 예제 프로젝트를 생성해볼 것이다.

27.1 ObservableDemo 프로젝트에 대하여

Observable 객체는 시간이 지남에 따라 반복적으로 변하는 데이터 값인 동적 데이터를 래핑하는 데 사용될 때 특히 강력하다. 이런 타입의 데이터를 시뮬레이션하기 위해서 **Foundation** 프레임워크의 Timer 객체를 사용하여 매초 카운터가 업데이트되도록 구성하여 Observable 데이터 객체를 생성할 것이다. 이 카운터는 앱 프로젝트 내의 뷰들이 볼 수 있게 **게시**publish될 것이다.

먼저, 데이터는 Observable 객체로 취급될 것이며 다른 뷰로 전달될 것이다. 이번 장의 후반부에서는 이 데이터를 Environment 객체로 전환하여 다른 뷰로 전달하지 않아도 다른 뷰들이 접근할 수 있게 할 것이다.

27.2 프로젝트 생성하기

Xcode를 실행하여 ObservableDemo라는 이름의 새로운 Multiplatform App을 생성하자.

27.3 Observable 객체 추가하기

새로운 프로젝트를 생성한 후에 먼저 해야 할 작업은 `ObservableObject` 프로토콜을 구현하는 데이터 클래스를 추가하는 것이다. Xcode에서 **File ➡ New ➡ File...** 메뉴를 선택하여 나타난 템플릿 다이얼로그에서 **Swift File** 옵션을 선택한다. Next 버튼을 클릭하고, 파일 이름을 TimerData로 하고 Create 버튼을 클릭한다.

코드 에디터에 `TimerData.swift` 파일이 로드되면 다음과 같이 `TimerData` 클래스를 구현한다.

```swift
import Foundation
import Combine

class TimerData : ObservableObject {
    
    @Published var timeCount = 0
    var timer : Timer?
    
    init() {
        timer = Timer.scheduledTimer(timeInterval: 1.0,
                                     target: self,
                                     selector: #selector(timerDidFire),
                                     userInfo: nil,
                                     repeats: true)
    }
    
    @objc func timerDidFire() {
        timeCount += 1
    }
    
    func resetCount() {
        timeCount = 0
    }
}
```

이 클래스는 `ObservableObject` 프로토콜을 구현하는 것으로 선언되었고, `Timer` 인스턴스는 매초 `timerDidFire()`라는 이름의 함수를 호출하도록 구성하는 초기화도 포함하였다. `timerDidFire()` 함수는 `timeCount` 변수에 할당된 값을 증가시킨다. `timeCount` 변수는 `@Published` 프로퍼티 래퍼를 사용하여 선언되어서 프로젝트 내에 있는 뷰에서 관찰될 수 있다. 또한, 이 클래스는 카운터를 0으로 리셋하는 `resetCount()`라는 이름의 메서드도 가지고 있다.

27.4 ContentView 레이아웃 설계하기

앱의 사용자 인터페이스는 두 개의 화면으로 구성될 것이다. 첫 번째 뷰는 `ContentView.swift` 파일에 의해 표시된다. 이 파일을 선택하여 코드 에디터에 로드하고 다음과 같이 수정한다.

```swift
import SwiftUI

struct ContentView: View {
    
    @StateObject var timerData: TimerData = TimerData()
    
    var body: some View {
        
        NavigationView {
            VStack {
                Text("Timer count = \(timerData.timeCount)")
                    .font(.largeTitle)
                    .fontWeight(.bold)
                    .padding()
                Button(action: resetCount) {
                    Text("Reset Counter")
                }
            }
        }
    }
    
    func resetCount() {
        timerData.resetCount()
    }
}

struct ContentView_Previews: PreviewProvider {
    static var previews: some View {
        ContentView()
    }
}
```

이렇게 수정했다면 **라이브 프리뷰**live preview 버튼을 눌러 뷰를 테스트해보자. 라이브 프리뷰가 시작되면 카운터가 증가하기 시작한다.

다음으로, **Reset Counter** 버튼을 클릭하여 카운터가 0부터 다시 카운팅을 하는지 확인한다. 앞에서 구현한 것이 잘 동작함을 확인했다면 다음 작업은 동일한 `Observable` 객체를 접근하는 두 번째 뷰를 추가하는 것이다.

그림 27-1

27.5 두 번째 뷰 추가하기

File ➡ New ➡ File... 메뉴를 선택하고, **SwiftUI View** 템플릿 옵션을 선택한 후에 SecondView라는 이름으로 뷰를 생성한다. SecondView.swift 파일을 다음과 같이 수정하자.

```swift
import SwiftUI

struct SecondView: View {
    
    @StateObject var timerData: TimerData
    
    var body: some View {
        VStack {
            Text("Second View")
                .font(.largeTitle)
            Text("Timer Count = \(timerData.timeCount)")
                .font(.headline)
        }
```

```
            .padding()
        }
    }
}

struct SecondView_Previews: PreviewProvider {
    static var previews: some View {
        SecondView(timerData: TimerData())
    }
}
```

라이브 프리뷰를 이용하여 레이아웃을 테스트하면 그림 27-2와 같이 타이머가 카운팅을 시작할 것이다.

라이브 프리뷰에서 이 뷰는 SecondView_Previews 선언부에 구성된 자신만의 TimerData 인스턴스를 갖는다. ContentView와 SecondView 모두 동일한 TimerData 인스턴스를 사용하려면 사용자가 두 번째 화면으로 이동할 때 첫 번째 뷰에 있는 ObservedObject 객체를 SecondView에 전달해야 한다.

그림 27-2

27.6 내비게이션 추가하기

이제, 두 번째 뷰로 이동하도록 ContentView에 내비게이션 링크가 추가되어야 한다. ContentView.swift 파일을 코드 에디터에 열고 다음의 링크를 추가한다.

```
var body: some View {

    NavigationView {
        VStack {
            Text("Timer count = \(timerData.timeCount)")
                .font(.largeTitle)
                .fontWeight(.bold)
                .padding()

            Button(action: resetCount) {
                Text("Reset Counter")
            }

            NavigationLink(destination: SecondView(timerData: timerData)) {
                Text("Next Screen")
            }
            .padding()
        }
    }
}
```

다시 라이브 프리뷰를 사용하여 ContentView의 카운터가 증가하는지 확인한다. 현재의 카운터 값을 기억하고, **Next Screen** 링크를 클릭하여 두 번째 뷰가 표시되게 하여 기억한 카운터 숫자부터 계속해서 카운팅이 이어지는지 확인한다. 이것은 두 개의 뷰 모두가 동일한 Observable 객체 인스턴스를 구독하고 있음을 확인해준다.

27.7 Environment 객체 사용하기

이번 튜토리얼에서 할 마지막 작업은 Observable 객체를 Environment 객체로 변환하는 것이다. 이렇게 하면 두 개의 뷰 모두가 동일한 TimerData 객체에 대한 참조를 전달하지 않아도 접근할 수 있게 된다.

이번 수정 작업은 TimerData.swift 클래스 선언부를 수정할 필요 없이 두 개의 SwiftUI 뷰 파일에서만 약간 수정하면 된다. ContentView.swift 파일부터 시작하자. timerData가 더 이상 SecondView로 전달되지 않도록 내비게이션 링크의 destination을 수정한다. 또한, environmentObject() 수정자를 추가하여 timerData 인스턴스를 뷰 계층 환경에 삽입한다.

```
import SwiftUI

struct ContentView: View {

    @StateObject var timerData: TimerData = TimerData()

    var body: some View {
        NavigationView {
            VStack {
.
.
                NavigationLink(destination: SecondView(timerData: timerData)) {
                    Text("Next Screen")
                }
                .padding()
            }
        .environmentObject(timerData)
        }
.
.
}
struct ContentView_Previews: PreviewProvider {
    static var previews: some View {
        ContentView()
    }
}
```

다음으로, SecondView.swift 파일을 다음과 같이 수정한다.

```
import SwiftUI

struct SecondView: View {

    @EnvironmentObject var timerData: TimerData

    var body: some View {

        VStack {
            Text("Second View")
```

```
                .font(.largeTitle)
            Text("Timer Count = \(timerData.timeCount)")
                .font(.headline)
        }.padding()
    }
}

struct SecondView_Previews: PreviewProvider {
    static var previews: some View {
        SecondView().environmentObject(TimerData())
    }
}
```

라이브 프리뷰 또는 실제 디바이스나 시뮬레이터를 이용하여 두 화면 모두 동일한 카운터 데이터에 접근하는지 마지막으로 프로젝트를 테스트하자.

27.8 요약

이번 장에서는 사용자 인터페이스 내의 뷰들과 동적 데이터를 바인딩하기 위하여 Observable 객체와 Environment 객체를 어떻게 사용하는지 보여주는 튜토리얼을 따라 했다. 또한, Observable 객체를 구현하고 프로퍼티를 게시하며, Observable 객체와 Environment 객체를 구독하는 방법도 살펴보았다.

CHAPTER **28**

AppStorage와 SceneStorage를 사용한 SwiftUI 데이터 지속성

앱에 대한 일반적인 요구사항 중 하나는 앱을 다시 시작해도 유지되어야 하는 소량의 데이터를 앱이 저장하고 있어야 하는 것이다. 이것은 사용자의 기본 설정이나 사용자가 마지막으로 접근했을 때의 상태로 화면이 복구되길 원할 때 특히 유용하다. SwiftUI는 소량의 앱 데이터를 지속적으로 저장하기 위한 특별한 목적을 위해 두 개의 프로퍼티 래퍼(@AppStorage 및 @SceneStorage)를 제공한다. 이번 장에서는 이에 대해 자세히 다룬다.

28.1 @SceneStorage 프로퍼티 래퍼

@SceneStorage 프로퍼티 래퍼는 개별 앱 화면 인스턴스의 범위 내에서 소량의 데이터를 저장하는 데 사용되며 앱이 실행되는 사이에 화면 상태를 저장하고 복원하는 데 이상적이다. 사용자가 앱 내의 양식에 정보를 입력하는 도중 전화나 문자 메시지로 인해 입력이 중단되어 앱이 백그라운드로 내려가는 상황을 생각해보자. 이후에 사용자가 다시 앱으로 돌아와서 양식을 작성하고 입력한 정보를 저장해야 한다는 것을 잊어버렸다고 하자. 이 상태에서 백그라운드에 있던 앱이 종료되면(디바이스가 다시 시작되거나 사용자가 앱을 종료하거나 시스템이 리소스를 확보하기 위해 앱을 종료하는 경우) 양식에 입력한 정보는 손실될 것이다. 하지만 화면 저장소를 사용하여 데이터를 유지하고 복원하면 이와 같은 상황을 피할 수 있다.

화면 저장소scene storage는 관련된 값을 저장하기 위해 내부적으로 사용되는 키 문자열과 함께 @SceneStorage 프로퍼티 래퍼를 사용하여 선언된다. 예를 들어 다음의 코드는 초기 디폴트 값을 빈 문자열로 설정하는 'city'라는 키 이름을 사용하여 String 값을 저장하도록 설계된 화면 저장소 프로퍼티을 선언한다.

```
@SceneStorage("city") var city: String = ""
```

이렇게 선언했다면, 저장된 프로퍼티를 다음과 같이 TextEditor와 함께 사용할 수 있다.

```
var body: some View {
    TextEditor(text: $city)
        .padding()
}
```

이렇게 앱에서 구현했다면 앱을 다시 시작해도 텍스트 필드에 입력된 모든 텍스트가 화면 내에서 유지된다. 사용자가 iPadOS 또는 macOS와 같은 **다중 창**multi-windowing 플랫폼에서 화면에 대해 여러 인스턴스를 시작한다면, 각 화면에는 저장된 값의 고유한 복사본을 갖게 될 것이다.

28.2 @AppStorage 프로퍼티 래퍼

@SceneStorage 프로퍼티 래퍼는 앱 내의 각 화면마다 저장된 데이터의 복사본을 가질 수 있게 한다. 다시 말해서 한 화면에 저장된 데이터는 앱 내의 다른 화면(심지어 동일한 화면에 대한 다른 인스턴스라도)에서 접근할 수 없다. @AppStorage 프로퍼티 래퍼는 앱 전체를 통하여 접근하고 사용할 수 있는 데이터를 저장하는 데 사용된다.

앱 저장소app storage는 수년 동안 iOS에서 사용할 수 있었던 기능인 UserDefaults를 기반으로 구축되었다. 앱이 디폴트 사용자 설정(예를 들어, 언어 설정 또는 색상 선택)에 접근하고 저장하는 방법으로 주로 제공되는 UserDefaults는 앱에 필요한 소량의 데이터를 **키-값 쌍**key-value pair의 형태로 저장하는 데 사용할 수도 있다.

화면 저장소처럼 @AppStorage 프로퍼티 래퍼는 키로 사용할 문자열 값이 필요하며 다음과 같이 선언할 수 있다.

```
@AppStorage("mystore") var mytext: String = ""
```

데이터는 디폴트로 표준 UserDefaults 저장소에 저장된다. 하지만 데이터를 저장할 커스텀 **앱 그룹**app group을 지정할 수도 있다. 앱 그룹은 앱이 동일한 그룹 내의 다른 앱 또는 타깃과 데이터를 공유할 수 있게 한다. 앱 그룹에는 이름(일반적으로 group.com.mydomain.myappname과 같음)이 할당되며 Xcode 프로젝트의 **Signing & Capabilities** 화면 내에서 활성화되고 구성된다. 예를 들어, 그림 28-1은 앱 그룹이 활성화되고 group.com.ebookfrenzy.userdefaults로 이름이 설정된 프로젝트 타깃을 보여준다.

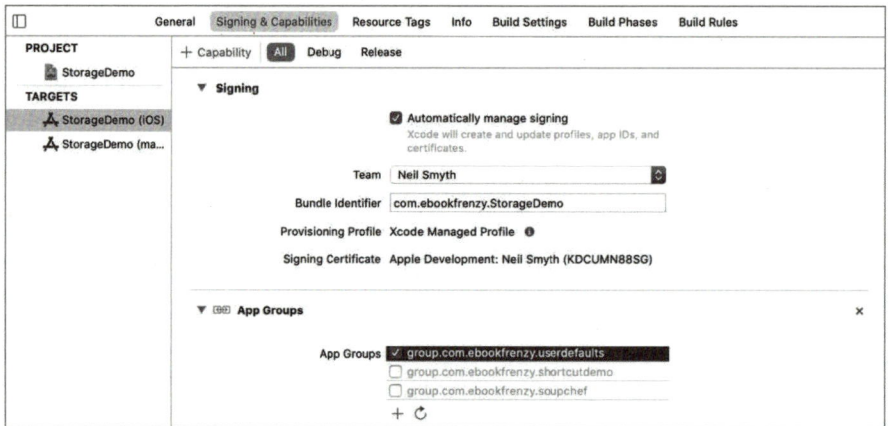

그림 28-1

다음의 @AppStorage 선언은 데이터 저장에 사용할 앱 그룹을 참조한다.

```
@AppStorage("mystore",
          store: UserDefaults(
              suiteName: "group.com.ebookfrenzy.userdefaults"))
var mytext: String = ""
```

@State 프로퍼티 래퍼와 마찬가지로 저장된 값을 변경하면 새로운 데이터가 반영되도록 사용자 인터페이스가 새로고침 된다.

지금까지 앱 저장소와 화면 저장소의 기초를 다뤘으니, 이번 장의 나머지 부분에서는 이러한 프로퍼티 래퍼가 어떻게 동작하는지 살펴보자.

28.3 StorageDemo 프로젝트 생성하고 준비하기

Xcode를 시작하고 StorageDemo라는 새로운 Multiplatform App 프로젝트를 생성하자.

ContentView.swift 파일을 선택하고 다음과 같이 TabView가 포함되도록 뷰의 body를 변경한다.

```
import SwiftUI

struct ContentView: View {
```

```
    var body: some View {

        TabView {

            SceneStorageView()
                .tabItem {
                    Image(systemName: "circle.fill")
                    Text("SceneStorage")
                }

            AppStorageView()
                .tabItem {
                    Image(systemName: "square.fill")
                    Text("AppStorage")
                }
        }
    }
}
```

다음으로 **File ➡ New ➡ File...** 메뉴를 사용하여 `SceneStorageView`와 `AppStorageView`라는 두 개의 새로운 SwiftUI View 파일을 추가하자.

28.4 화면 저장소 사용하기

`SceneStorageView.swift` 파일을 다음과 같이 수정하자.

```
import SwiftUI

struct SceneStorageView: View {

    @State private var editorText: String = ""

    var body: some View {
        TextEditor(text: $editorText)
            .padding(30)
            .font(.largeTitle)
    }
}
```

여기서 사용하는 TextEditor 뷰는 SwiftUI 앱 내에서 여러 줄의 텍스트를 표시하고 편집할 수 있도록 설계된 뷰로 표시된 텍스트가 볼 수 있는 영역을 넘으면 스크롤을 포함한다. TextEditor 뷰는 어떠한 유형의 텍스트가 저장될 상태 프로퍼티에 대한 바인딩을 전달한다(아직 화면 저장소를 사용하지 않았다는 점에 주목하자).

코드를 수정했다면 디바이스나 시뮬레이터에서 앱을 빌드하고 실행하자. 실행되면 TextEditor 뷰에 약간의 텍스트를 입력한다. 디바이스의 홈 화면이 표시되도록 앱을 백그라운드로 보낸 다음 Xcode 툴바에 있는 중지 버튼을 눌러 앱을 종료한다.

앱을 다시 실행하고 이전에 입력한 텍스트가 TextEditor 뷰에 복원되지 않았음을 확인하자. 이 앱에 화면 저장소를 사용하면 분명히 도움이 될 것이다.

SceneStorageView.swift 파일로 돌아가 다음과 같이 @State 프로퍼티를 @SceneStorage 프로퍼티로 바꾸자.

```
struct SceneStorageView: View {

    @SceneStorage("mytext") private var editorText = ""
.
.
```

앱을 다시 실행하고 약간의 텍스트를 입력한 후, 백그라운드로 보낸 다음에 앱을 종료한다. 그리고 나서 앱을 다시 실행하면, 이번에는 텍스트가 TextEditor 뷰로 복원될 것이다.

화면 저장소로 작업할 때, 화면의 각 인스턴스에는 다른 화면과 완전히 분리된 자체 저장소가 있다는 점을 기억하자. 이것을 실제로 경험하기 위해, 아이패드 디바이스나 시뮬레이터에서 StorageDemo 앱을 가로 방향으로 실행하자. 앱이 실행되면 화면 상단 중앙에 있는 세 개의 점을 누르고 Split View 메뉴 옵션을 선택한다.

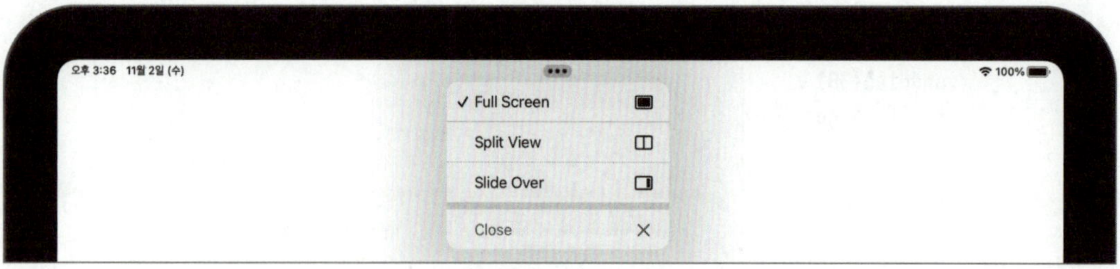

그림 28-2

메뉴를 선택했다면 화면에 있는 StorageDemo 앱 아이콘을 눌러 앱의 두 번째 인스턴스를 시작하자. 앱의 인스턴스가 모두 실행되면, 두 개의 화면 인스턴스가 표시되는 화면이 균등하게 분할될 것이다. 그림 28-3과 같이 각 화면마다 다른 텍스트를 입력하자.

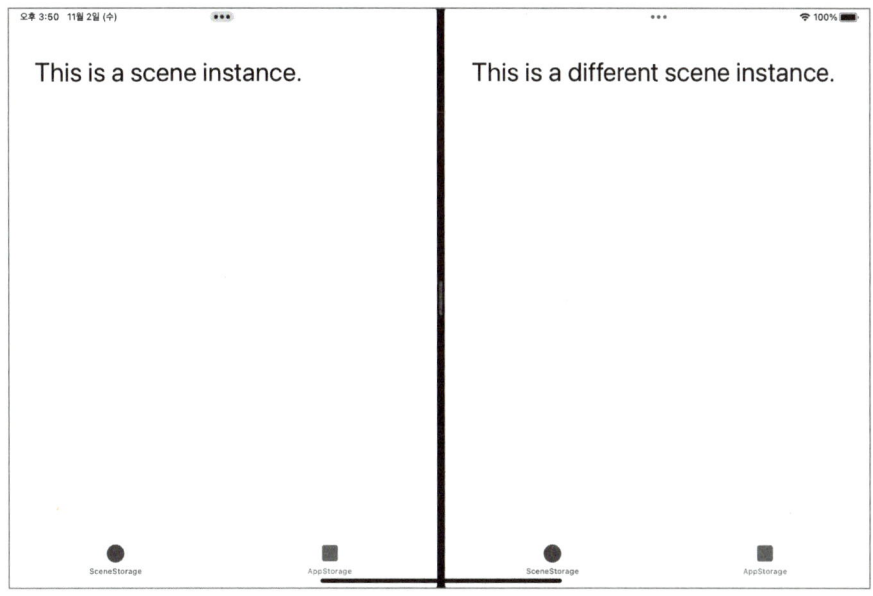

그림 28-3

홈 버튼을 사용하거나 위로 스와이프하여 앱을 백그라운드로 가게 한 후에 앱을 종료하고 다시 앱을 실행한다. 다시 시작하면 두 화면은 각 앱이 백그라운드로 이동하기 전과 동일하게 나타난다. 이것으로 알 수 있는 것은 각 화면에는 자신만의 저장된 데이터 복사본이 있다는 것이다.

28.5 앱 저장소 사용

이번 튜토리얼의 마지막 작업은 앱 저장소를 어떻게 사용하는지 보여 주는 것이다. Xcode에서 `AppStorageView.swift` 파일을 다음과 같이 수정한다.

```
import SwiftUI

struct AppStorageView: View {

    @AppStorage("mytext") var editorText: String = "Sample Text"

    var body: some View {
```

```
        TextEditor(text: $editorText)
            .padding(30)
            .font(.largeTitle)
    }
}
.
.
```

코드를 변경했다면, 아이패드에서 다시 한번 앱을 실행하고 두 개의 화면 인스턴스를 나란히 표시되도록 만든다. 두 화면 모두에서 **AppStorage** 탭을 선택하고 화면 인스턴스에 기본 샘플 텍스트가 표시되는지 확인한다. 화면 중 하나를 탭하고 추가 텍스트를 추가하자. 한 화면에 텍스트가 추가되면 문자가 입력될 때마다 두 번째 화면에 반영될 것이다.

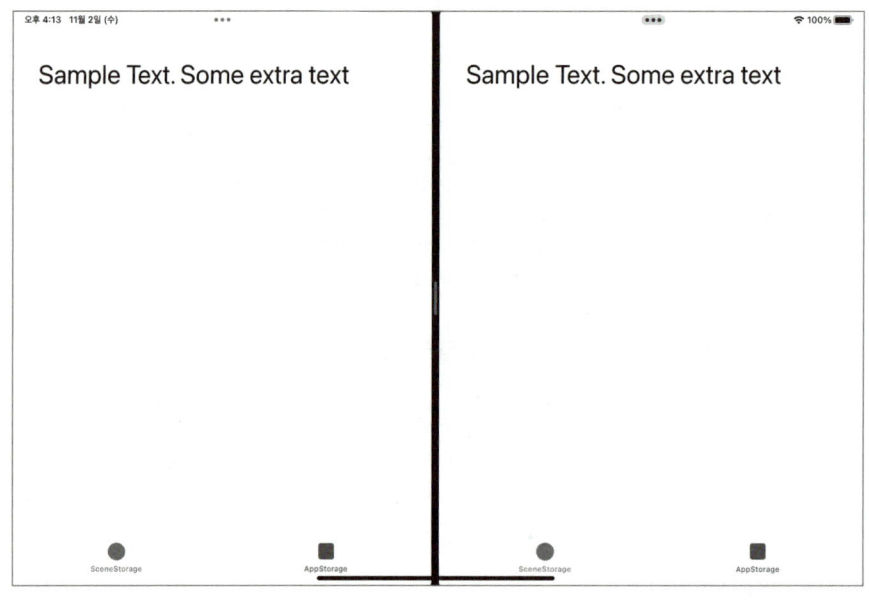

그림 28-4

앱이 포그라운드에 있는 동안에 앱을 종료하고(화면 저장소와 달리, 앱 저장소 데이터는 앱이 백그라운드에 있을 때뿐만 아니라 실시간으로 저장됨) 다시 실행하여 변경된 텍스트가 저장되고 복원되었는지 확인하자.

28.6 커스텀 타입 저장하기

@AppStorage와 @SceneStorage 프로퍼티 래퍼는 특정 타입의 값만 저장하도록 허용한다. 특히

Bool, Int, Double, String, URL 및 Data 타입, 즉 다른 타입을 저장해야 한다면 먼저 스위프트의 Data 객체로 인코딩해야 저장되며 가져올 때 디코딩된다.

예를 들어 다음과 같이 구조체를 선언하고 초기화했다고 하자.

```
struct UserName {
    var firstName: String
    var secondName: String
}

var username = UserName(firstName: "Mark", secondName: "Wilson")
```

UserName은 지원되는 타입이 아니므로 username 인스턴스를 앱 또는 화면 기반 저장소에 직접 저장할 수 없다. 대신에 저장하기 전에 Data 인스턴스로 인코딩하고 캡슐화해야 한다. 인코딩과 디코딩을 수행하는 올바른 단계는 저장되는 데이터 타입에 따라 다르다. 하지만 핵심은 해당 타입이 Encodable과 Decodable 프로토콜을 준수해야 한다는 것이다. 예를 들면 다음과 같다.

```
struct UserName: Encodable, Decodable {
    var firstName: String
    var secondName: String
}
```

다음 예제에서는 JSON 인코더를 사용하여 username 인스턴스를 인코딩하고 @AppStorage 프로퍼티 래퍼를 사용하여 저장한다.

```
@AppStorage("username") var namestore: Data = Data()
.
let encoder = JSONEncoder()

if let data. = try? encoder.encode(username) {
    namestore = data
}
```

저장소에서 데이터를 가져오면 JSON 디코더를 사용하여 작업을 반대로 한다.

```
let decoder = JSONDecoder()
```

```
if let name = try? decoder.decode(UserName.self, from: namestore) {
    username = name
}
```

이 기술을 사용하면, 저장소 프로퍼티 래퍼 중 하나를 사용하여 이미지를 저장할 수도 있다. 예를 들면 다음과 같이 사용한다.

```
@AppStorage("myimage") var imagestore: Data = Data()

var image = UIImage(named: "profilephoto")

// 인코딩 및 이미지 저장

if let data = image!.pngData() {
    imagestore = data
}

// 이미지 가져와서 디코딩

if let decodedImage: UIImage = UIImage(data: imagestore) {
    image = decodedImage
}
```

28.7 요약

@SceneStorage와 @AppStorage 프로퍼티 래퍼는 SwiftUI 앱 내에서 소량의 데이터를 지속적으로 저장하는 두 가지 방법을 제공한다. **화면 저장소**scene storage는 주로 백그라운드에서 앱이 종료될 때 화면의 상태를 저장하고 복원하기 위한 것이다. 앱 내의 각 화면에는 앱의 다른 영역에 직접 접근할 수 없는 자체 로컬 화면 저장소가 있다. **앱 저장소**app storage는 UserDefaults 시스템을 사용하며 앱 내 어디에서나 접근할 수 있는 데이터를 저장하는 데 사용된다. **앱 그룹**app group을 사용하면, 동일한 앱 프로젝트 내의 다른 타깃 간에 또는 완전히 다른 앱 간에 앱 저장소를 공유할 수도 있다. 앱 저장소에 대한 변경은 앱이 현재 포그라운드에 있는지 아니면 백그라운드에 있는지와 상관없이 즉시 적용된다.

@AppStorage와 @SceneStorage 프로퍼티 래퍼는 모두 Bool, Int, Double, String, URL 및 데이터 타입에 대한 저장을 지원한다. 다른 타입은 저장소에 배치되기 전에 Data 객체로 인코딩 및 캡슐화해야 한다.

CHAPTER 29
SwiftUI 스택 정렬과 정렬 가이드

21장 'SwiftUI 스택과 프레임'에서는 스택 컨테이너 뷰에서의 기본적인 정렬에 대해 다뤘다. 복잡한 사용자 인터페이스 레이아웃을 설계할 때는 SwiftUI 스택 뷰에서 제공하는 표준 정렬 방법 이상의 방법이 필요하다. 이를 염두에 두고 이번 장에서는 컨테이너 정렬, 정렬 가이드, 커스텀 정렬, 그리고 서로 다른 스택들 간의 정렬 구현까지 스택 정렬의 고급 기술에 대해 설명한다.

29.1 컨테이너 정렬

SwiftUI 스택을 사용할 때 가장 기본적인 정렬 방법은 컨테이너 정렬이며, 스택에 포함된 하위 뷰들이 스택 내에서 정렬되는 방식을 정의한다. 스택에 포함된 각각의 뷰에 지정된 정렬이 따로 없다면, 스택에 적용한 정렬이 하위 뷰에 적용된다. 이렇게 개별적으로 적용된 정렬이 없는 하위 뷰에 상위 뷰의 정렬 방법이 적용되는 것을 **암묵적으로 정렬**implicitly aligned되었다고 표현한다.

정렬할 때 기억해야 할 중요한 점은 수평 스택(HStack)은 하위 뷰를 수직 방향 정렬을 하며, 수직 스택(VStack)은 하위 뷰를 수평 방향 정렬을 한다. ZStack의 경우는 수평/수직 정렬 값이 모두 사용된다.

다음의 VStack 선언은 세 개의 하위 뷰를 포함하는 간단한 VStack으로 구성한다.

```
VStack {
    Text("This is some text")
    Text("This is some longer text")
    Text("This is short")
}
```

특정 컨테이너 정렬 값이 없으면 VStack은 속해 있는 뷰들은 그림 29-1과 같이 모두 중앙 정렬(.center)을 디폴트로 한다.

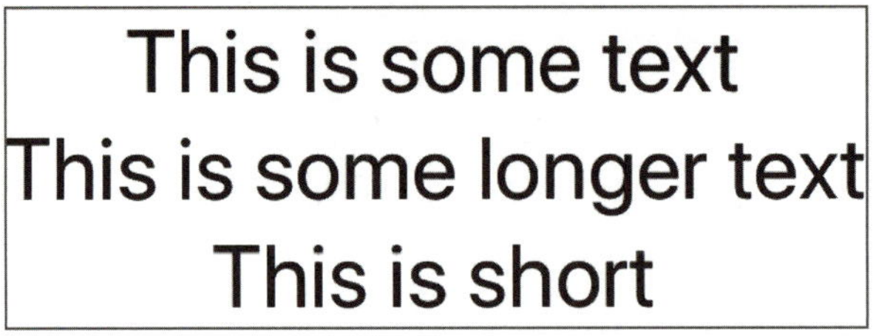

> This is some text
> This is some longer text
> This is short

그림 29-1

디폴트 중앙 정렬 외에도 VStack은 .leading이나 .trailing 정렬을 사용할 수 있다.

```
VStack(alignment: .trailing) {
    Text("This is some text")
    Text("This is some longer text")
    Text("This is short")
}
```

앞의 VStack 레이아웃이 렌더링되며, 하위 뷰들과 컨테이너의 끝쪽으로 정렬되어 나타날 것이다.

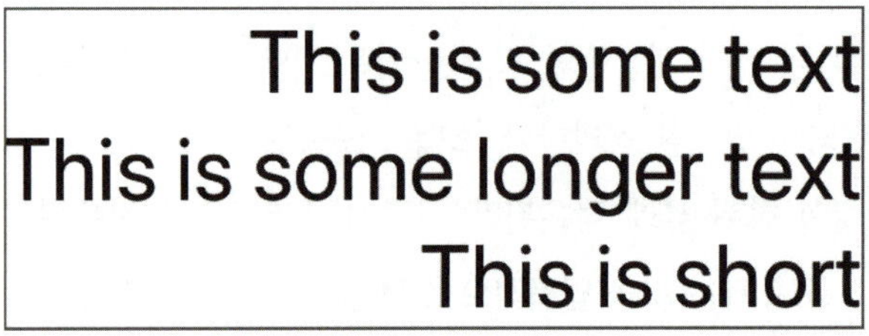

> This is some text
> This is some longer text
> This is short

그림 29-2

수평 스택(HStack) 역시 특정 정렬을 설정하지 않으면 기본적으로 중앙 정렬이 되지만, 텍스트 베이스라인 정렬을 위한 값뿐만 아니라 상단 정렬과 하단 정렬도 제공한다. 정렬을 지정할 때 여백 값을 포함할 수도 있다. 다음의 HStack은 디폴트로 여백이 있는 중앙 정렬을 사용하며, 서로 다른 폰트 크기를 가진 세 개의 하위 Text 뷰가 포함되어 있다.

```
HStack(spacing: 20) {
    Text("This is some text")
        .font(.largeTitle)
    Text("This is some much longer text")
        .font(.body)
    Text("This is short")
        .font(.headline)
}
```

앞의 수평 스택(HStack)은 다음과 같이 나타난다.

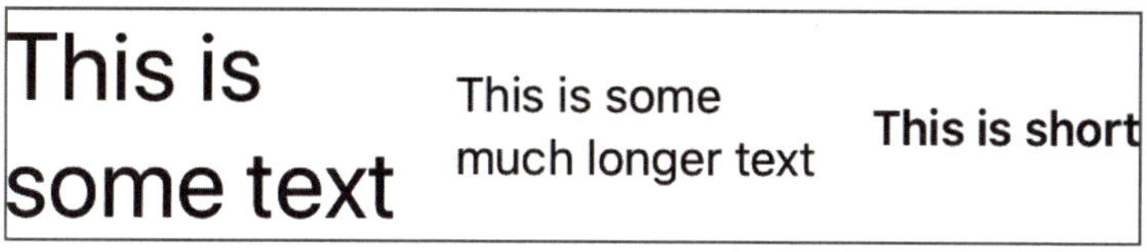

그림 29-3

텍스트 베이스라인 정렬은 텍스트 기반 뷰의 첫 줄(.firstTextBaseline) 또는 마지막 줄(.lastText Baseline)을 기준으로 할 수 있다.

```
HStack(alignment: .lastTextBaseline, spacing: 20) {
    Text("This is some text")
        .font(.largeTitle)
    Text("This is some much longer text")
        .font(.body)
    Text("This is short")
        .font(.headline)
}
```

이제 세 개의 Text 뷰는 마지막 뷰의 베이스라인에 맞춰 정렬된다.

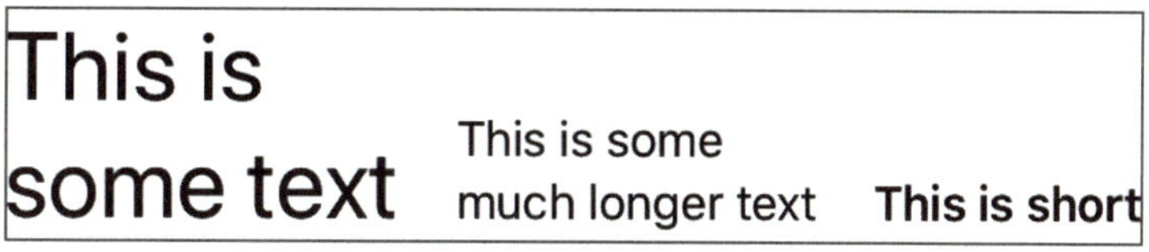

그림 29-4

29.2 정렬 가이드

정렬 가이드alignment guide는 뷰가 스택에 포함된 다른 뷰와 정렬해야 할 때 사용되는 커스텀 포지션을 정의하는 데 사용된다. 이것은 중앙 정렬, 앞쪽 정렬, 상단 정렬 등의 표준 정렬 타입보다 더 복잡한 정렬을 구현할 수 있게 해준다. 예를 들어, 정렬 가이드는 길이의 3분의 2 위치 또는 상단에서 20포인트를 기준으로 뷰를 정렬할 때 사용될 수 있다.

정렬 가이드는 표준 정렬 타입과 클로저를 인자로 받는 alignmentGuide() 수정자를 사용하여 뷰에 적용되며, 클로저는 표준 정렬을 기준으로 하는 뷰 내에 위치(포인트)를 가리키는 값을 계산하여 반환한다. 뷰 내의 정렬 위치 계산을 돕기 위하여 뷰의 폭과 높이를 얻는 데 사용할 수 있는 `ViewDimensions` 객체와 뷰의 표준 정렬 위치(`.top`, `.bottom`, `.leading` 등)가 클로저에 전달된다.

다음의 `VStack`은 세 개의 서로 다른 길이와 색상을 가진 사각형을 가지고 있으며, 모두 앞쪽 정렬을 한다.

```
VStack(alignment: .leading) {
    Rectangle()
        .foregroundColor(Color.green)
        .frame(width: 120, height: 50)
    Rectangle()
        .foregroundColor(Color.red)
        .frame(width: 200, height: 50)
    Rectangle()
        .foregroundColor(Color.blue)
        .frame(width: 180, height: 50)
}
```

앞의 레이아웃은 그림 29-5와 같이 렌더링된다.

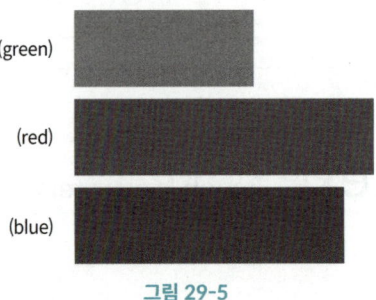

그림 29-5

이제, 모든 사각형이 앞쪽으로 정렬되게 하는 게 아니라, 두 번째 뷰만 앞쪽에서 120포인트 안쪽으로 들어가게 정렬해보자. 이것은 다음과 같이 정렬 가이드를 사용하여 구현될 수 있다.

```
VStack(alignment: .leading) {
    Rectangle()
        .foregroundColor(Color.green)
        .frame(width: 120, height: 50)
    Rectangle()
        .foregroundColor(Color.red)
```

```
        .alignmentGuide(.leading, computeValue: { d in 120.0 })
        .frame(width: 200, height: 50)
    Rectangle()
        .foregroundColor(Color.blue)
        .frame(width: 180, height: 50)
}
```

첫 번째 사각형과 세 번째 사각형은 여전히 앞쪽 정렬을 하고 있지만, 두 번째 사각형은 지정된 정렬 가이드 위치로 정렬되었다.

그림 29-6

정렬 가이드를 사용할 때 그림 29-7과 같이 `alignmentGuide()` 수정자에 지정된 정렬 타입은 부모 스택에 적용된 정렬 타입과 일치해야 한다.

```
VStack(alignment: .leading) {
    Rectangle()
        .foregroundColor(Color.green)
        .frame(width: 120, height: 50)
    Rectangle()
        .foregroundColor(Color.red)
        .alignmentGuide(.leading, computeValue: { d in 120.0 })
        .frame(width: 200, height: 50)
    Rectangle()
        .foregroundColor(Color.blue)
        .frame(width: 180, height: 50)
}
```

반드시 일치해야 함

그림 29-7

오프셋offset을 하드코딩하는 대신, 클로저에 전달된 `ViewDimensions` 객체의 프로퍼티를 정렬 가이드 위치를 계산하는 데 이용할 수 있다. 예를 들어, `width` 프로퍼티를 이용하면 뷰의 앞쪽 3분의 1 위치로 배치할 수 있다.

```
VStack(alignment: .leading) {
    Rectangle()
```

```
        .foregroundColor(Color.green)
        .frame(width: 120, height: 50)
    Rectangle()
        .foregroundColor(Color.red)
        .alignmentGuide(.leading, computeValue: { d in d.width / 3 })
        .frame(width: 200, height: 50)
    Rectangle()
        .foregroundColor(Color.blue)
        .frame(width: 180, height: 50)
}
```

이제 이 레이아웃은 그림 29-8과 같이 렌더링된다.

그림 29-8

ViewDimensions 객체는 뷰의 HorizontalAlignment와 VerticalAlignment 프로퍼티에 대한 접근을 제공한다. 다음의 예제는 뷰의 끝쪽에 20포인트를 추가로 더한다.

```
.alignmentGuide(.leading, computeValue: {
    d in d[HorizontalAlignment.trailing] + 20
})
```

이로 인해 뷰의 끝쪽은 다른 뷰의 앞쪽에서 20포인트 더해진 위치로 정렬된다.

그림 29-9

29.3 정렬 가이드 도구 사용하기

정렬 가이드에 익숙해지는 가장 좋은 방법은 다양한 설정으로 테스트해보는 것이다. 다행히도 SwiftUI Lab은 다양한 정렬 설정을 테스트해볼 수 있는 유용한 학습 도구를 만들었다. 이 도구를 사용하기 위해서 **AlignmentTool**이라는 이름의 새로운 SwiftUI 프로젝트를 생성하고, ContentView.swift 파일을 열어 기존의 소스 코드를 모두 삭제한다.

다음으로, 웹 브라우저를 열어 다음의 URL로 이동한다.

```
http://bit.ly/2MCioyl
```

이 페이지에는 alignment-guides-tool.swift라는 이름의 소스 코드가 있다. 이 파일의 전체 소스 코드를 복사해서 Xcode의 ContentView.swift 파일 안에 붙여넣는다. 이렇게 해서 컴파일하고 가로 모드로 아이패드 디바이스나 시뮬레이터로 앱을 실행하면 그림 29-10과 같이 나타난다.

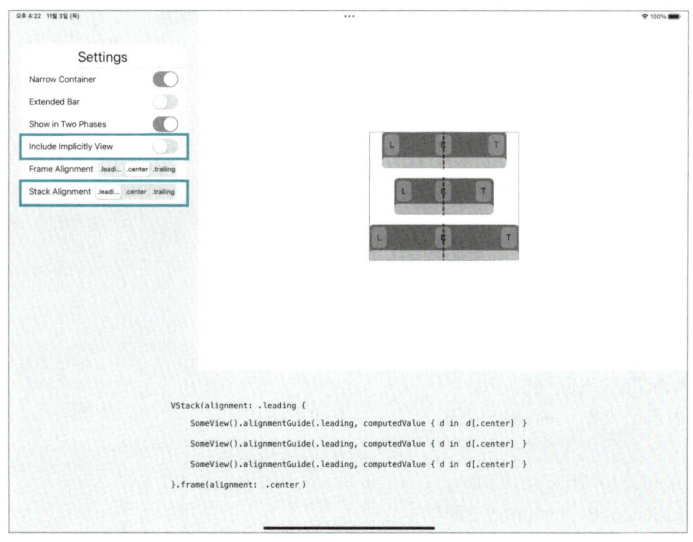

그림 29-10

Include Implicitly View 옵션을 켜면 어떠한 정렬 가이드도 없이 동작하는 뷰를 볼 수 있으며, 각 뷰 아래에 있는 노란색 바와 함께 녹색의 L, C, T 버튼과 **Stack Alignment** 옵션을 이용하여 서로 다른 정렬 가이드 조합을 테스트해볼 수 있다. 옵션을 선택할 때마다 화면 하단에 VStack 선언부가 현재 설정이 반영되도록 변경될 것이다.

29.4 커스텀 정렬 타입

이전에 했던 예제에서는 표준 정렬 타입을 기반으로 뷰 정렬을 변경했었다. SwiftUI는 커스텀 정렬 타입을 선언하여 표준 타입들이 확장될 수 있게 해준다. 예를 들어, .oneThird라는 이름의 커스텀 정렬 타입은 뷰의 지정된 끝쪽에서부터 3분의 1 거리 위치로 정렬하게 만들 수 있다.

다음은 수직 방향으로 중앙에 위치하는 네 개의 사각형으로 구성된 `HStack`이다.

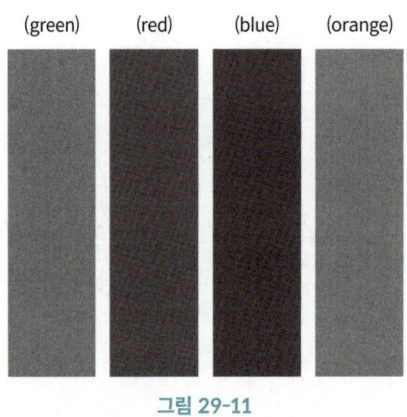

그림 29-11

앞의 레이아웃에 대한 선언부는 다음과 같다.

```
HStack(alignment: .center) {
    Rectangle()
        .foregroundColor(Color.green)
        .frame(width: 50, height: 200)
    Rectangle()
        .foregroundColor(Color.red)
        .frame(width: 50, height: 200)
    Rectangle()
        .foregroundColor(Color.blue)
        .frame(width: 50, height: 200)
    Rectangle()
        .foregroundColor(Color.orange)
        .frame(width: 50, height: 200)
}
```

이들 사각형 중에 하나 이상의 사각형만 정렬을 바꾸고자 한다면 적용될 값을 계산하기 위한 계산식이 포함된 정렬 가이드를 적용하는 방법을 쓸 수 있을 것이다. 다른 방법으로는 여러 뷰에 적용될 수 있는 커스텀 정렬을 생성하는 것이다. 이것은 계산된 값을 반환하는 새로운 정렬 타입을 추가하기 위하여 `VerticalAlignment`나 `HorizontalAlignment`를 확장하여 할 수 있다. 다음은 새로운 수직 정렬 타입을 생성하는 예제다.

```
extension VerticalAlignment {
    private enum OneThird : AlignmentID {
        static func defaultValue(in d: ViewDimensions) -> CGFloat {
            return d.height / 3
        }
    }
    static let oneThird = VerticalAlignment(OneThird.self)
}
```

이 `extension`은 `AlignmentID` 프로토콜을 따르는 열거형(enum)을 포함해야 하며, `defaultValue()`라는 이름의 함수가 구현되도록 지시한다. 이 함수는 뷰에 대한 `ViewDimensions` 객체를 받아야 하며, 정렬 가이드 위치를 가리키는 계산된 `CGFloat` 값을 반환해야 한다. 앞의 예제에서는 뷰 높이의 3분의 1이 반환된다.

이렇게 구현했다면 커스텀 정렬은 다음과 같이 `HStack` 선언부에 사용될 수 있다.

```
HStack(alignment: .oneThird) {
    Rectangle()
        .foregroundColor(Color.green)
        .frame(width: 50, height: 200)
    Rectangle()
        .foregroundColor(Color.red)
        .alignmentGuide(.oneThird,
                        computeValue: { d in d[VerticalAlignment.top] })
        .frame(width: 50, height: 200)
    Rectangle()
        .foregroundColor(Color.blue)
        .frame(width: 50, height: 200)
    Rectangle()
        .foregroundColor(Color.orange)
        .alignmentGuide(.oneThird,
                        computeValue: { d in d[VerticalAlignment.top] })
        .frame(width: 50, height: 200)
}
```

앞의 예제에서 새로운 `.oneThird` 커스텀 정렬은 두 개의 사각형 뷰에 적용되었으며, 그 결과는 다음과 같다.

그림 29-12

두 개의 사각형 모두 부가적인 수정 없이 뷰의 상단을 기준으로 계산되어 정렬되었다. 사실, 커스텀 정렬은 표준 정렬 타입과 같은 방법으로 사용될 수 있다. 예를 들어, 다음은 뷰의 아래쪽을 기준으로 빨간 사각형을 정렬한다.

```
.alignmentGuide(.oneThird,
        computeValue: { d in d[VerticalAlignment.bottom] })
```

뷰가 렌더링되면 정렬 가이드는 뷰의 아래쪽이 뷰 높이의 3분의 1 위치로 정렬된다.

그림 29-13

29.5 스택 정렬 교차하기

일반적으로 사용자 인터페이스 레이아웃은 여러 단계의 중첩된 스택으로 생성될 것이다. 표준 정렬 타입의 주요한 단점은 스택 내의 뷰가 다른 스택에 있는 뷰와 정렬되도록 하는 방법을 제공하지 않는다는 것이다. 그림 29-14는 HStack 안에 VStack이 포함된 스택의 구성도다. VStack뿐만 아니라 다른 하나의 뷰도 포함되어 있다.

그림 29-14

앞의 그림에 대한 선언문은 다음과 같다.

```
HStack(alignment: .center, spacing: 20) {
    Circle()
        .foregroundColor(Color.purple)
        .frame(width: 100, height: 100)
    VStack(alignment: .center) {
        Rectangle()
            .foregroundColor(Color.green)
            .frame(width: 100, height: 100)
        Rectangle()
            .foregroundColor(Color.red)
            .frame(width: 100, height: 100)
        Rectangle()
```

```
            .foregroundColor(Color.blue)
            .frame(width: 100, height: 100)
        Rectangle()
            .foregroundColor(Color.orange)
            .frame(width: 100, height: 100)
    }
}
```

현재는 VStack과 원을 나타내는 뷰는 HStack 내에서 수직 방향으로 중앙 정렬되어 있다. 만약 원을 VStack에 있는 맨 위의 사각형이나 맨 아래의 사각형과 정렬하고 싶다면, HStack 정렬을 .top 또는 .bottom으로 바꾸면 될 것이다. 반면, 보라색 원이 두 번째 또는 세 번째 사각형과 정렬되게 하려면 표준 정렬 타입을 사용해서 할 수 있는 방법은 없다. 다행히도 커스텀 정렬을 생성하고 원과 VStack에 있는 사각형에 적용하면 가능하다.

뷰의 아래쪽을 기준으로 한 정렬 값을 반환하는 간단한 커스텀 정렬은 다음과 같이 구현될 수 있다.

```
extension VerticalAlignment {
    private enum CrossAlignment : AlignmentID {
        static func defaultValue(in d: ViewDimensions) -> CGFloat {
            return d[.bottom]
        }
    }
    static let crossAlignment = VerticalAlignment(CrossAlignment.self)
}
```

이렇게 만든 커스텀 정렬은 서로 다른 스택에 포함된 뷰를 정렬하기 위해 사용할 수 있다. 다음의 예제는 원 뷰의 아래쪽이 VStack에 포함된 세 번째 사각형과 정렬한다.

```
HStack(alignment: .crossAlignment, spacing: 20) {
    
    Circle()
        .foregroundColor(Color.purple)
        .alignmentGuide(.crossAlignment,
                        computeValue: { d in d[VerticalAlignment.center] })
        .frame(width: 100, height: 100)
    
    VStack(alignment: .center) {
        Rectangle()
            .foregroundColor(Color.green)
            .frame(width: 100, height: 100)
        Rectangle()
```

```
            .foregroundColor(Color.red)
            .frame(width: 100, height: 100)
        Rectangle()
            .foregroundColor(Color.blue)
            .alignmentGuide(.crossAlignment, computeValue:
                         { d in d[VerticalAlignment.center] })
            .frame(width: 100, height: 100)
        Rectangle()
            .foregroundColor(Color.orange)
            .frame(width: 100, height: 100)
    }
}
```

HStack의 정렬 역시 커스텀 정렬인 .crossAlignment 타입을 사용하도록 해야 효과가 나타난다는 점을 기억하자. 이렇게 수정하면 레이아웃이 그림 29-15와 같이 표시될 것이다.

그림 29-15

29.6 ZStack 커스텀 정렬

기본적으로 ZStack의 하위 뷰는 중앙 정렬된 상태로 위로 겹치게 쌓이게 된다. 다음의 그림은 ZStack에 세 개의 도형(원, 정사각형, 캡슐 모양) 뷰가 각각 위로 쌓이면서 중앙 정렬된 것을 보여준다.

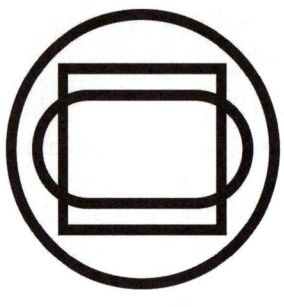

그림 29-16

표준 정렬 타입을 이용하면 스택에 속한 모든 뷰의 정렬을 바꿀 수 있다. 예를 들어, 그림 29-17은 ZStack의 정렬을 .leading으로 한 것이다.

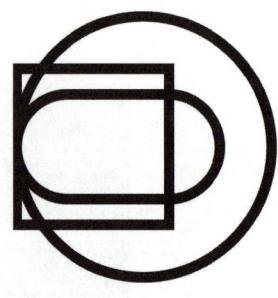

그림 29-17

스택에 있는 각 뷰가 자신만의 정렬을 갖도록 하는 조금 더 복잡한 정렬을 레이아웃에 적용하려면, 수평 커스텀 정렬과 수직 커스텀 정렬 모두가 하나의 커스텀 정렬로 결합되어야 한다.

```
extension HorizontalAlignment {
    enum MyHorizontal: AlignmentID {
        static func defaultValue(in d: ViewDimensions) -> CGFloat
            { d[HorizontalAlignment.center] }
    }
    static let myAlignment = HorizontalAlignment(MyHorizontal.self)
}

extension VerticalAlignment {
    enum MyVertical: AlignmentID {
        static func defaultValue(in d: ViewDimensions) -> CGFloat
            { d[VerticalAlignment.center] }
    }
    static let myAlignment = VerticalAlignment(MyVertical.self)
}
```

```
extension Alignment {
    static let myAlignment = Alignment(horizontal: .myAlignment,
                                       vertical: .myAlignment)
}
```

이렇게 구현하면 커스텀 정렬은 ZStack의 하위 뷰를 수직/수평으로 정렬하는 데 사용할 수 있다.

```
ZStack(alignment: .myAlignment) {
    Rectangle()
        .foregroundColor(Color.green)
        .alignmentGuide(HorizontalAlignment.myAlignment)
            { d in d[.trailing]}
        .alignmentGuide(VerticalAlignment.myAlignment)
            { d in d[VerticalAlignment.bottom] }
        .frame(width: 100, height: 100)
    
    Rectangle()
        .foregroundColor(Color.red)
        .alignmentGuide(VerticalAlignment.myAlignment)
            { d in d[VerticalAlignment.top] }
        .alignmentGuide(HorizontalAlignment.myAlignment)
            { d in d[HorizontalAlignment.center] }
        .frame(width: 100, height: 100)
    
    Circle()
        .foregroundColor(Color.orange)
        .alignmentGuide(HorizontalAlignment.myAlignment)
            { d in d[.leading] }
        .alignmentGuide(VerticalAlignment.myAlignment)
            { d in d[.bottom] }
        .frame(width: 100, height: 100)
}
```

앞의 ZStack은 그림 29-18과 같이 나타날 것이다.

그림 29-18

ZStack 커스텀 정렬이 어떻게 동작하는지 이해하기 위해서 각 뷰의 정렬 설정을 바꿔서 테스트해 보자. 예를 들어, 다음과 같이 바꿔보자.

```
ZStack(alignment: .myAlignment) {
    Rectangle()
        .foregroundColor(Color.green)
        .alignmentGuide(HorizontalAlignment.myAlignment)
            { d in d[.leading]}
        .alignmentGuide(VerticalAlignment.myAlignment)
            { d in d[VerticalAlignment.bottom] }
        .frame(width: 100, height: 100)

    Rectangle()
        .foregroundColor(Color.red)
        .alignmentGuide(VerticalAlignment.myAlignment)
            { d in d[VerticalAlignment.center] }
        .alignmentGuide(HorizontalAlignment.myAlignment)
            { d in d[HorizontalAlignment.trailing] }
        .frame(width: 100, height: 100)

    Circle()
        .foregroundColor(Color.orange)
        .alignmentGuide(HorizontalAlignment.myAlignment)
            { d in d[.leading] }
        .alignmentGuide(VerticalAlignment.myAlignment)
            { d in d[.top] }
        .frame(width: 100, height: 100)
}
```

이렇게 변경하고 프리뷰 캔버스를 확인하여 그림 24-19와 같이 되는지 보자.

그림 29-19

29.7 요약

SwiftUI 스택 컨테이너 뷰는 컨테이너를 기준으로 모든 하위 뷰의 위치를 조절하는 기본 정렬 설정을 이용하여 구성될 수 있다. 스택에 속한 개별 뷰의 정렬은 정렬 가이드를 사용하여 할 수 있다. 정렬 가이드는 ViewDimensions 객체가 전달되는 클로저를 포함한다. ViewDimensions 객체는 뷰의 높이와 폭을 기준으로 뷰의 위치를 계산하는 데 사용된다. 이러한 정렬 가이드는 스택 뷰 레이아웃을 선언할 때 표준 정렬과 동일한 방법으로 재사용될 수 있는 커스텀 정렬로 구현할 수도 있다. 커스텀 정렬은 서로 다른 스택에 포함된 뷰들이 서로 정렬되어야 하는 경우에 매우 유용하다. ZStack의 하위 뷰에 대한 커스텀 정렬은 수평 정렬 가이드와 수직 정렬 가이드 모두가 필요하다.

CHAPTER 30

SwiftUI List와 내비게이션

SwiftUI List 뷰는 수직 방향의 목록 형태로 사용자에게 정보를 제공하는 방법을 제공한다. 리스트 항목은 사용자가 터치했을 때 앱의 다른 영역으로 이동하곤 한다. 이런 행동은 NavigationStack 컴포넌트와 NavigationLink 컴포넌트를 사용하여 구현된다.

List 뷰는 정적 데이터와 동적 데이터 모두를 표현할 수 있으며, 추가, 삭제, 항목 순서 재정렬 작업을 할 수 있도록 확장되기도 한다.

이번 장에서는 List 뷰에 대한 개요와 함께 NavigationStack과 NavigationLink를 설명하며, 다음 장에서는 이에 대한 튜토리얼을 진행한다.

30.1 SwiftUI List

SwiftUI List 컨트롤은 셀cell에 포함된 하나 이상의 뷰의 각 행을 수직 방향의 목록으로 정보를 표현하는 UIKit의 TableView 클래스와 비슷한 기능을 제공한다. 예를 들어, 다음의 List 구현을 살펴보자.

```
struct ContentView: View {
    var body: some View {

        List {
            Text("Wash the car")
            Text("Vacuum house")
            Text("Pick up kids from school bus @ 3pm")
            Text("Auction the kids on eBay")
            Text("Order Pizza for dinner")
        }
    }
}
```

프리뷰에서 보면 앞의 리스트는 그림 30-1과 같이 나타난다.

그림 30-1

리스트 셀은 단 하나의 컴포넌트만 있어야 한다는 제약은 없다. 여러 컴포넌트를 조합해서 셀에 표시할 수 있다. 다음의 예제는 리스트의 각 행을 HStack 안의 이미지와 텍스트 컴포넌트 조합으로 구성한다.

```
List {
    HStack {
        Image(systemName: "trash.circle.fill")
        Text("Take out the trash")
    }

    HStack {
        Image(systemName: "person.2.fill")
        Text("Pick up the kids") }

    HStack {
        Image(systemName: "car.fill")
        Text("Wash the car")
    }
}
```

앞의 뷰 구조에 대하여 프리뷰 캔버스는 그림 30-2와 같이 나타난다.

그림 30-2

30.1 SwiftUI List

30.2 리스트 구분자 및 행 수정하기

행을 구분하기 위해 List 뷰에서 사용하는 선line은 listRowSeparator() 수정자를 셀 콘텐트 뷰에 적용하여 숨길 수 있다. 반면에 listRowSeparatorTint() 수정자는 선의 색상을 변경하는 데 사용할 수 있다. listRowBackground() 수정자를 사용하여 뷰가 행의 배경으로 표시되도록 할당하는 것도 가능하다. 예를 들어, 다음 코드는 첫 번째 구분자를 숨기고 다음 두 구분자의 색상을 변경하며 마지막 행에 배경 이미지를 표시한다.

```
List {
    Text("Wash the car")
        .listRowSeparator(.hidden)
    Text("Pick up kids from school bus @ 3pm")
        .listRowSeparatorTint(.green)
    Text("Auction the kids on eBay")
        .listRowSeparatorTint(.red)
    Text("Order Pizza for dinner")
        .listRowBackground(Image("MyBackgroundImage"))
}
```

위의 예제는 List를 사용하여 정적 정보를 표시하는 방법을 보여준다. 항목들의 동적 리스트를 표시하려면 몇 가지 추가적인 작업이 필요하다.

30.3 SwiftUI 동적 리스트

시간이 지남에 따라 변할 수 있는 항목들을 포함하고 있는 리스트라면 동적이라고 할 수 있다. 다시 말해, 항목이 추가, 편집, 삭제될 수 있고, 이러한 변화를 동적으로 반영하도록 리스트를 업데이트한다.

이런 타입의 리스트를 지원하려면 표시될 데이터는 Identifiable 프로토콜을 따르는 클래스 또는 구조체 내에 포함되어야 한다. Identifiable 프로토콜을 사용하려면 리스트에서 각 항목을 고유하게 식별하는 데 사용될 수 있는 id라는 이름의 프로퍼티가 객체에 있어야 한다. 수백 개의 다른 표준 스위프트 타입뿐만 아니라 String, Int, UUID 타입을 포함한 Hashable 프로토콜을 따르는 모든 스위프트 타입이나 커스텀 타입이 id 프로퍼티가 될 수 있다. 만약 UUID를 사용하기로 선택했다면 UUID() 메서드는 각 항목마다 고유한 ID를 자동으로 생성하는 데 사용될 수 있다.

다음의 코드는 **할 일**to do list 예제를 위하여 `Identifiable` 프로토콜을 따르는 간단한 구조체를 구현한다. 이때 아이디는 `UUID()` 메스드를 호출해 자동으로 생성한다.

```swift
struct ToDoItem : Identifiable {
    var id = UUID()
    var task: String
    var imageName: String
}
```

이번 예제를 위해 `ToDoItem` 객체들의 배열을 사용하여 리스트에 데이터가 제공되는 것을 다음과 같이 구현한다.

```swift
struct ContentView: View {

    @State var listData: [ToDoItem] = [
        ToDoItem(task: "Take out trash", imageName: "trash.circle.fill"),
        ToDoItem(task: "Pick up the kids", imageName: "person.2.fill"),
        ToDoItem(task: "Wash the car", imageName: "car.fill")
    ]

    var body: some View {

        List(listData) { item in
            HStack {
                Image(systemName: item.imageName)
                Text(item.task)
            }
        }
    }
}
```

이제 리스트에는 각 셀에 대한 뷰가 필요 없다. 그 대신, 데이터 배열에 대한 반복문을 실행하면서 동일하게 선언된 `HStack` 선언부를 재사용하고 각 배열 항목에서의 적절한 데이터를 연결한다.

리스트에 동적 데이터와 정적 데이터를 함께 표현해야 하는 경우, `ForEach` 구문을 리스트의 `body`에서 사용하여 동적 데이터에 대해 반복문을 돌리면서 정적 항목을 선언할 수 있다. 다음 예제는 정적 항목인 토글 버튼과 함께 동적 데이터에 대한 `ForEach` 구문을 사용하고 있다.

```
struct ContentView: View {

    @State private var toggleStatus = true
.
.
    var body: some View {

        List {
            Toggle(isOn: $toggleStatus) {
                Text("Allow Notifications")
            }

            ForEach (listData) { item in
                HStack {
                    Image(systemName: item.imageName)
                    Text(item.task)
                }
            }
        }
    }
}
```

앞의 예제는 그림 30-3과 같이 토글 버튼과 동적 리스트가 나타난다.

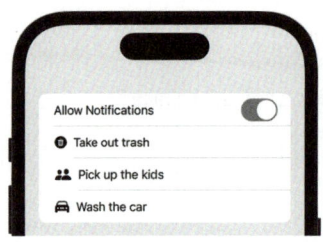

그림 30-3

SwiftUI의 List 구현체는 Section 뷰를 이용하여 헤더와 푸터가 있는 섹션으로 나눌 수도 있다. 그림 30-4는 헤더가 있는 두 개의 섹션으로 나눠진 리스트를 보여준다.

그림 30-4

이러한 섹션을 구현하기 위해서 뷰 선언부를 다음과 같이 수정한다.

```
List {
    Section(header: Text("Settings")) {
        Toggle(isOn: $toggleStatus) {
            Text("Allow Notifications")
        }
    }

    Section(header: Text("To Do Tasks")) {
        ForEach (listData) { item in
            HStack {
                Image(systemName: item.imageName)
                Text(item.task)
            }
        }
    }
}
```

리스트의 항목을 사용자가 터치하면 앱의 다른 화면으로 이동해야 할 경우가 종종 있다. 이런 동작은 `NavigationStack` 또는 `NavigationLink`를 사용하여 구현한다.

30.4 새로 고칠 수 있는 리스트 만들기

화면에 표시되는 데이터는 시간이 지남에 따라 변경될 수 있는 동적 소스에서 파생되곤 한다. iOS 앱의 표준 패러다임은 사용자가 아래로 스와이프하여 표시된 데이터를 새로 고치는 것이다. 새로 고침 프로세스 중에 일반적으로 앱은 회전하는 **프로그레스 인디케이터**progress indicator를 표시한 후 최신 데이터가 표시된다. 이러한 유형의 새로고침 동작을 앱에 쉽게 추가할 수 있도록 SwiftUI는 `refreshable()` 수정자를 제공한다. 이것을 뷰에 적용하면, 해당 뷰를 아래쪽으로 스와이프할 때 진행률 표시기가 표시되고 수정자 클로저의 코드가 실행된다. 예를 들어, 다음과 같이 리스트에 새로고침을 추가할 수 있다.

```
List {
    Section(header: Text("Settings")) {
        Toggle(isOn: $toggleStatus) {
            Text("Allow Notifications")
        }
    }
}
```

```
            Section(header: Text("To Do Tasks")) {
                ForEach (listData) { item in
                    HStack {
                        Image(systemName: item.imageName)
                        Text(item.task)
                    }
                }
            }
        }
        .refreshable {
            listData = [
                ToDoItem(task: "Order dinner", imageName: "dollarsign.circle.fill"),
                ToDoItem(task: "Call financial advisor", imageName: "phone.fill"),
                ToDoItem(task: "Sell the kids", imageName: "person.2.fill")
            ]
        }
```

그림 30-5는 앞의 수정자를 추가한 후 List 뷰 내에서 아래로 스와이프 제스처를 수행하는 효과를 보여준다. 리스트 상단의 진행률 표시기와 업데이트된 할 일 항목을 모두 확인할 수 있다.

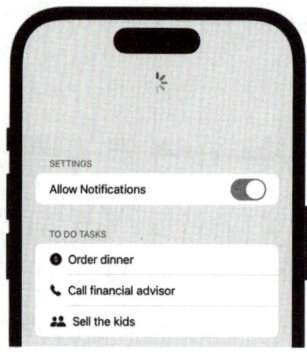

그림 30-5

refreshable() 수정자를 사용하여 시간이 많이 소요되는 작업을 구조화된 동시성(이전 24장 '스위프트 구조화된 동시성 개요'에서 다룸)을 사용하는 비동기 작업으로 수행하도록 하자. 이렇게 하면 새로고침 중에 앱이 응답 상태를 유지할 수 있다.

30.5 NavigationStack과 NavigationLink

리스트에 있는 항목을 터치하여 이동하게 하려면 먼저 리스트를 NavigationStack 안에 넣어야 한다. 그런 다음에 리스트의 각 행을 NavigationLink 컨트롤로 감싼다. 이 컨트롤은

NavigationStack 내용 안에서 각 내비게이션 링크를 고유하게 식별하는 값을 전달한다.

다음은 NavigationStack에 List 뷰를 포함하고 NavigationLink에서 행 내용을 래핑하도록 예제를 수정한다.

```
NavigationStack {
    List {
        Section(header: Text("Settings")) {
            Toggle(isOn: $toggleStatus) {
                Text("Allow Notifications")
            }
        }

        Section(header: Text("To Do Tasks")) {
            ForEach (listData) { item in
                NavigationLink(value: item.task) {
                    HStack {
                        Image(systemName: item.imageName)
                        Text(item.task)
                    }
                }
            }
        }
    }
}
```

각 행을 고유하게 식별할 수 있도록 항목 작업 문자열을 NavigationLink 값으로 사용한다. 다음 단계는 사용자가 행을 탭할 때 이동할 대상 뷰를 지정하는 것이다. 이것은 List에 NavigationDestination(for:) 수정자를 적용하여 할 수 있다. 이 수정자를 추가할 때 이동할 값 타입을 전달해야 한다. 이 예제에서는 작업 문자열을 사용하므로 String.self를 값 타입으로 지정해야 한다. NavigationDestination(for:) 호출의 후행 클로저 내에서는 행이 선택될 때 표시될 뷰를 호출해야 한다. 이 클로저는 NavigationLink의 값을 전달받아 적절한 뷰를 표시할 수 있도록 한다.

```
NavigationStack {
    List {
.
.
        Section(header: Text("To Do Tasks")) {
            ForEach (listData) { item in
```

```
                NavigationLink(value: item.task) {
                    HStack {
                        Image(systemName: item.imageName)
                        Text(item.task)
                    }
                }
            }
        }
    }
    .navigationDestination(for: String.self) { task in
        Text("Selected task = \(task)")
    }
}
```

이번 예제에서 내비게이션 링크는 `item.task` 문자열 값을 표시하는 대상 Text 뷰를 가진 새로운 화면을 보여준다. 최종 리스트는 그림 30-6과 같이 각 행의 맨 오른쪽에 있는 제목과 **갈매기 모양** chevron이 표시되어 이동할 수 있음을 나타낸다. 항목을 하나 터치해보면 Text 뷰로 이동할 것이다.

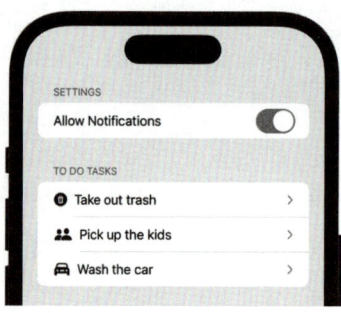

그림 30-6

30.6 값 타입별 내비게이션

`navigationDestination()` 수정자는 여러 가지 타입의 값을 포함하며 각 타입마다 특정 뷰로 이동해야 하는 리스트에 내비게이션 기능을 추가하는 데 특히 유용하다. 예를 들어 문자열 기반 작업 내비게이션 링크뿐만 아니라 리스트의 전체 작업 수인 정숫값이 전달되는 `NavigationLink`도 있다고 가정하자. 이것은 다음과 같이 우리의 예제에서 구현될 수 있다.

```
NavigationStack {
    List {
        Section(header: Text("Settings")) {
```

```
            Toggle(isOn: $toggleStatus) {
                Text("Allow Notifications")
            }

            NavigationLink(value: listData.count) {
                Text("View Task Count")
            }
        }
    .
    .
```

이 링크를 선택하면 앱이 현재 작업 수를 표시하는 Text 뷰로 이동할 것이다. 여기에 필요한 것은 두 번째 navigationDestination() 수정자다. 이번에는 String 값 대신 Int를 처리하도록 구성한다.

```
    .
    .
    }
    .navigationDestination(for: String.self) { task in
        Text("Selected task = \(task)")
    }
    .navigationDestination(for: Int.self) { count in
        Text("Number of tasks = \(count)")
    }
    .
    .
```

이 기술을 사용하면, 각 내비게이션 링크에 전달된 값의 타입을 기반으로 하나의 내비게이션 스택 내에서 여러 내비게이션 대상을 구성할 수 있다.

30.7 내비게이션 경로로 작업하기

이름에서 알 수 있듯이 NavigationStack은 사용자가 앱의 화면을 이동할 때 내비게이션 대상이 저장되는 스택을 제공한다. 사용자가 어떤 뷰에서 다른 뷰로 이동할 때 원래의 뷰에 대한 참조가 스택에 **푸시**push된다. 그런 다음 사용자가 다른 뷰로 이동하면 현재의 뷰도 스택에 배치된다. 언제든지 사용자는 내비게이션 바에 표시된 뒤로 가는 화살표를 눌러 이전 뷰로 돌아갈 수 있다. 사용자가 스택에 저장된 뷰로 다시 이동하면 각 뷰는 스택에서 **빼서**pop 없어지며 내비게이션이 시작했던 뷰에 도달할 때까지 이런 방식으로 동작한다.

사용자가 이동하는 뷰를 **내비게이션 경로**navigation path라고 한다. SwiftUI는 다음과 같이 NavigationPath의 인스턴스를 NavigationStack 인스턴스에 전달하여 우리만의 경로를 제공할 수 있게 해준다.

```
struct ContentView: View {

    @State private var stackPath = NavigationPath()

    var body: some View {

        NavigationStack(path: $stackPath) {
.
.
```

우리가 만든 경로를 사용하는 NavigationStack을 사용하면, 스택의 여러 내비게이션 레벨을 건너뛰어 되돌아갈 수 있도록(사용자가 내비게이션 각 대상을 하나씩 되돌아가는 게 아니라) 대상들을 수동을 **제거**pop하는 등의 작업을 할 수 있다. 예를 들어, 스택 내에 깊숙이 위치한 뷰에서 홈 화면으로 사용자가 한 번에 되돌아 가도록 버튼을 구성할 수도 있다. 예를 들어, 이것은 스택에 있는 내비게이션 대상의 수를 식별한 다음에 경로 인스턴스의 removeLast() 메서드를 호출하여 모두 제거하는 방식으로 구현할 수 있다.

```
var stackCount = stackPath.count
stackPath.removeLast(stackCount)
```

내비게이션 경로의 append() 메서드를 호출하고 대상과 관련된 내비게이션 값을 전달하여 프로그램적으로 특정 대상 뷰로 이동할 수도 있다.

```
stackPath.append(value)
```

30.8 내비게이션 바 커스터마이징

제목을 설정하기 위해서 리스트 컴포넌트의 수정자를 사용하여 NavigationStack 타이틀 바를 설정할 수 있고 부가적인 작업을 수행하는 버튼도 추가할 수 있다. 다음의 코드는 내비게이션 타이틀을 'To Do List'로 하고, addTask()라는 이름의 메서드가 호출되도록 구성된 바 아이템으로

'Add'라는 버튼이 추가되도록 설정하고 있다.

```
NavigationStack {
    List {
.
.
    }
    .navigationBarTitle(Text("To Do List"))
    .navigationBarItems(trailing: Button(action: addTask) {
        Text("Add")
    })
.
.
}
```

30.9 편집 가능하게 만들기

앱에서 사용자가 리스트의 항목을 삭제하거나 다른 위치로 옮기게 할 수 있도록 하는 것은 일반적이다. 삭제는 **데이터 소스**data source에서 해당 항목을 삭제하는 onDelete() 수정자를 각각의 리스트 셀에 추가하면 활성화할 수 있다. 이 메서드가 호출되면 삭제될 행의 **오프셋**offset을 가진 IndexSet 객체가 전달된다. 이 메서드를 구현했다면 사용자가 행을 왼쪽으로 스와이프할 때 그림 30-7과 같이 Delete 버튼이 나타날 것이다.

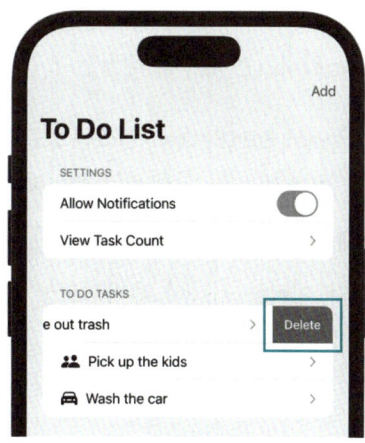

그림 30-7

이렇게 동작하는 것을 구현하기 위해 예제를 다음과 같이 수정한다.

```
.
.
List {
    Section(header: Text("Settings")) {
        Toggle(isOn: $toggleStatus) {
            Text("Allow Notifications")
        }
    }

    Section(header: Text("To Do Tasks")) {
        ForEach (listData) { item in
            NavigationLink(value: item.task) {
                HStack {
                    Image(systemName: item.imageName)
                    Text(item.task)
                }
            }
        }
        .onDelete(perform: deleteItem)
    }
}
.
.
func deleteItem(at offsets: IndexSet) {
    // 데이터 소스에서 항목을 삭제하는 코드가 여기 온다.
}
```

사용자가 리스트의 항목을 이동할 수 있도록 하려면 데이터 소스에서 항목의 순서를 변경하는 onMove() 수정자를 셀에 적용해야 한다. 이 메서드에는 이동할 행의 현재 위치를 담고 있는 IndexSet 객체와 이동하게 될 곳을 가리키는 정수가 전달된다.

onMove() 수정자를 추가하는 것 외에도 EditButton 인스턴스도 리스트에 추가되어야 한다. 이 버튼을 터치하면 자동으로 리스트는 편집 가능한 상태로 전환되며, 사용자는 항목을 이동하거나 삭제할 수 있게 된다. 편집 버튼은 **내비게이션 바 아이템**navigation bar item으로 navigationBarItems() 수정자를 이용하여 추가될 수 있다. 이러한 기능이 추가되도록 List 선언은 다음과 같이 수정될 수 있다.

```
List {
    Section(header: Text("Settings")) {
        Toggle(isOn: $toggleStatus) {
            Text("Allow Notifications")
```

```
            }
        }

        Section(header: Text("To Do Tasks")) {
            ForEach (listData) { item in
                NavigationLink(value: item.task) {
                    HStack {
                        Image(systemName: item.imageName)
                        Text(item.task)
                    }
                }
            }
            .onDelete(perform: deleteItem)
            .onMove(perform: moveItem)
        }
    }
    .navigationBarTitle(Text("To Do List"))
    .navigationBarItems(trailing: EditButton())
    .
    .
func moveItem(from source: IndexSet, to destination: Int) {
    // 항목을 재배열하는 코드가 온다.
}
```

프리뷰 캔버스에서 사용자가 Edit 버튼을 터치하면 리스트는 그림 30-8과 같이 나타난다. 각 행의 오른쪽에 있는 세 개의 줄을 드래그 앤 드롭하면 다른 행으로 옮길 수 있다. 그림 30-8은 'Pick up the kids' 항목을 옮기고 있다.

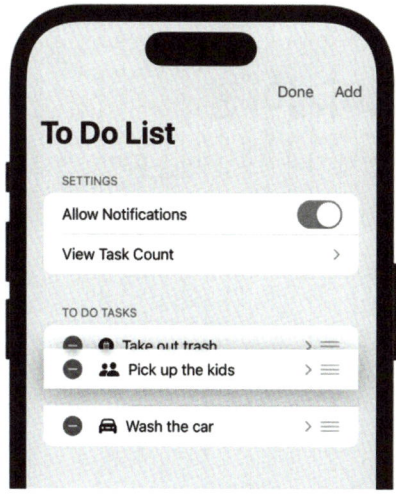

그림 30-8

30.10 계층적 목록

또한 SwiftUI는 그림 30-9와 같은 목록 형식으로 표시하기 위하여 계층적 데이터를 구성할 수 있도록 지원한다.

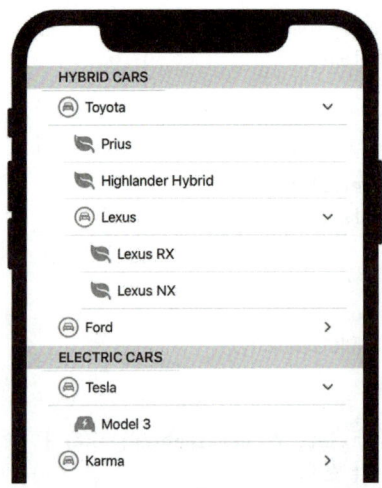

그림 30-9

이러한 동작은 데이터 구조 내에서 부모-자식 관계를 자동으로 분석하여 데이터 분기를 **확장**expand 및 **축소**collapse하는 컨트롤이 포함된 탐색 가능한 목록을 생성하는 `OutlineGroup` 및 `DisclosureGroup` 뷰와 함께 `List` 뷰의 기능을 사용하여 구현할 수 있다. 이 주제는 34장 'List, OutlineGroup, DisclosureGroup 개요'에서 자세히 다룬다.

30.11 멀티컬럼 내비게이션

`NavigationStack`은 각 대상이 전체 디바이스 화면을 차지하는 뷰들 간 이동을 제공한다. SwiftUI는 대상이 화면에 표시되면서 별도의 열에 각 대상을 나타나는 멀티컬럼 내비게이션을 지원한다. 멀티컬럼 내비게이션은 `NavigationSplitView` 구성 요소에 의해 제공되며 32장 '분할 뷰 내비게이션 개요'에서 다룬다.

30.12 요약

SwiftUI의 `List` 뷰는 셀을 포함하고 있는 각 행으로 항목을 나열할 수 있게 한다. 각 셀은 스택 레이아웃과 같은 컨테이너 뷰에 캡슐화된 여러 뷰를 포함할 수 있다. List 뷰는 정적 항목과 동적 항목 또는 두 개가 조합된 형태로 나타낼 수 있다. List을 사용하여 계층적 데이터를 그루핑하고, 구조화하며, 표시할 수 있게도 한다.

일반적으로 List 뷰는 사용자가 다른 화면으로 이동할 수 있는 수단으로 사용되곤 한다. 이러한 화면 이동은 NavigationDestination() 수정자를 사용하여 내비게이션 대상 뷰를 정의하는 NavigationStack으로 List 선언을 감싸고 NavigationLink로 각 행을 감싸서 구현된다.

리스트는 제목 있는 섹션으로 나눌 수 있으며, 제목과 버튼을 가지는 내비게이션 바를 가질 수 있다. 또한, 행의 추가, 삭제, 이동이 가능하도록 리스트를 구성할 수 있다.

CHAPTER 31

SwiftUI List와 NavigationStack 튜토리얼

이전 장에서는 List, NavigationStack, avigationLink 뷰에 대해 살펴보았으며, 다른 화면으로 이동하거나 리스트의 항목을 편집하는 기능을 제공하기 위해 이들 뷰를 어떻게 사용하는지도 설명했다. 이번 장에서는 배웠던 개념에 대한 실질적인 예제 프로젝트를 생성해볼 것이다.

31.1 ListNavDemo 프로젝트에 대하여

이번 장의 완성된 데모 프로젝트는 List 뷰 하나로 구성되며, 각 행은 이미지와 텍스트 정보를 표시하는 셀로 구성된다. 리스트의 행을 선택하면 선택한 항목에 대한 상세 내용이 있는 상세 화면으로 이동될 것이다. 또한, List 뷰는 항목을 추가/삭제하는 옵션과 리스트의 행 순서를 변경하는 옵션을 갖게 된다.

또한, 이번 프로젝트는 조금 더 확장하여 사용자 인터페이스와 데이터 모델이 동기화되도록 상태 프로퍼티와 Observable 객체를 사용하도록 할 것이다.

31.2 ListNavDemo 프로젝트 생성하기

Xcode를 실행하고 ListNavDemo라는 이름의 새로운 Multiplatform App을 만들기 위한 옵션을 선택한다.

31.3 프로젝트 준비하기

앱 프로젝트를 개발하기 전에 몇 가지 준비해야 할 것이 있다. 그것은 이번 장의 후반부에서 사용하게 될 이미지들과 데이터 애셋을 추가하는 일이다.

이번 프로젝트에서 사용될 것들은 다음의 URL에서 제공하는 소스 코드 샘플 다운로드 안에 포함되어 있다.

https://bit.ly/jpub_swiftui

다운로드를 받고 압축을 풀었다면 파인더(Finder)로 CarAssets.xcassets 폴더를 찾아 그림 31-1과 같이 프로젝트 내비게이터 패널로 드래그 앤 드롭한다.

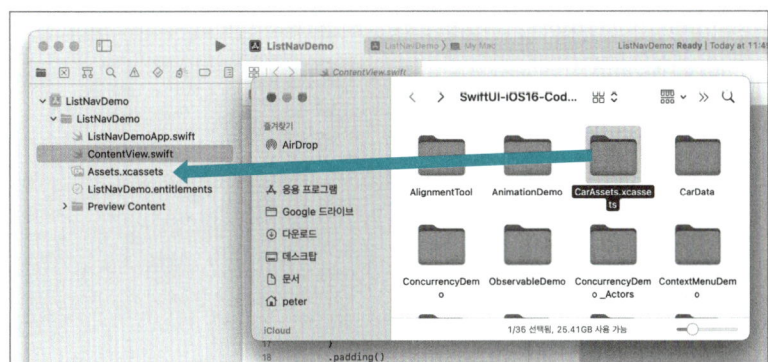

그림 31-1

다이얼로그가 나타나면 **Copy items if needed** 옵션을 활성화하여 애셋이 프로젝트 폴더에 포함되도록 하고 Finish 버튼을 클릭한다. 이미지 애셋을 추가했다면 다시 파인더에서 CarData 폴더에 있는 `carData.json` 파일을 찾아 프로젝트 내비게이터 패널로 드래그 앤 드롭하여 프로젝트에 포함되도록 한다.

이 JSON 파일에는 고유 아이디, 모델, 설명, 하이브리드 차량 여부를 나타내는 불리언 프로퍼티와 애셋에 있는 해당 차량 이미지의 파일명을 포함하여 하이브리드 자동차와 전기 자동차에 대한 항목이 포함되어 있다. 예를 들어, 다음은 '`Tesla Model 3`'에 대한 JSON이다.

```
{
    "id": "aa32jj887hhg55",
    "name": "Tesla Model 3",
    "description": "Luxury 4-door all-electric car. Range of 310 miles. 0-60mph in 3.2 seconds ",
    "isHybrid": false,
    "imageName": "tesla_model_3"
}
```

31.4 Car 구조체 추가하기

JSON 파일을 프로젝트에 추가했으니 자동차 모델을 나타내는 구조체를 선언하자. 새로운 Swift 파일을 추가하기 위해 **File ➡ New ➡ File...** 메뉴를 선택하여 나타난 템플릿 다이얼로그에서 **Swift File**을 선택하고 **Next** 버튼을 클릭한다. 다음에 나오는 화면에서 파일명을 Car.swift로 하고 **Create** 버튼을 클릭한다.

파일을 생성하면 새로운 파일이 코드 에디터에 로드될 것이다. 이 파일을 다음과 같이 수정하자.

```swift
import SwiftUI

struct Car : Codable, Identifiable {
    var id: String
    var name: String

    var description: String
    var isHybrid: Bool

    var imageName: String
}
```

보다시피 이 구조체는 JSON 파일에 있는 각 필드에 대한 프로퍼티를 담고 있으며, `Identifiable` 프로토콜을 따르도록 선언되어 있어서 각 인스턴스는 `List` 뷰에서 식별될 수 있다.

31.5 JSON 데이터 로딩하기

이번 프로젝트는 carData.json 파일을 읽어와서 Car 객체로 변환한 다음에 배열에 넣는 작업이 필요하다. 이를 위하여 또 다른 스위프트 파일을 추가하며, JSON 파일을 읽고 프로젝트 내의 다른 곳에서 접근할 수 있는 배열을 초기화하는 편의 함수를 이 파일에 구현할 것이다.

앞에서 설명한 작업을 위해 CarData.swift라는 이름의 스위프트 파일을 하나 더 추가하고 다음과 같이 수정한다.

```swift
import UIKit
import SwiftUI

var carData: [Car] = loadJson("carData.json")
```

```
func loadJson<T: Decodable>(_ filename: String) -> T {
    let data: Data

    guard let file = Bundle.main.url(forResource: filename,
                                     withExtension: nil)
    else {
        fatalError("\(filename) not found.")
    }

    do {
        data = try Data(contentsOf: file)
    } catch {
        fatalError("Could not load \(filename): \(error)")
    }

    do {
        return try JSONDecoder().decode(T.self, from: data)
    } catch {
        fatalError("Unable to parse \(filename): \(error)")
    }
}
```

이 파일은 loadJson() 함수 호출로 초기화되는 Car 객체들의 배열을 참조하는 변수를 가진다. loadJson() 함수의 코드는 JSON 파일을 로드하는 표준 방식이며, 여러분이 만들 앱에서도 사용할 수 있다.

31.6 데이터 저장소 추가하기

이번 프로젝트의 사용자 인터페이스에서 List 뷰는 최신 데이터가 사용자에게 항상 표시되도록 하기 위해서 Observable 객체에 의존하게 될 것이다. 지금까지 우리는 Car 구조체와 JSON 파일을 읽어서 프로젝트의 데이터 소스로 동작하게 될 Car 객체의 배열까지 준비했다. 앱에서 데이터를 사용할 수 있도록 할 마지막 작업은 데이터 저장소 구조체를 추가하는 것이다. 이 구조체는 List 뷰를 최신 데이터로 유지하기 위하여 사용자 인터페이스는 **게시된 프로퍼티**published property를 포함해야 한다. 프로젝트에 CarStore.swift라는 이름의 스위프트 파일을 하나 추가하고 다음과 같이 구현한다.

```
import SwiftUI
import Combine
```

```
class CarStore : ObservableObject {

    @Published var cars: [Car]

    init (cars: [Car] = []) {
        self.cars = cars
    }
}
```

이 파일은 Car 객체 배열 형식의 게시된 프로퍼티를 가지고 있으며, 초기화로 전달된 배열을 게시자로 한다.

이번 프로젝트의 데이터 관련 부분은 완성되었으니 이제는 사용자 인터페이스를 설계해보자.

31.7 콘텐트 뷰 설계하기

ContentView.swift를 선택하고 다음과 같이 수정하여 CarStore의 인스턴스에 **상태 객체**state object 바인딩을 추가하고, CarData.swift 파일에서 생성된 carData 배열을 초기화 작업에 전달한다.

```
import SwiftUI

struct ContentView: View {

    @StateObject var carStore : CarStore = CarStore(cars: carData)
.
.
```

콘텐트 뷰에는 자동차 정보를 표시하는 List 뷰가 필요하다. carData 프로퍼티를 통해 배열에 접근할 수 있으므로 ForEach 반복문을 사용하여 자동자 모델을 각 행에 표시한다. 먼저, carData 배열의 요소를 추출하여 각 행의 셀을 Image와 Text 뷰를 가진 HStack으로 구현한다. ContentView.swift 파일에 있던 'Hello, World!' Text 뷰를 삭제하고 다음과 같이 구현한다.

```
.
.
    var body: some View {
        List {
            ForEach (0..<carStore.cars.count, id: \.self) { i in
                HStack {
```

```
            Image(carStore.cars[i].imageName)
                .resizable()
                .aspectRatio(contentMode: .fit)
                .frame(width: 100, height: 60)
            Text(carStore.cars[i].name)
        }
    }
   }
  }
 }
}
.
.
```

이렇게 수정하고 프리뷰 캔버스를 통해 리스트를 확인하면 그림 31-2와 같다.

그림 31-2

이번 튜토리얼의 다음 단계로 넘어가기 전에 셀 선언부를 더 깔끔하게 만들기 위해 하위 뷰로 추출해보자. 코드 에디터에서 HStack 선언부 위로 마우스 포인터를 올리고 키보드의 **커맨드**command 키를 눌러 선언부가 강조되게 한다. 커맨드 키를 누르고 있는 상태에서 마우스를 클릭하여 나타난 메뉴에서 **Extract to Subview** 메뉴를 선택한다.

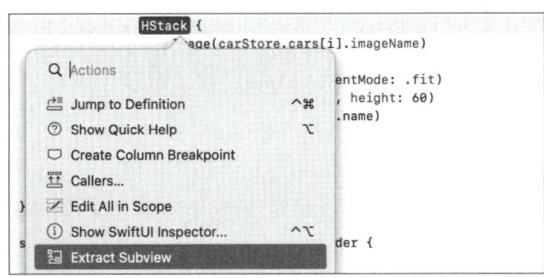

그림 31-3

뷰를 추출한 다음, 디폴트 이름인 `ExtractedView`를 `ListCell`로 변경한다. `ListCell` 하위 뷰가 `ForEach` 구문 내에 사용되므로 반복문의 현재 car 객체가 전달되도록 해야 한다. `ListCell` 선언부와 참조의 구문 오류를 제거하기 위해서 다음과 같이 수정한다.

```swift
    var body: some View {
        List {
            ForEach (0..<carStore.cars.count, id: \.self) { i in
                ListCell(car: carStore.cars[i])
            }
        }
    }
}

struct ListCell: View {

    var car: Car

    var body: some View {
        HStack {
            Image(car.imageName)
                .resizable()
                .aspectRatio(contentMode: .fit)
                .frame(width: 100, height: 60)
            Text(car.name)
        }
    }
}
```

하위 뷰로 추출된 셀이 잘 동작하는지 프리뷰 캔버스를 사용하여 확인한다.

31.8 상세 뷰 설계하기

사용자가 리스트의 행을 터치하면 선택한 자동차의 추가 정보가 표시되는 상세 뷰가 나타나도록 하자. 상세 화면의 레이아웃은 프로젝트에 새롭게 추가될 별도의 SwiftUI View 파일에 선언한다. **File ➡ New ➡ File...** 메뉴를 이용하여 **SwiftUI View** 템플릿을 선택하고 파일 이름을 `CarDetail`이라고 한다.

사용자가 List에서 새롭게 추가한 뷰로 이동하게 되면 선택된 Car 객체를 전달하여 정확한 상세 정보가 표시되도록 해야 한다. Car 구조체에 대한 프로퍼티를 추가하고 다음과 같이 프리뷰 캔버스 내의 carData 배열에 첫 번째 자동차의 세부 내용이 표시되도록 PreviewProvider를 구성한다.

```swift
import SwiftUI

struct CarDetail: View {

    let selectedCar: Car

    var body: some View {
.
.
    }
}

struct CarDetail_Previews: PreviewProvider {
    static var previews: some View {
        CarDetails(selectedCar: carData[0])
    }
}
```

이번 레이아웃에는 Form 컨테이너를 사용하여 뷰를 구성할 것이다. 이것은 뷰들을 그루핑하고 서로 다른 섹션으로 나눌 수 있게 하는 컨테이너 뷰다. CarDetail.swift 파일의 body를 다음과 같이 구현한다.

```swift
var body: some View {
    Form {
        Section(header: Text("Car Details")) {
            Image(selectedCar.imageName)
                .resizable()
                .cornerRadius(12.0)
                .aspectRatio(contentMode: .fit)
                .padding()

            Text(selectedCar.name)
                .font(.headline)

            Text(selectedCar.description)
                .font(.body)

            HStack {
                Text("Hybrid").font(.headline)
                Spacer()
                Image(systemName: selectedCar.isHybrid ?
```

```
                        "checkmark.circle" : "xmark.circle" )
                }
            }
        }
    }
}
```

`Image` 뷰는 크기가 조절되도록 구성하였고 정비율로 조절되도록 했다. 이미지에 라운드 코너를 적용하여 시각적 효과를 높였고, 선택한 자동차의 `isHybrid` 불리언 설정에 따라 `HStack`에 체크 마크의 원 이미지나 엑스 마크의 원 이미지가 나타나도록 한다.

프리뷰 화면은 그림 31-4와 같이 된다.

그림 31-4

31.9 리스트에 내비게이션 추가하기

다음 작업은 `ContentView.swift` 파일에 있는 `List` 뷰로 돌아가서 내비게이션을 구현하는 것이다. 이렇게 하여 사용자가 선택한 자동차의 상세 정보가 담긴 상세 화면을 표시하도록 한다.

`ContentView.swift` 파일을 코드 에디터에 로드하고, `ListCell` 하위 뷰 선언부의 `HStack`을 `CarDetail` 뷰를 목적지로 하는 `NavigationLink`로 감싸고 선택된 `Car` 객체를 전달하도록 만든다.

```
var body: some View {
    List {
```

```
            ForEach (0..<carStore.cars.count, id: \.self) { i in
                NavigationLink(value: i) {
                    ListCell(car: carStore.cars[i])
                }
            }
        }
    }
}
```

내비게이션 링크가 동작하도록 하려면 다음과 같이 List 뷰도 NavigationStack에 감싸져야 한다.

```
var body: some View {
    NavigationStack {
        List {
            ForEach (0..<carStore.cars.count, id: \.self) { i in
                NavigationLink(value: i) {
                    ListCell(car: carStore.cars[i])
                }
            }
        }
    }
}
```

다음으로 항목을 탭하면 선택된 자동차의 세부 정보가 포함된 CarDetail 뷰로 이동하도록 내비게이션 대상 수정자를 목록에 추가해야 한다.

```
NavigationStack {
    List {
        ForEach (0..<carStore.cars.count, id: \.self) { i in
            NavigationLink(value: i) {
                ListCell(car: carStore.cars[i])
            }
        }
    }
    .navigationDestination(for: Int.self) { i in
        CarDetail(selectedCar: carStore.cars[i])
    }
}
```

프리뷰 캔버스의 라이브 프리뷰 버튼을 클릭하여 내비게이션이 동작하는지, 행이 선택되는지, 선택하면 상세 뷰에 해당 모델에 대한 정보가 표시되는지 확인하자.

31.10 자동차 정보를 추가하는 뷰 설계하기

프로젝트에 추가할 마지막 뷰는 리스트에 새로운 자동차 정보를 추가하는 화면이다. `AddNewCar.swift`라는 이름의 새로운 SwiftUI View 파일을 프로젝트에 추가하고 상태 프로퍼티 몇 개와 `carStore` 바인딩에 대한 참조를 저장하는 선언부를 추가한다. 이 참조는 사용자가 Add 버튼을 터치하면 `ContentView`에서 뷰로 전달될 것이다. 또한, `PreviewProvider`를 수정하여 `carData` 배열이 뷰에 전달되도록 수정한다.

```
import SwiftUI

struct AddNewCar: View {

    @StateObject var carStore : CarStore
    @State private var isHybrid = false
    @State private var name: String = ""
    @State private var description: String = ""
.
.
struct AddNewCar_Previews: PreviewProvider {
    static var previews: some View {
        AddNewCar(carStore: CarStore(cars: carData))
    }
}
```

다음으로, 새로운 자동차에 대한 상세 정보를 사용자가 입력하게 될 `TextField` 뷰와 `Text` 뷰를 나타낼 새로운 하위 뷰를 선언부에 추가한다. 이 하위 뷰에는 `Text` 뷰에 나타날 `String` 값과 사용자가 입력한 내용이 저장될 상태 프로퍼티 바인딩이 전달된다. 22장 'SwiftUI 상태 프로퍼티, Observable, State, Environment 객체'에서 설명했듯이, 뷰에 상태 프로퍼티가 전달될 경우에는 `@Binding` 프로퍼티 래퍼를 사용하여 선언되어야 한다. `AddNewCar.swift` 파일에 하위 뷰를 구현하는 코드를 다음과 같이 추가한다.

```
struct DataInput: View {

    var title: String
    @Binding var userInput: String

    var body: some View {
        VStack(alignment: HorizontalAlignment.leading) {
            Text(title)
```

```
            .font(.headline)
        TextField("Enter \(title)", text: $userInput)
            .textFieldStyle(RoundedBorderTextFieldStyle())
    }
    .padding()
}
```

하위 뷰를 추가했으니 메인 뷰의 사용자 인터페이스 레이아웃을 다음과 같이 선언한다.

```
var body: some View {
    Form {
        Section(header: Text("Car Details")) {
            Image(systemName: "car.fill")
                .resizable()
                .aspectRatio(contentMode: .fit)
                .padding()

            DataInput(title: "Model", userInput: $name)
            DataInput(title: "Description", userInput: $description)

            Toggle(isOn: $isHybrid) {
                Text("Hybrid").font(.headline)
            }.padding()

            Button(action: addNewCar) {
                Text("Add Car")
            }
        }
    }
}
```

Image 뷰, Button과 함께 DataInput 하위 뷰의 인스턴스 두 개가 레이아웃에 포함되었다. Button 뷰는 클릭했을 때 addNewCar라는 이름의 액션 메서드를 호출하도록 구성되었다. ContentView 선언부의 body에 이 함수를 다음과 같이 추가한다.

```
.
.
            Button(action: addNewCar) {
                Text("Add Car")
            }
        }
    }
```

```
    func addNewCar() {
        let newCar = Car(id: UUID().uuidString,
                        name: name, description: description,
                        isHybrid: isHybrid, imageName: "tesla_model_3" )
        carStore.cars.append(newCar)
    }
}
```

새롭게 추가한 함수는 사용자가 입력한 내용과 항목에 대해 유일한 식별자를 생성하는 `UUID()` 메서드를 사용하여 새로운 `Car` 객체를 생성한다. 프로젝트를 단순하게 하기 위하여 사진 라이브러리에서 사진을 선택하는 코드를 추가하는 대신에 tesla_model_3 이미지를 재사용한다. 마지막으로, 새로운 `Car` 객체를 `carStore`의 배열에 추가한다.

프리뷰 캔버스에 렌더링된 `AddNewCar` 뷰는 그림 31-5와 같다.

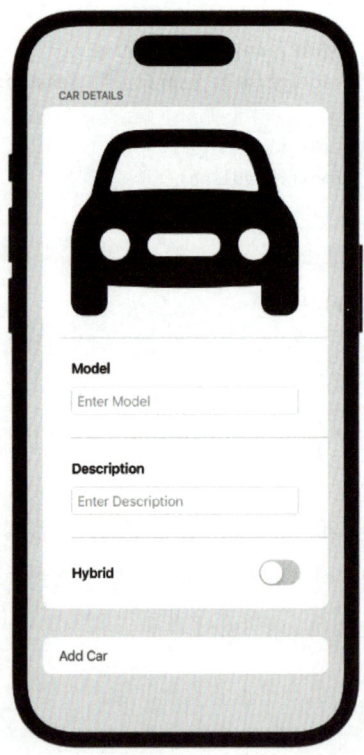

그림 31-5

뷰를 완성했으니 다음 작업은 `ContentView` 레이아웃을 수정하여 Add 버튼과 Edit 버튼을 추가하자.

31.11 Add 버튼과 Edit 버튼 구현하기

Add 버튼과 **Edit** 버튼은 ContentView 레이아웃에 있는 List 뷰에 적용될 내비게이션 바에 추가될 것이다. 내비게이션 바는 리스트 상단에 제목을 표시하는 데도 사용된다. 이를 위하여 다음과 같이 navigationBarTitle()과 navigationBarItems() 수정자를 사용한다.

```
var body: some View {
    NavigationStack {
        List {
            ForEach (0..<carStore.cars.count, id: \.self) { i in
                NavigationLink(value: i) {
                    ListCell(car: carStore.cars[i])
                }
            }
        }
        .navigationDestination(for: Int.self) { i in
            CarDetail(selectedCar: carStore.cars[i])
        }
        .navigationBarTitle(Text("EV Cars"))
        .navigationBarItems(leading: NavigationLink(value: "Add Car") {
            Text("Add")
                .foregroundColor(.blue)
        }, trailing: EditButton())
    }
}
```

Add 버튼은 내비게이션 바의 앞쪽에 나타도록 하였고, carStore 바인딩에 대한 참조를 통해 AddNewCar 뷰가 표시되도록 구성된 NavigationLink로 구현되었다.

```
NavigationStack {
    List {
        ForEach (0..<carStore.cars.count, id: \.self) { i in
            NavigationLink(value: i) {
                ListCell(car: carStore.cars[i])
            }
        }
    }
    .navigationDestination(for: Int.self) { i in
        CarDetail(selectedCar: carStore.cars[i])
    }
    .navigationDestination(for: String.self) { _ in
        AddNewCar(carStore: self.carStore)
```

```
        }
        .navigationBarTitle(Text("EV Cars"))
```

반대로, Edit 버튼은 내비게이션 바의 끝쪽에 위치하며, 내장된 EditButton 뷰가 표시되도록 구성되었다. 수정된 레이아웃의 프리뷰를 보면 그림 31-6과 같다.

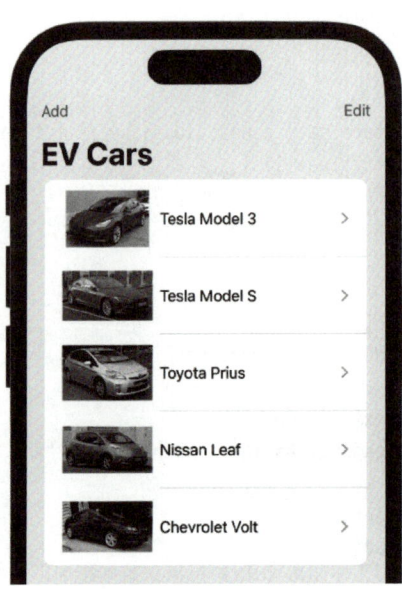

그림 31-6

라이브 프리뷰 모드를 이용하여 **Add** 버튼을 눌렀을 때 새로운 자동차 정보를 추가하는 화면이 나오는지, 상세 정보를 입력할 수 있는지, 그리고 **Add Car** 버튼을 클릭한 다음에 다시 메인 화면으로 돌아오면 새로운 항목이 리스트에 나타나는지를 테스트하자. 이상적으로 **Add Car** 버튼은 **뒤로** back 버튼을 사용할 필요 없이 자동으로 콘텐트 뷰로 돌아가야 한다. 이를 구현하려면 내비게이션 경로를 사용해야 한다.

31.12 내비게이션 경로 추가하기

ContentView.swift 파일을 편집하여 NavigationPath 선언을 추가하고 NavigationStack에 전달하는 것으로 시작한다.

```
struct ContentView: View {
```

```
    @StateObject var carStore : CarStore = CarStore(cars: carData)
    @State private var stackPath = NavigationPath()

var body: some View {
    NavigationStack(path: $stackPath) {
.
.
```

탐색 경로를 만든 후에는 addNewCar() 함수 내에서 콘텐트 뷰로 돌아가는 데 사용할 수 있도록 이를 AddNewCar 뷰에 전달해야 한다. 뷰에 경로 바인딩을 전달하도록 문자열 기반의 navigationDestination() 수정자를 편집하자.

```
.navigationDestination(for: String.self) { _ in
    AddNewCar(carStore: carStore: self.carStore, path: $stackPath)
}
```

AddNewCar.swift 파일을 편집하여 다음과 같이 경로 바인딩 매개변수를 추가한다.

```
struct AddNewCar: View {

    @StateObject var carStore : CarStore
    @Binding var path: NavigationPath
.
.
```

이제 뷰는 라이브 프리뷰 내에서 액세스할 수 없는 탐색 뷰를 전달할 것으로 예상되므로 **프리뷰 프로바이더**preview provider도 주석 처리해야 한다.

```
/*
struct AddNewCar_Previews: PreviewProvider {
    static var previews: some View {
        AddNewCar(carStore: CarStore(cars: carData))
    }
}
*/
```

튜토리얼의 이번 단계에서 마지막 작업은 내비게이션 경로에서 removeLast()를 호출하여 현재 뷰를 내비게이션 스택에서 꺼내고 콘텐트 뷰로 돌아가는 것이다.

```
func addNewCar() {
    let newCar = Car(id: UUID().uuidString,
                 name: name, description: description,
                 isHybrid: isHybrid, imageName: "tesla_model_3" )

    carStore.cars.append(newCar)
    path.removeLast()
}
```

디바이스나 시뮬레이터에서 앱을 빌드하고 실행하여 **Add Car** 버튼을 클릭하면 콘텐트 뷰로 돌아가는지 테스트한다.

31.13 Edit 버튼 메서드 추가하기

이번 튜토리얼의 마지막 작업은 앞 절에서 내비게이션 바에 추가한 EditButton 뷰에 의해 사용될 액션 메서드 몇 개를 추가하는 것이다. 이들 메서드는 리스트의 모든 열에 사용될 것이므로 다음과 같이 리스트 셀에 적용되어야 한다.

```
var body: some View {
    NavigationStack(path: $stackPath) {
        List {
            ForEach (0..<carStore.cars.count, id: \.self) { i in
                NavigationLink(value: i) {
                    ListCell(car: carStore.cars[i])
                }
            }
            .onDelete(perform: deleteItems)
            .onMove(perform: moveItems)
        }
        .navigationDestination(for: Int.self) { i in
.
.
```

다음으로, body 선언 아래에 deleteItems() 함수와 moveItems() 함수를 구현한다.

```
.
.
            .navigationBarTitle(Text("EV Cars"))
            .navigationBarItems(leading:
                NavigationLink(value: "Add Car") {
```

```
            Text("Add")
                .foregroundColor(.blue)
        }, trailing: EditButton())
    }
}

    func deleteItems(at offsets: IndexSet) {
        carStore.cars.remove(atOffsets: offsets)
    }

    func moveItems(from source: IndexSet, to destination: Int) {
        carStore.cars.move(fromOffsets: source, toOffset: destination)
    }
}
```

deleteItems() 함수에 선택된 행의 오프셋이 전달되며, 배열에서 해당 항목을 삭제하는 데 사용된다. 반면, moveItems() 함수는 사용자가 리스트의 행 위치를 이동하면 호출된다. 이 함수에는 배열의 행 위치를 일치시키는 데 사용되는 소스 및 대상 값이 전달된다.

라이브 프리뷰를 이용하여 Edit 버튼을 클릭하여 행 옆에 빨간색 삭제 아이콘을 터치하여 행을 삭제할 수 있는지와 행 오른쪽에 있는 세 줄을 드래그 앤 드롭하여 이동할 수 있는지를 확인하자. 이렇게 했다면 수정된 내용이 리스트에 반영될 것이다.

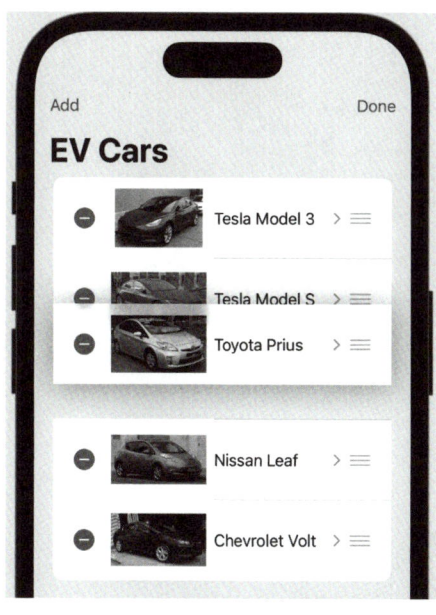

그림 31-7

31.13 Edit 버튼 메서드 추가하기

31.14 요약

이번 장의 주요 목표는 SwiftUI 프로젝트 내에서 리스트, 내비게이션 뷰, 내비게이션 링크를 사용하는 예제를 구현해보는 것이었다. 동적 리스트에 대한 구현과 리스트 편집 기능에 대한 내용도 포함되었다. 또한, `Observable` 객체, 상태 프로퍼티, 프로퍼티 바인딩 사용을 포함하여 이전 장들에서 다뤘던 주제에 대해서도 사용해보았다. 이번 장에서는 `Form` 컨테이너 뷰, 내비게이션 바 항목, 그리고 `TextField` 뷰를 포함하여 몇 가지 추가적인 SwiftUI 기능도 살펴보았다.

CHAPTER 32

분할 뷰 내비게이션 개요

이전 장에서 설명한 NavigationStack과 NavigationLink 뷰를 사용해야 하는 이상적인 상황은 각 이동할 대상 뷰가 디바이스 화면 전체를 채워야 하는 경우다. 일반적으로 이것은 대부분의 iOS 디바이스에서 작업할 때 선호되는 내비게이션 패러다임이지만, 아이패드 또는 아이폰 프로 맥스에서 가로 방향으로 할 때 사용할 수 있는 더 넓은 디스플레이 구성의 장점을 활용하는 것은 아니다. 더 넓은 디스플레이를 활용하기 위해 SwiftUI에는 **멀티컬럼 기반의 내비게이션**multicolumn-based navigation을 제공하도록 설계된 NavigationSplitView 컴포넌트가 포함되어 있다.

이번 장에서는 다음 장인 'NavigationSplitView 튜토리얼'을 위한 준비로 NavigationSplitView를 어떻게 사용하는지 설명할 것이다.

32.1 NavigationSplitView 소개

NavigationSplitView의 목적은 와이드 디스플레이에서 멀티컬럼 기반 내비게이션을 제공하는 것이다. 사이드바(그림 32-1에서 A로 표시)와, 콘텐트(B) 그리고 디테일(C) 열로 구성된 최대 3개의 열을 지원한다. 하나의 열에서 어떤 것을 선택하느냐에 따라 다음 열에 표시되는 내용이 달라진다. 그림 32-1은 다음 장에서 만들 예제 앱이다. 이 화면은 아이폰 프로 맥스에서 가로 방향으로 실행된 앱의 모습이다.

그림 32-1

NavigationSplitView 인스턴스가 좁은 디스플레이에서 실행되면 각 대상 뷰는 화면을 완전히 차지하는 NavigationStack과 유사하게 동작하게 된다.

32.2 NavigationSplitView 사용하기

NavigationSplitView는 2열 또는 3열 내비게이션이 필요한지 여부에 따라 서로 다른 간단한 구문을 사용한다. 다음 구문은 사이드바와 디테일 열로 구성된 2열 내비게이션이다.

```
NavigationSplitView {
    // 사이드바 목록이 여기 온다.
} detail: {
    // 세부사항 뷰가 여기 온다.
}
```

3열 내비게이션은 다음 구문을 사용하여 선언된 사이드바, 콘텐트, 그리고 디테일 열로 구성된다.

```
NavigationSplitView {
    // 사이드바 목록이 여기 온다.
} content: {
    // 콘텐트 목록이 여기 온다.
} detail: {
    // 디테일 뷰가 여기 온다.
}
```

32.3 목록 선택 처리하기

일반적으로 사이드바와 콘텐트 열에는 사용자가 다음 열에 표시할 콘텐트를 선택하는 List 뷰가 포함된다. 예를 들어, 상태 변수를 선언하고 selection 매개변수를 통해 List 뷰에 전달하면 선택된 열을 추적할 수 있다.

```
@State private var colors = ["Red", "Green", "Blue"]
@State private var selectedColor: String?

var body: some View {
    NavigationSplitView {
        List(colors, id: \.self, selection: $selectedColor) { color in
```

```
            Text(color).tag(color)
        }
    } detail: {
        Text( selectedColor ?? "No color selected")
    }
}
```

앞의 코드에서 색상 이름의 List 내에서 선택한 항목은 selectedColor 상태 변수를 통해 디테일 열에 표시되는 내용을 제어한다. tag() 수정자가 Text 목록 항목에 적용되었다는 점을 주목하자. tag() 수정자는 List, Picker 및 TabView와 같은 뷰에서 선택 가능한 항목들을 구별하기 위해 SwiftUI에서 사용된다.

32.4 NavigationSplitView 설정

NavigationSplitView의 모양을 지정하기 위해 사용할 수 있는 옵션들은 여러 가지가 있다. 예를 들어, 열의 너비는 navigationSplitViewColumnWidth() 수정자를 사용하여 제어할 수 있다. 다음의 코드에서 사이드바 열에는 100포인트의 고정된 너비가 할당되었다.

```
NavigationSplitView {
    List(colors, id: \.self, selection: $selectedColor) { color in
        Text(color).tag(color)
    }
    .navigationSplitViewColumnWidth(100)
} detail: {
    Text( selectedColor ?? "No color selected")
}
```

다음과 같이 부모인 NavigationSplitView 선언에 navigationSplitViewStyle() 수정자를 적용하여 스타일 옵션을 구성할 수도 있다.

```
NavigationSplitView {
    List(colors, id: \.self, selection: $selectedColor) { color in
        Text(color).tag(color)
    }
} detail: {
    Text( selectedColor ?? "No color selected")
}
.navigationSplitViewStyle(.automatic)
```

NavigationSplitView는 다음 스타일 옵션을 지원한다.

- **automatic** - 이 스타일을 사용하면 내비게이션 뷰가 현재 콘텐트, 화면 크기, 열 선택 등의 요소를 기반으로 열을 어떻게 표시할지 결정하게 된다.
- **balanced** - 균형 잡힌 스타일은 사이드바 및 콘텐트 열에 대한 공간을 제공하기 위해 필요한 경우에 세부사항 열의 너비를 줄인다.
- **prominentDetail** - 이 스타일은 사이드바와 콘텐트 열이 뷰에 추가되거나 제거될 때 디테일 열의 크기가 변경되는 것을 막는다. 일반적으로 이 스타일은 디테일 열과 **겹치는**overlapping 사이드바 및 콘텐트 열을 생성한다.

32.5 열 가시성 제어하기

열 가시성column visibility은 프로그램적으로 columnVisibility 초기화 매개변수를 통해 NavigationSplitView에 적절하게 구성된 상태 값을 전달하여 제어할 수 있다. 상태 값을 변경하면 열 가시성이 동적으로 업데이트될 것이다. 가시성 옵션은 다음의 옵션을 포함하는 NavigationSplitViewVisibility 구조체에 의해 제공된다.

- **automatic** - 사용 가능한 화면 공간에 따라 표시할 열을 내비게이션 뷰가 결정할 수 있다.
- **all** - 사이드바, 콘텐트 및 디테일 열을 표시한다.
- **doubleColumn** - 2열 구성에서 이 설정은 사이드바와 디테일 열을 표시한다. 3열 구성에서는 콘텐트와 디테일 열만 표시될 것이다.
- **detailOnly** - 디테일 열만 표시된다.

다음 코드는 detailOnly로 설정된 상태 변수를 기반으로 열 가시성을 설정하는 예제이다.

```
.
.
@State private var colors = ["Red", "Green", "Blue"]
@State private var selectedColor: String?
@State private var columnVisibility = NavigationSplitViewVisibility.detailOnly

var body: some View {
    NavigationSplitView(columnVisibility: $columnVisibility) {
        List(colors, id: \.self, selection: $selectedColor) { color in
            Text(color).tag(color)
```

```
        }
    } detail: {
        Text( selectedColor ?? "No color selected")
    }
    .navigationSplitViewStyle(.automatic)
}
```

32.6 요약

NavigationSplitView 컴포넌트는 SwiftUI 앱에 **멀티컬럼 기반의 내비게이션**multicolumn-based navigation을 구축할 수 있게 해준다. 충분한 화면 너비를 사용할 수 있는 상황이라면 NavigationSplitView는 사이드바, 콘텐트 및 디테일 열로 구성된 최대 3개의 열을 표시할 것이다. 사이드바와 콘텐트 패널은 선택 시 다음 열의 콘텐트를 제어하는 List 뷰를 포함한다. 열 선택에 대한 처리는 해당 열의 List 뷰의 선택 매개변수에 상태 변수를 전달하여 구현된다. 분할 내비게이션의 열 너비와 스타일은 navigationSplitViewColumnWidth()와 navigationSplitViewStyle() 수정자를 사용하여 구성할 수 있다. NavigationSplitView의 columnVisibility 초기화 매개변수를 사용하여 프로그램적으로 **열 가시성**의 여러 조합을 구성할 수 있다.

CHAPTER 33

NavigationSplitView 튜토리얼

이전 장에서는 SwiftUI `NavigationSplitView` 컴포넌트를 설명하였고 멀티컬럼 내비게이션을 어떻게 구현하고 구성하는지를 설명하였다. 이번 장에서는 `NavigationSplitView`에 대해 배운 내용을 사용하여 예제 iOS 앱 프로젝트를 생성한다.

33.1 프로젝트에 대하여

이번 튜토리얼에서는 이전 장의 그림 32-1에 있는 3열 분할 내비게이션 앱을 만든다. 사이드바 열에는 선택된 카테고리에 속하는 아이콘이 나열되도록 콘텐트 열을 업데이트하는 카테고리가 나열된다. 디테일 열에는 콘텐트 목록에서 현재 선택한 아이콘이 표시된다.

33.2 NavSplitDemo 프로젝트 만들기

Xcode를 시작하여 `NavSplitDemo`라는 새로운 Multiplatform App 프로젝트를 만드는 옵션을 선택하자.

33.3 프로젝트 데이터 추가하기

첫 번째 해야 할 일은 카테고리 이름과 해당 아이콘을 저장하는 데 사용할 수 있는 클래스 선언이다. **프로젝트 내비게이터**project navigator에 있는 NavSplitDemo 폴더에서 마우스 오른쪽 버튼을 클릭하여 **New File...** 메뉴 옵션을 선택한 다음 `IconCategory.swift`라는 새로운 스위프트 파일을 만든다. 프로젝트에 추가된 파일을 수정하여 각 아이콘 카테고리를 저장하기 위한 구조체를 선언하자.

```
import Foundation
```

```
struct IconCategory: Identifiable, Hashable {
    let id = UUID()
    var categoryName: String
    var images: [String]
}
```

다음으로, ContentView.swift 파일을 편집하고 카테고리와 아이콘 이름으로 채워진 상태 배열 변수를 추가한다.

```
import SwiftUI

struct ContentView: View {

    @State private var categories = [
        IconCategory(categoryName: "Folders", images: ["questionmark.folder.ar",
                                                       "questionmark.folder",
                                                       "questionmark.folder.fill.ar",
                                                       "folder.fill.badge.gear",
                                                       "questionmark.folder.fill"]),
        IconCategory(categoryName: "Circles", images: ["book.circle",
                                                       "books.vertical.circle",
                                                       "books.vertical.circle.fill",
                                                       "book.circle.fill",
                                                       "book.closed.circle"]),
        IconCategory(categoryName: "Clouds", images: ["cloud.rain",
                                                      "cloud",
                                                      "cloud.drizzle.fill",
                                                      "cloud.fill",
                                                      "cloud.drizzle"])
    ]
.
.
```

33.4 내비게이션 뷰 생성하기

다음 단계는 ContentView 내의 디폴트 뷰를 다음과 같이 NavigationSplitView로 바꾸는 것이다. 이번 프로젝트에는 세 개의 열이 필요하므로 사이드바, 콘텐트 및 디테일 선언을 추가하자.

```
.
.
var body: some View {
```

```
NavigationSplitView {

} content: {

} detail: {

    }
}
.
.
```

33.5 사이드바 열 만들기

NavigationSplitView를 추가했으니 이제는 사이드바 열에 카테고리 목록을 추가할 준비가 되었다. 이 작업을 수행하는 동안 목록에서 현재 선택한 항목을 저장할 상태 변수도 추가해야 한다. ContentView.swift 파일을 다음과 같이 변경하자.

```
.
.
@State private var selectedCategory: IconCategory?

var body: some View {
    NavigationSplitView(columnVisibility: $columnVisibility) {
        List(categories, selection: $selectedCategory) { category in
            Text(category.categoryName).tag(category)
        }
    } content: {
.
.
```

우리가 추가한 코드는 카테고리 배열에 있는 카테고리 이름을 표시하는 Text 뷰를 가진 List 뷰를 표시한다. List는 가장 최근 선택한 항목을 저장하기 위해 selectedCategory 상태 변수에 대한 참조를 전달한다.

```
Folders
Circles
Clouds
```

그림 33-1

프리뷰 패널을 확인하고 그림 33-1과 같이 사이드바가 나타나는지 확인한다.

33.6 콘텐츠 열에 목록 추가하기

사이드바가 완료되면 콘텐트 열에 목록을 추가할 준비가 되었다. 현재 선택된 아이콘 이름을 추적해야 하므로 또 다른 상태 변수가 필요하다. 빈 열이 표시되지 않도록 하려면 사용자가 아직 범주를 선택하지 않은 경우에 메시지가 표시되도록 하는 코드를 추가해야 한다. 이를 위해 `if-let` 문을 사용하여 `selectedCategory` 상태 변수를 평가한다.

```
.
.
@State private var selectedCategory: IconCategory?
@State private var selectedImage: String?

var body: some View {
    NavigationSplitView {
        List(categories, selection: $selectedCategory) { category in
            Text(category.categoryName).tag(category)
        }
    } content: {
        if let selectedCategory {
            List(selectedCategory.images, id: \.self,
                 selection: $selectedImage) { image in
                HStack {
                    Image(systemName: image)
                    Text(image)
                }.tag(image)
            }
        } else {
            Text("Select a category")
        }
    } detail: {
    }
}
.
.
```

목록의 각 항목에 대해 아이콘과 이름 텍스트가 포함된 수평 스택을 사용하고 있다. 실행 타깃으로 아이패드나 아이폰 프로 맥스 시뮬레이터 또는 실제 디바이스를 선택하고 앱을 빌드하고 실행하자. 앱이 실행되면 디바이스 또는 시뮬레이터를 가로 방향으로 회전한다. 앱이 예상대로 동작한다면, 사이드바에서 항목을 선택하면 그림 33-2와 같이 콘텐트 열에 해당 아이콘 옵션이 나열된다.

그림 33-2

33.7 디테일 열에 화면 추가하기

디테일 열에는 콘텐트 목록 내에서 선택된 항목에 대한 응답으로 선택된 아이콘이 표시된다. NavigationSplitView 선언 내에서 디테일 영역을 찾아 다음과 같이 수정하자. 사용자에게 아이콘을 선택해야 함을 알리는 코드를 다시 추가한다.

```
NavigationSplitView {
    List(categories, selection: $selectedCategory) { category in
        Text(category.categoryName).tag(category)
    }
} content: {
.
.
} detail: {
    if let selectedImage {
        Image(systemName: selectedImage)
            .resizable()
            .aspectRatio(contentMode: .fit)
            .padding()
    } else {
        Text("Select an image")
    }
}
```

앱이 시작되면 그림 33-3과 같이 디테일 열만 표시될 것이다.

그림 33-3

위의 그림에서 화살표로 표시된 버튼을 클릭하면 콘텐트 열이 표시된다. 안타깝게도 아직 카테고리를 선택하지 않았기 때문에 이 열에는 'Select an image' 메시지만 표시된다. **Back** 버튼을 클릭하면 마침내 선택을 시작할 수 있는 사이드바 열에 접근할 수 있다. 카테고리와 아이콘을 선택하면 디테일 열이 사이드바와 콘텐츠 패널에 가려진 것을 볼 수 있다. 아이콘 전체 이미지를 표시하려면 디테일 열을 클릭하여 다른 두 열을 숨겨야 한다. 어떤 상황에서는 이것이 원하는 동작일 수 있지만, 우리의 앱에서 원하는 경험과는 반대이므로 몇 가지 추가적인 구성이 필요하다.

33.8 분할 내비게이션 환경 구성하기

보통의 사용자는 분할 내비게이션 구현이 혼란스럽다고 생각할 것이다. 앱을 보다 직관적으로 만들려면 앱이 처음 실행될 때부터 세 개의 열이 모두 표시되어야 한다. 다음과 같이 NavigationSplitView 인스턴스의 columnVisibility 매개변수에 all 값을 전달하면 된다.

```
.
.
@State private var selectedCategory: IconCategory?
@State private var selectedImage: String?
@State private var columnVisibility = NavigationSplitViewVisibility.all

var body: some View {
    NavigationSplitView(columnVisibility: $columnVisibility) {
        List(categories, selection: $selectedCategory) { category in
            Text(category.categoryName).tag(category)
        }
.
.
```

앱을 테스트하면 세 개의 열이 모두 표시되지만 디테일 뷰가 사이드바와 콘텐트 열에 의해 가려지는 문제가 여전히 있음을 알 수 있다. 마지막으로 수정할 것은 navigationSplitViewStyle() 수정자를 사용하여 균형 잡힌 스타일을 적용하는 것이다.

```
.
.
        if let selectedImage {
            Image(systemName: selectedImage)
                .resizable()
                .aspectRatio(contentMode: .fit)
                .padding()
        } else {
            Text("Select an image")
        }
    }
    .navigationSplitViewStyle(.balanced)
}
}
.
.
```

이렇게 마지막 수정을 하면 앱은 그림 33-4와 같이 된다.

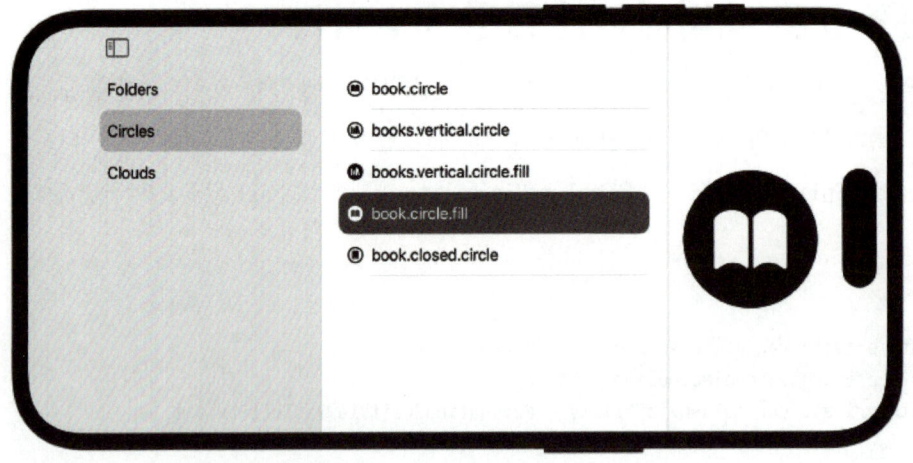

그림 33-4

33.9 요약

이번 장에서는 `NavigationSplitView` 컴포넌트를 사용하여 3열 내비게이션을 구현하는 SwiftUI 기반 앱 프로젝트를 만들어 보았다. 또한 앱의 요구사항에 맞게 디폴트 내비게이션 동작도 변경했다.

CHAPTER 34

List, OutlineGroup, DisclosureGroup 개요

이전 장들에서는 정렬된 형태로 사용자에게 정보를 표시하기 위해 List 뷰를 어떻게 사용하는지 살펴보았다. List는 내비게이션과 스크롤이 가능한 형태로 사용자에게 많은 양의 정보를 표시하는 방법을 제공한다.

하지만 지금까지 다룬 List의 기능은 목록 내에 계층적 정보를 표시하는 방법이 아니라 목록의 항목 선택에 대한 응답으로 사용자에게 완전히 새로운 화면을 표시하는 것을 살펴보았다. 또한 기본적으로 목록은 항목들의 하위 그룹을 숨길 수 있는 방법을 제공하지 않으며, 탐색을 용이하게 하기 위한 스크롤링 기능을 사용자에게 제공한다.

이번 장에서는 OutlineGroup과 DisclosureGroup 뷰를 가지고 이러한 문제를 해결하는 기능들을 살펴볼 것이다. 이번 장에서는 이러한 주제들에 대해 다루며, 다음 장인 'SwiftUI List, OutlineGroup, DisclosureGroup 튜토리얼'에서는 이러한 뷰들을 실제로 어떻게 사용하는지를 살펴본다.

34.1 계층적 데이터와 디스클로저

이전 장에서 사용한 자동차에 대한 주제를 계속 이어가 보자. 그림 34-1에 표시된 계층적 데이터를 사용자에게 제공하는 앱이 필요하다고 가정하자.

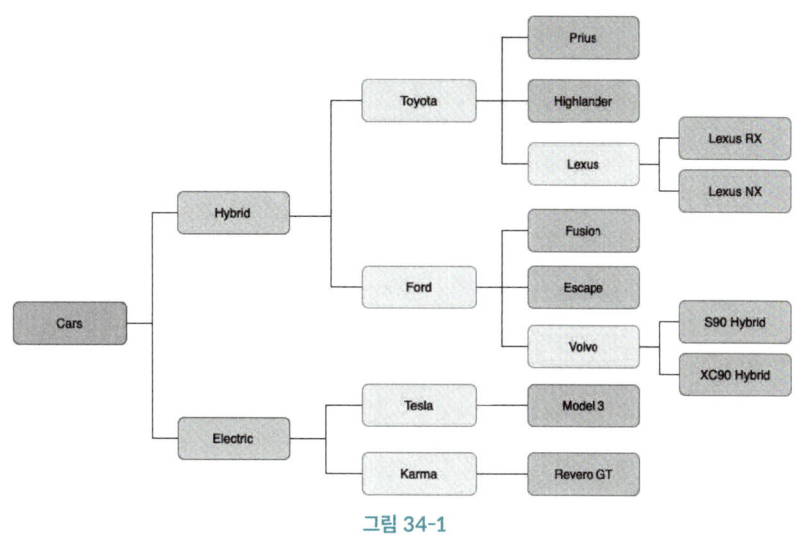

그림 34-1

이러한 앱을 설계할 때, 한 가지 옵션은 두 가지 카테고리의 자동차(Hybrid 및 Electric)만 포함하는 List로 시작해서 독립된 개별 화면에 각 데이터의 후속 레이어를 표시하는 것이다. 이러한 사용자 인터페이스를 통한 일반적인 경로로, 두 개의 하이브리드 자동차 제조사가 포함된 목록으로 이동하기 위하여 Hybrid 카테고리를 선택하는 것이다. 이 목록에서 Toyota를 선택하면 Toyota의 Lexus 하위 브랜드에서 제조한 두 개의 하이브리드 모델을 가진 Lexus가 포함된 세 번째 화면이 표시된다. 만약에 Lexus 하이브리드 모델을 본 사용자가 Tesla 전기 자동차를 보고자 한다면 여러 개의 목록을 다시 탐색해야 한다.

단일 목록 내에서 정보를 계층적으로 표시하여 사용자가 계층 구조의 다른 섹션을 닫거나 펼칠 수 있다면 그것은 분명히 더 좋은 옵션이 될 것이다. 다행히 SwiftUI의 컴포넌트인 List와 OutlineGroup을 사용하면 그렇게 할 수 있다.

34.2 SwiftUI 목록에서의 계층 구조와 디스클로저

이전 장에서는 소위 **평평한**flat 비계층적 데이터를 사용자에게 표시하기 위해 List 컴포넌트를 어떻게 사용하는지 설명하였다. 사실 List 컴포넌트는 계층적으로 구조화된 데이터를 표시할 수도 있다. 이를 위해 데이터를 탐색하여 데이터 구조의 자식 요소를 식별한 다음, 결과 계층 구조를 시각적으로 표시하는 것이다. 예를 들어 그림 34-2는 앞의 그림 34-1에 표시된 계층적 데이터를 List 뷰에 표시한 것이다.

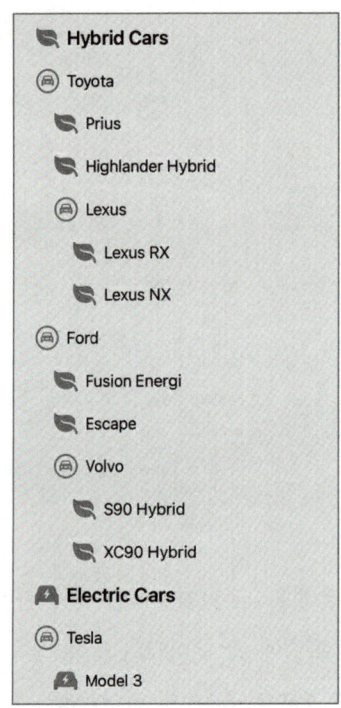

그림 34-2

분명히 이 방법은 목록을 탐색할 때 여러 깊이를 탐색할 필요가 없어 데이터를 표시하기 위한 더 좋은 방법이다. 또한 데이터의 개별 분기를 숨기거나 표시하기 위해 목록에 **디스클로저**disclosure 컨트롤이 제공된다는 것도 주목하자. 예를 들어 그림 34-3은 Toyota, Volvo, Electric Cars 데이터 분기를 접기 위해 디스클로저 컨트롤(강조 표시)이 사용되었음을 보여준다.

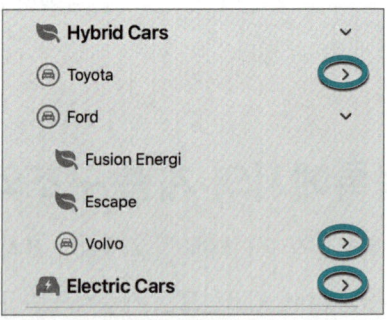

그림 34-3

접힌 디스클로저 컨트롤을 클릭하면 트리의 해당 섹션이 확장되어 다시 한번 표시된다.

표시할 데이터가 올바르게 구성되어 있다고 가정할 때(예제 데이터 구조는 35장 'SwiftUI List, OutlineGroup, DisclosureGroup 튜토리얼'에서 사용됨), 앞의 예제는 다음과 같은 간단한 SwiftUI 선언으로 렌더링된다.

```
struct ContentView: View. {
    var body: some View {
        List(carItems, children: \.children) { item in
            HStack {
                Image(systemName: item.image)
                    .resizable()
                    .scaledToFit()
                    .frame(width: 25, height: 25)
                    .foregroundColor(.green)
                Text(item.name)
                    .font(.system(.title3, design: .rounded))
                    .bold()
            }
        }.listStyle(SidebarListStyle())
    }
}
```

이러한 동작을 활성화하는 데 필요한 것은 자식에 대한 키 경로와 함께 데이터 구조(앞의 예제에서의 carItems)를 List 뷰로 전달한 다음, 각 항목을 반복하는 것이다.

34.3 OutlineGroup 사용하기

앞의 예제에서 List 뷰 이면에서는 OutlineGroup 뷰를 사용하고 있다. OutlineGroup 뷰를 직접 사용한다면, OutlineGroup은 데이터 트리 구조를 자동으로 탐색하거나 디스클로저 컨트롤을 제공하는 것과 같은 동일한 기본 기능을 제공할 뿐만 아니라 데이터를 화면에 표현하는 것에 대해(특히, 데이터를 그룹으로 구성하는 측면에서) 커스터마이징할 수 있도록 더 큰 제어 기능을 제공한다.

예를 들어, 그림 34-4는 동일한 자동차 데이터를 Hybrid Cars와 Electric Cars라는 제목의 섹션으로 분류하기 위해 List 내에서 OutlineGroup을 사용하여 표시되는 것을 보여준다.

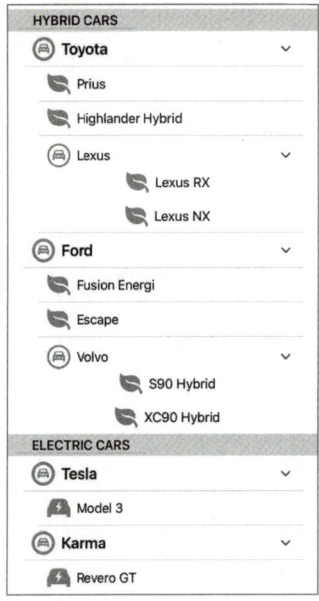

그림 34-4

동일한 자동차 데이터를 사용하여 그림 34-4와 같은 화면을 만들고 구현하는 SwiftUI 선언은 다음과 같다.

```
struct ContentView: View {
    var body: some View {
        List {
            ForEach(carItems) { carItem in
                Section(header: Text(carItem.name)) {
                    OutlineGroup(carItem.children ?? [Car](),
                                 children: \.children) { child in
                        HStack {
                            Image(systemName: child.image)
                                .resizable()
                                .scaledToFit()
                                .frame(width: 30, height: 30)
                                .foregroundColor(.green)
                            Text(child.name)
                        }
                    }
                }
            }
        }
    }
}
```

앞의 예제에서 `OutlineGroup`은 `List` 뷰에 포함되어 있다. 이것은 `OutlineGroup`을 사용하기 위한 요구사항은 아니지만, 뷰가 렌더링될 때 시각적으로 더 만족스러운 결과를 준다.

34.4 DisclosureGroup 사용하기

이전 섹션에서 설명한 디스클로저 동작은 사용자가 레이아웃에서 구조화되지 않은 항목들을 닫거나 펼칠 수 있도록 SwiftUI 기반 앱에서 직접 사용할 수 있는 `DisclosureGroup` 뷰를 사용하여 백그라운드에서 구현했다. `DisclosureGroup` 뷰는 `Form` 뷰와 함께 사용할 때 특히 유용하다.

예를 들어 다음 `Form` 기반 레이아웃을 살펴보자.

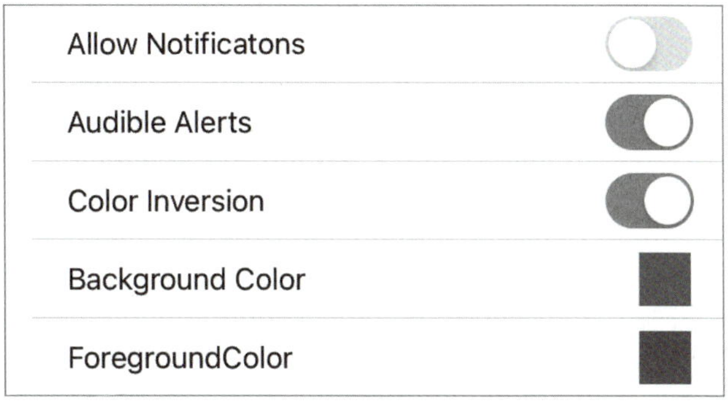

그림 34-5

그림 34-5는 다음과 같은 SwiftUI 선언인 앱에 대한 설정 화면의 일부다.

```
Form {
    Toggle("Allow Notifications", isOn: $stateOne)
        .padding(.leading)
    Toggle("Audible Alerts", isOn: $stateTwo)
        .padding(.leading)
    Toggle("Color Inversion", isOn: $stateThree)
        .padding(.leading)
    ColorControl(color: .red, label: "Background Color")
    ColorControl(color: .blue, label: "ForegroundColor")
}
```

이 양식은 항목들을 카테고리로 그룹화하는 것을 고려하지 않고 구현되었으며, 현재는 5개의 항목뿐이어서 관리가 가능하지만, 항목 수가 많아지면 탐색하기 어려워질 것이다.

DisclosureGroup를 사용하면 그림 34-6과 같이 양식을 더 잘 구성할 수 있다.

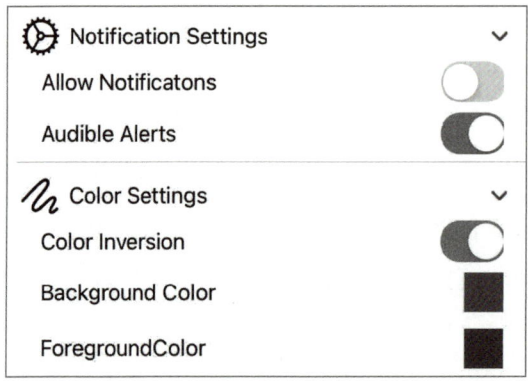

그림 34-6

이 시나리오에서 양식은 포함된 디스클로저 컨트롤을 사용하여 확장/축소할 수 있는 그룹으로 나뉜다.

DisclosureGroup은 다음 구문을 사용하여 선언한다.

```
DisclosureGroup(isExpanded: $controlsVisible) {
    // 콘텐트 뷰들이 여기에 온다.
} label: {
    Label("Some Text", systemImage: "gear")
}
```

DisclosureGroup은 레이블이 콘텐트 뷰들 위에 표시되도록 선언하기 위해 옵셔널 **후행 클로저** trailing closure를 허용한다. 앞의 예제는 Label 뷰를 사용하지만 어떠한 뷰의 조합이든 될 수 있다. 불리언인 isExpanded 인수도 선택 사항이며 처음 표시될 때 그룹이 확장되는지 여부를 제어하는 데 사용될 수 있다.

그림 34-6에 표시된 형식에 대한 선언은 다음과 같다.

```
Form {
    DisclosureGroup {
        Toggle("Allow Notifications", isOn: $stateOne)
            .padding(.leading)
        Toggle("Audible Alerts", isOn: $stateTwo)
            .padding(.leading)
```

```
    } label: {
        Label("Notification Settings", systemImage: "gear")
    }
    DisclosureGroup {
        Toggle("Color Inversion", isOn: $stateThree)
            .padding(.leading)
        ColorControl(color: .red, label: "Background Color")
        ColorControl(color: .blue, label: "ForegroundColor")
    } label: {
        Label("Color Settings", systemImage: "scribble")
    }
}
```

34.5 요약

이번 장에서는 SwiftUI에 포함된 List, OutlineGroup, DisclosureGroup 뷰의 계층적 데이터 지원 및 디스클로저 기능을 설명하였다. List와 OutlineGroup 뷰를 사용하면 사용자가 계층 구조의 섹션을 확장/축소할 수 있도록 제공되는 디스클로저 컨트롤과 함께 몇 줄의 코드로 계층 데이터를 사용자에게 표시할 수 있다. 이러한 디스클로저 컨트롤는 여러분만의 SwiftUI 뷰 레이아웃 내에서 직접 사용할 수도 있는 DisclosureGroup 뷰에 의해 제공된다.

CHAPTER 35

SwiftUI List, OutlineGroup, DisclosureGroup 튜토리얼

이전 장에서는 List, OutlineGroup, DisclosureGroup 뷰를 다루었으며 사용자가 해당 정보의 섹션을 선택적으로 숨기거나 표시할 수 있도록 하면서 앱 내 계층적 정보를 시각적으로 표시하기 위해 이러한 뷰들을 어떻게 사용할 수 있는지를 다뤘다.

이번 장에서는 예제 프로젝트 생성을 통해 이러한 기능이 실제로 작동하는 것을 살펴보자.

35.1 예제 프로젝트에 대하여

이번 장에서 만드는 프로젝트는 그림 34-1에 표시된 데이터를 사용하여 이전 장의 그림 34-4에 표시된 사용자 인터페이스를 다시 만들 것이다. 먼저 프로젝트는 List 뷰를 사용하여 자동차 데이터 구조체의 정보를 탐색하고 표시할 것이다. 다음으로 섹션 헤더를 사용하여 그룹으로 정보를 표시하기 위해 List 내의 OutlineGroup을 사용하도록 프로젝트가 수정된다. 마지막으로 프로젝트는 DisclosureGroup 뷰를 사용하도록 확장한다.

35.2 OutlineGroupDemo 프로젝트 생성

Xcode를 실행하고 OutlineGroupDemo라는 새 Multiplatform App 프로젝트를 생성하는 옵션을 선택한다.

35.3 데이터 구조 추가하기

목록을 표시하기 전에, 첫 번째 단계는 사용자 인터페이스의 기초를 형성할 데이터 구조체를 추가하는 것이다. 목록 내의 각 행은 다음 정보를 저장하도록 설계된 CarInfo라는 구조체의 인스턴스로 표시된다.

- **id** – 각 CarInfo 인스턴스를 고유하게 식별하기 위한 UUID
- **name** – 자동차 타입, 제조사 또는 자동차 모델의 이름을 포함하는 문자열이다.
- **image** – 표시될 SF 심벌 이미지를 참조하는 문자열이다.
- **children** – 현재 CarInfo 인스턴스의 자식들을 나타내는 CarInfo 객체의 배열이다.

프로젝트 내비게이터 패널 내에서 `ContentView.swift` 파일을 선택하고 수정하여 다음과 같이 CarInfo 구조체 선언을 추가하자.

```swift
import SwiftUI

struct CarInfo: Identifiable {
    var id = UUID()
    var name: String
    var image: String
    var children: [CarInfo]?
}

struct ContentView: View {
    var body: some View {
        VStack {
            Image(systemName: "globe")
                .imageScale(.large)
                .foregroundColor(.accentColor)
            Text("Hello, world!")
        }
    }
}
.
.
```

이제 구조체가 정의되었으므로 CarInfo 인스턴스를 만들기 위해 약간의 데이터를 추가해야 한다. 앞서 언급했듯이, 이 데이터 구조는 이전 장의 그림 34-1에 나와 있다. `ContentView.swift` 파일 내에서 다음과 같이 데이터를 변수 선언으로 추가한다(이 구조체를 입력하는 타이핑을 하고 싶지 않다면, 코드 샘플 다운로드의 CarData 디렉터리에 있는 `CarInfoData.swift` 파일에서 복사/붙이기를 하자).

```swift
.
.
struct CarInfo: Identifiable {
    var id = UUID()
```

35.3 데이터 구조 추가하기

```
    var name: String
    var image: String
    var children: [CarInfo]?
}

let carItems: [CarInfo] = [

    CarInfo(name: "Hybrid Cars", image: "leaf.fill", children: [
        CarInfo(name: "Toyota", image: "car.circle", children: [
            CarInfo(name: "Prius", image: "leaf.fill"),
            CarInfo(name: "Highlander Hybrid", image: "leaf.fill"),
            CarInfo(name: "Lexus", image: "car.circle", children: [
                CarInfo(name: "Lexus RX", image: "leaf.fill"),
                CarInfo(name: "Lexus NX", image: "leaf.fill")])
        ]),
        CarInfo(name: "Ford", image: "car.circle", children: [
            CarInfo(name: "Fusion Energi", image: "leaf.fill"),
            CarInfo(name: "Escape", image: "leaf.fill"),
            CarInfo(name: "Volvo", image: "car.circle", children: [
                CarInfo(name: "S90 Hybrid", image: "leaf.fill"),
                CarInfo(name: "XC90 Hybrid", image: "leaf.fill")])
        ]),
    ]),
    CarInfo(name: "Electric Cars", image: "bolt.car.fill", children: [
        CarInfo(name: "Tesla", image: "car.circle", children: [
            CarInfo(name: "Model 3", image: "bolt.car.fill")
        ]),
        CarInfo(name: "Karma", image: "car.circle", children: [
            CarInfo(name: "Revero GT", image: "bolt.car.fill")
        ])
    ])
]

struct ContentView: View {
    var body: some View {
        VStack {



        }
    }
}
```

35.4 List 뷰 추가하기

프로젝트에 데이터 구조체를 추가했다면, 다음 단계는 carItems 배열에서 구조화된 데이터를 추출하도록 구성된 List를 사용하도록 콘텐트 뷰를 수정하는 것이다. 하지만, 그렇게 하기 전에 먼저 각 목록 셀에 표시할 커스텀 뷰를 설계해야 한다. 이 뷰를 다음과 같이 ContentView.swift 파일에 추가하자.

```swift
struct CellView: View {

    var item: CarInfo

    var body: some View {
        HStack {
            Image(systemName: item.image)
                .resizable()
                .scaledToFit()
                .frame(width: 25, height: 25)
                .foregroundColor(.green)
            Text(item.name)
        }
    }
}
```

앞의 뷰는 이미지와 현재 항목의 이름을 포함하는 Text 뷰를 표시하는 수평 스택을 구성하기 전에 CarInfo 인스턴스가 전달될 것으로 기대한다. 이미지의 경우 크기가 조정되며 포그라운드는 녹색으로 변경된다.

다음으로 ContentView 구조체를 편집하여 디폴트로 나오는 'Hello, world!' Text 뷰를 다음과 같이 수정하자.

```swift
.
.
struct ContentView: View {
    var body: some View {
        List(carItems, children: \.children) { item in
            CellView(item: item)
        }
    }
}
.
.
```

35.5 프로젝트 테스트하기

프리뷰 캔버스를 **라이브 프리뷰**live preview 모드로 전환하여 지금까지의 진행 상황을 테스트하자. 실행되면 사용할 수 있는 두 가지 최상위 카테고리가 **디스클로저**disclosure 컨트롤에 나열된다.

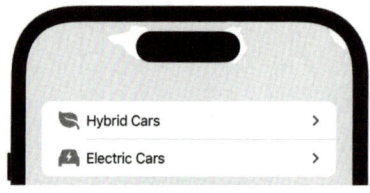

그림 35-1

디스클로저 컨트롤을 사용하여 여러 가지를 탐색하고 뷰가 예상대로 동작하는지 확인하자.

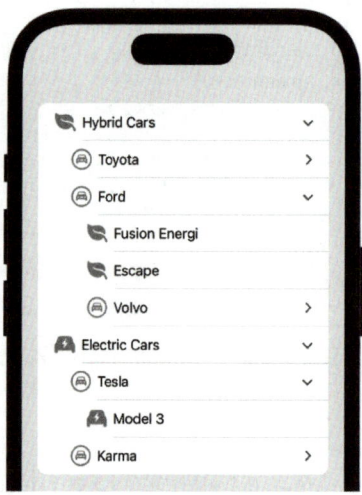

그림 35-2

35.6 사이드바 리스트 스타일 사용하기

앞의 List 인스턴스는 디폴트 리스트 스타일을 사용하여 표시한다. 계층적 목록으로 작업할 때, 특정 목적을 위해 GroupedListStyle 형식으로 리스트 스타일을 사용할 수도 있다. 이를 확인하기 위해 다음과 같이 List 뷰에 수정자를 추가하자.

```
struct ContentView: View {
    var body: some View {
```

```
        List(carItems, children: \.children) { item in
            CellView(item: item)
        }
        .listStyle(.grouped)
    }
}
```

프리뷰를 보면 목록은 이제 그림 35-3과 같은 레이아웃을 제공한다.

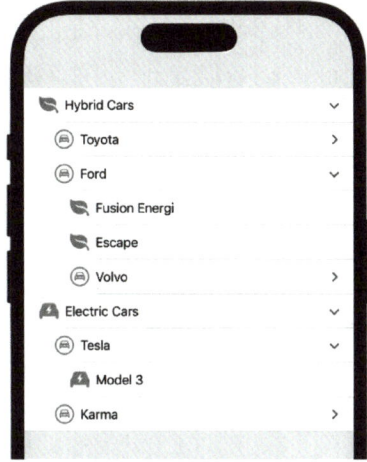

그림 35-3

35.7 OutlineGroup 사용하기

계층적 데이터를 표시하기 위해 List 뷰를 사용하는 것을 보았으므로, 목록 내에서 OutlineGroup 뷰를 사용하여 목록을 각각 섹션 헤더가 있는 그룹으로 나누도록 프로젝트를 수정할 것이다.

다시 한번 ContentView.swift 파일 내에서 작업하여 다음과 같이 ContentView 선언을 수정하자.

```
struct ContentView: View {
    var body: some View {
        List {
            ForEach(carItems) { carItem in
                Section(header: Text(carItem.name)) {
                    OutlineGroup(carItem.children ?? [CarInfo](),
                                 children: \.children) { child in
                        CellView(item: child)
                    }
```

```
            }
          }
        }
      }
      .listStyle(InsetListStyle())
    }
  }
}
```

앞의 선언은 데이터 구조의 첫 번째 항목(이번 예제에서는 'Hybrid Cars')을 가져와서 이를 `Section` 뷰의 제목으로 할당한다. 그런 다음 `OutlineGroup`은 Hybrid Cars 항목의 모든 하위 항목을 가지고 루프를 돈다. 모든 하위 항목에 대해 처리가 끝나면, 모든 전기차 하위 항목에 대한 루프를 돌기 전에 'Electric Cars' 항목이 또 다른 `Section`의 제목으로 사용된다.

라이브 프리뷰를 사용하여 검토할 때 앱은 이전과 동일하게 동작해야 한다. 단, 이제는 그림 35-4와 같이 헤더 섹션으로 그룹화된다. 이번에는 `List`는 `InsetListStyle` 수정자로 구성된다.

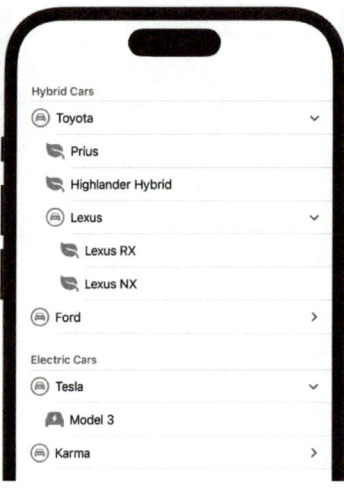

그림 35-4

35.8 DiscloseGroups 작업하기

`DisclosureGroup` 뷰는 새로운 SwiftUI 뷰 파일 내에서 표현될 것이다. 이 뷰를 추가하기 위하여 프로젝트 내비게이터 패널에서 OutlineGroupDemo 폴더를 마우스 오른쪽 버튼으로 클릭하고 **New File…** 메뉴 옵션을 선택한다. 새로운 파일 템플릿 다이얼로그에서 SwiftUI View 파일 옵션을 선택하고 **Next**를 클릭하고 **Create** 버튼을 클릭하기 전에 파일 이름을 `SettingsView`로 지정하자.

에디터에 로드된 SettingsView.swift 파일을 사용하고, 설정 컨트롤을 시뮬레이션하기 위하여 몇 가지 커스텀 뷰와 상태 프로퍼티를 다음과 같이 추가하자.

```swift
import SwiftUI

struct SettingsView: View {

    @State private var hybridState: Bool = false
    @State private var electricState: Bool = true
    @State private var fuelCellState: Bool = false
    @State private var inversionState: Bool = true
.
.
}

struct ColorControl: View {

    var color: Color
    var label: String

    var body: some View {
        HStack {
            Text(label)
            Spacer()
            Rectangle()
                .fill(color)
                .frame(width: 30, height: 30)
        }
        .padding(.leading)
        .scaledToFill()
    }
}

struct ToggleControl: View {
    var title: String
    @State var state: Bool

    var body: some View {
        Toggle(title, isOn: $state)
            .padding(.leading)
    }
}
```

다음으로 SettingsView 구조의 본문을 수정하여 설정 컨트롤이 포함된 Form 뷰를 추가한다.

```
struct SettingsView: View {

    @State private var hybridState: Bool = false
    @State private var electricState: Bool = true
    @State private var fuelCellState: Bool = false
    @State private var inversionState: Bool = true

    var body: some View {

        Form {
            ToggleControl(title: " Hybrid Cars", state: hybridState)
            ToggleControl(title: " Electric Cars", state: electricState)
            ToggleControl(title: " Fuel Cell Cars", state: fuelCellState)
            ColorControl(color: .red, label: "Background Color")
            ColorControl(color: .blue, label: "ForegroundColor")
            ToggleControl(title: "Color Inversion", state: inversionState)
        }
    }
}
```

프리뷰 캔버스에서 보면 사용자 인터페이스 레이아웃은 그림 35-5와 같이 나타나야 한다.

그림 35-5

설계된 설정 폼의 초기 작업을 했으니, 다음 작업은 양식을 제목 및 디스클로저 컨트롤이 있는 그룹으로 구성하는 것이다. 이를 위해 다음과 같이 Form 뷰 선언을 수정하자.

```
var body: some View {

    Form {
        DisclosureGroup {
            ToggleControl(title: "Hybrid Cars", state: hybridState)
            ToggleControl(title: "Electric Cars", state: electricState)
```

```
            ToggleControl(title: "Fuel Cell Cars", state: fuelCellState)
        } label: {
            Label("Categories Filters", systemImage: "car.2.fill")
        }
        
        DisclosureGroup {
            ColorControl(color: .red, label: "Background Color")
            ColorControl(color: .blue, label: "ForegroundColor")
            ToggleControl(title: "Color Inversion", state: inversionState)
        } label: {
            Label("Color Settings", systemImage: "scribble.variable")
        }
    }
}
```

폼을 디스클로저 그룹으로 분리하면 뷰는 다음과 같이 프리뷰 캔버스에 나타날 것이다.

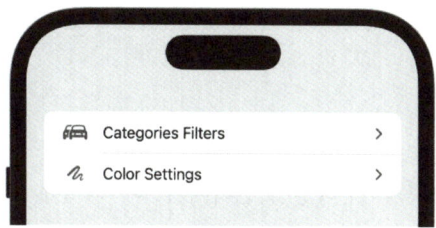

그림 35-6

라이브 프리뷰 모드로 전환하고 디스클로저 컨트롤을 사용하여 두 가지 설정 그룹을 확장/축소할 수 있는지 확인하자.

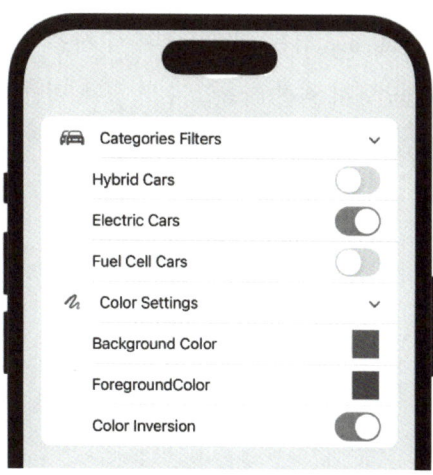

그림 35-7

디폴트로 디스클로저 그룹은 최초에 표시될 때 닫혀있게 된다. 확장 모드로 표시되도록 그룹을 구성하려면 불리언 값을 `DisclosureGroup` 선언에 전달하기만 하면 된다. 예를 들어 다음과 같이 코드를 변경하면 최초에 설정 폼의 Category Filters 섹션이 확장된다.

```
.
.
@State private var filtersExpanded: Bool = true

var body: some View {

    Form {
        DisclosureGroup(isExpanded: $filtersExpanded) {
            ToggleControl(title: "Hybrid Cars", state: hybridState)
            ToggleControl(title: "Electric Cars", state: electricState)
            ToggleControl(title: "Fuel Cell Cars", state: fuelCellState)
        } label : {
            Label("Categories Filters", systemImage: "car.2.fill")
        }
.
.
```

다시 한번 라이브 프리뷰를 사용하여 사용자 인터페이스가 최초에 나타날 때 Category Filters 그룹이 확장되는지 확인하자.

35.9 요약

`List`와 `OutlineGroup` 뷰는 최소한의 코딩으로 계층 정보를 그룹화하고 사용자에게 표시하는 쉬운 방법을 제공한다. `DisclosureGroup` 뷰는 이러한 뷰에서 사용자가 정보 섹션을 확장/축소하는 데 사용되며 자신의 SwiftUI 선언에서 직접 사용할 수도 있다. 이번 장에서는 예제 프로젝트를 통해 이러한 뷰를 실제로 살펴보았다.

CHAPTER **36**

LazyVGrid 및 LazyHGrid로 SwiftUI 그리드 구축하기

이전 장들에서는 Stack, List, OutlineGroup을 사용하여 사용자에게 정보를 제공하는 방법을 살펴보았다. 하지만 이러한 방법들 중 어느 것도 **그리드**grid 형식으로 콘텐츠를 표시하는 데는 유용하지 않다. SwiftUI는 사용자 인터페이스 레이아웃 내에서 **멀티컬럼 그리드**multi-column grid를 표시할 수 있는 LazyVGrid, LazyHGrid, GridItem의 세 가지 뷰를 가지고 있다.

이번 장에서는 이러한 뷰를 소개하고 수평과 수직 그리드 레이아웃을 구축하는 데 사용할 수 있는 ScrollView와 결합하는 방법을 설명할 것이다.

36.1 SwiftUI 그리드

SwiftUI 그리드는 수평 또는 수직 방향의 멀티컬럼 레이아웃으로 정보를 표시하는 방법을 제공한다. 그리드가 ScrollView 인스턴스에 포함되면, 그리드가 앱이 실행 중인 디바이스에서 표시되는 화면 영역을 넘는 경우에 사용자는 그리드를 스크롤할 수 있다.

이름에서 알 수 있듯이 LazyVGrid와 LazyHGrid 뷰는 사용자에게 표시될 때 그리드 내에 표시되는 항목만 생성하며, 뷰를 스크롤하여 화면 밖으로 스크롤될 때 해당 항목들은 메모리에서 버려진다(21장 'SwiftUI 스택과 프레임'에서 다룬 개념이다). 이것은 앱 성능에 부정적인 영향을 미치지 않으면서 스크롤 가능한 잠재적으로 무한한 항목의 그리드를 구성할 수 있게 한다.

수직 그리드를 선언하는 구문은 다음과 같다.

```
LazyVGrid(columns: [GridItem], alignment: <horizontal alignment>,
          spacing: CGFloat?, pinnedViews: <views>) {
    // 콘텐트 뷰
}
```

앞의 구문에서 columns 인수만 필수이며 GridItem 인스턴스의 배열 형태를 취한다.

마찬가지로 수평 그리드는 다음과 같이 선언된다. 여기서도 rows 인수를 제외한 모든 인수는 선택 사항이다.

```
LazyHGrid(rows: [GridItem], alignment: <vertical alignment>,
         spacing: CGFloat?, pinnedViews: <views>) {
    // 콘텐트 뷰
}
```

36.2 GridItem

그리드 레이아웃의 각 행 또는 열은 GridItem 뷰의 인스턴스를 표시한다. 다시 말해 GridItem 인스턴스는 LazyHGrid 레이아웃의 각 행과 LazyVGrid 뷰를 사용할 때는 각 열을 나타낸다. GridItem 뷰는 **크기 조정**sizing, **간격**spacing, **정렬**alignment 측면에서 행 또는 열의 속성을 정의한다. 또한 GridItem 뷰는 그리드 내에 표시되는 행 또는 열의 수와 이러한 제약 조건을 충족하기 위해 항목을 축소할 수 있는 최소 크기에 대한 제어도 제공한다.

GridItem은 다음 구문을 사용하여 선언된다.

```
GridItem(sizing, spacing: CGFloat?, alignment: <alignment>)
```

sizing 인수는 GridItemSize 타입이며 다음 중 하나로 선언되어야 한다.

- **flexible()** – 그리드의 행 또는 열 수는 LazyVGrid 또는 LazyHGrid 뷰에 배열 형태로 전달된 GridItem 인스턴스 수에 따라 결정된다.
- **adaptive(minimum: CGFloat)** – 행 또는 열의 크기는 사용 가능한 공간에 가능한 한 많은 항목이 맞도록 조정된다. 항목이 축소될 수 있는 최소 크기는 선택 사항인 minimum 인수를 사용하여 지정할 수 있다.
- **fixed(size: CGFloat)** – 항목의 고정된 크기를 지정한다.

배열에 들어가는 GridItem는 앞의 설정을 혼합하여 사용할 수 있다. 예를 들어, 첫 번째 열을 고정 너비로 만들고 나머지 항목은 남아있는 사용 가능한 공간에 최대한 많은 열을 맞추도록 구성한다.

SwiftUI의 그리드는 시각적으로 가장 잘 탐색되므로, 이번 장의 나머지 부분에서는 `LazyVGrid`, `LazyHGrid`, `GridItem`의 많은 기능을 보여주는 프로젝트를 생성할 것이다.

36.3 GridDemo 프로젝트 생성하기

Xcode를 시작하고 `GridDemo`라는 새로운 **Multiplatform App** 프로젝트를 만드는 옵션을 선택하자. 프로젝트가 생성되면 `ContentView.swift` 파일을 편집하여 그리드를 시각적으로 더 매력적이게 만들기 위해 색상 배열과 함께 그리드 셀이 동작하는 커스텀 뷰를 추가한다.

```swift
import SwiftUI

struct ContentView: View {

    private var colors: [Color] = [.blue, .yellow, .green]
.
.
}

struct CellContent: View {
    var index: Int
    var color: Color

    var body: some View {
        Text("\(index)")
            .frame(minWidth: 50, maxWidth: .infinity, minHeight: 100)
            .background(color)
            .cornerRadius(8)
            .font(.system(.largeTitle))
    }
}
.
.
```

36.4 유연한 GridItem 작업하기

앞에서 설명한 것처럼 `LazyVGrid` 뷰에 전달된 배열에 포함된 모든 `GridItem`이 `flexible`로 선언된다면 배열의 `GridItem` 수는 그리드에 포함된 열 수를 나타낸다.

이 동작을 확인하기 위해 `ContentView.swift` 파일을 다시 한번 편집하여 다음과 같이 세 개의 `GridItem` 배열을 선언하는 것으로 시작하자.

```
struct ContentView: View {

    private var colors: [Color] = [.blue, .yellow, .green]
    private var gridItems = [GridItem(.flexible()),
                             GridItem(.flexible()),
                             GridItem(.flexible())]
.
.
```

다음으로 body 선언을 다음과 같이 사용자 정의 CellContent 커스텀 뷰(0에서 8까지 번호가 매겨짐)의 9개 인스턴스를 포함하는 수직 그리드를 선언한다.

```
var body: some View {

    LazyVGrid(columns: gridItems, spacing: 5) {
        ForEach((0...8), id: \.self) { index in
            CellContent(index: index, color: colors[index % colors.count])
        }
    }
    .padding(5)
}
```

이렇게 수정했다면 프리뷰 캔버스는 그림 36-1과 같이 그리드가 표시될 것이다.

그림 36-1

그리드는 예상한 것처럼 세 개의 열로 채워졌다. 열을 추가하려면 배열에 다른 GridItem을 배치하기만 하면 된다. 이 시점에서 flexible 모드는 GridItem 뷰의 디폴트 설정이므로 원한다면 flexible 선언을 생략할 수 있다.

```
private var gridItems = [GridItem(), GridItem(), GridItem(), GridItem()]
```

프리뷰로 보면 그리드는 그림 36-2와 같이 네 개의 열로 나타낸다.

그림 36-2

36.5 그리드에 스크롤 지원 추가하기

앞의 예제 그리드에는 소수의 항목만이 디바이스의 뷰 영역 전체에 포함된다. 항목 수가 많을수록 그리드가 사용 가능한 화면 영역을 항상 넘는다. 예를 들어, 다음과 같이 body 뷰 선언의 ForEach 루프에 있는 항목 수를 8에서 99로 늘리자.

```
var body: some View {

    LazyVGrid(columns: gridItems, spacing: 5) {
        ForEach((0...99), id: \.self) { index in
            CellContent(index: index, color: colors[index % colors.count])
        }
    }
    .padding(5)
}
```

이제 그리드를 프리뷰로 보면 그림 36-3과 같이 나타난다.

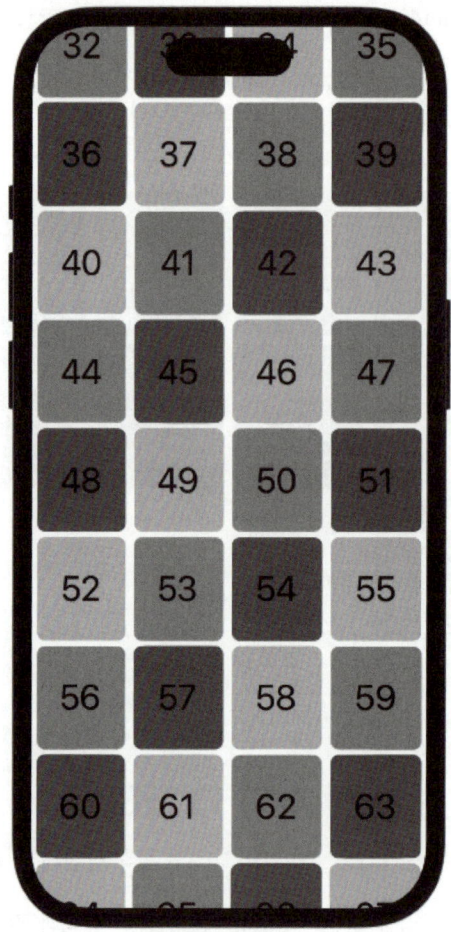

그림 36-3

프리뷰에서 보면 그리드가 너무 커서 전체 화면에 다 들어가지 않는다. 또한 화면에는 세로를 기준으로 중간의 그리드가 배치되므로 첫 번째 행부터 보이는 게 아니라 그리드 중앙의 셀이 표시된다. 그리드의 나머지 부분을 보기 위해 위아래로 스크롤하는 것도 불가능하다. 이러한 모든 문제는 다음과 같이 ScrollView에 LazyVGrid를 포함시키면 간단히 해결할 수 있다.

```
var body: some View {

    ScrollView {
        LazyVGrid(columns: gridItems, spacing: 5) {
            ForEach((0...99), id: \.self) { index in
                CellContent(index: index, color: colors[index % colors.count])
            }
        }
    }
```

```
        .padding(5)
    }
}
```

이제는 그리드의 상단이 프리뷰 내에서 표시될 것이며, 라이브 프리뷰를 선택하면 그리드를 수직으로 스크롤할 수 있을 것이다.

36.6 적응형 GridItem으로 작업하기

지금까지 유연한 GridItem 크기 설정을 통해 그리드에 표시되는 열이나 행의 수를 정의하는 방법을 살펴보았다. 그러나 **적응형**adaptive 설정은 뷰가 차지하는 공간에 맞출 수 있는 한 많은 행이나 열이 자동으로 표시되도록 그리드 뷰를 구성한다. 적응형 크기 조정을 사용하려면 다음과 같이 단일 적응형 항목을 포함하도록 gridItems 배열을 수정하자.

```
private var gridItems = [GridItem(.adaptive(minimum: 50))]
```

이 코드는 열의 너비가 50pt보다 작을 수 없다는 제한과 함께 그리드에 가능한 한 많은 열이 표시되도록 할 것이다. 그림 36-4는 **세로**portrait 방향의 아이폰 14 프로에서 표시되는 예를 보여준다.

그림 36-4

반면에 그림 36-5는 **가로**landscape 방향의 아이폰 14 프로에서 표시되는 동일한 그리드를 보여준다. 더 넓은 뷰 영역에 맞게 배치되도록 그리드가 열 수를 자동으로 조정했음에 주목하자.

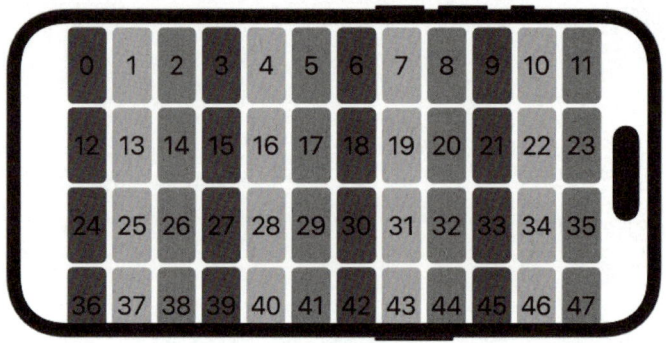

그림 36-5

36.7 고정 GridItem으로 작업하기

GridItem 고정fixed 크기 설정을 사용하면 행 또는 열을 특정 크기로 설정할 수 있다. 크기가 고정된 GridItem만 있는 배열을 그리드 뷰에 전달하여 사용하면, 배열의 수는 행 또는 열의 수를 나타낸다. 예를 들어, 다음의 배열이 LazyVGrid 뷰에 전달되면 너비가 100pt인 단일 열을 가진 그리드가 표시될 것이다.

```
private var gridItems = [GridItem(.fixed(100))]
```

반면에 다음의 배열은 각각 75pt, 125pt 및 175pt 크기의 열이 있는 3열 그리드를 표시한다.

```
private var gridItems = [GridItem(.fixed(75)), GridItem(.fixed(125)),
                         GridItem(.fixed(175))]
```

렌더링되면 그리드는 그림 36-6과 같이 나타날 것이다.

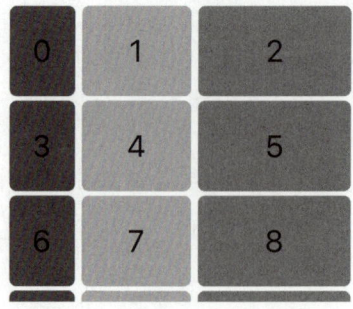

그림 36-6

그리드로 작업할 때, GridItem 크기를 조정하는 구성을 결합하는 것도 가능하다. 예를 들어, 다음 배열은 각 행의 첫 번째 열을 고정 너비로 표시하고 두 번째와 세 번째 열의 크기는 나머지 공간을 차지하도록 동일하게 조정된다.

```
private var gridItems = [GridItem(.fixed(85)), GridItem(), GridItem()]
```

렌더링되면 그림 36-7과 같이 그리드가 나타날 것이다.

그림 36-7

마찬가지로 다음의 배열은 **고정된**fixed 크기 조정과 **적응형** 크기 조정의 조합을 사용한다.

```
private var gridItems = [GridItem(.fixed(100)), GridItem(.adaptive(minimum: 50))]
```

이렇게 하면 각 행의 첫 번째 열은 고정된 크기로 표시되고 나머지 행은 최소 너비 제한에 따라 가능한 한 많은 열로 채워진다.

그림 36-8

36.8 LazyHGrid 뷰 사용하기

수평 그리드는 열 대신 행을 기준으로 구성하고 고정된, 최솟값과 최댓값이 열 너비 대신 행 높이와 관련된다는 점을 제외하면 수직 방향 그리드와 거의 동일한 방식으로 동작한다. 또한 스크롤링이 필요하다면, 그리드는 수평 ScrollView 인스턴스에 포함되어야 한다. 예를 들어, 다음의 선언은 모든 행에서 적응형 크기 조정을 사용하여 수평 ScrollView 안에 LazyHGrid를 배치시킨다.

```
struct ContentView: View {

    private var colors: [Color] = [.blue, .yellow, .green]
    private var gridItems = [GridItem(.adaptive(minimum: 50))]

    var body: some View {

        ScrollView(.horizontal) {
            LazyHGrid(rows: gridItems, spacing: 5) {
                ForEach((0...99), id: \.self) { index in
                    CellContent(index: index,
                                color: colors[index % colors.count])
                }
            }
            .padding(5)
        }
    }
}

struct CellContent: View {
    var index: Int
    var color: Color

    var body: some View {
        Text("\(index)")
            .frame(minWidth: 75, minHeight: 50, maxHeight: .infinity)
            .background(color)
            .cornerRadius(8)
            .font(.system(.largeTitle))
    }
}
```

프리뷰에서 보면, 그림 36-9에 표시된 것과 같이 앞의 선언은 수평으로 스크롤하는 기능을 가진 그리드가 표시된다.

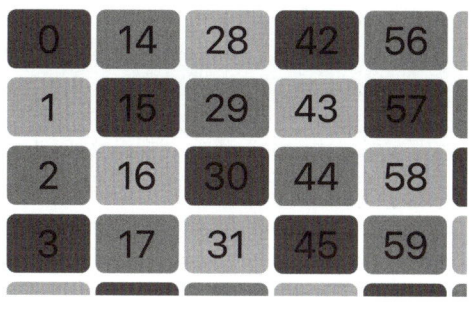

그림 36-9

반면에 다음의 `GridItem` 배열은 고정된 높이와 적응형 크기 조정을 혼합하여 첫 번째와 마지막 그리드 행의 높이를 높인다.

```
private var gridItems = [GridItem(.fixed(150)),
                GridItem(.adaptive(minimum: 50)), GridItem(.fixed(150))]
```

이것은 그림 36-10과 같이 그리드가 나타난다.

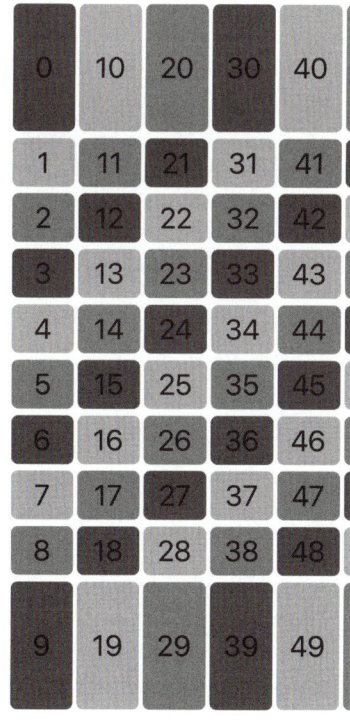

그림 36-10

마지막 예제로 다음의 `GridItem` 배열을 살펴보자.

```
private var gridItems = [GridItem(.fixed(150)),
                        GridItem(.flexible(minimum: 50)), GridItem(.fixed(150))]
```

이것을 실행하면, 그리드는 고정 높이의 첫 번째 행과 마지막 행으로 구성되며 중간 행은 사용 가능한 높이를 채우도록 크기가 조정된다.

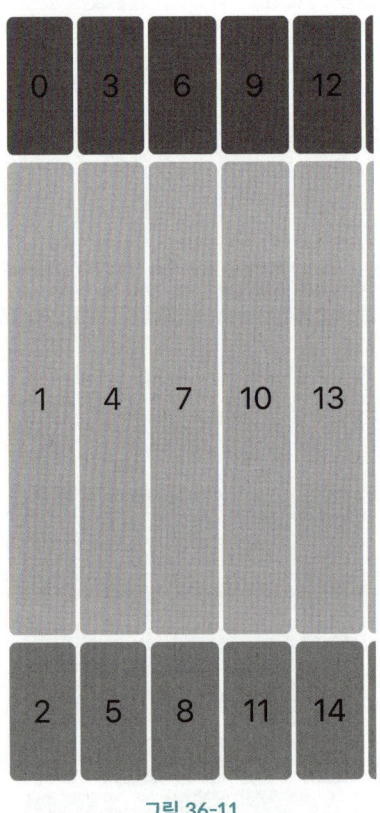

그림 36-11

36.9 요약

SwiftUI의 그리드 스타일 레이아웃은 GridItem 뷰의 인스턴스를 구성하도록 설계된 LazyHGrid와 LazyVGrid 뷰를 사용하여 구현된다. LazyHGrid와 LazyVGrid 뷰에는 그리드 셀에 표시될 콘텐트 뷰와 그리드의 행과 열의 크기를 조정하는 방법을 정의하도록 구성된 GridItem 뷰의 배열이 전달된다. ScrollView 인스턴스로 그리드를 감싸면, 상위 뷰의 가시 영역을 넘는 그리드에 스크롤 동작을 추가할 수 있다.

CHAPTER 37

Grid와 GridRow를 사용하여 SwiftUI 그리드 구축하기

이전 장에서는 LazyHGrid, LazyVGrid, GridItem 뷰를 소개하였고 스크롤 가능한 멀티컬럼 레이아웃을 만드는 데 사용할 수 있는 방법을 살펴보았다. 이러한 뷰들은 많은 수의 행을 처리할 수 있지만, 그리드 셀 배열 및 위치 지정 측면에서 유연성이 부족하다.

이번 장에서는 iOS 16에 도입된 두 가지 그리드 레이아웃 뷰(Grid와 GridRow)로 작업한다. 큰 그리드 레이아웃에 대한 지원이 부족하지만 이 두 가지 뷰는 **열 확장**column spanning, 빈 셀, 다양한 정렬과 **간격**spacing 옵션을 포함하여 **지연**lazy 그리드 뷰를 사용할 때 이 두 가지 뷰가 할 수 없는 여러 기능을 제공한다.

37.1 Grid와 GridRow 뷰

그리드 레이아웃은 각 행이 GridRow 자식으로 표시되는 Grid 뷰를 사용하여 정의되며, GridRow 인스턴스의 자식 뷰는 해당 행의 열 셀을 나타낸다.

Grid와 GridRow를 사용하여 그리드를 선언하는 구문은 다음과 같다.

```
Grid {

    GridRow {
        // 셀 뷰가 여기에 온다.
    }

    GridRow {
        // 셀 뷰가 여기에 온다.
    }
    .
    .
    .
}
```

37.2 GridRowDemo 프로젝트 생성하기

Xcode를 시작하고 GridRowDemo라는 새로운 **Multiplatform App** 프로젝트를 만드는 옵션을 선택한다. 프로젝트가 준비되면 ContentView.swift 파일을 편집하여 이후의 예제에서 그리드 셀에 대한 콘텐트로 사용할 커스텀 뷰를 추가하자.

```
struct CellContent: View {

    var index: Int
    var color: Color

    var body: some View {
        Text("\(index)")
            .frame(minWidth: 50, maxWidth: .infinity, minHeight: 100)
            .background(color)
            .cornerRadius(8)
            .font(.system(.largeTitle))
    }
}
```

37.3 간단한 그리드 레이아웃

첫 번째 단계로 ContentView.swift 파일에서 ContentView 구조체의 body를 다음과 같이 수정하여 간단한 5 × 3 그리드를 만든다.

```
struct ContentView: View {
    var body: some View {

        Grid {
            GridRow {
                ForEach(1...5, id: \.self) { index in
                    CellContent(index: index, color: .red)
                }
            }

            GridRow {
                ForEach(6...10, id: \.self) { index in
                    CellContent(index: index, color: .blue)
                }
            }
```

```
            GridRow {
                ForEach(11...15, id: \.self) { index in
                    CellContent(index: index, color: .green)
                }
            }
        }
        .padding()
    }
}
```

앞의 예제는 세 개의 GridRow 자식을 포함하는 Grid 뷰 부모로 구성된다. 각 GridRow에는 세 개의 CellContent 뷰를 생성하는 ForEach 루프가 포함된다. 이러한 수정을 수행한 후, 레이아웃은 그림 37-1과 같이 프리뷰 패널에 나타날 것이다.

그림 37-1

37.4 GridRow가 아닌 다른 자식 뷰

이번 장에서 지금까지는 Grid 뷰의 직계 자식은 GridRow여야 한다는 암시가 있었다. 이것은 Grid 뷰가 가장 일반적으로 사용하는 것이지만, GridRow 범위 밖에 자식을 포함할 수도 있다. GridRow 내에 포함되지 않은 그리드 자식은 그리드 레이아웃 내에서 전체 행을 차지하도록 확장된다.

예를 들어 다음은 그리드의 네 번째 행으로 행을 채우는 단일 CellContent 뷰를 추가한다.

```
struct ContentView: View {
    var body: some View {

        Grid {
            GridRow {
                ForEach(1...5, id: \.self) { index in
                    CellContent(index: index, color: .red)
```

```
                }
            }
            GridRow {
                ForEach(6...10, id: \.self) { index in
                    CellContent(index: index, color: .blue)
                }
            }
            GridRow {
                ForEach(11...15, id: \.self) { index in
                    CellContent(index: index, color: .green)
                }
            }
            CellContent(index: 16, color: .blue)
        }
        .padding()
    }
}
```

프리뷰 패널 내에서 그리드는 그림 37-2와 같이 나타날 것이다.

그림 37-2

37.5 자동 생성되는 빈 그리드 셀

그리드를 생성할 때, 일반적으로는 각 행에 동일한 수의 열이 포함되어야 한다고 가정한다. 하지만 이것이 Grid와 GridRow 뷰를 사용할 때 반드시 지켜야 할 사항은 아니다. Grid 뷰가 서로 다른 셀 개수를 포함하는 행을 가져야 하는 경우, 가장 긴 행과 일치하도록 짧은 행에 빈 셀이 자동으로 추가된다. 이번 예제에서 이것을 확인하기 위해 ForEach 루프 범위를 다음과 같이 변경하자.

```
.
.
GridRow {
    ForEach(1...5, id: \.self) { index in
        CellContent(index: index, color: .red)
    }
}

GridRow {
    ForEach(6...8, id: \.self) { index in
        CellContent(index: index, color: .blue)
    }
}

GridRow {
    ForEach(11...12, id: \.self) { index in
        CellContent(index: index, color: .green)
    }
}
.
.
```

그리드가 렌더링되면 그림 37-3과 같이 더 적은 수의 셀을 포함하는 행에는 빈 셀이 배치된다.

그림 37-3

37.6 빈 셀 추가하기

GridRow에 빈 셀을 추가할 수 있을 뿐만 아니라, 그리드 레이아웃의 고정 위치에 빈 셀을 삽입할 수도 있다. 빈 셀은 'clear' 색상 값으로 구성된 Color 뷰로 표시된다. gridCellUnsizedAxes() 수정자를 Color 뷰에 적용하면 빈 셀의 높이와 너비가 점유된 셀의 디폴트 높이 및 너비와 같도록 한다. 우리 예제의 첫 번째 그리드 행을 수정하여 짝수 열에 빈 셀이 포함되도록 한다.

```
GridRow {
    ForEach(1...5, id: \.self) { index in
        if (index % 2 == 1) {
            CellContent(index: index, color: .red)
        } else {
            Color.clear.gridCellUnsizedAxes([.horizontal, .vertical])
        }
    }
}
```

라이브 프리뷰를 보면, 그리드의 첫 번째 행에 빈 셀이 그림 37-4와 같이 나타나는지 확인하자.

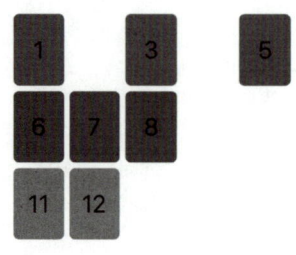

그림 37-4

37.7 열 확장하기

Grid와 GridRow의 주요 기능은 단일 셀이 지정된 수의 열에 놓일 수 있도록 하는 것이다. 이것은 GridRow 선언 내의 개별 콘텐츠 셀 뷰에 gridCellColumns() 수정자를 적용하면 할 수 있다. 각각 두 개 열과 세 개 열에 걸쳐 구성된 두 개의 셀을 가진 행을 그리드에 추가한다.

```
.
.
CellContent(index: 16, color: .blue)

GridRow {
    CellContent(index: 17, color: .orange)
        .gridCellColumns(2)
    CellContent(index: 18, color: .indigo)
        .gridCellColumns(3)
}
.
.
```

이렇게 하면 이제는 그림 37-5와 같이 나타날 것이다.

그림 37-5

37.8 그리드 정렬과 간격

행과 열 사이의 간격은 Grid 뷰의 verticalSpacing과 horizontalSpacing 매개변수를 사용하여 적용할 수 있다. 예를 들면 다음과 같이 적용한다.

```
Grid(horizontalSpacing: 30, verticalSpacing: 0) {
    GridRow {
        ForEach(1...5, id: \.self) { index in
.
.
```

앞의 코드는 열 사이의 간격을 늘리고 행 사이의 간격을 제거하여 그림 37-6과 같이 그리드가 표시되도록 한다.

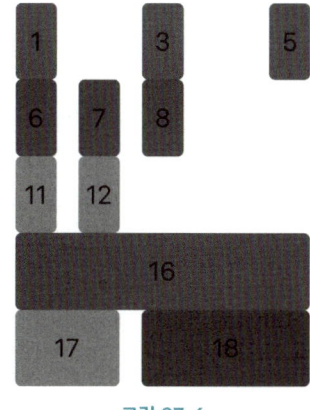

그림 37-6

우리는 그리드 셀 내에서 사용 가능한 공간을 채우기 위해 이 장 전체에서 사용되는 CellContent 뷰를 설계했다. 이것은 정렬에 대한 변경을 볼 수 없으므로, 정렬 설정을 보여줄 콘텐트가 포함된 셀을 추가해야 한다. 다음은 그리드 상단에 두 개의 새로운 행을 삽입하며, 1부터 5까지 셀을 포함하는 ForEach 행에서 빈 셀을 배치한 코드를 제거하고 모든 셀이 표시되도록 한다.

```
struct ContentView: View {
    var body: some View {
        Grid {

            GridRow {
                CellContent(index: 0, color: .orange)
                Image(systemName: "record.circle.fill")
                Image(systemName: "record.circle.fill")
                Image(systemName: "record.circle.fill")
                CellContent(index: 0, color: .yellow)
            }
            .font(.largeTitle)

            GridRow {
                CellContent(index: 0, color: .orange)
                Image(systemName: "record.circle.fill")
                Image(systemName: "record.circle.fill")
                Image(systemName: "record.circle.fill")
                CellContent(index: 0, color: .yellow)
            }
            .font(.largeTitle)

            GridRow {
                ForEach(1...5, id: \.self) { index in
                    CellContent(index: index, color: .red)
                }
            }
.
.
```

이렇게 수정한 후에 프리뷰를 보고 그리드의 맨 위 세 행이 그림 37-7과 같은지 확인하자.

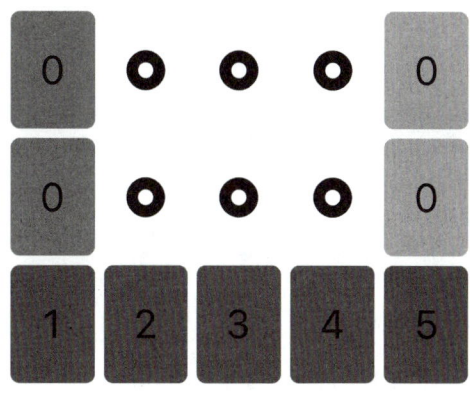

그림 37-7

원 기호의 위치를 통해 Grid와 GridRow 뷰는 디폴트로 그리드 셀 내의 콘텐트를 중앙에 둔다는 것을 알 수 있다. Grid 뷰의 alignment 매개변수에 다음 값 중 하나를 할당하여 그리드 내의 모든 셀에 대한 디폴트 정렬을 변경할 수 있다.

- .trailing
- .leading
- .top
- .bottom
- .topLeading
- .topTrailing
- .bottomLeading
- .bottomTrailing
- .center

셀 콘텐트는 다음의 정렬값을 사용하여 인접한 셀에 포함된 텍스트의 **기준선**baseline과도 정렬될 수 있다.

- .centerFirstTextBaseline
- .centerLastTextBaseline
- .leadingFirstTextBaseline
- .leadingLastTextBaseline
- .trailingFirstTextBaseline
- .trailingLastTextBaseline

예제 코드에서 Grid 선언을 다음과 같이 수정하여 모든 콘텐트가 셀의 맨 위에 정렬되도록 하자.

```
struct ContentView: View {
    var body: some View {
        Grid(alignment: .topLeading) {
.
.
```

프리뷰 패널에서 원 기호의 위치가 그림 37-8에 표시된 레이아웃과 일치하는지 확인하자.

그림 37-8

GridRow 뷰의 alignment 속성을 사용하여 개별 행의 디폴트 세로 정렬 설정을 **재정의**override할 수도 있다. 예를 들어, 다음의 코드는 bottom 정렬을 사용하도록 첫 번째 행을 변경한다.

```
struct ContentView: View {
    var body: some View {
        Grid(alignment: .topLeading) {
            
            GridRow(alignment: .bottom) {
                CellContent(index: 0, color: .orange)
                Image(systemName: "record.circle.fill")
                Image(systemName: "record.circle.fill")
                Image(systemName: "record.circle.fill")
                CellContent(index: 0, color: .yellow)
            }
            .font(.largeTitle)
.
.
```

첫 번째 행의 원은 이제 행의 맨 아래에 배치되고 두 번째 행은 계속해서 상위 그리드 뷰에 지정된 디폴트 정렬을 채택한다.

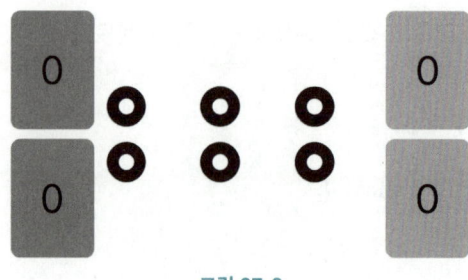

그림 37-9

GridRow 정렬은 셀 콘텐트의 수직적 위치만 조정한다. 앞에서 설명한 것처럼, 원의 첫 번째 행은 상위 Grid 뷰에 적용된 leading 정렬을 계속 사용했다.

개별 열의 셀에 대한 수평적 콘텐트 정렬은 gridColumnAlignment() 수정자를 해당 열 내의 셀에 적용하여 변경할 수 있다. 예를 들어, 다음의 코드는 두 번째 그리드 열에 trailing 정렬을 적용한다.

```
struct ContentView: View {
    var body: some View {
        Grid(alignment: .topLeading) {

            GridRow(alignment: .bottom) {
                CellContent(index: 0, color: .orange)
                Image(systemName: "record.circle.fill")
                    .gridColumnAlignment(.trailing)
                Image(systemName: "record.circle.fill")
                Image(systemName: "record.circle.fill")
                CellContent(index: 0, color: .yellow)
            }
            .font(.largeTitle)
.
.
```

프리뷰에서 보면, 그림 37-10과 같이 나타난다.

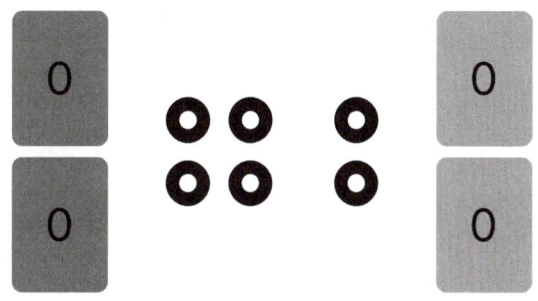

그림 37-10

마지막으로 다음과 같이 gridCellAnchor() 수정자를 사용하여 개별 셀의 콘텐트 정렬을 재정의할 수 있다.

```
Grid(alignment: .topLeading) {

    GridRow(alignment: .bottom) {
```

```
            CellContent(index: 0, color: .orange)
            Image(systemName: "record.circle.fill")
                .gridColumnAlignment(.trailing)
            Image(systemName: "record.circle.fill")
                .gridCellAnchor(.center)
            Image(systemName: "record.circle.fill")
                .gridCellAnchor(.top)
            CellContent(index: 0, color: .yellow)
        }
        .font(.largeTitle)
```

앞의 변경 사항이 반영되도록 프리뷰가 업데이트되면, 행의 원 기호는 다음과 같이 표시될 것이다.

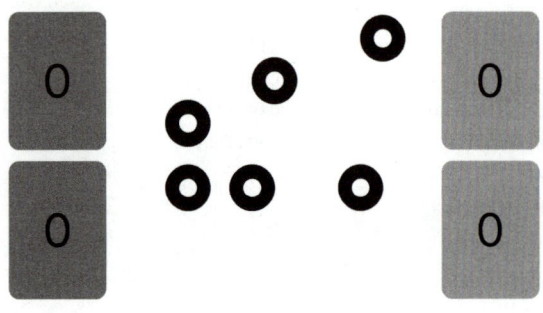

그림 37-11

37.9 요약

Grid과 GridRow 뷰는 SwiftUI로 작업할 때 매우 유연한 그리드 레이아웃 옵션을 제공하기 위해 결합된다. 이러한 뷰는 많은 수의 뷰를 포함하는 스크롤 그리드를 표시하는 데 적합하지 않지만, 이전 장에서 다룬 LazyVGrid와 LazyHGrid 뷰보다 몇 가지 장점이 있다. 특별한 장점으로는 여러 열을 단일 셀에 두는 기능, 빈 셀 지원, 열 수를 일치하기 위하여 빈 셀을 자동으로 추가, 그리드와 행 그리고 개별 셀에서 콘텐트 정렬을 적용하는 기능이 있다.

CHAPTER 38

SwiftUI에서 탭 그리고 페이지 뷰 구축하기

SwiftUI의 `TabView` 컴포넌트는 탭 바에 있는 탭 아이템을 사용자가 선택하거나 페이지 뷰 탭 스타일을 사용할 때 스와이프 동작을 만들어 여러 하위 뷰들 사이의 이동을 할 수 있게 해준다. 이번 장에서는 SwiftUI 앱에서 `TabView` 기반의 인터페이스를 구현하는 방법을 보여주는 예제 프로젝트를 만들 것이다.

38.1 SwiftUI TabView 개요

SwiftUI에서 탭 뷰는 `TabView` 컨테이너 뷰를 사용하여 생성되며, 사용자가 이동할 화면들을 나타내는 하위 뷰들로 구성된다.

디폴트로 `TabView`는 하위 뷰들 사이를 이동하는 데 사용될 탭 아이템을 가진 탭 바를 레이아웃 하단에 표시한다. 탭 아이템은 수정자를 사용하여 각각의 콘텐트 뷰에 적용되며, `Text` 뷰와 `Image` 뷰로 구성되도록 할 수 있다. 다른 뷰 타입들은 탭 아이템에 지원되지 않는다.

탭 아이템에 태그를 추가하면 프로그램적으로 현재 선택된 탭을 제어할 수도 있다. 그림 38-1은 `TabView` 레이아웃의 예다.

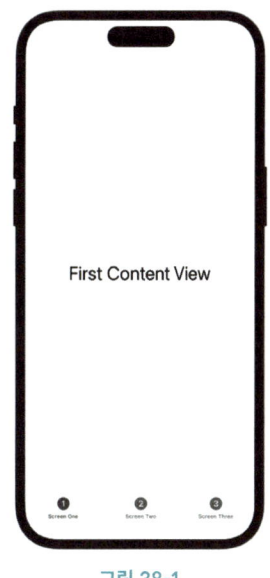

그림 38-1

38.2 TabViewDemo 앱 생성하기

Xcode를 실행하고 `TabViewDemo`라는 이름의 새로운 Multiplatform App을 생성한다.

38.3 TabView 컨테이너 추가하기

ContentView.swift 파일이 코드 에디터에 로드되면 디폴트로 되어 있는 body 콘텐트를 삭제하고 다음과 같이 TabView를 추가한다.

```
import SwiftUI

struct ContentView: View {

    var body: some View {
        TabView {

        }
    }
}
```

38.4 콘텐트 뷰 추가하기

다음으로, 세 개의 콘텐트 뷰를 레이아웃에 추가하자. 이번 예제의 목적상 Text 뷰와 글자 크기를 키울 font 수정자가 사용되겠지만, 실제 앱에서는 더 복잡한 뷰들로 구성된 스택 레이아웃이 사용될 것이다.

```
var body: some View {
    TabView {
        Text("First Content View")
        Text("Second Content View")
        Text("Third Content View")
    }
    .font(.largeTitle)
}
```

38.5 뷰 페이징 추가하기

이 시점에서 프리뷰로 앱을 본다면, 첫 번째 뷰는 표시되지만 다른 뷰로 이동할 수 있는 방법이 없다. 내비게이션을 구현하는 한 가지 방법은 PageTabViewStyle()을 TabView에 적용하는 것이다. 이것은 사용자가 화면에서 왼쪽/오른쪽 스와이프 동작을 통해 세 개의 뷰 간의 이동을 할 수 있게 한다. 이 스타일을 적용하려면 다음과 같이 tabViewStyle() 수정자를 TabView에 추가하자.

```
var body: some View {
    TabView {
        Text("First Content View")
        Text("Second Content View")
        Text("Third Content View")
    }
    .font(.largeTitle)
    .tabViewStyle(PageTabViewStyle())
}
```

이렇게 수정한 상태에서 라이브 프리뷰를 사용하여 뷰를 테스트하고 왼쪽/오른쪽으로 스와이프하면 뷰 간에 이동하는지 확인하자.

38.6 탭 아이템 추가하기

현재 구현된 상태에서는 첫 번째 뷰 외에 더 많은 뷰를 사용할 수 있다는 **시각적 표시**indication가 사용자에게 없다. 페이지 뷰 스타일의 대안으로 화면 하단에 위치하는 탭 바로 TabView를 구현하는 것이다. 아직은 탭 아이템을 추가하지 않았기 때문에 탭 바는 현재 비어 있다. 다음으로 할 작업은 tabItem() 수정자를 사용하여 각 콘텐트 뷰에 탭 아이템을 적용하는 일이다. 이번 예제에서의 탭 아이템은 Text 뷰와 Image 뷰로 구성한다.

```
var body: some View {
    TabView {
        Text("First Content View")
            .tabItem {
                Image(systemName: "1.circle")
                Text("Screen One")
            }
        Text("Second Content View")
            .tabItem {
                Image(systemName: "2.circle")
                Text("Screen Two")
            }
        Text("Third Content View")
            .tabItem {
                Image(systemName: "3.circle")
                Text("Screen Three")
            }
    }
    .font(.largeTitle)
```

```
        .tabViewStyle(PageTabViewStyle())
}
```

또한 탭 표시줄을 사용할 때 PageTabViewStyle 수정자를 제거해야 한다. 그렇지 않으면 탭 표시줄이 표시되지 않을 것이다.

이렇게 했다면, 라이브 프리뷰를 사용하여 탭 항목을 클릭하면 해당 콘텐트 뷰가 표시되는지와 테스트하기 전에 탭 항목이 이제 탭 표시줄에 나타나는지 확인하자. 완성된 앱은 앞의 그림 38-1에 표시된 것과 같을 것이다.

38.7 탭 아이템 태그 추가하기

코드로 현재 선택된 탭을 제어하려면 태그가 각 탭 아이템에 추가되어야 하며, 현재의 선택을 저장하기 위해 상태 프로퍼티를 다음과 같이 선언한다.

```
struct ContentView: View {

    @State private var selection = 1

    var body: some View {
        TabView() {
            Text("First Content View")
                .tabItem {
                    Image(systemName: "1.circle")
                    Text("Screen One")
                }.tag(1)
            Text("Second Content View")
                .tabItem {
                    Image(systemName: "2.circle")
                    Text("Screen Two")
                }.tag(2)
            Text("Third Content View")
                .tabItem {
                    Image(systemName: "3.circle")
                    Text("Screen Three")
                }.tag(3)
        }
        .font(.largeTitle)
    }
}
```

다음으로, TabView의 현재 선택 값과 selection 상태 프로퍼티를 바인딩한다.

```
var body: some View {
    TabView(selection: $selection) {
        Text("First Content View")
            .tabItem {
.
.
```

selection 상태 프로퍼티를 태그 범위(여기서는 1부터 3) 내의 다른 값으로 변경하면 탭 뷰는 해당 콘텐트 뷰로 전환될 것이다.

라이브 프리뷰 모드에서 앱을 실행하고 selection 상태 프로퍼티에 할당된 값을 변경하면서 테스트해보자.

38.8 요약

SwiftUI의 TabView 컨테이너는 탭 바의 탭을 선택하거나 스와이프 동작으로 콘텐트 뷰들 사이를 이동할 수 있게 하는 메커니즘을 제공한다. TabView는 하위 콘텐트 뷰들을 선언하고 각 뷰에 대한 탭 아이템을 할당하여 구현된다. 탭 아이템은 탭 바에 나타나며, Text 뷰나 Image 뷰 또는 Text 뷰와 Image 뷰의 조합으로 구성될 수 있다.

TabView의 현재 선택을 프로그램적으로 제어하려면 각 탭 아이템마다 고유한 값을 가진 태그를 할당하고 TabView의 현재 선택 값과 상태 프로퍼티를 바인딩해야 한다.

CHAPTER **39**

SwiftUI에서
콘텍스트 메뉴 바인딩하기

SwiftUI에서 **콘텍스트 메뉴**context menu는 사용자가 뷰를 **롱 프레스**long press를 했을 때 나타나는 메뉴다. 콘텍스트 메뉴에 속한 각 메뉴 항목은 일반적으로 Text 뷰 그리고 선택사항인 Image 뷰와 함께, 선택했을 때 동작을 수행하도록 구성된 Button 뷰를 포함한다.

이번 장에서는 뷰의 색상을 변경하기 위하여 콘텍스트 메뉴를 사용하는 예제 앱을 만들 것이다.

39.1 ContextMenuDemo 프로젝트 생성하기

Xcode를 실행하고 `ContextMenuDemo`라는 이름의 새로운 Multiplatform App을 생성하자.

39.2 콘텐트 뷰 준비하기

콘텍스트 메뉴는 레이아웃의 모든 뷰에 추가될 수 있지만, 이번 예제에서는 디폴트로 표시되는 'Hello, World!' Text 뷰를 사용할 것이다. Xcode에서 `ContentView.swift` 파일을 코드 에디터에 로드하고, 포그라운드 색상 값과 백그라운드 색상 값을 저장하기 위한 상태 프로퍼티들을 추가하여 이들 프로퍼티를 이용하여 Text 뷰의 색상 설정을 제어한다. 또한, `font()` 수정자를 사용하여 텍스트 폰트 크기를 키울 것이다.

```
import SwiftUI

struct ContentView: View {

    @State private var foregroundColor: Color = Color.black
    @State private var backgroundColor: Color = Color.white

    var body: some View {
```

```
        Text("Hello, world!")
            .padding()
            .font(.largeTitle)
            .foregroundColor(foregroundColor)
            .background(backgroundColor)
    }
.
.
```

39.3 콘텍스트 메뉴 추가하기

콘텍스트 메뉴는 contextMenu() 수정자를 사용해 메뉴 항목으로 제공되는 뷰를 선언하여 SwiftUI의 뷰에 추가된다. ContentView.swift 파일의 body 뷰를 다음과 같이 수정하여 콘텍스트 메뉴에 메뉴 항목을 추가하자.

```
var body: some View {

    Text("Hello, world!")
        .font(.largeTitle)
        .padding()
        .foregroundColor(foregroundColor)
        .background(backgroundColor)
        .contextMenu {
            Button(action: {

            }) {
                Text("Normal Colors")
                Image(systemName: "paintbrush")
            }

            Button(action: {

            }) {
                Text("Inverted Colors")
                Image(systemName: "paintbrush.fill")
            }
        }
}
```

마지막으로, 포그라운드와 백그라운드 상태 프로퍼티에 할당된 값을 변경하는 코드를 두 개의 버튼에 추가하자.

```
var body: some View {

    Text("Hello, world!")
        .font(.largeTitle)
        .padding()
        .foregroundColor(foregroundColor)
        .background(backgroundColor)
        .contextMenu {
            Button(action: {
                self.foregroundColor = .black
                self.backgroundColor = .white
            }) {
                Text("Normal Colors")
                Image(systemName: "paintbrush")
            }

            Button(action: {
                self.foregroundColor = .white
                self.backgroundColor = .black
            }) {
                Text("Inverted Colors")
                Image(systemName: "paintbrush.fill")
            }
        }
}
```

39.4 콘텍스트 메뉴 테스트하기

라이브 프리뷰 모드를 사용하여 테스트하고 Text 뷰에 롱 프레스를 하면 잠시 후에 콘텍스트 메뉴가 그림 39-1과 같이 나타날 것이다.

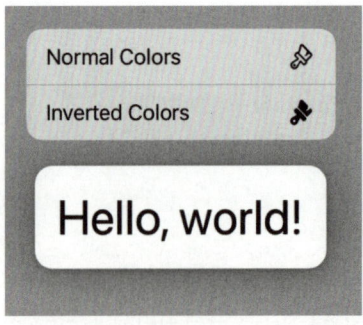

그림 39-1

Inverted Colors 옵션을 선택하면 메뉴가 사라지고 Text 뷰의 색상은 반전된다.

그림 39-2

39.5 요약

콘텍스트 메뉴는 레이아웃상의 뷰에서 롱 프레스 제스처를 할 때 나타난다. 콘텍스트 메뉴는 모든 뷰 타입에 추가될 수 있으며, contextMenu() 수정자를 사용하여 구현된다. 콘텍스트 메뉴를 구성하는 메뉴 항목은 일반적으로 Text 뷰와 선택사항인 Image 뷰와 함께 동작을 수행하도록 구성된 Button 뷰의 형태를 취한다.

CHAPTER **40**

SwiftUI 그래픽 드로잉 기초

이번 장은 SwiftUI 2D 드로잉 기술에 대해 설명한다. SwiftUI는 내장된 도형과 그레이디언트 드로잉뿐만 아니라, `Shape` 프로토콜과 `Path` 프로토콜을 따르는 완전히 새로운 뷰를 생성하여 커스텀 드로잉을 할 수 있게도 한다.

40.1 DrawDemo 프로젝트 생성하기

Xcode를 실행하고 `DrawDemo`라는 이름의 새로운 Multiplatform App을 생성하는 옵션을 선택한다.

40.2 SwiftUI 도형

SwiftUI는 원, 사각형, 모서리가 둥근 사각형, 타원을 그리는 데 사용될 수 있는 `Shape` 프로토콜을 따르는 다섯 개의 미리 정의된 도형이 포함되어 있다. DrawDemo 프로젝트에서 `ContentView.swift` 파일을 열고 다음과 같이 하나의 사각형을 추가하자.

```
struct ContentView: View {
    var body: some View {
        Rectangle()
    }
}
```

기본적으로 도형은 도형이 속한 뷰에서 사용할 수 있는 모든 공간을 차지하게 될 것이며, 부모 뷰의 포그라운드 색상으로 채워지게 된다.

도형의 색상과 크기는 `fill()` 수정자와 `frame()` 수정자를 사용하여 조절한다. Rectangle 뷰를 삭제하고 200 × 200 크기의 빨간색 원을 그리는 코드로 선언부를 수정하자.

```
Circle()
    .fill(.red)
    .frame(width: 200, height: 200)
```

프리뷰로 보면 앞의 코드는 그림 40-1과 같이 나타난다.

그림 40-1

도형에 색을 채우지 않고 테두리만 그리기 위해 선택사항인 선 두께 값을 인자로 받는 `stroke()` 수정자를 사용할 수 있다. 디폴트로, 외곽선은 `foregroundColor()` 수정자를 사용하여 변경되는 디폴트 포그라운드 색상으로 그려진다. `ContentView.swift` 파일에 추가한 원을 다음으로 교체한다.

```
Capsule()
    .stroke(lineWidth: 10)
    .foregroundColor(.blue)
    .frame(width: 200, height: 100)
```

앞의 `Capsule()` 도형의 프레임은 직사각형의 형태로, 정사각형 프레임에 원을 양쪽 끝에 그린 모양이다. 앞의 코드는 다음과 같이 렌더링된다.

그림 40-2

`stroke()` 수정자는 `StrokeStyle` 인스턴스를 사용하여 다양한 스타일을 지원한다. 예를 들어, 다음의 선언부는 대시 라인을 이용하여 모서리가 둥근 사각형을 그린다.

```
RoundedRectangle(cornerRadius: CGFloat(20))
    .stroke(style: StrokeStyle(lineWidth: 8, dash: [CGFloat(10)]))
    .foregroundColor(.blue)
```

```
    .frame(width: 200, height: 100)
```

앞의 도형은 다음과 같이 렌더링된다.

그림 40-3

StrokeStyle() 인스턴스에 추가적으로 dash 값을 주고 간격 값을 주면 또 다른 효과를 줄 수 있다.

```
Ellipse()
    .stroke(style: StrokeStyle(lineWidth: 20,
                        dash: [CGFloat(10), CGFloat(5), CGFloat(2)],
                        dashPhase: CGFloat(10)))
    .foregroundColor(.blue)
    .frame(width: 250, height: 150)
```

앞의 선언은 다음과 같은 타원을 그리게 된다.

그림 40-4

40.3 오버레이 사용하기

도형을 그릴 때 외곽선을 그리면서 도형의 안을 색으로 채우기 위해 fill 수정자와 stroke 수정자를 결합할 순 없다. 하지만, 색을 채운 도형 위에 외곽선을 위에 두는 방법으로 할 수 있다.

```
Ellipse()
    .fill(.red)
    .overlay(Ellipse()
        .stroke(.blue, lineWidth: 10))
    .frame(width: 250, height: 150)
```

앞의 예제는 그림 40-5와 같이 파란색 외곽선이 있는 빨간색 타원을 그린다.

그림 40-5

40.4 커스텀 경로와 도형 그리기

지금까지 이번 장에서 사용된 도형은 기본적으로 Shape 프로토콜을 따르는 구조체 객체였다. Shape 프로토콜을 따르기 위해 구조체는 CGRect 형태의 사각형을 받아 그 사각형에 그려질 것을 정의하는 Path 객체를 반환하는 path()라는 이름의 함수를 구현해야 한다.

Path 인스턴스는 포인트 간의 좌표를 지정하고 그려질 선을 정의하여 2차원 도형을 제공한다. 포인트 간의 선은 직선, 3차 및 2차 베지어 곡선, 호, 타원, 그리고 사각형을 사용하여 그릴 수 있다.

Path는 커스텀 도형 구현에 사용될 뿐만 아니라 뷰에 직접 그려질 수도 있다. ContentView.swift 파일을 다음과 같이 수정해보자.

```swift
struct ContentView: View {
    var body: some View {
        Path { path in
            path.move(to: CGPoint(x: 10, y: 0))
            path.addLine(to: CGPoint(x: 10, y: 350))
            path.addLine(to: CGPoint(x: 300, y: 300))
            path.closeSubpath()
        }
    }
}
```

move() 메서드를 사용하여 시작점의 좌표로 경로가 시작된다. 그런 다음, 좌표 간에 선을 추가하기 위해 메서드들이 호출된다. 앞의 예제에서는 직선을 추가하기 위하여 addLine() 메서드가 사용되었으며, 아래의 메서드를 사용하여 그릴 수도 있다. 아래의 메서드들은 경로 내의 현재 지점에서 시작하여 지정된 끝점까지 그리게 된다.

- addArc() – 반지름과 각도 값을 기반으로 호를 추가한다.
- addCurve() – 주어진 끝점과 제어점을 사용하여 3차 베지어 곡선을 추가한다.
- addLine() – 지정된 포인트까지 직선을 추가한다.
- addLines() – 지정된 끝점들의 배열 간에 직선을 추가한다.
- addQuadCurve() – 주어진 끝점과 제어점을 사용하여 2차 베지어 곡선을 추가한다.
- closeSubPath() – 끝점과 시작점을 연결하여 경로를 닫는다.

선을 그리는 전체 메서드와 지원되는 인자에 대한 내용은 다음의 URL에서 확인할 수 있다.

https://developer.apple.com/documentation/swiftui/path

앞의 코드를 프리뷰 캔버스에서 렌더링하면 그림 40-6과 같이 나타날 것이다.

그림 40-6

또한, 다른 수정자를 사용하여 커스터마이징을 할 수도 있다. 예를 들어, 다음의 코드는 녹색으로 색을 채운다.

```
Path { path in
    path.move(to: CGPoint(x: 10, y: 0))
    path.addLine(to: CGPoint(x: 10, y: 350))
    path.addLine(to: CGPoint(x: 300, y: 300))
    path.closeSubpath()
}
.fill(.green)
```

뷰에 직접 그리는 것도 가능하지만, 재사용 가능한 컴포넌트로 커스텀 도형을 구현하는 것이 더 일반적일 것이다. ContentView.swift 파일에 다음과 같이 커스텀 도형을 구현하자.

```
struct MyShape: Shape {
    func path(in rect: CGRect) -> Path {
        var path = Path()
        path.move(to: CGPoint(x: rect.minX, y: rect.minY))
        path.addQuadCurve(to: CGPoint(x: rect.minX, y: rect.maxY),
                          control: CGPoint(x: rect.midX, y: rect.midY))
        path.addLine(to: CGPoint(x: rect.minX, y: rect.maxY))
        path.addLine(to: CGPoint(x: rect.maxX, y: rect.maxY))
        path.closeSubpath()
        return path
    }
}
```

이 커스텀 도형 구조체는 Shape 프로토콜을 따르므로 필수로 구현해야 하는 path() 함수를 구현한다. 이 함수에 전달되는 CGRect 값은 삼각형 모양을 그리는 경계를 정의하는 데 사용되며, 삼각형의 한쪽 면은 3차 곡선을 사용한다.

커스텀 도형을 생성했으니 내장된 SwiftUI 도형과 같은 방법으로 사용할 수 있으며, 수정자도 사용할 수 있다. 실제로 동작하는 것을 확인하기 위하여 메인 뷰를 다음과 같이 수정하자.

```
struct ContentView: View {
    var body: some View {
        MyShape()
            .fill(.red)
            .frame(width: 360, height: 350)
    }
}
```

앞의 코드는 그림 40-7과 같이 지정된 프레임 안에 커스텀 도형이 나타나게 한다.

그림 40-7

40.5 색상 그레이디언트와 섀도

색상 선언에 .gradient를 적용하여 표준 그레이디언트 효과를 모든 색상 선택에 추가할 수 있다. 예를 들면 다음과 같다.

```
Circle()
    .fill(.blue.gradient)
    .frame(width: 200, height: 200)
```

마찬가지로 shadow(), drop(), inner() 수정자를 사용하여 색상 렌더링에 섀도 효과를 적용할 수 있다. 다음 예제는 검은색을 섀도 색상으로 사용하고 반지름이 10포인트인 파란색 원에 섀도 효과를 적용한다.

```
Circle()
    .fill(.blue.shadow(.drop(color: .black, radius: 10)))
    .frame(width: 200, height: 200)
```

반면에 다음 예제에서는 15포인트 반경을 사용하여 검은색 원에 흰색 **이너 섀도**inner shadow를 그린다.

```
Circle()
    .fill(.blue.shadow(.inner(color: .white, radius: 15)))
    .frame(width: 200, height: 200)
```

그림 40-8은 이러한 효과가 화면에 렌더링될 때 어떻게 나타나는지 보여준다.

그레이디언트   드롭 섀도   이너 섀도

그림 40-8

40.6 그레이디언트 그리기

SwiftUI는 선형, 원뿔형, 방사형 그레이디언트 그리기를 지원한다. 그레이디언트는 그레이디언트에 포함될 색상 배열과 그레이디언트를 렌더링하는 방식을 제어하는 값으로 초기화된 Gradient 객체로 그려진다.

예를 들어, 다음의 선언부는 다섯 가지 색상으로 구성된 그레이디언트를 생성하고 방사형 그레이디언트로 Circle의 색을 채운다.

```swift
struct ContentView: View {

    let colors = Gradient(colors: [Color.red, Color.yellow,
                                   Color.green, Color.blue, Color.purple])

    var body: some View {
        Circle()
            .fill(RadialGradient(gradient: colors,
                                 center: .center,
                                 startRadius: CGFloat(0),
                                 endRadius: CGFloat(300)))
    }
}
```

앞의 그레이디언트는 다음과 같이 렌더링된다.

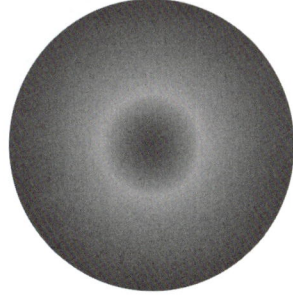

그림 40-9

반면, 다음의 선언부는 동일한 색상들로 원뿔형 그레이디언트를 만든다.

```swift
Circle()
    .fill(AngularGradient(gradient: colors, center: .center))
```

원뿔형 그레이디언트는 다음과 같이 나타난다.

그림 40-10

마찬가지로, 대각선 방향으로 그려지는 LinearGradient는 다음과 같이 구현될 수 있다.

```
Rectangle()
    .fill(LinearGradient(gradient: colors,
                        startPoint: .topLeading,
                        endPoint: .bottomTrailing))
    .frame(width: 360, height: 350)
```

선형 그레이디언트는 다음과 같이 렌더링된다.

그림 40-11

DrawingDemo 프로젝트의 마지막 작업은 우리가 만든 MyShape 인스턴스에 fill 수정자와 background 수정자에 그레이디언트를 적용하는 것이다.

```
MyShape()
    .fill(RadialGradient(gradient: colors,
                        center: .center,
                        startRadius: CGFloat(0),
```

```
                    endRadius: CGFloat(300)))
    .background(LinearGradient(gradient: Gradient(colors: [Color.black, Color.white]),
                    startPoint: .topLeading,
                    endPoint: .bottomTrailing))
    .frame(width: 360, height: 350)
```

그레이디언트를 추가하면 MyShape는 다음과 같이 렌더링된다.

그림 40-12

40.7 요약

SwiftUI는 사각형, 원, 타원 등의 표준 도형을 그리기 위하여 Shape 프로토콜을 따르는 내장된 뷰가 포함된다. 이런 뷰에 적용될 수 있는 수정자들은 stroke, fill, color 프로퍼티를 제어할 수 있다.

직선 또는 곡선으로 연결된 포인트들로 구성된 경로를 지정하면 커스텀 도형을 생성할 수 있다. SwiftUI는 선형, 원뿔형, 방사형 그레이디언트 그리기도 지원한다.

CHAPTER **41**

SwiftUI 애니메이션과 전환

이번 장은 뷰를 애니메이션하는 것과 SwiftUI 앱 내에서의 전환에 대한 개요와 예제를 살펴보게 된다. 애니메이션은 화면상의 뷰 회전, 확대, 그리고 동작 등의 다양한 형태를 취할 수 있다.

반면, 전환은 레이아웃에서 뷰가 추가되거나 제거될 때 뷰가 어떻게 나타나고 사라질지를 정의한다. 예를 들어, 뷰가 추가될 때 미끄러져 들어오고 사라질 때는 움츠러들며 사라지도록 정의할 수 있다.

41.1 AnimationDemo 예제 프로젝트 생성하기

이번 장의 예제를 위하여 `AnimationDemo`라는 이름의 새로운 Multiplatform App을 생성한다.

41.2 암묵적 애니메이션

SwiftUI에 포함된 수많은 뷰는 크기, 불투명도, 색상, 회전 각도 등 뷰의 외형을 제어하는 프로퍼티들을 가지고 있다. 이런 종류의 프로퍼티는 어떤 상태에서 다른 상태로 바뀌는 것을 애니메이션 되게 할 수 있다. 뷰에 대한 상태 변화를 애니메이션하는 방법 하나는 `animation()` 수정자를 사용하는 것이다. 이것은 **암묵적 애니메이션**implicit animation이라는 개념이며, 애니메이션 수정자 앞에 있는 모든 수정자를 암묵적으로 애니메이션되도록 한다.

이 기술을 사용하는 기본적인 애니메이션을 보기 위해 AnimationDemo 프로젝트의 `ContentView.swift` 파일을 수정하여 `Button` 뷰를 추가하고, 이 버튼을 터치할 때마다 60도 회전하도록 구성한다.

```
struct ContentView : View {

    @State private var rotation: Double = 0
```

```
var body: some View {
    Button(action: {
        self.rotation = (self.rotation < 360 ? self.rotation + 60 : 0)
    }) {
        Text("Click to animate")
            .rotationEffect(.degrees(rotation))
    }
}
```

라이브 프리뷰를 이용하여 테스트하면 클릭할 때마다 Button 뷰가 바로 회전된다. 마찬가지로, 360도를 완전히 회전하면 반시계 방향으로 360도 회전하지만 너무 빨라서 눈에 보이지 않는다. 이러한 회전 효과의 속도를 줄이고 부드럽게 회전되도록 애니메이션 타이밍을 제어하는 애니메이션 커브를 가진 animation() 수정자를 추가한다.

```
var body: some View {
    Button(action: {
        self.rotation = (self.rotation < 360 ? self.rotation + 60 : 0)
    }) {
        Text("Click to Animate")
            .rotationEffect(.degrees(rotation))
            .animation(.linear, value: rotation)
    }
}
```

선택사항인 애니메이션 커브는 애니메이션 타임라인의 선형성을 정의한다. 이러한 설정은 애니메이션이 일정한 속도로 수행될지, 아니면 처음에는 느리다가 점점 빨라질지를 제어한다. SwiftUI는 다음과 같은 기본적인 애니메이션 커브를 제공한다.

- .linear – 지정된 시간 동안 일정한 속도로 애니메이션을 수행하며 앞의 코드 예제에서 사용되었다.
- .easeOut – 빠른 속도로 애니메이션을 시작하여 애니메이션의 끝에 다다를수록 점점 느려진다.
- .easeIn – 느린 속도로 애니메이션을 시작하여 애니메이션의 끝에 다다를수록 점점 빨라진다.
- .easeInOut – 느린 속도로 애니메이션을 시작하여 점점 속도를 올리다가 애니메이션의 끝에 다다를수록 다시 속도가 느려진다.

value 매개변수는 애니메이션을 제어하는 데 사용되는 값(이번 예제에서는 rotation 변수)을 애니메이션 함수에 알려준다.

앞의 애니메이션 코드를 실행해보면 이제는 부드럽게 회전되는 것을 알 수 있다. 애니메이션을 정의할 때 애니메이션 시간을 지정할 수도 있다. 애니메이션 수정자를 다음과 같이 변경해보자.

```
.animation(.linear(duration: 1), value: rotation)
```

이제 버튼을 클릭하면 더 느리게 애니메이션되는 것을 확인할 수 있다.

앞에서 언급했듯이, 애니메이션은 하나 이상의 수정자에 적용할 수 있다. 예를 들어, 다음의 코드는 회전 효과와 함께 크기도 조절한다.

```
.
.
.
@State private var scale: CGFloat = 1

var body: some View {
    Button(action: {
        self.rotation = (self.rotation < 360 ? self.rotation + 60 : 0)
        self.scale = (self.scale < 2.8 ? self.scale + 0.3 : 1)
    }) {
        Text("Click to Animate")
            .scaleEffect(scale)
            .rotationEffect(.degrees(rotation))
            .animation(.linear(duration: 1), value: rotation)
    }
}
```

이렇게 수정하면 버튼이 회전할 때마다 크기가 커지며, 원위치로 돌아오면 크기도 원래대로 돌아온다.

그림 41-1

spring() 수정자를 사용하면 다양한 스프링 효과를 추가할 수도 있다.

```
Text("Click to Animate")
    .scaleEffect(scale)
    .rotationEffect(.degrees(rotation))
    .animation(.spring(response: 1, dampingFraction: 0.2, blendDuration: 0),
               value: rotation)
```

이렇게 하면 스프링처럼 회전과 크기 조절 효과가 지정된 범위를 살짝 넘어갔다가 다시 돌아오는 효과가 나오면서 지정한 각도와 크기로 될 것이다.

animation() 수정자를 사용할 경우, 애니메이션 수정자 이전에 적용된 수정자들에만 애니메이션이 암묵적으로 적용된다는 것을 기억하자. 예를 들어, 다음의 구현체는 회전 효과만 애니메이션된다. 왜냐하면 크기 조절 효과는 애니메이션 수정자 다음에 적용되었기 때문이다.

```
Text("Click to Animate")
    .rotationEffect(.degrees(rotation))
    .scaleEffect(scale)
    .animation(.spring(response: 1, dampingFraction: 0.2, blendDuration: 0),
               value: rotation)
    .scaleEffect(scale)
```

41.3 애니메이션 반복하기

디폴트로, 애니메이션은 단 한 번만 수행된다. 하지만 한 번 이상 반복하도록 구성할 수도 있다. 다음의 예제는 지정된 횟수만큼 애니메이션을 반복하도록 구성한다.

```
.animation(Animation.linear(duration: 1).repeatCount(10), value: rotation)
```

애니메이션이 반복될 때마다 뷰가 원래 상태로 돌아가도록 역으로 애니메이션이 수행될 것이다. 만약 애니메이션을 반복하기 전에 뷰의 원래 모양을 즉시 되돌려야 하는 경우에는 autoreverses 매개변수를 false로 설정해야 한다.

```
.animation(Animation.linear(duration: 1).repeatCount(10,
    autoreverses: false), value: rotation)
```

또한, 애니메이션을 무한 반복하도록 하려면 repeatForever() 수정자를 다음과 같이 사용한다.

```
.repeatForever(autoreverses: true))
```

41.4 명시적 애니메이션

앞에서 설명했듯이, animation() 수정자를 사용하는 암묵적 애니메이션은 애니메이션 수정자 이전에 있는 뷰의 모든 프로퍼티가 애니메이션되도록 구현된다. SwiftUI는 withAnimation() 클로저를 사용하여 구현되는 **명시적 애니메이션**explicit animation이라는 방법도 제공한다. 명시적 애니메이션을 사용하면 withAnimation() 클로저 내에서 변경된 프로퍼티만 애니메이션될 것이다. 이것을 실제로 해보기 위해서 예제를 수정하여 회전 효과가 withAnimation() 클로저 내에서 수행되도록 하고 animation() 수정자를 삭제한다.

```
var body: some View {
    Button(action: { withAnimation(.linear (duration: 2)) {
        self.rotation = (self.rotation < 360 ? self.rotation + 60 : 0)
    }
        self.scale = (self.scale < 2.8 ? self.scale + 0.3 : 1)
    }) {
        Text("Click to Animate")
            .rotationEffect(.degrees(rotation))
            .scaleEffect(scale)
            .animation(.linear(duration: 1), value: rotation)
    }
}
```

이렇게 변경하고 프리뷰로 레이아웃을 보면 이제는 회전 애니메이션만 되는 것을 알 수 있다. 명시적 애니메이션을 사용하여 수정자의 순서에 대한 걱정 없이 뷰에 지정된 프로퍼티로 제한할 수 있다.

명시적 애니메이션은 상태 변경에 따라 기본 애니메이션 효과를 빠르게 추가하는 데에도 유용하다. 간단한 애니메이션 효과는 withAnimation()을 호출하기만 하면 앱에 쉽게 추가된다. 예를 들어, ContentView.swift 파일을 다음과 같이 변경하면, 원을 탭할 때마다 원의 포그라운드 색상 변경을 애니메이션한다.

```
struct ContentView: View {
.
.
    @State private var redCircle = false

    var body: some View {
        Circle()
            .fill(redCircle ? .red : .blue)
            .frame(width: 200, height: 200)
            .onTapGesture {
                withAnimation {
                    redCircle.toggle()
                }
            }
    }
}
```

41.5 애니메이션과 상태 바인딩

상태 값 변경의 결과로 인한 뷰의 변화가 애니메이션되도록 상태 프로퍼티 바인딩에 애니메이션을 적용할 수도 있다. 만약 Toggle 뷰의 상태로 인해 하나 이상의 뷰에서 사용자에게 표시될 경우, 예를 들어 애니메이션을 이 바인딩에 적용한다면 모든 뷰가 나타나거나 사라지는 애니메이션이 되게 할 수 있다.

ContentView.swift 파일 내에 VStack 뷰, Toggle 뷰, 그리고 두 개의 Text 뷰로 레이아웃이 구성되도록 구현하자. Toggle 뷰는 visibility라는 상태 프로퍼티로 바인딩되며, 이 값은 두 개의 Text 뷰가 한 번에 표시되도록 제어하는 데 사용된다.

```
.
.
@State private var visibility = false

var body: some View {
    VStack {
        Toggle(isOn: $visibility) {
            Text("Toggle Text Views")
        }
        .padding()

        if visibility {
```

```
            Text("Hello World")
                .font(.largeTitle)
        }

        if !visibility {
            Text("Goodbye World")
                .font(.largeTitle)
        }
    }
}
```

프리뷰로 보면 토글을 온/오프로 바꿀 때마다 Text 뷰들이 즉시 사라지고 나타난다. 여기에 애니메이션을 추가하기 위해 다음과 같이 수정자를 상태 바인딩에 적용하자.

```
var body: some View {
    VStack {
        Toggle(isOn: $visibility.animation(.linear(duration: 5))) {
            Text("Toggle Text Views")
        }
        .padding()
```

이제 토글을 온/오프로 바꾸면 Text 뷰가 점점 사라지면서 다른 Text 뷰는 점점 나타나게 될 것이다(안타깝게도, 이 책을 쓰는 지금은 이러한 전환 효과 시뮬레이터나 실제 디바이스에서만 동작하며, Xcode의 프리뷰 화면에서는 동작하지 않는다). 이와 같은 애니메이션은 visibility 프로퍼티의 현재 상태에 따라 다른 뷰들에도 적용될 수도 있다.

41.6 자동으로 애니메이션 시작하기

지금까지 이번 장에서의 모든 애니메이션은 버튼을 클릭하는 이벤트에 의해 시작되었다. 하지만, 사용자 인터랙션 없이 애니메이션이 시작해야 될 때가 있다. 예를 들어, 뷰가 사용자에게 처음 표시될 때처럼 말이다. 애니메이션이 가능한 뷰의 프로퍼티가 변경될 때마다 애니메이션이 트리거되므로 뷰가 나타날 때 애니메이션이 자동으로 시작되도록 사용할 수 있다.

이 기술을 실제로 확인하기 위해 ContentView.swift 파일을 다음과 같이 수정하자.

```
struct ContentView : View {

    @State private var rotation: Double = 0

    var body: some View {

        ZStack {
            Circle()
                .stroke(lineWidth: 2)
                .foregroundColor(Color.blue)
                .frame(width: 360, height: 360)

            Image(systemName: "forward.fill")
                .font(.largeTitle)
                .offset(y: -180)
        }
    }
}
```

콘텐트 뷰는 원 드로잉 위에 Image 뷰를 두기 위하여 ZStack을 사용한다. Image 뷰의 오프셋은 원의 원주에 이미지를 배치하도록 설정되었다. 프리뷰를 보면 그림 41-2와 같이 나타난다.

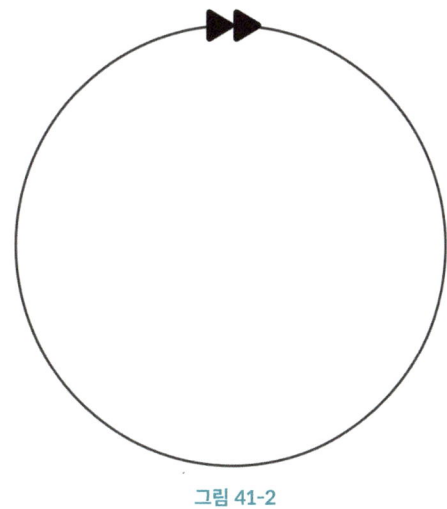

그림 41-2

Image 뷰에 회전 효과를 추가하면 화살표가 원을 따르는 것처럼 보일 것이다. 이 효과를 위해 Image 뷰에 애니메이션을 다음과 같이 추가한다.

```
Image(systemName: "forward.fill")
    .font(.largeTitle)
    .offset(y: -180)
    .rotationEffect(.degrees(rotation))
    .animation(Animation.linear(duration: 5).repeatForever(autoreverses: false),
               value: rotation)
```

지금 구현된 애니메이션은 라이브 프리뷰로 테스트해도 시작되지 않을 것이다. 왜냐하면 애니메이션 가능한 프로퍼티를 변경하는 작업이 수행되지 않았기 때문이다.

이것은 회전 각도를 Boolean 상태 프로퍼티로 만들고 onAppear() 수정자를 사용하여 ZStack이 처음 표시될 때 상태 프로퍼티의 값을 바꾸면 해결될 수 있다. 따라서 다음과 같이 콘텐트 뷰 선언부가 수정되도록 한다.

```
import SwiftUI

struct ContentView : View {

    @State private var rotation: Double = 0
    @State private var isSpinning: Bool = true

    var body: some View {

        ZStack {
            Circle()
                .stroke(lineWidth: 2)
                .foregroundColor(Color.blue)
                .frame(width: 360, height: 360)

            Image(systemName: "forward.fill")
                .font(.largeTitle)
                .offset(y: -180)
                .rotationEffect(.degrees(rotation))
                .animation(Animation.linear(duration: 5)
                .repeatForever(autoreverses: false), value: rotation)
        }
        .onAppear() {
            self.isSpinning.toggle()
            rotation = isSpinning ? 0 : 360
        }
    }
}
```

SwiftUI가 콘텐츠 뷰를 초기화할 때, 하지만 화면에 나타나기 전에 `isSpinning` 상태 프로퍼티는 `true`로 설정되고 삼항 연산자에 의해 회전 각도는 0으로 설정될 것이다. 하지만, 뷰가 나타나면 `onAppear()` 수정자가 `isSpinning` 상태 프로퍼티를 `false`로 전환하며, 그 결과로 삼항 연산자에 의해 회전 각도는 360도로 변경된다. 이것은 애니메이션 가능한 프로퍼티이므로 애니메이션 수정자는 활성화되어 `Image` 뷰의 회전 애니메이션이 시작된다. 이 애니메이션은 무한 반복되도록 설정되었기 때문에 화살표 이미지는 계속해서 원 주위를 돌 것이다.

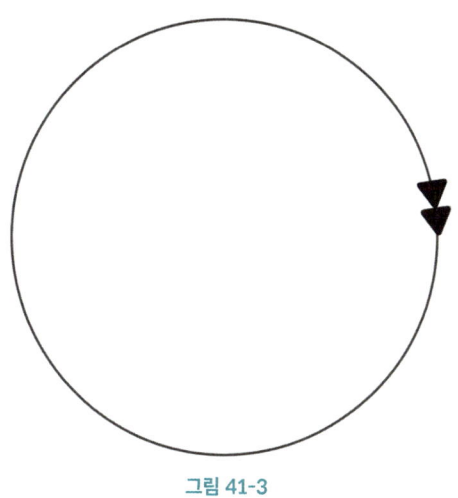

그림 41-3

41.7 SwiftUI 전환

SwiftUI에서 전환은 사용자에게 뷰가 표시되거나 사라질 때마다 발생한다. 뷰가 바로 나타나거나 사라지게 되는 것보다 좀 더 시각적으로 멋지게 보이도록 만들기 위하여 하나 또는 여러 개의 애니메이션 효과를 조합하는 방법으로 전환에 애니메이션을 줄 수 있다.

이번 예제는 `Toggle` 버튼과 `Text` 뷰로 구성된 간단한 레이아웃을 구현하는 것부터 시작하자. 토글은 상태 프로퍼티와 바인딩되어 텍스트 뷰를 보이게 할지를 제어하는 데 사용된다. 전환 동작이 더욱 확연하게 보일 수 있도록 상태 프로퍼티 바인딩에 애니메이션을 적용한다.

```
struct ContentView : View {

    @State private var isButtonVisible: Bool = true
```

```
var body: some View {
    VStack {
        Toggle(isOn:$isButtonVisible.animation(.linear(duration: 2))) {
            Text("Show/Hide Button")
        }
        .padding()

        if isButtonVisible {
            Button(action: {}) {
                Text("Example Button")
            }
            .font(.largeTitle)
        }
    }
}
```

이렇게 변경한 다음, 라이브 프리뷰를 통해 토글 버튼을 전환해보면 상태에 따라 Button 뷰가 페이드 인/페이드 아웃되는 것을 볼 수 있다. 이러한 **페이딩**fading 효과는 SwiftUI에서 사용되는 디폴트 전환이다. 다른 종류의 전환을 transition() 수정자에 전달하여 바꿀 수도 있다. 다음은 사용할 수 있는 옵션들이다.

- .slide - 뷰가 슬라이딩하여 들어오거나 나간다.
- .scale - 뷰의 크기가 커지면서 나타나고 작아지면서 사라진다.
- .move(edge: edge) - 지정된 방향으로 뷰가 이동되며, 추가되거나 제거된다.
- .opacity - 디폴트 전환 효과로 페이드되는 동안 크기와 위치를 유지한다.

Button 뷰에 슬라이딩 전환 효과를 설정하기 위해 다음과 같이 수정하자.

```
if isButtonVisible {
    Button(action: {}) {
        Text("Example Button")
    }
    .font(.largeTitle)
    .transition(.slide)
}
```

다른 방법으로 .scale 옵션을 사용하면 뷰가 추가되고 사라질 때 뷰의 크기가 커지거나 작아지게 될 수 있다.

```
.transition(.scale)
```

move 전환은 포함하는 뷰의 특정 방향으로 뷰를 이동하기 위해 사용된다. 다음의 예제는 뷰가 사라질 때는 밑에서 위로 움직이고, 뷰가 나타날 때는 위에서 아래로 움직이게 한다.

```
.transition(.move(edge: .top))
```

앞의 move 전환을 라이브 프리뷰로 보면 움직임이 끝난 후에 바로 Button이 사라지는 아쉬움이 있다. 이렇게 다소 조화롭지 못한 효과는 move 전환과 다른 전환을 결합하여 개선할 수 있다.

41.8 전환 결합하기

AnyTransition의 인스턴스를 combined(with:) 메서드와 함께 사용하면 전환을 결합할 수 있다. 예를 들어, 불투명도와 전환을 결합한다면 다음과 같이 할 수 있다.

```
.transition(AnyTransition.opacity.combined(with: .move(edge: .top)))
```

앞의 예제를 구현하면 Text 뷰가 움직이는 동안 페이딩 효과가 추가될 것이다.

레이아웃 코드의 복잡함을 제거하면서 재사용성을 높이기 위해 AnyTransition 클래스의 익스텐션[1]으로 구현한다. 예를 들어, 앞에서 결합한 전환은 다음과 같이 구현될 수 있다.

```
extension AnyTransition {
    static var fadeAndMove: AnyTransition {
        AnyTransition.opacity.combined(with: .move(edge: .top))
    }
}
```

익스텐션으로 구현되면 전환 효과를 transition() 수정자의 인자로 다음과 같이 전달하면 된다.

```
.transition(.fadeAndMove)
```

---

1 옮긴이 'extension'을 '확장'이라고 번역하기보다는 영어를 그대로 사용하는 편이 의미 전달에 좋다고 판단하여 그대로 씀.

41.9 비대칭 전환

기본적으로 SwiftUI는 뷰가 제거될 때는 나타낼 때 지정한 전환을 반대로 하게 된다. 뷰가 추가될 때와 제거될 때 서로 다른 전환을 지정하려면 전환이 비대칭적이도록 선언해야 한다. 예를 들어, 다음은 뷰가 추가될 때는 scale 전환을 하고 제거될 때는 slide 전환을 한다.

```
.transition(.asymmetric(insertion: .scale, removal: .slide))
```

41.10 요약

이번 장에서는 뷰의 모양이 수정될 때 애니메이션을 어떻게 구현하는지를 살펴보았다. 암묵적 애니메이션에서는 수정자에 의한 뷰의 변경은 animation() 수정자를 적용하여 애니메이션되게 한다. 명시적 애니메이션은 뷰의 지정된 프로퍼티만 애니메이션되게 할 수 있다. 상태 프로퍼티 바인딩에 애니메이션을 적용할 수도 있으며, 이렇게 하면 상태 값이 변경될 경우에 뷰가 애니메이션되면서 변경될 것이다.

뷰가 레이아웃에 추가되거나 삭제될 때 전환이 발생한다. SwiftUI는 페이딩, 스케일링, 슬라이딩을 포함하여 몇 가지 애니메이션 전환 방법을 제공한다. 또한, 두 개의 전환을 결합하는 기능을 제공하며, 뷰가 추가될 때와 제거될 때의 전환 애니메이션 효과를 다르게 주는 비대칭 전환도 지원한다.

CHAPTER 42

SwiftUI에서 제스처 작업하기

제스처gesture라는 용어는 터치 스크린과 사용자 간의 인터랙션을 설명하는 데 사용되며, 앱 내에서 이를 감지하여 이벤트를 실행하게 하는 데 사용될 수 있다. 드래그, 탭, 더블 탭, 핀칭, 로테이션, 롱 프레스 등은 모두 SwiftUI에서 제스처로 분류한다.

이번 장의 목적은 SwiftUI 기반의 앱에서 제스처 인식을 어떻게 사용하는지 살펴보는 것이다.

42.1 GestureDemo 예제 프로젝트 생성하기

이번 장의 예제를 위하여 `GestureDemo`라는 이름의 새로운 Multiplatform App을 생성한다.

42.2 기본 제스처

뷰의 영역 안에서 사용한 제스처는 해당 뷰에 **제스처 인식기**gesture recognizer를 추가하면 감지된다. SwiftUI는 탭, 롱 프레스, 로테이션, 확대(핀치), 그리고 드래그 제스처에 대한 인식기를 제공한다.

제스처 인식기는 `gesture()` 수정자를 사용하여 뷰에 추가되며, 추가될 제스처 인식기가 수정자에 전달된다.

가장 간단한 형태에서 인식기는 하나 이상의 액션 콜백을 포함하며, 콜백은 일치하는 제스처가 뷰에서 감지될 때 실행되는 코드를 담는다. 다음의 예제는 탭 제스처 인식기를 `Image` 뷰에 추가하고, 제스처가 성공적으로 끝날 때 수행될 코드를 `onEnded` 콜백에 담도록 구현한다.

```
struct ContentView: View {
    var body: some View {
        Image(systemName: "hand.point.right.fill")
            .gesture(
```

```
            TapGesture()
                .onEnded { _ in
                    print("Tapped")
                }
        )
    }
}
```

위의 예제를 디바이스나 시뮬레이터로 실행하면 이미지를 클릭할 때마다 디버그 콘솔 패널에 'Tapped'라는 메시지가 나타나는 것을 알 수 있다.

제스처 작업을 할 때는 일반적으로 제스처 인식기를 변수에 할당하고 수정자에서 그 변수를 참조하는 것이 좋다. 이것은 뷰의 body 선언부를 더 깔끔하게 만들며 재사용성을 높여준다.

```
var body: some View {

    let tap = TapGesture()
        .onEnded { _ in
            print("Tapped")
        }

    return Image(systemName: "hand.point.right.fill")
        .gesture(tap)
}
```

탭 제스처 인식기를 사용하게 되면 제스처로 인식할 탭 횟수를 지정할 수도 있다. 예를 들어, 다음은 더블 탭만 인식하는 예제다.

```
let tap = TapGesture(count: 2)
    .onEnded { _ in
        print("Tapped")
    }
```

롱 프레스 제스처 인식기도 비슷한 방식으로 사용되며, 뷰를 장시간 터치하고 있을 때 감지되도록 설계되었다. 다음의 선언은 Image 뷰를 디폴트 시간[1] 이상 롱 프레스할 때 감지하는 코드다.

```
var body: some View {
```

---

1 옮긴이 0.5초.

```
    let longPress = LongPressGesture()
        .onEnded { _ in
            print("Long Press")
        }

    return Image(systemName: "hand.point.right.fill")
        .gesture(longPress)
}
```

롱 프레스로 인식하는 데 필요한 시간을 조절하려면 LongPressGesture()를 호출할 때 최소 시간 값(초 단위)을 전달하면 된다. 또한, 롱 프레스를 하는 동안에 화면상의 접촉점이 뷰 밖으로 이동할 수 있는 최대 거리를 지정할 수도 있다. 만약 접촉점이 지정된 거리를 넘게 되면 제스처는 취소되며 onEnded 액션이 호출되지 않는다.

```
let longPress = LongPressGesture(minimumDuration: 10, maximumDistance: 25)
    .onEnded { _ in
        print("Long Press")
    }
```

gesture() 수정자에 nil 값을 전달하면 제스처 인식기를 뷰에서 제거할 수 있다.

```
.gesture(nil)
```

42.3 onChanged 액션 콜백

이전 예제에서 onEnded 액션 클로저는 제스처가 완료될 때 호출되었다. TapGesture를 제외한 다른 많은 제스처 인식기는 onChanged 액션 콜백을 지원한다. onChanged 콜백은 제스처가 처음 인식되었을 때 호출되며, 제스처가 끝날 때까지 제스처의 값이 변할 때마다 호출된다.

onChanged 액션 콜백은 탭이나 롱 프레스 제스처가 아니라, 디바이스 화면에서 움직이는 제스처를 사용할 때 특히 유용하다. 예를 들어, 확대 제스처는 화면에서 터치 위치의 이동을 감지하는 데 사용될 수 있다.

```
struct ContentView: View {

    var body: some View {
```

```
        let magnificationGesture = MagnificationGesture(minimumScaleDelta: 0)
            .onEnded { _ in
                print("Gesture Ended")
            }

        return Image(systemName: "hand.point.right.fill")
            .resizable()
            .font(.largeTitle)
            .gesture(magnificationGesture)
            .frame(width: 100, height: 90)
    }
}
```

앞의 구현체는 Image 뷰 위에서 수행되는 **핀칭**pinching 동작을 감지한다. 하지만 제스처가 끝난 후에만 메시지를 출력한다. 프리뷰 캔버스에서 핀치 제스처를 하려면 키보드의 Option 키를 누른 상태에서 Image 뷰를 드래그하면 된다.

제스처를 하고 있는 것에 대한 알림을 받으려면 onChanged 콜백 액션을 추가하면 된다.

```
let magnificationGesture = MagnificationGesture(minimumScaleDelta: 0)
    .onChanged( { _ in
        print("Magnifying")
    })
    .onEnded { _ in
        print("Gesture Ended")
    }
```

이제 핀치 제스처가 감지되면 핀치 작업과 연관된 값이 변할 때마다 onChanged 액션이 호출될 것이다. onChanged 액션이 호출될 때마다 확대 작업의 현재 **비율**scale을 나타내는 CGFloat 값을 가진 MagnificationGesture.Value 인스턴스가 전달된다.

확대 제스처 비율에 대한 정보를 얻게 되면 제스처에 따라. Image 뷰의 크기가 조절되도록 하는 등의 재미있는 효과를 구현할 수 있게 된다.

```
struct ContentView: View {

    @State private var magnification: CGFloat = 1.0

    var body: some View {
```

```
        let magnificationGesture = MagnificationGesture(minimumScaleDelta: 0)
            .onChanged({ value in
                self.magnification = value
            })
            .onEnded({ _ in
                print("Gesture Ended")
            })

        return Image(systemName: "hand.point.right.fill")
            .resizable()
            .font(.largeTitle)
            .scaleEffect(magnification)
            .gesture(magnificationGesture)
            .frame(width: 100, height: 90)
    }
}
```

42.4 updating 콜백 액션

updating 콜백 액션은 onChanged와 거의 비슷하나, @GestureState라는 이름의 특별한 프로퍼티 래퍼를 사용한다는 점이 다르다. @GestureState는 표준 @State 프로퍼티 래퍼와 유사하지만, 제스처와 함께 사용되도록 특별히 설계되었다. @GestureState의 가장 큰 차이점은 제스처가 끝나면 @GestureState는 자동으로 원래 상태 값으로 리셋된다는 것이다. 따라서 updating 콜백은 제스처를 하는 동안에만 필요한 임시 상태를 저장하는 데 최적이다.

updating 액션이 호출될 때마다 다음의 세 가지 인자가 전달된다.

- 제스처에 대한 정보가 담겨 있는 DragGesture.Value 인스턴스
- 제스처가 바인딩되어 있는 @GestureState 프로퍼티에 대한 참조체
- 제스처에 해당하는 애니메이션의 현재 상태를 담고 있는 Transaction 객체

DragGesture.Value 인스턴스는 특히 유용하며 다음의 프로퍼티들을 포함한다.

- **location (CGPoint)** – 드래그 제스처의 현재 위치
- **predictedEndLocation (CGPoint)** – 현재의 드래그 속도를 바탕으로 드래그를 멈추게 된다면 예상되는 최종 위치
- **predictedEndTranslation (CGSize)** – 현재의 드래그 속도를 바탕으로 드래그를 멈추게 된다면 예상되는 최종 오프셋

- **startLocation (CGPoint)** - 드래그 제스처가 시작된 위치
- **time (Date)** - 현재 드래그 이벤트가 발생한 타임스탬프
- **translation (CGSize)** - 드래그 제스처를 시작한 위치부터 현재 위치까지의 총 오프셋

일반적으로, 다음의 코드처럼 드래그 제스처의 updating 콜백은 `DragGesture.Value` 객체에서 translation 값을 추출하여 `@GestureState` 프로퍼티에 할당한다.

```
let drag = DragGesture()
    .updating($offset) { dragValue, state, transaction in
        state = dragValue.translation
    }
```

다음 예제는 드래그 제스처를 Image 뷰에 추가하고 `@GestureState` 프로퍼티를 현재의 translation 값으로 업데이트하기 위하여 updating 콜백을 사용한다. `@GestureState` offset 프로퍼티를 사용하기 위하여 Image 뷰에 offset() 수정자가 적용된다. 이것은 Image 뷰가 화면의 드래그 제스처를 따라 움직이도록 만든다.

```
struct ContentView: View {

    @GestureState private var offset: CGSize = .zero

    var body: some View {

        let drag = DragGesture()
            .updating($offset) { dragValue, state, transaction in
                state = dragValue.translation
            }

        return Image(systemName: "hand.point.right.fill")
            .font(.largeTitle)
            .offset(offset)
            .gesture(drag)
    }
}
```

라이브 뷰에서 이미지를 드래그할 수 없다면, 현재 Xcode 14 릴리스의 라이브 뷰 문제일 수 있다. 시뮬레이터나 실제 디바이스에서 테스트하면 작동하는 것을 확인할 수 있을 것이다. 드래그 제스처가 끝나면 Image 뷰는 원래 위치로 돌아간다. 드래그가 끝나면 자동으로 offset 프로퍼티가 원래 상태로 돌아가기 때문이다.

42.5 제스처 구성하기

지금까지 우리는 SwiftUI 뷰에 단 하나의 제스처 인식기를 추가하는 것을 살펴보았다. 일반적이지는 않지만, 하나의 뷰에 여러 개의 제스처를 결합하여 적용할 수도 있다. 제스처들이 조합되면 동시에 감지하거나, 순차적으로 또는 배타적으로 감지되게 할 수 있다. 제스처들이 simultaneously 수정자를 사용하여 구성되면 두 개의 제스처가 동시에 감지되어야 해당 동작을 수행하게 된다. sequenced 수정자를 사용하면 두 번째 제스처가 감지되기 전에 첫 번째 제스처가 완료되어야 한다. exclusively 수정자를 사용한 경우, 둘 중 하나의 제스처가 감지되면 다 감지된 것으로 간주된다.

제스처는 simultaneously(), sequenced(), 그리고 exclusively() 수정자를 사용하여 구성할 수 있다. 예를 들어, 다음은 롱 프레스 제스처와 드래그 제스처를 동시적으로 구성하는 선언이다.

```
struct ContentView: View {

    @GestureState private var offset: CGSize = .zero
    @GestureState private var longPress: Bool = false

    var body: some View {

        let longPressAndDrag = LongPressGesture(minimumDuration: 1.0)
            .updating($longPress) { value, state, transition in
                state = value
            }
            .simultaneously(with: DragGesture())
            .updating($offset) { value, state, transaction in
                state = value.second?.translation ?? .zero
            }

        return Image(systemName: "hand.point.right.fill")
            .foregroundColor(longPress ? Color.red : Color.blue)
            .font(.largeTitle)
            .offset(offset)
            .gesture(longPressAndDrag)
    }
}
```

다음은 순차적 제스처로 구성한 선언으로, 롱 프레스 제스처가 완료된 후에 드래그 작업을 시작할 수 있다. 다음 예제를 실행하여 이미지의 색상이 녹색으로 바뀔 때까지 이미지를 롱 프레스한 다음에 드래그 제스처를 사용하여 이미지를 이동할 수 있게 된다.

```
struct ContentView: View {

    @GestureState private var offset: CGSize = .zero
    @State private var dragEnabled: Bool = false

    var body: some View {

        let longPressBeforeDrag = LongPressGesture(minimumDuration: 2.0)
            .onEnded( { _ in
                self.dragEnabled = true
            })
            .sequenced(before: DragGesture())
            .updating($offset) { value, state, transaction in

                switch value {

                    case .first(true):
                        print("Long press in progress")

                    case .second(true, let drag):
                        state = drag?.translation ?? .zero

                    default: break
                }
            }
            .onEnded { value in
                self.dragEnabled = false
            }

        return Image(systemName: "hand.point.right.fill")
            .foregroundColor(dragEnabled ? Color.green : Color.blue)
            .font(.largeTitle)
            .offset(offset)
            .gesture(longPressBeforeDrag)
    }
}
```

42.6 요약

제스처 감지는 SwiftUI 뷰에 제스처 인식기를 추가하면 가능하다. SwiftUI는 드래그, 핀치, 회전, 롱 프레스, 그리고 탭 제스처에 대한 인식기를 포함한다. onEnded, updating, 그리고 onChanged 콜백 메서드를 구현하면 제스처 감지 알림을 인식기로부터 받을 수 있다. updated 콜백은 @GestureState라는 이름의 특별한 프로퍼티 래퍼로 작업한다. GestureState 프로퍼티는 표준

State 프로퍼티 래퍼와 같지만 제스처와 사용되도록 특별히 설계되어 제스처가 끝나면 자동으로 원래의 상태 값으로 리셋된다. 제스처 인식기는 결합될 수 있으며, 동시적으로, 순차적으로 또는 배타적으로 인식되게 할 수 있다.

CHAPTER 43

사용자 정의 SwiftUI ProgressView 생성하기

이름에서 알 수 있듯이 SwiftUI `ProgressView`는 앱 내에서 작업의 진행 상황을 시각적으로 표시하는 방법을 제공한다. 예를 들어, 대용량 파일을 다운로드하는 동안에 진행률을 앱이 표시해야 할 경우가 있다. 이번 장은 사용자 정의 프로그레스 뷰를 생성하여 **선형**linear, **원형**circular, **불확정적인**indeterminate 스타일을 포함하여 SwiftUI 앱에서 `ProgressView` 기반의 인터페이스를 어떻게 구현하지 보여주는 예제 프로젝트를 만들 것이다.

43.1 ProgressView 스타일

`ProgressView`는 세 가지 스타일로 표시할 수 있다. 선형 스타일은 그림 43-1과 같이 수평선 형태로 진행률을 표시한다.

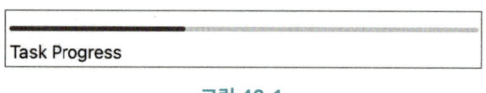

그림 43-1

다른 방식으로는 그림 43-2와 같이 원형 스타일을 사용하여 진행률을 표시할 수 있다.

그림 43-2

마지막으로 불확정적인 진행을 위해 그림 43-3과 같은 회전 애니메이션이 사용된다. 이 스타일은 작업이 얼만큼 완료되었는지 퍼센트를 알 수 없는 경우에 작업이 진행되고 있음을 사용자에게 표시하는 데 유용하다.

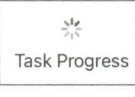

그림 43-3

이번 장의 후반부에서 살펴보겠지만, ProgressViewStyle 프로토콜을 준수하도록 선언하여 사용자 정의 스타일을 설계하는 것도 가능하다.

43.2 ProgressViewDemo 프로젝트 생성하기

Xcode를 시작하고 Multiplatform App 템플릿을 사용하여 ProgressViewDemo라는 새로운 프로젝트를 만든다.

43.3 ProgressView 추가하기

이번 예제 앱의 콘텐트 뷰는 ProgressView와 Slider로 구성된다. Slider 뷰는 슬라이더 위치가 변경될 때 ProgressView에 반영되도록 State 속성 변수의 값을 변경하는 방법으로 사용된다.

ContentView.swift 파일을 편집하여 다음과 같이 수정하자.

```swift
struct ContentView: View {

    @State private var progress: Double = 1.0

    var body: some View {

        VStack {
            ProgressView("Task Progress", value: progress, total: 100)
                .progressViewStyle(LinearProgressViewStyle())
            Slider(value: $progress, in: 1...100, step: 0.1)
        }
        .padding()
    }
}
```

ProgressView에는 제목으로 표시할 문자열과, 현재 진행률을 나타내는 값, 작업 완료를 정의하는 데 사용되는 합계가 전달된다. 마찬가지로 Slider는 0.1 단위로 1에서 100 사이의 progress 상태 프로퍼티를 조정하도록 구성된다.

라이브 프리뷰를 사용하여 뷰를 테스트하고 **프로그레스 바**progress bar가 슬라이더와 함께 움직이는지 확인하자.

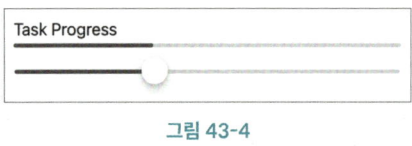

그림 43-4

프로그레스 선의 색상은 다음과 같이 tint 인수를 사용하여 변경할 수 있다.

```
ProgressView("Task Progress", value: progress, total: 100)
    .progressViewStyle(LinearProgressViewStyle(tint: Color.red))
```

43.4 원형 ProgressView 스타일 사용

원형 ProgressView를 표시하려면, 다음과 같이 progressViewStyle() 수정자를 호출하고 CircularProgressViewStyle의 인스턴스를 전달해야 한다.

```
struct ContentView: View {

    @State private var progress: Double = 1.0

    var body: some View {

        VStack {
            ProgressView("Task Progress", value: progress, total: 100)
                .progressViewStyle(CircularProgressViewStyle())
            Slider(value: $progress, in: 1...100, step: 0.1)
        }
        .padding()
    }
}
```

이제 프리뷰에서 앱을 보면, 원형 스타일을 사용하여 진행률이 표시될 것이다. iOS 16까지의 모든 iOS 버전의 버그로 인해 원형 스타일이 불확정적인 스타일을 사용하여 표시된다. 이 버그는 Apple에 보고되었으며 향후 릴리스에서 해결될 것이다. 버그가 해결되기 전까지, 원형 스타일을 사용하는 앱을 실행할 때는 iOS가 아닌 macOS를 타깃으로 테스트하자.

앞의 코드에서는 progressViewStyle() 수정자가 ProgressView에 직접 적용되었지만, VStack과 같은 컨테이너 뷰에도 적용될 수 있다. 이 방법을 사용하면 스타일이 모든 자식 ProgressView 인스턴스에 적용될 것이다. 다음 예제에서는 세 개의 ProgressView 인스턴스가 모두 원형 스타일을 사용하여 표시될 것이다.

```
VStack {
    ProgressView("Task 1 Progress", value: progress, total: 100)
    ProgressView("Task 2 Progress", value: progress, total: 100)
    ProgressView("Task 3 Progress", value: progress, total: 100)
}
.progressViewStyle(CircularProgressViewStyle())
```

43.5 불확정적인 ProgressView 선언하기

불확정적인 ProgressView는 그림 43-3에 표시된 **스피닝 인디케이터**spinning indicator를 표시하고 진행률을 나타내는 값 바인딩을 포함하지 않고 ProgressView를 사용하여 선언된다.

```
ProgressView()
```

필요하다면 뷰 옆에 텍스트가 표시되도록 지정할 수 있다.

```
ProgressView("Working...")
```

43.6 ProgressView 사용자 정의

ProgressView의 모양은 ProgressViewStyle 프로토콜을 준수하는 구조체를 선언하고 인스턴스를 progressViewStyle() 수정자에 전달하여 변경할 수 있다.

ProgressViewStyle 프로토콜을 준수하려면 스타일 선언을 다음과 같이 구성해야 한다.

```
struct MyCustomProgressViewStyle: ProgressViewStyle {
    func makeBody(configuration: Configuration) -> some View {
        ProgressView(configuration)
            // 뷰를 사용자 정의하기 위한 수정자가 여기 온다.
```

```
        }
}
```

구조체에 사용자 정의 스타일이 적용되는 ProgressView에 대한 구성 정보가 전달되는 makeBody() 메서드가 포함되었으며, 수정된 ProgressView 인스턴스를 반환하는 것이다. 예를 들어, 다음의 스타일은 **강조 색상**accent color과 **그림자**shadow 효과를 ProgressView에 적용한다.

```
import SwiftUI

struct ContentView: View {

    @State private var progress: Double = 1.0

    var body: some View {

        VStack {
            ProgressView("Task Progress", value: progress, total: 100)
                .progressViewStyle(ShadowProgressViewStyle())

            Slider(value: $progress, in: 1...100, step: 0.1)
        }
        .padding()
    }
}

struct ShadowProgressViewStyle: ProgressViewStyle {
    func makeBody(configuration: Configuration) -> some View {
        ProgressView(configuration)
            .accentColor(.red)
            .shadow(color: Color(red: 0, green: 0.7, blue: 0),
                    radius: 5.0, x: 2.0, y: 2.0)
            .progressViewStyle(LinearProgressViewStyle())
    }
}
.
.
```

이제는 진행률 표시줄이 빨간색으로 나타나고 녹색 그림자가 있는 ProgressView가 나타날 것이다. makeBody() 메서드를 자세히 살펴보면 모든 타입의 View 인스턴스를 반환할 수 있음을 알 수 있다. 즉, 이 메서드는 ProgressView 인스턴스를 반환하는 것으로 제한되지 않는다. 예를 들어, 다음과 같이 Text 뷰를 반환할 수 있다. makeBody() 메서드에 전달된 Configuration 인스턴스에는 fractionComplete라는 속성이 포함되어 있으며, 이를 사용하여 Text 뷰에 진행률을 표시할 수 있다.

```
    .
    .
    VStack {
        ProgressView("Task Progress", value: progress, total: 100)
            .progressViewStyle(MyCustomProgressViewStyle())
    .
    .
    }
}
struct MyCustomProgressViewStyle: ProgressViewStyle {
    func makeBody(configuration: Configuration) -> some View {
        let percent = Int(configuration.fractionCompleted! * 100)
        return Text("Task \(percent)% Complete")
    }
}
```

프리뷰로 보면 사용자 정의 스타일은 그림 43-5와 같이 나타날 것이다.

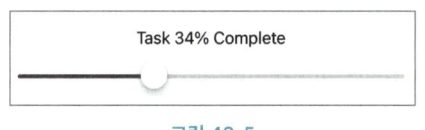

그림 43-5

실제로 이 기술을 사용하여 복잡한 사용자 정의 프로그레스 뷰를 설계할 수 있다. 예를 들어, 다음과 같은 사용자 정의 프로그레스 뷰를 구현한다고 해보자.

그림 43-6

그림 43-6은 `fractionComplete` 속성을 기반으로 점선으로 된 원형 경로를 그리는 Shape 선언을 사용한다.

```
struct MyCustomProgressViewStyle: ProgressViewStyle {
    func makeBody(configuration: Configuration) -> some View {

        let degrees = configuration.fractionCompleted! * 360
        let percent = Int(configuration.fractionCompleted! * 100)

        return VStack {
            MyCircle(startAngle: .degrees(1), endAngle: .degrees(degrees))
                .frame(width: 200, height: 200)
                .padding(50)
            Text("Task \(percent)% Complete")
        }
    }
}

struct MyCircle: Shape {
    var startAngle: Angle
    var endAngle: Angle

    func path(in rect: CGRect) -> Path {
        var path = Path()
        path.addArc(center: CGPoint(x: rect.midX, y: rect.midY),
                    radius: rect.width / 2, startAngle: startAngle,
                    endAngle: endAngle, clockwise: true)

        return path.strokedPath(.init(lineWidth: 100, dash: [5, 3],
                                      dashPhase: 10))
    }
}
```

43.7 요약

SwiftUI **ProgressView**는 앱이 대용량 다운로드 트랜잭션과 같이 오래 실행되는 작업의 진행 상황을 사용자에게 시각적으로 전달할 수 있는 방법을 제공한다. **ProgressView** 인스턴스는 직선 막대 또는 원형 스타일을 사용하여 진행률을 표시하도록 구성할 수 있으며, 불확정적인 스타일은 작업이 실행 중임을 나타내는 회전 아이콘을 표시하지만 진행률 정보는 제공하지 않는다. 일반적으로 스타일은 개별 **ProgressView** 인스턴스 또는 **VStack**과 같은 컨테이너 뷰 내의 모든 인스턴스에 적용될 수 있는 **progressViewStyle()** 수정자를 사용하여 할당된다.

ProgressViewStyle 프로토콜을 채택함으로써 거의 모든 복잡한 사용자 정의 프로그레스 뷰 디자인을 구현할 수 있다.

CHAPTER 44

SwiftUI 차트로 데이터 표시하기

데이터를 표시하는 가장 좋은 방법은 차트나 그래프의 형태로 표시하는 것이다. 충분한 시간과 기술이 있다면 자체적으로 데이터를 처리하고 화면을 그리는 코드를 작성하여 차트를 생성하는 것이 가능하겠지만, SwiftUI Charts API가 도입된 이후부터는 몇 줄의 코드만 작성하면 간단하게 생성할 수 있게 되었다. 이번 장에서는 일반적으로 사용되는 SwiftUI Charts의 기능을 살펴볼 것이다. 다음 장에서는 실제로 동작하는 차트를 확인하고 이 API의 주요 기능을 실험하기 위하여 프로젝트를 만들어보자.

44.1 SwiftUI 차트 소개

SwiftUI Charts는 일반적으로 단 몇 줄의 코드로 데이터를 시각적으로 표시할 수 있게 하는 뷰와 수정자로 구성된다. API는 **영역**area, **선**line, **점**point, **직사각형**rectangle, **막대**bar, **누적 막대**stacked bar 그래프의 형태로 데이터를 표시하는 옵션을 포함하여 다양한 설정을 할 수 있도록 되어 있다. Chart 뷰에는 지정된 시작 좌표와 끝 좌표 사이에 직선을 그리는 규칙 표시도 포함한다. 모든 차트 구현체의 최상위 뷰는 Chart 뷰다. Chart 내의 각 데이터 포인트는 **마크**mark 뷰의 형태를 취한다. 사용되는 마크 뷰 타입은 차트 스타일에 따라 다르다. 예를 들어, 막대 차트는 BarMark 인스턴스로 구성되는 반면, 영역 그래프에는 AreaMark 인스턴스가 포함된다. Charts API는 다음 마크 타입을 지원한다.

- AreaMark
- LineMark
- RectangleMark
- BarMark
- PointMark
- RuleMark

각 마크는 x 값과 y 값으로 초기화되어야 하며, 각 값은 PlottableValue 클래스의 인스턴스로 표현된다. 예를 들어, 다음의 선언은 3개의 마크로 구성된 영역 차트를 생성한다(이 API로 작업한다면 Charts 라이브러리를 임포트해야 한다).

```
.
.
import Charts
.
.
Chart {
    AreaMark(
        x: PlottableValue.value("Month", "Jan"),
        y: PlottableValue.value("Temp", 50)
    )
    AreaMark(
        x: PlottableValue.value("Month", "Feb"),
        y: PlottableValue.value("Temp", 43)
    )
    AreaMark(
        x: PlottableValue.value("Month", "Mar"),
        y: PlottableValue.value("Temp", 61)
    )
}
```

깔끔한 코드를 위해서 PlottableValue.value 선언을 .value로 축약할 수 있다. 예를 들면 다음과 같다.

```
AreaMark(
    x: .value("Month", "Jan"),
    y: .value("Temp", 50)
)
```

앞의 예제는 그림 44-1에 표시된 것과 같은 차트를 생성한다.

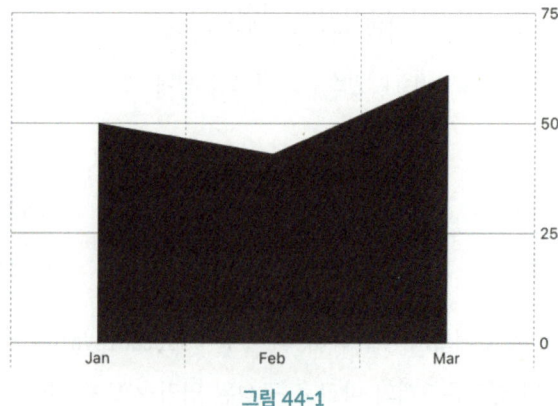

그림 44-1

44.2 차트에 데이터 전달하기

앞의 예제에서는 차트의 각 포인트를 수동으로 입력했다. 하지만 좌표를 나타낼 데이터가 차트 외부에 존재할 가능성이 더 크다. 이런 경우에는 다음과 같이 Chart 뷰에 매개변수로 데이터를 전달할 수 있다.

```
struct MonthlyTemp: Identifiable {
    var id = UUID()
    var month: String
    var degrees: Int
}

let tempData: [MonthlyTemp] = [
    MonthlyTemp(month: "Jan", degrees: 50),
    MonthlyTemp(month: "Feb", degrees: 43),
    MonthlyTemp(month: "Mar", degrees: 61)
]

Chart(tempData) { data in
    AreaMark(
        x: .value("Month", data.month),
        y: .value("Temp", data.degrees)
    )
}
```

앞의 코드는 그림 44-1에 표시된 것과 동일한 차트를 생성하며, 다음의 ForEach 루프도 동일한 결과를 만들 것이다.

```
Chart {
    ForEach(tempData) { data in
        AreaMark(
            x: .value("Month", data.month),
            y: .value("Temp", data.degrees)
        )
    }
}
```

44.3 마크 타입 결합하기

이번 장에서 지금까지는 한 가지 타입의 그래프만 사용하여 데이터를 표시하였다. 동일한 데이터를 동일한 차트 내에서 여러 가지 방식으로 표시할 수 있다. 다음 예제에서는 온도 데이터를 직사각형 및 선 형식으로 나타낸다.

```
Chart(tempData) { data in
    RectangleMark(
        x: .value("Month", data.month),
        y: .value("Temp", data.degrees)
    )
    LineMark(
        x: .value("Month", data.month),
        y: .value("Temp", data.degrees)
    )
}
```

이 코드는 그림 44-2와 같은 그래프를 생성한다.

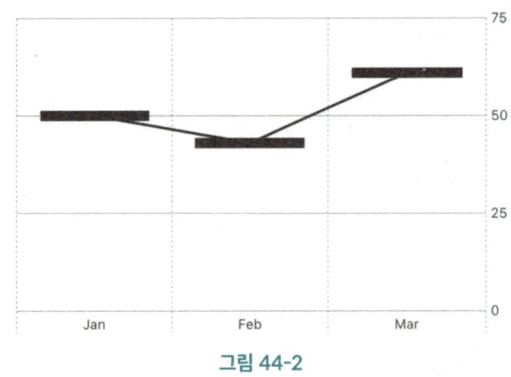

그림 44-2

44.4 데이터를 여러 그래프로 필터링하기

데이터가 카테고리로 필터링할 수 있는 정보를 가지고 있다면, foregroundStyle() 수정자를 사용하여 단일 차트 인스턴스 내에서 여러 그래프를 생성할 수 있다. 예를 들어, 온도 데이터에 1년 이상의 값이 포함되어 있다고 가정하자. 이 데이터는 다음과 같이 선언될 수 있다.

```
struct MonthlyTemp: Identifiable {
    var id = UUID()
```

```
    var month: String
    var degrees: Int
    var year: String
}

let tempData: [MonthlyTemp] = [
    MonthlyTemp(month: "Jan", degrees: 50, year: "2021"),
    MonthlyTemp(month: "Feb", degrees: 43, year: "2021"),
    MonthlyTemp(month: "Mar", degrees: 61, year: "2021"),

    MonthlyTemp(month: "Jan", degrees: 30, year: "2022"),
    MonthlyTemp(month: "Feb", degrees: 38, year: "2022"),
    MonthlyTemp(month: "Mar", degrees: 29, year: "2022")
]
```

Chart 코드에 필요한 유일한 수정 사항은 foregroundStyle() 수정자에 마크 선언이 적용되도록 하고 연도별로 데이터를 구분하도록 구성된 PlottableValue 인스턴스를 전달하는 것이다.

```
Chart {
    ForEach(tempData) { data in
        LineMark(
            x: .value("Month", data.month),
            y: .value("Temp", data.degrees)
        )
        .foregroundStyle(by: .value("Year", data.year))
    }
}
```

이제 차트는 데이터를 각각 다른 색상으로 렌더링되는 두 줄로 나뉠 것이다. 색상과 연도 간의 상관 관계를 보여 주는 범례가 차트 하단에 나타난다.

그림 44-3

선 색상 외에도 각 마크 포인트에 기호를 추가하여 데이터 카테고리를 더욱 구별되게 할 수 있다. foregroundStyle() 수정자에 대해 앞에서 설명한 것처럼, 적절하게 구성된 PlottableValue 인스턴스를 매개변수로 전달하는 마크 선언을 symbol() 수정자에 적용하면 된다.

```
Chart {
    ForEach(tempData) { data in
        LineMark(
            x: .value("Month", data.month),
            y: .value("Temp", data.degrees)
        )
        .foregroundStyle(by: .value("Year", data.year))
        .symbol(by: .value("Year", data.year))
    }
}
```

차트의 두 선을 자세히 살펴보면, 마크 포인트에 대해 서로 다른 기호를 사용하고 있음을 알 수 있을 것이다.

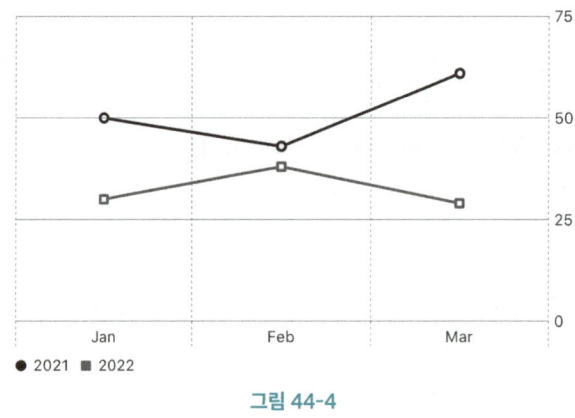

그림 44-4

44.5 차트 배경 변경하기

Chart 뷰의 배경은 chartPlotStyle() 수정자를 사용하여 변경할 수 있다. 이 수정자는 그래프가 그려지는 **플롯 영역**plot area에 대한 참조를 전달하는 **후행 클로저**trailing closure와 함께 사용된다. 그런 다음, 이 참조를 사용하여 배경색 등의 속성을 변경할 수 있다.

```
Chart {
.
.
}
.chartPlotStyle { plotArea in
    plotArea
        .background(.gray.opacity(0.3))
}
.
.
```

44.6 보간법 변경하기

보간법interpolation은 그래프에서 데이터 포인트를 연결하기 위해 선을 그리는 방법을 말한다. 차트에서 사용하는 보간법은 interpolationMethod() 수정자에 마크 선언을 적용하여 변경할 수 있다. 보간 옵션들은 다음과 같다.

- cardinal
- linear
- monotone
- stepCenter
- stepEnd
- stepStart
- catmullRom

다음 코드 예제는 차트가 stepStart 보간을 사용하도록 구성한다.

```
Chart {
    ForEach(tempData) { data in
        LineMark(
            x: .value("Month", data.month),
            y: .value("Temp", data.degrees)
        )
        .interpolationMethod(.stepStart)
        .foregroundStyle(by: .value("Year", data.year))
        .symbol(by: .value("Year", data.year))
    }
}
```

stepStart 보간을 사용한 차트의 결과는 그림 44-5와 같을 것이다.

그림 44-5

44.7 요약

SwiftUI Charts는 최소한의 코딩으로 차트와 그래프의 형태로 데이터를 시각화하는 직관적인 방법을 제공한다. 이것은 **마크**mark 인스턴스 형태의 데이터 포인트를 포함하는 부모 Chart 뷰를 사용하여 달성된다. **영역**area, **선**line, **막대**bar, **플롯**plot, **사각형**rectangle을 비롯한 여러 그래프 타입에 마크를 사용할 수 있다. 각 마크의 x 데이터와 y 데이터는 차례로 PlottableValue 인스턴스 내에 포함된다. **보간**interpolation 스타일 변경하기와 포인트 심벌 마커 추가하기를 포함하는 수정자를 사용하여 그래프를 결합하고 구성할 수 있다.

CHAPTER 45

SwiftUI 차트 튜토리얼

이번 장은 튜토리얼을 통해 SwiftUI 차트의 주요 기능을 보여줄 것이다. 튜토리얼을 통해 차트를 만들기, 여러 데이터 소스의 데이터를 표시하기, 스타일 수정자 사용 등의 주제에 대해 다룰 것이다.

이번 튜토리얼에서 바탕이 되는 개념은 온라인과 리테일 판매 채널에 대한 그래프를 포함하는 월 단위 판매 데이터를 표시하는 차트다.

45.1 ChartDemo 프로젝트 만들기

Xcode를 실행하고 ChartDemo라는 새로운 multiplatform 프로젝트를 만들기 위한 옵션을 선택한다.

45.2 프로젝트 데이터 추가

판매 데이터를 처리하기 위해 첫 번째로 해야 할 것은 매월 데이터를 저장할 구조체를 선언하는 것이다. **프로젝트 내비게이터**project navigator 패널에서 ChartDemo 폴더를 마우스 오른쪽 버튼으로 클릭하고, **New File...** 메뉴 옵션을 선택한 다음, SalesData.swift라는 새로운 Swift 파일을 만든다. 파일을 편집하여 다음의 구조체 선언을 추가하자.

```
import Foundation

struct SalesInfo: Identifiable {
    var id = UUID()
    var month: String
    var total: Int
}
```

SalesData.swift 파일에 1월부터 7월까지의 리테일과 온라인 판매 데이터를 포함하는 두 개의 배열을 추가한다.

```
.
.
var retailSales: [SalesInfo] = [
    .init(month: "Jan", total: 5),
    .init(month: "Feb", total: 7),
    .init(month: "March", total: 6),
    .init(month: "April", total: 5),
    .init(month: "May", total: 6),
    .init(month: "June", total: 3),
    .init(month: "July", total: 6)
]

var onlineSales: [SalesInfo] = [
    .init(month: "Jan", total: 2),
    .init(month: "Feb", total: 4),
    .init(month: "March", total: 5),
    .init(month: "April", total: 2),
    .init(month: "May", total: 4),
    .init(month: "June", total: 1),
    .init(month: "July", total: 4)
]
```

다음으로 필요한 것은 두 개의 판매 채널의 데이터를 결합하는 배열이다. 이 배열의 각 요소에는 나중에 별도의 채널 그래프로 데이터를 분할할 때 사용될 레이블 문자열도 포함되어야 한다. ContentView.swift 파일 내에 이 배열을 추가하고 Charts 프레임워크도 임포트하자.

```
import SwiftUI
import Charts

struct ContentView: View {
    var body: some View {
        let sales = [ (channel: "Retail", data: retailSales),
                     (channel: "Online", data: onlineSales) ]
.
.
```

45.3 Chart 뷰 추가하기

차트 뷰는 중첩된 ForEach 루프를 사용해야 한다. 외부 루프는 sales 배열의 채널 항목을 반복하고, 내부 루프는 각 채널의 판매 데이터를 반복한다. 다음과 같이 차트 뷰와 외부 루프를 추가하자.

```
struct ContentView: View {
    var body: some View {

        let sales = [ (channel: "Retail", data: retailSales),
                      (channel: "Online", data: onlineSales) ]

        Chart {
            ForEach(sales, id: \.channel) { channels in

            }
        }
        .frame(height: 250)
        .padding()
    }
}
```

외부 루프는 판매 데이터를 반복할 수 있는 내부 루프로 채널들의 집합을 전달한다. 데이터의 각 월에 대해, 내부 ForEach 루프에는 월 이름과 총 매출로 구성된 AreaMark 인스턴스를 추가한다. 다음과 같이 Chart 뷰 선언을 수정하자.

```
Chart {
    ForEach(sales, id: \.channel) { channels in
        ForEach(channels.data) { sales in
            AreaMark(
                x: .value("Month", sales.month),
                y: .value("Total", sales.total)
            )
        }
    }
}
.
.
```

그림 45-1과 같이 표시되는지 프리뷰 패널에서 차트를 확인한다.

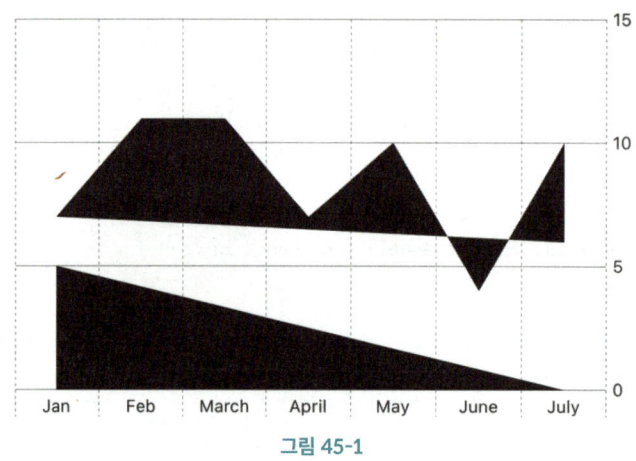

그림 45-1

지금은 온라인 판매 데이터와 리테일 판매 데이터를 분리하는 조치를 취하지 않았기 때문에 차트가 의도한 대로 표시되지 않았다. 데이터를 두 개의 그래프로 나누려면 AreaMark 선언에 foregroundStyle() 수정자를 적용하고 판매 채널을 기반으로 데이터를 필터링하도록 구성해야 한다.

45.4 여러 그래프 만들기

ContentView.swift 파일을 다시 한번 편집하자. AreaMark 인스턴스를 찾아 foregroundStyle() 수정자를 적용한다.

```
Chart {
    ForEach(sales, id: \.channel) { channels in
        ForEach(channels.data) { sales in
            AreaMark(
                x: .value("Month", sales.month),
                y: .value("Total", sales.total)
            )
            .foregroundStyle(by: .value("Channel", channels.channel))
        }
    }
}
```

이제 그림 45-2와 같이 올바르게 나타나는지 프리뷰에서 차트를 다시 한번 확인하자.

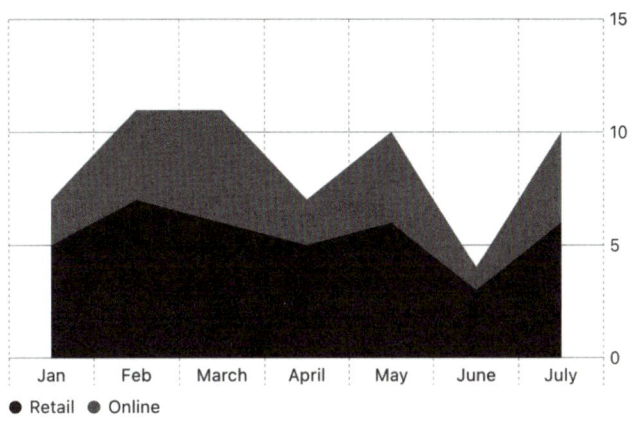

그림 45-2

프로젝트가 완료되었으므로 시간을 내어 기호를 추가하고 다양한 마크 타입과 보간법을 사용하여 차트를 실험해보자. 예를 들어 그림 45-3은 `AreaMark`를 `PointMark`로 대체한 효과를 보여준다.

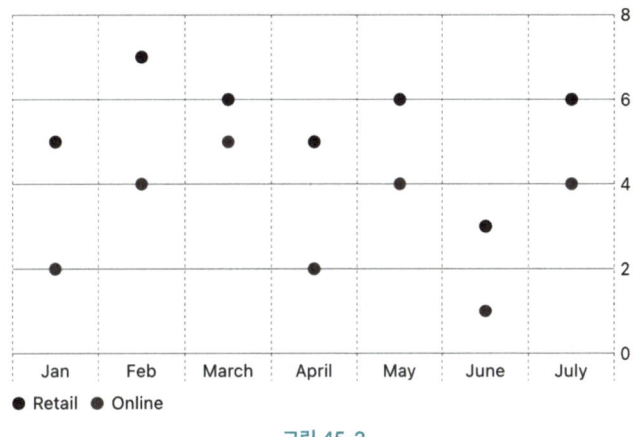

그림 45-3

45.5 요약

이번 장에서는 영역 그래프 형식으로 두 개의 데이터 집합을 시각화하기 위해 SwiftUI 차트를 사용하는 프로젝트를 만들었다. 튜토리얼을 진행하는 과정에서 `Chart` 및 `AreaMark` 컴포넌트를 사용하였고 포그라운드 스타일 수정자를 사용하였다.

CHAPTER 46

SwiftUI DocumentGroup 개요

18장 'SwiftUI 아키텍처'에서 SwiftUI scene의 개념을 소개하였고, SwiftUI 프레임워크가 자신만의 화면을 빌드할 수 있도록 허용하는 것 외에도 WindowGroup과 DocumentGroup 형식의 두 가지 **미리 빌드된**pre-built 화면 타입을 포함한다고 설명했다. 지금까지 이 책의 예제에서는 WindowGroup 화면만 사용했다. 이번 장에서는 DocumentGroup 화면을 소개하고 SwiftUI에서 **문서 기반 앱** document-based app을 빌드하기 위하여 어떻게 사용할 수 있는지 설명한다.

46.1 앱에서의 문서

만약에 여러분이 아이폰이나 아이패드를 오랫동안 사용했다면 내장 앱인 **파일**Files 앱을 접했을 가능성이 높다. 파일 앱은 Google 드라이브와 같은 써드-파티 프로바이더뿐만 아니라 로컬 디바이스 파일 시스템 및 iCloud 저장소에 저장된 문서를 찾아보고 선택하며 관리하는 방법을 제공한다. 여기의 문서로는 일반 텍스트, 이미지, 데이터, 바이너리 파일을 포함한 거의 모든 파일 유형이 포함될 수 있다. 그림 46-1은 iOS 파일 앱 내에서의 일반적인 브라우징 세션을 보여준다.

그림 46-1

DocumentGroup 화면의 목적은 새로운 파일을 생성하는 기능 외에도 파일 앱이 제공하는 것과 같은 기능을 SwiftUI 앱에 구축할 수 있게 하는 것이다.

이 기능은 상대적으로 적은 작업으로 앱에 구축할 수 있다. Xcode에는 대부분의 설정을 수행하는 작업을 위한 프로젝트 템플릿이 포함되어 있다. 하지만 DocumentGroup 작업을 하기 전에 먼저 몇 가지 기본 개념을 배워야 한다. 기본 개념을 배우기 위한 좋은 방법은 Xcode가 생성하는 **Document App** 프로젝트 템플릿을 검토하는 것이다.

46.2 DocDemo 앱 만들기

Xcode를 실행하고 그림 46-2와 같이 **Multiplatform Document App** 템플릿 옵션을 사용하여 새로운 프로젝트를 생성하여 시작한다.

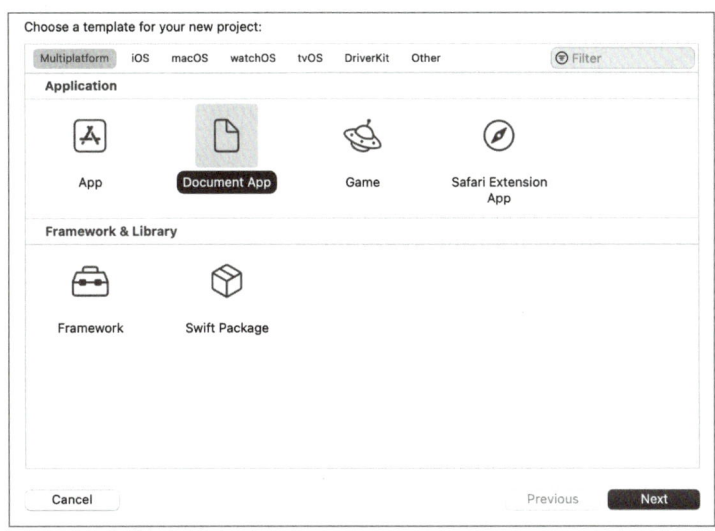

그림 46-2

Next 버튼을 클릭하고, 프로젝트 이름을 DocDemo라고 입력하고 적절한 위치에 프로젝트를 저장하자.

46.3 DocumentGroup

DocumentGroup 화면scene에는 앱 내에서 사용자가 파일과 폴더를 생성, 삭제, 이동, 이름 변경, 선택 등의 기능을 제공하는 데 필요한 대부분의 **인프라**infrastructure가 포함되어 있다. 초기의 문서 그룹 화면은 Xcode에 의해 다음과 같이 `DocDemoApp.swift` 파일 내에서 선언된다.

```
import SwiftUI

@main
struct DocDemoApp: App {
    var body: some Scene {
        DocumentGroup(newDocument: DocDemoDocument()) { file in
            ContentView(document: file.$document)
        }
    }
}
```

현재 구현된 대로 앱이 시작하면, 사용자에게 표시되는 첫 번째 화면은 그림 46-1과 비슷한 DocumentGroup 사용자 인터페이스다. DocumentGroup으로 전달되는 DocDemoDocument 인스턴스는 몇 가지 추가 구성 설정과 함께 파일을 만들고 읽고 쓰는 코드를 포함한다. 사용자가 기존 파일을 선택하거나 새로운 파일을 만들면, 콘텐트 뷰가 표시되며 선택한 파일에 대한 DocDemoDocument 인스턴스가 전달되어 콘텐트가 추출되고 사용자에게 제공될 것이다.

```
ContentView(document: file.$document)
```

Xcode에 의해 생성된 DocDemoDocument.swift 파일은 일반 텍스트 파일을 지원하도록 설계되었으며 다른 파일 형식을 지원하기 위한 기반으로 사용될 수 있다. 이 파일을 자세히 살펴보기 전에 먼저 파일 형식을 이해해야 한다.

46.4 파일 형식 지원 선언하기

문서 지원에 대한 구현의 핵심 단계는 앱이 지원하는 파일 형식을 선언하는 것이다. Document Group 사용자 인터페이스는 지원되는 형식의 파일만 선택할 수 있도록 하기 위해 이 정보를 사용한다. 예를 들어, 이미지 파일만 지원하는 앱에서 문서를 탐색하는 사용자에게는 문서 목록 내에서 선택할 수 없는 다른 형식의 문서(예를 들어, 일반 텍스트)가 회색으로 표시될 것이다. 이것은 다음의 컴포넌트로 구분될 수 있다.

46.4.1 문서 콘텐트 타입 식별자

앱에서 지원하는 파일 형식을 정의하는 것은 **문서 콘텐트 타입 식별자**document content type identifier를 선언하는 것으로 시작한다. 일반적으로 이것은 일반적인 타입 식별자와 결합된 **역방향 도메인 이름**

reverse domain name의 형식을 취하는 **Uniform Type Identifier(UTI)** 구문을 사용하여 선언된다. 예를 들어, 일반 텍스트 파일을 지원하는 앱의 문서 식별자는 다음과 같이 선언할 수 있다.

```
com.ebookfrenzy.plain-text
```

46.4.2 핸들러 순위

문서 콘텐트 타입은 **핸들러 순위**handler rank 값을 선언할 수도 있다. 이 값은 앱과 파일 형식의 관계를 시스템에 선언한다. 만약에 앱이 자체 커스텀 파일 형식을 사용한다면, **Owner**로 설정해야 한다. 만약에 해당 형식의 파일이 지정된 디폴트 앱으로 열리도록 한다면 **Default**로 설정해야 한다. 반면에 이러한 형식의 파일을 디폴트 앱이 아니라 앱 내에서 처리할 수 있다면 **Alternate** 값을 사용해야 한다. 마지막으로, 앱이 해당 파일 형식과 관련이 없다면 **None**을 사용해야 한다.

46.4.3 타입 식별자

문서 콘텐트 타입 식별자를 선언했다면, 이 식별자는 일치하는 특정 데이터 타입들의 목록과 연결되어 있어야 한다. 이것은 **타입 식별자**type identifier를 사용하여 할 수 있다. 이러한 타입 식별자는 애플에서 제공하는 확장된 내장 타입 목록에서 선택할 수 있으며, 일반적으로 'public'이라는 접두사가 붙는다. 예를 들어, 일반 텍스트 문서의 UTI는 `public.plain-text`이며 모든 타입의 이미지는 `public.image`다. 마찬가지로 어떤 앱이 JPEG 이미지 파일만 지원한다면 `public.jpeg` UTI가 사용될 것이다.

내장된 각 UTI 타입은 프로그램적으로 타입에 대한 작업을 할 때 사용할 수 있는 UTType에 해당하는 항목이 연결된다. 예를 들어, `public.plain-text` UTI는 plainText라는 UTType 인스턴스가 있으며, `public.mpeg4move`에 대한 UTType 인스턴스의 이름은 mpeg4Movie다. 지원하는 UTType 선언의 전체 목록은 다음의 URL을 참고하자.

https://developer.apple.com/documentation/uniformtypeidentifiers/uttype/

46.4.4 파일명 확장자

타입 식별자를 선언하는 것 외에도 지원이 제공되는 파일명 확장자도 지정할 수 있다(예를 들어, .txt, .png, .doc, .mydata 등). 많은 내장 타입 식별자는 관련된 파일 타입을 지원하도록 이미 구성되어 있다. 예를 들어, `public.png` 타입은 .png 파일명 확장자를 인식하도록 미리 구성되어 있다.

여기에 선언된 확장자는 앱에서 생성된 모든 새로운 문서의 파일명에도 추가된다.

46.4.5 커스텀 타입 문서 콘텐트 식별자

독자적인 데이터 형식으로 작업할 때(여러분의 앱이 자체 데이터베이스 형식을 가질 때), 일반적인 식별자들 중 하나를 사용하지 않고 여러분만의 문서 콘텐트 식별자를 선언할 수도 있다. 따라서 커스텀 타입에 대한 문서 타입 식별자는 다음과 같이 선언될 수 있다.

```
com.ebookfrenzy.mydata
```

46.4.6 익스포트된 타입 식별자 vs. 임포트된 타입 식별자

내장 타입(예를 들어, `plain.image`)이 사용되면, 이것을 **임포트된 타입 식별자**imported type identifier라고 한다. 왜냐하면 시스템에 이미 알려진 식별자들의 범위에서 앱으로 가져왔기 때문이다. 반면에 커스텀 타입 식별자는 **익스포트된 타입 식별자**exported type identifier라고 한다. 왜냐하면 이것은 브라우저가 해당 타입의 파일이 해당 앱과 연결된 것으로 인식할 수 있도록 앱 내에서 생성되어 시스템으로 **내보내어지기**exported 때문이다.

46.5 Xcode에서 파일 타입 지원 구성하기

앞의 모든 설정은 프로젝트의 `Info.plist` 파일 내에서 구성된다. Xcode 프로퍼티 리스트 에디터에서 이러한 변경을 할 수 있지만, 더 좋은 방법은 Xcode에서 앱 타깃의 **Info** 화면을 사용하여 접근하는 것이다. 이러한 접근 방식을 사용하여 예제 프로젝트의 설정을 검토하기 위해, 프로젝트 내비게이터 창(그림 46-3의 A)의 상단에 있는 **DocDemo** 항목을 선택하고 **DocDemo** 타깃(B)의 **Info** 탭을 클릭하자.

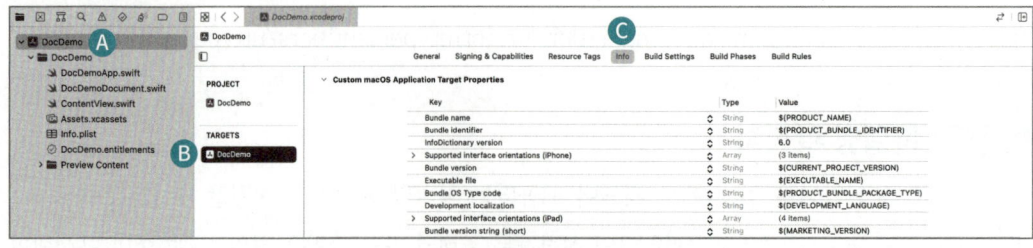

그림 46-3

Info 화면에서 **Document Types** 섹션을 찾아서, **Handler Rank**가 **Default**로 설정되어 있으며 식별자로는 `com.example.plain-text`로 설정된 하나의 문서 콘텐트 타입 식별자를 Xcode가 생성했음을 확인하자.

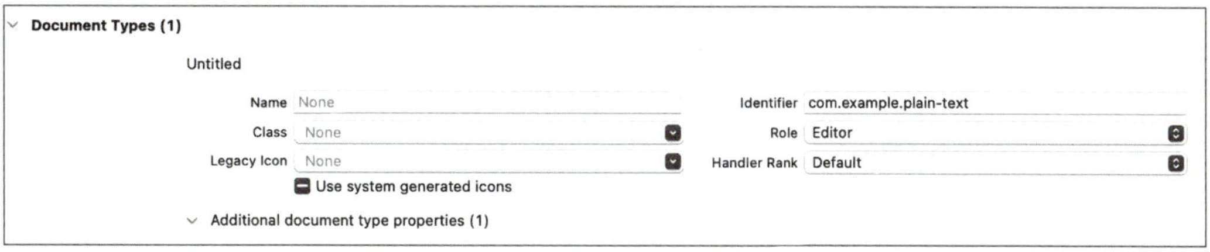

그림 46-4

다음으로, 아래로 스크롤하여 **Imported Type Identifiers** 섹션으로 가면, 파일명 확장명이 `exampletext`이며 `public.plain-text` 타입을 준수하는 문서 콘텐트 타입 식별자(`com.example.plain-text`)가 선언되었음을 확인할 수 있다.

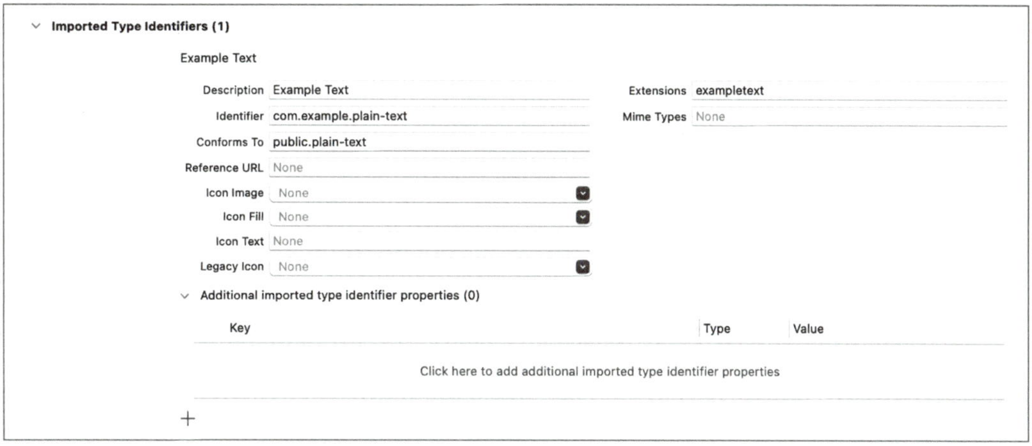

그림 46-5

커스텀 타입에 대한 타입 식별자는 Info 화면의 Exported Type Identifiers 섹션에 선언된다. 예를 들어, 바이너리 커스텀 파일은 `public.data`를 준수하는 것으로 선언되며, 이 타입에 대한 파일명은 `mydata` 파일명 확장자를 갖도록 할 수 있을 것이다.

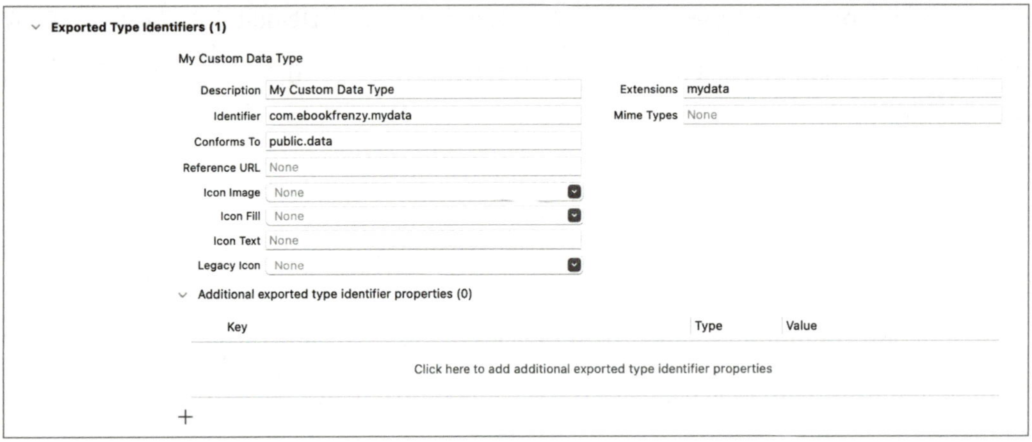

그림 46-6

두 경우 모두 문서 브라우저 사용자 인터페이스 내에서 파일을 나타내는 아이콘을 추가할 수 있다.

46.6 문서 구조

예제 프로젝트가 생성되었을 때 Xcode는 `DocDemoDocument.swift`라는 파일을 생성했으며, 이 파일의 인스턴스는 **App** 선언 내에서 `ContentView`로 전달된다. 생성된 이 파일은 다음과 같다.

```swift
import SwiftUI
import UniformTypeIdentifiers

extension UTType {
    static var exampleText: UTType {
        UTType(importedAs: "com.example.plain-text")
    }
}

struct DocDemoDocument: FileDocument {
    var text: String

    init(text: String = "Hello, world!") {
        self.text = text
    }

    static var readableContentTypes: [UTType] { [.exampleText] }

    init(configuration: ReadConfiguration) throws {
        guard let data = configuration.file.regularFileContents,
              let string = String(data: data, encoding: .utf8)
```

```
        else {
            throw CocoaError(.fileReadCorruptFile)
        }
        text = string
    }

    func fileWrapper(configuration: WriteConfiguration) throws -> FileWrapper {
        let data = text.data(using: .utf8)!
        return .init(regularFileWithContents: data)
    }
}
```

이 구조체는 FileDocument 클래스를 기반으로 하며 com.example.plain-text 식별자를 임포트하는 exampleText라는 새로운 UTType을 선언하는 것으로 시작한다. 그러면 이것은 앱에서 열 수 있는 파일 형식을 나타내기 위하여 readableContentTypes 배열에서 참조된다.

```
extension UTType {
    static var exampleText: UTType {
        UTType(importedAs: "com.example.plain-text")
    }
}
.
.
    static var readableContentTypes: [UTType] { [.exampleText] }
.
.
```

또한 이 구조체는 두 개의 **생성자**initializer를 포함한다. 그중 첫 번째는 사용자가 새로운 문서 생성을 요청할 때 호출되며 초기 데이터로 샘플 텍스트 문자열을 구성한다.

```
init(text: String = "Hello, world!") {
    self.text = text
}
```

반면, 두 번째 생성자는 사용자가 기존의 문서를 열고 ReadConfiguration 인스턴스를 전달할 때 호출된다.

```
init(configuration: ReadConfiguration) throws {
    guard let data = configuration.file.regularFileContents,
        let string = String(data: data, encoding: .utf8)
```

```
    else {
        throw CocoaError(.fileReadCorruptFile)
    }
    text = string
}
```

ReadConfiguration 인스턴스는 regularFileContents 속성을 통해 접근되는 파일 내용을 Data 형식으로 보유한다. 그런 다음, 이 데이터를 디코딩하고 그것을 사용자에 표시할 수 있는 String 으로 변환하는 단계를 수행한다. 데이터를 디코딩하는 정확한 단계는 fileWrapper() 메서드 내에서 데이터가 어떻게 인코딩되었는지에 따라 다르다. 예제에서 이 메서드는 String 데이터를 가지고 동작하도록 설계되었다.

```
func fileWrapper(configuration: WriteConfiguration) throws -> FileWrapper {
    let data = text.data(using: .utf8)!
    return .init(regularFileWithContents: data)
}
```

fileWrapper() 메서드는 선택된 파일에 대한 WriteConfiguration 인스턴스를 전달받고 쓰일 데이터로 초기화된 FileWrapper 인스턴스를 반환한다. 파일에 내용을 쓰려면, 먼저 데이터로 변환되어 Data 객체로 저장되어야 한다. 이번 예제에서는 텍스트 String 값이 데이터로 인코딩된다. 이것을 여러분의 앱에 구현하기 위한 절차는 문서에 저장되는 콘텐트 타입에 따라 달라진다.

46.7 콘텐트 뷰

이번 장의 앞부분에서 보았듯이 ContentView는 **App** 선언 내에서 DocDemoDocument 구조체의 인스턴스로 전달된다.

```
ContentView(document: file.$document)
```

DocDemo 예제에서 ContentView는 이 속성에 바인딩하고 TextEditor 뷰의 콘텐트로 이것을 참조한다.

```
.
.
```

```
struct ContentView: View {
    @Binding var document: DocDemoDocument

    var body: some View {
        TextEditor(text: $document.text)
    }
}
.
.
```

뷰가 나타나면 document 인스턴스의 text 속성에 할당된 현재 문자열이 표시될 것이며, 사용자가 텍스트를 편집하면 변경 사항이 저장될 것이다. 사용자가 문서 브라우저로 다시 이동하면, fileWrapper() 메서드에 대한 호출이 자동으로 실행되어 변경 사항이 문서에 저장된다.

46.8 예제 앱 실행하기

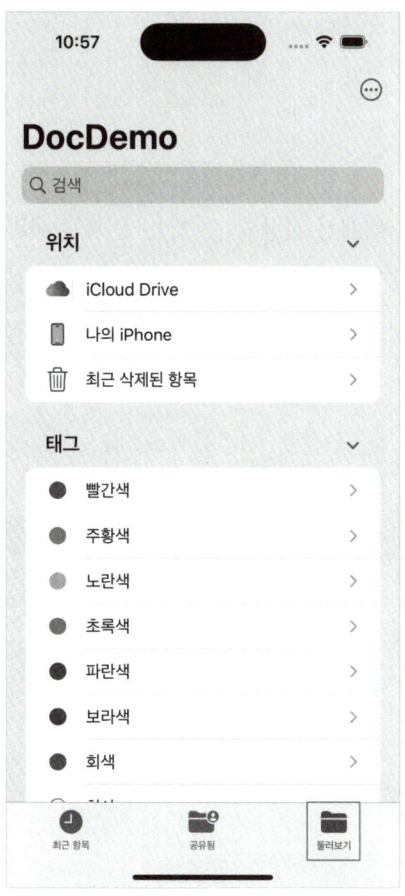

예제 DocDemo 앱의 내부를 살펴보았으니, 마지막 단계는 실제로 앱을 경험해보는 것이다. 이를 염두에 두고, 앱을 컴파일하여 디바이스나 시뮬레이터에서 실행하고, 실행되면 화면 하단에 있는 **둘러보기**Browse 탭을 선택하자.

그림 46-7

그림 46-8과 같이 디바이스나 iCloud 저장소 내에 적절한 위치로 이동하고 **Create Document** 항목을 클릭하자.

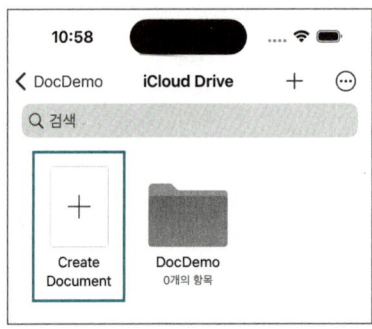

그림 46-8

새로운 파일이 생성되고 콘텐트가 `ContentView`에 로드될 것이다. 샘플 텍스트를 편집하고 문서 브라우저로 돌아가면 untitled라는 이름의 문서가 나열되어 있을 것이다. 그 문서를 다시 열어 `ContentView`에 문서가 로드되는지와 변경 사항이 저장되었는지 확인하자.

46.9 요약

SwiftUI의 `DocumentGroup` 화면을 사용하면 내장된 파일 앱 내에서 사용할 수 있는 문서 검색과 관리 기능을 비교적 적은 노력으로 자신의 앱에 통합할 수 있게 한다. `DocumentGroup` 구현의 핵심 요소는 문서 브라우저와 앱을 구성하는 뷰들 간의 인터페이스 역할을 하며 문서 콘텐트의 인코딩 및 디코딩을 담당하는 문서 선언이다. 또한 앱의 `Info.plist` 파일에는 앱이 지원할 수 있는 파일 타입에 대한 정보가 포함되어야 한다.

CHAPTER 47

SwiftUI DocumentGroup 튜토리얼

이전 장에서는 SwiftUI와 함께 제공되는 DocumentGroup 화면 타입에 대해 소개하였고 앱에 문서 검색 및 관리 기능을 추가할 수 있도록 하는 아키텍처를 살펴보았다.

이번 장에서는 표준 Xcode Multiplatform Document App 템플릿을 사용하여 일반 텍스트 문서가 아닌 이미지 파일을 가지고 동작하도록 수정하는 방법을 보여준다. 이번 튜토리얼을 완료하면, 앱에서 이미지 파일을 열고 세피아 필터를 사용하여 수정한 후 원본 파일에 다시 저장할 수 있게 될 것이다.

47.1 ImageDocDemo 프로젝트 만들기

Xcode를 시작하고 **Multiplatform Document App** 템플릿을 사용하여 ImageDocDemo라는 새로운 프로젝트를 만들자.

47.2 Info.plist 파일 수정하기

이번 앱은 일반 텍스트 대신 이미지 파일을 가지고 동작할 것이므로 Info.plist 파일에 선언된 타입 식별자를 약간 수정해야 한다. 이렇게 수정하려면, 프로젝트 내비게이터 창 상단에 있는 **ImageDocDemo** 항목(그림 47-1에서 A)을 선택하고 **ImageDocDemo** 타깃(B)에 있는 **Info** 탭(C)을 클릭하자.

그림 47-1

Info 화면에서 스크롤하여 **Document Types** 섹션을 찾고 **Identifier** 필드에 있는 `com.example.plain-text`를 `com.ebookfrenzy.image`로 변경한다.

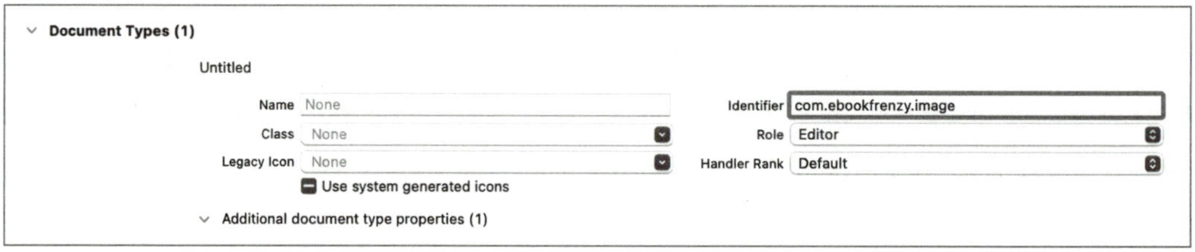

그림 47-2

다음으로 **Imported Type Identifiers** 섹션을 찾아 다음과 같이 변경하자.

- **Description** – Example Image
- **Identifier** - com.ebookfrenzy.image
- **Conforms To** – public.image
- **Extensions** - png

이렇게 변경했다면 그림 47-3과 같이 설정되어야 한다.

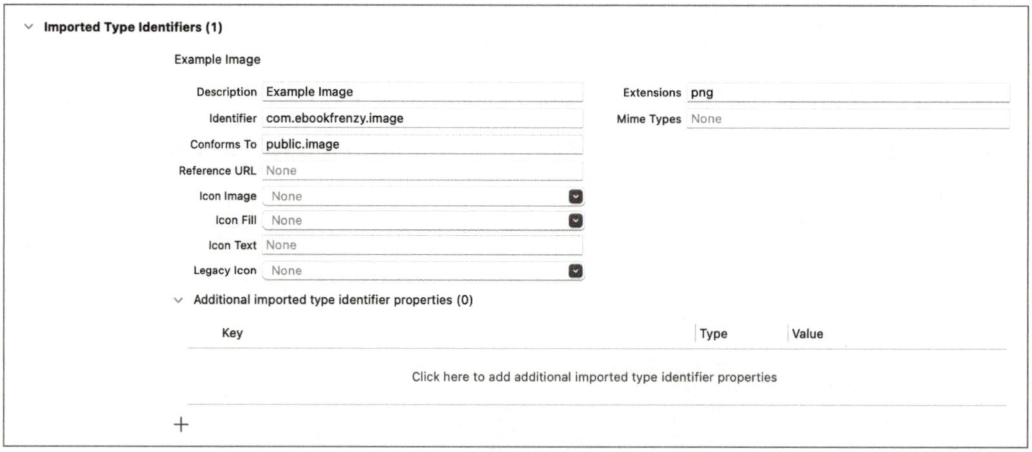

그림 47-3

47.3 이미지 애셋 추가하기

사용자가 기존 문서를 여는 대신 새로운 문서를 만들기로 결정한다면, 프로젝트 애셋 카탈로그에서 샘플 이미지가 표시될 것이다. 이를 위해 샘플 코드 아카이브의 project_images 폴더에 있는 **cascadefalls.png** 파일을 애셋 카탈로그에 추가할 것이다. 아직 소스 코드를 다운로드하지 않았다면, 다음의 URL에서 다운로드할 수 있다.

https://bit.ly/jpub_swiftui

Xcode 프로젝트 내비게이터에서 Assets 항목을 선택하고 Finder 창에서 해당 이미지 파일을 찾아서 그림 47-4와 같이 이미지를 끌어다 놓자.

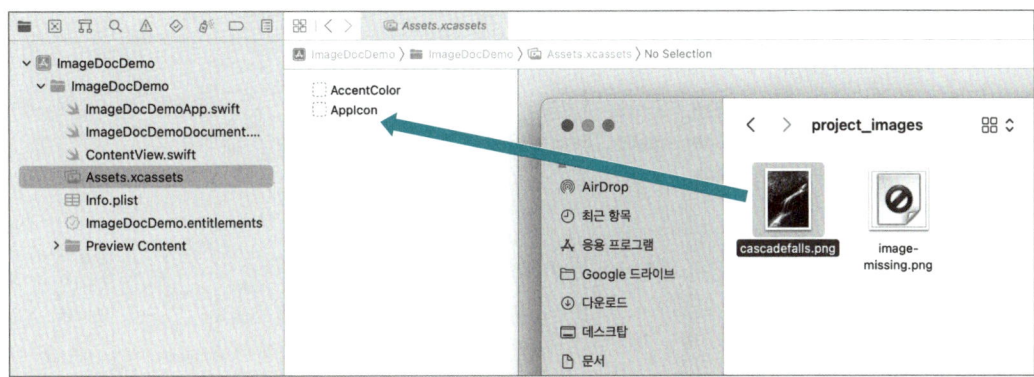

그림 47-4

47.4 ImageDocDemoDocument.swift 파일 수정하기

일반 텍스트 대신 이미지를 지원하도록 타입 식별자를 변경했지만, 문서 선언은 여전히 텍스트 기반 콘텐츠를 처리하기 위해 구현되어 있다. ImageDocDemoDocument.swift 파일을 선택하여 에디터에 로드하고 다음과 같이 UTType 익스텐션을 수정하면서 시작하자.

```swift
extension UTType {
    static var exampleImage: UTType {
        UTType(importedAs: "com.ebookfrenzy.image")
    }
}
```

다음으로 readableContentTypes 변수를 찾아 새로운 UTType을 사용하도록 수정한다.

```
static var readableContentTypes: [UTType] { [.exampleImage] }
```

필요한 타입 변경을 했다면, 다음 단계는 문자열 데이터 대신 이미지로 작업하도록 구조체를 수정하는 것이다. ImageDocDemoDocument.swift 파일에 남아 있는 text 변수를 문자열에서 이미지로 변경하고 cascadefalls 이미지를 사용하도록 첫 번째 생성자를 수정하자.

```
.
.
struct ImageDocDemoDocument: FileDocument {

    var text: String
    var image: UIImage = UIImage()

    init(text: String = "Hello, world!"). {
        if let image = UIImage(named: "cascadefalls") {
            self.image = image
        }
    }
.
.
```

두 번째 init() 메서드로 가서, 문자열 데이터 대신 이미지를 디코딩하도록 다음과 같이 수정한다.

```
init(configuration: ReadConfiguration) throws {
    guard let data = configuration.file.regularFileContents,
        let string = String(data: data, encoding: .utf8)
        let decodedImage: UIImage = UIImage(data: data)
    else {
        throw CocoaError(.fileReadCorruptFile)
    }
    text = string
    image = decodedImage
}
```

마지막으로 write() 메서드를 수정하여 이미지를 문서에 저장할 수 있도록 Data 형식으로 인코딩한다.

```
func fileWrapper(configuration: WriteConfiguration) throws -> FileWrapper {
    let data = image.pngData()!
    return .init(regularFileWithContents: data)
}
```

47.5 콘텐트 뷰 설계하기

지금까지의 프로젝트에서 몇 가지 초기 테스트를 수행하기 전에, 텍스트 콘텐트 대신 이미지를 표시하도록 콘텐트 뷰를 수정해야 한다. 또한 이미지에 세피아 필터를 적용하기 위한 Button 뷰를 레이아웃에 추가할 타이밍이다. ContentView.swift 파일을 다음과 같이 수정하자.

```
import SwiftUI

struct ContentView: View {

    @Binding var document: ImageDocDemoDocument

    var body: some View {
        VStack {
            Image(uiImage: document.image)
                .resizable()
                .aspectRatio(contentMode: .fit)
                .padding()
            Button(action: {

            }, label: {
                Text("Filter Image")
            })
                .padding()
        }
    }
}
```

이렇게 수정했다면, 디바이스나 시뮬레이터에서 앱을 실행하고 둘러보기 탭을 사용하여 적절한 위치로 이동한 다음에 **Create Document** 항목을 클릭한다. 앱은 애셋 카탈로그의 샘플 이미지를 포함하는 새로운 이미지 문서를 생성한 다음, 콘텐트 뷰에 표시할 것이다.

그림 47-5

좌측 상단에 있는 뒤로 가는 화살표를 눌러서 둘러보기로 돌아가면, 새로운 문서가 썸네일 이미지가 포함된 아이콘과 함께 목록에 나타날 것이다.

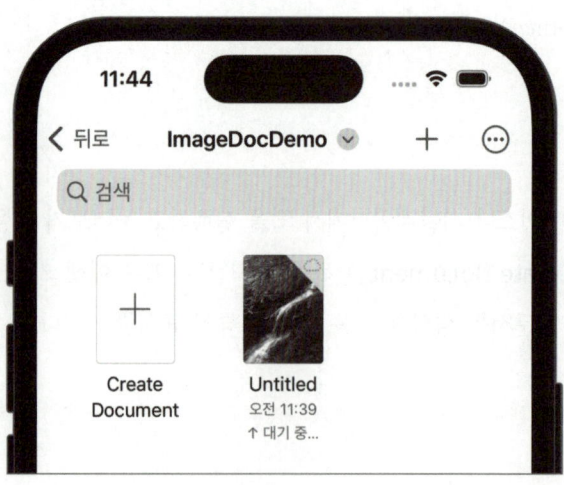

그림 47-6

47.6 이미지 필터링

이 튜토리얼의 마지막 단계는 콘텐트 뷰의 Button을 누를 때 이미지에 세피아 필터를 적용하는 것이다. 이것은 CoreImage 프레임워크를 사용하고 UIImage를 CIImage로 변환하고 세피아 톤 필터를 적용한 다음에 다시 UIImage로 변환하는 작업을 포함한다. ContentView.swift 파일을 다음과 같이 변경하자.

```swift
import SwiftUI
import CoreImage
import CoreImage.CIFilterBuiltins

struct ContentView: View {

    @Binding var document: ImageDocDemoDocument
    @State private var ciFilter = CIFilter.sepiaTone()

    let context = CIContext()

    var body: some View {
        VStack {
            Image(uiImage: document.image)
                .resizable()
                .aspectRatio(contentMode: .fit)
                .padding()
            Button(action: {
                filterImage()
            }, label: {
                Text("Filter Image")
            })
                .padding()
        }
    }

    func filterImage() {
        ciFilter.intensity = Float(1.0)

        let ciImage = CIImage(image: document.image)

        ciFilter.setValue(ciImage, forKey: kCIInputImageKey)

        guard let outputImage = ciFilter.outputImage else { return }

        if let cgImage = context.createCGImage(outputImage,
                                    from: outputImage.extent) {
```

```
                document.image = UIImage(cgImage: cgImage)
            }
        }
    }
```

47.7 앱 테스트하기

앱을 다시 한번 실행하고 새로운 이미지 문서를 만들거나 기존 이미지 문서를 선택하여 콘텐트 뷰를 표시하자. 콘텐트 뷰 내에서 **Filter Image** 버튼을 탭하고 세피아 필터가 이미지에 적용될 때까지 기다린다. 뒤로 가는 화살표를 눌러서 둘러보기로 돌아가면, 썸네일 이미지가 이제는 세피아 톤으로 표시될 것이다. 이미지 문서를 다시 선택하여 이미지가 콘텐트 뷰에 로드되며 세피아 필터가 적용된 것이 실제로 문서에 저장되었는지 확인한다.

47.8 요약

이번 장에서는 다양한 콘텐트 타입으로 동작하도록 Xcode의 **Document App** 템플릿을 어떻게 수정하는지에 대해 설명했다. 이에 대한 작업은 타입 식별자 변경과, 문서 선언 수정, 그리고 이미지 콘텐트를 처리하기 위한 콘텐트 뷰 조정 작업이 포함되었다.

CHAPTER 48

코어 데이터와 SwiftUI 소개

iOS 앱을 개발할 때 일반적인 요구사항은 구조화된 데이터베이스 형태로 데이터를 저장하는 것이다. 이에 대한 한 가지 옵션은 **SQLite**와 같은 임베디드 데이터베이스 시스템을 사용하여 데이터를 직접 관리하는 것이다. 대부분의 상황에서 SQLite로 작업하는 것은 매우 좋은 접근 방식이지만, SQL에 대한 지식이 필요하며 코드 작성 및 데이터베이스 구조 유지 보수 측면에서 약간의 복잡성을 초래할 수 있다. 이러한 복잡성은 SQLite API 함수의 **비객체지향**non-object-oriented 특성으로 인해 더욱 복잡해진다. 이러한 단점으로 인해 애플은 코어 데이터 프레임워크를 도입했다. **코어 데이터**Core Data는 본질적으로 개발자가 기본적인 데이터베이스 기술에 대한 지식이 없어도 스위프트 객체로 데이터 작업을 할 수 있도록 SQLite 데이터베이스(또는 다른 저장 환경)에 **래퍼**wrapper를 두는 프레임워크다.

이 프레임워크 작업과 관련된 절차에 대해 설명하기 전에, 코어 데이터 모델을 구성하는 몇 가지 개념 정의부터 시작할 것이다. 이에 대해 다룬 후, 다음 장인 'SwiftUI 코어 데이터 튜토리얼'에서는 실제로 앱을 만들어볼 것이다.

48.1 코어 데이터 스택

코어 데이터는 데이터 저장소 기능을 제공하기 위해 통합된 여러 프레임워크 객체로 구성된다. 이 스택은 그림 48-1과 같이 시각적으로 나타낼 수 있다.

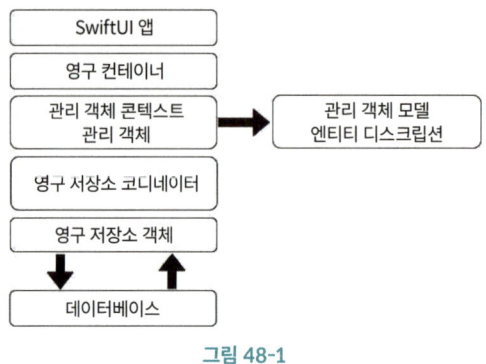

그림 48-1

그림 48-1에서 볼 수 있듯이, 앱은 스택의 맨 위에 있으며 **관리 객체 콘텍스트**managed object context에서 처리하는 **관리 데이터 객체**managed data object와 상호작용한다. 이 다이어그램에서 특히 중요한 점은 스택의 하위 레벨이 코어 데이터 기능 제공과 관련된 상당한 양의 작업을 수행하고, 애플리케이션 코드가 이들과 직접 상호작용하지 않는다는 것이다.

코어 데이터 작업에서 보다 실질적인 부분으로 넘어가기 전에, 코어 데이터 스택을 구성하는 요소를 좀 더 자세히 이해하는 데 시간을 써보자.

48.2 영구 컨테이너

영구 컨테이너persistent container는 코어 데이터 스택의 생성을 처리하고 기본적인 코어 데이터 기능에 추가적인 애플리케이션 메서드를 쉽게 추가할 수 있도록 서브클래싱되게 설계되었다. 초기화가 되었다면, 영구 컨테이너 인스턴스는 관리 객체 콘텍스트에 대한 액세스를 제공한다.

48.3 관리 객체

관리 객체managed object는 데이터를 저장하기 위해 애플리케이션 코드에서 생성되는 객체다. 관리 객체는 관계형 데이터베이스 테이블의 행 또는 레코드로 생각할 수 있다. 추가할 새로운 레코드를 위해, 데이터를 저장할 새로운 관리 객체를 만들어야 한다. 마찬가지로 검색된 데이터는 정의된 검색 기준과 일치하는 각 레코드마다 하나씩 관리 객체의 형태로 반환된다. 관리 객체는 `NSManagedObject` 클래스 또는 그 하위 클래스의 인스턴스다. 이러한 객체는 관리 객체 콘텍스트에 포함되고 유지된다.

48.4 관리 객체 콘텍스트

코어 데이터 기반의 애플리케이션은 영구 저장소와 직접 상호작용하지 않는다. 대신에 애플리케이션 코드는 코어 데이터 스택의 관리 객체 콘텍스트 계층에 포함된 관리 객체와 상호작용한다. 이 콘텍스트는 기본 데이터 저장소와 관련하여 객체의 상태를 유지하고 **관리 객체 모델**managed object model에 의해 정의된 관리 객체 간의 관계를 관리한다. 기본 데이터베이스와의 모든 상호작용은 콘텍스트가 변경 사항을 저장하라는 지시를 받을 때까지 콘텍스트 내에서 일시적으로 유지되며, 이 시점에서 변경 사항은 코어 데이터 스택을 통해 전달되며 영구 저장소에 기록된다.

48.5 관리 객체 모델

지금까지는 데이터 객체의 관리에 초점을 맞추었지만 데이터 모델이 어떻게 정의되는지는 아직 살펴보지 않았다. 이것은 **엔티티**entity라고 하는 개념을 정의하는 관리 객체 모델의 작업이다.

클래스 디스크립션class description이 객체 인스턴스에 대한 청사진을 정의하는 것처럼, 엔티티는 관리 객체의 데이터 모델을 정의한다. 본질적으로 엔티티는 관계형 데이터베이스에서 테이블을 정의하는 **스키마**schema와 유사하다. 따라서 각 엔티티에는 해당 엔티티에서 파생된 관리 객체에 저장될 데이터를 정의하는 관련 속성 집합이 있다. 예를 들어, 연락처 엔티티에는 이름, 주소 및 전화 번호 속성이 포함될 수 있다.

게다가 속성 외에도 엔티티는 관계, 가져온 속성, 영구 저장소, 가져오기 요청이 포함될 수 있다.

- **관계**relationship – 코어 데이터의 콘텍스트에서 관계는 하나의 데이터 객체가 다른 객체와 어떻게 관련되는지를 참조한다는 점에서 다른 관계형 데이터베이스 시스템의 관계와 동일하다. 코어 데이터 관계는 일대일, 일대다 또는 다대다일 수 있다.

- **가져온 속성**fetched property – 이것은 관계를 정의하는 것에 대한 대안을 제공한다. 가져온 속성은 해당 엔티티 간에 관계가 정의된 것처럼 하나의 데이터 객체의 속성을 다른 데이터 객체에서 접근할 수 있게 한다. 가져온 속성은 관계에 대한 유연성이 부족하며, 애플의 코어 데이터 문서에서는 **느슨하게 결합된 관계**loosely coupled relationship에 가장 적합한 **약한 단방향 관계**weak, one-way relationship라고 한다.

- **가져오기 요청**fetch request – 정의된 **조건**predicate을 기반으로 데이터 객체를 검색하기 위해 참조할 수 있게 미리 정의된 쿼리다. 예를 들어, 가져오기 요청을 엔티티로 구성하여 이름 필드가 'John Smith'와 일치하는 모든 연락처 객체를 가져올 수 있다.

48.6 영구 저장소 코디네이터

영구 저장소 코디네이터persistent store coordinator는 여러 영구 객체 저장소에 대한 액세스를 조정하는 역할을 한다. iOS 개발자인 여러분은 영구 저장소 코디네이터와 직접 상호작용하지 않으며, 둘 이상의 영구 객체 저장소가 필요한 애플리케이션을 개발할 필요가 거의 없을 것이다. 여러 저장소가 필요한 경우 코디네이터는 이러한 저장소를 코어 데이터 스택의 상위 계층에 단일 저장소로 제공한다.

48.7 영구 객체 저장소

영구 객체 저장소persistent object store라는 용어는 코어 데이터를 사용할 때 데이터가 저장되는 기본 저장소 환경을 나타낸다. 코어 데이터는 세 개의 디스크 기반 영구 저장소와 한 개의 메모리 기반 영구 저장소를 지원한다. 디스크 기반 옵션은 SQLite, XML 그리고 바이너리로 구성된다. 디폴트로 iOS는 SQLite를 영구 저장소로 사용한다. 실제로 사용 중인 저장소 타입은 개발자에게 명확하게 보인다. 선택한 영구 저장소에 관계없이, 코드는 동일한 Core Data API를 동일하게 호출하여 애플리케이션에 필요한 데이터 객체를 관리한다.

48.8 엔티티 디스크립션 정의하기

엔티티 디스크립션entity description은 Xcode 환경 내에서 정의될 수 있다. 코어 데이터를 포함하기 위한 옵션으로 새로운 프로젝트를 생성하면, <엔티티이름>.xcdatamodeld라는 템플릿 파일이 생성된다. 또한 Xcode는 기존 프로젝트에 엔티티 디스크립션 파일을 수동으로 추가하는 방법도 제공한다. Xcode 프로젝트 내비게이터 패널에서 이 파일을 선택하면 그림 48-2와 같이 엔티티 편집 환경에 모델이 로드된다.

하단 패널에 있는 **Add Entity** 버튼을 클릭하여 새로운 엔티티를 만든다. 새로운 엔티티는 **Entities** 목록에 텍스트 상자로 나타난다. 디폴트로 이 항목의 이름은 Entity다. 이 이름을 변경하기 위하여 두 번 클릭하자.

엔티티에 속성을 추가하려면 하단 패널에 있는 **Add Attribute** 버튼을 클릭하거나 **어트리뷰트** attributes 섹션 아래에 있는 + 버튼을 사용하자. 어트리뷰트 패널에서 속성의 이름을 지정하고 필요한 타입과 기타 옵션을 지정한다.

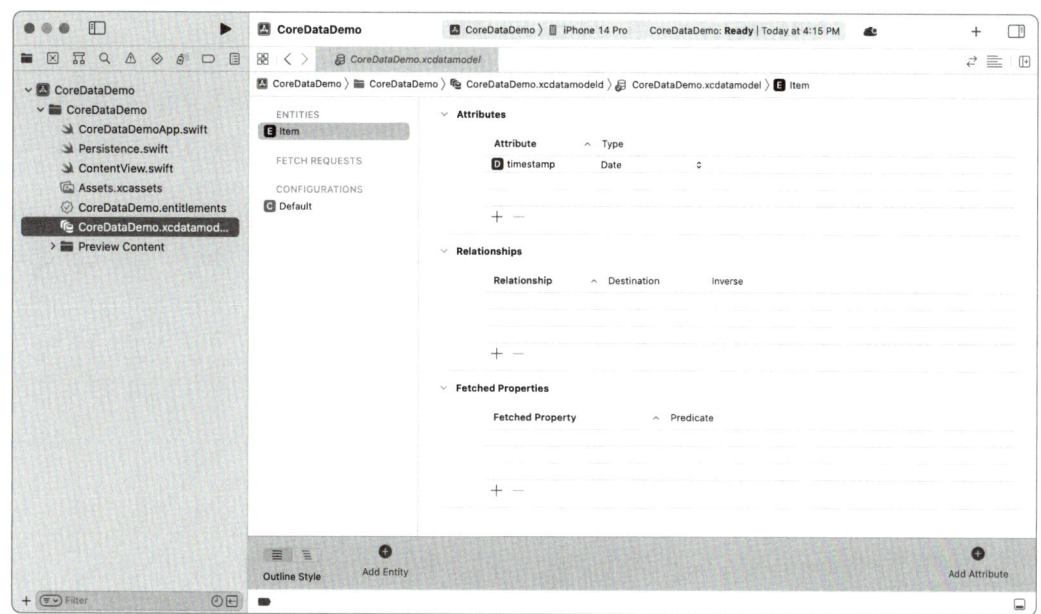

그림 48-2

더 많은 속성과 엔티티를 추가하려면 앞의 과정을 반복하자.

Xcode 엔티티 에디터를 사용하면 엔티티 간에 관계를 설정할 수도 있다. 예를 들어 Contacts 및 Sales라는 두 개의 엔티티가 있다고 가정하자. 두 테이블 간의 관계를 설정하려면 Contacts 엔티티를 선택하고 Relationships 패널 아래의 + 버튼을 클릭한다. 세부 정보 패널에서 관계 이름을 지정하고 대상을 Sales 엔티티로 지정하고 관계에 필요한 기타 옵션을 지정한다. 관계가 설정되었다면, 그래픽적으로 보기 좋게 표현되도록 하단 패널에 있는 **Editor Style** 컨트롤에서 Table, Graph 옵션을 선택할 수 있다.

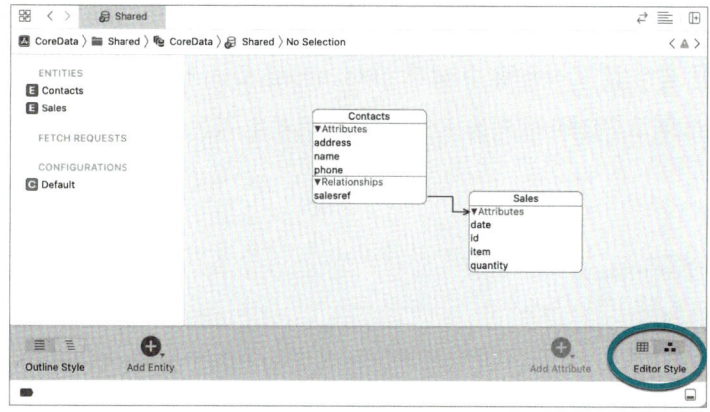

그림 48-3

48.9 영구 컨테이너 초기화하기

영구 컨테이너는 새로운 `NSPersistentContainer` 인스턴스를 생성하고 사용될 모델의 이름을 전달한 다음, 다음과 같이 해당 객체의 `loadPersistentStores()` 메서드를 호출하여 초기화된다.

```
let persistentContainer: NSPersistentContainer

persistentContainer = NSPersistentContainer(name: "DemoData")
persistentContainer.loadPersistentStores { (storeDescription, error) in
    if let error = error as NSError? {
        fatalError("Container load failed: \(error)")
    }
}
```

48.10 관리 객체 콘텍스트 얻기

많은 코어 데이터 메서드들은 인수로 관리 객체 콘텍스트를 필요로 하므로, 엔티티 디스크립션을 정의한 후의 다음 단계는 콘텍스트에 대한 참조를 얻는 것과 관련된 작업이다. 이것은 영구 컨테이너 인스턴스의 `viewContext` 속성에 액세스하여 달성할 수 있다.

```
let managedObjectContext = persistentContainer.viewContext
```

48.11 관리 객체의 속성 설정하기

앞에서 설명한 것처럼, 엔티티와 엔티티가 인스턴스화되는 관리 객체에는 속성 형식의 데이터를 포함한다. 앞에서 설명한 것처럼 관리 객체 인스턴스가 생성되면 객체가 저장되기 전에 데이터를 저장하기 위해 이들 속성 값이 사용될 수 있다. `name, address, phone`이라는 속성을 가진 관리 객체의 이름이 `contact`라고 가정하면 이들 속성의 값은 객체를 저장소에 저장하기 전에 다음과 같이 설정할 수 있다.

```
contact.name = "John Smith"
contact.address = "1 Infinite Loop"
contact.phone = "555-564-0980"
```

48.12 관리 객체 저장하기

관리 객체 인스턴스가 생성되고 저장될 데이터로 구성되면, 다음과 같이 관리 객체 콘텍스트의 save() 메서드를 사용하여 저장소에 저장될 수 있다.

```
do {
    try viewContext.save()
} catch {
    let error = error as NSError
    fatalError("An error occured: \(error)")
}
```

48.13 관리 객체 가져오기

관리 객체가 영구 객체 저장소에 저장되면, 이들 객체와 객체에 포함된 데이터를 검색하게 될 것이다. 코어 데이터 저장소에서 데이터를 가져오는 한 가지 방법은 데이터를 저장할 변수를 선언할 때 @FetchRequest 프로퍼티 래퍼를 사용하는 것이다. 예를 들어, 다음의 코드는 데이터가 데이터베이스에 추가되거나 데이터베이스에서 제거될 때 자동으로 업데이트되는 customers라는 변수를 선언한다.

```
@FetchRequest(entity: Customer.entity(), sortDescriptors: [])
private var customers: FetchedResults<Customer>
```

가져온 결과를 정렬하기 위해 @FetchRequest 프로퍼티 래퍼를 구성할 수도 있다. 다음의 예제에서는 customers 변수에 저장된 고객 데이터가 name 엔티티 속성을 기준으로 오름차순으로 정렬된다.

```
@FetchRequest(entity: Customer.entity(),
            sortDescriptors: [NSSortDescriptor(key: "name", ascending: true)])
private var customers: FetchedResults<Customer>
```

48.14 조건에 따라 관리 객체 검색하기

앞의 예제는 영구 객체 저장소에서 모든 관리 객체를 검색했다. 검색 작업 중에는 지정된 조건과 일치하는 관리 객체만 필요한 경우가 많다. 이것은 관리 객체가 검색되어야 하는 기준을 지정하는 조건predicate을 정의하여 수행된다. 예를 들어, 다음의 코드는 name 속성이 'John Smith'와 일치하는 관리 객체만 추출하도록 하는 조건을 가진 @FetchRequest 프로퍼티 래퍼 선언을 구성한다.

```
@FetchRequest(
    entity: Customer.entity(),
    sortDescriptors: [],
    predicate: NSPredicate(format: "name LIKE %@", "John Smith")
)
private var customers: FetchedResults<Customer>
```

앞의 예제는 customers 변수가 지정된 조건과 일치하는 항목을 항상 포함하도록 할 것이다. NSFetchRequest 인스턴스를 생성하고, 엔티티와 조건 설정으로 인스턴스를 구성한 다음, 관리 객체 콘텍스트의 fetch() 메서드에 전달하여 일회성 **가져오기**fetch 작업을 수행할 수도 있다. 예를 들어, 다음의 코드를 참고하자.

```
@State var matches: [Customer]?
let fetchRequest: NSFetchRequest<Product> = Product.fetchRequest()

fetchRequest.entity = Customer.entity()
fetchRequest.predicate = NSPredicate(
    format: "name LIKE %@", "John Smith"
)

matches = try? viewContext.fetch(fetchRequest)
```

48.15 요약

코어 데이터 프레임워크 스택은 SQLite 또는 기타 데이터 저장소 메커니즘을 사용하여 데이터를 직접 관리하는 유연한 방법을 제공한다. 데이터 위에 객체 지향 추상화 계층을 제공함으로써, SwiftUI 애플리케이션 개발자에게 데이터 저장소를 관리하는 작업을 훨씬 쉽게 해준다. 지금까지 코어 데이터의 기초에 대해 다루었으니, 'SwiftUI 코어 데이터 튜토리얼'이라는 제목의 다음 장에서는 예제 애플리케이션을 만들어볼 것이다.

CHAPTER 49

SwiftUI 코어 데이터 튜토리얼

코어 데이터의 개념에 대해 살펴보았으니, 이제는 예제 앱 프로젝트를 생성하여 배운 지식을 사용할 시간이다. 이번 프로젝트 튜토리얼에서는 코어 데이터를 사용하여 제품의 이름과 수량을 영구적으로 저장하는 간단한 인벤토리 앱을 만들 것이다. 여기에는 데이터베이스 항목을 추가, 삭제, 검색하는 기능이 포함된다.

49.1 CoreDataDemo 프로젝트 생성하기

Xcode를 실행하고 새로운 프로젝트를 생성하는 옵션을 선택한 후, **Multiplatform App** 템플릿을 선택하고 **Next** 버튼을 클릭하자. 프로젝트 옵션 화면에서 프로젝트 이름을 CoreDataDemo로 지정하고 앱을 고유하게 식별할 **Organization Identifier**를 지정한다(이후의 장에서 이 프로젝트에 **CloudKit** 지원을 추가할 때 중요함).

옵션 화면에는 그림 49-1에서 강조된 것처럼 **Use Core Data** 설정이 포함되어 있다. 이 설정은 코어 데이터 지원을 위한 프로젝트를 설정 작업을 수행하고 코어 데이터를 실제로 보여주는 간단한 앱을 구현하는 코드를 생성한다. 이번의 튜토리얼에서는 이 템플릿을 사용하는 대신에 코어 데이터가 어떻게 동작하는지를 더 잘 이해할 수 있도록 코어 데이터 지원을 프로젝트에 수동으로 추가하는 과정을 설명할 것이다. 이러한 이유로 **Next** 버튼을 클릭하기 전에 **Use Core Data** 옵션이 꺼져 있는지 확인하자.

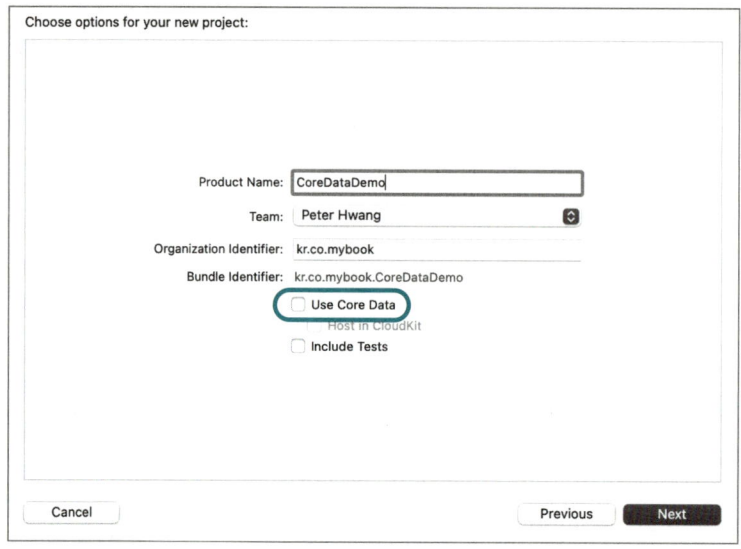

그림 49-1

프로젝트를 저장할 적절한 위치를 선택하고 Finish 버튼을 클릭한다.

49.2 엔티티 디스크립션 정의하기

이번 예제에서 엔티티는 제품 인벤토리를 구성하게 될 이름과 수량을 보유하도록 설계된 데이터 모델 형태를 취한다. **File ➡ New ➡ File...** 메뉴 옵션을 선택하고 템플릿 대화 상자에서 그림 49-2 와 같이 **Core Data** 섹션에 있는 **Data Model** 항목을 선택한 후 **Next** 버튼을 클릭한다.

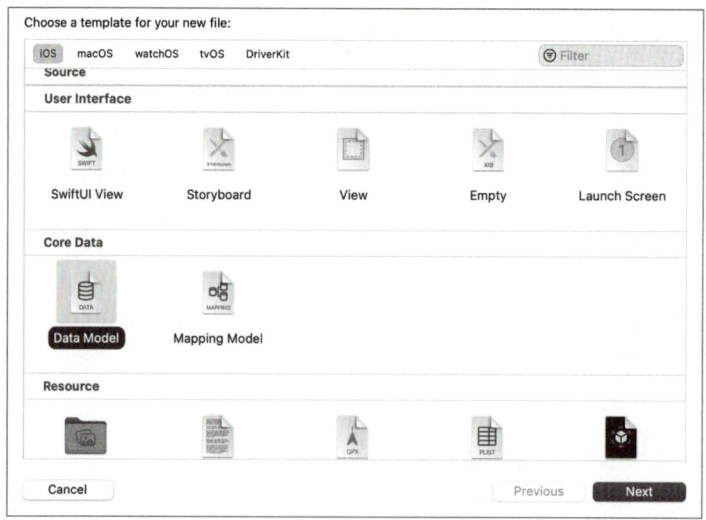

그림 49-2

파일 이름을 Products로 지정하고 **Create** 버튼을 클릭하여 파일을 생성한다. 파일이 생성되면 그림 49-3과 같이 엔티티 에디터 내에 표시될 것이다.

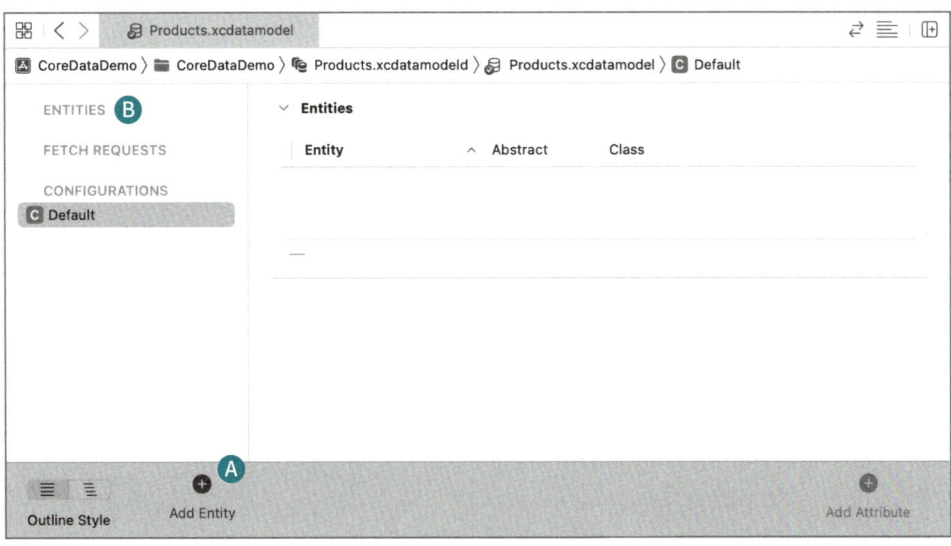

그림 49-3

모델에 새로운 엔티티를 추가하기 위해 그림 49-3에서 A로 표시된 **Add Entity** 버튼을 클릭한다. Xcode는 모델에 **Entity**라는 이름의 새로운 엔티티를 추가하고 ENTITIES 헤더(B) 아래에 표시한다. 새롭게 추가된 엔티티를 클릭하여 이름을 **Product**로 변경하자.

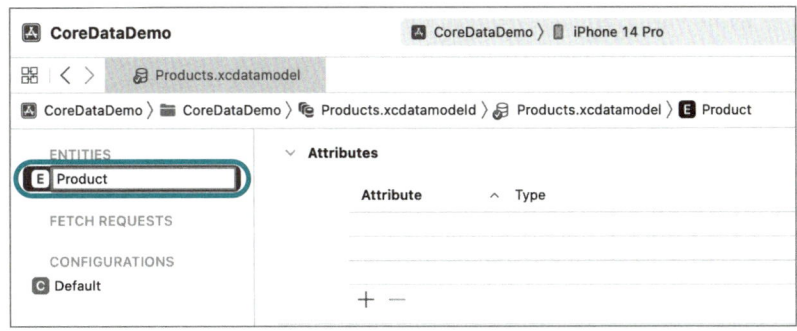

그림 49-4

이제 엔티티가 생성되었으므로 다음 단계는 이름과 수량 속성을 추가하는 것이다. 첫 번째 속성을 추가하기 위해 메인 패널의 **Attributes** 섹션 아래에 있는 + 버튼을 클릭하자. 새로운 속성 이름을 **name**이라고 지정하고 그림 49-5와 같이 **Type**을 **String**로 변경하자.

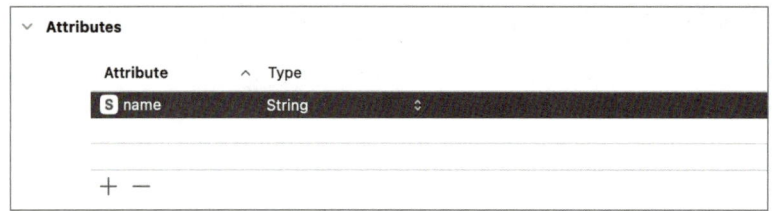

그림 49-5

이 단계를 반복하여 quantity라는 String 타입의 두 번째 속성을 추가하자. 이렇게 했다면 패널은 그림 49-6과 같을 것이다.

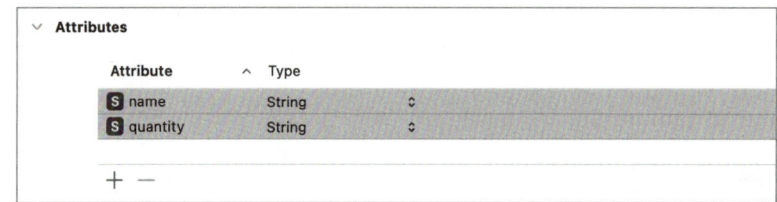

그림 49-6

49.3 영구 컨트롤러 생성하기

프로젝트에 대해 다음으로 필요한 것은 NSPersistentContainer 인스턴스를 생성하고 초기화하는 **영구 컨트롤러**persistence controller 클래스다. File ➡ New ➡ File... 메뉴 옵션을 선택하고 템플릿 대화 상자에서 **Swift File** 템플릿을 선택하고 Persistence.swift로 저장한다. 새로운 파일이 코드 에디터에 로드되면 다음과 같이 수정하자.

```
import CoreData

struct PersistenceController {
    static let shared = PersistenceController()
    
    let container: NSPersistentContainer
    
    init() {
        container = NSPersistentContainer(name: "Products")
        container.loadPersistentStores { (storeDescription, error) in
            if let error = error as NSError? {
                fatalError("Container load failed: \(error)")
            }
        }
    }
```

```
    }
}
```

49.4 뷰 컨텍스트 설정하기

이제 영구 컨트롤러를 만들었으므로 이를 사용하여 **뷰 컨텍스트**view context에 대한 참조를 얻을 수 있다. 이 작업을 수행하는 이상적인 위치는 CoreDataDemoApp.swift 파일 안이다. 컨텍스트가 앱을 구성할 뷰에 대해 접근할 수 있도록, 다음과 같이 뷰 계층 구조에 **환경 객체**environment object로 삽입한다.

```
import SwiftUI

@main
struct CoreDataDemoApp: App {

    let persistenceController = PersistenceController.shared

    var body: some Scene {
        WindowGroup {
            ContentView()
                .environment(\.managedObjectContext,
                            persistenceController.container.viewContext)
        }
    }
}
```

49.5 코어 데이터를 위해 ContentView 준비하기

앱 사용자 인터페이스를 설계하기 위해 뷰를 추가하기 전에, ContentView.swift 파일을 다음과 같은 변경이 먼저 필요하다.

```
import SwiftUI
import CoreData

struct ContentView: View {

    @State var name: String = ""
    @State var quantity: String = ""
```

```
    @Environment(\.managedObjectContext) private var viewContext

    @FetchRequest(entity: Product.entity(), sortDescriptors: [])
    private var products: FetchedResults<Product>

    var body: some View {
.
.
```

CoreData 라이브러리를 가져오는 것뿐만 아니라, 사용자가 입력한 제품 이름과 수량을 저장할 두 개의 상태 객체도 선언했다. 또한 CoreDataDemoApp.swift 파일에서 생성된 뷰 콘텍스트 환경 객체에 대한 접근 권한도 얻었다.

@FetchRequest 프로퍼티 래퍼는 코어 데이터가 데이터베이스에 저장된 최신 제품 데이터를 저장할 products라는 변수를 선언하는 데에도 사용된다.

49.6 사용자 인터페이스 설계하기

대부분의 준비 작업이 완료되었으므로, 이제는 메인 콘텐트 뷰의 레이아웃을 설계해보자. ContentView.swift 파일에 남아 있는 ContentView 구조체의 body를 다음과 같이 수정한다.

```
.
.
    var body: some View {
        NavigationView {
            VStack {
                TextField("Product name", text: $name)
                TextField("Product quantity", text: $quantity)

                HStack {
                    Spacer()
                    Button("Add") {

                    }
                    Spacer()
                    Button("Clear") {
                        name = ""
                        quantity = ""
                    }
                    Spacer()
                }
                .padding()
```

```
            .frame(maxWidth: .infinity)
            
            List {
                ForEach(products) { product in
                    HStack {
                        Text(product.name ?? "Not found")
                        Spacer()
                        Text(product.quantity ?? "Not found")
                    }
                }
            }
            .navigationTitle("Product Database")
        }
        .padding()
        .textFieldStyle(RoundedBorderTextFieldStyle())
    }
}
.
.
```

레이아웃은 두 개의 TextField 뷰, 두 개의 Button 그리고 프리뷰 캔버스에서 렌더링되어야 하는 List로 구성된다.

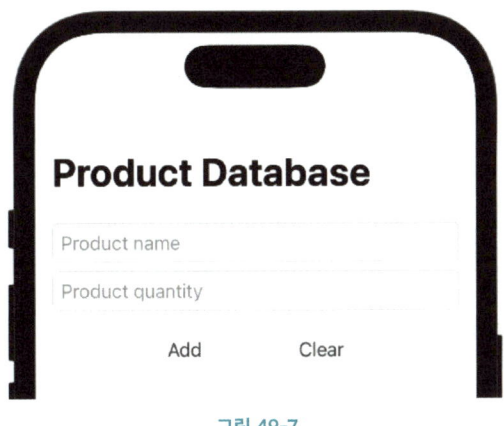

그림 49-7

49.7 제품 저장하기

이제 **Add** 버튼을 클릭할 때 제품 이름과 수량 텍스트 필드에 입력된 데이터가 코어 데이터에 의해 영구 저장소에 저장되도록 하자. ContentView.swift 파일을 다시 한번 편집하여 이 기능을 추가한다.

```
    var body: some View {
        NavigationView {
            VStack {
                TextField("Product name", text: $name)
                TextField("Product quantity", text: $quantity)

                HStack {
                    Spacer()
                    Button("Add") {
                        addProduct()
                    }
                    Spacer()
                    Button("Clear") {
                        name = ""
                        quantity = ""
                    }
                }


            .padding()
            .textFieldStyle(RoundedBorderTextFieldStyle())
        }
    }

    private func addProduct() {
        withAnimation {
            let product = Product(context: viewContext)
            product.name = name
            product.quantity = quantity

            saveContext()
        }
    }

    private func saveContext() {
        do {
            try viewContext.save()
        } catch {
            let error = error as NSError
            fatalError("An error occurred: \(error)")
        }
    }
}
```

첫 번째로 수정한 것은 다음과 같이 선언된 addProduct()라는 함수를 호출하도록 **Add** 버튼을 구성하였다.

```
private func addProduct() {
    withAnimation {
        let product = Product(context: viewContext)
        product.name = name
        product.quantity = quantity

        saveContext()
    }
}
```

addProduct() 함수는 새로운 Product 엔티티 인스턴스를 생성하고 제품 이름과 수량 상태 프로퍼티의 현재 콘텐트를 해당 엔티티 속성에 할당한다. 그 다음으로 saveContext() 함수가 호출된다.

```
private func saveContext() {
    do {
        try viewContext.save()
    } catch {
        let error = error as NSError
        fatalError("An error occurred: \(error)")
    }
}
```

saveContext() 함수는 'do.. try .. catch' 구성을 사용하여 현재의 viewContext를 **영구 저장소**persistent storage에 저장한다. 이 예제는 테스트를 목적으로 하기 때문에 저장 작업이 실패하면 치명적인 오류 발생으로 앱이 종료된다. 실제 프로덕션 품질의 앱에는 일반적으로 보다 포괄적인 오류 처리가 필요하다.

데이터를 저장하게 되면, 최신 데이터를 가져와서 products 데이터 변수에 할당한다. 이렇게 하면 List 뷰가 최신 제품으로 업데이트된다. 이러한 업데이트를 시각적으로 매력적이게 만들기 위하여 addProduct() 함수의 코드가 withAnimation 호출에 배치된다.

49.8 addProduct() 함수 테스트하기

디바이스 또는 시뮬레이터에서 앱을 컴파일하고 실행하여 몇 가지 제품과 수량을 입력하고 해당 항목이 추가될 때 List 뷰에 나타나는지 확인하자. 텍스트 필드에 정보를 입력한 이후, **Clear** 버튼을 클릭하면 입력한 내용이 지워지는지도 확인하자.

실행 중인 앱에 약간의 제품을 추가한 다음의 모습은 그림 49-8과 비슷할 것이다.

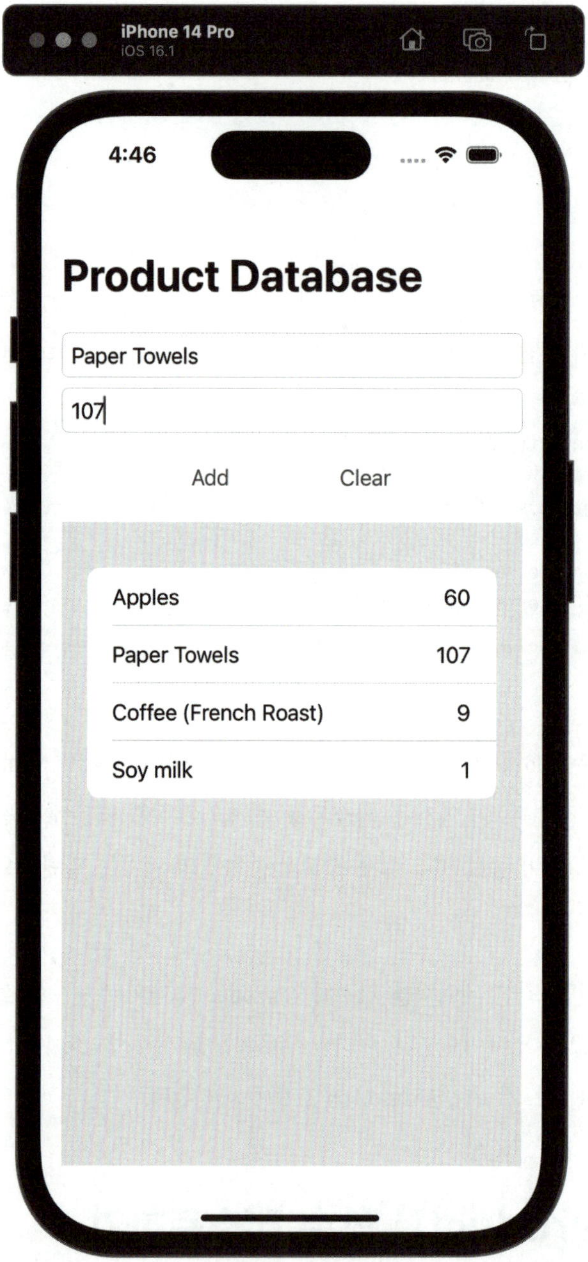

그림 49-8

목록을 조금 더 체계적이도록 하기 위해, 제품 항목이 name 속성을 기준으로 알파벳 오름차순으로 정렬하자. 이를 구현하기 위해, 다음과 같이 @FetchRequest 정의에 정렬 디스크립션을 추가한다. 이를 위해서는 키로 선언된 name 속성과 true로 설정된 ascending 속성으로 구성된 NSSortDescriptor 인스턴스를 생성해야 한다.

```
@FetchRequest(entity: Product.entity(),
            sortDescriptors: [NSSortDescriptor(key: "name", ascending: true)])
private var products: FetchedResults<Product>
```

이제 앱을 실행하면 제품 목록이 알파벳 오름차순으로 정렬될 것이다.

49.9 제품 삭제하기

이제 앱은 제품 항목을 데이터베이스에 추가하는 메커니즘을 가졌으니, 더 이상 필요하지 않은 항목을 삭제할 방법이 필요하다. 30장 'SwiftUI List와 내비게이션'에서 설명한 것과 동일한 과정을 수행한다. 이렇게 하면 사용자가 목록 항목을 스와이프하고 삭제 버튼을 탭하여 항목을 삭제할 수 있게 된다. 기존 addProduct() 함수 아래에 다음과 같이 deleteProduct()라는 새로운 함수를 추가하자.

```
private func deleteProducts(offsets: IndexSet) {
    withAnimation {
        offsets.map { products[$0] }.forEach(viewContext.delete)
        saveContext()
    }
}
```

메소드가 호출되면, 삭제를 위해 사용자가 선택한 항목의 위치를 나타내는 List 항목의 **오프셋** offset 세트가 전달된다. 앞의 코드는 항목을 삭제하기 위해 viewContext의 delete() 함수를 호출하도록 항목을 반복한다. 삭제가 되면 saveContext() 함수 호출을 통해 변경 사항을 데이터베이스에 저장한다.

deleteProduct() 함수를 추가했으므로 onDelete() 수정자를 통해 호출되도록 List 뷰를 수정할 수 있다.

```
        .
        .
        List {
            ForEach(products) { product in
                HStack {
                    Text(product.name ?? "Not found")
                    Spacer()
                    Text(product.quantity ?? "Not found")
                }
            }
            .onDelete(perform: deleteProducts)
        }
        .navigationTitle("Product Database")
        .
        .
```

앱을 실행하고 목록의 항목을 왼쪽으로 스와이프하면 삭제 옵션이 표시되며, 이것을 클릭하여 목록에서 항목이 제거되는지 확인하자.

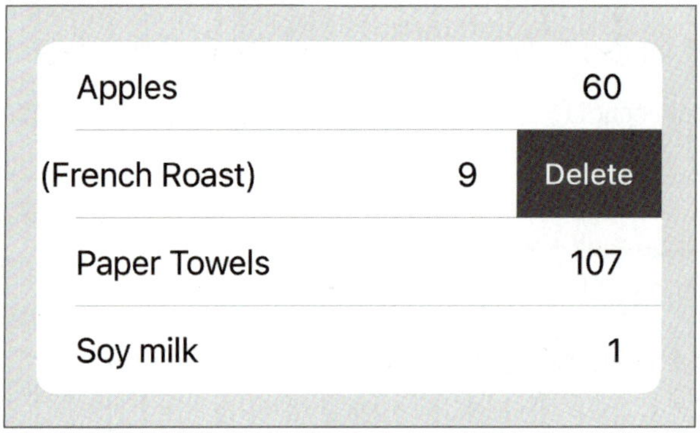

그림 49-9

49.10 검색 기능 추가하기

프로젝트에 추가할 마지막 기능은 이름 텍스트 필드에 입력한 텍스트와 일치하는 제품을 데이터베이스에서 검색하는 것이다. 검색 결과는 **ResultsView**라는 두 번째 뷰에 포함된 목록에 나타날 것이다. ContentView에서 호출되면 ResultsView에 name 상태 프로퍼티의 현재 값과 `viewContext` 객체에 대한 참조가 전달된다.

다음과 같이 ContentView.swift 파일에 ResultsView 구조를 추가하자.

```
struct ResultsView: View {

    var name: String
    var viewContext: NSManagedObjectContext

    @State var matches: [Product]?

    var body: some View {

        return VStack {
            List {
                ForEach(matches ?? []) { match in
                    HStack {
                        Text(match.name ?? "Not found")
                        Spacer()
                        Text(match.quantity ?? "Not found")
                    }
                }
            }
            .navigationTitle("Results")
        }
    }
}
```

name과 viewContext 매개변수 외에도, 일치하는 제품의 검색 결과가 표시되도록 List 뷰에 표시될 matches라는 상태 프로퍼티도 선언한다.

이제 검색을 수행하기 위한 약간의 코드를 추가해야 하며, VStack 컨테이너 뷰에 task() 수정자를 적용할 것이다. 이렇게 하면 검색이 비동기적으로 수행되며 검색이 실행되기 전에 뷰의 모든 속성이 초기화된다.

```
    return VStack {
        List {
            ForEach(myMatches ?? []) { match in
                HStack {
                    Text(match.name ?? "Not found")
                    Spacer()
                    Text(match.quantity ?? "Not found")
                }
            }
        }
        .navigationTitle("Results")
```

```
    }
    .task {
        let fetchRequest: NSFetchRequest<Product> = Product.fetchRequest()
        fetchRequest.entity = Product.entity()
        fetchRequest.predicate = NSPredicate(format: "name CONTAINS %@", name)
        matches = try? viewContext.fetch(fetchRequest)
    }
.
.
```

검색에서 지정된 텍스트를 포함하는 모든 제품을 찾을 수 있도록 조건에 CONTAINS 키워드를 사용하여 구성한다. 이것은 부분적으로 일치하는 것도 찾는 LIKE 키워드를 사용하며, 완전히 일치하는 검색을 수행하는 것보다 더 많은 유연성을 제공한다.

task() 수정자의 클로저에 있는 코드는 Product 엔티티에서 NSFetchRequest 인스턴스를 가져오고, name 변수와 name Product 엔티티 속성 사이의 일치 항목을 찾도록 구성된 NSPredicate 인스턴스를 할당한다. 그런 다음, **가져오기 요청**fetch request이 뷰 콘텍스트의 fetch() 메서드로 전달되며 결과는 matches 상태 객체에 할당된다. 이렇게 하면 일치하는 제품으로 List가 다시 렌더링될 것이다.

검색 기능을 테스트하기 전에 해야 할 마지막 작업은 ResultsView가 name 상태 객체와 viewContext에 대한 참조를 전달하는 내비게이션 링크를 ResultsView에 추가하는 것이다. 이것은 다음과 같이 **Add**와 **Clear** 버튼 사이에 배치되도록 하자.

```
.
.
    HStack {
        Spacer()
        Button("Add") {
            addProduct()
        }
        Spacer()
        NavigationLink(destination: ResultsView(name: name,
                                                viewContext: viewContext)) {
            Text("Find")
        }
        Spacer()
        Button("Clear") {
            name = ""
            quantity = ""
        }
```

```
        Spacer()
    }
```
·
·

프리뷰 캔버스를 확인하여 그림 49-10과 같이 나타나는지 확인하자.

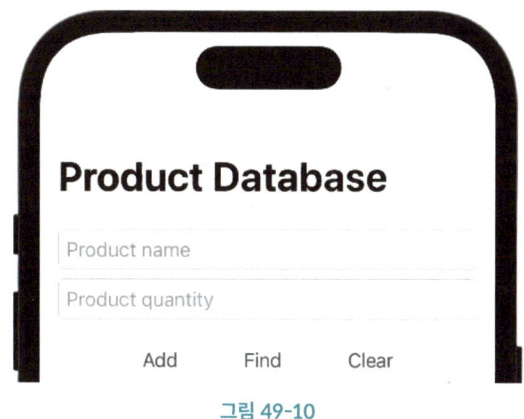

그림 49-10

49.11 완성된 앱 테스트하기

앱을 다시 한번 실행하고 추가 제품을 추가하자. 가급적이면 같은 단어가 포함된 제품을 추가한다. 이름 텍스트 필드에 단어를 입력하고 **Find** 링크를 클릭한다. 일치하는 항목들의 목록과 함께 `ResultsView` 화면이 나타날 것이다. 예를 들어, 그림 49-11은 'Milk'라는 단어로 검색한 결과를 보여준다.

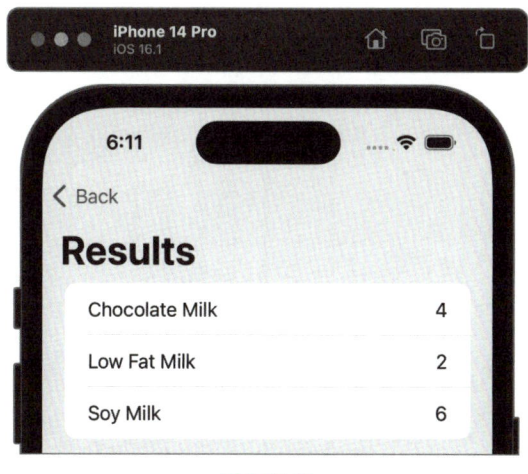

그림 49-11

49.12 요약

이번 장에서는 앱 프로젝트 내에서 영구 데이터베이스 저장소를 제공하기 위해 코어 데이터를 사용하였다. 앱 프로젝트를 진행하면서 코어 데이터 엔터티 모델 생성과 엔터티 속성 구성 등의 주제를 다뤘다. 뷰 콘텍스트를 얻는 영구 컨테이너를 초기화하는 과정도 수행하였다. 또한 항목을 알파벳순으로 저장하도록 구성된 `@FetchRequest` 프로퍼티 래퍼를 사용했으며 뷰 콘텍스트를 사용하여 데이터베이스 항목을 추가, 삭제 그리고 검색하였다. 검색 기능을 구현할 때 `NSPredicate` 객체로 구성된 `NSFetchRequest` 인스턴스를 사용하였고, 이를 뷰 콘텍스트의 `fetch()` 메서드에 전달하여 일치하는 결과를 찾았다.

CHAPTER 50

SwiftUI 코어 데이터와 클라우드킷 저장소 개요

클라우드킷CloudKit은 iCloud 저장소를 사용하여 클라우드 기반의 데이터베이스를 저장하는 방법을 제공하며, 여러 디바이스와, 사용자, 그리고 앱에서 접근할 수 있게 한다.

초기에는 iCloud 기반 데이터베이스를 직접 생성하고, 관리하며 접근하기 위한 코드를 작성할 수 있는 전용 프레임워크로 제공되었지만, 요즘 권장하는 방법은 코어 데이터와 함께 클라우드킷을 사용하는 것이다.

이번 장에서는 클라우드킷을 구성하는 다양한 요소에 대한 설명과 이들 요소가 코어 데이터에 어떻게 대응하는지를 설명한다.

50.1 클라우드킷 개요

CloudKit 프레임워크는 애플에서 호스팅하는 iCloud 서버에 대한 접근 권한을 애플리케이션에 제공하고 구조화된 방식으로 데이터와 기타 애셋 타입(예를 들어, 대형 바이너리 파일, 비디오, 이미지)을 저장, 관리 및 검색하기 위해 사용하기 쉬운 방법을 제공한다. 이것은 사용자가 개인 데이터를 저장하고 여러 디바이스에서 접근할 수 있는 플랫폼을 제공하며, 애플리케이션의 모든 사용자가 공개적으로 사용할 수 있는 데이터를 개발자가 제공할 수도 있게 한다.

클라우드킷 사용 방법을 배우는 첫 번째 단계는 CloudKit 프레임워크를 구성하는 핵심 컴포넌트를 이해하는 것이다. 클라우드킷에서 코어 데이터를 사용할 때 이러한 컴포넌트를 가지고 직접 작업하지 않는다는 점을 기억하자. 대신에 클라우드킷을 활성화하는 버전의 **영구 컨테이너**persistent container를 사용하여 이전 장에서 다뤘던 코어 데이터 요소로 작업할 것이다. 이 컨테이너는 코어 데이터 컴포넌트를 클라우드킷 생태계 내의 해당 항목에 매핑하는 작업을 모두 처리한다.

이러한 지식 없이도 클라우드킷 기반 코어 데이터 저장소를 구현하는 것이 이론적으로는 가능하지만, 이 지식은 **클라우드킷 콘솔**CloudKit Console을 사용할 때 유용하다. 만약에 여러분이 나중에 조금 더 고급 주제(예를 들어, 클라우드킷 공유 및 구독 등)를 살펴볼 것이라면, 클라우드킷이 어떻게 동작하는지에 대한 기본 지식은 큰 도움이 될 것이다.

50.2 클라우드킷 컨테이너

클라우드킷이 활성화된 애플리케이션에는 하나 이상의 컨테이너가 iCloud에 있다. 애플리케이션의 컨테이너는 CKContainer 클래스에 의해 클라우드킷에 표현되며 데이터베이스는 이들 컨테이너 내에 있게 된다. 컨테이너는 여러 애플리케이션 간에 공유될 수도 있다. 코어 데이터로 작업할 때 컨테이너는 **관리 객체 모델**managed object model과 동일하다고 생각할 수 있다.

50.3 클라우드킷 공용 데이터베이스

각 클라우드 컨테이너에는 하나의 **공용 데이터베이스**public database가 포함되어 있다. 이것은 애플리케이션의 모든 사용자에게 필요한 데이터가 저장된 데이터베이스다. 예를 들어, 지도 애플리케이션에는 애플리케이션의 모든 사용자에게 적용되는 위치 및 경로에 대한 데이터 세트가 있다. 이러한 데이터는 애플리케이션의 클라우드 컨테이너의 공용 데이터베이스에 저장된다.

50.4 클라우드킷 개인 데이터베이스

개인 데이터베이스private database는 각 개별 사용자에게만 공개되는 데이터를 저장하는 데 사용된다. 따라서 각 클라우드 컨테이너에는 애플리케이션의 각 사용자에 대한 하나의 개인 데이터베이스가 포함된다.

50.5 데이터 저장소 할당량

앱의 공용 클라우드 데이터베이스에 저장된 데이터와 애셋은 앱의 **저장소 할당량**storage quota에 포함된다. 반면, 개인 데이터베이스에 저장된 모든 항목은 해당 사용자의 iCloud 할당량에 포함된다. 따라서 애플리케이션은 사용자가 불필요하게 추가 iCloud 저장 공간을 구입하지 않도록 개인 데이터베이스에 저장되는 데이터의 양을 최소화해야 한다.

이 책을 집필하는 현재, 각 애플리케이션에는 모든 사용자에 대한 공개 데이터 용으로 1PB의 무료 iCloud 저장소가 제공된다.

또한 애플은 **프리 티어**free tier에 포함되는 초당 쿼리 수와 데이터 전송량에 제한을 둔다. 이러한 할당량 및 해당 가격에 대한 공식 문서는 찾기 어렵지만, 일반적인 프로젝트에서는 이러한 제한이 발생하지는 않을 것이다.

50.6 클라우드킷 레코드

데이터는 레코드 형식으로 공용 데이터베이스와 개인 데이터베이스 모두에 저장된다. 레코드는 CKRecord 클래스로 표현되며 기본적으로 키가 레코드에 저장된 데이터 값을 참조하는 데 사용되는 키-값 쌍의 딕셔너리다. 코어 데이터를 사용하여 클라우드킷을 통해 데이터가 저장되면, 이러한 레코드는 코어 데이터 관리 객체로 표현된다.

애플리케이션 클라우드 컨테이너와, 개인 및 공용 데이터베이스, **존**zone, 레코드의 전체 개념은 그림 50-1과 같이 시각화할 수 있다.

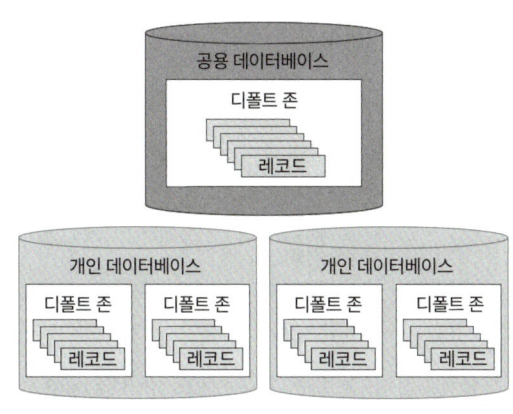

그림 50-1

50.7 클라우드킷 레코드 ID

각 클라우드킷 레코드는 CKRecordID 클래스로 표현되는 고유한 레코드 ID가 연결되어 있다. 레코드가 처음 생성될 때 레코드 ID를 지정하지 않으면 클라우드킷 프레임워크에서 자동으로 하나를 제공한다.

50.8 클라우드킷 참조

클라우드킷 참조 CloudKit reference는 CKReference 클래스를 사용하여 구현되며 데이터베이스의 서로 다른 레코드 간의 관계를 구축하는 방법을 제공한다. 참조는 원본 레코드에 대한 CKReference 인스턴스를 생성하고 대상이 되는 관계의 레코드에 할당하여 설정된다. 그런 다음 CKReference 객체는 원래 레코드에 키-값 쌍 필드로 저장된다. 하나의 레코드가 다른 레코드들에 대한 여러 개의 참조를 포함할 수 있다.

대상 레코드를 가리키는 참조로 레코드가 구성되면, 해당 레코드는 대상 레코드가 소유한다고 한다. 소유자인 레코드가 삭제되면 해당 레코드를 참조하는 모든 레코드도 삭제되며 그렇게 연결된 참조들이 연속적으로 삭제된다(**순차적 삭제**cascading delete라고 한다).

50.9 레코드 존

클라우드킷 레코드 존(CKRecordZone)은 개인 데이터베이스 내의 레코드 그룹을 연결하기 위한 메커니즘을 제공한다. 레코드를 클라우드에 저장할 때 **레코드 존**record zone을 지정하지 않으면 대상 데이터베이스의 디폴트 존에 배치된다. 커스텀 존은 개인 데이터베이스에 추가될 수 있으며 관련 레코드를 구성하고 단일 트랜잭션에서 동시에 여러 레코드에 쓰는 것과 같은 작업을 수행하는 데 사용될 수 있다. 각 레코드 존은 새로운 레코드를 존에 추가할 때 참조되어야 하는 고유한 레코드 존 ID(CKRecordZoneID)가 연결된다. 공용 데이터베이스 내의 모든 레코드는 공용 디폴트 존에 있는 것으로 간주된다.

클라우드킷 레코드 존은 코어 데이터 영구 컨테이너로 변환된다. 이전 장에서 코어 데이터로 작업할 때, 영구 컨테이너는 NSPersistentContainer 클래스의 인스턴스로 생성되었다. 하지만 코어 데이터를 클라우드킷과 통합할 때는 NSPersistentCloudKitContainer 클래스를 사용할 것이다. 클라우드킷과 함께 코어 데이터를 사용하도록 코드를 수정하는 것은 일반적으로 NSPersistentContainer를 NSPersistentCloudKitContainer로 대체하는 것이다.

50.10 클라우드킷 콘솔

클라우드킷 콘솔 CloudKit Console은 클라우드킷 옵션과 애플리케이션 저장소를 관리하기 위한 인터페이스를 제공하는 웹 기반의 포털이다. 콘솔은 다음 URL을 통해 접근할 수 있다.

https://icloud.developer.apple.com/dashboard/

다른 방법으로는 그림 50-2와 같이 프로젝트에 대한 Xcode의 **Signing & Capabilities** 패널에서 **iCloud** 섹션에 있는 버튼을 통해 클라우드킷 콘솔에 접근할 수 있다.

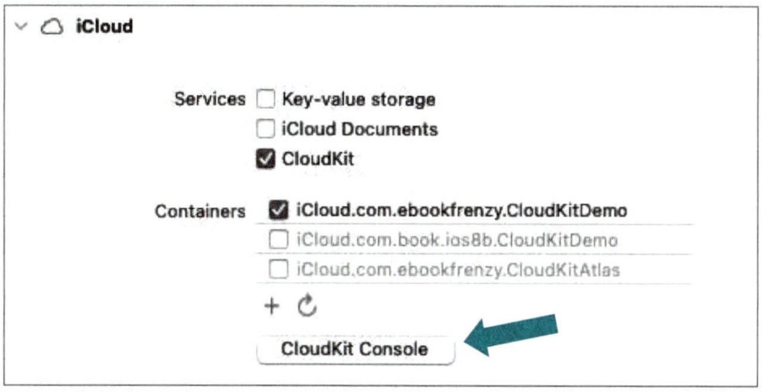

그림 50-2

대시보드에 접근하려면 유효한 애플 개발자 로그인과 패스워드가 필요하며, 브라우저 창에 대시보드가 표시된다면 여러분의 팀 계정에 연결된 클라우드킷 컨테이너에 대한 접근을 허용하는 것으로 볼 수 있다.

하나 이상의 컨테이너를 생성했다면, 콘솔은 데이터 조회, 레코드 추가, 업데이트, 쿼리 및 삭제, 데이터베이스 스키마 수정, 구독 조회, 새로운 보안 역할 구성 기능을 제공한다. 또한, 애플리케이션이 앱 스토어에 출시될 준비를 하기 위해 개발 환경에서 프로덕션 환경으로 데이터를 마이그레이션하기 위한 인터페이스도 제공한다.

Logs and Telemetry 옵션은 초당 수행되는 작업과, 평균 데이터 요청 크기 및 오류 빈도, 각 트랜잭션의 로그 세부 정보를 포함한 현재 선택된 컨테이너의 클라우드킷 사용에 대한 개요를 제공한다.

클라우드킷 콘솔을 통해 데이터를 접근할 경우, 개인 사용자 데이터는 대시보드 인터페이스를 사용하여 접근할 수 없다는 점을 기억하자. 공용 데이터베이스에 저장된 데이터와 콘솔에 로그인하는 데 사용된 개발자 계정에 속한 개인 데이터베이스만 조회하고 수정할 수 있다.

50.11 클라우드킷 공유

앱의 공용 데이터베이스에 포함된 클라우드킷 레코드는 해당 앱의 모든 사용자가 접근할 수 있다. 그러나 사용자가 개인 데이터베이스에 포함된 특정 레코드를 다른 사용자와 공유하려는 상황이 발생할 수 있다. 이것은 **클라우드킷 공유**CloudKit sharing의 도입으로 가능해졌다.

50.12 클라우드킷 구독

클라우드킷 구독 CloudKit subscription을 사용하면 설치된 앱에 속한 클라우드 데이터베이스 내에서 변경이 발생할 때 사용자에게 알려줄 수 있다. 구독은 표준 iOS 푸시 알림 인프라를 사용하며 레코드가 추가, 업데이트 또는 삭제될 때와 같은 다양한 조건에 따라 발송될 수 있다. 특정 조건과 일치하는 레코드의 데이터를 기반으로 알림이 발송되도록 조건을 사용하면 알림을 추가로 세분화할 수도 있다. 알림이 도착하면 잠금 화면에 표시되는 다른 알림과 동일한 방식으로 사용자에게 표시된다.

50.13 요약

이번 장에서는 클라우드킷 프레임워크의 데이터 저장소 기능을 구성하는 여러 가지 주요 클래스와 요소를 다뤘다. 각 애플리케이션은 자신만의 클라우드 컨테이너를 가지고 있으며, 여기에는 하나의 공용 클라우드 데이터베이스와 각 애플리케이션 사용자에 대한 하나의 개인 데이터베이스가 포함된다. 데이터는 키-값 쌍 필드를 사용하여 레코드 형식으로 데이터베이스에 저장된다. 비디오와 사진 같이 대용량의 데이터는 애셋으로 저장되어 레코드의 필드로 저장된다. 개인 데이터베이스에 저장된 레코드는 레코드 존으로 그룹화할 수 있으며, 레코드는 관계를 생성하여 서로 연결될 수 있다.

각 애플리케이션 사용자는 클라우드킷 프레임워크를 사용하여 얻을 수 있는 iCloud 사용자 ID와 해당 사용자 레코드를 갖는다. 또한 권한이 주어졌다면, 클라우드킷 사용자 검색을 사용하여 앱을 설치하고 실행한 사용자의 주소록에 있는 사용자들의 ID 목록을 얻을 수도 있다.

마지막으로 클라우드킷 대시보드는 클라우드킷 옵션과 애플리케이션 저장소를 관리하기 위한 인터페이스를 제공하는 웹 기반 포털이다.

CHAPTER 51

SwiftUI 코어 데이터와 클라우드킷 튜토리얼

49장 'SwiftUI 코어 데이터 튜토리얼'에서 생성한 CoreDataDemo 프로젝트를 사용하여, 이번 장에서는 클라우드킷 지원을 Xcode 프로젝트에 추가하고 코어 데이터에서 클라우드킷 기반 저장소로 마이그레이션하는 방법을 보여준다. 이번 장은 여러분이 48장 '코어 데이터와 SwiftUI 소개'를 읽었다고 가정한다.

51.1 클라우드킷 지원 활성화하기

Xcode를 시작하고 CoreDataDemo 프로젝트를 열자. 프로젝트가 Xcode에 로드되면 첫 번째 단계는 앱에 iCloud 기능을 추가하는 것이다. 메인 패널에 프로젝트 설정이 표시되도록 **프로젝트 내비게이터**project navigator 패널(그림 51-1에서 A로 표시됨) 상단에 있는 **CoreDataDemo** 타깃을 선택하자. 이 패널 내에서, **CoreDataDemo** 타깃 항목(C)을 선택한 다음에 **Signing & Capabilities** 탭(B)을 선택한다.

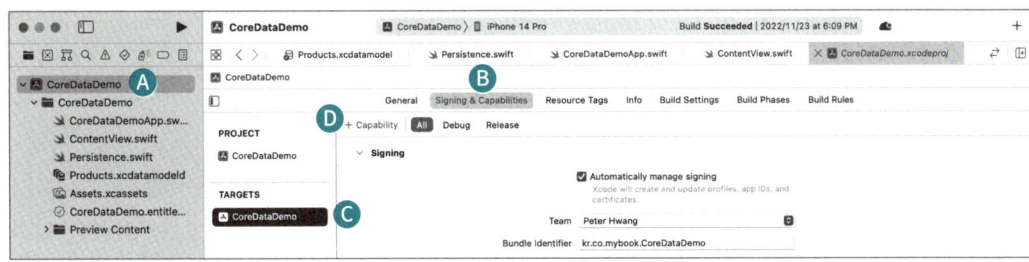

그림 51-1

그림 51-2에 표시된 대화 상자를 표시하려면 '**+ Capability**' 버튼(D)을 클릭하자. 필터 바에 **iCloud**를 입력하여 나온 결과를 선택한 다음, 키보드의 **Enter** 키를 눌러 프로젝트에 기능을 추가한다.

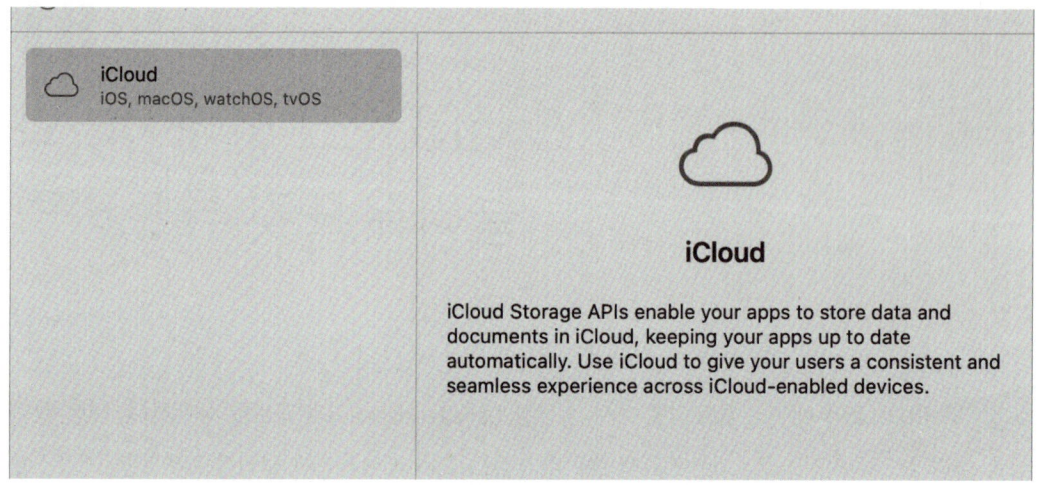

그림 51-2

iCloud가 옵션 목록에 없으면 '애플 개발자 프로그램 가입하기' 장에 설명된 대로 애플 개발자 프로그램에 가입하려면 비용을 지불해야 한다. 이미 회원이라면 'Xcode 14와 iOS 16 SDK 설치하기' 장에 설명된 단계를 따라 **Developer ID Application** 인증서를 생성했는지 확인한다.

iCloud 권한 설정에서 프로젝트에 대한 iCloud 컨테이너를 추가하기 위해 그림 51-3의 화살표로 표시된 '+' 버튼을 클릭하기 전에 **CloudKit** 서비스가 활성화되도록 하자.

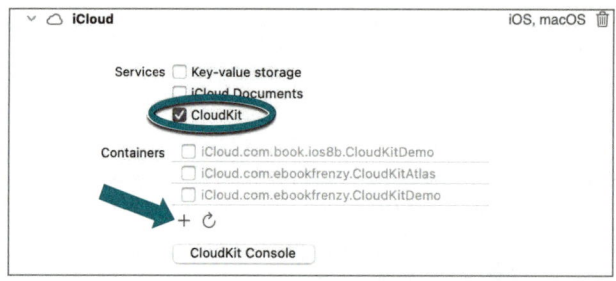

그림 51-3

'+' 버튼을 클릭하면, 컨테이너 식별자를 입력해야 하는 텍스트 필드가 포함된 그림 51-4와 같은 대화 상자가 나타난다. 이 항목은 클라우드킷 생태계 내에서 컨테이너를 고유하게 식별한다. 일반적으로 프로젝트가 생성될 때 정의되는 **조직 식별자**organization identifier를 포함하며 **iCloud.com. yourcompany.CoreDataDemo**처럼 설정되어야 한다.

그림 51-4

컨테이너 이름을 입력했으면 **OK** 버튼을 클릭하여 앱 권한에 추가한다. **Signing & Capabilities** 화면으로 돌아가서 새로운 컨테이너가 선택되었는지 확인한다.

그림 51-5

51.2 백그라운드 알림 지원 활성화하기

앱이 여러 디바이스에서 실행 중이고 앱의 한 인스턴스에서 데이터가 변경되면 클라우드킷은 **원격 알림**remote notification을 사용하여 앱의 다른 인스턴스에게 최신 데이터로 업데이트하라고 알림을 보내도록 만들어보자. **백그라운드 알림**background notification을 활성화하려면, 클라우드킷을 활성화했던 앞의 단계를 반복하는데, 이번에는 **Background Modes** 권한을 추가한다. 권한이 추가되면 설정을 검토하고 그림 51-6에 강조 표시된 대로 원격 알림 모드가 활성화되도록 한다.

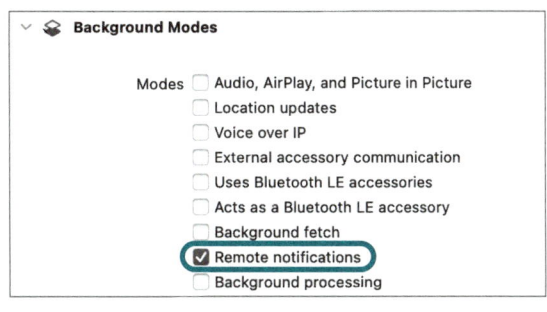

그림 51-6

앱에 대해 필요한 권한이 활성화되었으므로 프로젝트에 대한 약간의 코드 변경만 남았다.

51.3 클라우드킷 영구 컨테이너로 전환하기

프로젝트 탐색기 패널에서 `Persistence.swift` 파일을 찾아 선택하여 코드 에디터에 로드한다. `init()` 함수 내에서 컨테이너 생성 호출을 다음과 같이 `NSPersistentContainer`에서 `NSPersistentCloudKitContainer`로 변경한다.

```
.
.
let container: NSPersistentCloudKitContainer
.
.
init() {
    container = NSPersistentCloudKitContainer(name: "Products")
    container.loadPersistentStores { (storeDescription, error) in
        if let error = error as NSError? {
            fatalError("Container load failed: \(error)")
        }
    }
}
```

잠재적으로 앱의 여러 인스턴스가 동시에 동일한 데이터를 변경할 수 있으므로, 충돌이 발생하는 변경 사항은 다음과 같이 처리되도록 **병합 정책**merge policy도 정의해야 한다.

```
init() {
    container = NSPersistentCloudKitContainer(name: "Products")
    container.loadPersistentStores { (storeDescription, error) in
        if let error = error as NSError? {
            fatalError("Container load failed: \(error)")
        }
    }
    container.viewContext.automaticallyMergesChangesFromParent = true
}
```

51.4 앱 테스트하기

클라우드킷 저장소는 물리적 디바이스, 시뮬레이터 또는 둘을 혼합해서 테스트할 수 있다. 모든 테스트 디바이스와 시뮬레이터는 애플 개발자 계정을 사용하여 설정 앱의 iCloud에 로그인하고 **iCloud Drive** 옵션을 활성화해야 한다. 이렇게 하였다면 **CoreDataDemo** 앱을 실행하고 일부 제품 항목을 추가한다. 다음으로 다른 디바이스나 시뮬레이터에서 앱을 실행하고 새롭게 추가된 상품이 나타나는지 확인한다.[1] 이것으로 데이터가 iCloud에서 저장 및 검색되고 있음을 확인할 수 있다.

두 개의 앱 인스턴스가 실행 중인 상태에서 하나의 인스턴스에 새 제품을 입력하면 다른 인스턴스에도 표시되는지 확인하자. 시뮬레이터에는 버그가 있는데 앱을 백그라운드에 두었다가 다시 포그라운드로 돌아와야 새로운 데이터가 표시된다.

51.5 클라우드킷 콘솔에서 저장된 데이터 검토하기

몇 가지 제품을 데이터베이스에 추가했다면, 프로젝트의 **Signing & Capabilities** 화면(그림 51-1)으로 돌아가서 **CloudKit Console** 버튼을 클릭하자. 이렇게 하면 시스템에서 디폴트 웹 브라우저가 시작되고 **클라우드킷 대시보드**CloudKit Dashboard 포털이 로드된다. 애플 개발자 로그인과 패스워드를 입력하고, 대시보드가 로드되면 그림 51-7과 같이 홈 화면에 다양한 옵션이 표시될 것이다.

 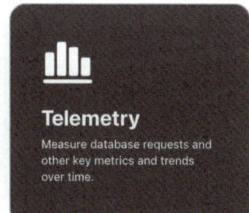  

그림 51-7

CloudKit Database 옵션을 선택하여 나타난 웹 페이지의 드롭다운 메뉴에서 앱의 컨테이너를 선택한다(그림 51-8에서 A로 표시됨). 앱이 아직 개발 중이고 앱 스토어에 게시되지 않았으므로 메뉴 B는 Production이 아닌 **Development**로 설정되어 있는지 확인한다.

그림 51-8

---

[1] 옮긴이 다른 디바이스 역시 iCloud 로그인을 하고 iCloud Drive 옵션을 활성화해야 한다.

다음으로 앱 컨테이너의 개인 데이터베이스에 저장된 레코드를 쿼리할 수 있다. 메뉴 행(C)을 Private Database, com.apple.coredata.cloudkit.zone, Query Records로 각각 설정한다. 마지막으로 Record Type 메뉴를 CD_Product로 설정하고 Fields 메뉴를 All로 설정한다.

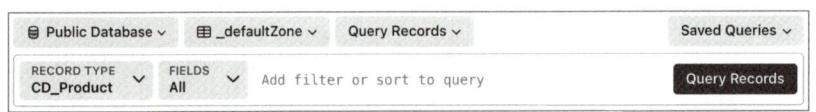

그림 51-9

Query Records 버튼을 클릭하면 그림 51-10과 같이 데이터베이스에 저장된 모든 제품 항목 목록이 표시되어야 한다.

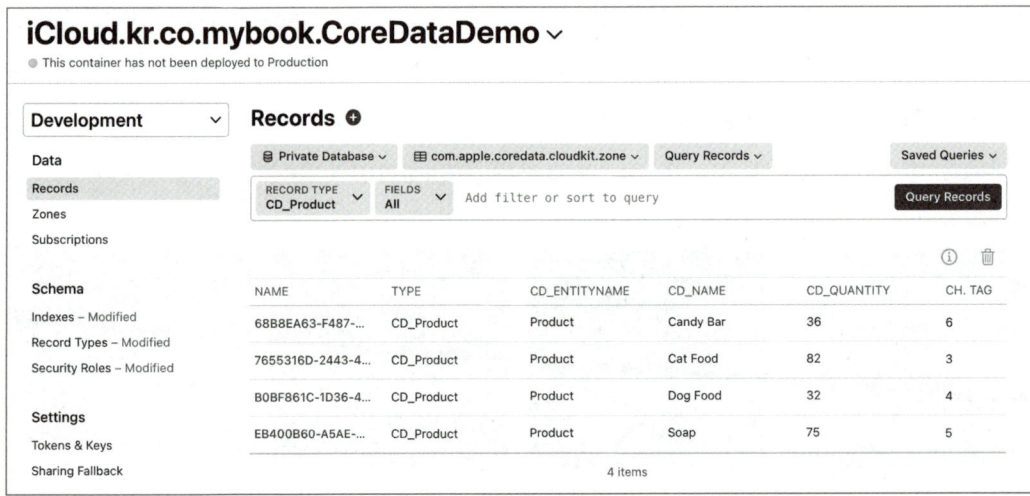

그림 51-10

데이터베이스 항목 목록 대신 'Field 'recordName' is not marked queryable'이라는 메시지가 표시되면 다음 절의 단계를 따라하자.

51.6 recordName 문제 해결하기

데이터베이스 쿼리를 시도할 때 쿼리 결과 대신 다음과 같은 오류 메시지가 나타날 수 있다.

그림 51-11

이 문제를 해결하려면 내비게이션 패널에서 **Indexes** 옵션(그림 51-12에서 A로 표시됨)과 **CD_Product** 레코드 타입(B)을 차례로 선택한다.

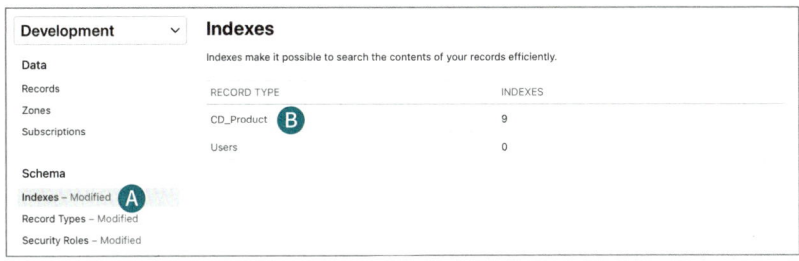

그림 51-12

CD_Product 레코드 유형에 대한 인덱스 목록에서 목록 맨 아래에 있는 **Add Basic Index** 버튼을 클릭한다.

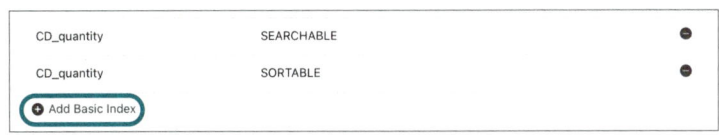

그림 51-13

새로운 인덱스 행에서 **recordName** 필드를 선택하고 인덱스 타입을 **Queryable**로 설정한다.

그림 51-14

인덱스를 추가한 후 **Records** 화면으로 돌아가기 전에 인덱스 목록 상단에 있는 **Save Changes** 버튼을 클릭하자. 과정을 다시 반복하여 쿼리를 구성하고 수행한다. 이제 오류 메시지 대신 데이터베이스 레코드가 나열될 것이다.

51.7 쿼리 필터링과 정렬하기

지금까지 실행한 쿼리는 데이터베이스의 모든 레코드를 반환한다. '**Add filter or sort to query**' 필드를 클릭하여 정렬 및 필터링 조건에 따라 쿼리를 수행할 수도 있다. 이 필드를 클릭하면 조건 설정을 안내하는 메뉴 시스템이 표시된다. 예를 들어 그림 51-15는 **CD_name** 필드를 기반으로 필터링된 쿼리를 설정하고 있다.

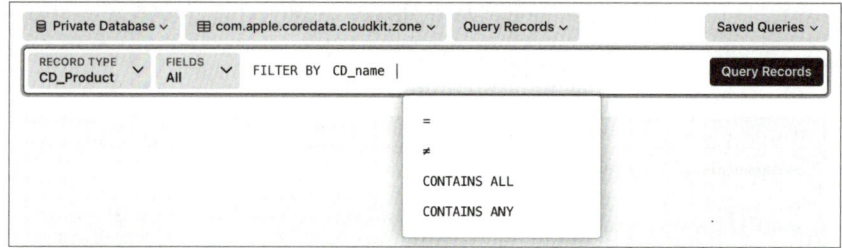

그림 51-15

그림 51-16은 완료된 필터와 쿼리 결과를 보여준다.

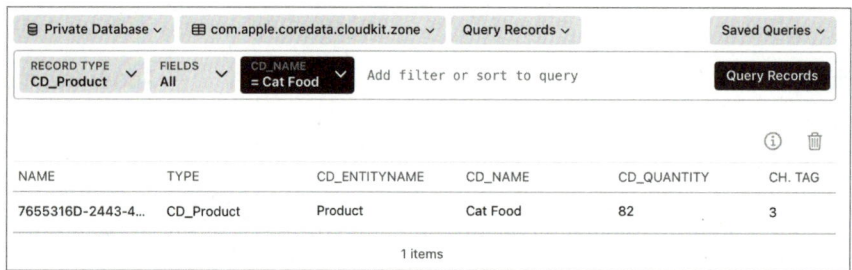

그림 51-16

동일한 기술을 사용하여 결과를 오름차순 또는 내림차순으로 정렬할 수 있다. 단일 쿼리에서 여러 조건을 결합할 수도 있다. 쿼리 조건을 편집하거나 제거하려면 조건을 마우스로 클릭하고 적절한 메뉴 옵션을 선택한다.

51.8 레코드 편집 및 삭제하기

데이터베이스의 레코드를 쿼리하는 것 외에도 클라우드킷 콘솔을 사용하면 레코드를 편집하고 삭제할 수 있다. 레코드를 편집하거나 삭제하려면 쿼리 목록에서 레코드를 찾고 그림 51-17에 강조 표시된 대로 **NAME** 열의 항목을 클릭한다.

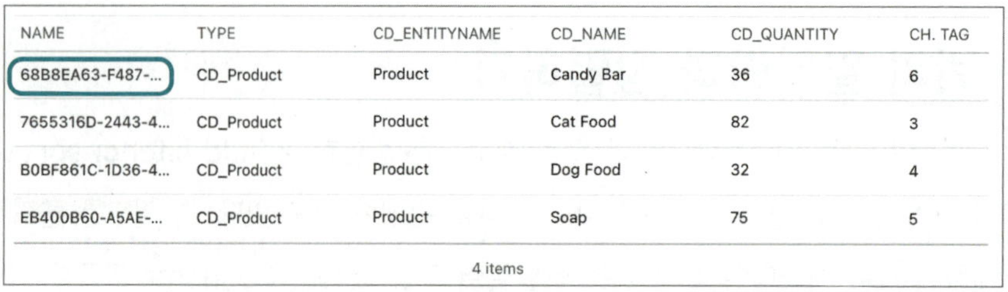

NAME	TYPE	CD_ENTITYNAME	CD_NAME	CD_QUANTITY	CH. TAG
68B8EA63-F487-...	CD_Product	Product	Candy Bar	36	6
7655316D-2443-4...	CD_Product	Product	Cat Food	82	3
B0BF861C-1D36-4...	CD_Product	Product	Dog Food	32	4
EB400B60-A5AE-...	CD_Product	Product	Soap	75	5

4 items

그림 51-17

레코드를 선택하면 그림 51-18과 같은 **Record Details** 패널이 나타난다. 레코드에 대한 자세한 정보를 표시하는 것 외에도 이 패널에서는 레코드를 수정하거나 삭제할 수도 있다.

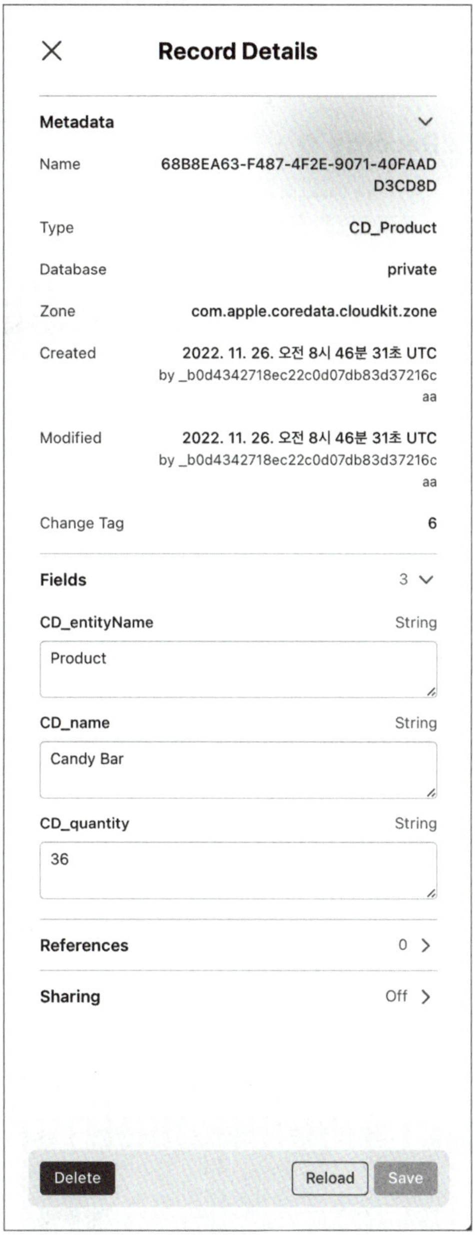

그림 51-18

51.9 새로운 레코드 추가하기

데이터베이스에 새로운 레코드를 추가하려면 쿼리 결과 목록 상단에 있는 '+'를 클릭하고 Create New Record 옵션을 선택한다.

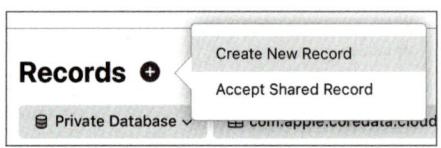

그림 51-19

New Record 패널이 나타나면(그림 51-20) 새로운 데이터를 입력하고 Save 버튼을 클릭한다.

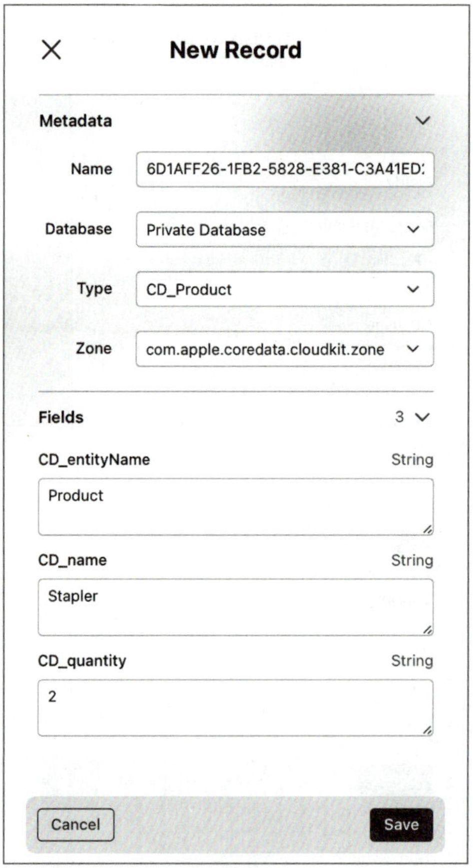

그림 51-20

51.10 원격 측정 데이터 보기

원격 측정telemetry 데이터를 보려면 그림 51-21과 같이 콘솔 상단의 **Telemetry** 탭을 선택하거나 홈 화면 **Telemetry** 옵션(그림 51-7)을 선택하자.

그림 51-21

원격 측정 화면에서 **컨테이너**container, **환경**environment, **기간**timescale, **데이터베이스 유형**database type 옵션을 선택하자.

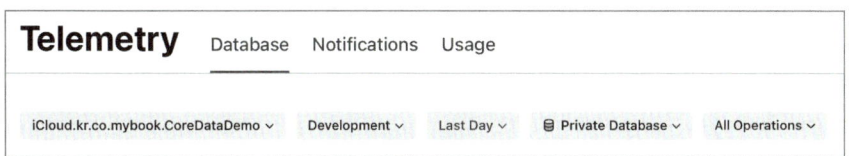

그림 51-22

그래프 위로 마우스 포인터를 가져가면 다양한 선 색상으로 표시되는 측정 기준을 설명하는 키가 표시된다.

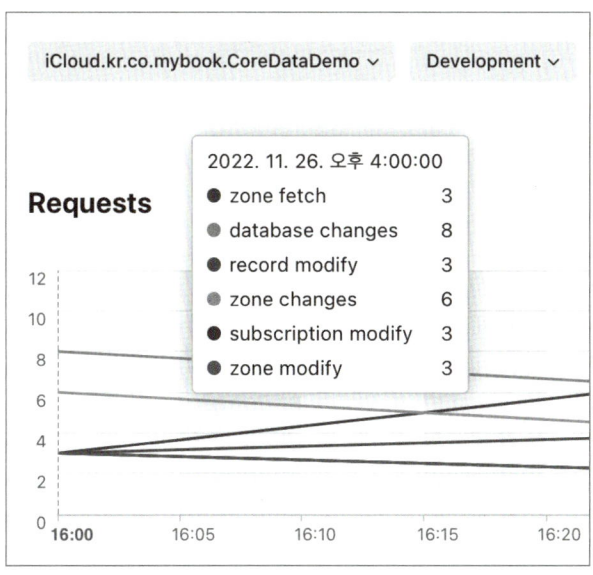

그림 51-23

또한 콘솔은 다양한 작업 타입에 대한 데이터를 표시하는 메뉴도 제공한다.

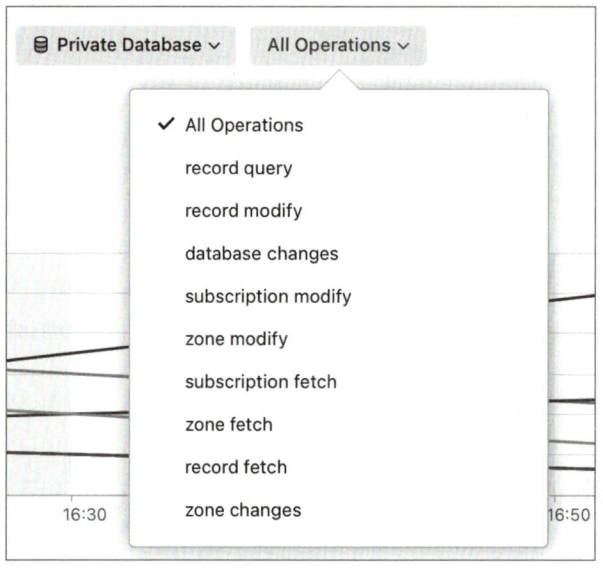

그림 51-24

디폴트로 원격 측정 데이터는 데이터베이스 활동에 대해 표시한다. 이것은 그림 51-25에 표시된 다른 메뉴를 선택하여 알림 또는 데이터베이스 사용과 관련된 데이터를 표시할 수 있다.

그림 51-25

51.11 요약

Xcode SwiftUI 프로젝트에 클라우드킷 지원을 추가하는 첫 번째 단계는 iCloud 기능을 추가하여 클라우드킷 서비스와 원격 알림을 모두 활성화하고 앱과 연결된 데이터베이스를 저장하도록 컨테이너를 구성하는 것이다. 코어 데이터에서 클라우드킷으로의 마이그레이션은 NSPersistentContainer 대신 NSPersistentCloudKitContainer를 사용하도록 코드를 변경하고 프로젝트를 다시 빌드하기만 하면 된다.

클라우드킷 데이터베이스는 클라우드킷 콘솔 내에서 쿼리, 수정, 관리 및 모니터링할 수 있다.

CHAPTER 52

시리킷 소개

시리Siri는 수년 동안 iOS의 일부였지만 앱 개발자가 **시리킷**SiriKit을 통해 시리의 일부 기능을 사용할 수 있게 된 것은 iOS 10이 도입된 이후부터다. 처음에는 특정 카테고리의 앱으로 제한되었던 시리킷은 이후로 모든 타입의 앱에 시리 기능을 내장할 수 있도록 확장되었다.

시리킷의 목적은 시리 인터페이스를 통해 음성 명령으로 애플리케이션 기능의 핵심 영역에 접근할 수 있도록 하는 것이다. 예를 들어, 메시지를 보내도록 설계된 앱은 음성 명령을 사용하여 메시지를 작성하고 보낼 수 있도록 시리와 통합할 수 있다. 마찬가지로 시간 관리 앱은 시리킷을 사용하여 **미리 알림**reminder 앱에 항목을 만들 수도 있다.

이번 장에서는 시리킷에 대한 개요와 시리킷 지원을 통합하기 위한 앱 구성 방법을 설명한다.

52.1 시리와 시리킷

대부분의 iOS 사용자는 틀림없이 애플의 가상 디지털 비서인 시리에 익숙할 것이다. 홈 버튼을 길게 누르거나 '시리야Hey Siri'라고 말하면 시리가 실행되고 대화식으로 말하여 다양한 작업을 수행할 수 있다. 좋아하는 노래의 재생을 선택하거나, 위치에 대한 **턴-바이-턴**turn-by-turn 방향을 요청하거나 또는 날씨에 대한 정보를 요청하는 것 모두는 시리가 음성 명령에 응답하여 수행할 수 있는 작업의 예다.

앱이 시리킷과 통합되면, 시리는 사용자와 소통하고 사용자 단어의 의미와 맥락을 해석하는 것과 관련된 모든 작업을 처리한다. 시리는 사용자의 요청을 **인텐트**intent로 패키징하여 iOS 앱에 전달한다. 그런 다음 작업을 수행할 의도로 충분한 정보가 제공되었는지 확인하고 누락된 정보를 요청하도록 시리에게 지시하는 것은 iOS 앱의 책임이다. 인텐트에 필요한 모든 데이터가 포함되면 앱은 요청된 작업을 수행하고 결과를 시리에게 알린다. 이러한 결과는 시리 또는 iOS 앱 자체 내에서 표시된다.

52.2 시리킷 도메인

처음 출시되었을 때 시리킷은 도메인이라고도 하는 좁게 정의된 카테고리에 맞는 작업을 수행하는 앱에서만 사용할 수 있었다. iOS 10이 출시되면서 시리는 다음 도메인 중 하나 이상에 해당하는 작업을 수행할 때만 앱에서 사용할 수 있게 되었다.

- 메시징
- 메모 및 목록
- 결제
- 비주얼 코드
- 사진
- 운동
- 승차 예약
- 카플레이
- 자동차 제어
- VoIP 통화
- 레스토랑 예약
- 미디어

앱이 이러한 도메인 중 하나에 해당한다면 시리와 통합하는 것을 추천한다. 반면에 앱에 일치하는 도메인이 없다면, 커스텀 **시리 단축어**Siri shortcut를 사용하여 시리킷을 통합할 수 있다.

52.3 시리 단축어

시리 단축어는 앱 내에서 자주 수행되는 활동을 **단축어**로 저장하고 미리 정의된 구문을 사용하여 시리를 통해 트리거되게 할 수 있다. 예를 들어, 사용자가 금융 앱 내에서 특정 주가를 정기적으로 확인한다면, 해당 작업을 단축어로 저장하고 수동으로 앱을 실행할 필요 없이 시리 음성 명령을 통해 언제든지 수행되게 할 수 있다. 시리킷 도메인 기반 통합의 능력과 유연성보단 부족하지만, 시리 단축어는 시리 통합을 제공할 수 없는 앱에게 시리를 통해 주요 기능을 접근할 수 있게 해준다.

앱은 특정 작업을 단축어로 구성할 수 있도록 **시리에 추가하기**Add to Siri와 같은 버튼을 제공할 수 있다. 또는 앱이 시리에 동작을 제공하여 단축어를 제안할 수도 있다. 사용자는 단축어 앱 내에서 모든 단축어 제안을 검토하고 단축어로 추가할 항목을 선택할 수 있다.

사용자 행동 패턴을 기반으로 시리는 사용자가 디바이스 홈 화면에서 아래쪽으로 스와이핑 동작을 할 때 나타나는 **시리 제안**Siri suggestion과 검색 패널에서 사용자에게 단축어를 제안한다.

시리 단축어는 54장 '시리 단축어 앱 통합 개요'와 55장 'SwiftUI 시리 단축어 튜토리얼'에서 자세히 다루겠다. 이들 장을 보기 전에 이번 장을 이해해야 한다. 이번 장의 내용 대부분은 시리킷 도메인과 시리 단축어에 동일하게 적용된다.

52.4 시리킷 인텐트

각 도메인은 미리 정의된 작업, 즉 **인텐트** 세트가 앱에 의해 수행되도록 사용자가 요청하게 한다. 인텐트는 시리가 인식하고 시리킷이 통합된 iOS 앱에 의해 수행될 수 있는 특정 작업을 나타낸다. 예를 들어, 메시징 도메인에는 메시지를 전송하고 검색하기 위한 인텐트가 포함되어 있으며, 운동 도메인에는 운동 선택, 시작, 종료하기에 대한 인텐트를 포함한다. 사용자가 시리를 통해 앱을 요청하면, 그 요청은 해당 타입의 인텐트 객체에 배치되며 앱에서 처리되도록 전달된다.

시리 단축어의 경우, 시리킷 통합은 앱이 시리와 어떻게 상호작용하는지를 설명하는 인텐트 정의 파일과 결합된 커스텀 인텐트를 사용하여 구현된다.

52.5 시리킷 통합의 작동 방식

시리 통합 Siri integration은 **iOS 익스텐션**extension 메커니즘을 통해 수행된다. 익스텐션은 다른 익스텐션 타입과 마찬가지로 Xcode 내의 앱 프로젝트에 타깃으로 추가된다. 시리킷은 두 가지 유형의 익스텐션을 제공하며 그중 핵심은 **인텐트 익스텐션**Intents extension이다. 이 익스텐션에는 Intents 프레임워크의 `INExtension` 클래스로부터 서브클래싱된 인텐트 핸들러가 있으며, 사용자와 통신하는 과정에서 시리가 호출하는 메서드가 포함되어 있다. 시리가 사용자로부터 필요한 모든 정보를 수집했는지 확인하고 인텐트에 정의된 작업을 실행하는 것은 인텐트 핸들러가 담당한다.

두 번째 익스텐션 유형은 **UI 익스텐션**UI extension이다. 이 익스텐션은 선택 사항이며 스토리보드 파일과 `IntentViewController` 클래스의 하위 클래스로 구성된다. 이 익스텐션이 제공되었다면 사용자에게 정보를 표시할 때 시리는 이 UI를 사용할 것이다. 이것은 시리 사용자 인터페이스 내에 추가 정보를 포함하거나 기본 iOS 앱의 모양과 테마를 시리 환경으로 가져올 수 있어서 유용하다.

사용자가 시리를 통해 앱을 요청할 때 가장 먼저 호출되는 메서드는 인텐트 익스텐션에 포함된 인텐트 핸들러 클래스의 `handler(forIntent:)` 메소드다. 이 메서드는 현재 인텐트 객체에 전달되고 인텐트 핸들러로 사용할 객체에 대한 참조를 반환한다. 이것은 인텐트 핸들러 클래스 자체이거나 하나 이상의 인텐트 핸들링 프로토콜을 구현하도록 구성된 다른 클래스일 수 있다.

인텐트 핸들러는 처리할 수 있는 인텐트 타입을 선언하고, 이러한 특정 인텐트 타입을 지원하는 데 필요한 모든 프로토콜 메서드를 구현해야 한다. 그런 다음 이러한 메서드는 그림 52-1에 설명된 대로 인텐트 핸들링 프로세스를 구성하는 일련의 단계의 부분으로 호출된다.

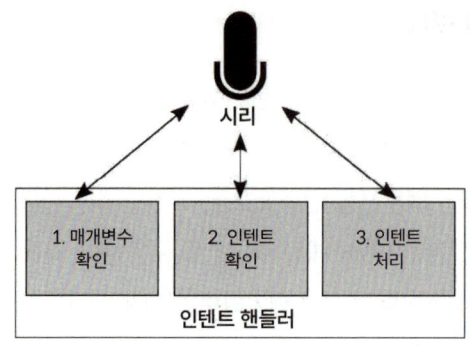

그림 52-1

시리가 핸들러 메서드를 호출한 후 첫 번째 단계에는 인텐트와 연결된 매개변수를 확인하기 위한 일련의 메서드들이 호출된다.

52.6 인텐트 매개변수 확인하기

각 인텐트 도메인 타입에는 앱에서 수행할 작업에 대한 세부 정보를 제공하는 데 사용되는 매개변수 그룹이 연결되어 있다. 많은 매개변수가 필수지만 일부는 선택 사항이다. 예를 들어, 메시지를 보내기 위한 인텐트는 메시지를 보내기 위한 유효한 수신자 매개변수를 포함해야 한다. 반면에 사진 검색 인텐트에 대한 여러 매개변수는 선택 사항이다. 예를 들어, 사용자는 사진을 찍은 날짜와는 상관없이 특정 사람이 포함된 사진을 검색하려고 할 수 있다.

시리 도메인으로 작업할 때 시리는 각 인텐트 타입에 대해 가능한 모든 매개변수를 알고 있으며, 각 매개변수에 대해 시리는 해당 메서드 호출을 통해 매개변수를 확인하도록 앱 익스텐션의 인텐트 핸들러에 요청한다. 시리가 이미 매개변수를 가지고 있다면 매개변수가 유효한지를 확인하도록 인텐트 핸들러에게 요청한다. 시리에 매개변수 값이 아직 없다면, 인텐트 핸들러에게 매개변수가 필요한지 묻는다. 매개변수가 필요하지 않다고 인텐트 핸들러가 시리에게 알리면, 시리는 사용자에게 매개변수 제공을 요청하지 않는다. 반면 매개변수가 필요하다면 시리는 사용자에게 정보 제공을 요청한다.

예를 들어, 특정 도시에서 찍은 모든 사진을 표시하는 CityPicSearch라는 사진 검색 앱이 있다고 하면 사용자는 다음과 같이 말할 것이다.

"시리야. CityPicSearch를 사용해서 사진을 찾아줘."

이 문장에서 시리는 CityPicSearch 앱을 사용하여 사진 검색이 요청되었음을 추론할 수 있다. 시리는 CityPicSearch가 시리킷과 통합되었고 앱이 `InSearchForPhotosIntent` 인텐트 타입을 지원하도록 등록했음을 알게 된다. 또한 시리는 `InSearchForPhotosIntent` 인텐트를 통해 사진이 생성된 날짜, 사진에 있는 사람, 사진의 위치, 사진 앨범 앱이 작업을 수행하는 데 실제로 필요한 사진을 검색할 수 있다는 것도 안다. 이러한 정보를 알아내기 위해 시리는 이러한 각 매개변수에 대해 앱의 인텐트 핸들러의 `resolve` 메서드를 호출한다. 각각에 대해 인텐트 핸들러는 매개변수가 필요한지 여부를 응답할 것이다. 인텐트 핸들러의 `resolveLocationCreated` 메서드는 매개변수가 필수임을 나타내는 상태를 반환한다. 이 알림을 받으면 시리는 다음과 같이 사용자에게 누락된 정보를 요청할 것이다.

"어느 장소의 사진을 찾으세요?"

그런 다음 사용자는 인텐트 객체의 선택을 포함하여 `resolveLocationCreated`를 다시 한번 호출하여 시리가 앱에 전달할 위치를 제공할 것이다. 앱은 위치의 유효성을 확인하고 매개변수가 유효하다는 것을 시리에게 알린다. 이러한 프로세스는 필요한 모든 매개변수가 요구사항에 충족될 때까지 인텐트 타입이 지원하는 각 매개변수에 대해 반복할 것이다.

시리와 사용자가 모호한 매개변수를 명확히 하는 데 도움이 되는 기술도 사용할 수 있다. 예를 들어, 인텐트 핸들러는 매개변수에 대한 가능한 옵션 목록을 반환하여 사용자가 선택할 수 있도록 표시할 수 있다. 사용자가 'John'에게 메시지를 보내도록 앱에 요청하면 시리는 `resolveRecipients` 메서드를 호출할 것이다. 이 메서드는 연락처 목록 검색을 수행하고 연락처에서 이름이 John인 항목을 여러 개 찾을 수도 있다. 이런 상황에서 이 메서드는 이름이 John인 연락처 목록을 반환한다. 그러면 시리는 일치하는 연락처 목록을 표시하여 어떤 'John'이 수신인인지 명확히 하도록 사용자에게 요청할 것이다.

매개변수가 확인되거나 필요하지 않은 것으로 표시되면, 시리는 인텐트 핸들러의 확인 메서드를 호출한다.

52.7 확인 메서드

확인confirm 메서드는 익스텐션 인텐트 핸들러 내에서 구현되며 모든 인텐트 매개변수가 확인되면 시리에 의해 호출된다. 이 메서드는 인텐트 핸들러가 인텐트를 처리할 준비가 되었는지 확인할 수 있는 기회를 제공한다. 확인 메서드가 준비가 된 상태라고 보고하면 시리는 핸들 메서드를 호출한다.

52.8 핸들 메서드

핸들(handle) 메서드는 인텐트와 관련된 활동이 수행되는 곳이다. 작업이 완료되면, 응답이 시리에게 전달된다. 응답 형식은 수행된 활동 타입에 따라 다르다. 예를 들어, 사진 검색 활동은 일치하는 사진의 수를 반환하겠지만, 메시지 보내기 활동은 메시지가 성공적으로 전송되었는지 여부를 나타낼 것이다.

핸들 메서드는 continueInApp 응답을 반환할 수도 있다. 이것은 작업의 나머지 부분이 메인 앱 내에서 수행될 것임을 시리에게 알려준다. 이 응답을 받으면 시리는 NSUserActivity 객체를 전달하여 앱을 시작한다. NSUserActivity는 앱의 상태를 저장하고 복원할 수 있게 해주는 클래스다. iOS 10 이상에서 NSUserActivity 클래스에는 앱 상태와 함께 NSInteraction 객체를 저장할 수 있는 추가 속성이 있다. 시리는 이 interaction 속성을 사용하여 세션에 대한 NSInteraction 객체를 저장하고 메인 iOS 앱에 전달한다. 그러면 interaction 객체에는 활동을 계속 처리하기 위해 앱이 추출할 수 있는 인텐트 객체의 복사본이 포함된다. 커스텀 NSUserActivity 객체는 익스텐션으로 생성되어 iOS 앱에 전달될 수 있다. 커스텀 객체가 지정되지 않았다면 시리킷은 디폴트로 하나를 생성한다.

예를 들어, 사진 검색 인텐트는 검색 중에 찾은 사진을 사용자에게 표시할 수 있도록 continueInApp 응답과 사용자 활동 객체를 사용해야 한다(시리킷은 현재 시리 사용자 인터페이스 내에서 사진 검색 인텐트의 이미지를 표시하는 메커니즘을 제공하지 않는다).

인텐트 핸들러 클래스는 서로 다른 인텐트 타입을 처리하기 위해 하나 이상의 핸들 메서드를 포함할 수 있다는 점에 주의하자. 예를 들어, 메시징 앱은 일반적으로 메시지 보내기 및 메시지 검색 인텐트에 대해 서로 다른 핸들러 메서드를 갖는다.

52.9 커스텀 어휘

분명히 시리는 다양한 언어의 어휘를 폭 넓게 알고 있다. 하지만 여러분의 앱 또는 앱 사용자가 의미나 맥락이 없는 특정 단어 또는 용어를 시리에 사용할 수도 있다. 이러한 용어를 시리가 인식하도록 앱에 추가할 수 있다. 이러한 **커스텀 어휘 용어**custom vocabulary term는 사용자별이나 전역으로 분류된다.

사용자별 용어user specific term는 개별 사용자에게만 적용되는 용어다. 이것은 이름이 특이한 사진 앨범이거나 사용자가 메시징 앱에서 연락처에 입력한 별명일 수 있다. 사용자별 용어는 NSVocabulary 클래스의 setVocabularyStrings(oftype:) 메서드를 사용하여 애플리케이션 런타임 시 메인 iOS 앱(익스텐션 아님) 내에서 시리에 등록되며, 먼저 나열된 가장 일반적으로 사용되는 용어가 포함된 정렬된 목록 형식으로 제공되어야 한다. 사용자별 커스텀 용어는 연락처 및 연락처 그룹 이름, 사진 태그 및 앨범 이름, 운동 이름, CarPlay 자동차 프로필 이름에 대해서만 지정할 수 있다. 순서가 지정된 목록과 함께 setVocabularyStrings(oftype:) 메서드를 호출할 때 지정된 카테고리 타입은 다음 중 하나여야 한다.

- contactName
- contactGroupName
- photoTag
- photoAlbumName
- workoutActivityName
- carProfileName

전역 어휘 용어global vocabulary term는 앱에 따라 다르지만 모든 앱 사용자에게 적용된다. 이러한 용어는 AppInventoryVocabulary.plist라는 속성 목록 파일 형식으로 앱 번들과 함께 제공된다. 이들 용어는 운동 및 차량 공유 이름에만 적용된다.

52.10 시리 사용자 인터페이스

각 시리킷 도메인에는 사용자에게 정보를 전달하는 데 디폴트로 사용되는 표준 사용자 인터페이스 레이아웃이 있다. 예를 들어, **승차 예약**ride booking 익스텐션은 목적지 및 가격과 같은 정보를 표시한다. 이러한 디폴트 사용자 인터페이스는 인텐트 UI 앱 익스텐션을 프로젝트에 추가하여 커스텀할 수 있다. 이 주제는 60.5절 '구성 인텐트 UI 커스터마이징하기'에서 다룬다. 시리 단축어의 경우 단축어가 사용될 때 시리 내에 나타나는 사용자 인터페이스를 커스텀하기 위해 동일한 기술이 사용될 수 있다.

52.11 요약

시리킷SiriKit은 **시리**Siri의 일부 기능을 타사 앱에 제공하여 사용자가 시리 가상 비서 인터페이스를 사용하여 앱의 기능에 접근할 수 있도록 한다. 초기 시리 통합은 메시징, 사진 검색, 운동과 같이 좁게 정의된 영역에 속하는 작업을 수행할 때만 사용할 수 있었다. 하지만 이제는 거의 모든 유형의 앱에 대해 지원하도록 확장되었다. 시리 통합은 표준 iOS 익스텐션 메커니즘을 사용한다. **인텐트 익스텐션**intents extension은 시리와의 상호작용을 담당하는 반면 선택적 **UI 익스텐션**UI extension은 시리 환경 내에서 사용자에게 표시되는 결과의 모양을 제어하는 방법을 제공한다.

사용자와의 모든 상호작용은 시리에 의해 처리되며 결과는 인텐트로 구조화되고 패키징된다. 그런 다음 이 인텐트는 필요한 모든 정보가 수집되었는지 확인하도록 설계된 일련의 메서드 호출을 통해 인텐트 익스텐션의 인텐트 핸들러에 전달된다. 그런 다음 인텐트가 처리되고 요청된 작업이 수행되며 결과는 시리 또는 메인 iOS 앱을 통해 사용자에게 표시된다.

CHAPTER 53

SwiftUI 시리킷 메시징 익스텐션 튜토리얼

이전 장에서는 시리를 iOS 앱에 통합하는 것과 관련된 많은 이론을 다뤘다. 이번 장에서는 새로운 **인텐트 익스텐션**intents extension을 프로젝트에 추가할 때 Xcode가 생성하는 예제 시리 메시징 익스텐션을 살펴볼 것이다. 이것은 이전 장에서 다룬 주제들에 대해 실제로 구현하는 것을 보여줄 뿐만 아니라 통합이 어떻게 동작하는지에 대한 세부 사항도 보여준다. 다음 장에서는 앱 프로젝트 내에서 **UI 익스텐션**UI extension을 사용하는 데 필요한 단계를 살펴볼 것이다.

53.1 예제 프로젝트 만들기

Xcode를 시작하고 `SiriDemo`라는 새로운 Multiplatform App 프로젝트를 생성하자.

53.2 시리 권한 활성화하기

메인 프로젝트가 생성되면 프로젝트에 대해 **시리 권한**Siri entitlement을 활성화해야 한다. 메인 패널에 프로젝트 설정이 표시되도록 **프로젝트 내비게이터**project navigator 패널(그림 51-1에서 A로 표시됨) 상단에 있는 **SiriDemo** 타깃을 선택한다. 이 패널 내에서 **Signing & Capabilities** 탭(B)과 **SiriDemo** 타깃 항목(C)을 차례로 선택한다.

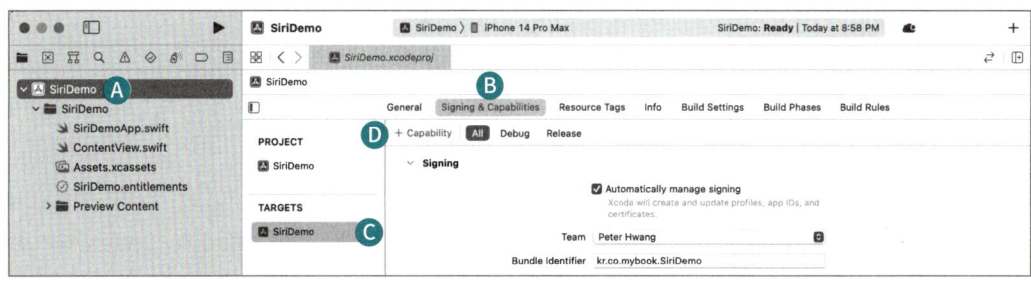

그림 53-1

'+ Capability' 버튼(D)을 클릭하여 그림 53-2에 표시된 대화 상자를 열자. 필터 바에 **Siri**를 입력하여 나타난 결과를 선택하고, 키보드 **Enter** 키를 눌러 프로젝트에 추가한다.

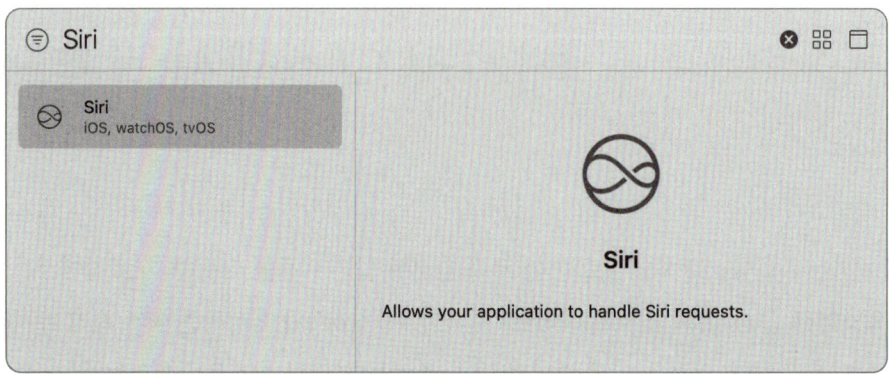

그림 53-2

시리가 옵션으로 목록에 없다면 2장 '애플 개발자 프로그램 가입하기'에서 설명한 대로 애플 개발자 프로그램에 하기 위한 비용을 지불해야 한다. 이미 회원이라면 3장 'Xcode 14와 iOS 16 SDK 설치하기'에서 설명한 단계를 따라 **Developer ID Application** 인증서를 생성했는지 확인하자.

53.3 시리 승인받기

시리 권한을 활성화하는 것 외에도 앱은 시리와 앱을 통합하기 위해 사용자의 승인을 받아야 한다. 이것은 2단계 프로세스로 iOS 앱 타깃의 Info.plist 파일에 NSSiriUsageDescription 키에 대한 항목을 앱이 시리를 어떻게 사용하는지에 대해 설명하는 해당 문자열 값과 함께 추가하는 것이다.

프로젝트 내비게이터 패널에서 **SiriDemo** 타깃을 선택한 상태에서 그림 53-3과 같이 **Info** 탭을 선택한다.

그림 53-3

선택했다면 속성 목록에서 맨 아래 항목을 찾고 항목 위로 마우스 포인터를 둔다. 더하기 버튼이 나타나면 그것을 클릭하여 목록에 새 항목을 추가한다. 사용 가능한 키의 드롭다운 목록에서 그림 53-4와 같이 **Privacy – Siri Usage Description** 옵션을 찾아 선택한다.

그림 53-4

속성의 값 필드에 음성 인식 사용에 대한 권한을 요청할 때 사용자에게 표시할 메시지를 입력한다. 예를 들어 다음과 같이 입력할 수 있다.

```
Siri support is used to send and review messages.
```

Siri usage description 키를 추가하는 것 외에도 `INPreferences` 클래스의 `requestSiri Authorization()` 클래스 메서드를 호출해야 한다. 이 호출은 앱이 처음 실행될 때 수행되는 것이 이상적이다. 이렇게 하면 사용자에게 승인을 받을 수 있을 뿐만 아니라 앱이 시리 지원이 포함되어 있음을 사용자에게 알릴 수 있기 때문이다. 이 프로젝트의 목적을 위해 다음과 같이 `SiriDemoApp.swift` 파일에 있는 앱 선언에서 scenePhase 변화를 기반으로 onChange() 수정자 내에서 호출되도록 할 것이다.

```
import SwiftUI
import Intents

@main
struct SiriDemoApp: App {

    @Environment(\.scenePhase) private var scenePhase

    var body: some Scene {
        WindowGroup {
            ContentView()
        }
        .onChange(of: scenePhase) { phase in
            INPreferences.requestSiriAuthorization({status in
                // 상태에 따라 처리한다.
```

```
            })
        }
    }
}
```

계속하기 전에 iOS 디바이스나 시뮬레이터에서 앱을 컴파일하고 실행하자. 앱이 로드되면 시리 사용 권한을 요청하는 대화 상자가 나타날 것이다. 권한을 제공하기 위해 대화 상자에서 확인 버튼을 선택하자.

53.4 인텐트 익스텐션 추가하기

다음 단계는 시리킷 통합을 시작할 준비가 된 프로젝트에 인텐트 익스텐션을 추가하는 것이다. Xcode의 **File ➡ New ➡ Target…** 메뉴 옵션을 선택하고, 대화 상자 상단의 **iOS** 탭을 선택한 다음, **Intents Extension**을 프로젝트에 추가한다. 제품 이름을 **SiriDemoIntent**로 지정하고, **Starting Point** 메뉴를 **Messaging**으로 설정하고, **Include UI Extension** 옵션이 꺼져 있는지 확인하고(이것은 다음 장에서 추가됨) **Finish** 버튼을 클릭한다. 그렇게 하기 위한 메시지가 표시되면 인텐트 익스텐션에 대한 빌드 스킴을 활성화한다.

53.5 지원되는 인텐트

시리 작업을 하기 위해 익스텐션에서 지원할 수 있는 인텐트 타입을 지정해야 한다. 이러한 선언은 익스텐션 폴더의 `Info.plist` 파일에서 이뤄진다. 프로젝트 내비게이터 패널 내에서 **SiriDemoIntent** 폴더에 있는 Info 항목을 선택하고 **NSExtension ➡ NSExtensionAttributes ➡ IntentsSupported** 섹션을 펼치자. 이렇게 하면 **IntentsSupported** 키에 인텐트 클래스 이름의 배열이 할당되었음을 보여줄 것이다.

∨ Information Property List		Dictionary	(1 item)
∨ NSExtension		Dictionary	(3 items)
∨ NSExtensionAttributes		Dictionary	(2 items)
> IntentsRestrictedWhileLocked		Array	(0 items)
∨ IntentsSupported	⊕ ⊖	Array	(3 items)
Item 0		String	INSendMessageIntent
Item 1		String	INSearchForMessagesIntent
Item 2		String	INSetMessageAttributeIntent
NSExtensionPointIdentifier		String	com.apple.intents-service
NSExtensionPrincipalClass		String	$(PRODUCT_MODULE_NAME).IntentHandler

그림 53-5

NSExtensionAttributes에 속한 항목에, 지원되는 인텐트(IntentsSupported)와 지원되지만 잠금 화면이 활성화된 경우 제한되는 인텐트(IntentsRestrictedWhileLocked)가 있다는 것에 주목하자. 예를 들어, 화면이 잠겨 있을 때 지불 기반 인텐트가 제한되는 것이 현명할 것이다. 현재 구성된 대로의 익스텐션은 제한 없이 모든 메시징 인텐트 타입을 지원한다. 다른 도메인을 지원하려면 이들 인텐트를 변경하거나 적절하게 추가 인텐트를 추가하면 된다. 예를 들어, 사진 검색 익스텐션은 `INSearchForPhotosIntent`를 지원되는 인텐트로 지정하기만 하면 된다.

다음 장에서 인텐트 UI 익스텐션이 추가되면, 지원되는 인텐트 값 선언을 가진 `Info.plist` 파일도 포함될 것이다. 인텐트 UI 익스텐션에서 지원하는 인텐트는 UI 익스텐션에서 선언된 것의 하위 집합일 수 있다. 이렇게 하면 UI 익스텐션을 특정 인텐트 타입에만 사용되도록 할 수 있다.

53.6 예제 테스트하기

프로젝트의 구조를 살펴보기 전에 앱을 실행하여 시리 통합을 경험해보자. 이번 예제는 메시지 검색 및 전송을 시뮬레이션하는 것이므로 실제로 메시지를 전송하지 않고도 안전하게 해볼 수 있다.

그림 53-6과 같이 **SiriDemoIntent** 옵션이 실행 타깃으로 선택되었는지 확인하고 실행 버튼을 클릭하자.

그림 53-6

다이얼로그 창이 표시되면 익스텐션을 실행할 앱으로 **Siri**를 선택한다. 시리가 실행되면 다음과 같은 문구로 실험하자.

"Send a message with SiriDemo."

"Send a message to John with SiriDemo."

"Use SiriDemo to say Hello to John and Kate."

"Find Messages with SiriDemo."

시리가 SiriDemo가 아직 설정되지 않았다고 표시한다면, 시리 세션을 종료하고 디바이스에서

SiriDemo 앱을 찾아 수동으로 실행하자. 앱이 실행되면 홈 또는 전원 버튼을 길게 눌러 시리를 다시 실행하고 앞의 문구를 다시 시도해보자.

각각에 대해 구문을 이해하고 요청을 구조화된 표현으로 변환하는 것과 관련된 모든 작업은 시리가 수행한다. 인텐트 핸들러가 해야 할 것은 결과 인텐트 객체를 가지고 작업하는 것뿐이다.

53.7 디폴트 구문 지정하기

시리킷 동작을 반복적으로 테스트할 때 유용한 옵션은 앱이 시작할 때마다 시리에 전달할 구문을 Xcode 내에서 구성하는 것이다. 이렇게 하면 앱을 다시 시작할 때마다 시리에게 반복적으로 말을 하지 않아도 된다. 테스트 구문을 지정하려면 Xcode 툴바에서 **SiriDemoIntent** 실행 타깃을 선택하고 그림 53-7과 같이 **Edit scheme…** 을 선택한다.

그림 53-7

스킴scheme 패널에서 왼쪽 패널의 **Run** 항목을 선택하고 메인 패널의 **Info** 탭을 선택한다. **Info** 설정 내에서 **Siri Intent Query** 텍스트 상자에 쿼리 구문을 입력하고 패널을 닫자.

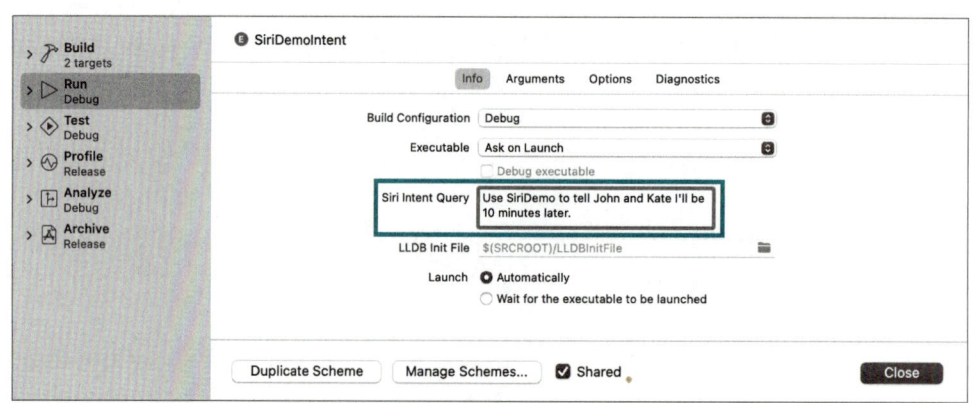

그림 53-8

익스텐션을 다시 한번 실행하면 구문이 처리되도록 시리에 자동으로 전달된다.

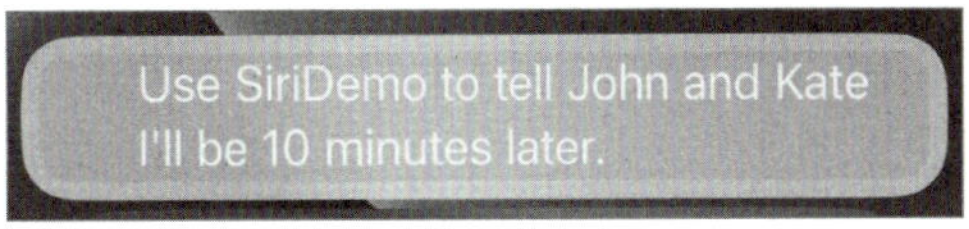

> Use SiriDemo to tell John and Kate I'll be 10 minutes later.

그림 53-9

53.8 인텐트 핸들러 검토하기

인텐트 핸들러 Intent handler는 **SiriDemoIntent** 폴더의 IntentHandler.swift 파일에 선언된다. 파일을 에디터에 로드하여 클래스가 메시징 도메인에 대해 다양한 인텐트 핸들링 프로토콜을 지원한다고 선언한 것에 주목하자.

```
class IntentHandler: INExtension, INSendMessageIntentHandling,
    INSearchForMessagesIntentHandling, INSetMessageAttributeIntentHandling {
.
.
}
```

위의 선언은 메시징 도메인에서 사용할 수 있는 세 가지 인텐트를 모두 지원하는 것으로 클래스를 선언하고 있다. 모든 프로토콜 이름을 개별적으로 나열하는 대신, 세 가지 프로토콜을 모두 캡슐화하는 INMessagesDomainHandling 프로토콜을 참조해도 동일한 결과를 얻을 수 있다.

만약에 이 템플릿을 다른 도메인용으로 다시 사용하고자 한다면 프로토콜 선언을 교체해야 한다. 예를 들어, 지불 익스텐션에 대한 선언은 다음과 같다.

```
class IntentHandler: INExtension, INSendPaymentIntentHandling, INRequestPaymentIntent {
.
.
}
```

이 클래스에는 핸들러(handler) 메서드, 인텐트 매개변수에 대한 **해결 메서드**resolution method와 **확인 메서드**confirm method도 포함되어 있다. resolveRecipients 메서드는 매개변수가 모호할 때 선택할 수 있는 다양한 옵션을 사용자에게 제공하는 프로세스로 사용되는 것을 보여주기 때문에 특히 중요하다.

앞의 구현에는 메시지 검색(`INSearchForMessagesIntentHandling`), 메시지 전송(`INSendMessageIntentHandling`), 메시지 속성 변경(`INSetMessageAttributeIntentHandling`) 인텐트에 대한 작업을 수행하기 위한 여러 핸들 메서드도 포함되어 있다. 시간을 내서 이러한 메서드들을 살펴보도록 하자.

53.9 요약

이번 장에서는 새로운 **인텐트 익스텐션**intents extension을 생성할 때 Xcode가 제공하는 샘플 메시징 기반 익스텐션에 대해 살펴보았다. 여기서는 인텐트와 UI 익스텐션을 기존 프로젝트에 추가하고 시리킷 통합 인증을 활성화하는 것과 관련된 과정을 설명하였다. 또한 이번 장에서는 지원되는 인텐트를 선언하기 위해 익스텐션에 필요한 단계를 설명하고 일반적인 인텐트 핸들러를 구성하는 메서드에 익숙해질 수 있는 기회를 제공했다. 다음 장에서는 **UI 익스텐션**UI extension을 구현하고 구성하는 메커니즘에 대해 설명할 것이다.

CHAPTER 54
시리 단축어 앱 통합 개요

iOS 10에 **시리킷**SiriKit이 처음 도입되었을 때, 앱이 시리와 통합하려면 52장 '시리킷 소개'에서 다룬 시리킷 도메인 중 하나에 앱이 깔끔하게 맞아야 했다. 하지만 iOS 12에서는 시리킷이 확장되어 모든 유형의 앱이 시리 음성 명령(**시리 단축어**Siri shortcut라고도 함)을 통해 주요 기능에 접근할 수 있도록 했다. 이번 장에서는 시리 단축어에 대한 높은 수준의 개요와 앱 기능을 시리 단축어로 전환하는 것과 관련된 단계를 설명할 것이다.

54.1 시리 단축어의 개요

시리 단축어는 기본적으로 선택된 문구을 통해 사용자가 실행할 수 있는 일반적으로 사용되는 앱의 기능이다. 예를 들어, 패스트푸드점용 앱은 시리 내에서 '**점심 주문**Order Lunch'이라는 문구를 사용하여 사용자가 좋아하는 점심을 주문할 수 있게 할 것이다. 단축어가 구성되면 iOS는 단축어의 사용 패턴을 학습하고 하루 중 적절한 시간에 디바이스의 **시리 제안**Siri suggestion 영역에 해당 단축어를 배치하기 시작할 것이다. 사용자가 평일 점심 시간에 점심 주문 단축어를 사용하면 시스템에서 해당 시간에 그 단축어를 제안할 것이다.

앱의 적절한 위치에 **시리에 추가하기**Add to Siri 버튼을 사용자에게 제공하여 앱 내에서 단축어를 구성할 수 있다. 예를 들어, 우리의 가상 패스트푸드점용 앱의 주문 확인 페이지에 시리에 추가하기 버튼을 둘 수 있으며, 이 버튼을 선택하면 사용자가 해당 주문(동일한 점심을 주문)을 단축어로 추가하고 나중에 단축어를 시작할 수 있는 문구를 시리에 제공할 수 있다.

또한, 앱은 어떤 기능이나 사용자 활동을 사용자가 iOS의 **단축어**shortcut 앱을 통해 단축어로 전환할 수 있는 단축어 예시를 제안(**기부**donating라는 개념)할 수도 있다.

시리킷 도메인과 마찬가지로 시리 단축어의 핵심 요소는 인텐트 익스텐션이다. 인텐트의 매개변수와 동작을 엄격하게 정의하는 메시징이나 사진 검색과 같은 도메인 기반 익스텐션과는 달리, 시리 단축어 인텐트는 앱의 특정 요구사항을 충족하도록 커스터마이징할 수 있다. 예를 들어, 식당 앱은 주문한 메뉴 항목, 결제 방법, 픽업, 배달 위치와 같은 정보를 처리하도록 설계된 커스텀 단축어 인텐트를 포함할 것이다. 그러나 시리킷 도메인 익스텐션과 달리, 인텐트에 대한 매개변수는 단축어가 생성될 때 저장되며, 그 단축어가 호출되면 시리는 사용자에게 매개변수를 요청하지 않는다. 예를 들어, 사용자가 보통의 모닝 커피를 주문하는 단축어는 커피와 픽업 위치로 이미 구성되어 있다면, 단축어가 실행될 때 시리에 의해 인텐트 핸들러로 전달된다.

또한 단축어가 성공적으로 완료되었거나, 현재 주문의 특정 항목을 사용할 수 없거나, 픽업 위치가 현재 닫혀 있다는 것을 커스텀 응답(예를 들어, 시리를 통해 사용자에게 알리는 것)으로 인텐트를 구성해야 한다.

매개변수와 응답을 지정하는 측면에서, 시리 단축어의 핵심 구성 요소는 **시리킷 인텐트 정의**SiriKit intent definition 파일이다.

54.2 인텐트 정의 파일 소개

메시징 익스텐션messaging extension과 같은 시리킷 익스텐션이 iOS 프로젝트에 추가되면, 시리킷에서 제공하는 미리 정의된 시스템 인텐트를 사용한다(예를 들어 메시징 익스텐션의 경우, INSendMessageIntent가 포함된다). 하지만 시리 단축어의 경우, 앱의 요구사항에 맞게 커스텀 인텐트가 생성되고 구성된다. 커스텀 인텐트 생성의 핵심은 **인텐트 정의** 파일에 있다.

Xcode의 **File** ➡ **New** ➡ **File**… 메뉴 옵션을 선택하여 템플릿 선택 대화 상자의 **Resource** 섹션에서 **SiriKit Intent Definition File** 옵션을 선택하여 인텐트 정의 파일을 Xcode 프로젝트에 추가할 수 있다.

파일이 생성되면 Xcode는 커스텀 인텐트를 추가하고 구성하기 위한 전용 에디터를 제공한다(실제로 에디터는 메시징, 운동, 지불 인텐트와 같은 시스템 인텐트의 사용자 정의된 변형을 만드는 데 사용될 수도 있다). 에디터 창의 왼쪽 하단 모서리에 있는 '+' 버튼을 클릭하여 나타난 메뉴에서 하나를 선택하면 새로운 인텐트가 추가된다.

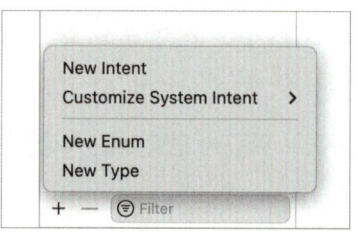

그림 54-1

Customize System Intent 옵션을 선택하면 선택할 수 있는 시스템 인텐트 목록이 제공되며,

New Intent 옵션은 기존 구성 설정 없이 완전히 새로운 인텐트를 생성한다. 새로운 커스텀 인텐트가 생성되면 그림 54-2와 같이 에디터에 나타날 것이다.

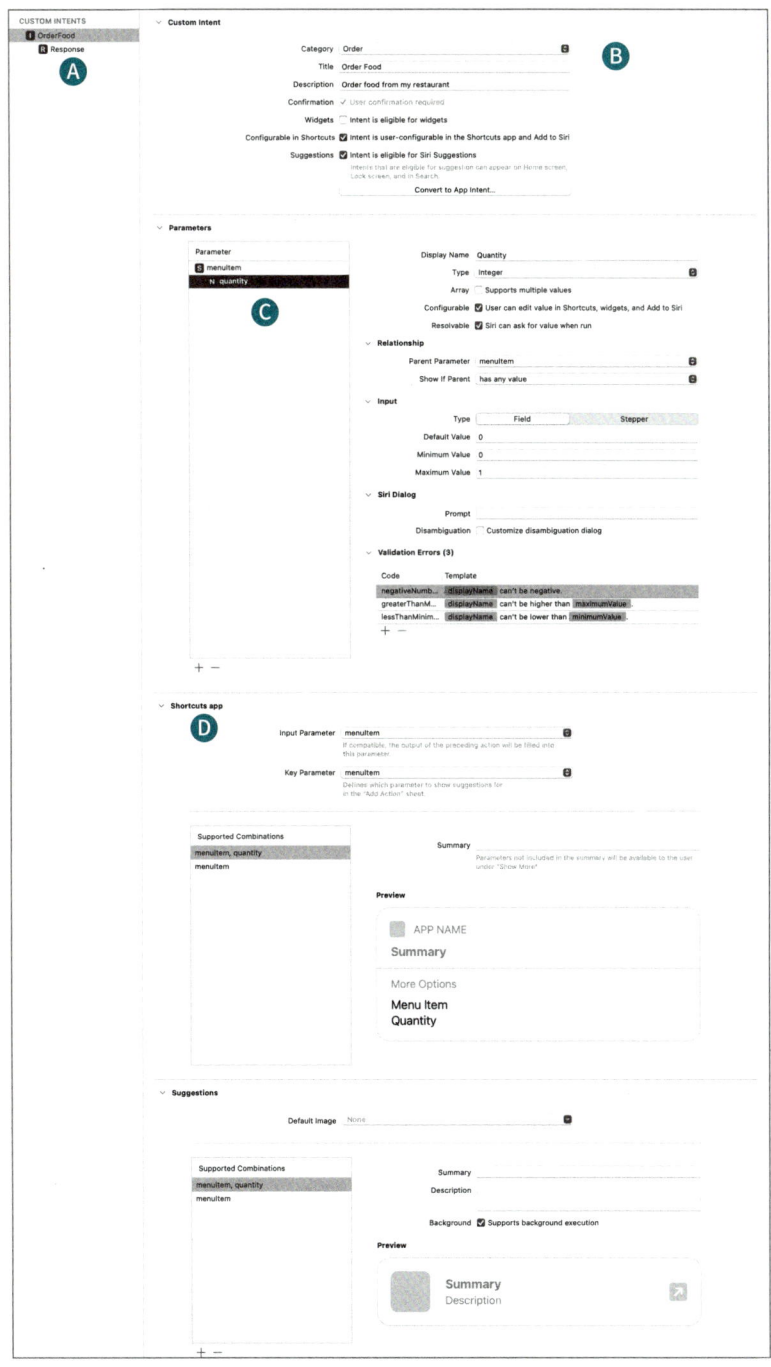

그림 54-2

그림 54-2에서 A로 표시된 섹션은 파일 내에 포함된 커스텀 인텐트를 나열한다. **Custom Intent** 섹션(B)은 order, buy, do, open, search 등과 같은 카테고리를 포함하는 옵션 목록에서 인텐트의 카테고리를 선택하는 곳이다. 이번 예제는 음식 주문을 위한 인텐트이므로 카테고리를 **Order**로 설정한다. 이 섹션에는 인텐트의 제목, 설명을 입력하는 칸이 포함되어 있다. 단축어를 완료하기 전에, 시리가 사용자에게 확인을 요청하도록 요구하는 체크박스도 제공된다. 구매 및 주문과 같은 일부 인텐트 카테고리의 경우 이 옵션은 필수다.

Parameters 섹션(C)에서는 선언될 인텐트에 전달할 매개변수를 구성한다. 만약에 커스텀 인텐트가 기존의 시리킷 시스템 인텐트를 기반으로 한다면, 이 영역은 인텐트가 처리하도록 이미 구성된 모든 매개변수로 채워지며 설정을 변경할 수 없게 된다. 새로운 커스텀 인텐트의 경우 필요한 만큼의 매개변수를 이름, 타입, 매개변수가 배열인지 여부 등에 대해 선언하고 구성할 수 있다.

마지막으로 **Shortcut app** 섹션(D)에서는 단축어의 다양한 변형을 구성할 수 있다. 단축어 유형은 그 단축어 내에서 사용되는 매개변수의 조합으로 정의된다. 각 인텐트는 사용자에게 유연한 단축어 경험을 제공하는 데 필요한 만큼 많은 매개변수 조합을 가질 수 있다.

Custom Intents 패널(A)에는 커스텀 인텐트 이름 아래 **Response** 항목도 나열된다. 그 항목을 선택하면 에디터에 그림 54-3과 같은 화면이 표시된다.

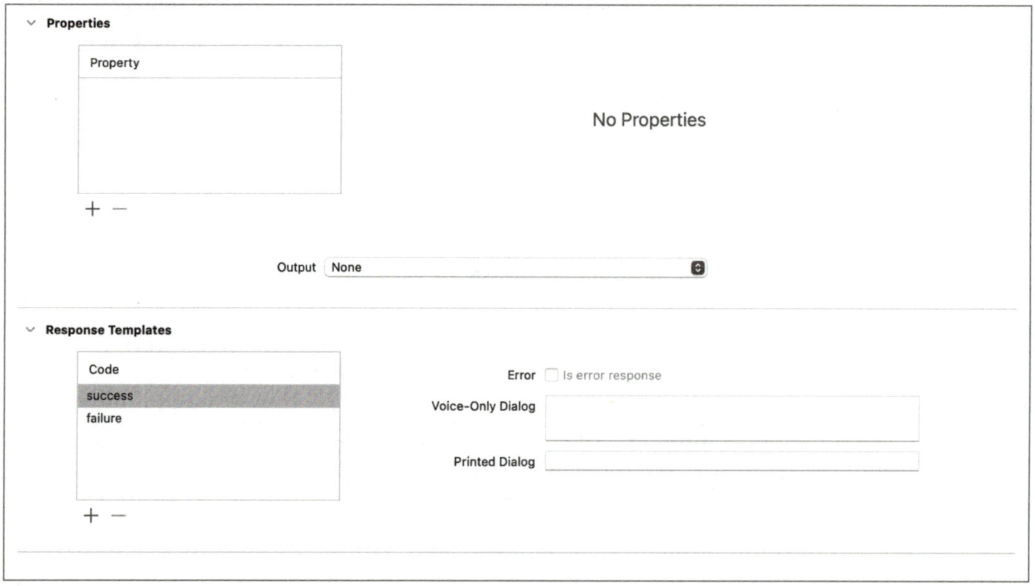

그림 54-3

시리 단축어에는 시리와 사용자 간의 양방향 상호작용이 포함되며, 이 상호작용을 유지하기 위해 시리는 인텐트 실행 결과에 따라 사용자에게 응답하는 방법을 알아야 한다. 이것은 인텐트가 특정 코드를 반환할 때 시리가 말할 문구를 정의하는 다양한 응답 템플릿을 통해 정의된다. 이러한 응답 설정을 사용하면 매개변수가 응답 문구에 포함되도록 구성할 수도 있다. 예를 들어, 식당 앱에는 failureStoreClosed라는 응답 코드가 있을 수 있다. 그러면 시리는 '죄송합니다. 가게가 닫혀서 치즈버거 주문을 완료할 수 없습니다'라는 문구로 응답한다. 성공 응답 코드는 '두 잔의 커피 주문은 20분 안에 픽업 준비가 될 것입니다'라는 문구로 응답하게 할 수 있다.

인텐트 정의 파일이 구성되면 Xcode는 익스텐션의 인텐트 핸들러 코드 내에서 사용할 준비가 된 일련의 클래스 파일을 자동으로 생성한다.

54.3 자동으로 생성된 클래스

인텐트 정의 파일의 목적은 Xcode가 단축어 익스텐션을 구현할 때 사용될 일련의 클래스들을 생성할 수 있도록 하는 것이다. OrderFood라는 커스텀 인텐트가 정의 파일에 추가되었다고 가정하면, 다음의 클래스가 Xcode에 의해 자동으로 생성될 것이다.

- **OrderFoodIntent** – 정의 파일에 선언된 모든 매개변수를 캡슐화하는 인텐트 객체다. 이 클래스의 인스턴스는 현재의 단축어에 대한 적절한 매개변수 값으로 구성된 익스텐션 인텐트 핸들러의 `handler()`, `handle()`, `confirm()` 메서드로 시리에 의해 전달될 것이다.
- **OrderIntentHandling** – 음식 주문 인텐트를 완전히 처리하기 위해 인텐트 핸들러가 준수해야 하는 프로토콜을 정의한다.
- **OrderIntentResponse** – 인텐트 정의 파일의 인텐트에 대해 선언된 응답 코드, 템플릿, 매개변수를 캡슐화하는 클래스다. 인텐트 핸들러는 이 클래스를 사용하여 응답 코드와 매개변수 값을 시리에게 반환하므로 적절한 응답이 사용자에게 전달될 수 있다.

인텐트 핸들러 내에서 이러한 클래스를 사용하는 방법은 'SwiftUI 시리 단축어 튜토리얼'이라는 제목의 다음 장에서 다룬다.

54.4 단축어 기부하기

대체로 앱은 사용자가 일반적인 작업을 수행할 때 단축어를 제공한다. 이러한 **기부**donation는 사용자의 작업을 단축어로 자동 전환하지 않지만 iOS 단축어 앱 내에서 제안된 단축어로 포함된다. 단축어 인텐트 객체로 초기화된 `INInteraction` 인스턴스의 `donate()` 메서드를 호출하여 예를 들면 다음과 같이 기부가 이루어진다.

```
let intent = OrderFoodIntent()

intent.menuItem = "Cheeseburger"
intent.quantity = 1
intent.suggestedInvocationPhrase = "Order Lunch"

let interaction = INInteraction(intent: intent, response: nil)

interaction.donate { (error) in
    if error != nil {
        // 기부 실패 처리
    }
}
```

54.5 Add to Siri 버튼

Add to Siri 버튼을 사용하면 앱 내에서 단축어를 시리에 추가할 수 있게 해준다. 여기에는 `INUIAddVoiceShortcutButton` 인스턴스를 생성하는 코드 작성과 구성된 단축어 매개변수가 있는 단축어 인텐트 객체로 초기화한 다음, 사용자 인터페이스 뷰에 추가하는 작업이 포함된다. 그런 다음, 버튼을 클릭할 때 호출할 타깃 메서드를 버튼에 추가한다.

iOS 16 현재, Add to Siri 버튼이 SwiftUI에 직접 통합되지 않았으므로, UIKit으로 구현하여 SwiftUI 프로젝트에 통합해야 한다.

54.6 요약

시리 단축어를 사용하면 사용자가 제공한 문구를 통해 시리를 사용하여 앱 내에서 일반적으로 수행되는 작업을 호출할 수 있게 한다. 단축어가 추가되면, 앱 내에서 작업을 완료하는 데 필요한 모든 매개변수 값과 인텐트 핸들러가 보고한 상태에 따라 시리가 응답해야 하는 방식을 정의하는 템플릿이 단축어에 포함된다. 단축어는 커스텀 인텐트 익스텐션을 생성하고 인텐트, 매개변수, 그리고 응답에 관한 모든 정보를 포함하는 **인텐트 정의**intent definition 파일을 구성하여 구현된다. 이 정보를 통해 Xcode는 단축어를 구현하는 데 필요한 모든 클래스 파일을 생성한다. 호스트 앱 내의 Add to Siri 버튼을 통하거나 **제안된**suggested 단축어를 제공하는 앱을 통해 단축어를 시리에 추가할 수 있다. **기부된**donated 단축어 목록은 iOS의 **단축어**shortcut 앱에서 확인할 수 있다.

CHAPTER 55

SwiftUI 시리 단축어 튜토리얼

앞에서 설명한 것처럼 **시리 단축어**Siri shortcut의 목적은 사용자가 시리를 통해 커스텀 구문을 말함으로써 앱의 주요 기능을 실행할 수 있도록 하는 것이다. 이번 장에서는 커스텀 인텐트와 인텐트 UI 생성, 시리킷 인텐트 정의 파일 구성을 포함하여 단축어 지원을 기존의 iOS 앱에 통합하는 방법을 보여주며, 인텐트를 처리하는 데 필요한 코드의 개요를 설명하고, 응답과 시리에 단축어를 제공할 것이다.

55.1 예제 앱에 대하여

이번 튜토리얼의 기초로 사용되는 프로젝트는 금융 주식 구매를 시뮬레이션하는 앱이다. 이 앱의 이름은 **ShortcutDemo**이며 다음의 URL에서 다운로드할 수 있는 샘플 코드에서 찾을 수 있다.

https://bit.ly/jpub_swiftui

이 앱은 주식 종목코드와 수량을 입력하고 구매를 시작하는 'Buy' 화면과 이전의 모든 거래를 나열하는 List 뷰로 구성된 'History' 화면으로 구성된다. 거래 내역에서 항목을 선택하면 해당 주식 구매에 대한 세부 정보가 포함된 세 번째 화면이 표시된다.

55.2 앱 그룹과 UserDefaults

앱이 구성되는 방식에 대한 대부분은 앞에서 설명한 기술이므로 익숙할 것이다. 또한, 이번 프로젝트는 28장 'AppStorage와 SceneStorage를 사용한 SwiftUI 데이터 지속성'에서 소개한 개념인 UserDefaults와 @AppStorage 프로퍼티 래퍼 형식의 앱 저장소를 사용한다. **ShortcutDemo** 앱은 앱 저장소를 사용하여 모든 주식 구매 거래에 대한 종목코드, 수량, 타임스탬프 데이터가 포함된 객체 배열을 저장한다. 이번 예제는 최소한의 데이터를 저장해야 하는 테스트 앱이므로 이 저장소로 충분하다. 그러나 실제 환경에서는 SQLite, 코어 데이터, iCloud 저장소와 같은 대용량 데이터를 처리할 수 있는 스토리지 시스템을 사용해야 할 것이다.

앱과 시리킷 인텐트 익스텐션 간에 UserDefaults 데이터를 공유하기 위해 프로젝트는 **앱 그룹**app group도 사용한다. 앱 그룹을 사용하면 앱이 동일한 앱 그룹 내의 다른 앱 및 타깃과 데이터를 공유할 수 있다. 앱 그룹에는 이름(일반적으로 group.com.yourdomain.myappname과 유사)이 할당되며 Xcode 프로젝트 **Signing & Capabilities** 화면 내에서 활성화하고 구성한다.

55.3 프로젝트 준비하기

ShortcutDemo 프로젝트를 다운로드하고 Xcode 내에서 연 다음, 앱을 컴파일하고 실행하기 전에 일부 구성을 변경해야 한다. 프로젝트 내비게이터 패널 상단에서 **ShortcutDemo** 타깃(그림 55-1에서 A로 표시됨)을 선택한 다음, **TARGETS** 목록(B)에서 **ShortcutDemo** 항목을 선택한다. **Signing & Capabilities** 탭(C)을 선택하고 **Signing** 섹션(D)의 **Team** 메뉴에서 여러분의 개발자 ID를 선택한다.

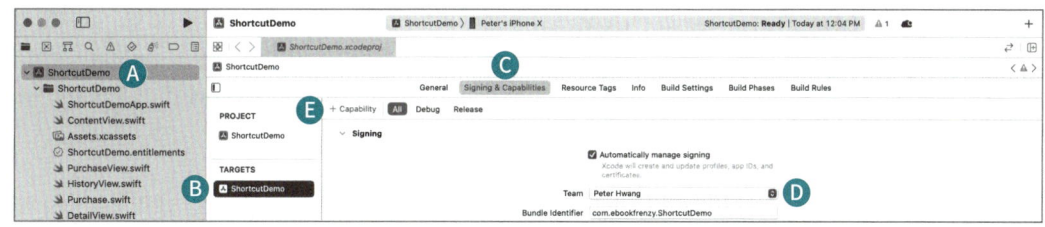

그림 55-1

다음으로 **+ Capability** 버튼(E)을 클릭하여 나타난 대화 상자에서 **App Groups** 항목을 더블 클릭하여 그 기능을 프로젝트에 추가한다.[1] 추가되면 앱 그룹 목록 아래에 있는 '+' 버튼을 클릭한다(그림 55-2 참고).

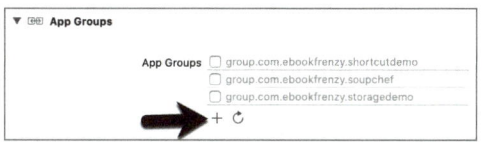

그림 55-2

---

1 (옮긴이) 앱 그룹을 추가한 후에 'Failed to register bundle identifier.'와 같은 오류가 발생할 수 있는데, 이것은 저자가 이미 해당 번들 아이디를 추가했기 때문이다. 샘플 프로젝트의 번들 아이디를 조금 바꾸면 해결된다.

나타난 패널에서 프로젝트에 고유한 앱 그룹 컨테이너의 이름을 제공한다(예를 들어: group.com.<도메인 이름>.shortcutdemo). 이름을 입력했으면 확인 버튼을 클릭하여 프로젝트 자격 파일(ShortcutDemo.entitlements)에 추가되고 체크박스가 활성화되어 있는지 확인한다.

이제 앱 그룹 컨테이너가 생성되었으므로 프로젝트 코드에서 이름을 참조해야 한다. PurchaseStore.swift 파일을 편집하고 다음의 코드 줄의 **플레이스홀더**placeholder 텍스트를 자신의 앱 그룹 이름으로 바꾸자.

```
@AppStorage("demostorage", store: UserDefaults(suiteName: "여러분의 앱 그룹 이름"))
var store: Data = Data()
```

55.4 앱 실행하기

디바이스나 시뮬레이터에서 앱을 실행하고 주식 종목 코드와 수량(예를 들면, TSLA 주식 100주와 GE 주식 20주)을 입력하고 **Purchase** 버튼을 클릭한다. 트랜잭션이 성공했다고 가정하고 화면 하단의 **History** 탭을 선택하여 그림 55-3과 같이 트랜잭션이 목록에 나타나는지 확인한다.

그림 55-3

구매한 주식이 목록에 표시되지 않으면 항목이 표시되어야 하는 지점에서 구매 및 내역 화면 사이를 한 번 더 전환한다(이는 Apple에 보고되었지만 아직 수정되지 않은 SwiftUI의 버그다). 목록에서 거래를 선택하여 해당 구매에 대한 세부 정보 화면을 표시한다.

그림 55-4

앱이 설치, 구성, 실행되면 다음 단계는 단축어 지원을 프로젝트에 통합하는 것이다.

55.5 시리 지원 활성화하기

시리 권한 Siri entitlement을 추가하려면, **Signing & Capabilities** 화면으로 돌아가서 **+ Capability** 버튼을 클릭하여 기능 선택 대화 상자를 열고 필터에 **Siri**라고 입력하여 나타난 결과를 더블 클릭하여 프로젝트에 기능을 추가한다.

55.6 시리 권한 구하기

시리 권한을 활성화하는 것 외에도 앱은 시리와 앱을 통합하기 위해 사용자의 승인을 받아야 한다. 이것은 2단계 프로세스로 iOS 앱 타깃의 `Info.plist` 파일에 `NSSiriUsageDescription` 키에 대한 항목을 추가하고, 앱이 시리를 어떻게 사용하는지를 설명하는 문자열 값을 추가하는 것이다.

프로젝트 내비게이터 패널 상단에서 **ShortcutDemo** 타깃(그림 55-5에서 A로 표시됨)과 **TARGETS** 목록(B)에서 **ShortcutDemo** 항목을 선택하고 **Info** 탭(C)을 선택한다.

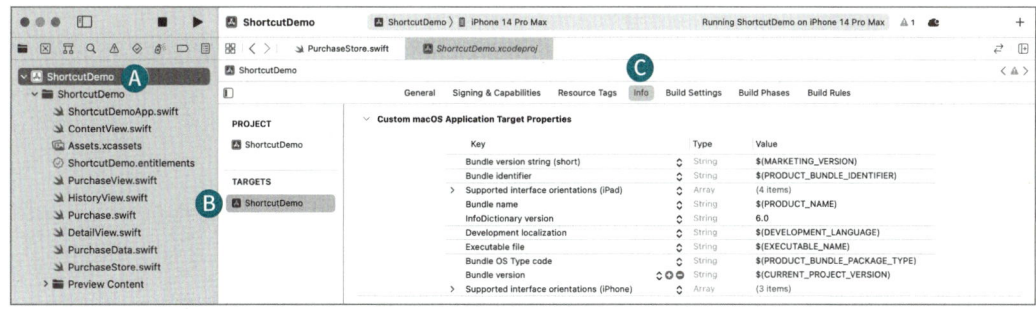

그림 55-5

타깃 속성 목록에서 맨 아래 항목을 찾아 항목 위로 마우스 포인터를 올린다. 더하기 버튼이 나타나면 클릭하여 목록에 새로운 항목을 추가한다. 사용 가능한 키들의 드롭다운 목록에서, 그림 55-6과 같이 **Privacy – Siri Usage Description** 옵션을 찾아 선택한다.

그림 55-6

음성 인식 사용 권한을 요청할 때 사용자에게 표시할 메시지를 속성의 값 필드에 입력한다. 예를 들어 다음과 같이 입력한다.

```
Siri support is used to suggest shortcuts
```

Siri usage description 키를 추가하는 것 외에도 `INPreferences` 클래스의 `requestSiri Authorization` 클래스 메서드를 호출해야 한다. 이 호출은 앱이 처음 실행될 때 수행되는 것이 이상적이다. 승인을 받을 수 있을 뿐만 아니라 사용자가 앱에 시리 지원이 포함되어 있음을 알 수 있기 때문이다. 이 프로젝트의 목적을 위해 다음과 같이 `ShortcutDemoApp.swift` 파일에 있는 앱 선언 내의 scenePhase 변화를 기반으로 onChange() 수정자 내에서 호출이 이뤄진다.

```swift
import SwiftUI
import Intents

@main
struct ShortcutDemoApp: App {
    
    @Environment(\.scenePhase) private var scenePhase
    
    var body: some Scene {
        WindowGroup {
            ContentView()
        }
        .onChange(of: scenePhase) { phase in
            INPreferences.requestSiriAuthorization({status in
                // 상태에 대한 처리
            })
        }
    }
}
```

계속 진행하기 전에, iOS 디바이스나 시뮬레이터에서 앱을 컴파일하고 실행하자. 앱이 로드되면 시리 사용 권한을 요청하는 대화 상자가 나타난다. 인증을 제공하려면 대화 상자에서 확인 버튼을 선택한다.

55.7 인텐트 익스텐션 추가하기

단축어 지원을 추가하려면, 이 앱과 연결된 시리 단축어에 대한 인텐트 익스텐션이 필요하다. **File ➡ New ➡ Target…** 메뉴 옵션을 선택한 다음 **Intents Extension** 옵션을 선택하고 **Next** 버튼을 클릭하자. 옵션 화면에서 **Product Name** 필드에 **ShortcutDemoIntent**라고 입력하고 **Starting Point**을 **None**으로 변경한 다음, **Include UI Extension** 옵션이 활성화되도록 하고 **Finish** 버튼을 클릭한다.

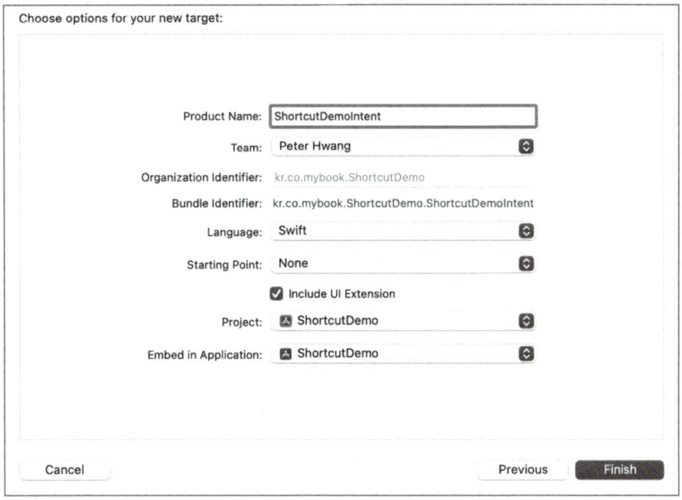

그림 55-7

메시지가 표시되면 **ShortcutDemoIntent** 타깃 스킴을 활성화한다.

55.8 시리킷 인텐트 정의 파일 추가하기

인텐트 익스텐션이 프로젝트에 추가되었으므로 인텐트가 구성될 수 있도록 **시리킷 인텐트 정의** SiriKit intent definition 파일을 추가해야 한다. 프로젝트 내비게이터 패널에서 **ShortcutDemo** 폴더를 마우스 오른쪽 버튼으로 클릭하고 메뉴에서 **New File…**을 선택한다. 템플릿 선택 대화 상자에서 **Resource** 섹션까지 아래로 스크롤하고 **SiriKit Intent Definition File** 템플릿을 선택하고 **Next** 버튼을 선택한다.

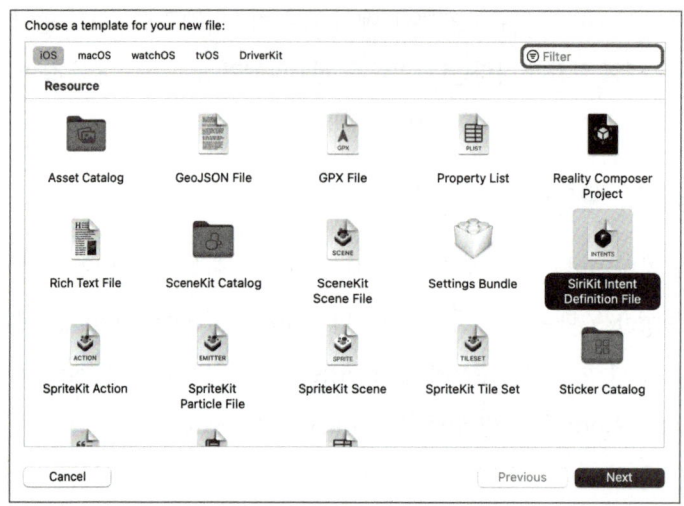

그림 55-8

Save As: 필드에 인텐트의 디폴트 이름을 유지하되, 대화 상자의 **Targets** 섹션에서 모든 옵션을 활성화하여 프로젝트의 모든 타깃에서 파일을 사용할 수 있도록 하고 **Create** 버튼을 클릭하자.

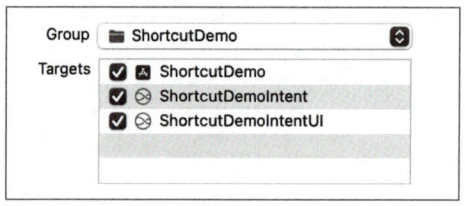

그림 55-9

55.9 앱 그룹에 인텐트 추가하기

구매 내역 데이터는 앱 저장소를 사용하여 메인 앱과 인텐트 간에 공유될 것이다. 이렇게 하려면 앱 그룹 기능을 ShortcutDemoIntent 타깃에 추가하고 ShortcutDemo 타깃에서 사용하는 것과 동일한 컨테이너 이름에 대해 활성화해야 한다. 이를 위해 프로젝트 내비게이터 패널 상단에서 **ShortcutDemo** 항목을 선택하고 **Signing & Capabilities** 패널로 전환한 다음, **TARGETS** 목록에서 **ShortcutDemoIntent** 항목을 선택하고 **App Group** 기능을 추가한다. 추가한 후 **ShortcutDemo** 타깃에서 사용하는 앱 그룹 이름이 선택되도록 하자.

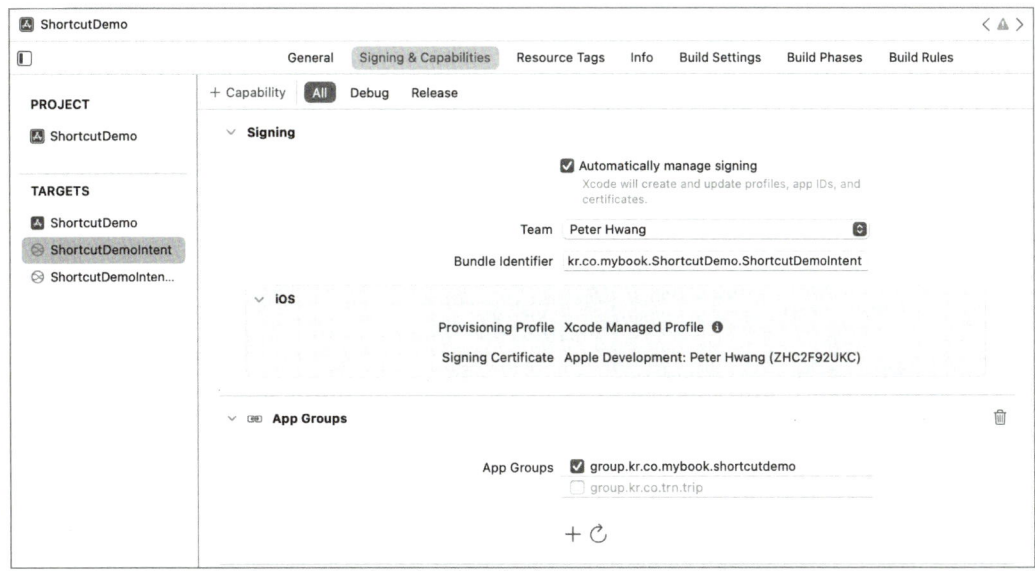

그림 55-10

55.10 시리킷 인텐트 정의 파일 구성하기

프로젝트 내비게이터에서 `Intents.intentdefinition` 파일을 찾아 선택하여 에디터에 로드하자.

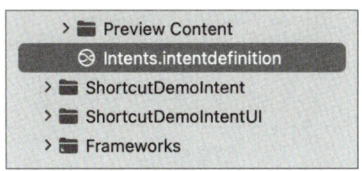

그림 55-11

이 파일은 현재 비어 있으므로 에디터 패널의 왼쪽 하단에 있는 '+' 버튼을 클릭하고 **New Intent** 메뉴 옵션을 선택하여 새로운 인텐트를 추가한다.

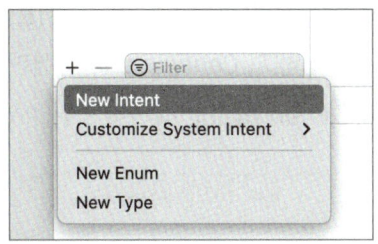

그림 55-12

Custom Intents 패널에서 그림 55-13과 같이 새로운 인텐트의 이름을 BuyStock으로 바꾼다.

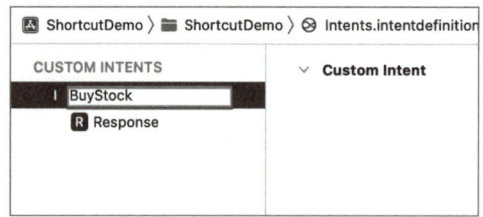

그림 55-13

그런 다음 에디터의 Custom Intent 섹션에서 Category 설정을 'Do'에서 'Buy'로 변경하고 Title과 Description 필드에 각각 ShortcutDemo와 Buy stocks and share을 입력하고, Configurable in Shortcuts과 Suggestions 옵션 모두 활성화한다. 이것은 카테고리가 Buy인 인텐트이므로 User confirmation required 옵션이 디폴트로 활성화되어 있으며 비활성화할 수 없다.

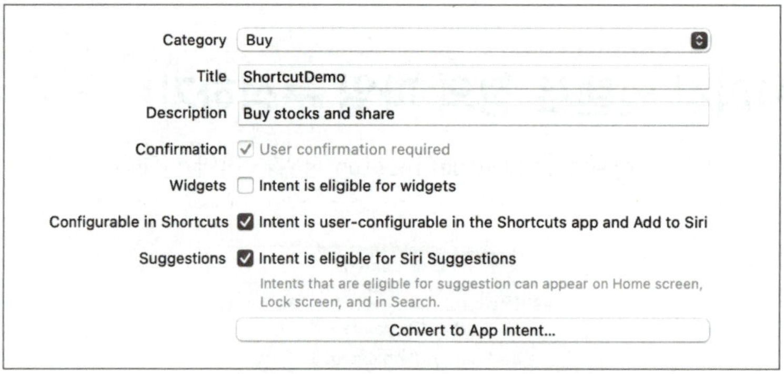

그림 55-14

55.11 인텐트 매개변수 추가하기

구매를 완료하려면 인텐트에 주식 종목코드와 수량 형식의 두 가지 매개변수가 필요하다. 인텐트 정의 에디터 내에서 Parameters 섹션 아래에 있는 '+' 버튼을 사용하여 Type은 String으로 Display Name은 'Symbol'로 설정하고, Configurable 옵션과 Resolvable 옵션이 모두 활성화된 매개변수 'symbol'을 추가한다. Siri Dialog 섹션에 있는 Prompt 필드에 'Specify a stock symbol'이라고 입력한다.

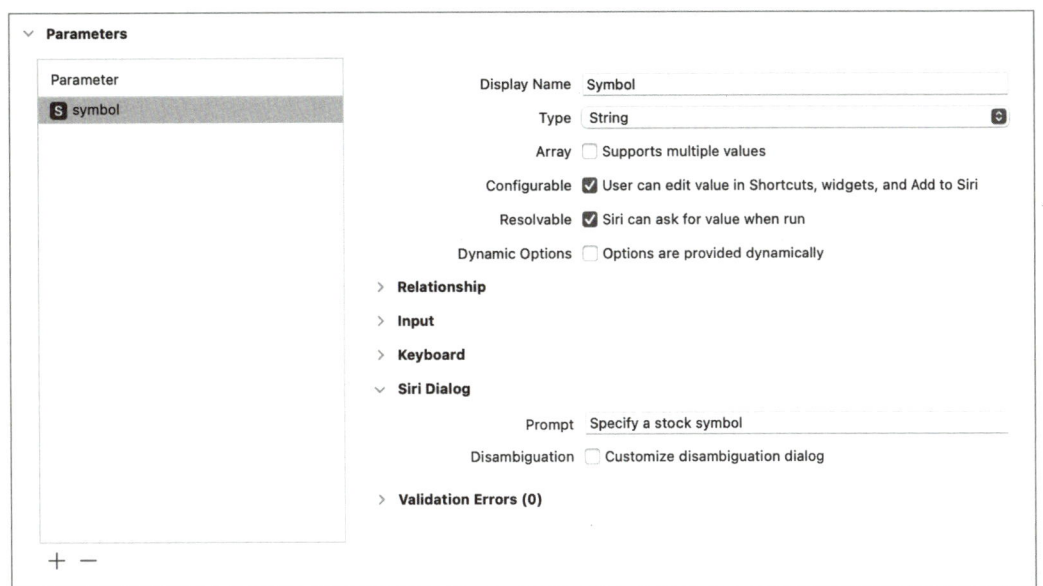

그림 55-15

앞의 단계를 반복하여 인텐트에 **quantity** 매개변수를 추가하고 **Prompt**를 'Specify a quantity to purchase'로 설정하자.

55.12 단축어 조합 선언하기

단축어 인텐트는 다양한 인텐트 매개변수 조합을 처리하도록 구성될 수 있다. 각각의 고유한 매개변수 조합은 단축어 조합을 정의한다. 각 조합에 대해 인텐트는 시리가 사용자와 포함된 매개변수를 가지고 상호작용할 때 시리가 말하게 될 구문을 알아야 한다. 사용자가 단축어를 수동으로 선택할 수 있도록 단축어 제안과 단축어 앱 내에서 사용할 수 있도록 구성되어야 한다. 이번 예제에서 필요한 유일한 조합은 인텐트 구성 에디터 화면의 **Shortcuts app** 섹션에 있는 **Supported Combinations** 패널 내에 자동으로 추가된 **종목코드**symbol와 **수량**quantity을 모두 포함하는 것이다.

Supported Combinations 패널 내에서 **symbol, quantity** 매개변수 조합을 선택하고 **Summary** 필드에 입력을 시작하자. 'Buy'라는 단어 다음에 'quantity'라는 단어의 처음 몇 글자를 입력한다. Xcode는 이것이 수량 매개변수 이름에 대한 참조일 수 있음을 인식하고 그림 55-16과 같이 구문에 매개변수를 포함하는 옵션으로 제안한다.

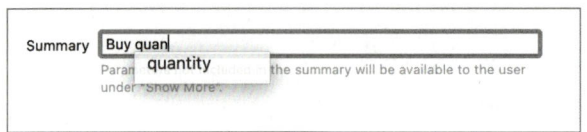

그림 55-16

제안에서 매개변수를 선택하여 문구에 삽입한 다음, 메시지에 '**Buy quantity shares of symbol**'
가 표시되도록 계속 입력한다. 여기서 '**symbol**'은 역시 포함되는 매개변수다.

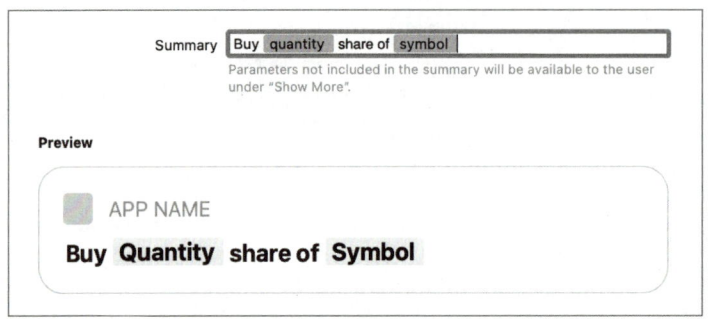

그림 55-17

이러한 조합 설정은 **Suggestions** 섹션 아래에 자동으로 복제된다. 제안에 대한 **Supports background execution**은 사용자에게 표현되지 않고 백그라운드에서 단축어 유형을 처리할 수 있는지 여부를 정의한다. 이 단축어 조합에 대해 이 옵션이 활성화되도록 하자.

55.13 인텐트 응답 구성하기

인텐트 정의 파일 내에서 처리할 마지막 부분은 응답 처리다. 이들 설정을 보려면 **Custom Intents** 패널에서 **BuyStock** 인텐트 아래에 있는 **Response** 항목을 선택하자.

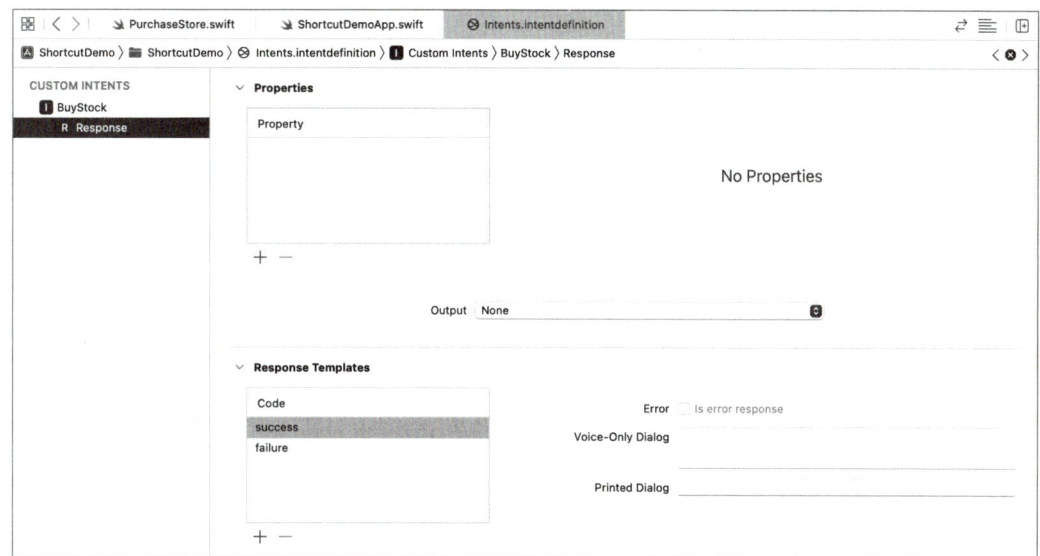

그림 55-18

첫 번째로 할 작업은 응답 문구에 포함될 속성을 선언하는 것이다. 인텐트 구성과 마찬가지로, 문자열로 구성된 **symbol**과 **quantity** 매개변수를 모두 추가한다.

다음으로, 응답 템플릿 코드 목록에서 **success** 항목을 선택한다.

그림 55-19

Voice-Only Dialog 필드에 다음 메시지를 입력하자(앞에서 **summary** 설정에서 사용한 것과 동일한 기술을 사용하여 **symbol**과 **quantity**에 대한 매개변수를 삽입하자).

```
Successfully purchased quantity symbol shares
```

마찬가지로 **failure** 코드에 다음 템플릿 텍스트를 추가하자.

```
Sorry, could not purchase quantity shares of symbol
```

이제 Xcode는 인텐트 정의 파일 내에 제공된 정보를 가져다가 BuyStockIntentHandling, BuyStockIntent, BuyStockIntentResponse라는 이름의 새로운 클래스를 자동으로 생성한다. 이들 클래스는 모두 인텐트 핸들링 코드에서 사용될 것이다. 코드를 편집하기 전에 이들 파일이 생성되었는지 확인하려면 **Product** ➡ **Clean Builder Folder** 메뉴 옵션과 **Product** ➡ **Build**를 차례로 선택하자.

55.14 타깃 멤버십 구성하기

프로젝트에 속한 많은 클래스와 타깃은 상호 의존적이며 컴파일 및 실행 중에 서로 접근할 수 있어야 한다. 이러한 접근을 허용하려면 프로젝트 내의 여러 클래스와 파일에 특정 타깃 멤버십 설정이 필요하다. 이들 설정 중 일부는 디폴트로 올바르게 설정되지만, 다른 설정은 앱을 테스트하기 전에 수동으로 설정해야 할 필요가 있을 수 있다. 프로젝트 내비게이터 패널에서 IntentHandler.swift 파일(**ShortcutDemoIntent** 폴더에 있음)을 선택하고 **파일 인스펙터**file inspector(**View** ➡ **Inspectors** ➡ **File**)를 표시하자. 파일 인스펙터 패널에서 **Target Membership** 섹션을 찾아 그림 55-20과 같이 모든 타깃이 활성화되도록 한다.

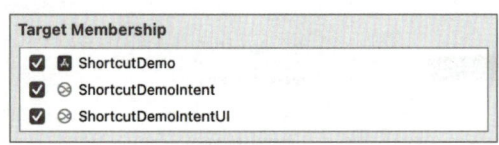

그림 55-20

ShortcutDemo 폴더에 있는 Purchase.swift, PurchaseData.swift, PurchaseStore.swift 파일에 대해 이 단계를 반복한다.

55.15 인텐트 핸들러 코드 수정하기

인텐트 정의가 완료되고 클래스가 Xcode에 의해 자동 생성되었으므로, BuyStockIntentHandling 프로토콜을 구현하도록 인텐트 핸들러를 수정해야 한다.

IntentHandler.swift 파일을 편집하고 다음과 같이 변경하자.

```
import Intents

class IntentHandler: INExtension, BuyStockIntentHandling {

    override func handler(for intent: INIntent) -> Any {

        guard intent is BuyStockIntent else {
            fatalError("Unknown intent type: \(intent)")
        }

        return self
    }

    func handle(intent: BuyStockIntent,
                completion: @escaping (BuyStockIntentResponse) -> Void) {

    }
}
```

handler() 메서드는 단순히 인텐트 타입이 인식되는지 확인하고, 인식되었다면 자신을 인텐트 핸들러로 반환한다.

다음으로 지원되는 두 매개변수에 대한 **해결 메서드**resolution method를 추가한다.

```
    func resolveSymbol(for intent: BuyStockIntent,
                       with completion: @escaping (INStringResolutionResult) -> Void) {

        if let symbol = intent.symbol {
            completion(INStringResolutionResult.success(with: symbol))
        } else {
            completion(INStringResolutionResult.needsValue())
        }
    }

    func resolveQuantity(for intent: BuyStockIntent, with completion: @escaping
                         (INStringResolutionResult) -> Void) {
        if let quantity = intent.quantity {
            completion(INStringResolutionResult.success(with: quantity))
        } else {
            completion(INStringResolutionResult.needsValue())
        }
    }
```

이제 주식 구매를 수행하기 위해 handle() 메서드에 코드를 추가해야 한다. 이것은 사용자 디폴트 앱 저장소에 대한 접근 권한이 필요하므로 다음과 같이 변경하자(플레이스홀더 텍스트를 앱 그룹 이름으로 대체한다).

```
import Intents
import SwiftUI

class IntentHandler: INExtension, BuyStockIntentHandling {

    @AppStorage("demostorage", store: UserDefaults(suiteName: "여러분의 앱 그룹 이름"))
    var store: Data = Data()
    var purchaseData = PurchaseData()
    .
    .
```

handle() 메서드를 수정하기 전에 IntentHandler.swift 파일에 다음 메서드를 추가하자. 이 메서드는 최근에 구매한 것을 앱 저장소에 저장하기 위해 호출될 것이다.

```
func makePurchase(symbol: String, quantity: String) -> Bool {

    var result: Bool = false
    let decoder = JSONDecoder()

    if let history = try? decoder.decode(PurchaseData.self, from: store) {
        purchaseData = history
        result = purchaseData.saveTransaction(symbol: symbol, quantity: quantity)
    }
    return result
}
```

위의 메서드는 JSON 디코더를 사용하여 앱 저장소에 포함된 데이터를 디코딩한다(앱 저장소 데이터 인코딩 및 디코딩에 대한 알림은 28장 'AppStorage와 SceneStorage를 사용한 SwiftUI 데이터 지속성' 참고). 디코딩의 결과는 PurchaseData 인스턴스이며, saveTransaction() 메서드는 현재 구매를 저장하기 위해 호출된다.

다음으로 handle() 메서드를 다음과 같이 수정한다.

```
func handle(intent: BuyStockIntent,
            completion: @escaping (BuyStockIntentResponse) -> Void) {
```

```
    guard let symbol = intent.symbol, let quantity = intent.quantity else {
        completion(BuyStockIntentResponse(code: .failure, userActivity: nil))
        return
    }

    let result = makePurchase(symbol: symbol, quantity: quantity)

    if result {
        completion(BuyStockIntentResponse.success(quantity: quantity, symbol: symbol))
    } else {
        completion(BuyStockIntentResponse.failure(quantity: quantity, symbol: symbol))
    }
}
```

이 메서드가 호출될 때, BuyStockIntent 인텐트 인스턴스와 구매가 완료될 때 호출될 완료 핸들러를 전달받는다. 이 메서드는 인텐트 객체에서 symbol과 quantity 매개변수 값을 추출하는 것으로 시작한다.

```
guard let symbol = intent.symbol, let quantity = intent.quantity else {
    completion(BuyStockIntentResponse(code: .failure, userActivity: nil))
    return
}
```

그런 다음 이 값들을 makePurchase() 메서드로 전달하여 구매 트랜잭션을 수행한다. 마지막으로 makePurchase() 메서드가 반환하는 결과는 완료 핸들러에 전달될 적절한 응답을 선택하는 데 사용된다. 각각의 경우 응답 템플릿에 포함하는 적절한 매개변수가 완료 핸들러로 전달된다.

```
let result = makePurchase(symbol: symbol, quantity: quantity)

if result {
    completion(BuyStockIntentResponse.success(quantity: quantity, symbol: symbol))
} else {
    completion(BuyStockIntentResponse.failure(quantity: quantity, symbol: symbol))
}
```

55.16 확인 메서드 추가하기

BuyStockIntentHandling 프로토콜을 완전히 준수하려면 IntentHandler 클래스에 confirm() 메서드도 포함되어야 한다. 시리킷 소개 장에서 설명한 것처럼 이 메서드는 핸들러가 인텐트를 처리할 준비가 되었는지 확인하기 위해 시리에 의해 호출된다. 이번 예제에 필요한 것은 준비 상태를 시리에 제공하는 confirm() 메서드를 다음과 같이 추가하는 것이다.

```
public func confirm(intent: BuyStockIntent,
                    completion: @escaping (BuyStockIntentResponse) -> Void) {

    completion(BuyStockIntentResponse(code: .ready, userActivity: nil))
}
```

55.17 시리에 단축어 제공하기

사용자가 메인 앱 내에서 주식 구매를 성공적으로 완료할 때마다, 해당 작업을 잠재적 단축어로 시리에 **기부**donation해야 한다. 이제 이러한 기부를 하기 위한 코드는 makeDonation()이라는 이름으로 PurchaseView.swift 파일에 추가한다. 또한 인텐트 프레임워크를 임포트해야 한다.

```
import SwiftUI
import Intents

struct PurchaseView: View {
.
.
        .onAppear() {
            purchaseData.refresh()
        }
    }

    func makeDonation(symbol: String, quantity: String) {
        let intent = BuyStockIntent()

        intent.quantity = quantity
        intent.symbol = symbol
        intent.suggestedInvocationPhrase = "Buy \(quantity) \(symbol)"

        let interaction = INInteraction(intent: intent, response: nil)

        interaction.donate { (error) in
            if error != nil {
                if let error = error as NSError? {
                    print("Donation failed: %@" + error.localizedDescription)
                }
            } else {
```

```
            print("Successfully donated interaction")
        }
    }
}
.
.
.
}
```

이 메서드에는 구매 재고와 수량을 나타내는 문자열 값이 전달된다. 그런 다음, 새로운 BuyStockIntent 인스턴스가 생성되고 이들 값과 quantity 및 symbol 모두를 포함하는 제안된 활성화 문구로 채워진다. 다음으로 BuyStockIntent 인스턴스를 사용하여 INInteraction 객체가 생성되며, 기부를 위해 객체의 donate() 메서드를 호출한다. 기부의 성공 여부는 콘솔에 출력된다.

기부는 성공적으로 구매가 완료된 후에만 이루어지므로, buyStock() 메서드에서 save Transaction() 호출 뒤에 makeDonation() 호출을 추가한다.

```
private func buyStock() {
    if (symbol == "" || quantity == "") {
        status = "Please enter a symbol and quantity"
    } else {
        if purchaseData.saveTransaction(symbol: symbol, quantity: quantity) {
            status = "Purchase completed"
            makeDonation(symbol: symbol, quantity: quantity)
        }
    }
}
```

55.18 단축어 테스트하기

단축어 기능을 완전히 테스트하려면, 앱을 실행하여 테스트하기 전에 타깃 디바이스 또는 시뮬레이터의 일부 설정을 변경해야 한다. 이러한 설정을 활성화하기 위해, 앱을 테스트하려는 디바이스 또는 시뮬레이터에서 **설정**setting 앱을 열고 **개발자**developer 옵션을 선택한 다음 그림 55-21과 같이 **최근 단축어 표시**display recent shortcut와 **잠금 화면에 기부 표시**display donations on lock screen 옵션을 찾아서 활성화한다.

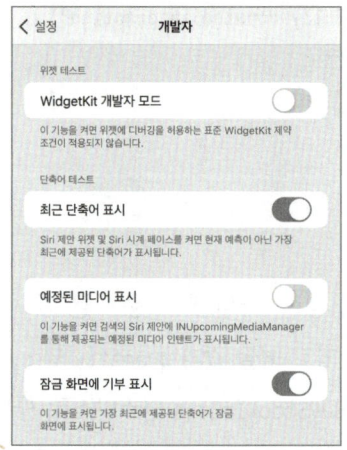

그림 55-21

이러한 설정은 단축어가 사용자에게 제안되어야 하는 시점을 시리에 의존하지 않고 새롭게 기부된 단축어가 시리 검색 및 잠금 화면에 항상 표시되도록 한다.

설정을 변경했다면 **ShortcutDemo** 앱 타깃을 실행하고(**ShortcutDemoIntentUI**에서 실행 타깃을 변경해야 할 수 있다) 주식을 구매한다(예를 들어, IBM 주식 100주 구매). 구매가 완료된 후 Xcode 콘솔을 확인하여 'Successfully donated interaction' 메시지가 나타나는지 확인한다.

다음으로 그림 55-22에 강조 표시된 디바이스의 홈 화면에 있는 단축어 앱을 탭하여 실행한다.

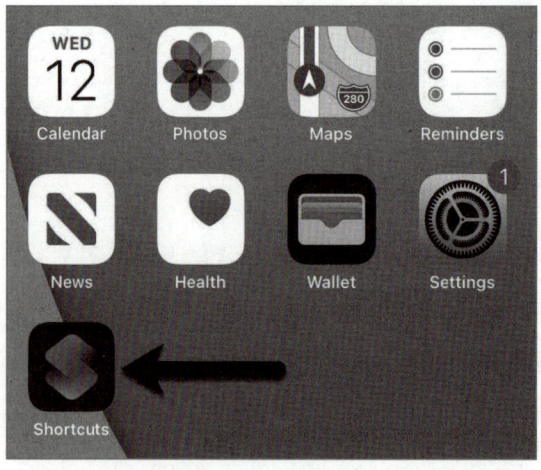

그림 55-22

단축어 앱 내에서 그림 55-23과 같이 기부된 단축어가 표시될 **갤러리**gallery 탭을 선택한다.

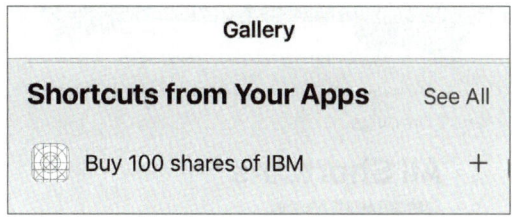

그림 55-23

단축어 제목 오른쪽에 있는 '+' 버튼을 클릭하여 **Add to Siri** 화면을 표시한다(그림 55-24). `makeDonation()` 메서드에서 기부가 이루어질 때 구성된 'Buy 100 IBM'이 제안된다. **Change Voice Phrase** 버튼을 클릭하고 변경하여 다음 문구로 녹음한다(시리는 'buy'와 'by'를 구별하기 어려워하기 때문이다).

```
"Purchase 100 IBM"
```

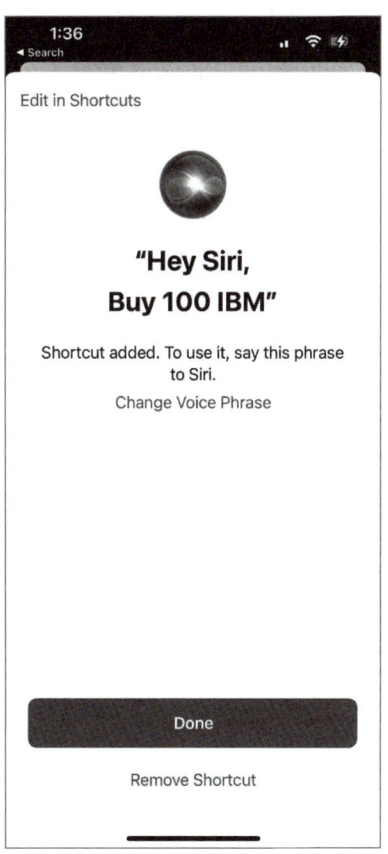

그림 55-24

나의 단축어my shortcut 메뉴를 선택하고 새로운 단축어가 추가되었는지 확인한다.

그림 55-25

홈 버튼을 길게 눌러 시리를 실행하고 단축어 문구를 말하면, 시리는 다음과 같이 구매 확인을 요청할 것이다.

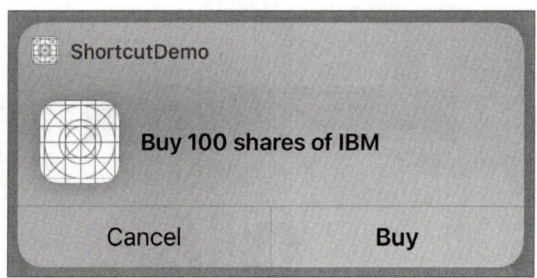

그림 55-26

구매를 완료한 후 시리는 인텐트 정의 파일에 선언된 성공 응답 템플릿을 사용하여 거래가 성공했음을 확인한다.

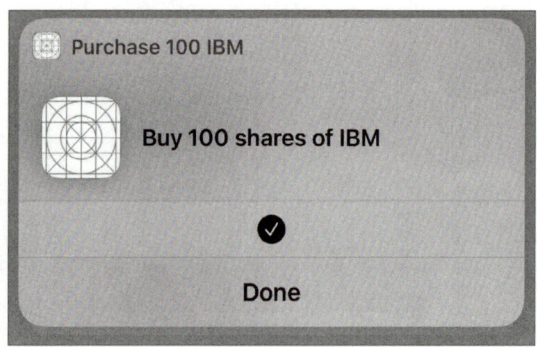

그림 55-27

단축어로 구매 후 **ShortcutDemo** 앱을 실행하여 거래내역에 내역이 나타나는지 확인한다.

55.19 요약

이번 장에서는 시리 단축키 지원을 SwiftUI 앱에 어떻게 통합하는지에 대한 실질적인 데모를 제공하였다. 여기에는 인텐트 정의 파일의 생성과 구성, 커스텀 인텐트 익스텐션 추가와 인텐트 핸들링 코드 구현이 포함되었다.

CHAPTER 56

SwiftUI와 위젯킷으로 위젯 빌드하기

위젯widget을 사용하면 디바이스 홈 화면과 **투데이**today 뷰 그리고 macOS **알림 센터**notification center에 표시되는 앱 아이콘 옆으로 소량의 앱 콘텐트를 표시할 수 있다. 위젯은 **위젯킷**WidgetKit 프레임워크와 함께 SwiftUI를 사용하여 빌드된다.

이번 장은 다음 장에서 실제로 위젯을 생성하기 전에 위젯을 구성하는 다양한 구성 요소에 대한 높은 수준의 개요를 설명하는 것에 초점을 둔다.

56.1 위젯 개요

위젯은 사용자에게 앱과 관련된 중요하고 시간에 민감한 정보를 한눈에 볼 수 있도록 하기 위한 것이다. 사용자가 위젯을 탭하면 해당 앱이 실행되고 사용자는 더 자세한 정보가 표시될 수 있는 특정 화면으로 이동한다. 위젯은 최신 정보만 사용자에게 표시되도록 타임라인을 기반으로 업데이트되는 정보를 표시하기 위한 것이다. 단일 앱에 서로 다른 정보를 표시하는 여러 위젯이 있을 수 있다.

위젯은 세 가지 크기(소형, 중형, 대형)로 제공되며 그중 적어도 한 가지 이상의 위젯을 지원해야 하며, 표시되는 정보를 사용자가 커스터마이징할 수 있도록 구현할 수 있다.

위젯은 위젯 갤러리에서 선택되며 디바이스의 홈 화면에 사용자가 배치한다. 화면 공간을 절약하기 위해 iOS는 위젯이 **쌓이도록**stacked 허용하여 사용자가 스와이프 동작으로 스택의 각 위젯을 넘길 수 있는 기능을 제공한다. 특정 타임라인 항목에 관련성 점수를 위젯에 할당하여 위젯이 자동으로 스택의 맨 위로 이동할 수 있는 확률을 높일 수 있다. 예를 들어, 날씨 앱용 위젯은 위젯킷이 악천후 경고에 높은 관련성을 할당하여, 스택의 맨 위로 위젯을 이동하여 사용자가 정보를 볼 수 있도록 할 수 있을 것이다.

56.2 위젯 익스텐션

위젯은 기존 앱에 **위젯 익스텐션**widget extension을 추가하여 생성된다. 위젯 익스텐션은 스위프트 파일과 선택사항인 인텐트 정의 파일(위젯을 사용자가 구성할 수 있는 경우에 필요함), 애셋 카탈로그, `Info.plist` 파일로 구성된다.

위젯 자체는 `Widget` 프로토콜을 준수하는 구조체로 선언되어 있으며, 이 선언 안에 위젯의 기본 구성이 선언되어 있다. 일반적인 위젯 선언의 본문에는 다음 항목이 포함된다.

- **위젯 종류** – 프로젝트 내의 위젯을 식별한다. 이것은 프로젝트 내에서 위젯을 고유하게 식별하는 `String` 값일 수 있다.
- **위젯 구성** – `WidgetConfiguration` 프로토콜을 준수하는 선언이다. 여기에는 표시할 정보, 위젯 디스플레이 이름과 설명, 그리고 위젯이 지원하는 크기를 포함하는 타임라인 **프로바이더**provider에 대한 참조가 포함된다. 위젯킷은 **정적 구성**static configuration과 **인텐트 구성**Intent configuration이라는 두 가지 유형의 위젯 구성을 지원한다.
- **엔트리 뷰** – 위젯이 표시될 때 사용자에게 표시될 레이아웃을 포함하는 SwiftUI 뷰에 대한 참조. 이 레이아웃은 **위젯 타임라인**widget timeline의 특정 지점에 있는 개별 **타임라인 엔트리**timeline entry의 콘텐트로 채워진다.

위젯 선언 외에도 위젯 익스텐션은 위젯이 데이터를 로드하고 수집하는 동안 사용자에게 표시될 레이아웃을 정의하는 플레이스홀더 뷰도 포함해야 한다. 이것은 수동으로 선언하거나 앞에서 설명한 위젯 뷰 선언에 포함된 엔트리 뷰를 기반으로 위젯킷에 의해 자동으로 생성되도록 구성할 수 있다.

56.3 위젯 구성 유형

위젯을 만들 때 정적 구성 모델을 사용하여 만들어야 하는지 아니면 인텐트 구성 모델을 사용하여 만들어야 하는지를 선택해야 한다. 이 두 가지 옵션은 다음과 같이 요약할 수 있다.

- **인텐트 구성** – 사용자가 위젯을 구성할 수 있게 하는 것이 타당할 때 사용된다. 예를 들어, 사용자가 위젯 내에서 표시할 헤드라인을 어떤 언론사로 할지를 선택하게 하는 것이다.
- **정적 구성** – 위젯에 사용자가 구성할 수 있는 속성이 없을 때 사용된다.

인텐트 구성 옵션을 사용하면 사용자에게 제공되는 구성 옵션은 시리킷 인텐트 정의 파일 내에서 선언된다.

다음은 소형 및 중형 크기를 모두 지원하도록 설계된 정적 구성을 포함하는 위젯 엔트리의 예제다.

```
@main
struct SimpleWidget: Widget {
    private let kind: String = "SimpleWidget"

    public var body: some WidgetConfiguration {
        StaticConfiguration(kind: kind, provider: Provider()) { entry in
            SimpleWidgetEntryView(entry: entry)
        }
        .configurationDisplayName("A Simple Weather Widget")
        .description("This is an example widget.")
        .supportedFamilies([.systemSmall, .systemMedium])
    }
}
```

반면에, 다음은 인텐트 구성을 사용하여 위젯을 선언한다.

```
@main
struct SimpleWidget: Widget {
    private let kind: String = "SimpleWidget"

    public var body: some WidgetConfiguration {
        IntentConfiguration(kind: kind,
                            intent: LocationSelectionIntent.self,
                            provider: Provider()) { entry in
            SimpleWidgetEntryView(entry: entry)
        }
        .configurationDisplayName("Weather Fun")
        .description("Learning about weather in real-time.")
    }
}
```

앞의 선언에서 주요한 차이점은 `StaticConfiguration` 대신 `IntentConfiguration`을 사용한다는 것이다. 그러면 시리킷 인텐트 정의에 대한 참조가 포함된다. 앞의 예제에서 지원되는 크기에 대한 수정자가 없다는 것은 위젯이 세 가지 크기를 모두 지원함을 위젯킷에 알려주는 것이다. 두 예제 모두 위젯 엔트리 뷰를 포함한다.

56.4 위젯 엔트리 뷰

위젯 엔트리 뷰는 위젯에 의해 표시될 레이아웃을 포함하는 단순한 SwiftUI View 선언이다. 조건 논리(예를 들어, widgetFamily 환경 속성을 기반으로 하는 if 또는 switch 문)를 사용하여 크기에 따라 다른 레이아웃을 표시할 수 있다.

탭하여 해당 앱을 여는 것을 제외하면 위젯은 **비대화형**non-interactive이다. 따라서 엔트리 뷰는 일반적으로 디스플레이 전용 뷰(다시 말해서, 버튼, 슬라이더 또는 토글 없음)로 구성된다.

위젯킷은 엔트리 뷰의 인스턴스를 생성할 때, 레이아웃을 구성하는 뷰에 표시될 데이터가 포함된 위젯 타임라인 엔트리를 전달한다. 다음의 뷰 선언은 도시 이름과 온도 값을 표시하도록 설계되었다.

```swift
struct SimpleWidgetEntryView : View {
    var entry: Provider.Entry

    var body: some View {
        VStack {
            Text("City: \(entry.city)")
            Text("Temperature: \(entry.temperature)")
        }
    }
}
```

56.5 위젯 타임라인 엔트리

위젯의 목적은 특정 시점에 다른 정보를 표시하는 것이다. 예를 들어, 캘린더 앱의 위젯은 사용자의 다음 약속을 표시하기 위해 하루 종일 변경될 수 있을 것이다. 타임라인의 각 지점에 표시될 콘텐트는 TimelineEntry 프로토콜을 준수하는 위젯 엔트리 객체 내에 포함된다. 각 엔트리에는 최소한 지정된 시간에 위젯 엔트리 뷰를 완전히 채우는 데 필요한 데이터와 함께 항목의 데이터가 표시될 타임라인의 지점을 정의하는 Date 객체가 포함되어야 한다. 다음은 앞의 엔트리 뷰와 함께 사용하기 위해 설계된 타임라인 엔트리 선언의 예다.

```swift
struct WeatherEntry: TimelineEntry {
    var date: Date
    let city: String
    let temperature: Int
}
```

필요한 경우 Date 객체는 엔트리가 타임라인에 추가될 때 실제 날짜와 시간으로 업데이트되는 플레이스홀더일 수 있다.

56.6 위젯 타임라인

위젯 타임라인은 각 시점에 표시될 콘텐트와 함께 위젯이 업데이트될 시점을 정의하는 위젯 엔트리의 배열이다. 타임라인은 **위젯 프로바이더**widget provider에 의해 구성되고 위젯킷에 반환된다.

56.7 위젯 프로바이더

위젯 프로바이더는 위젯에 표시될 콘텐트를 제공할 책임이 있으며 TimelineProvider 프로토콜을 준수하도록 구현되어야 한다. 최소한 다음의 메서드가 구현되어야 한다.

- getSnapshot() – 프로바이더의 getSnapshot() 메서드는 채워진 단일 위젯 타임라인 엔트리가 필요할 때 위젯킷에 의해 호출된다. 이 스냅샷은 사용자가 디바이스에 위젯을 추가할 경우에 위젯이 어떻게 표시되는지를 보여주는 예로 위젯 갤러리 내에서 사용된다. 사용자가 위젯 갤러리를 탐색하는 시점에는 실제 데이터를 사용할 수 없기 때문에 반환된 엔트리는 일반적으로 샘플 데이터로 채워져야 한다.
- getTimeline() - 이 메서드는 선택적인 **리로드 정책**reload policy 값을 가지고 위젯 콘텐트가 업데이트되는 방법과 시기를 정의하는 위젯 타임라인 엔트리의 배열을 포함하는 Timeline 인스턴스를 만들고 반환하는 일을 담당한다.

다음의 코드는 예제 타임라인 프로바이더를 선언한다.

```swift
struct Provider: TimelineProvider {
    public typealias Entry = SimpleEntry

    func getSnapshot(for configuration: ConfigurationIntent, in context: Context,
                completion: @escaping (SimpleEntry) -> ()) {

        // 샘플 콘텐트를 사용하여 단일 엔트리 구성
        let entry = SimpleEntry(date: Date(), city: "London", temperature: 89)
        completion(entry)
    }

    func getTimeline(for configuration: ConfigurationIntent, in context: Context,
                completion: @escaping (Timeline<Entry>) -> ()) {
```

```
        var entries: [SimpleEntry] = []

        // 여기에 타임라인 배열을 구성

        let timeline = Timeline(entries: entries, policy: .atEnd)
        completion(timeline)
    }
}
```

56.8 리로드 정책

위젯이 타임라인의 엔트리를 표시할 때, 위젯킷은 타임라인 끝에 도달했을 때 수행할 작업이 무엇인지 알아야 한다. 프로바이더가 타임라인을 반환할 때 다음과 같은 미리 정의된 리로드 정책 옵션을 사용할 수 있다.

- atEnd – 현재 타임라인의 끝에서 위젯킷은 프로바이더에게 새로운 타임라인을 요청한다. 리로드 정책이 지정되지 않았다면 이것이 디폴트 동작이다.
- after(Date) – 위젯킷은 지정된 날짜와 시간 이후에 새로운 타임라인을 요청한다.
- never – 타임라인 종료 시, 타임라인이 다시 로드되지 않는다.

56.9 관련성

앞에 언급한 것처럼 iOS는 최상위 위젯만 보이는 스택에 위젯을 배치할 수 있다. **쌓인**stacked 위젯을 사용자가 스크롤하여 최상위 위치를 차지할 항목을 결정할 수 있지만, 정보에 따라 조치를 취할 시간에 중요한 업데이트가 사용자에게 표시되지 않을 수 있는 위험이 있다.

이 문제를 해결하기 위해 위젯킷은 포함된 정보가 사용자와 관련된 것으로 간주될 경우, 위젯을 스택의 맨 위로 이동할 수 있다. 이러한 결정은 위젯이 특정 타임라인 엔트리에 할당한 **관련성**relevance 점수와 함께 사용자의 이전 행동(예를 들어, 매일 같은 시간에 버스 시간표 위젯을 확인)과 같은 다양한 요소를 기반으로 한다.

관련성은 `TimelineEntryRelevance` 구조체를 사용하여 선언된다. 여기에는 관련성 점수와 엔트리가 관련된 기간이 포함된다. 관련성 점수는 부동 소수점 값이 될 수 있으며 위젯에서 생성된 다른 모든 타임라인 엔트리를 기준으로 측정된다. 예를 들어, 대부분의 타임라인 엔트리의 관련성 점수가 0.0에서 10.0 사이라면, 관련성 점수를 20.0으로 할당된 엔트리는 위젯을 스택의 맨 위로 이동하게 할 것이다. 다음의 코드는 두 개의 관련성 엔트리를 선언한다.

```
let lowScore = TimelineEntryRelevance(score: 0.0, duration: 0)
let highScore = TimelineEntryRelevance(score: 10.0, duration: 0)
```

관련성을 엔트리에 포함시키려면 **날짜**date 엔트리 뒤에 나타나야 한다. 예를 들면 다음과 같다.

```
struct WeatherEntry: TimelineEntry {
    var date: Date
    var relevance: TimelineEntryRelevance?
    let city: String
    let temperature: Int
}
.
.
let entry1 = WeatherEntry(date: Date(), relevance: lowScore, city: "London",
                          temperature: 87)

let entry2 = WeatherEntry(date: Date(), relevance: highScore, city: "London",
                          temperature: 87)
```

56.10 타임라인 리로드 강제로 실행하기

위젯이 시작되면 위젯킷은 사용자에게 표시할 시점과 콘텐트가 포함된 타임라인을 요청한다. 정상적인 조건이라면, 위젯킷은 타임라인의 끝에 도달할 때까지 다른 타임라인 업데이트를 요청하지 않을 것이며 리로드 정책에서 요구하는 경우에만 요청하게 될 것이다.

하지만, 타임라인의 정보를 업데이트해야 하는 상황이 종종 발생할 수 있다. 예를 들어, 타임라인 업데이트가 필요한 일정 앱에 새로운 약속을 사용자가 추가할 수 있다. 다행스럽게도 위젯은 위젯킷의 WidgetCenter 인스턴스의 reloadTimelines() 메서드를 호출하여 위젯의 **종류**kind 문자열 값(이번 장 앞부분에서 설명한 대로 위젯 구성에 정의됨)을 전달하여 업데이트된 타임라인을 강제로 요청할 수 있다. 예를 들면 다음과 같다.

```
WidgetCenter.shared.reloadTimelines(ofKind: "My Kind")
```

다른 방법으로는 다음과 같이 앱과 연결된 모든 활성 위젯에 대해 타임라인 리로드를 트리거할 수도 있다.

```
WidgetCenter.shared.reloadAllTimelines()
```

56.11 위젯 크기

앞에서 설명한 것처럼 위젯은 소형, 중형, 대형 크기로 표시할 수 있다. 위젯은 다음과 같이 supportedFamilies() 수정자를 위젯 구성에 적용하여 지원하는 크기를 선언한다.

```
@main
struct SimpleWidget: Widget {
    private let kind: String = "SimpleWidget"

    public var body: some WidgetConfiguration {
        IntentConfiguration(kind: kind,
                            intent: LocationSelectionIntent.self,
                            provider: Provider()) { entry in
            SimpleWidgetEntryView(entry: entry)
        }
        .configurationDisplayName("Weather Fun")
        .description("Learning about weather in real-time.")
        .supportedFamilies([.systemSmall, .systemMedium])
    }
}
```

그림 56-1은 소형, 중형, 대형 크기의 내장된 iOS 캘린더 위젯을 보여준다.

  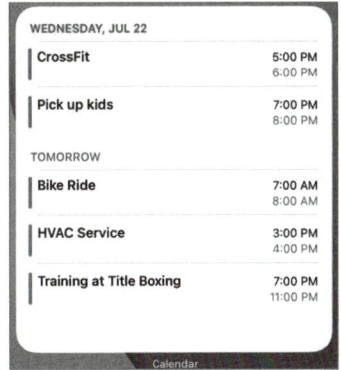

그림 56-1

56.12 위젯 플레이스홀더

앞서 언급했듯이 위젯 익스텐션은 **플레이스홀더**placeholder를 제공해야 한다. 위젯이 초기화되는 동안 사용자에게 표시되는 뷰이며 데이터나 정보가 없는 위젯 엔트리 뷰의 형태를 취한다. 다음과 같은 예제 위젯이 있다고 하자.

그림 56-2

물론 앞의 예는 표시할 타임라인 데이터를 수신한 후에 실행되는 위젯을 보여준다. 하지만 초기화 중에는 그림 56-3과 같은 플레이스홀더 뷰가 표시될 것으로 기대할 것이다.

그림 56-3

다행스럽게도 SwiftUI는 플레이스홀더 역할을 하는 위젯 엔트리 뷰의 인스턴스에 적용될 수 있는 `redacted(reason:)` 수정자를 가지고 있다. 다음은 `redacted()` 수정자를 사용하여 위젯 익스텐션에 대한 플레이스홀더 뷰 선언의 예다(reason에 placeholder로 설정되었음을 주목하자).

```
struct PlaceholderView : View {
    var body: some View {
        SimpleWidgetEntryView()
            .redacted(reason: .placeholder)
    }
}
```

56.13 요약

위젯을 사용하면 앱을 실행할 필요 없이 앱이 디바이스의 홈 화면에서 직접 사용자에게 중요한 정보를 제공할 수 있다. 위젯은 **위젯킷**WidgetKit 프레임워크를 사용하여 구현되며 메인 앱에 추가된 익스텐션 형태를 취한다. 위젯은 사용자에게 표시되는 정보와 표시되는 시기를 제어하는 타임라인에 의해 구동된다. 위젯은 소형, 중형, 대형 형태로 지원할 수 있으며 사용자가 구성할 수 있도록 설계될 수도 있다. 홈 화면에 위젯을 추가할 때, 사용자는 위젯을 스택에 배치할 수 있다. 타임라인 엔트리의 **관련성**relevance을 조정하여 위젯이 스택의 맨 위로 이동할 가능성을 높일 수 있다.

CHAPTER 57

SwiftUI 위젯킷 튜토리얼

이전 장에서 우리는 위젯을 구성하는 요소와 위젯을 만드는 단계를 배웠다. 이번 장에서는 위젯킷 튜토리얼 시리즈 중 첫 번째로 위젯 익스텐션을 포함하는 앱을 만들어볼 것이다. 이 튜토리얼 시리즈를 모두 완료하면, 위젯 디자인과 타임라인 사용을 포함하여 다양한 크기 지원, 딥링크, 인텐트를 사용한 구성, 시리킷 기부와 관련성을 사용한 기본적인 기능을 가지고 동작하는 위젯이 만들어질 것이다.

57.1 WidgetDemo 프로젝트에 대하여

이번 튜토리얼에서 만들 프로젝트는 아이들에게 폭풍우에 대해 가르치기 위해 설계된 날씨 앱의 초기 프로토타입이다. 목표는 사용자에게 악천후(열대성 폭풍, 뇌우 등) 목록을 제공하고 폭풍 유형을 선택하면 기상에 대한 설명을 제공하는 두 번째 화면을 표시하는 것이다.

앱의 두 번째 부분은 전 세계 여러 위치에서 발생하는 악천후에 대한 실시간 업데이트를 제공하는 것이다. 폭풍이 보고되면 폭풍의 유형과 위치와 일반적인 온도에 대한 정보로 위젯이 업데이트된다. 사용자가 위젯을 탭하면 앱에서 해당 폭풍 카테고리에 대한 정보가 포함된 화면을 연다.

하지만 이 앱은 초기 프로토타입이기 때문에 두 도시의 날씨 업데이트만 제공하며 해당 데이터는 실제 날씨 서비스에서 가져오는 것이 아니라 가상으로 시뮬레이션될 것이다. 그러나 이 앱은 위젯킷의 주요 기능을 구현하는 방법을 보여주기에 충분하다.

57.2 WidgetDemo 프로젝트 만들기

Xcode를 실행하고 **WidgetDemo**라는 새로운 **Multiplatform App** 프로젝트를 만드는 옵션을 선택한다.

57.3 앱 구축하기

위젯 익스텐션을 프로젝트에 추가하기 전에 첫 번째 단계는 앱의 기본 구조를 구축하는 것이다. 이것은 폭풍 카테고리로 채워진 List 뷰로 구성되며 선택하면 상세 화면을 표시한다.

상세 화면은 WeatherDetailView.swift라는 새로운 SwiftUI View 파일에서 선언될 것이다. 프로젝트 내비게이터 패널 내에서 **WidgetDemo** 폴더를 마우스 오른쪽 버튼으로 클릭하고 **New File…** 메뉴 옵션을 선택한다. 나타난 대화 상자에서 **SwiftUI View** 템플릿 옵션을 선택하고 **Next** 버튼을 클릭한다. 파일 이름을 WeatherDetailView.swift로 지정한다.

WeatherDetailView.swift 파일을 선택한 상태에서 뷰 선언을 다음과 같이 수정하자(다음 단계에서 WeatherType 구조체를 선언할 것이다).

```
import SwiftUI

struct WeatherDetailView: View {
    
    var weather: WeatherType
    
    var body: some View {
        VStack {
            Image(systemName: weather.icon)
                .resizable()
                .scaledToFit()
                .frame(width: 150.0, height: 150.0)
            Text(weather.name)
                .padding()
                .font(.title)
            Text("If this were a real weather app, a description of \(weather.name) would appear here.")
                .padding()
            Spacer()
        }
    }
}

struct WeatherDetailView_Previews: PreviewProvider {
    static var previews: some View {
        let weather = WeatherType(name: "Thunder Storms", icon: "cloud.bolt")
        WeatherDetailView(weather: weather)
    }
}
```

렌더링되면 앞의 뷰는 그림 57-1과 같이 프리뷰 캔버스에 나타날 것이다.

그림 57-1

다음으로 ContentView.swift 파일을 선택하고 다음과 같이 현재 선택된 날씨와 Navigation Stack에 포함된 List 뷰가 포함될 구조체를 추가한다.

```swift
import SwiftUI

struct WeatherType: Hashable {
    var name: String
    var icon: String
}

struct ContentView: View {
    var body: some View {
        
        NavigationStack {
            List {
                NavigationLink(value: WeatherType(name: "Hail Storm",
                                                 icon: "cloud.hail")) {
                    Label("Hail Storm", systemImage: "cloud.hail")
                }
                NavigationLink(value: WeatherType(name: "Thunder Storm",
                                                 icon: "cloud.bolt.rain")) {
                    Label("Thunder Storm", systemImage: "cloud.bolt.rain")
                }
```

```
            NavigationLink(value: WeatherType(name: "Tropical Storm",
                                    icon: "tropicalstorm")) {
                Label("Tropical Storm", systemImage: "tropicalstorm")
            }
        }
        .navigationDestination(for: WeatherType.self) { weather in
            WeatherDetailView(weather: weather)
        }
        .navigationTitle("Severe Weather")
    }
}
.
.
```

이렇게 수정했다면 레이아웃은 그림 57-2에 표시된 것과 같을 것이다.

그림 57-2

라이브 프리뷰live preview를 사용하여 날씨 유형을 선택하면 올바른 폭풍 이름과 이미지로 채워진 상세 화면이 표시될 것이다.

57.4 위젯 익스텐션 추가하기

프로젝트의 다음 단계는 **File ➡ New ➡ Target…** 메뉴 옵션을 선택하여 위젯 익스텐션을 추가하는 것이다. 타깃 템플릿 패널 내에서 그림 57-3에 표시된 **Widget Extension** 옵션을 선택하고 **Next** 버튼을 클릭하자.

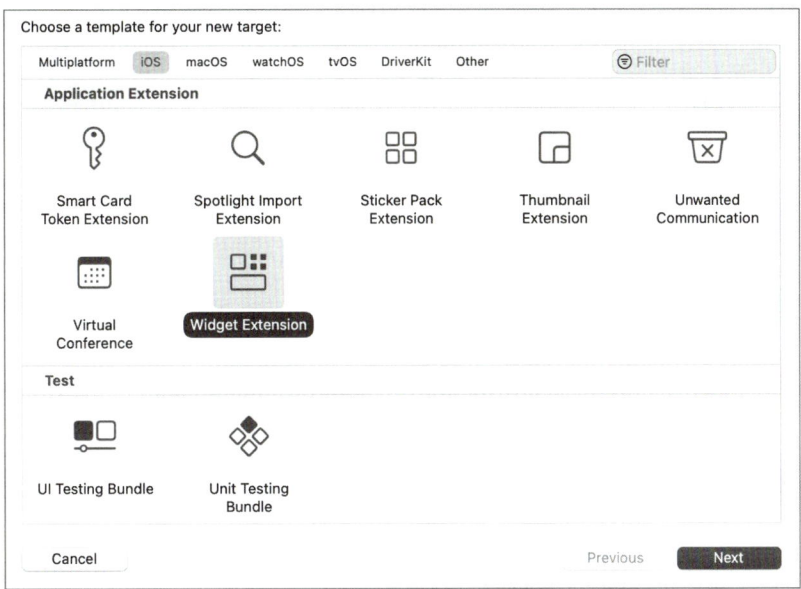

그림 57-3

다음 화면에서 **Product Name** 필드에 **WeatherWidget**을 입력한다. 위젯이 완성되면 사용자는 날씨 업데이트를 표시할 지리적 위치를 선택할 수 있게 될 것이다. 이를 가능하게 하려면 위젯은 인텐트 구성 타입을 사용해야 한다. 따라서 **Finish** 버튼을 클릭하기 전에 그림 57-4와 같이 **Include Configuration Intent** 옵션이 선택되도록 한다.

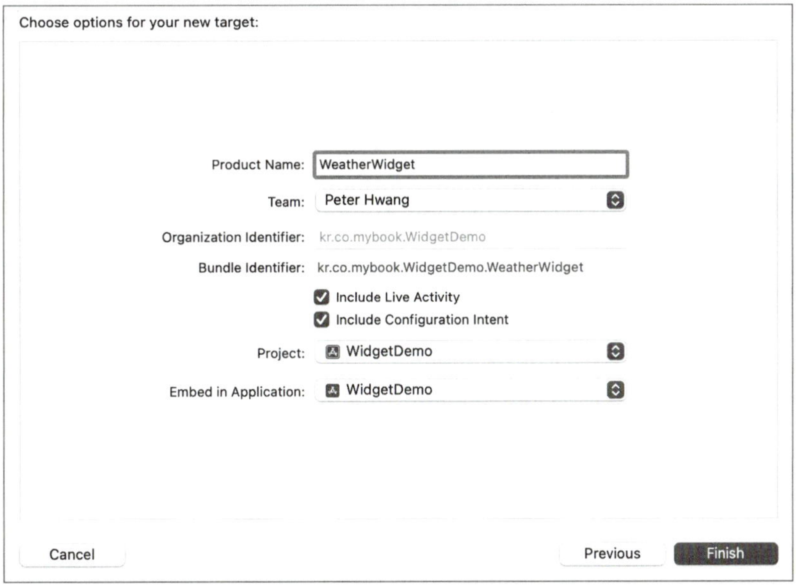

그림 57-4

메시지가 표시되면 **Activate** 버튼을 클릭하여 프로젝트 스킴 내에서 익스텐션을 활성화하자. 이렇게 하면 위젯이 프로젝트 빌드 프로세스에 포함될 것이다.

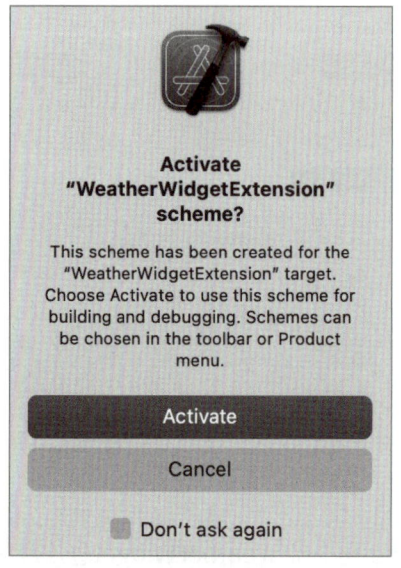

그림 57-5

익스텐션이 추가되었다면, 그림 57-6과 같이 위젯 익스텐션을 포함하는 새로운 폴더가 추가된 프로젝트 내비게이터 패널을 확인하자.

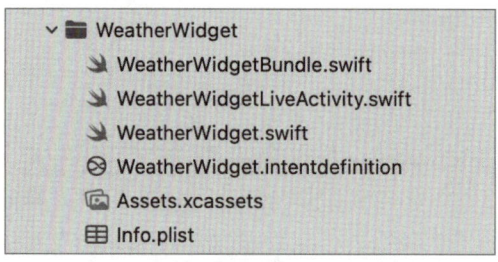

그림 57-6

57.5 위젯 데이터 추가하기

이제 위젯 익스텐션이 프로젝트에 추가되었으므로 다음 단계는 위젯 타임라인의 기초를 제공할 약간의 데이터와 데이터 구조를 추가하는 것이다. 프로젝트 내비게이터에서 **WidgetDemo** 폴더를 마우스 오른쪽 버튼으로 클릭하고 **New File...** 메뉴 옵션을 선택하여 시작하자.

템플릿 선택 패널에서 **Swift File** 항목을 선택하고 **Next** 버튼을 클릭한 후 파일 이름을 WeatherData.swift로 지정한다. **Create** 버튼을 클릭하기 전에, 그림 57-7과 같이 패널의 **Targets** 섹션에서 **WeatherWidgetExtension** 항목이 활성화되어 파일이 익스텐션에 액세스할 수 있도록 한다.

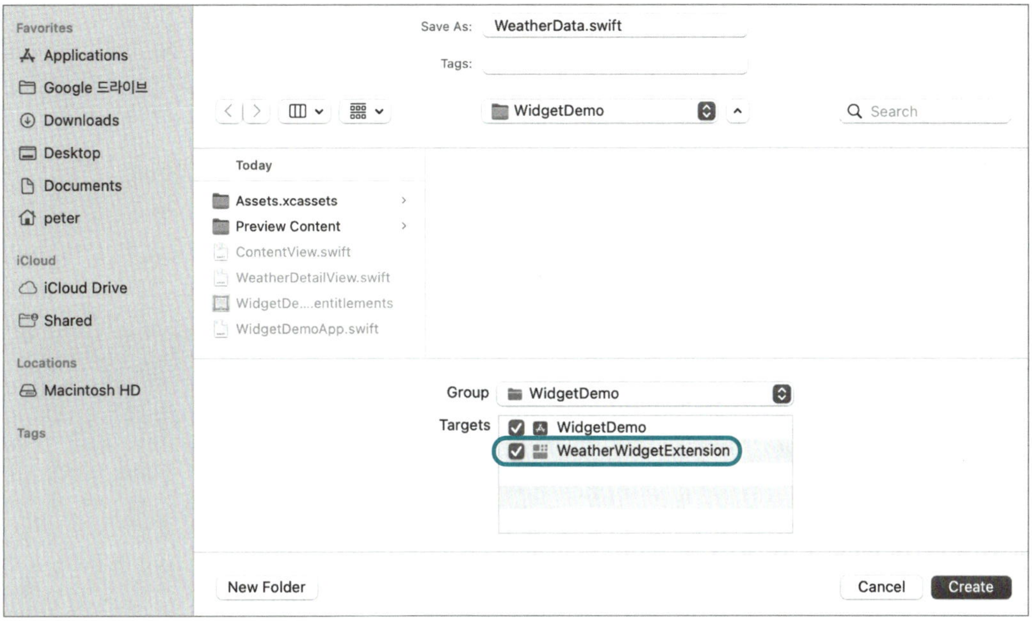

그림 57-7

이전 장에서 설명한 것처럼 위젯 타임라인의 각 지점은 위젯 타임라인 엔트리 인스턴스로 표현된다. 이 구조체의 인스턴스에는 표시될 데이터와 함께 위젯에 의해 표현되는 날짜와 시간이 포함된다. WeatherData.swift 파일 내에서 다음과 같이 TimelineEntry 구조체를 추가한다(**WidgetKit** 프레임워크도 임포트해야 함).

```swift
import Foundation
import WidgetKit

struct WeatherEntry: TimelineEntry {
    var date: Date
    let city: String
    let temperature: Int
    let description: String
    let icon: String
    let image: String
}
```

57.6 샘플 타임라인 만들기

이 프로토타입 앱은 실시간 날씨 데이터에 액세스할 수 없으므로, 위젯 콘텐트를 구동하는 데 사용되는 타임라인에는 두 도시의 샘플 날씨 엔트리가 포함될 것이다. `WeatherData.swift` 파일에 다음과 같이 타임라인 선언을 추가하자.

```swift
.
.
let londonTimeline = [
    WeatherEntry(date: Date(), city: "London", temperature: 87,
                 description: "Hail Storm", icon: "cloud.hail",
                 image: "hail"),
    WeatherEntry(date: Date(), city: "London", temperature: 92,
                 description: "Thunder Storm", icon: "cloud.bolt.rain",
                 image: "thunder"),
    WeatherEntry(date: Date(), city: "London", temperature: 95,
                 description: "Hail Storm", icon: "cloud.hail",
                 image: "hail")
]

let miamiTimeline = [
    WeatherEntry(date: Date(), city: "Miami", temperature: 81,
                 description: "Thunder Storm", icon: "cloud.bolt.rain",
                 image: "thunder"),
    WeatherEntry(date: Date(), city: "Miami", temperature: 74,
                 description: "Tropical Storm", icon: "tropicalstorm",
                 image: "tropical"),
    WeatherEntry(date: Date(), city: "Miami", temperature: 72,
                 description: "Thunder Storm", icon: "cloud.bolt.rain",
                 image: "thunder")
]
```

타임라인 엔트리는 스위프트의 `Date()` 메서드 호출을 통해 현재 날짜와 시간으로 채워진다. 이들 값은 위젯킷에서 타임라인을 요청할 때 프로바이더가 더 적절한 값으로 대체할 것이다.

57.7 이미지와 색상 애셋 추가하기

튜토리얼의 다음 단계로 이동하기 전에, 일부 이미지와 색상 애셋을 위젯 익스텐션의 애셋 카탈로그에 추가해야 한다.

그림 57-8에서 강조된 것처럼 프로젝트 내비게이터 패널의 **WeatherWidget** 폴더에 있는 **Assets** 항목을 선택한다.

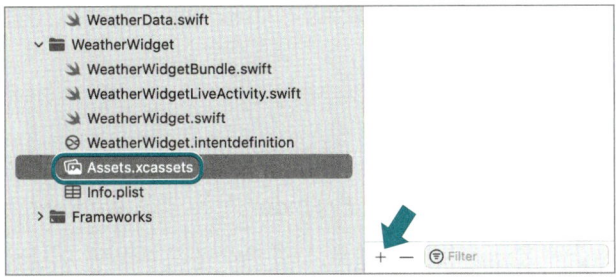

그림 57-8

그림 57-8에서 화살표로 표시된 버튼을 클릭하여 카탈로그에 새로운 항목을 추가한다. 버튼을 눌러서 나온 메뉴에서 **Color Set** 옵션을 선택한다. 새로운 **Color** 항목을 클릭하고 이름을 **weatherBackgroundColor**로 변경한다. 이 새로운 항목이 선택된 상태에서 그림 57-9와 같이 메인 패널에 있는 **Any Appearance** 블록을 클릭한다.

그림 57-9

어트리뷰트 인스펙터 패널의 **Color** 섹션을 참조하여 **Content**를 Display P3로, **Input Method**을 8-bit Hexadecimal로, **Hex** 필드를 #4C5057로 설정한다.

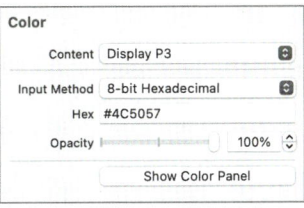

그림 57-10

Dark를 선택하고 동일한 속성으로 변경한다. 이번에는 **Hex** 값을 #3A4150으로 설정한다.

다음으로 두 번째 **Color Set** 애셋을 추가하고, 이름을 `weatherInsetColor`로 지정하고, **Any Appearance** 색상 값에 **#4E7194**를 사용하고, **Dark**에는 **#7E848F**를 사용한다.

이 프로젝트에서 사용하는 이미지는 다음 URL에서 다운로드할 수 있는 샘플 코드의 **weather_images** 폴더에서 찾을 수 있다.

https://bit.ly/jpub_swiftui

소스 아카이브가 다운로드되고 압축이 풀리면, **Finder** 창을 열고 **weather_images** 폴더로 이동한 다음 그림 57-11과 같이 Xcode 애셋 카탈로그 화면의 왼쪽 패널에 이미지를 선택하고 끌어다 놓는다.

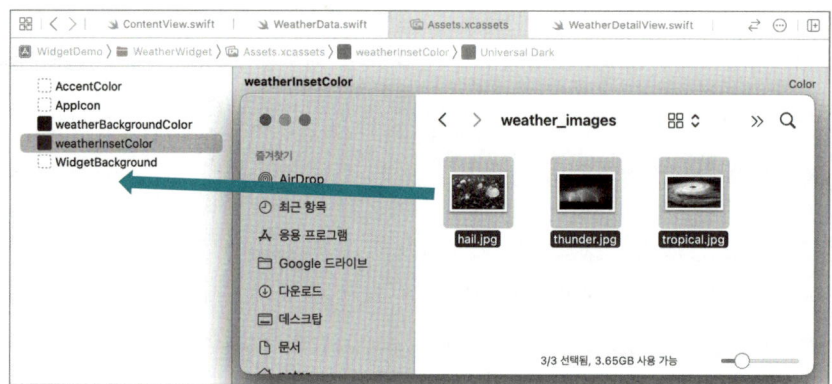

그림 57-11

57.8 위젯 뷰 디자인하기

이제 위젯 엔트리가 생성되었고 약간의 샘플 타임라인 데이터가 사용되었으므로, 위젯 뷰를 디자인해야 한다. 위젯 익스텐션이 프로젝트에 추가되었을 때, 템플릿 위젯 인트리 뷰가 다음과 같이 `WeatherWidget.swift` 파일에 포함되었다.

```
struct WeatherWidgetEntryView : View {
    var entry: Provider.Entry

    var body: some View {
        Text(entry.date, style: .time)
    }
}
```

현재 구현된 대로 뷰에는 날짜 값이 추출되어 Text 뷰에 표시되는 위젯 엔트리가 전달된다.

뷰 구조체를 다음과 같이 수정한다. 에디터에 구문 오류가 표시될 것이라는 점을 염두에 두자. 이들 오류는 튜토리얼의 후반부에서 해결될 것이다.

```swift
struct WeatherWidgetEntryView: View {
    var entry: Provider.Entry

    var body: some View {
        ZStack {
            Color("weatherBackgroundColor")
            WeatherSubView(entry: entry)
        }
    }
}

struct WeatherSubView: View {

    var entry: WeatherEntry

    var body: some View {

        VStack {
            VStack {
                Text("\(entry.city)")
                    .font(.title)
                Image(systemName: entry.icon)
                    .font(.largeTitle)
                Text("\(entry.description)")
                    .frame(minWidth: 125, minHeight: nil)
            }
            .padding(.bottom, 2)
            .background(ContainerRelativeShape()
            .fill(Color("weatherInsetColor")))

            Label("\(entry.temperature)°F", systemImage: "thermometer")
        }
        .foregroundColor(.white)
        .padding()
    }
}
```

뷰를 변경했으므로, 프리뷰 프로바이더 선언도 다음과 같이 변경해야 한다.

```
struct WeatherWidget_Previews: PreviewProvider {
    static var previews: some View {

        WeatherWidgetEntryView(entry: WeatherEntry(date: Date(),
                            city: "London", temperature: 89,
                            description: "Thunder Storm",
                            icon: "cloud.bolt.rain", image: "thunder"))
            .previewContext(WidgetPreviewContext(family: .systemSmall))
    }
}
```

WeatherWidget.swift 파일에 필요한 모든 수정이 완료되면, 앞의 프리뷰 프로바이더는 작은 위젯 크기에 대해 구성된 프리뷰 캔버스를 표시할 것이다.

57.9 위젯 프로바이더 수정하기

위젯 익스텐션이 프로젝트에 추가되었을 때, Xcode는 위젯 프로바이더를 WeatherWidget.swift 파일에 추가했다. 이 선언은 이제 WeatherData.swift 파일에 선언된 WeatherEntry 구조체를 사용하도록 수정해야 한다. 첫 번째 단계는 WeatherEntry를 사용하고 샘플 데이터로 채워진 인스턴스를 반환하도록 getSnapshot() 메서드를 수정하는 것이다.

```
.
.
struct Provider: IntentTimelineProvider {
    func getSnapshot(for configuration: ConfigurationIntent, in context: Context,
                completion: @escaping (WeatherEntry) -> ()) {

        let entry = WeatherEntry(date: Date(), city: "London",
                            temperature: 89, description: "Thunder Storm",
                            icon: "cloud.bolt.rain", image: "thunder")
        completion(entry)
    }
.
.
```

다음으로 getTimeline() 메서드를 수정하여 리로드 정책 값과 함께 타임라인 엔트리 객체의 배열을 반환해야 한다. 사용자 구성이 아직 위젯에 추가되지 않았으므로 getTimeline() 메서드는 초기에 **런던**London의 타임라인을 반환하도록 구성될 것이다.

```
struct Provider: IntentTimelineProvider {
.
.
    func getTimeline(for configuration: ConfigurationIntent, in context: Context,
                    completion: @escaping ((Timeline<Entry>) -> ()) {

        var entries: [WeatherEntry] = []
        var eventDate = Date()
        let halfMinute: TimeInterval = 30

        for var entry in londonTimeline {
            entry.date = eventDate
            eventDate += halfMinute
            entries.append(entry)
        }
        let timeline = Timeline(entries: entries, policy: .never)
        completion(timeline)
    }
}
```

앞의 코드는 각각 현재 이벤트 시간과 30초 간격을 나타내도록 설계된 변수를 만들기 전에 WeatherEntry 인스턴스를 포함하도록 배열을 선언하는 것으로 시작한다.

그런 다음 루프는 WeatherData.swift 파일에 선언된 런던 타임라인을 통해 반복되며 eventDate 값을 위젯에 의해 이벤트가 표시되는 날짜와 시간으로 설정한다. 그리고 다음 이벤트에 대한 준비가 된 eventDate에 30초 간격이 추가된다. 마지막으로 수정된 이벤트가 엔트리 배열에 추가된다. 모든 이벤트가 배열에 추가되면, never라는 리로드 정책(즉, 위젯킷은 첫 번째 타임라인이 끝날 때 새로운 타임라인을 요청하지 않음)으로 Timeline 인스턴스를 만든다. 타임라인은 완료 핸들러를 통해 위젯킷으로 반환된다.

getTimeline() 메소드의 이러한 구현은 런던 타임라인 배열의 최종 엔트리에 도달할 때까지 위젯은 30초마다 콘텐츠를 변경할 것이다.

57.10 플레이스홀더 뷰 구성하기

위젯을 미리보기 전에 해야 할 마지막 작업은 플레이스홀더 뷰를 구현하는 것이다. Xcode는 다음과 같이 WeatherWidget.swift 파일 내에 이미 placeholder() 메서드를 생성하였다.

```
func placeholder(in context: Context) -> SimpleEntry {
    SimpleEntry(date: Date(), configuration: ConfigurationIntent())
}
```

이제 이 메서드는 다음과 같이 일부 샘플 데이터로 채워진 WeatherWidget 인스턴스를 반환하도록 수정해야 한다.

```
func placeholder(in context: Context) -> WeatherEntry {
    WeatherEntry(date: Date(), city: "London",
                 temperature: 89, description: "Thunder Storm",
                 icon: "cloud.bolt.rain", image: "thunder")
}
```

57.11 위젯 미리보기

프리뷰 캔버스를 사용하여 위젯이 그림 57-12와 같이 나타나는지 확인하자.

그림 57-12

다음으로, 실행 버튼을 클릭하기 전에 Xcode 툴바의 액티브 스킴을 **WeatherWidgetExtension** 스킴으로 변경하여 디바이스 또는 시뮬레이터에서 위젯을 테스트하자.

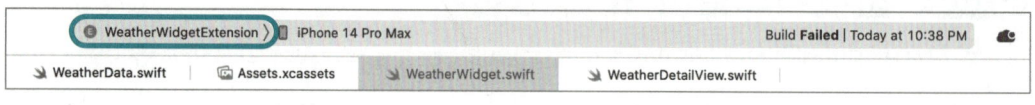

그림 57-13

잠시 후 위젯이 홈 화면에 나타나고 30초 간격으로 다양한 날씨 이벤트를 순환하며 나타날 것이다.

그림 57-14

57.12 요약

이번 장에서 만든 예제 프로젝트는 위젯킷을 사용하여 iOS 앱용 위젯 익스텐션을 만드는 방법을 보여주었다. 여기에는 샘플 타임라인의 구현과 함께 프로젝트에 대한 익스텐션 추가, 위젯 뷰와 엔트리의 디자인이 포함되었다. 하지만 이번 장에서 만든 위젯은 다음 장에서 다룰 주제인 위젯킷에서 지원하는 다양한 위젯 크기를 사용하도록 설계되지 않았다.

CHAPTER 58

위젯킷 크기 지원

56장 'SwiftUI와 위젯킷으로 위젯 빌드하기'에서 위젯은 소형, 중형, 대형 크기로 표시될 수 있다고 배웠다. 이전 장에서 만든 프로젝트에는 작은 크기에 맞게 설계된 위젯 뷰가 포함되었다. 위젯이 지원하는 크기를 지정하지 않았기 때문에 갤러리에서 대형 또는 중형 크기의 위젯을 선택하여 홈 화면에 배치하도록 할 수 있다. 하지만 앞에서 만든 위젯 콘텐트는 이렇게 더 큰 크기에서 사용할 수 있는 위젯 공간의 일부만 채우게 될 것이다. 더 큰 위젯 크기를 지원하려면 사용 가능한 공간을 최대한 활용하도록 위젯을 설계해야 한다.

이번 장에서는 앞에서 만든 **WidgetDemo** 프로젝트를 수정하여 중간 크기 위젯에 대한 지원을 추가할 것이다.

58.1 여러 크기 지원하기

Xcode를 시작하고 이전 장에서 만든 **WidgetDemo** 프로젝트를 로드한다. 앞에서 설명한 것처럼, 이번에 할 작업은 중간 크기 위젯에 대한 지원을 추가할 것이다(이 과정은 큰 위젯 크기에 대한 지원을 추가할 때도 동일하게 적용된다).

특정 크기 구성 위젯이 없는 경우, 디폴트로 세 가지 크기 제품군을 모두 지원하도록 구성된다. 위젯을 특정 크기로 제한하려면 supportedFamilies() 수정자를 위젯 구성에 적용해야 한다.

WidgetDemo 프로젝트를 위한 위젯을 소형과 중형 크기로만 제한하려면 WeatherWidget.swift 파일에서 WeatherWidget 선언을 수정하여 supportedFamilies() 수정자를 추가하자. 또한 이번 기회에 위젯의 디스플레이 이름과 설명을 수정하자.

```
@main
struct WeatherWidget: Widget {
```

```
    private let kind: String = "WeatherWidget"

    public var body: some WidgetConfiguration {
        IntentConfiguration(kind: kind, intent: ConfigurationIntent.self,
                        provider: Provider()) { entry in
            WeatherWidgetEntryView(entry: entry)
        }
        .configurationDisplayName("My Weather Widget")
        .description("A demo weather widget.")
        .supportedFamilies([.systemSmall, .systemMedium])
    }
}
```

위젯을 중형 크기로 미리 보려면 프리뷰 프로바이더를 편집하여 추가적인 프리뷰를 추가하고 둘 다 Group에 포함한다.

```
struct WeatherWidget_Previews: PreviewProvider {
    static var previews: some View {
        Group {
            WeatherWidgetEntryView(entry: WeatherEntry(date: Date(), city: "London",
                                            temperature: 89,
                                            description: "Thunder Storm",
                                            icon: "cloud.bolt.rain",
                                            image: "thunder"))
                .previewContext(WidgetPreviewContext(family: .systemSmall))

            WeatherWidgetEntryView(entry: WeatherEntry(date: Date(), city: "London",
                                            temperature: 89,
                                            description: "Thunder Storm",
                                            icon: "cloud.bolt.rain",
                                            image: "thunder"))
                .previewContext(WidgetPreviewContext(family: .systemMedium))
        }
    }
}
```

프리뷰 캔버스가 업데이트되면 이제 그림 58-1과 같이 중간 크기로 렌더링된 위젯이 포함될 것이다.

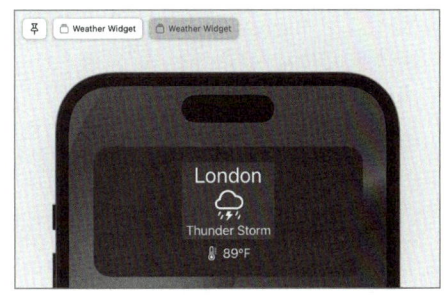

그림 58-1

아직은 위젯이 중간 크기가 제공하는 추가 공간을 활용하지 않는다. 이 문제를 해결하기 위해, 위젯 뷰를 약간 수정해야 한다.

58.2 위젯 뷰에 크기 지원 추가하기

위젯 구성에 대한 변경 사항은 위젯이 작거나 중간 크기로 표시될 수 있음을 의미한다. 위젯을 **적응형**adaptive으로 만들려면, 위젯 뷰에서 현재 표시되는 크기를 식별해야 한다. 이것은 SwiftUI 환경의 widgetFamily 속성에 접근하면 알 수 있다. WeatherWidget.swift 파일에 있는 WeatherWidgetEntryView 선언을 찾아 위젯 설정을 가져오도록 편집하자.

```
struct WeatherWidgetEntryView: View {
    var entry: Provider.Entry
    
    @Environment(\.widgetFamily) var widgetFamily
.
.
```

다음으로 하위 뷰를 수평 스택에 포함시키고 크기가 중간이면 항목의 이미지를 조건부로 표시한다.

```
struct WeatherWidgetEntryView : View {
    var entry: Provider.Entry
    
    @Environment(\.widgetFamily) var widgetFamily
    
    var body: some View {
        ZStack {
            Color("weatherBackgroundColor")
            
            HStack {
                WeatherSubView(entry: entry)
                if widgetFamily == .systemMedium {
                    Image(entry.image)
                        .resizable()
                }
            }
        }
    }
}
```

프리뷰를 보면 중간 크기의 위젯 버전이 그림 58-2와 같이 나타날 것이다.

그림 58-2

디바이스나 시뮬레이터에서 위젯을 테스트하려면 이전과 같이 익스텐션을 실행하고, 위젯이 설치되어 실행되면 홈 화면 배경을 길게 누른다. 몇 초가 지나면 그림 58-3과 같이 화면이 변경될 것이다.

그림 58-3

위 그림에서 화살표로 표시된 '+' 버튼을 클릭하여 위젯 갤러리를 표시하고 WidgetDemo 항목이 나타날 때까지 위젯 목록을 아래로 스크롤한다.

그림 58-4

WidgetDemo 항목을 선택하면 위젯 크기 옵션이 표시된다. **위젯 추가**add Widget 버튼을 누르기 전에 스와이프하여 그림 58-5와 같이 중간 크기의 위젯을 선택한다.

그림 58-5

홈 화면으로 돌아가서 홈 화면의 오른쪽 상단 모서리에 있는 완료 버튼을 클릭하여 적용한다. 위젯은 그림 58-6과 같이 나타나며 타임라인이 진행됨에 따라 업데이트될 것이다.

그림 58-6

58.3 요약

위젯킷은 소형, 중형, 대형 위젯 크기를 지원하며 기본값으로 위젯은 세 가지 형식을 모두 지원하는 것으로 가정한다. 위젯이 특정 크기만 지원하는 경우, 위젯 구성 수정자를 사용하여 위젯킷에 알려야 한다.

크기 형식을 완전히 지원하려면, 위젯에서 현재 크기를 감지하고 디바이스 화면에서 위젯에 할당된 사용 가능한 공간을 활용하는 위젯 엔트리 레이아웃을 제공해야 한다. 이것은 SwiftUI 환경의 `widgetFamily` 속성에 접근하고 이것을 위젯 뷰 내에서 조건부 레이아웃 선언의 기초로 사용할 수 있다.

위젯 크기 지원이 프로젝트에 추가되었으므로, 다음 장에서는 **컴패니언**companion 앱과 위젯 구성에 대한 딥링크 형식으로 위젯에 약간의 대화형 지원을 추가한다.

CHAPTER 59

SwiftUI 위젯킷 딥링크 튜토리얼

위젯킷 딥링크를 사용하면, 위젯 엔트리 뷰를 구성하는 개별 뷰를 탭할 때 **컴패니언**companion 앱 내에서 다른 화면을 열 수 있다. 이전 장에서 만든 **WidgetDemo** 앱에는 메인 홈 화면 외에도 사용자에게 다양한 날씨 시스템에 대한 정보를 제공하는 세부 정보 화면이 포함되어 있다. 그러나 현재 구현된 대로 위젯을 탭하면 현재 날씨 조건에 관계없이 항상 컴패니언 앱의 홈 화면이 시작된다.

이 장의 목적은 위젯을 탭하면 앱 내에서 적절한 날씨 세부 정보 화면이 열리도록 위젯에 딥링크를 구현하는 것이다. 이를 위해 앱과 위젯 익스텐션 모두에 대한 약간의 변경이 필요하다.

59.1 위젯에 딥링크 지원 추가하기

딥링크를 사용하면 URL 기반으로 앱의 특정 영역을 사용자에게 표시할 수 있다. 이전 장에서 사용한 WidgetDemo 앱은 심한 폭풍 유형 목록으로 구성되어 있다. 목록 항목을 선택하면, 선택한 폭풍에 대한 추가 정보가 표시되는 세부 정보 화면으로 이동한다. 이번 튜토리얼에서는 딥링크 지원을 추가하기 위해 앱과 위젯을 모두 변경할 것이다. 즉, 예를 들어 위젯에 천둥 번개가 치고 있음이 나타낼 때 위젯을 탭하면, 앱이 실행되고 천둥 번개에 대한 세부 화면으로 이동할 것이다.

딥링크 지원을 추가하기 위한 첫 번째 단계는 각 타임라인 엔트리에 대한 URL을 포함하도록 WeatherEntry 구조체를 수정하는 것이다. WeatherData.swift 파일을 편집하고 다음과 같이 구조체를 수정한다.

```
.
.
struct WeatherEntry: TimelineEntry {
    var date: Date
    let city: String
    let temperature: Int
```

```
    let description: String
    let icon: String
    let image: String
    let url: URL?
}
.
.
```

다음으로 앱이 알고 있는 폭풍 유형을 식별하는 데 사용할 URL에 포함될 몇 가지 상수를 추가한다.

```
.
.
let hailUrl = URL(string: "weatherwidget://hail")
let thunderUrl = URL(string: "weatherwidget://thunder")
let tropicalUrl = URL(string: "weatherwidget://tropical")
.
.
```

날씨 데이터에 대한 마지막으로 수정할 것은 샘플 타임라인 항목에 URL을 포함하는 것이다.

```
.
.
let londonTimeline = [
    WeatherEntry(date: Date(), city: "London", temperature: 87,
                description: "Hail Storm", icon: "cloud.hail",
                image: "hail", url: hailUrl),
    WeatherEntry(date: Date(), city: "London", temperature: 92,
                description: "Thunder Storm", icon: "cloud.bolt.rain",
                image: "thunder", url: thunderUrl),
    WeatherEntry(date: Date(), city: "London", temperature: 95,
                description: "Hail Storm", icon: "cloud.hail",
                image: "hail", url: hailUrl)
]
let miamiTimeline = [
    WeatherEntry(date: Date(), city: "Miami", temperature: 81,
                description: "Thunder Storm", icon: "cloud.bolt.rain",
                image: "thunder", url: thunderUrl),
    WeatherEntry(date: Date(), city: "Miami", temperature: 74,
                description: "Tropical Storm", icon: "tropicalstorm",
                image: "tropical", url: tropicalUrl),
    WeatherEntry(date: Date(), city: "Miami", temperature: 72,
                description: "Thunder Storm", icon: "cloud.bolt.rain",
                image: "thunder", url: thunderUrl)
```

```
]
.
.
```

딥링크 URL을 포함하도록 데이터가 수정되었으므로 이제 위젯 엔트리 구조체와 일치하도록 위젯 선언을 수정해야 한다. 첫째, 프로바이더의 placeholder()와 getSnapshot() 메서드는 URL을 포함하는 항목을 반환해야 한다. WeatherWidget.swift 파일에서 IntentTimelineProvider 구조체 내에 이들 메서드를 찾아 다음과 같이 수정한다.

```
struct Provider: IntentTimelineProvider {
    func placeholder(in context: Context) -> WeatherEntry {

        WeatherEntry(date: Date(), city: "London",
                temperature: 89, description: "Thunder Storm",
                icon: "cloud.bolt.rain", image: "thunder", url: thunderUrl)
    }

    func getSnapshot(for configuration: ConfigurationIntent, in context: Context,
                completion: @escaping (WeatherEntry) -> ()) {
        let entry = WeatherEntry(date: Date(), city: "London",
                        temperature: 89, description: "Thunder Storm",
                        icon: "cloud.bolt.rain", image: "thunder",
                        url: thunderUrl)

        completion(entry)
    }
.
.
```

프리뷰 프로바이더의 두 선언 모두에도 이 과정을 반복한다.

```
struct WeatherWidget_Previews: PreviewProvider {
    static var previews: some View {

        Group {
            WeatherWidgetEntryView(entry: WeatherEntry(date: Date(),
                            city: "London", temperature: 89,
                            description: "Thunder Storm",
                            icon: "cloud.bolt.rain",
                            image: "thunder", url: thunderUrl))
                .previewContext(WidgetPreviewContext(family: .systemSmall))

            WeatherWidgetEntryView(entry: WeatherEntry(date: Date(),
```

```
                    city: "London", temperature: 89,
                    description: "Thunder Storm",
                    icon: "cloud.bolt.rain",
                    image: "thunder", url: thunderUrl))
            .previewContext(WidgetPreviewContext(family: .systemMedium))
        }
    }
}
```

위젯 코드 내의 마지막 작업은 위젯 엔트리 뷰에 URL 동작을 할당하는 것이다. 이것은 위젯 엔트리의 URL을 통해 전달하는 `widgetURL()` 수정자를 사용하여 수행된다. WeatherWidget.swift 파일에서 WeatherWidgetEntryView 선언을 찾아 다음과 같이 수정자를 최상위 ZStack에 추가한다.

```
struct WeatherWidgetEntryView : View {
    var entry: Provider.Entry

    @Environment(\.widgetFamily) var widgetFamily

    var body: some View {
        ZStack {
            Color("weatherBackgroundColor")
            HStack {
                WeatherSubView(entry: entry)
                if widgetFamily == .systemMedium {
                    Image(entry.image)
                        .resizable()
                }
            }
        }
        .widgetURL(entry.url)
    }
}
```

위젯에 딥링크 지원을 추가했다면, 다음 단계는 앱에 추가하는 것이다.

59.2 앱에 딥링크 지원 추가하기

앱이 딥링크를 통해 시작되면, 메인 콘텐트 뷰의 최상위 뷰를 통해 액세스할 수 있는 URL 객체가 전달된다. 그런 다음, 이 URL을 사용하여 일반적으로 표시되는 것과 다른 콘텐트를 사용자에게 표시할 수 있다.

WidgetDemo 앱에 딥링크 지원을 추가하는 첫 번째 단계는 다음과 같이 **ContentView.swift** 파일에서 NavigationStack에 대한 **탐색 경로**_{navigation path}로 수정하는 것이다. 이렇게 하면 위젯에서 항목을 선택할 때 상세 뷰로 이동할 수 있다.

```
import SwiftUI
.
.
struct ContentView: View {

    @State var path = NavigationPath()

    var body: some View {
        NavigationStack(path: $path) {
            List {
```

딥링크 결과로 뷰가 표시되면 상위 뷰의 onOpenURL() 수정자를 사용하여 앱을 실행하는 데 사용된 URL을 식별할 수 있다. ContentView 선언을 수정하여 다음과 같이 onOpenURL() 수정을 추가한다.

```
.
.
var body: some View {
    NavigationStack(path: $path) {
        List {
.
.
        }
        .navigationDestination(for: WeatherType.self) { weather in
            WeatherDetailView(weather: weather)
        }
        .navigationTitle("Severe Weather")
        .onOpenURL(perform: { (url) in
            if (!path.isEmpty) {
                path.removeLast(path.count)
            }

            if (url == hailUrl) {
                path.append(WeatherType(name: "Hail Storm",
                                        icon: "cloud.hail"))
            } else if (url == thunderUrl) {
                path.append(WeatherType(name: "Thunder Storm",
                                        icon: "cloud.bolt.rain"))
            } else if (url == tropicalUrl) {
```

```
            path.append(WeatherType(name: "Tropical Storm",
                                    icon: "tropicalstorm"))
        }
    })
  }
}
```

이 코드는 앱을 시작하는 데 사용되는 URL과 위젯에서 지원하는 각 커스텀 URL을 비교한다. 일치하는 URL이 발견되면 `WeatherType` 인스턴스가 구성되어 탐색 경로에 추가된다. 이것은 `WeatherDetailView`가 표시되도록 하는 `navigationDestination()` 수정자를 트리거한다.

탐색 경로가 비어 있는지 확인하고 필요한 경우 기존 화면을 제거하는 코드도 추가했다. 앱이 위젯에서 시작될 때 이미 이전 세션의 상세 뷰를 표시하고 있을 수 있기 때문에 이렇게 한다. 이렇게 하지 않고 비어 있지 않은 경로를 그대로 추가한다면, 사용자가 홈 화면으로 돌아가려고 할 때 이전에 쌓인 뷰들을 다시 통과하며 홈 화면으로 이동해야 할 것이다.

59.3 위젯 테스트하기

이렇게 수정한 다음에 디바이스나 시뮬레이터에서 앱을 실행하고 위젯을 탭하면 앱이 열리고 현재 날씨에 대해 올바르게 구성된 세부 정보 화면이 표시될 것이다.

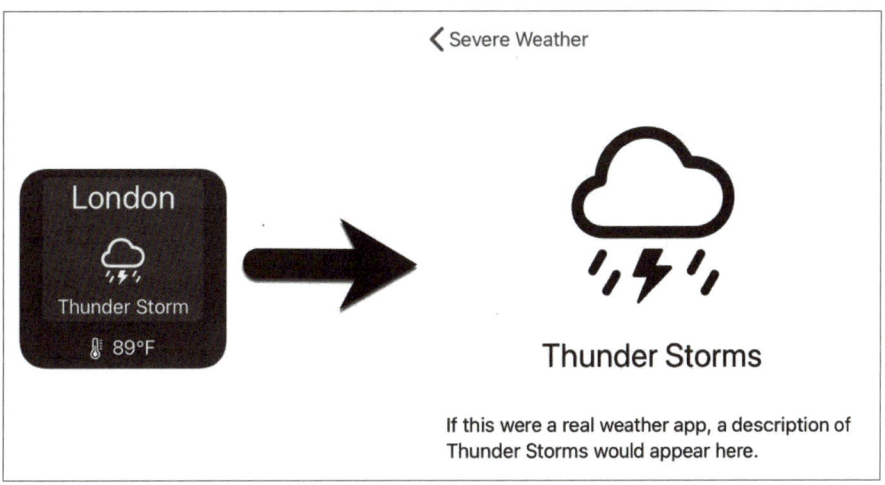

그림 59-1

59.4 요약

기본적으로 위젯은 사용자가 탭하면 **컴패니언**companion 앱의 메인 뷰를 시작한다. 이 동작은 사용자를 앱의 특정 영역으로 연결하는 딥링크를 설정하여 향상시킬 수 있다. 여기에는 `widgetURL()` 수정자를 사용하여 위젯 항목 레이아웃의 뷰에 **대상**destination URL을 할당하는 작업이 포함된다. 앱 내에서 `onOpenURL()` 수정자는 앱을 시작하고 해당 뷰로 탐색을 시작하는 데 사용되는 URL을 식별하는 데 사용된다.

CHAPTER 60

위젯킷 위젯에 구성 옵션 추가하기

이전 장에서 만든 **WidgetDemo** 앱은 현재 지리적 단일 위치에 대한 날씨 정보만 표시할 수 있는데, 구성 인텐트를 사용하여 위젯 사용자가 구성할 수 있도록 만들 수 있다. 이번 장에서는 사용자가 다른 도시의 날씨를 보기 위해 도시를 선택할 수 있도록 위젯 익스텐션을 향상시킬 것이다. 이를 위해 날씨 데이터에 대한 약간의 변경과 시리킷 익스텐션 정의 수정, 그리고 위젯 구현에 대해 업데이트를 하게 될 것이다.

60.1 날씨 데이터 수정하기

위젯에 구성 지원을 추가하기 전에, 도시와 날씨 타임라인을 연결하는 방법을 제공하기 위해 위젯 데이터에 다른 구조체를 추가해야 한다. WeatherData.swift 파일을 수정하여 다음과 같이 구조체를 추가하자.

```swift
import Foundation
import WidgetKit

struct LocationData: Identifiable {
    
    let city: String
    let timeline: [WeatherEntry]
    
    var id: String {
        city
    }
    
    static let london = LocationData(city: "London", timeline: londonTimeline)
    static let miami = LocationData(city: "Miami", timeline: miamiTimeline)
    
    func hash(into hasher: inout Hasher) {
        hasher.combine(city)
```

```
    }
}
.
.
```

60.2 인텐트 정의 구성하기

다음 단계는 사용자에게 위젯 구성 선택을 제공하기 위해 사용될 인텐트 정의를 구성하는 것이다. WeatherWidget 익스텐션을 프로젝트에 추가할 때 'Include Configuration Intent' 옵션을 활성화하였기 때문에, Xcode는 그림 60-1에서 강조 표시된 것처럼 WeatherWidget 프로젝트 폴더에 있는 WeatherWidget.intentdefinition이라는 정의 파일을 생성하였다.

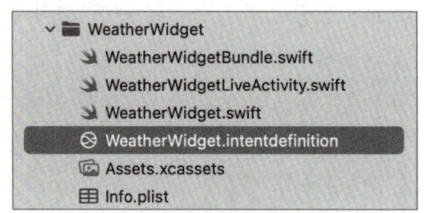

그림 60-1

이 파일을 선택하여 그림 60-2와 같이 인텐트 정의 에디터에 로드되게 한다.

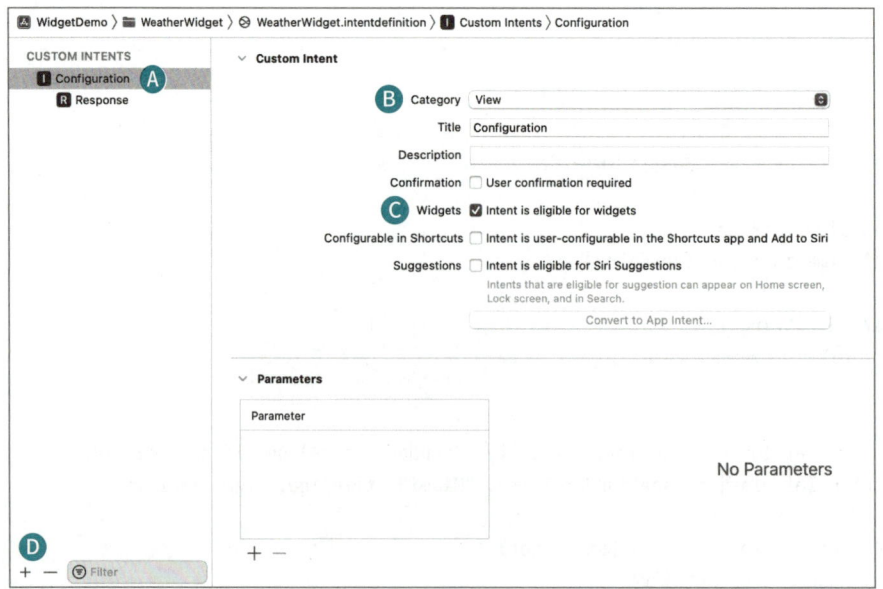

그림 60-2

구성 인텐트(그림 60-2에서 A로 표시됨)가 선택되었는지 확인한다. 이것은 Xcode에 의해 생성된 인텐트이며 `WeatherWidget.swift` 파일에서 `ConfigurationIntent`로 참조될 것이다. 추가적인 인텐트는 '+' 버튼(D)을 클릭하고 메뉴에서 **New Intent**를 선택하여 정의에 추가할 수 있다.

위젯 구성 옵션이 포함된 대화 상자를 사용자에게 표시하려면, **Category** 메뉴(B)를 **View**로 설정해야 한다. **Intent is eligible for widgets** 옵션(C)이 활성화되어 있는지도 확인하자.

인텐트에 매개변수를 추가하기 전에, 사용 가능한 도시 이름이 포함되도록 정의 파일에 **열거형** enumeration를 추가해야 한다. '+' 버튼(D)을 클릭하고 메뉴에서 **New Enum** 옵션을 선택하여 지금 추가하자.

열거형이 추가되었다면, 그림 60-3에 강조된 대로 열거형 이름과 **Display Name**을 모두 **Locations**로 변경한다.

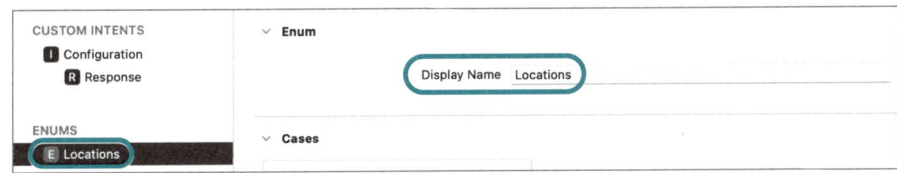

그림 60-3

Locations 항목을 선택한 상태에서 메인 에디터 패널의 **Cases** 섹션 아래에 있는 '+' 버튼을 클릭하여 새로운 값을 추가한다. 새로운 케이스 항목 이름을 **londonUK**로 변경하고, 설정 영역에서 그림 60-4와 같이 **Display Name**을 **London**으로 변경한다.

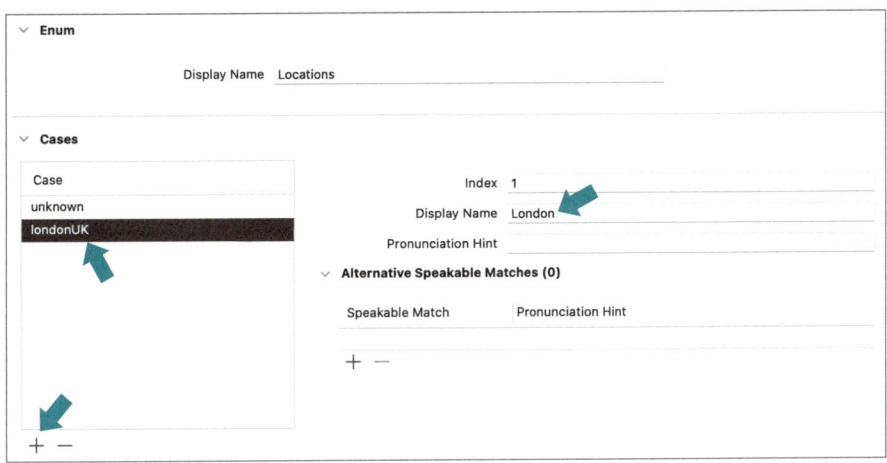

그림 60-4

앞의 단계를 반복하고 **Display Name**이 **Miami**로 설정된 케이스 **miamiFL**을 추가하자.

왼쪽 패널에서 **CUSTOM INTENTS** 제목 아래에 있는 **Configuration** 옵션을 선택한다. 커스텀 인텐트 패널에서 **Parameters** 섹션을 찾아 그림 60-5에서 강조 표시된 '+' 버튼을 클릭하여 새로운 매개변수를 추가한다.

그림 60-5

매개변수의 이름을 **locations**로 지정하고 **Display Name** 설정을 **Locations**로 변경한다. 그림 60-6과 같이 **Type** 메뉴에서 **Enums** 아래 나열된 **Locations**를 선택한다(이것은 **System Types** 아래에 있는 **Location** 항목과 동일하지 않다는 점에 유의하자).

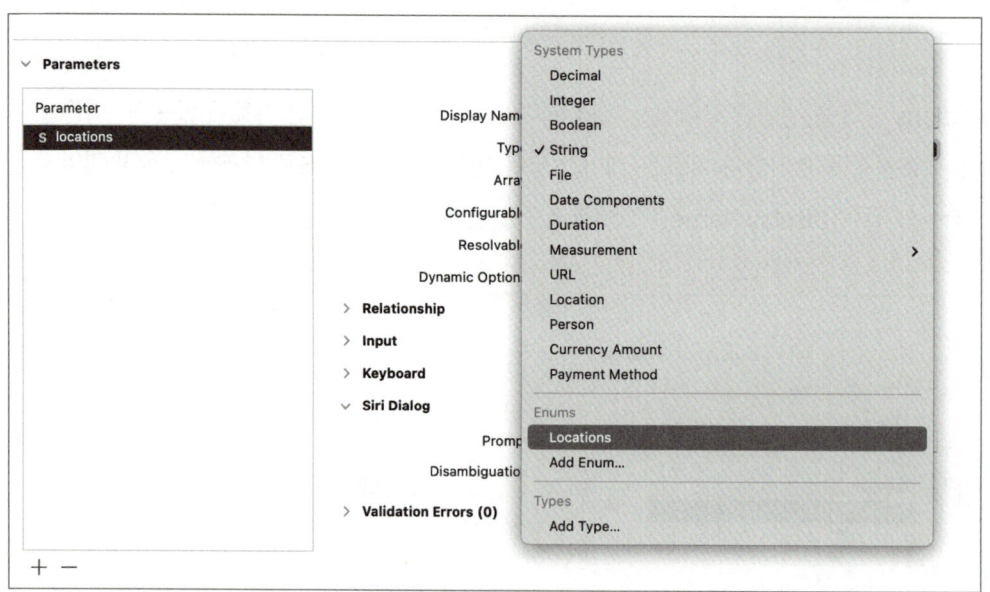

그림 60-6

이렇게 했다면 매개변수 설정은 그림 60-7에 표시된 것과 같을 것이다.

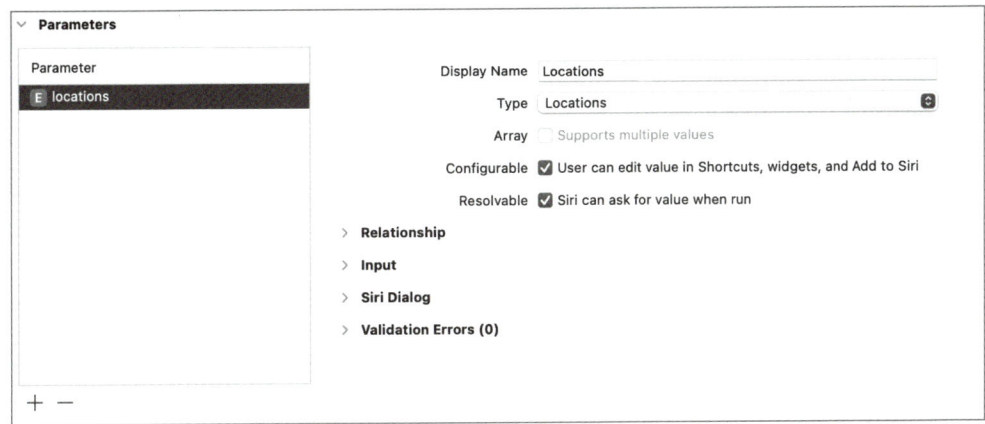

그림 60-7

60.3 위젯 수정하기

인텐트가 구성되었다면 남은 것은 사용자가 위치 구성을 변경하는 것에 대해 응답하도록 위젯을 조절하는 것이다. 위젯킷이 프로바이더로부터 타임라인을 요청하면 인텐트의 현재 구성 설정을 포함하는 ConfigurationIntent 객체를 getTimeline() 메서드에 전달한다. 현재 선택된 도시의 타임라인을 반환하려면 인텐트에서 위치를 추출하고 이를 사용하여 일치하는 타임라인을 반환하도록 getTimeline() 메서드를 수정해야 한다.

WeatherWidget.swift 파일을 편집하여 프로바이더 선언 내에서 getTimeline() 메서드를 찾아 다음과 같이 수정한다.

```swift
func getTimeline(for configuration: ConfigurationIntent, in context: Context,
            completion: @escaping (Timeline<Entry>) -> ()) {

    var chosenLocation: LocationData

    if configuration.locations == .londonUK {
        chosenLocation = .london
    } else {
        chosenLocation = .miami
    }

    var entries: [WeatherEntry] = []
    var currentDate = Date()
    let halfMinute: TimeInterval = 30

    for var entry in chosenLocation.timeline {
```

```
        entry.date = currentDate
        currentDate += halfMinute
        entries.append(entry)
    }
    let timeline = Timeline(entries: entries, policy: .never)
    completion(timeline)
}
```

앞의 코드에서 메서드에 전달된 인텐트 객체가 위치로 런던이 설정되었다면, LocationData 인스턴스 내의 런던 항목이 WidgetKit에 대한 타임라인을 제공하는 데 사용된다. 이러한 변경으로 인해 에디터 내에서 구문 오류가 발생한다면, 프로젝트를 다시 빌드하여 인텐트 정의 파일과 연결된 파일이 생성되도록 하자.

60.4 위젯 구성 테스트하기

디바이스에서 위젯 익스텐션을 실행하고(시뮬레이터에서 위젯 테스트는 문제가 될 수 있음) 로드될 때까지 기다린다. 실행되면 위젯을 길게 눌러 그림 60-8과 같은 메뉴가 나타나게 하자.[1]

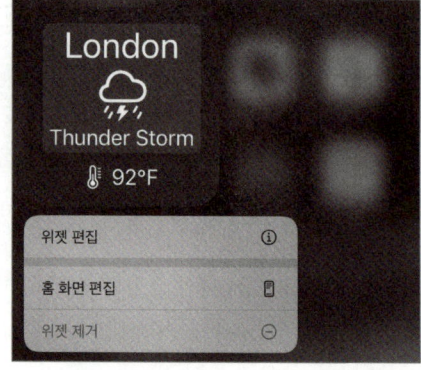

그림 60-8

위젯 편집edit Widget 메뉴 옵션을 선택하여 그림 60-9와 같이 구성 인텐트 대화 상자를 표시한다.

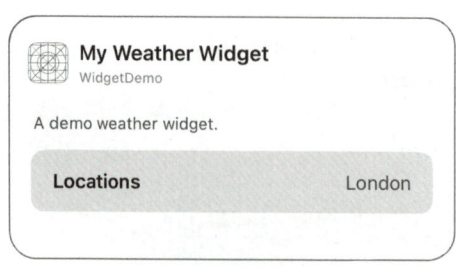

그림 60-9

---
1 〔옮긴이〕 만약에 그림 60-8과 같이 표시되지 않는다면, 설치되어 있는 앱과 위젯을 모두 삭제한 후 다시 앱과 익스텐션을 설치하도록 하자.

현재 위치(또는 도시가 표시되지 않은 경우 **Choose** 버튼)를 선택하여 위치 목록을 표시한 다음, **마이 애미**Miami를 선택하고 대화 상자 외부의 화면 영역을 탭한다. 홈 화면으로 돌아가면 이제 위젯에 마이애미 타임라인의 항목이 표시될 것이다.

60.5 구성 인텐트 UI 커스터마이징하기

이번 튜토리얼의 마지막 작업은 인텐트 UI의 **강조 색상**accent color을 위젯에서 사용하는 색상과 일치하도록 변경하는 것이다. 이전 장의 단계에서 위젯 익스텐션의 **Assets** 파일에 선언된 위젯 배경색이 이미 있으므로 인텐트 UI의 배경색으로 사용할 수 있다.

인텐트 UI의 색상 설정은 위젯 익스텐션의 빌드 설정 화면에 있다. 이들 설정을 찾으려면, 프로젝트 내비게이터 패널 상단에 있는 **WidgetDemo** 항목(그림 60-10에서 A로 표시됨)을 선택하고, **TARGETS** 목록에서 **WeatherWidgetExtension** 항목(B)을 선택한다.

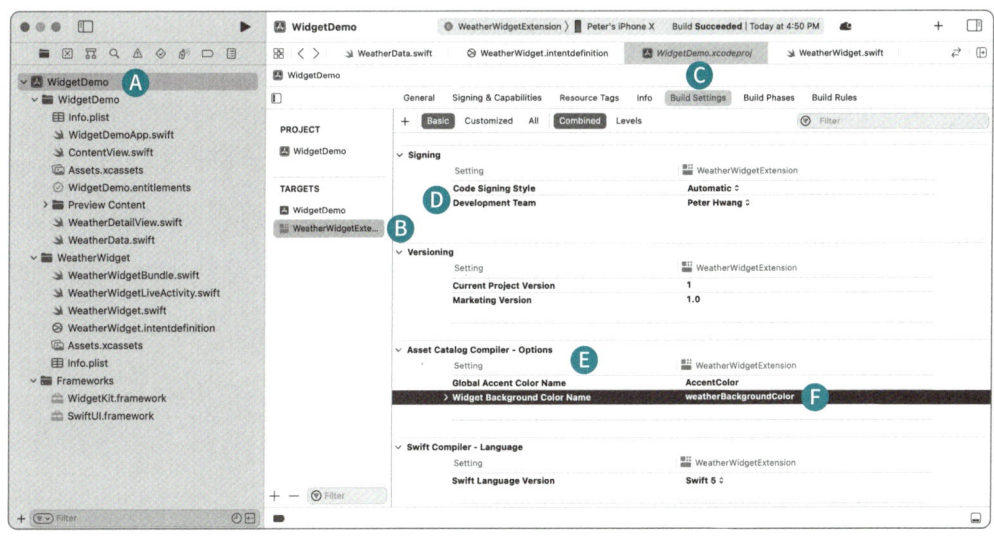

그림 60-10

툴바에서 **Build Settings** (C)를 선택하고, **Basic** 필터 옵션(D)을 선택한 다음, 스크롤을 내려서 **Asset Catalog Compiler – Options** 섹션(E)을 찾자.

WidgetBackground 값(F)을 클릭하고 **weatherBackgroundColor**로 변경한다. 필요하다면 인텐트 UI 내에서 사용되는 포그라운드 색은 **Global Accent Color Name** 값으로 정의된다. 이러한 값은 **Assets** 파일 내에서 선언된 색상으로 명명된다.

위젯을 테스트하여 인텐트 UI가 이제 위젯 배경색을 사용하는지 확인하자.

그림 60-11

60.6 요약

인텐트 구성 유형(정적 구성의 반대)을 사용하여 위젯을 구성하면, 시리킷 인텐트 정의 파일 내에서 인텐트와 매개변수를 설정하여 사용자가 구성 옵션을 사용할 수 있게 한다. 프로바이더 getTimeline() 메서드가 호출될 때마다 위젯킷은 구성 인텐트 객체의 복사본을 전달한다. 이 객체의 매개변수는 사용자의 기본 설정과 일치하도록 결과 타임라인을 조정하는 데 사용할 수 있다.

CHAPTER 61
UIView를 SwiftUI에 통합하기

SwiftUI가 나오기 전에 모든 iOS 앱은 UIKit과 UIKit 기반을 지원하는 프레임워크를 사용하여 개발되었다. SwiftUI에는 앱을 만들기 위해 필요한 컴포넌트들이 많이 제공되지만, 프레임워크에서 제공되는 것과 동일한 것이 SwiftUI에는 없는 경우가 많다.

SwiftUI가 도입되기 전에 개발된 앱들의 양을 볼 때, 기존 방식에 SwiftUI를 추가하여 통합하거나 그 반대로 할 수 있어야 한다. 다행스럽게도 SwiftUI는 이런 종류의 통합 작업에 필요한 방법을 많이 가지고 있다.

61.1 SwiftUI와 UIKit의 통합

SwiftUI와 UIKit의 통합에 대해 자세히 살펴보기 전에 새로운 앱 프로젝트를 시작할 때 UIKit 프로젝트로 해야 할지, 아니면 SwiftUI 프로젝트로 해야 할지, 그리고 기존의 앱을 SwiftUI로 완전히 마이그레이션해야 할지에 대해 살펴보자. 이러한 결정을 내릴 때 잊지 말아야 할 중요한 점은 SwiftUI 코드를 가진 앱은 오직 iOS 13 또는 이후 버전의 디바이스에서만 실행된다는 것이다.

만약 새로운 프로젝트를 시작하는 것이며 iOS의 이전 버전에 대한 지원을 고려하지 않는다면 SwiftUI 프로젝트로 시작하고, SwiftUI가 직접적으로 지원하지 않는 기능이 필요할 때는 UIKit의 기능을 통합하는 게 가장 좋다. 애플은 UIKit으로 앱을 개발하는 방식에 대해 계속적으로 개선하고 지원하겠지만, 애플이 바라보는 앱 개발의 미래는 SwiftUI라는 점은 분명하다. 또한, SwiftUI는 더 쉽게 개발할 수 있게 해주며, 코드의 큰 변경 없이 iOS, macOS, tvOS, iPadOS, 그리고 watchOS에 앱을 배포할 수 있게 해준다.

반면, SwiftUI가 발표되기 전에 개발된 프로젝트라면 기존의 코드를 변경하지 않고 프로젝트에 새롭게 추가되는 기능은 SwiftUI로 구현한 다음에 기존의 코드에 통합하는 것이 좋을 것이다.

SwiftUI는 이런 종류의 통합을 위하여 세 가지 방법을 제공한다. 첫 번째이자 이번 장의 주제인 개별 UIKit 기반의 컴포넌트(UIView)를 SwiftUI View 선언부에 통합하는 것이다.

UIKit에 익숙하지 않은 독자들을 위해 간단히 설명하자면, 일반적으로 UIKit 기반의 앱에 표시되는 화면은 뷰 컨트롤러(UIViewController 또는 하위 클래스의 인스턴스)를 사용하여 구현한다. 뷰 컨트롤러를 SwiftUI에 통합하는 것은 62장 'UIViewController를 SwiftUI와 통합하기'에서 다룰 것이다.

마지막으로, SwiftUI 뷰가 기존의 UIKit 기반 코드에 통합될 수 있으며, 이에 대한 내용은 63장 'SwiftUI를 UIKit에 통합하기'에서 다룬다.

61.2 UIView를 SwiftUI와 통합하기

UIKit 기반 애플리케이션의 사용자 인터페이스를 구성하는 각각의 컴포넌트는 UIView 클래스로부터 파생된다. 몇 가지를 말하자면, 버튼, 레이블, 텍스트 뷰, 지도, 슬라이더 등 모두는 UIKit의 UIView 클래스의 하위 클래스다.

UIView 기반의 컴포넌트를 SwiftUI 뷰 선언부에 쉽게 통합하기 위하여 SwiftUI는 UIViewRepresentable 프로토콜을 제공한다. UIView 컴포넌트를 SwiftUI에 통합하려면 해당 컴포넌트는 이 프로토콜을 구현하는 구조체로 래핑되어야 한다.

UIViewRepresentable 프로토콜을 따르는 래퍼 구조체는 최소한 다음의 메서드들을 구현해야 한다.

- makeUIView() – 이 메서드는 UIView 기반 컴포넌트의 인스턴스를 생성하고 필요한 초기화 작업을 수행한 뒤 반환하는 역할을 한다.
- updateView() – UIView 자체를 업데이트해야 하는 변경이 SwiftUI 뷰에서 생길 때마다 호출된다.

선택 사항이지만, 다음 메서드도 구현할 수 있다.

- dismantleUIView() – 뷰를 제거하기 전에 정리 작업을 할 수 있는 기회를 제공한다.

예를 들어, SwiftUI의 Text 뷰로는 할 수 없는 UILabel 클래스의 기능이 있다고 가정하자. SwiftUI에서 UILabel 뷰를 사용할 수 있도록 UIViewRepresentable을 이용하여 래핑하면 다음과 같이 구조체가 구현될 수 있을 것이다.

```
import SwiftUI

struct MyUILabel: UIViewRepresentable {

    var text: String

    func makeUIView(context: UIViewRepresentableContext<MyUILabel>) -> UILabel {
        let myLabel = UILabel()
        myLabel.text = text
        return myLabel
    }

    func updateUIView(_ uiView: UILabel,
                      context: UIViewRepresentableContext<MyUILabel>) {
        // 필요한 업데이트 작업을 수행한다.
    }
}

struct MyUILabel_Previews: PreviewProvider {
    static var previews: some View {
        MyUILabel(text: "Hello")
    }
}
```

UILabel 뷰를 래핑했으니 이제는 내장된 SwiftUI 컴포넌트인 것처럼 SwiftUI 내에서 참조될 수 있다.

```
struct ContentView: View {
    var body: some View {

        VStack {
            MyUILabel(text: "Hello UIKit")
        }
    }
}

struct ContentView_Previews: PreviewProvider {
    static var previews: some View {
        ContentView()
    }
}
```

UILabel 뷰는 사용자 인터랙션의 결과에 따른 이벤트 처리가 필요가 없는 정적 컴포넌트다. 하지만 이벤트에 대해 반응해야 하는 뷰들은 **코디네이터**coordinator를 구현하기 위하여 UIViewRepresentable 래퍼를 확장해야 한다.

61.3 코디네이터 추가하기

코디네이터는 이벤트를 처리하기 위하여 래핑된 UIView 컴포넌트에 필요한 프로토콜과 핸들러 메서드를 구현하는 클래스의 형태를 취한다. 이 클래스의 인스턴스는 UIViewRepresentable 프로토콜의 makeCoordinator() 메서드를 통해 래퍼에 적용된다.

UIScrollView 클래스로 예를 들어보자. 이 클래스에는 사용자가 뷰의 맨 위를 넘어서 스크롤하려고 할 때 **스피닝 프로그레스 인디케이터**spinning progress indicator를 표시하며, 최신 콘텐트로 뷰를 업데이트할 수 있는 메서드가 호출되는 **리프레시 컨트롤**UIRefreshControl을 추가할 수 있다. 이것은 뉴스 앱에서 사용자가 최신 뉴스를 다운로드하려고 사용되는 일반적인 기능이다. 리프레시가 완료되면 UIRefreshControl 인스턴스의 endRefreshing() 메서드를 호출하여 **프로그레스 스피너**progress spinner를 제거하게 된다.

UIScrollView를 SwiftUI와 함께 사용하려면 UIRefreshControl이 실행되었음을 알리고 필요한 작업을 수행하도록 하는 방법이 필요하다.

UIRefreshControl 객체를 가진 래핑된 UIScrollView를 위한 Coordinator 클래스는 다음과 같이 구현될 수 있다.

```
class Coordinator: NSObject {
    var control: MyScrollView

    init(_ control: MyScrollView) {
        self.control = control
    }

    @objc func handleRefresh(sender: UIRefreshControl) {
        sender.endRefreshing()
    }
}
```

여기서 코디네이터의 초기화 작업은 현재의 UIScrollView 인스턴스를 전달받아 로컬에 저장한다. 또한, 이 클래스는 handleRefresh()라는 이름의 함수를 구현하여 스크롤된 뷰 인스턴스에 대한 endRefreshing() 메서드를 호출한다.

이제 다음과 같이 makeCoordinator() 메서드 호출을 통해 Coordinator 클래스의 인스턴스를 생성하고 뷰에 할당되도록 한다.

```
func makeCoordinator() -> Coordinator {
    Coordinator(self)
}
```

마지막으로, `makeUIView()` 메서드를 구현하여 `UIScrollView` 인스턴스를 생성하고 이것을 `UIRefreshControl`로 구성하고 `UIRefreshControl` 인스턴스에 값이 변경되는 이벤트가 발생할 때, `handleRefresh()` 메서드가 호출되도록 타깃을 추가한다.

```
func makeUIView(context: Context) -> UIScrollView {
    let scrollView = UIScrollView()
    scrollView.refreshControl = UIRefreshControl()

    scrollView.refreshControl?.addTarget(context.coordinator,
                                        action: #selector(Coordinator.handleRefresh),
                                        for: .valueChanged)
    return scrollView
}
```

61.4 UIKit 델리게이션과 데이터 소스 처리하기

델리게이션delegation은 UIKit의 기능으로, 어떤 객체가 하나 이상의 작업을 수행하는 책임을 다른 객체로 넘길 수 있도록 해주며, 래핑된 UIView에 의해 처리되는 이벤트의 경우 추가적인 작업이 필요할 수도 있다.

예를 들어, `UIScrollView`에는 사용자가 스크롤을 하고 있는지와 같은 특정 이벤트들이나 콘텐트의 맨 위로 스크롤했을 때에 대한 알림을 받는 델리게이트가 할당될 수 있다. 이 델리게이트 객체는 `UIScrollViewDelegate` 프로토콜을 따라야 하며, 스크롤된 뷰에서 이벤트가 발생했을 때 자동으로 호출되는 특정 메서드를 구현해야 한다.

마찬가지로, 데이터 소스는 화면에 표시될 데이터를 UIView 기반의 컴포넌트에 제공하는 객체다. 예를 들어, `UITableView` 클래스에는 테이블 내에 표시될 셀들을 제공하기 위한 데이터 소스 객체를 할당할 수 있다. 이 데이터 소스는 `UITableViewDataSource` 프로토콜을 따라야 한다.

UIView를 SwiftUI에 통합할 때 델리게이트 이벤트를 처리하기 위해 코디네이터 클래스는 적절한 델리게이트 프로토콜을 구현하는 것으로 선언되어야 하며, 스크롤된 뷰 인스턴스의 이벤트에 대한 콜백 메서드가 포함되어야 한다. 그런 다음, 코디네이터를 `UIScrollView` 인스턴스의 델리게이트로 할당되어야 한다. 이전 코디네이터 구현체를 확장하여 사용자가 현재 스크롤하고 있다는 알림을 수신하도록 할 수 있다.

```
class Coordinator: NSObject, UIScrollViewDelegate {
    var control: MyScrollView

    init(_ control: MyScrollView) {
        self.control = control
    }

    func scrollViewDidScroll(_ scrollView: UIScrollView) {
        // 사용자는 현재 스크롤하는 중
    }

    @objc func handleRefresh(sender: UIRefreshControl) {
        sender.endRefreshing()
    }
}
```

또한, 코디네이터 인스턴스에 접근하고(이 메서드에 전달된 콘텐트 객체를 통해 접근할 수 있도록 하고) UIScrollView 인스턴스의 델리게이트로 추가되도록 makeUIView() 메서드를 수정해야 한다.

```
func makeUIView(context: Context) -> UIScrollView {
    let scrollView = UIScrollView()
    scrollView.delegate = context.coordinator
    .
    .
```

코디네이터에 접근할 수 있게 하는 것뿐만 아니라, 콘텍스트에는 SwiftUI environment와 SwiftUI 뷰에 선언된 @EnvironmentObject 프로퍼티 모두를 접근하는 데 사용할 수 있는 environment 프로퍼티도 포함된다.

이제 사용자가 스크롤하면 scrollViewDidScroll 델리게이트 메서드가 반복적으로 호출될 것이다.

61.5 예제 프로젝트

이번 장에서의 나머지 부분은 UIScrollView를 SwiftUI 프로젝트에 통합하기 위해 UIViewRepresentable 프로토콜을 어떻게 사용하는지를 보여주는 간단한 프로젝트를 만들어볼 것이다.

Xcode를 실행하고 `UIViewDemo`라는 이름의 새로운 SwiftUI **Multiplatform App** 프로젝트를 생성한다.

61.6 UIScrollView 래핑하기

이번 프로젝트에서의 첫 번째 작업은 `UIScrollView`를 SwiftUI와 함께 사용할 수 있도록 래핑하기 위해 `UIViewRepresentable` 프로토콜을 사용하는 것이다. 프로젝트 내비게이터 패널에서 **UIViewDemo** 항목을 우클릭하여 나타난 메뉴 중 **New File...** 메뉴를 선택하고, **SwiftUI View** 템플릿을 사용하는 `MyScrollView`라는 이름의 파일을 새롭게 생성한다.

코드 에디터에 새롭게 생성한 파일이 로드되면 기존의 코드를 모두 삭제하고 다음과 같이 수정하자.

```swift
import SwiftUI

struct MyScrollView: UIViewRepresentable {

    var text: String

    func makeUIView(context: UIViewRepresentableContext<MyScrollView>)-> UIScrollView {
        let scrollView = UIScrollView()
        scrollView.refreshControl = UIRefreshControl()
        let myLabel = UILabel(frame: CGRect(x: 0, y: 0, width: 300, height: 50))
        myLabel.text = text
        scrollView.addSubview(myLabel)
        return scrollView
    }

    func updateUIView(_ uiView: UIScrollView,
                      context: UIViewRepresentableContext<MyScrollView>) {

    }
}

struct MyScrollView_Previews: PreviewProvider {
    static var previews: some View {
        MyScrollView(text: "Hello World")
    }
}
```

앞의 코드가 구문 오류를 생성한다면, macOS 대신 Xcode 툴바에서 iOS 디바이스가 실행 타깃으로 선택되었는지 확인하자. 라이브 프리뷰를 사용하여 빌드하고 테스트해보자. 라이브 프리뷰가 활성화되고 실행되면 화면을 드래그하여 내려보자. 그러면 그림 61-1과 같이 리프레시 컨트롤이 나타날 것이다.

그림 61-1

드래그하던 마우스 버튼을 놓아 스크롤을 멈춰도 **리프레시 인디케이터**refresh indicator가 계속해서 보이는 것을 알 수 있다. 왜냐하면 이에 대한 이벤트를 아직 처리하지 않았기 때문이다. 이제는 코디네이터를 추가해보자.

61.7 코디네이터 구현하기

MyScrollView.swift 파일에서의 남은 작업은 코디네이터 클래스 선언부를 다음과 같이 추가하는 것이다.

```swift
struct MyScrollView: UIViewRepresentable {
.
.
    class Coordinator: NSObject, UIScrollViewDelegate {
        var control: MyScrollView

        init(_ control: MyScrollView) {
            self.control = control
        }

        func scrollViewDidScroll(_ scrollView: UIScrollView) {
            print("View is Scrolling")
        }
```

```
        @objc func handleRefresh(sender: UIRefreshControl) {
            sender.endRefreshing()
        }
    }
}
```

다음으로, 코디네이터를 델리게이트로 추가하도록 makeUIView() 메서드를 수정하고 리프레시 컨트롤에 대한 타깃으로 handleRefresh() 메서드를 추가한다.

```
func makeUIView(context: Context) -> UIScrollView {
    let scrollView = UIScrollView()
    scrollView.delegate = context.coordinator

    scrollView.refreshControl = UIRefreshControl()
    scrollView.refreshControl?.addTarget(context.coordinator,
                             action:#selector(Coordinator.handleRefresh),
                             for: .valueChanged)
    .
    .
    return scrollView
}
```

마지막으로, makeCoordinator() 메서드를 다음과 같이 추가한다.

```
func makeCoordinator() -> Coordinator {
    Coordinator(self)
}
```

61.8 MyScrollView 사용하기

이번 예제의 마지막 작업은 MyScrollView가 SwiftUI 내에서 사용될 수 있도록 체크하는 것이다. 이를 위해서 ContentView.swift 파일을 코드 에디터에 로드하고 다음과 같이 수정하자.

```
.
.
struct ContentView: View {
    var body: some View {
        MyScrollView(text: "UIView in SwiftUI")
    }
```

```
}
.
.
```

라이브 프리뷰를 사용하여 기대한 대로 동작하는지 테스트하자.

61.9 요약

SwiftUI에는 UIKit 기반 뷰 및 코드와 통합하기 위한 몇 가지 방법이 있다. 이번 장에서는 UIKit 뷰를 SwiftUI에 통합하는 것에 중점을 두었다. 이러한 통합은 `UIViewRepresentable` 프로토콜을 따르는 구조체로 `UIView` 인스턴스를 래핑하고, SwiftUI 레이아웃에 포함된 뷰를 초기화하고 관리하기 위해 `makeUIView()` 및 `updateView()` 메서드를 구현한다. 델리게이트 또는 데이터 소스가 필요한 UIKit 객체의 경우 래퍼에 `Coordinator` 클래스를 추가하고 `makeCoordinator()` 메서드 호출을 통해 뷰에 할당해야 한다.

CHAPTER 62

UIViewController를 SwiftUI와 통합하기

이전 장에서는 UIViewRepresentable 프로토콜을 사용하여 UIView 기반 컴포넌트를 SwiftUI에 통합하는 방법을 설명하였다. 이번 장에서는 iOS 프로젝트 안에서 UIViewController 통합의 형태로 SwiftUI와 UIKit을 결합하는 두 번째 옵션에 초점을 맞출 것이다.

62.1 UIViewController와 SwiftUI

이전 장에서 설명한 UIView 통합은 개별 또는 소규모의 UIKit 기반 컴포넌트를 SwiftUI와 통합하는 데 유용하다. 기존의 iOS 앱은 전체 화면 레이아웃과 기능을 나타내는 여러 UIViewController로 구성되었다. SwiftUI를 사용하면 UIViewControllerRepresentable 프로토콜을 통해 전체 뷰 컨트롤러 인스턴스를 통합할 수 있다. 이 프로토콜은 UIViewRepresentable 프로토콜과 유사하며, 메서드 이름이 다르다는 점을 제외하고는 거의 동일한 방식으로 작동한다.

이번 장에서는 UIViewController를 SwiftUI에 통합하기 위하여 UIViewControllerRepresentable 프로토콜을 어떻게 사용하는지를 보여주는 예제를 만들어 갈 것이다.

62.2 ViewControllerDemo 프로젝트 생성하기

이번 예제의 목적을 위해 UIImagePickerController를 SwiftUI 프로젝트에 통합하는 방법을 보여줄 것이다. 이 클래스는 사용자가 디바이스의 사진 라이브러리에서 이미지를 찾아 선택할 수 있도록 하는 데 사용되며, 현재 SwiftUI 내에는 없는 기능이다.

iOS 앱의 커스텀 뷰 컨트롤러처럼 UIImagePickerController는 UIViewController의 하위 클래스이므로 UIViewControllerRepresentable과 함께 사용하여 SwiftUI에 통합할 수 있다.

Xcode를 실행하고 **ViewControllerDemo**라는 이름의 새로운 Multiplatform App 프로젝트를 생성한다.

62.3 UIImagePickerController 래핑하기

프로젝트를 생성했으니 `UIPickerController`를 SwiftUI에서 사용할 수 있도록 하는 래퍼를 가진 새로운 SwiftUI View 파일을 생성한다. 프로젝트 내비게이터 패널에 있는 **ViewControllerDemo** 항목을 우클릭하여 나타난 메뉴에서 **New File...** 메뉴를 선택하고, **SwiftUI View** 파일 템플릿을 사용하여 `MyImagePicker`라는 이름으로 생성하자.

이 파일을 생성했다면 기존의 코드를 모두 삭제하고 다음과 같이 파일 내용을 수정한다.

```
import SwiftUI

struct MyImagePicker: UIViewControllerRepresentable {
    
    func makeUIViewController(context:
        UIViewControllerRepresentableContext<MyImagePicker>) ->
        UIImagePickerController {
        
        let picker = UIImagePickerController()
        return picker
    }
    
    func updateUIViewController(_ uiViewController:
        UIImagePickerController,
        context: UIViewControllerRepresentableContext<MyImagePicker>) {
        
    }
}

struct MyImagePicker_Previews: PreviewProvider {
    static var previews: some View {
        MyImagePicker()
    }
}
```

Xcode에서 'UIViewControllerRepresentable is undefined'라는 오류가 나타난다면, 툴바에서 실행 타깃으로 iOS 기기 또는 시뮬레이터를 선택했는지 확인하자.

캔버스에 있는 **라이브 프리뷰**live preview 버튼을 클릭하여 **이미지 피커**image picker가 그림 62-1과 같이 나타나는지 확인한다.

그림 62-1

62.4 콘텐트 뷰 설계하기

프로젝트를 완성하게 되면 콘텐트 뷰는 VStack에 포함된 Image 뷰와 버튼을 표시하게 될 것이다. VStack은 MyImagePicker 뷰의 인스턴스와 함께 ZStack에 포함될 것이다. 버튼을 클릭하면 이미지를 선택할 수 있도록 MyImagePicker 뷰가 VStack 위로 표시될 것이다. 이미지를 선택하면 이미지 피커는 뷰에서 사라지며, 선택된 이미지가 Image 뷰에 표시된다.

이를 위해 두 개의 상태 프로퍼티 변수가 사용될 것이다. 하나는 표시될 이미지를 위한 것이며, 다른 하나는 이미지 피커 뷰가 현재 표시되는지를 제어하는 Boolean 값이다. 두 변수에 대한 바인딩은 MyPickerView 구조체 내에 선언되어서 뷰 컨트롤러의 변경 사항을 메인 콘텐트 뷰에 반영한다. 이러한 것을 염두에 두고 코드 에디터에 ContentView.swift 파일을 로드하고 다음과 같이 수정한다.

```swift
struct ContentView: View {

    @State var imagePickerVisible: Bool = false
    @State var selectedImage: Image? = Image(systemName: "photo")

    var body: some View {
        ZStack {
            VStack {
```

```
            selectedImage?
                .resizable()
                .aspectRatio(contentMode: .fit)

            Button(action: {
                withAnimation {
                    self.imagePickerVisible.toggle()
                }
            }) {
                Text("Select an Image")
            }
        }.padding()

        if (imagePickerVisible) {
            MyImagePicker()
        }
    }
 }
}
.
.
```

이렇게 수정했다면 프리뷰는 그림 62-2와 같이 표시할 것이다.

라이브 프리뷰를 사용하여 테스트해보자. Select an Image 버튼을 클릭하면 MyPickerView가 나타난다. 이미지를 선택하거나 Cancel 버튼을 클릭해도 피커가 사라지지 않을 것이다. 이것을 해결하려면 MyPickerView 선언부를 약간 수정해야 한다.

그림 62-2

62.5 MyImagePicker 완성하기

MyImagePicker.swift 파일을 완성하기 위한 몇 가지 작업이 남아 있다. 먼저, 두 개의 Content View 상태 프로퍼티에 대한 바인딩을 선언해야 한다.

```
struct MyImagePicker: UIViewControllerRepresentable {

    @Binding var imagePickerVisible: Bool
    @Binding var selectedImage: Image?
.
.
```

다음으로, 코디네이터를 UIImagePickerView 인스턴스에 대한 델리게이트로 동작하도록 구현해야 한다. 이를 위해서는 코디네이터 클래스가 UINavigationControllerDelegate 프로토콜과 UIImagePickerControllerDelegate 프로토콜 모두를 따라야 한다. 이 코디네이터는 이미지가 선택되거나 사용자가 취소 버튼을 눌렀을 때 알림을 받아야 하므로 imagePickerControllerDidCancel 델리게이트 메서드와 didFinishPickingMediaWithInfo 델리게이트 메서드를 구현해야 한다.

imagePickerControllerDidCancel 메서드의 경우는 imagePickerVisible 상태 프로퍼티가 false로 설정되며, 그 결과로 이미지 피커는 뷰에서 사라지게 될 것이다.

반면, didFinishPickingMediaWithInfo 메서드에는 선택된 이미지가 전달될 것이므로 imagePickerVisible 프로퍼티를 false로 설정하기 전에 선택된 이미지를 selectedImage 프로퍼티에 할당해야 한다.

코디네이터는 상태 프로퍼티 바인딩에 대한 로컬 복사본이 필요할 것이다. 이에 따라 코디네이터는 다음과 같이 된다.

```
class Coordinator: NSObject, UINavigationControllerDelegate,
                UIImagePickerControllerDelegate {

    @Binding var imagePickerVisible: Bool
    @Binding var selectedImage: Image?

    init(imagePickerVisible: Binding<Bool>, selectedImage: Binding<Image?>) {
        _imagePickerVisible = imagePickerVisible
        _selectedImage = selectedImage
```

```
    }

    func imagePickerController(_ picker: UIImagePickerController,
                        didFinishPickingMediaWithInfo
                            info: [UIImagePickerController.InfoKey : Any]) {
        let uiImage = info[UIImagePickerController.InfoKey.originalImage] as! UIImage
        selectedImage = Image(uiImage: uiImage)
        imagePickerVisible = false
    }

    func imagePickerControllerDidCancel(_ picker: UIImagePickerController) {
        imagePickerVisible = false
    }
}
```

MyImagePicker.swift 파일에 남은 작업은 makeCoordinator() 메서드를 추가하여 두 개의 상태 프로퍼티 바인딩을 통해 전달하도록 만든다.

```
func makeCoordinator() -> Coordinator {
    return Coordinator(imagePickerVisible: $imagePickerVisible,
                    selectedImage: $selectedImage)
}
```

마지막으로, makeUIViewController() 메서드를 수정하여 델리게이트로 코디네이터를 할당하고 프리뷰 구조체를 주석 처리하여 구문 오류를 없앤다.

```
    func makeUIViewController(context:
        UIViewControllerRepresentableContext<MyImagePicker>) ->
        UIImagePickerController {

        let picker = UIImagePickerController()
        picker.delegate = context.coordinator
        return picker
    }
.
.
/*
struct MyImagePicker_Previews: PreviewProvider {
    static var previews: some View {
        MyImagePicker()
    }
}
*/
```

62.6 콘텐트 뷰 완성하기

앱을 테스트하기 전에 남은 마지막 작업은 ContentView를 수정하여 두 개의 상태 프로퍼티를 MyImagePicker 인스턴스로 전달하는 것이다. ContentView.swift 파일을 다음과 같이 수정하자.

```
struct ContentView: View {

    @State var imagePickerVisible: Bool = false
    @State var selectedImage: Image? = Image(systemName: "photo")

    var body: some View {
.
.
        if (imagePickerVisible) {
            MyImagePicker(imagePickerVisible: $imagePickerVisible,
                          selectedImage: $selectedImage)
```

62.7 앱 테스트하기

ContentView.swift 파일이 코드 에디터에 로드된 상태에서 라이브 프리뷰 모드를 켜고 **Select an Image** 버튼을 클릭한다. 피커가 나타나면 원하는 이미지를 하나 선택한다. 이미지가 선택되면 피커는 사라지고 선택된 이미지는 Image 뷰에 표시될 것이다.

이미지 선택 버튼을 다시 클릭하고 이번에는 **Cancel** 버튼을 클릭하여 선택된 이미지에 대한 변경 없이 이미지 피커가 사라지는지 확인한다.

그림 62-3

62.8 요약

개별 UIView 기반 객체를 SwiftUI 프로젝트에 통합할 수 있을 뿐만 아니라, 전체 화면 레이아웃과 기능을 나타내는 모든 UIKit 뷰 컨트롤러도 통합할 수 있다. 뷰 컨트롤러 통합은 `UIViewControllerRepresentable` 프로토콜을 준수하는 구조체로 뷰 컨트롤러를 래핑하고 관련 메서드를 구현하는 UIView의 통합 작업과 유사하다. UIView 통합과 마찬가지로 뷰 컨트롤러의 델리게이트와 데이터 소스는 `Coordinator` 인스턴스를 사용하여 처리된다.

CHAPTER 63

SwiftUI를 UIKit에 통합하기

SwiftUI가 도입되기 전에 개발된 앱은 iOS SDK에 포함된 UIKit과 UIKit 기반의 프레임워크를 사용하여 개발되었다. SwiftUI를 사용하여 얻게 되는 장점을 고려할 때 앞으로의 개발은 기존의 프로젝트 코드에 새로운 SwiftUI 앱 기능을 통합하는 것이 일반적으로 요구될 것이다. 다행스럽게도, 이러한 통합은 UIHostingController 사용으로 쉽게 할 수 있다.

63.1 호스팅 컨트롤러의 개요

UIHostingController 클래스의 형태인 호스팅 컨트롤러는 UIViewController의 하위 클래스이며, 이 클래스의 유일한 목적은 기존의 UIKit 기반의 프로젝트에 통합될 수 있도록 SwiftUI 뷰를 감싸는 것이다.

호스팅 뷰 컨트롤러를 사용하면 SwiftUI 뷰를 전체 화면으로 처리하거나(전체 화면을 차지함) 컨테이너 뷰에 호스팅 컨트롤러를 내장하여 기존 UIKit 화면 레이아웃 내에 개별 컴포넌트로 취급할 수 있다. 기본적으로 컨테이너 뷰는 뷰 컨트롤러가 다른 뷰 컨트롤러의 자식으로 구성되게 한다.

SwiftUI 뷰는 코드나 인터페이스 빌더 스토리보드를 사용하여 UIKit 프로젝트에 통합될 수 있다. 다음의 코드는 호스팅 뷰 컨트롤러에 SwiftUI 콘텐트 뷰를 포함한 후에 사용자에게 표시한다.

```
let swiftUIController = UIHostingController(rootView: SwiftUIView())
present(swiftUIController, animated: true, completion: nil)
```

반면, 다음의 예제는 호스팅된 SwiftUI 뷰를 기존 UIViewController의 레이아웃에 직접 포함시킨다.

```
let swiftUIController = UIHostingController(rootView: SwiftUIView())
```

```
addChild(swiftUIController)
view.addSubview(swiftUIController.view)

swiftUIController.didMove(toParent: self)
```

이번 장에서는 코드와 스토리보드를 이용하여 SwiftUI 뷰를 기존의 UIKit 기반 프로젝트에 통합하기 위해서 UIHostingController 인스턴스를 어떻게 사용하는지 보여주는 프로젝트를 만들어 볼 것이다.

63.2 UIHostingController 예제 프로젝트

이전 장과 달리, 이번 장에서 만든 프로젝트는 SwiftUI Multiplatform App 대신 **UIKit Storyboard** 기반 프로젝트를 만들 것이다. Xcode를 실행하고 그림 63-1과 같이 **iOS** 탭과 **App** 템플릿을 차례로 선택한다.

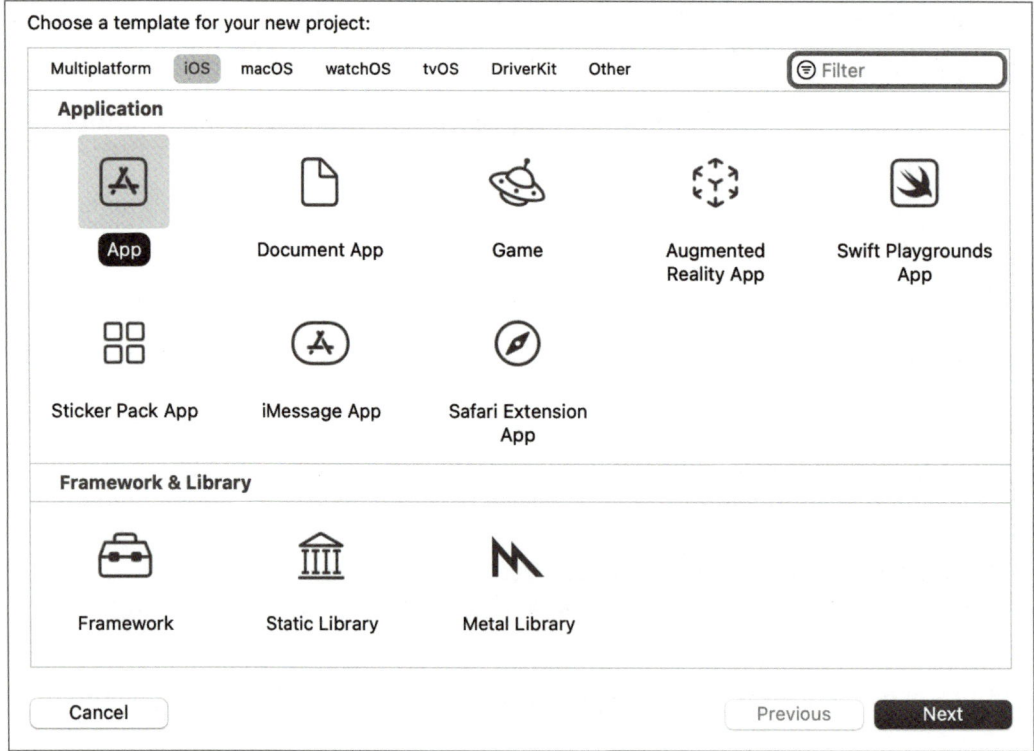

그림 63-1

Next 버튼을 클릭하고 옵션을 선택하는 화면에서 프로젝트 이름을 **HostingControllerDemo**로 지정하고 **Interface** 메뉴를 SwiftUI에서 **Storyboard**로 변경한다. 다시 한번 **Next** 버튼을 클릭하고 프로젝트 생성 과정을 진행한다.

63.3 SwiftUI 콘텐트 뷰 추가하기

이번 프로젝트를 진행하면서 세 가지 방법으로 `UIHostingController`를 사용하여 SwiftUI 콘텐트 뷰가 UIKit 스토리보드 화면에 통합되게 할 것이다. 이를 위한 준비 과정으로 SwiftUI View 파일을 프로젝트에 추가하도록 하자. **File ➡ New File...** 메뉴 옵션을 선택하여 나타난 다이얼로그에서 SwiftUI View 템플릿 옵션을 선택하자. 이번에 생성될 새로운 파일의 이름은 디폴트로 되어 있는 `SwiftUIView`를 그대로 한다.

`SwiftUIView.swift` 파일이 코드 에디터에 로드되면 선언부를 다음과 같이 수정하자.

```swift
import SwiftUI

struct SwiftUIView: View {

    var text: String

    var body: some View {
        VStack {
            Text(text)
            HStack {
                Image(systemName: "smiley")
                Text("This is a SwiftUI View")
            }
        }
        .font(.largeTitle)
    }
}

struct SwiftUIView_Previews: PreviewProvider {
    static var previews: some View {
        SwiftUIView(text: "Sample Text")
    }
}
```

SwiftUI 뷰를 추가했으니 다음 작업은 이것을 통합하여 스토리보드 내에서 별도의 뷰 컨트롤러로 실행될 수 있게 하는 것이다.

63.4 스토리보드 준비하기

Xcode에서 프로젝트 내비게이터 패널에 있는 `Main.storyboard` 파일을 선택하여 인터페이스 빌더에 로드되게 한다. 현재의 스토리보드는 그림 63-2와 같이 하나의 뷰 컨트롤러로 구성되어 있다.

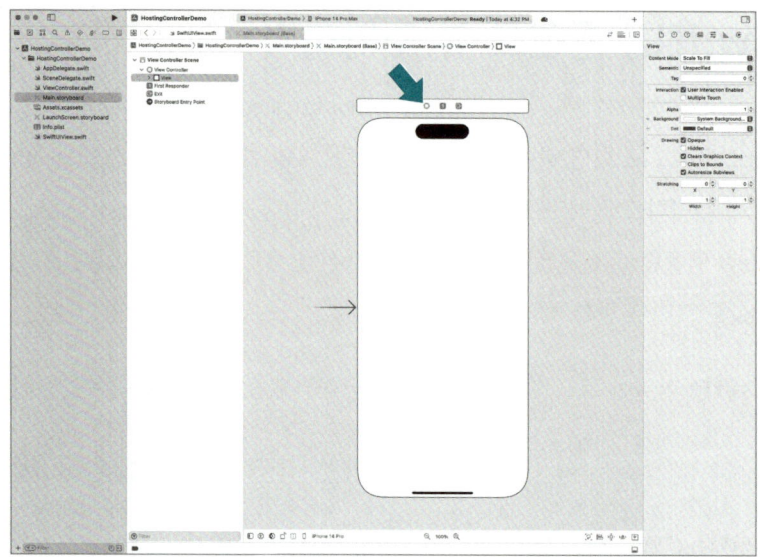

그림 63-2

사용자가 현재 화면에서 뒤로 이동할 수 있도록 뷰 컨트롤러를 **내비게이션 컨트롤러**navigation controller에 포함시켜야 한다. 그림 63-2에 동그라미로 표시한 **View Controller** 버튼을 클릭하여 현재 화면이 파란색으로 강조되게 하고, **Editor ➡ Embed In ➡ Navigation Controller** 메뉴를 선택한다. 이렇게 하면 스토리보드 캔버스는 그림 63-3과 같다.

그림 63-3

SwiftUI 통합을 위해 첫 번째로 필요한 것은 버튼이며, 이 버튼을 클릭하면 SwiftUI View를 포함하는 새로운 뷰 컨트롤러가 표시되도록 하는 것이다. 그림 63-4에 표시한 버튼을 클릭하여 **라이브 러리**library 패널을 열고 **Button** 뷰를 찾아 뷰 컨트롤러 화면 캔버스로 드래그 앤 드롭한다.

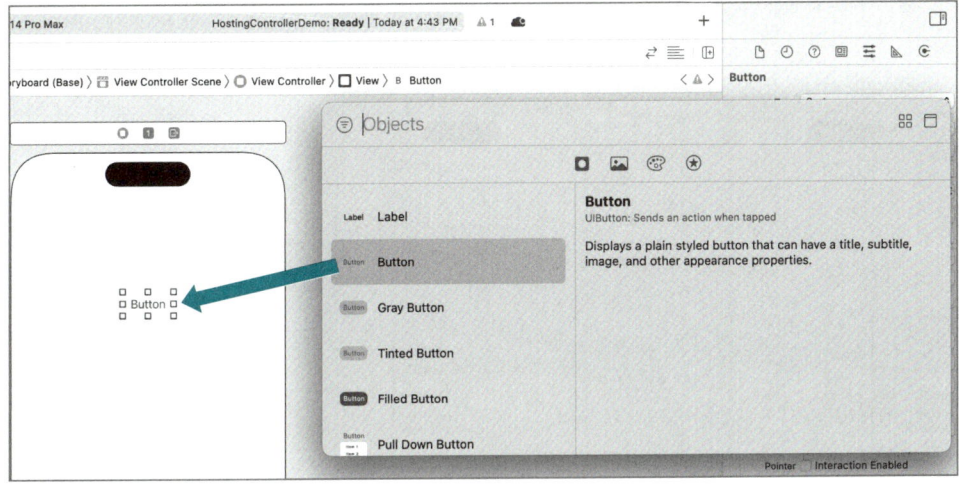

그림 63-4

버튼을 더블 클릭하여 편집 모드가 되게 하고 텍스트를 **Show Second Screen**으로 수정한다. 버튼의 위치를 고정하기 위해서 레이아웃 컨스트레인트를 추가해야 한다. 그림 63-5에 표시된 **Resolve Auto Layout Issues** 버튼을 사용하여 메뉴를 표시하고, **Reset to Suggested Constraints** 옵션을 선택하여 누락된 컨스트레인트를 버튼 위젯에 추가한다.

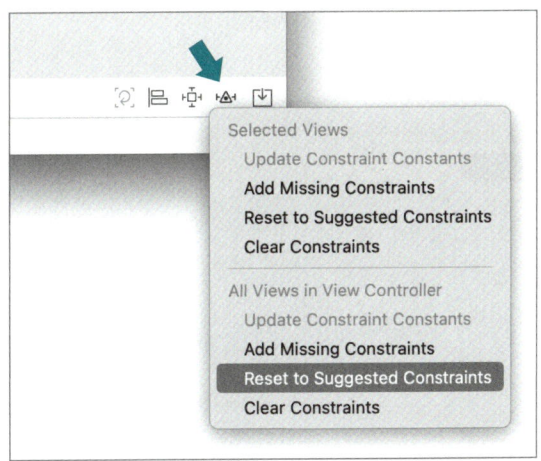

그림 63-5

63.5 호스팅 컨트롤러 추가하기

이제 스토리보드는 UIHostingController를 추가하고 SwiftUIView 레이아웃을 표시하기 위하여 버튼에 **segue**를 구현할 준비가 되었다. 라이브러리 패널을 다시 열어 **Hosting View Controller**를 찾아 그림 63-6과 같이 스토리보드 캔버스에 드래그 앤 드롭한다.

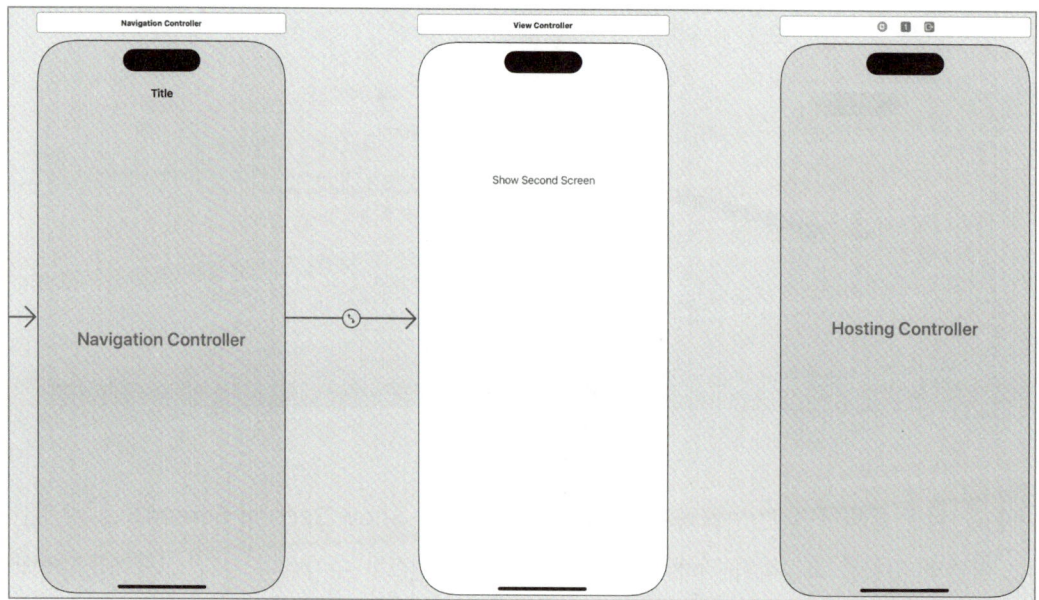

그림 63-6

다음으로, **Show Second Screen** 버튼을 먼저 선택하고, 키보드의 **Control** 키를 누른 상태에서 **Hosting Controller**로 드래그하여 **segue**를 추가하자.

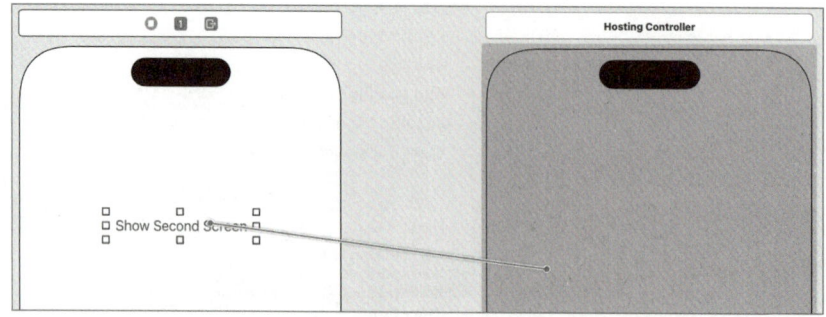

그림 63-7

호스팅 컨트롤러의 영역 안에서 드래그하던 마우스 버튼을 놓으면 나타나는 메뉴에서 **Show** 메뉴를 선택한다.

프로젝트를 컴파일하고 시뮬레이터나 연결된 디바이스에서 실행하고 버튼을 클릭하면 호스팅 컨트롤러 화면으로 이동하는지 확인하고, **Back** 버튼을 눌러 이전 화면으로 돌아오는지도 확인하자. 지금 시점에서의 호스팅 뷰 컨트롤러는 아무런 콘텐트를 가지고 있지 않다는 것을 의미하는 검정색 백그라운드로 표시될 것이다.

63.6 Segue 액션 구성하기

다음 작업은 `IBSegueAction`을 **segue**에 추가하여 버튼이 클릭되면 SwiftUI 뷰가 호스팅 컨트롤러에 로드되도록 하는 것이다. Xcode에서 **Editor** ➡ **Assistant** 메뉴를 선택하여 **어시스턴트 에디터**assistant editor 패널이 표시되게 한다. 어시스턴트 에디터 패널이 표시되면 `ViewController.swift` 파일의 내용이 표시되도록 하자. 기본적으로 어시스턴트 에디터는 **Automatic** 모드라서 인터페이스 빌더에 현재 선택된 항목을 바탕으로 올바른 소스 파일이 표시되게 한다. 만약 올바른 파일이 표시되지 않는다면 에디터 패널 상단에 있는 툴바를 이용하여 올바른 파일을 선택할 수 있다.

만일 `ViewController.swift` 파일이 로드되지 않았다면 그림 63-8에 표시한 것처럼 에디터의 **Automatic** 항목을 클릭한다.

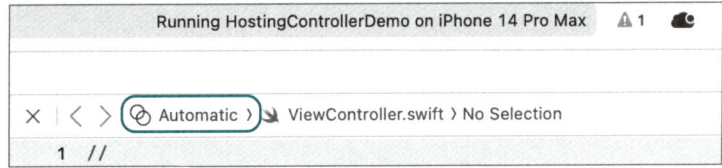

그림 63-8

그림 63-9와 같은 메뉴가 나오면 `ViewController.swift` 파일을 선택하여 에디터에 로드되게 한다.

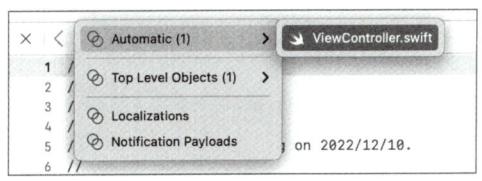

그림 63-9

다음으로, 그림 63-10과 같이 뷰 컨트롤러와 호스팅 컨트롤러 사이에 있는 **segue** 라인을 Ctrl-클릭한 상태로 어시스턴트 에디터 패널의 `viewDidLoad()` 메서드 아래로 드래그한다.

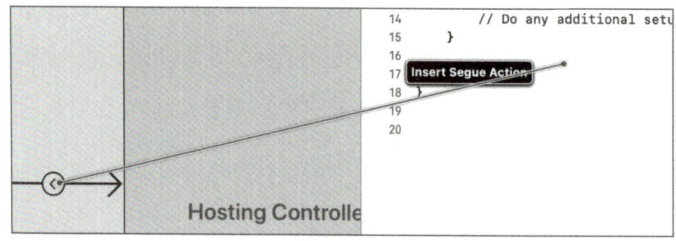

그림 63-10

드래그하던 마우스 버튼을 놓고, 커넥션 다이얼로그의 **Name** 필드에 **showSwiftUIView**라고 입력하고 **Connect** 버튼을 클릭한다.

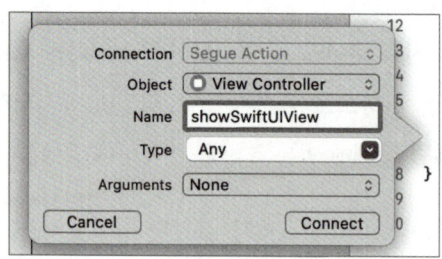

그림 63-11

Xcode는 `ViewController.swift` 파일에 `IBSegueAction` 메서드를 추가할 것이며, 호스팅 컨트롤러에 SwiftUIView 레이아웃이 포함되도록 다음과 같이 수정하자. SwiftUI 프레임워크 역시 임포트되어야 한다는 점에 주목하자.

```
import UIKit
import SwiftUI
.
.
@IBSegueAction func showSwiftUIView(_ coder: NSCoder) -> UIViewController? {
    return UIHostingController(coder: coder,
                    rootView: SwiftUIView(text: "Integration One"))
}
```

프로젝트를 컴파일하고 앱을 다시 실행한다. 이번에는 그림 63-12와 같이 두 번째 화면이 표시되는지 확인하자.

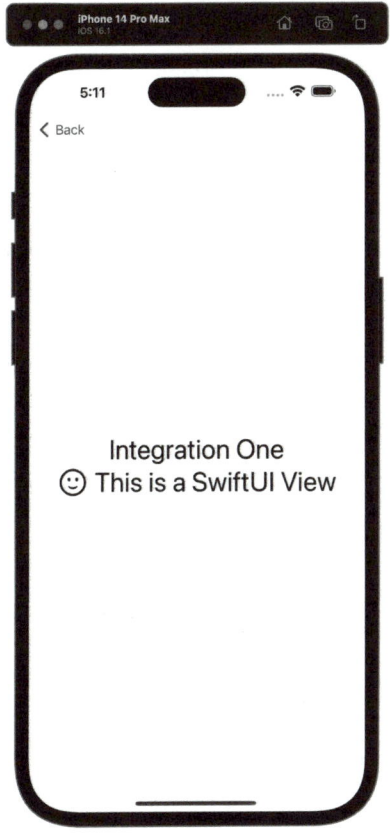

그림 63-12

63.7 컨테이너 뷰 포함하기

두 번째 통합 작업으로, **컨테이너 뷰**container view가 기존의 뷰 컨트롤러 화면에 추가되어 UIKit 컴포넌트들과 함께 SwiftUI 뷰가 포함되도록 할 것이다. `Main.storyboard` 파일에서 라이브러리 패널을 열고 `Container View`를 찾아 첫 화면인 뷰 컨트롤러로 드래그 앤 드롭한다. 추가한 뷰의 위치와 크기를 조절하여 그림 63-13처럼 만들자.

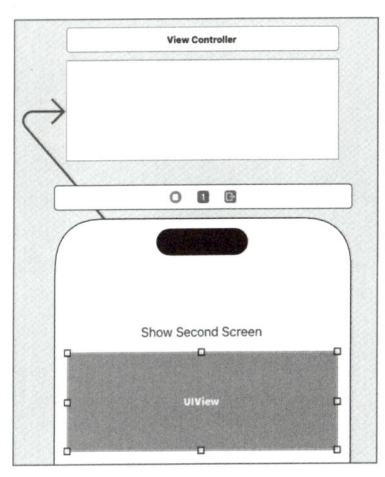

그림 63-13

다음 단계로 진행하기 전에 툴바에서 뷰 컨트롤러 아이콘을 클릭하고(그림 63-2 참고), 그림 63-5 처럼 **Resolve Auto Layout Issues** 버튼을 사용하여 나타난 메뉴에서 **Reset to Suggested Constraints** 옵션을 선택하여 누락된 컨스트레인트가 레이아웃에 추가되도록 한다.

그림 63-13의 뷰 컨트롤러 위에 있는 뷰처럼 Xcode는 Container View를 위하여 추가로 View Controller를 추가하였다. 이번 예제에서는 Hosting Controller로 대체될 것이므로 이 뷰 컨트롤러를 선택하고 키보드의 **delete** 키를 눌러 스토리보드에서 제거한다.

라이브러리 패널을 열고 **Hosting View Controller**를 찾아 뷰 컨트롤러 위쪽에 위치하도록 스토리보드 캔버스에 드래그 앤 드롭한다. 뷰 컨트롤러 화면에 있는 Containter View를 Ctrl-클릭한 상태로 드래그하여 새롭게 추가된 호스팅 컨트롤러에서 마우스 버튼을 놓자. 이렇게 하여 나타난 **segue** 메뉴에서 **Embed** 옵션을 선택한다.

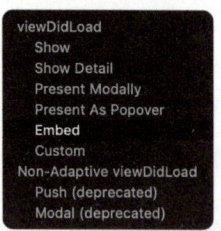

그림 63-14

호스팅 컨트롤러가 Container View에 포함되었다면 스토리보드는 그림 63-15와 같이 표시될 것이다.

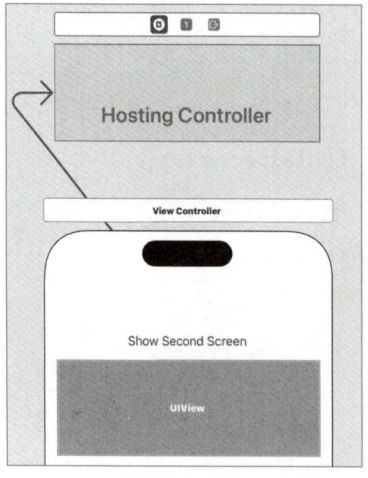

그림 63-15

이제 남은 것은 IBSegueAction을 Container View와 호스팅 컨트롤러 사이의 연결에 추가하는 것이다. 어시스턴트 에디터를 다시 열고, 호스팅 컨트롤러 왼쪽에 있는 화살표에서 **Ctrl**-클릭한 상태로 showSwiftUIView 액션 메서드 아래에서 드롭한다. 액션의 이름을 embedSwiftUIView로 하고 **Connect** 버튼을 클릭한다. 새로운 메서드가 추가되었다면 다음과 같이 수정하자.

```
@IBSegueAction func embedSwiftUIView(_ coder: NSCoder) -> UIViewController? {
    return UIHostingController(coder: coder,
                        rootView: SwiftUIView(text: "Integration Two"))
}
```

이제 앱을 실행하면 SwiftUI 뷰가 처음 나오는 뷰 컨트롤러의 Container View에 나타날 것이다.[1]

그림 63-16

63.8 코드로 SwiftUI 포함하기

마지막 통합의 예제로, SwiftUI 뷰를 프로그램적으로 뷰 컨트롤러의 레이아웃에 포함시킬 것이다. Xcode에서 ViewConroller.swift 파일을 편집하자. viewDidLoad() 메서드를 찾아 다음과 같이 수정한다.

```
override func viewDidLoad() {
    super.viewDidLoad()
    
    let swiftUIController = UIHostingController(rootView: SwiftUIView(text: "Integration Three"))
```

---

1 [옮긴이] 컨테이너 뷰의 크기가 충분하지 않은 경우 표시되지 않는 현상이 생기므로 표시되지 않는다면 크기(영역)를 조절해보자.

```
    addChild(swiftUIController)
    swiftUIController.view.translatesAutoresizingMaskIntoConstraints = false

    view.addSubview(swiftUIController.view)

    swiftUIController.view.centerXAnchor.constraint(
        equalTo: view.centerXAnchor).isActive = true
    swiftUIController.view.centerYAnchor.constraint(
        equalTo: view.centerYAnchor).isActive = true

    swiftUIController.didMove(toParent: self)
}
```

이 코드는 SwiftUIView 레이아웃을 포함하는 UIHostingController 인스턴스를 생성하면서 시작하고 현재의 뷰 컨트롤러의 자식으로 추가한다. translatesAutoresizingMaskIntoConstraints 프로퍼티를 false로 설정하므로 우리가 추가하는 모든 컨스트레인트는 뷰가 레이아웃에 추가될 때 적용되는 자동 컨스트레인트와 충돌하지 않게 될 것이다. 다음으로, UIHostingController의 자식 UIView가 포함하는 뷰 컨트롤러의 하위 뷰로 추가된다. 그런 다음, 호스팅 뷰 컨트롤러가 화면의 중앙에 배치되도록 컨스트레인트가 설정된다. 마지막으로, 호스팅 컨트롤러가 컨테이너 뷰 컨트롤러로 이동되었음을 UIKit에 알리는 이벤트가 실행된다.

앱을 실행하여 그림 63-17과 같이 나타나는지 확인하자.

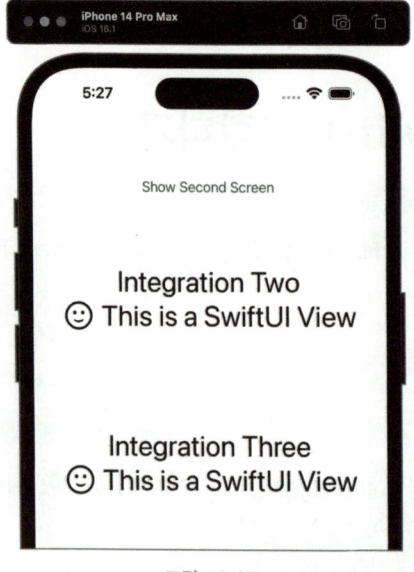

그림 63-17

63.9 요약

SwiftUI가 도입되기 전에 개발된 모든 앱은 UIKit을 사용하여 개발되었다. 기존 앱을 향상시키고 확장할 때 UIKit을 계속 사용하는 것도 가능하지만, 새로운 앱 기능을 추가하려고 한다면 SwiftUI를 사용하는 것이 더 합리적일 것이다(iOS 13 이상을 지원하지 않는 장치에서 앱을 실행해야 하는 경우 제외). 새로운 SwiftUI 기반의 뷰와 기능을 기존의 UIKit 코드와 통합해야 할 필요성을 인식한 애플은 `UIHostingViewController`를 만들었다. 기존의 UIKit 코드에 SwiftUI 뷰가 통합될 수 있도록 하기 위한 이 컨트롤러는 UIKit 뷰 컨트롤러에 SwiftUI 뷰를 담을 수 있도록 설계되었다. 이번 장에서 설명했듯이, 호스팅 컨트롤러를 사용하면 스토리보드나 프로그래밍 방식으로 SwiftUI와 UIKit을 통합할 수 있다. 전체 SwiftUI 사용자 인터페이스를 독립적인 뷰 컨트롤러로 통합하거나, 컨테이너 뷰를 사용하여 기존 레이아웃 내에 UIKit 뷰와 함께 SwiftUI 뷰를 포함시킬 수도 있다.

CHAPTER 64

앱 스토어에 iOS 16 애플리케이션 등록을 위한 준비와 제출하기

iOS 애플리케이션 개발이 끝났다면, 마지막으로 할 작업은 애플의 앱 스토어에 제출하는 것이다. 이번 장에서는 애플리케이션을 준비하고 제출하는 여러 단계에 대해 자세히 알아보겠다.

64.1 iOS 배포 인증서 검증하기

2장 '애플 개발자 프로그램 가입하기'에서는 인증서를 생성하는 과정을 설명하였다. 그 장에서 개발 인증서와 배포 인증서 모두를 생성하였으며, 이번 장까지는 개발 인증서를 이용하여 실제 iOS 디바이스에서 테스트할 수 있었다. 하지만 앱 스토어에 애플리케이션을 제출하려면 배포 인증서를 이용해야 한다. 배포 인증서가 있는지는 Xcode의 설정에서 확인할 수 있다.

Xcode를 실행하여 **Xcode ➡ Settings...** 메뉴를 선택하고, 툴바에서 **Accounts** 카테고리를 선택한다. 2장 '애플 개발자 프로그램 가입하기'에서 설명한 것처럼 애플 ID가 있다면 그림 64-1과 같이 계정account 패널에 하나 이상의 애플 ID가 표시될 것이다.

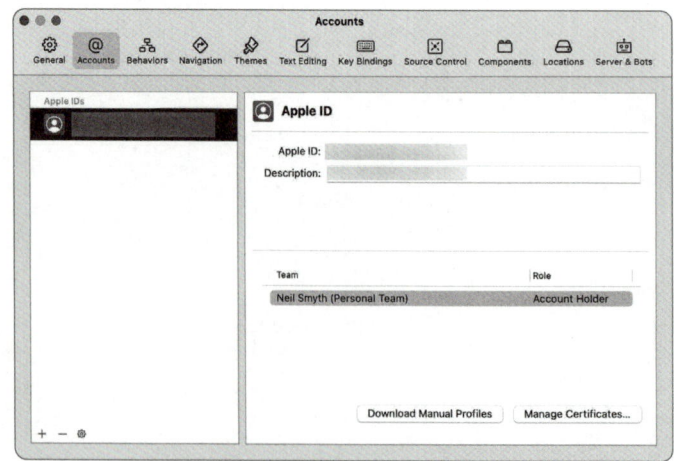

그림 64-1

애플리케이션 서명에 사용할 애플 ID를 선택하고, **Manage Certificates...** 버튼을 클릭하여 Signing Identities와 애플 ID에 연결된 프로비저닝 프로파일을 표시하자.

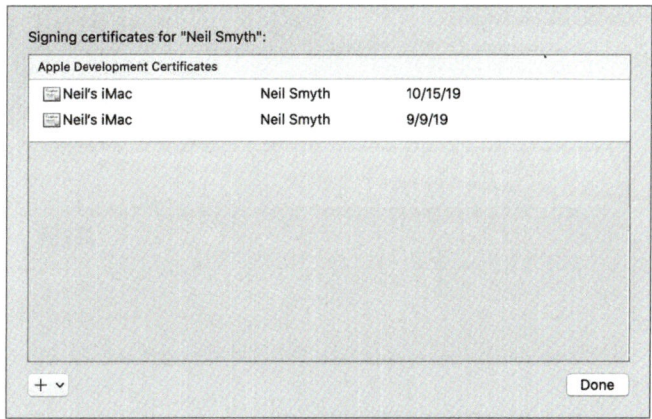

그림 64-2

만약 애플 배포Apple distribution 인증서가 리스트에 없다면 그림 64-3에 표시한 메뉴를 이용하여 하나 생성한다.

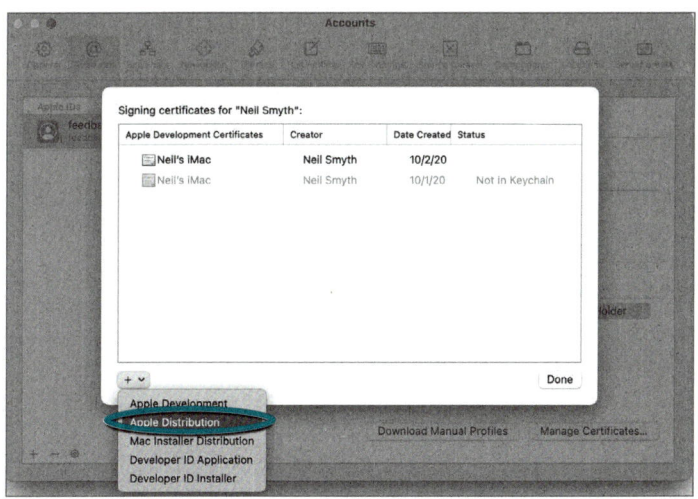

그림 64-3

그러면 Xcode는 개발자 포털에 접속하여 앱 스토어에 애플리케이션을 제출할 때 사용할 적당한 서명 인증서를 새롭게 생성하고 다운로드할 것이다. 서명 식별자signing identity가 생성되었다면 그림 64-4와 같이 표시될 것이다.

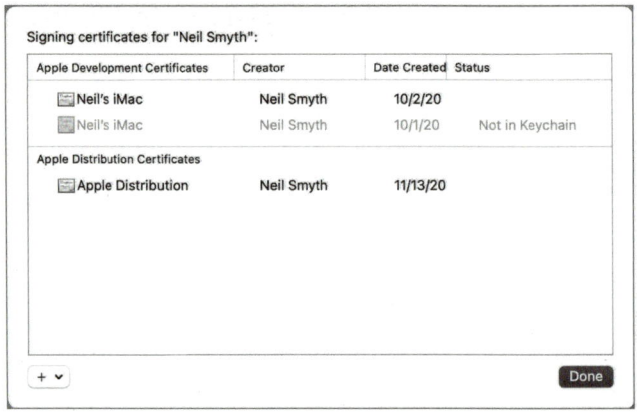

그림 64-4

64.2 앱 아이콘 추가하기

배포를 위해 애플리케이션을 다시 빌드하기 전에 앱 아이콘이 애플리케이션에 추가되어 있는지 확인하자. 앱 아이콘은 여러분의 애플리케이션을 디바이스의 홈 스크린, 설정 패널, 검색 결과에 표시하는 데 사용된다. 각각의 용도에 따라 여러 크기로 PNG 포맷의 아이콘들이 필요하다. 또는 단일 1024 × 1024 아이콘을 프로젝트에 추가할 수 있으며 Xcode는 각 요구사항에 맞게 이를 조정한다.

앱 아이콘은 **AppIcon** 이미지 세트 내의 `Assets.xcassets` 애셋 카탈로그에 추가된다. **AppIcon** 이미지 세트를 선택하면 각 아이콘 크기에 대한 플레이스홀더가 표시된다.

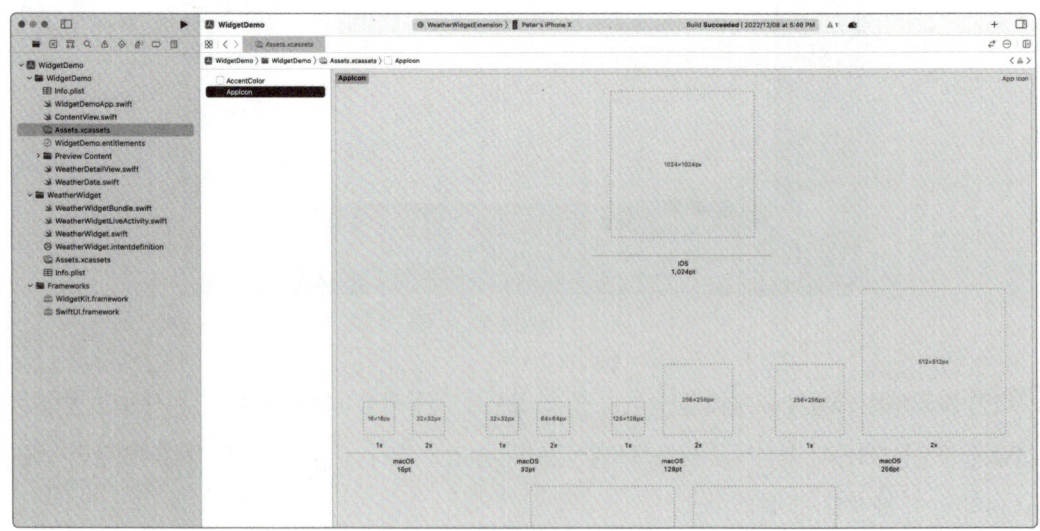

그림 64-5

이미지를 추가하려면 애셋 카탈로그의 해당 아이콘 자리에 맞는 PNG 형식의 이미지 파일을 Finder 창에서 찾아 드래그 앤 드롭하거나, 카탈로그에서 Ctrl+클릭하여 나타난 메뉴에서 **Import**를 선택하여 여러 개의 파일을 추가하면 된다. 단일 이미지를 사용하려면 그림 64-6과 같이 **어트리뷰트 인스펙터**attributes inspector 패널에서 **iOS Size** 메뉴를 **Single Size**로 변경한다.

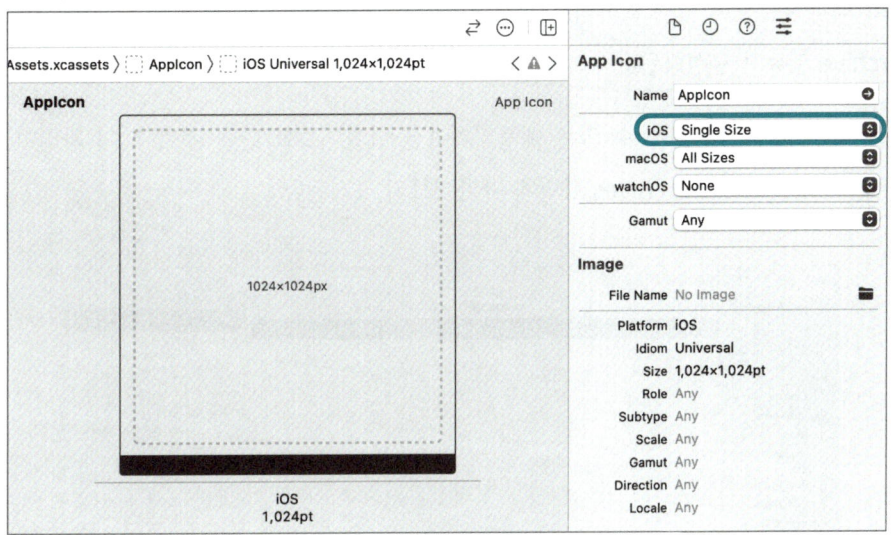

그림 64-6

64.3 프로젝트를 팀에 할당하기

애플리케이션을 제출하는 과정의 한 부분으로, 올바른 서명 인증서가 사용되도록 개발팀과 프로젝트가 연결되어야 한다. 프로젝트 내비게이터 패널에서 프로젝트 이름을 선택하여 프로젝트 설정 패널이 표시되도록 한다. **Signing & Capabilities** 탭을 클릭하고 그림 64-7과 같이 **Signing** 섹션의 메뉴에서 팀을 선택한다.

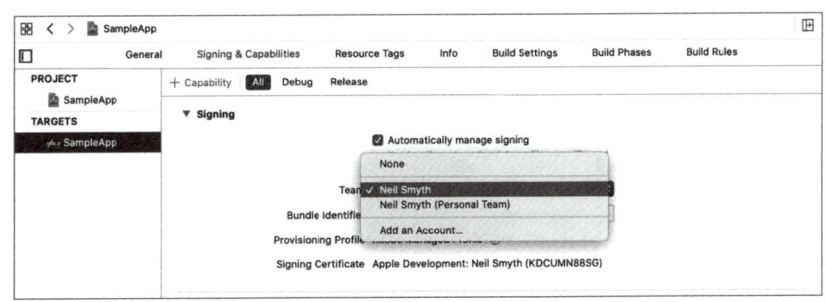

그림 64-7

64.4 배포를 위해 애플리케이션 아카이브하기

이제 애플리케이션은 설치된 배포 프로파일을 사용하여 빌드되어야 한다. 아카이브를 생성하려면 Xcode의 **Product** ➡ **Archive** 메뉴를 선택한다. 만약 **Archive** 메뉴가 비활성화되어 있다면 대부분의 경우는 Xcode 툴바의 실행 타깃이 현재 시뮬레이터로 선택되어 있기 때문일 것이다. 타깃을 수정하여 맥과 연결되어 있는 디바이스를 선택하거나 **Generic iOS Device**로 바꾸면 **Product** 메뉴에 **Archive** 메뉴가 활성화된다.

Xcode는 앱 스토어에 제출할 수 있는 애플리케이션 아카이브를 만들 것이다. 이 과정이 끝나면 **Organizer** 다이얼로그의 **Archives** 화면에 아카이브가 표시된다.

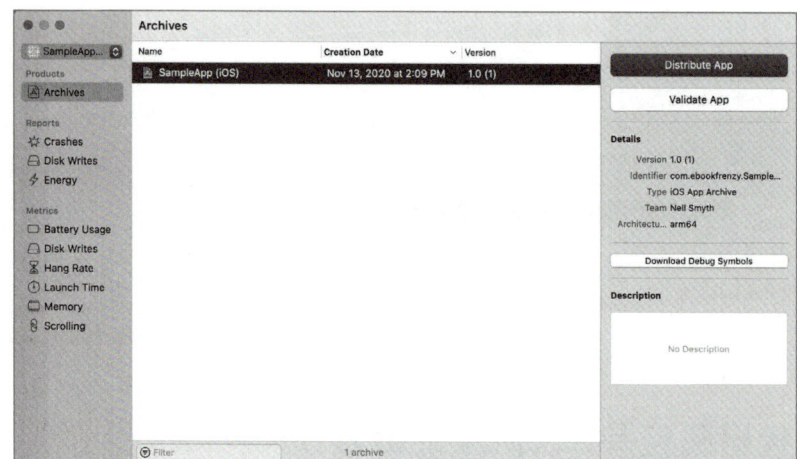

그림 64-8

64.5 App Store Connect에서 애플리케이션 설정하기

애플리케이션 검수를 위하여 앱 스토어에 제출하기 전에 먼저 App Store Connect에 제출할 준비가 되어 있어야 한다. **애플 개발자 프로그램**Apple developer program에 등록하면 동일한 로그인 계정으로 App Store Connect에 접근할 수 있는 계정이 자동으로 생성된다. App Store Connect는 개발자가 세금 및 지불 정보를 입력하고, 애플리케이션에 대한 자세한 정보를 입력하며, 애플리케이션들의 판매 및 수익 상태를 추적할 수 있는 포털이다.

http://appstoreconnect.apple.com을 웹 브라우저에서 입력하고, 여러분의 애플 개발자 프로그램 로그인과 패스워드를 입력하여 App Store Connect에 접속하자.

처음 접속했다면 **계약**agreement, **세금**tax, **금융거래**banking 링크를 클릭하여 애플의 약관에 동의하는 작업과 판매 수익에 대한 적절한 세금 및 은행 정보를 입력해야 한다.

등록 작업을 완료했다면 **나의 앱**my app 옵션을 선택하고, 애플리케이션에 대한 정보를 입력하기 위해 + 버튼을 클릭하여 나타난 하위 메뉴에서 **신규 앱**new app을 클릭한다. 애플리케이션에 대한 이름과 여러분만의 SKU를 입력한다. 또한, Xcode에서 업로드 준비가 끝난 애플리케이션과 일치하는 **번들 아이디**bundle ID를 선택하거나 입력한다.

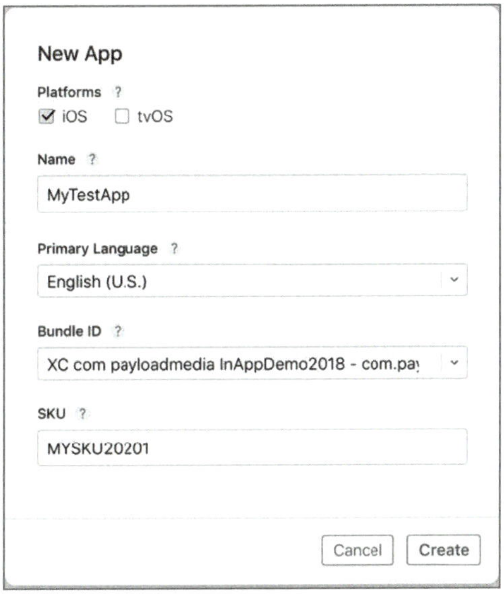

그림 64-9

애플리케이션을 추가했다면 나의 앱 화면 목록에 **제출 준비 중**prepare for submission이라고 표시될 것이다.

그림 64-10

64.6 애플리케이션 검증하기와 제출하기

애플리케이션을 검증하기 위하여 Xcode의 **Archives** 창으로 돌아가서 애플리케이션 아카이브를 선택하고 **Validate App** 버튼을 클릭한다. 인증을 위한 다이얼로그가 나타나면 여러분의 iOS 개발자 프로그램 로그인 정보를 입력한다. Xcode에 하나 이상의 계정으로 구성되어 있다면 메뉴에서 원하는 계정을 선택하자.

Xcode는 App Store Connect 서비스에 연결하고, 이전 단계에서 추가된 앱과 일치하는 것을 찾아 그림 64-11과 같은 배포 옵션 화면을 표시할 것이다.

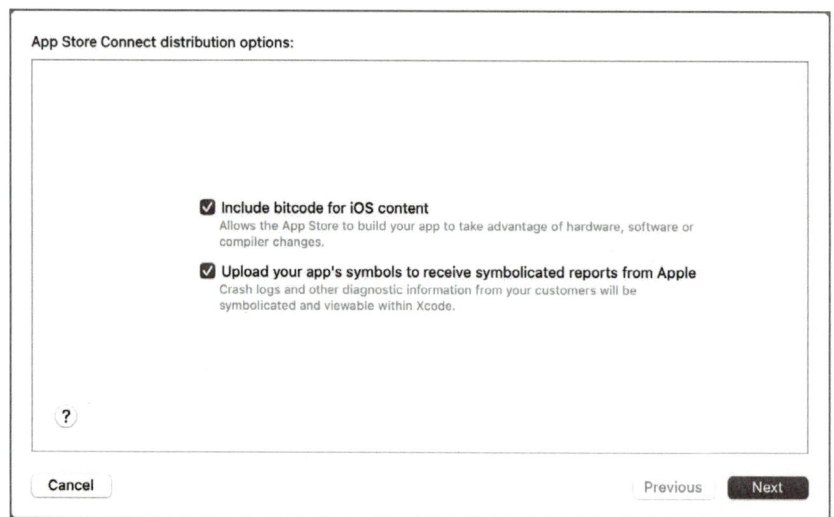

그림 64-11

이 화면은 선택할 수 있는 다음의 옵션들을 표시한다.

- **Include bitcode for iOS content** – 비트코드bitcode는 iOS 9에 도입된 새로운 중간 바이너리 형태다. 비트 코드 형태로 앱을 포함시키면 애플이 앱을 컴파일하여 전체 iOS 디바이스에 최적화되게 만들며, 앞으로 발전될 하드웨어 및 소프트웨어를 활용할 수 있게 된다. 따라서 이 옵션을 선택할 것을 권장한다.

- **Upload your app's symbols to receive symbolicated reports from Apple** – 만약 이 옵션을 선택했다면 애플은 앱에 대한 심벌 정보를 포함하게 된다. 함수와 메서드 이름, 소스 코드 줄 수, 파일 경로가 포함된 이 정보는 사용자가 여러분의 앱을 사용하다가 충돌이 발생했을 때 애플이 제공하는 **충돌 로그**crash log에 포함될 것이다. 이 옵션을 선택하는 것이 좋다.

다음 화면은 Xcode가 자동으로 앱에 대한 서명을 관리하게 할 것인지, 아니면 여러분이 직접 인증서를 선택할 것인지에 대한 옵션을 제공한다. 만일 여러분이 여러 배포 인증서를 사용하는 팀에 소속된 팀원이 아니라면 자동 서명을 선택하는 것이 좋다.

그림 64-12

마지막 화면은 앱과 관련된 인증서, 프로파일 및 권한이 요약되어 있다.

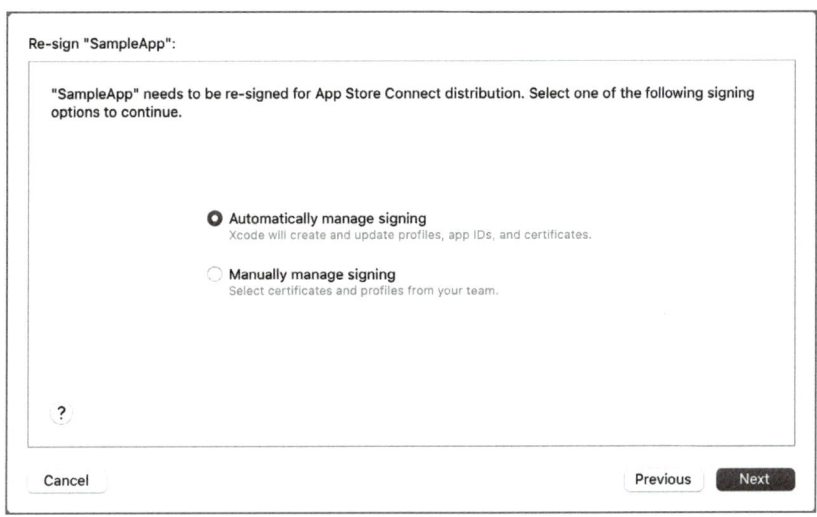

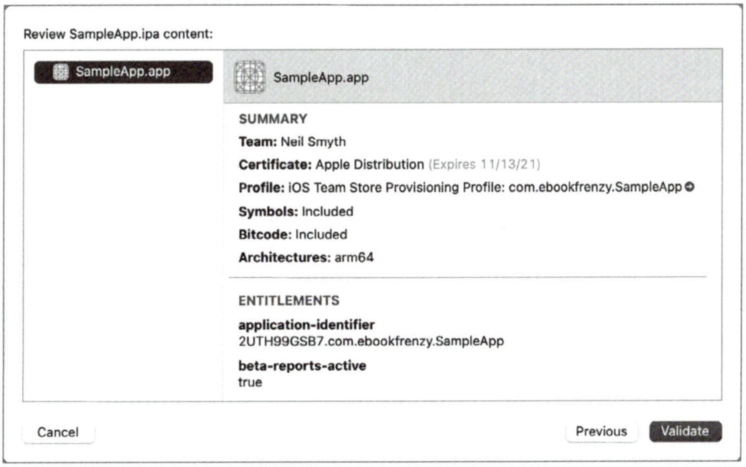

그림 64-13

Validate 버튼을 클릭하면 아카이브된 애플리케이션에 대한 유효성 검사를 수행하게 된다. Xcode는 아카이브를 생성하고 검증할 것이며, 유효성 검사 과정에서 어떤 오류가 발견된다면 그 내용을 알려준다. 유효성 검사에 통과를 했다면 **Done** 버튼을 클릭하여 패널을 닫자.

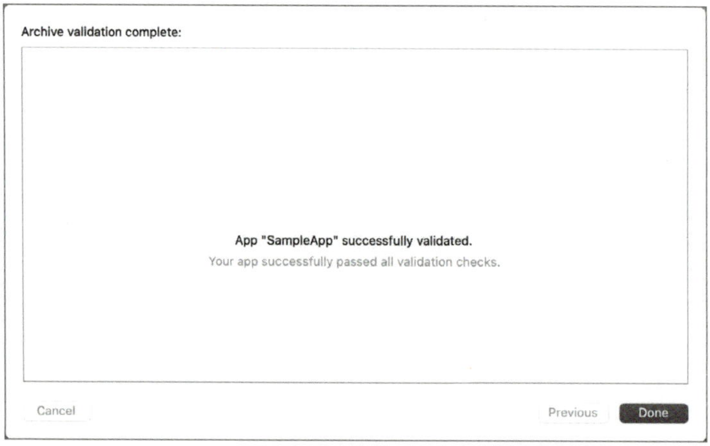

그림 64-14

이 애플리케이션은 이제 앱 스토어에 업로드할 준비가 되었다.

애플리케이션 아카이브가 선택된 상태에서 **Distribute App** 버튼을 클릭한다. 다음 화면에서 **App Store Connect**를 선택하고, 그 다음 화면에서는 **Upload** 옵션을 선택한다. 만일 애플 로그인 다이얼로그가 나타나면 여러분의 개발자 프로그램 로그인 정보를 입력하고, 요약 정보를 확인한 후에 **Upload** 버튼을 클릭한다. 애플리케이션 제출이 성공했다는 메시지가 표시되어 업로드 과정이 끝날 때까지 기다리자.

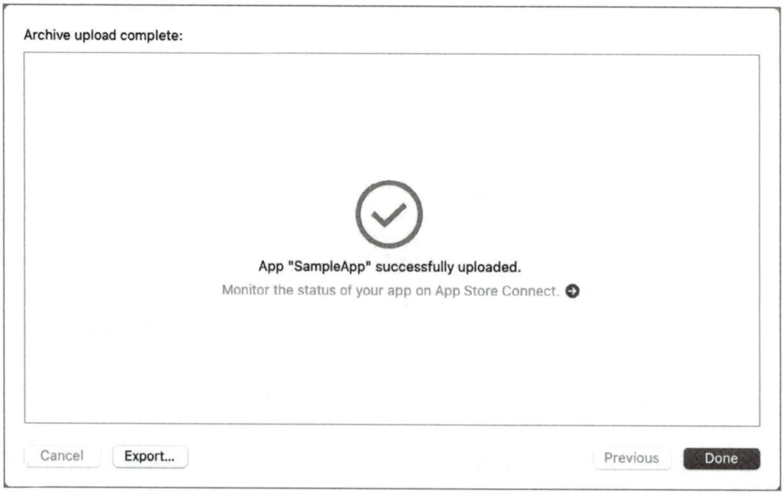

그림 64-15

64.7 검수를 위해 앱 구성하고 제출하기

App Store Connect 포털의 나의 앱 화면에서 새롭게 추가한 앱 항목을 선택하여 설정 화면에 표시되도록 한다. 여기서는 **프리-릴리스**pre-release 테스트 사용자를 설정할 수 있으며, 가격을 정하고, 제품 설명을 입력하며, 스크린샷과 **미리보기**preview 비디오를 업로드할 수 있다. 이러한 정보를 모두 입력하고 저장하여 앱 스토어에 제출할 준비가 되었다면 그림 64-16의 A로 표시된 1.0.0 제출 준비 중 옵션을 클릭한 다음에 **심사를 위해 제출**submit for review 버튼(그림 35-16의 B)을 클릭한다.

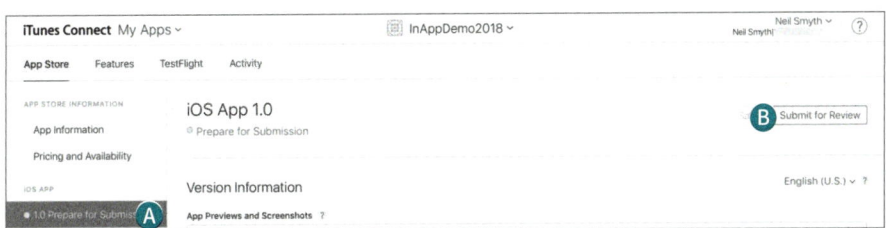

그림 64-16

애플의 검수(리뷰) 과정이 완료되면 애플리케이션이 통과되었는지에 대한 이메일이 발송될 것이다. 애플리케이션이 반려되었다면 반려 사유도 명시되어 있을 것이므로 해당 이슈를 해결하고 다시 제출하면 된다.

진솔한 서평을 올려주세요!

이 책 또는 이미 읽은 제이펍의 책이 있다면, 장단점을 잘 보여 주는 솔직한 서평을 올려주세요.
매월 최대 5건의 우수 서평을 선별하여 원하는 제이펍 도서를 1권씩 드립니다!

- **서평 이벤트 참여 방법**
  - ❶ 제이펍 책을 읽고 자신의 블로그나 SNS, 각 인터넷 서점 리뷰란에 서평을 올린다.
  - ❷ 서평이 작성된 URL과 함께 review@jpub.kr로 메일을 보내 응모한다.
- **서평 당선자 발표**
  매월 첫째 주 제이펍 홈페이지(www.jpub.kr) 및 페이스북(www.facebook.com/jeipub)에 공지하고, 해당 당선자에게는 메일로 개별 연락을 드립니다.

독자 여러분의 응원과 채찍질을 받아 더 나은 책을 만들 수 있도록 도와주시기 바랍니다.

찾아보기

기호	
??	49
.easeIn	409
.easeInOut	409
.easeOut	409
.linear	409
.move	418
.opacity	418
.scale	418
.slide	418
@AppStorage	273, 274, 278, 279
@Binding	208, 324
@EnvironmentObject	212
@FetchRequest	475, 484
@GestureState	425
@main	172
@MainActor	254
@ObservedObject	210, 211
@Published	209
@SceneStorage	272, 276, 278, 279
@State	205
@StateObject	211
&	51
&=	54
^	52
^=	54
<<	52
<<=	54
>>	53
>>=	54
|	51
|=	54
~	50
$	206
$0	83

A	
Add to Siri 버튼	532
addArc()	402
addCurve()	402
addLine()	402
addLines()	402
addQuadCurve()	402
addTask()	243
after(Date)	561
alignment	194, 385
alignmentGuide()	285
AlignmentID	289
AND 비트 연산	51
AND(&&) 연산자	47
animation()	408
App	169
App Store Connect	636
append()	308
AppInventoryVocabulary.plist	517
AreaMark	437, 447
Assets.xcassets	173
async	233
async-let	237
async/await	233
AsyncSequence	245
atEnd	561

autoreverses	411
await	234

B, C

BarMark	437
body	183
break 구문	58
callout	183
cancel()	242
cancelAll()	244
Capsule()	399
caption	183
cardinal	443
case 구문	66
CGRect	403
chartPlotStyle()	442
closeSubPath()	402
continue 구문	59
create custom	183

D, F

defer 구문	138
DisclosureGroup	346, 351, 354
drop()	404
fallthrough 구문	67
fetch()	476
FileDocument	457
FileWrapper	458
fill()	398
flexible	367
footnote	183
for-await	245
for-in 구문	55
ForEach	225, 227, 301, 318, 320
foregroundColor()	399
foregroundStyle()	440, 448

G, H

GeometryReader	203
gesture()	421
getSnapshot()	560
getTimeline()	560
Grid	377
gridCellAnchor()	387
gridCellColumns()	382
gridCellUnsizedAxes()	381

GridItem	366
GridRow	377
guard 구문	62
headline	183
HorizontalAlignment	289
HStack	180, 192
HStack 변환	198

I

if … else … 구문	60
if … else if … 구문	61
if 구문	60
INExtension	513
INInteraction	532
init	89
INMessagesDomainHandling	525
inner()	404
INPreferences	521
InSearchForPhotosIntent	515
INSendMessageIntent	528
IntentsSupported	522
IntentTimelineProvider	588
IntentViewController	513
interpolationMethod()	443
INUIAddVoiceShortcutButton	532
iOS 배포 인증서	632
isCancelled	242, 244
isEmpty	244

J, L

JSON	316
LazyHGrid	365, 374
LazyHStack	201
LazyVGrid	365
LazyVStack	201
linear	443
LineMark	437
List 튜토리얼	314, 354
listRowSeparator()	300
listRowSeparatorTint()	300
loadPersistentStores()	474

M, N

Main.storyboard 파일	622
makeBody()	434
makeCoordinator()	604, 609

makeUIView()	602, 609
mark types	437
modifier()	185
monotone	443
navigationBarItems()	310, 327
navigationBarTitle()	327
navigationDestination()	329
navigationDestination(for:)	305
NavigationLink	298, 303, 304, 322, 327
NavigationPath	308, 328
NavigationSplitView	312, 333, 338
NavigationStack	298, 304, 314, 323
never	561
nil 병합 연산자	49
nonisolated	251
NOT 비트 연산	50
NOT(!) 연산자	46
NSExtensionAttributes	522
NSFetchRequest	476, 490
NSInteraction	516
NSPersistentCloudKitContainer	502
NSPersistentContainer	474
NSSiriUsageDescription	537
NSSortDescriptor	487
NSVocabulary	517

O

Observable 객체	205, 209
onAppear	259, 416
onChange	259
onChanged 액션	423
onDelete()	309, 487
onDisappear	259
onMove()	310
onOpenURL()	590
OR 비트 연산	51
OR(‖) 연산자	47
OutlineGroup	312, 346, 349, 354, 359

P

padding	194, 195
PageTabViewStyle	390
path()	403
PlaygroundPage	21
PlaygroundSupport	21
PlottableValue	437

PlottableValue.value	438
PointMark	437, 446, 449
Profile in Instruments	164
ProgressView	430
ProgressViewStyle	433

R

recordName 문제	504
Rectangle()	398
RectangleMark	437
refreshable()	303
removeLast()	308
repeat ... while 반복문	57
repeatForever()	412
requestSiriAuthorization()	521
RuleMark	437

S

Scene	169
ScenePhase	260
ScrollView	201, 365
Segue 액션	625
self	94
setVocabularyStrings(oftype:)	517
SF 심벌	189
shadow()	404
Shape	403
sleep()	233
snapshot()	576
Spacer 뷰	227
Spacers	194
spring()	411
SQLite	469
State 바인딩	207
stepCenter	443
stepEnd	443
stepStart	443
stroke()	399
StrokeStyle	399
subheadline	183
suspend point	237
SwiftUI	141
SwiftUI 기본 뷰	176
SwiftUI 모드	145
SwiftUI 뷰	175
SwiftUI 앱 계층 구조	168

SwiftUI 통합	601
SwiftUI List	298
switch 구문	64
symbol()	442

T

tabItem()	391
TabView	389
tag()	335
Task	234, 239
Task.detached()	241
task()	262
TextField	206, 223
throw 구문	134
TimelineEntryRelevance	559
TimelineProvider	560
transition()	418
try 구문	135
try! 구문	137

U

UI 익스텐션	513
UIHostingController	619
UIImagePickerController	611
UIKit	140
UIKit 통합	601
UInt16	27
UInt32	27
UInt64	27
UInt8	27
UIScrolledView	607
UIView	602
UIViewController	611
UIViewControllerRepresentable	611
UIViewRepresentable	611
Uniform Type Identifier	453
updateView()	602
updating	425
UserDefaults	273, 534
UTI	453
UTType	453
UUID()	300

V

VerticalAlignment	286
View	169
ViewBuilder	188

ViewDimensions	284
ViewModifier	185
VStack 변환	198

W, X

where 구문	67
while 반복문	57
WidgetCenter	562
WidgetURL()	589
withTaskGroup()	245
withThrowingTaskGroup()	242
Xcode	9, 145
XOR 비트 연산	52

Y, Z

yield()	242
ZStack	192, 293

ㄱ

가변 매개변수	76
가변형	122
가져오기 요청	471
가져온 속성	471
값	129
값 타입	108
강제 변환	41
강제 언래핑	35
개인 데이터베이스	495
게시된 프로퍼티	209
게터	115
계층적 목록	312
고정 GridItem	372
공용 데이터베이스	494
관리 객체	470
관리 객체 검색	475
관리 객체 모델	471
관리 객체 속성 설정	474
관리 객체 저장	475
관리 객체 콘텍스트	470, 471
구조체	107
구조화되지 않은 동시성	239
구조화된 동시성	230, 231
구체화된 타입	97
그레이디언트	404
그래핌 클러스터	28
그리드 간격	383
그리드 레이아웃	366

그리드 정렬	383
기술 지원	5

ㄴ

나의 앱	637
내비게이션	298
내비게이션 경로	308
내비게이션 바 아이템	310
내비게이션 추가	322
네트워크 테스트	163

ㄷ

다운캐스팅	40
단방향 범위 연산자	48
단일 상속	100
단일 표현식	72
단축어 기부	531, 550
단축어 조합	543
단항 음수 연산자	44
닫힌 범위 연산자	47
데이터 격리	251
데이터 경쟁	244
데이터 소스	605
데이터 주도적	140, 186
데이터 캡슐화	87
데이터 타입	26
데이터 타입이 느슨한	32
데이터 타입이 안전한	32
델리게이션	605
도형	398
동기 코드	232
동적 리스트	300
디바이스에서 앱 실행	161
디버그 내비게이터	163
디버그 패널	149
딕셔너리	122, 128
딕셔너리 리터럴	129
딕셔너리 반복	132
딕셔너리 초기화	130
딕셔너리 컬렉션	128
딕셔너리 항목 갱신	131
딕셔너리 항목 접근	131
딕셔너리 항목 제거	131
딕셔너리 항목 추가	131
딥링크	586, 484

ㄹ

라이브 뷰	21
라이브 프리뷰	142
라이브러리 패널	154
래핑	35
레이블 뷰	189
레이아웃 계층	164
레이아웃 우선순위	198
레코드 존	496
롱 프레스	394
루트 클래스	100
리로드 정책	560
리스트 구분자	300
리프레시 컨트롤	604

ㅁ

마크 타입 결합	440
매개변수	70
매개변수인 함수	78
메서드	70, 87
메시징 익스텐션	528
메인 스레드	230
메인 액터	254
메인 큐	254
명시적 애니메이션	412
문자 데이터 타입	28
문자열 데이터 타입	29
문자열 보간	29
미리 알림	511
밑줄 문자	34

ㅂ

바인딩	207
반 개방 범위 연산자	47
반복문	55
반복 제어	55
방사형 그레이디언트	405
배열	122
배열 리터럴	122
배열 무작위로 가져오기	125
배열 반복	126
배열 항목 섞기	125
배열 항목 추가	125
배열 항목 접근	124
범위 연산자	47
베이스 클래스	100

베지어 곡선	401
변수	31
변수 선언	32
변수인 매개변수	76
보간 옵션	443
보장된 변환	40
복합 비트 연산자	53
복합 할당 연산자	45
부동소수점	28
부모 클래스	86, 100
부호 비트	53
분리된 작업	241
불리언	28
불리언 논리 연산자	46
불릿 포인트	18
불변형	122
불투명 반환 타입	97
불확정적인 ProgressView	433
뷰 콘텍스트	481
비교 연산자	45
비대칭 전환	420
비동기 속성	247
비동기 함수	231
비트 연산자	49
비트코드	638
빈 그리드 셀	380
빈 셀	381
빌드 에러	163
뺄셈 연산자	43

ㅅ

사이드바 리스트 스타일	358
산술 연산자	44
삼중 따옴표	29
삼항 연산자	48
상수	31
상수 선언	32
상위 클래스	100
상태 객체	211
상태 프로퍼티	205
새로 고칠 수 있는 리스트	303
생명 주기 이벤트	257
생성자	105, 107, 240, 249, 457
섀도	404
섀도 복사본	76
서브스크립트	105
서식 있는 텍스트	18

선언적 구문	141
선형 그레이디언트	405
세터	115
소멸자	90
수정자	184
스레드 차단	254
스로잉 메서드	135
스위프트 액터	249
스위프트 플레이그라운드	14
스택	193
스택 정렬 교차	291
슬라이더 뷰	219
시리	511
시리 권한	537
시리 단축어	512, 534
시리킷	511
시리킷 도메인	512
시리킷 인텐트 정의 파일	528
시뮬레이터에서 앱 실행	160

ㅇ

암묵적 반환	25, 57
암묵적 애니메이션	408
암묵적 언래핑	39
암묵적 정렬	281
애니메이션	222, 408
애니메이션 반복	411
애플 개발자 프로그램	4
애플리케이션 아카이브	636
애플리케이션 제출	638
액터	249
액터 선언	249
앱 아이콘	634
앱 저장소	273
약식 인수 이름	83, 127, 225
어시스턴트 에디터	625
어트리뷰트 인스펙터	157
업캐스팅	40
에러 객체 접근	137
에러 던지기	134
에러 캐칭 비활성화	137
에러 타입 선언	134
에러 핸들링	133
엔티티	471
여러 결괏값 반환	75
여러 크기 지원	580
연산 프로퍼티	91, 115

연산자	43
열 확장	382
열거형	111
영구 객체 저장소	472
영구 저장소 코디네이터	472
영구 컨테이너	470, 493
영구 컨테이너 초기화	474
오류 핸들링	238
오른쪽 시프트 비트 연산	53
오버라이드	102
오버레이	400
오브젝티브-C	25
옵셔널	32
옵셔널 바인딩	36
외부 매개변수명	73
왼쪽 시프트 비트 연산	52
우선순위	241
원격 측정 데이터	509
원뿔형 그레이디언트	405
원형 ProgressView	432
위젯	556
위젯 구성	557
위젯 뷰	455, 574
위젯 엔트리 뷰	455, 559
위젯 익스텐션	480, 557, 568
위젯 종류	557
위젯 크기	563
위젯 타임라인	560
위젯 프로바이더	470, 560
위젯킷	556, 565
유니코드 스칼라	28
유연한 GridItem	367
이미지 뷰	193
이벤트 처리	186
이스케이프 시퀀스	30
이스케이핑	30
이항 연산자	43, 45
익스텐션	105
인스턴스 메서드	86, 87
인스턴스 변수	87
인스펙터 패널	13, 141
인자	70
인터페이스 빌더	140
인텐트	511, 513
인텐트 구성	557
인텐트 매개변수	514
인텐트 매개변수 추가	542
인텐트 응답	544
인텐트 익스텐션	513
인텐트 익스텐션 추가	539
인텐트 정의 파일	528
인텐트 정의 파일 구성	541
인텐트 핸들러	513
입출력 매개변수	77

ㅈ

자동으로 애니메이션 시작	414
자식 뷰 제한	197
자식 클래스	100
작업 계층	239
작업 그룹	242
저장 프로퍼티	91
적응형 GridItem	371
전역 액터	254
전통적 스택	200
전환	417
전환 결합	419
점 표기법	90
정렬 가이드	283, 287
정렬 가이드 도구	287
정수형	27
정적 구성	557
제스처 인식기	421
제어 흐름	55
조건부 제어 흐름	55, 59
줄 제한	199
중단점	234
지역 매개변수명	73
지연 스택	200
지연 저장 프로퍼티	93

ㅊ

차트	437
차트에 데이터 전달	439
참조 타입	108

ㅋ

커스텀 뷰	175
커스텀 어휘	516
커스텀 인텐트	528
커스텀 정렬	288
코디네이터	603

코어 데이터	469
콘텐트 뷰 추가	621
퀵 룩	16
클라우드킷	493
클라우드킷 레코드 ID	495
클라우드킷 콘솔	496
클라우드킷 활성화	499
클래스	85
클래스 계층 구조	100
클래스 멤버	85
클래스 선언	86
클래스 초기화	89
클로저	81, 83
클로저 표현식	81
키	129
키-값	128

ㅌ

타임라인 리로드	562
타임라인 엔트리	557, 559
타입 검사	40, 42
타입 메서드	86
타입 식별자	452
타입 애너테이션	32, 122
타입 추론	33, 122
타입 캐스팅	40
타입이 혼합된 배열	127
탭 뷰	389
탭 아이템	391
탭 아이템 태그	392
텍스트 스타일	182
튜플	33
특수 문자	30
특정 반환 타입	97

ㅍ

페이지	19
페이지 뷰 스타일	389
편집 가능한	309
표현식	43
프레임	193, 201
프로그레스 뷰	430
프로토콜	96
프로퍼티	86, 87
프로퍼티 래퍼	115
프리뷰 고정	152
프리뷰 캔버스	142, 150
프리뷰 툴바	152
플레이그라운드	12
플레이그라운드 에디터	13
플레이스홀더	564
플롯 영역	442
피연산자	43
피커 뷰	205

ㅎ

하위 뷰	180
하위 클래스	100
할당자	43
함수 선언	71
함수 시그니처	71
함수 호출	72
항목 삭제	125
항목 삽입	125
핸들 메서드	516
핸들러 순위	453
호스팅 컨트롤러	619
화면 저장소	275
확인 메서드	515, 549
회전	222